HISTOIRE PARLEMENTAIRE

DE LA

RÉVOLUTION FRANÇAISE,

OU

JOURNAL DES ASSEMBLÉES NATIONALES,

DEPUIS 1789 JUSQU'EN 1815.

PARIS. — Imprimerie d'Adolphe EVERAT et C°,
rue du Cadran, 14 et 16.

HISTOIRE PARLEMENTAIRE

DE LA

RÉVOLUTION

FRANÇAISE

OU

JOURNAL DES ASSEMBLÉES NATIONALES

DEPUIS 1789 JUSQU'EN 1815,

CONTENANT

La Narration des événemens; les Débats des Assemblées; les Discussions des principales Sociétés populaires, et particulièrement de la Société des Jacobins: les Procès-Verbaux de la Commune de Paris, les Séances du Tribunal révolutionnaire; le Compte-Rendu des principaux procès politiques; le Détail des budgets annuels; le Tableau du mouvement moral, extrait des journaux de chaque époque, etc.; précédée d'une Introduction sur l'histoire de France jusqu'à la convocation des États-Généraux;

PAR P.-J.-B. BUCHEZ ET P.-C. ROUX-LAVERGNE.

TOME QUARANTIÈME.

PARIS.

PAULIN, LIBRAIRE,
RUE DE SEINE-SAINT-GERMAIN, N° 33.

M. DCCC. XXXVIII.

PRÉFACE.

Nous croyons convenable de joindre au volume qui termine notre histoire une dernière préface, destinée à offrir le résumé des doctrines que nous avons précédemment exposées. En entreprenant ce travail nous obéissons aux exigences de la logique, moins encore qu'aux invitations répétées qui nous ont été adressées. Il est vrai que la plupart des critiques qui se sont occupés de notre ouvrage ont désapprouvé le système de nos préfaces; aucun d'eux ne paraît en avoir aperçu ni le sens ni le but. Mais il n'en a pas été de même de la majorité de nos souscripteurs. Nous savons qu'elles ont excité leur attention et souvent leur assentiment et leurs sympathies. Dans le temps où nous vivons, nous eussions considéré comme une grande imprudence et presque comme une mauvaise action de recueillir, ainsi que nous l'avons fait, tous les enseignemens passionnés et opposés entre eux qu'offre l'*Histoire parlementaire*, si nous n'eussions eu le soin de placer à côté un *criterium* à l'aide duquel on pût les juger, se préserver de l'entraînement, et séparer en un mot le bien du mal.

Nous avons procédé avec la pensée que la révolution n'était pas terminée; qu'elle n'avait rempli que la moindre partie des espérances qu'elle avait données ; qu'elle avait laissé le terrain social encombré de ruines, ou de constructions incomplètes. En regardant la société qui succédait à la révolution, nous avons vu, comme tout le monde, que le doute et l'incrédulité à l'égard des choses qui obligent les hommes étaient universels, que le sentiment du droit était général, et celui du devoir ou nul ou très-restreint ; nous avons vu qu'en l'absence de croyances morales, les hommes s'étaient réfugiés dans un matérialisme grossier, ou un égoïsme hypocrite. Nous avions été des premiers à dire que la première période de la révolution, celle de la destruction, était terminée, et qu'il fallait se hâter d'entrer dans la seconde période, celle de la réorganisation sociale. Nous avons entendu répéter la même chose partout, aussi bien dans les livres que dans les journaux ; et nous croyons encore ne nous être point trompés. Ce sont ces pensées qui ont dicté nos préfaces.

La doctrine des *Droits de l'Homme*, avons-nous dit, est impropre à réorganiser la société ; car le droit individuel ne peut engendrer que l'intérêt individuel ; et les intérêts individuels séparent les hommes et ne les associent point. Tout gouvernement fondé sur l'intérêt doit périr, car il subira toutes les chances des hostilités et des concurrences individuelles.

La vie sociale véritable est nécessairement une vie de sacrifice ; car, pour l'accomplir, il faut souvent que l'individu aille jusqu'à ce point de dévouement de donner sa propre vie ; il faut toujours au moins qu'il renonce à satisfaire complétement ses passions, et qu'il règle son égoïsme selon certaines exigences. Or, vivre ainsi c'est accomplir des devoirs.

La doctrine du devoir est donc la seule propre à réorganiser aussi bien qu'à maintenir la société ; car elle seule apprend aux hommes à faire abnégation d'eux-mêmes et de leurs intérêts ; elle seule exprime la position véritable, c'est-à-dire, la position de dépendance volontaire, à laquelle tout être social doit nécessairement se résoudre. Dans cette doctrine, le droit n'est que le moyen du devoir.

Mais il ne suffit pas de reconnaître un devoir abstrait; il ne suffit pas de savoir qu'il est le fondement de toute réorganisation comme de tout état social; il faut encore connaître quel est ce devoir. Il n'est point nécessaire seulement que l'homme se dévoue, il faut plus encore : il faut qu'il opère des sacrifices dans une direction déterminée, qui ne peut être ni celle d'un intérêt collectif ou individuel, ni celle d'une personne, parce que les intérêts, comme les personnes, sont périssables et ne sont point souverainement obligatoires; car les intérêts, aussi bien que les égoïsmes, aussi bien que les droits se valent. Il n'y a aucune raison pour que l'un se subalternise volontairement à l'autre. Enfin, il faut que cette direction soit telle, que le pouvoir aussi bien que le plus humble des citoyens obéisse au même devoir.

Qu'est-ce en effet qu'une nation? Une nation est une association d'hommes unis pour pratiquer et agir dans le même but. La communauté de but et d'acte, telle est la condition d'existence des nationalités. Cette communauté est la source du devoir pour chacun des membres qui y prennent part. Le but national ne peut donc être non plus ni un intérêt ni une personne, car ce doit être quelque chose d'aussi durable que la nationalité le peut être; quelque chose d'obligatoire pour tous, jeunes et vieux, grands et petits, pouvoir et sujets, présents et à venir; quelque chose que toutes les nations puissent reconnaître, et qui leur serve de terrain commun pour traiter de la paix et de la guerre; quelque chose enfin de supérieur aux nations elles-mêmes, sans quoi, ni l'individu ni les nations n'y trouveraient une autorité suffisante pour les obliger.

Or il existe une institution non-seulement supérieure, mais

encore antérieure à toutes les nations, dans laquelle, si l'on étudie sérieusement l'histoire, on reconnaît que celles-ci ont choisi leurs fonctions ou leurs buts : c'est la loi générale qui règle les rapports des hommes entre eux, des hommes avec le monde et avec Dieu ; c'est la loi morale. L'immense majorité des hommes s'est accordée pour la considérer comme une création analogue à celle du monde, c'est-à-dire comme une institution venant directement de Dieu. Quelques hommes dispersés dans la durée de quelques siècles, c'est-à-dire une faible minorité, ont nié l'origine de cette loi. Mais pour juger cette négation, il suffit d'en chercher les motifs. Que voulaient-ils en donnant la morale comme une institution humaine? S'autoriser à choisir parmi les préceptes qu'elle contenait, c'est-à-dire à faire de l'éclectisme à cet égard selon que l'exigeraient leurs passions et leurs intérêts. Ces intentions secrètes sont clairement indiquées dans la conduite de la plupart d'entre eux et surtout dans celle de leurs protecteurs. Le matérialisme ne fut-il pas la religion de la noblesse débauchée de la Régence, du règne de Louis XV et de Louis XVI? Hobbes ne fut il pas pensionné par les Stuarts?

Quels argumens ces incrédules ont-ils fait valoir contre l'origine divine de la morale? Ils ont invoqué la science parce qu'ils la croyaient une œuvre tout humaine. Ils ne savaient pas que les principales découvertes qui en font la base, la logique et le point de départ, avaient été faites par conclusion de cette morale? Ces grands savans n'avaient pas lu les ouvrages des inventeurs dont ils se disaient les élèves. Quoi qu'il en soit, ils ont affirmé que le monde était éternel. Et voici que la science moderne prouve que, conformément à la tradition ou plutôt à la révélation, ce monde a été créé, et que l'espèce humaine est elle-même une création très-moderne. Voici qu'une loi découverte dernièrement, la loi du progrès, loi applicable également au monde des brutes et au monde humain, vient placer sur le même rang et la série des créations qui ont fait le monde tel qu'il est, et la série des révélations qui ont conduit l'humanité au point où elle est. Elle nous explique l'histoire, en nous apprenant qu'une révélation est un but proposé aux hommes, que les nations sont comme des fonctions ou des tendances vers ce but, qu'elles périssent lorsqu'elles en sortent, qu'elles grandissent lorsqu'elles y sont fidèles.

Comment les incrédules ont-ils expliqué la supériorité incommensurable du révélateur sur les autres hommes? Ils ont dit qu'il avait du génie. Mais que doit-on entendre par génie? On ne nous l'a point appris. Ainsi ils ont donné une solution qui elle-même a besoin d'en recevoir une. Ils ont répondu à la question en la reposant sous une nouvelle forme. Qu'est-ce en effet que le génie? Nos pères n'ont-ils pas eu grande raison de croire que c'était un don de Dieu, c'est-à-dire une force spéciale créée ainsi que toutes les forces, et que chez le Révélateur c'était Dieu lui-même présent à une ame humaine, et parlant par la bouche d'un homme. C'est un miracle, dira-t-on! mais le monde où nous vivons n'est-il pas plein de miracles pareils? Est-il un véritable savant qui ne soit obligé de reconnaître que dans la moindre combinaison chimique, la moindre génération, il y a manifestation d'une force inexplicable dans l'essence, et qu'il faut bien considérer comme créée. Ni Copernic, ni Kepler, ni Van-Helmont, ni Descartes, ni Newton, ni Bacon, ni Bonnet, ni Cuvier, etc., n'ont jamais douté de cette vérité.

La vérité de la morale, la réalité de cette loi de rapports, est démontrée par l'expérience la plus étendue qu'il soit donné aux hommes de faire. Elle a conservé l'humanité, et l'a portée au point où nous sommes parvenus. Or, si cette morale était fausse, il n'en serait point ainsi. En effet, l'humanité est fonction de l'univers; si elle n'avait pas agi en masse, selon la loi de sa fonction, elle n'existerait plus. Or, elle existe et ce fait seul suffit à démontrer que la loi morale est l'une des lois fonctionnelles qui régissent l'univers.

La morale, comme nous l'avons longuement exposé, est le *criterium universel et immuable* que l'on doit invoquer aussi bien en politique qu'en philosophie, aussi bien dans la science que dans l'art.

Ainsi, il est d'une parfaite logique de conclure que lorsque l'on veut réorganiser la société, il faut faire appel à la morale et aller chercher les bases de la réédification dans cette loi générale des rapports qui unissent les hommes entre eux et avec tout ce qui n'est pas eux.

Par ce moyen, on ne tentera point une chose impossible, savoir, de séparer l'avenir d'une nation de son passé. Enfans d'une civilisation et de doctrines que nous n'avons point faites, usant d'une langue que nous avons apprise, nous ne viendrons point prétendre que des idées qui nous ont été enseignées ou qui ne sont que des conséquences des idées antérieures, ont été créées par nous, et par suite que nous pouvons, selon notre caprice, créer un monde tout à fait nouveau.

Dès qu'on sera placé sur ce terrain on comprendra que la morale est un but, et qu'il nous est donné aujourd'hui de faire seulement un pas de plus vers ce but; on saura enfin que le progrès dans la société humaine consiste uniquement à s'approcher de plus en plus du terme de perfection politique que nous offre la loi morale.

Arrivés à ce point, il ne s'agit plus que de sortir des termes abstraits dans lesquels nous nous sommes tenus enfermés jusqu'à ce moment et d'entrer dans les réalités : il suffit de nommer la morale chrétienne pour saisir le passé et deviner l'avenir. C'est sur le terrain de cette morale que se sont développées les nations modernes de l'Europe ; c'est l'application de cette morale qu'elles demandent dans leurs désirs les plus exagérés, même au milieu des désordres où, oubliant le nom de l'auteur, on ne cesse d'en invoquer les préceptes.

On a dit que cette morale était épuisée. Mais les prescriptions les plus claires et les plus simples de celles qui y sont contenues, sont loin d'être socialement réalisées. Elle commande entre autres aux hommes de se traiter en frères : où est la fraternité? elle dit que les hommes sont égaux : où est l'égalité? elle ordonne que le pouvoir appartienne au plus dévoué : est-il un lieu où cette loi soit réalisée? il est cent autres préceptes moraux qui ne sont pas encore sur le terrain de la politique ; il en est enfin qui ne le seront qu'à la condition d'une perfection individuelle qu'il ne nous est pas encore donné de prévoir.

La morale chrétienne est la seule universelle, et la seule, disons-le, qui soit d'institution divine parmi les lois diverses qui règnent encore aujourd'hui sur le monde. Elle est universelle, parce qu'elle comprend tous les temps, tous les lieux, tous les hommes ; parce qu'elle renferme en elle toutes les révélations antérieures, et les complète en les expliquant. Les réglemens moraux qui règnent ailleurs, n'ont d'autre valeur que celle qu'ils doivent à des emprunts ou des imitations plus ou moins imparfaites. Elle est la seule qui soit proclamée, par une majorité immense, être d'institution divine, car les réglemens divers qui gouvernent ailleurs sont aujourd'hui en réalité avoués être humains. Il serait facile de le prouver si l'on voulait pénétrer dans les dogmes panthéistiques qui immobilisent la civilisation dans les Indes, en Chine et chez les Mahométans. Aussi est-elle la seule qui ait fait une société progressive.

Trois espèces de religions reconnaissent aujourd'hui la loi chrétienne pour leur loi morale ; les Protestans, les Grecs et les Catholiques. Les premiers ont proclamé la souveraineté de la raison individuelle en matière d'interprétation biblique. Ils ont ainsi donné à chacun le droit de commenter le devoir et de choisir. Qui n'aperçoit en effet dans cette doctrine les vices que nous reprochions au système des *Droits de l'Homme*, savoir, un principe qui, loin d'unir les hommes, les sépare; un principe qui, loin de tendre à l'association, tend à la dissociation. Le protestantisme a donné naissance à une philosophie qui peut servir à le juger; il a engendré l'éclectisme moderne. Celui-ci donne comme principe premier, que le *moi* se pose *avant tout*; c'est-à-dire que l'individu doit se poser avant la société. Ce système a été et devait être une doctrine de désorganisation. Aussi ce n'est point là qu'il faut aller chercher les fondemens d'une réédification sociale.

La religion grecque est celle de l'empire russe. Le czar est le primat des Grecs. Or, outre que par une erreur de dogme ils séparent les temps passés des siècles appartenant à la civilisation moderne, ces peuples se sont soumis à un système politique complétement opposé à l'esprit chrétien. Le christianisme pose en principe que l'esprit est incessamment en lutte avec la matière, qu'il doit incessamment tendre à la subalterniser et ne jamais s'y soumettre; ou, en d'autres termes, que rien de chrétien ne peut se faire que par un sacrifice temporel. Au contraire de ce précepte fondamental, les Grecs ont consenti que le pouvoir temporel et le pouvoir spirituel fussent réunis dans la même main; en sorte que ce fût un intérêt temporel qui décidât des choses spirituelles; en sorte que les sacrifices matériels nécessaires pour accomplir l'avancement spirituel devinssent à jamais impossibles. Ils ont confondu deux puissances contradictoires et les ont ainsi annihilées l'une par l'autre. Par l'effet de cette erreur, la Russie est entrée dans une voie fatale. Le sort qui lui est réservé est celui qu'a subi l'empire ottoman.

Le catholicisme seul offre le complet de l'intelligence chrétienne. S'il s'agit de l'interprétation, il dit que c'est à l'Église tout entière qu'il appartient de décider. S'il s'agit de pouvoir, il dit que l'esprit et la matière sont séparés, et qu'ils doivent avoir chacun leur gouvernement; en sorte que l'esprit reste toujours libre de l'influence temporelle, et agit incessamment pour faire opérer la progression qui est fixée comme but.

La nation française est d'origine catholique. C'est par un acte catholique qu'elle a commencé; c'est elle qui a constitué le catholicisme en Europe; elle est la mère de la civilisation moderne. Aussi a-t-elle été appelée la fille aînée de l'Église.

Lors même que dans la révolution dernière, elle ne nommait pas l'auteur des principes qu'elle proclamait, elle agissait d'une manière catholique. Sa doctrine de la souveraineté du peuple est une traduction de celle de la souveraineté de l'Église. A ses yeux comme dans l'Église, la liberté fut le droit de choisir entre le bien et le mal; l'égalité, la négation de tous les obstacles matériels de position, d'éducation et de naissance qui peuvent empêcher un homme de mériter ou de démériter librement; la fraternité fut le libre dévouement de chacun pour les autres; le pouvoir dut être un fardeau réservé au plus dévoué.

Les crimes qui souillèrent la révolution furent l'effet du matérialisme du dix-huitième siècle, et du philosophisme que la noblesse avait protégé et propagé. Les révolutionnaires eurent le tort, involontaire sans doute, de ne point accuser hautement l'origine chrétienne des principes que l'on proclamait. Ils les eussent ainsi rendus obligatoires pour tous et en même temps complétés. On se borna, au contraire, à poser des doctrines individuelles, ou des conclusions prétendues scientifiques, qui n'étaient que des occasions de discussion et non de croyance. A cause de cela, pendant la révolution il fut émis un grand nombre de principes, et rien ne fut édifié, les négations mêmes qui tendaient à l'égalité furent si peu assurées, que Napoléon put impunément en effacer un grand nombre, entre autres celle de la noblesse héréditaire.

Pour réédifier la société française, il faut se placer sur le terrain catholique. La doctrine chrétienne n'admet, en fait d'institutions sociales, rien de ce que la révolution a nié; elle pose de plus des principes d'organisation que celle-là était hors d'état d'établir, parce qu'elle avait perdu de vue son origine.

Selon nous, pour se placer à la tête des nations modernes, comme elle y a été si long-temps, il faut que la France, reprenant la gloire de tout son passé, déclare que :

Son but est de réaliser socialement la morale de Jésus-Christ;

Que vis-à-vis de cette morale, les devoirs sont la source des droits; et que, pour les nations comme pour les individus, tout droit émane d'un devoir accompli;

Qu'en conséquence, ses premiers efforts auront pour but l'établissement de la liberté, de l'égalité et de la fraternité, afin que chacun, homme ou nation, puisse librement conquérir le droit par le devoir, et puisse mériter ou démériter;

Qu'enfin le premier signe de la capacité pour le pouvoir est la complète et volontaire abnégation de soi-même; car Jésus-Christ a dit que celui qui voudrait être le premier parmi nous devait se faire notre serviteur.

Nous finirons par cette conclusion générale, l'abrégé logique dans lequel nous avons essayé de résumer les questions traitées dans nos préfaces. Nous nous sommes appliqués dans ce petit travail plutôt à saisir l'attention et à exciter la curiosité de ceux qui ne les ont pas lues, plutôt à présenter le lien rationnel qui unit ces articles détachés, qu'à en donner une exposition complète. Il est des choses que nous ne pouvions répéter et qui supposent la lecture du livre même de notre histoire, dans lequel nous les avons comprises. On nous excusera donc si nous n'avons pu éviter aux lecteurs la peine de lire quelques pages de plus. Il ne nous reste plus maintenant, en terminant, qu'à nous féliciter d'avoir mis à fin une si longue et si difficile entreprise, qu'à remercier les personnes dont la bienveillance nous a livré les matériaux et les pièces dont nous nous sommes servis, et enfin les nombreux souscripteurs dont la confiance et la persévérance nous ont mis à même d'achever notre travail.

HISTOIRE PARLEMENTAIRE

DE LA

RÉVOLUTION

FRANÇAISE.

RESTAURATION.

ANNÉES 1814 ET 1815.

Si l'on a lu avec attention la narration qui précède, on aura reconnu que la France fut en quelque sorte livrée à l'étranger et à la restauration, par la coupable imprévoyance de son gouvernement, ou plutôt par l'odieuse défiance dont il était animé contre elle. La France fut, après les désastres de 1813, tenue dans la plus entière sécurité; on ne l'avertit point de s'armer et de se défendre; on lui assura au contraire qu'elle n'avait rien à craindre. Aussi, chaque pas que fit l'invasion sur notre territoire fut en quelque sorte une surprise; nulle part on ne l'attendait; nulle part on n'était sur ses gardes. Partout on fut pris à l'improviste, sauf le pouvoir, qui après avoir manqué de force et de prudence pour mettre à l'abri nos frontières, n'osait reconnaître ses erreurs et son impuissance, ni se démettre en avouant qu'il était incapable de sauver la nation qu'il avait perdue, persistant obstinément à l'entretenir dans une fausse sécurité. Ce qui se passa à

Paris eut lieu partout. La France fut trahie, non par quelques hommes, ainsi qu'on l'a dit, mais par le gouvernement lui-même, mais par le pouvoir pour lequel elle avait tout fait et auquel elle s'était abandonnée avec tant de confiance. La déchéance de Napoléon était un acte de justice nationale, mais un acte trop tardif; s'il eût suivi le désastre de Moscou, tout eût été sauvé; la France de 1799 serait restée intacte. Sans doute, même après la prise de Paris, la nation pouvait encore se sauver et écraser ses ennemis. L'étranger ne l'ignorait pas. Lord Castlereag déclara en plein parlement que, si l'on n'avait pas réduit davantage son territoire, c'était parce qu'on ne l'avait pas osé; c'eût été, ajouta-t-il, une tentative imprudente par laquelle on pouvait tout perdre. Ce fut par ce motif qu'après la capitulation de Paris les princes coalisés ne traitèrent pas la France comme une conquête, mais s'adressèrent à elle comme à une puissance, lui parlèrent comme à un roi leur égal, et employèrent ses formes constitutionnelles pour terminer la guerre. Ils savaient mieux que Napoléon combien cette nation était redoutable. Quant aux Français ils étaient encore dans la stupeur; ils croyaient encore à leur empereur; ils pensaient qu'il était toujours capable de les sauver puisqu'ils lui voyaient garder le commandement. Il fallait, pour que le peuple ne prît conseil que de son courage, que Napoléon se déclarât impuissant. Alors la France fût devenue une Vendée, où l'Europe aurait vainement épuisé sa dernière goutte de sang. Mais, lorsqu'on entendit le langage modéré et presque respectueux des étrangers, lorsqu'on vit les autorités impériales l'accepter, lorsqu'on lut les décrets constitutionnels du sénat et du corps législatif, on hésita. La bourgeoisie crut à tout ce qu'on lui promettait; elle réfléchit que combattre pour Napoléon, c'était se sacrifier pour le despotisme et la conscription; elle espéra que les Bourbons, étant sans appui en France, iraient en chercher un dans leur fidélité aux engagemens qui leur étaient imposés. Le peuple des campagnes, les ouvriers des villes voyant les bourgeois, dont ils prennent les lumières pour guide, accepter la paix, retournèrent à leurs travaux, se reposant dans le souvenir de leurs victoires passées, et dans la satisfaction que leur laissaient quelques actes de résistance énergique, et le respect des soldats étrangers. La restauration fut de la part de tout le monde un acte d'égoïsme, aussi bien de la part des maréchaux et des autorités impériales, que de celle des souverains coalisés et de la bourgeoisie française.

Cependant les premières démarches des Bourbons annoncèrent à la France qu'ils se considéraient comme les représentans d'un intérêt qui n'était pas le sien. Elle apprit bientôt qu'ils croyaient leur légitimité supérieure à la sienne. La bourgeoisie et le peuple étaient encore dans l'erreur à cet égard lorsque le comte d'Artois entra dans Paris; ils considéraient la souveraineté de la nation comme incontestable; elle n'avait jamais été directement mise en doute par Napoléon, même à l'époque où il disait *mon peuple, mes soldats, mes armées;* il en avait fait la base de son autorité despotique. Qui pouvait alors penser que les Bourbons n'accepteraient pas un principe qui avait si bien servi à leur prédécesseur! Néanmoins, à peine la déchéance de Napoléon et le rappel des Bourbons étaient-ils obtenus, que la marche secrète du gouvernement provisoire annonça que les royalistes n'avaient point renoncé à la doctrine des droits héréditaires de leur race d'adoption, et qu'en conséquence ils ne voulaient point de la constitution du sénat. Le *Moniteur* reçut l'ordre de ne point insérer les adresses d'adhésion à cette constitution. Talleyrand écrivit au comte d'Artois qu'il se présentât à Paris en telle qualité qu'il jugerait devoir prendre. Il vint en effet. La garde nationale alla le chercher à Livry et se forma en haie sur son passage. Voici comment le *Moniteur* raconta son entrée dans la capitale en style officiel de l'empire.

Le 12 avril 1814, à midi, les membres du gouvernement provisoire et les commissaires aux départemens ministériels, précédés et suivis tant du corps municipal que de nombreux détachemens de la garde nationale de Paris, se sont rendus à la barrière de Bondy, où était S. A. R. Monsieur, frère du roi, lieutenant-général du royaume. Un peu avant une heure S. A. R. a paru en dehors de la barrière, entourée de plusieurs grands officiers de sa maison, et d'un groupe de maréchaux de France qui s'étaient portés en avant pour aller à sa rencontre. Monsieur et toutes les personnes qui l'entouraient étaient à cheval.

S. A. R. était vêtue de l'uniforme de la garde nationale. En ce moment les membres du gouvernement provisoire, précédés des maîtres et aides des cérémonies, se sont avancés auprès de S. A. R.

M. le prince de Bénévent a harangué Monsieur en ces termes, au nom du gouvernement provisoire :

« Monseigneur, le bonheur que nous éprouvons en ce jour de régénération est au delà de toute expression, si Monsieur reçoit avec la bonté céleste qui caractérise son auguste maison l'hommage de notre religieux attendrissement et de notre dévouement respectueux. »

Monsieur a répondu :

« Messieurs les membres du gouvernement provisoire, je vous remercie de ce que vous avez fait pour notre patrie. J'éprouve une émotion qui m'empêche d'exprimer tout ce que je ressens. Plus de divisions ! La paix, et la France ! Je la revois enfin, et rien n'y est changé, si ce n'est qu'il s'y trouve un Français de plus (1). »

Les cris de *vive le roi! vive Monsieur! vivent les Bourbons!* se sont fait entendre unanimement.

S. A. R., entrée en-deçà de la barrière, a daigné elle-même demander le silence, et interrompre les acclamations dont elle était l'objet. Alors M. le baron de Chabrol, préfet du département de la Seine, a présenté à S. A. R. le corps municipal de Paris, et a prononcé le discours suivant :

» Monseigneur, après vingt ans de malheurs, la France revoit avec transport la famille auguste, qui, pendant huit siècles, assura sa gloire et son bonheur. La ville de Paris, objet de l'amour constant de ses rois, met ce jour au rang des plus beaux qui aient brillé pour elle depuis l'origine de la monarchie.

» La France entière soupire après le retour de son roi; elle entrevoit enfin le repos à l'ombre de l'autorité paternelle des descendans de saint Louis et de Henri IV : elle en attend le même amour.

» Des temps de désastres, qui ne furent ni sans gloire ni sans éclat pour l'honneur français, n'ont point altéré le caractère d'une nation généreuse. Un pouvoir tutélaire va confondre et réunir tous les vœux, tous les intérêts, toutes les opinions; guerriers, magistrats, citoyens, tous les Français retrouvent au fond de leur cœur cet élan d'amour qui attache les Français au noble sang des Bourbons; animés du même esprit, ils ne formeront qu'une même famille.

» Votre altesse royale agréera les vœux de tout un peuple qui va se presser sur ses pas; elle s'attendrira en reconnaissant ces lieux pleins du souvenir de ses augustes aïeux, et qui lui furent toujours si chers; elle entendra retentir partout les acclamations; elle verra l'espérance renaître dans tous les cœurs, et le bonheur de la patrie la consolera de ses longues souffrances. »

Le cortège s'est mis en marche de la barrière de Bondy au faubourg et à la rue Saint-Denis, par lesquels il s'est rendu à l'église métropolitaine. La marche du prince a été retardée par les transports de joie d'une foule immense, avide de le contempler. De nouveaux cris de *vive le roi! vive Monsieur!* retentissaient partout sur son passage. Il était près de trois heures lorsque le cortège est arrivé à Notre-Dame (2).

(1) Le prince, dit-on, avait été fort embarrassé de répondre; il prononça quelques phrases sans suite. On arrangea son discours; ce fut Beugnot qui fit ce petit travail, et trouva la phrase qui le terminait et qui fit fortune.

(2) L'enthousiasme ne fut pas aussi considérable que le dit le *Moniteur*. Il y avait beaucoup de curieux ; sur quelques points, il y eut de vives acclamations et quelques scènes d'enthousiasme préparées par les royalistes. A Notre-Dame les acclamations furent vives et parurent unanimes; mais là on avait réuni un public d'élite.

(*Note des auteurs.*)

Les chanoines, en chape, attendaient S. A. R. au grand portail. Elle y a été reçue sous le dais, et son premier mouvement, après s'être placée, a été de se jeter à genoux pour rendre grace à Dieu.

M. l'abbé Lemire, au nom du chapitre de la cathédrale, a prononcé un discours.

Sur le passage de S. A. R., dans la nef et dans le chœur, des cris de *vive le roi! vive Monsieur!* se sont répétés avec une ardeur que la sainteté du lieu n'a pu modérer. L'enthousiasme dont tous les Français étaient animés s'est communiqué rapidement aux officiers russes, autrichiens, prussiens, anglais, espagnols et portugais, placés dans le chœur de la cathédrale; plusieurs versaient des larmes de joie.

Les chanoines s'étant placés dans le sanctuaire; le *Te Deum* a été exécuté à grand orchestre; il a été suivi du *Domine salvum fac Regem*.

La cérémonie achevée, S. A. R. a été conduite au palais des Tuileries. Au moment de l'entrée du prince au palais, le drapeau blanc a été arboré sur le pavillon du centre, au milieu des acclamations d'une foule innombrable. S. A. R., avant d'entrer dans ses appartemens, a parcouru tous les rangs de la garde nationale, dont la cour du palais était remplie; elle s'est entretenue avec le plus grand nombre, leur a pris la main avec affabilité, et a fait entendre partout des paroles touchantes.

Lorsque S. A. R. est rentrée dans ses appartemens, quelqu'un de sa suite lui a dit : Monseigneur doit être bien fatigué. — Comment, a repris le prince, serais-je fatigué un jour comme celui-ci, le premier jour de bonheur que j'aie éprouvé depuis vingt-cinq ans!

Le soir, la plupart des édifices publics et un grand nombre de maisons particulières ont été spontanément illuminés, et décorés d'emblèmes ingénieux. (*Extrait de la relation du Moniteur.*)

—On s'étonna, en général, que le sénat ne fût point présent à cette cérémonie. On remarqua son absence. En effet, ce corps, averti de l'arrivée prochaine du comte d'Artois et des dispositions que l'on faisait pour le recevoir, s'était expressément refusé, sur la proposition de MM. Lambrechts et Lanjuinais, à reconnaître ce prince comme lieutenant-général du royaume, à lui donner la qualité de Monsieur, à assister au *Te Deum* projeté, enfin, à rien faire qui pût l'engager avant d'avoir appris que la Constitution avait été acceptée par Louis XVIII. Le gouvernement provisoire ne tint compte de cette opposition; il passa outre, certain que la majorité de ce corps habitué à obéir ferait tout ce que l'on voudrait, aussitôt que l'on prendrait résolument l'initiative. C'est, en effet, ce qui arriva. Deux jours après, c'est-à-dire le 14 avril, Talleyrand conduisit le sénat aux pieds du comte d'Artois. Il lui parla ainsi en son nom, et lui présenta le décret que l'on va lire.

« Monseigneur, le sénat apporte à votre altesse royale l'hommage de son respectueux dévouement.

» Il a provoqué le retour de votre auguste maison au trône de France. Trop instruit par le présent et le passé, il désire avec la nation affermir pour jamais l'autorité royale sur une juste division des pouvoirs, et sur la liberté publique, seules garanties du bonheur et des intérêts de tous.

» Le sénat, persuadé que les principes de la Constitution nouvelle sont dans votre cœur, vous défère, par le décret que j'ai l'honneur de vous présenter, le titre de lieutenant-général du royaume jusqu'à l'arrivée du roi votre auguste frère. Notre respectueuse confiance ne peut mieux honorer l'antique loyauté qui vous fut transmise par vos ancêtres.

» Monseigneur, le sénat, en ces momens d'allégresse publique, obligé de rester en apparence plus calme sur la limite de ses devoirs, n'en est pas moins pénétré des sentimens universels; votre altesse royale lira dans nos cœurs à travers la retenue même de notre langage. Chacun de nous, comme Français, s'est associé à ces touchantes et profondes émotions qui vous ont accompagné dès votre entrée dans la capitale de vos pères, et qui sont plus vives encore sous les voûtes de ce palais, où l'espérance et la joie sont enfin revenues avec un descendant de saint Louis et de Henri IV.

» Pour moi, monseigneur, permettez que je me félicite d'être auprès de votre altesse royale l'interprète du sénat, qui m'a fait l'honneur de me choisir pour son organe. Le sénat, qui connaît mon attachement à ses membres, a voulu me ménager encore un doux et beau moment: les plus doux en effet sont ceux où l'on se rapproche de votre altesse royale pour lui renouveler les témoignages de son respect et de son amour.

» Voici le décret rendu par le sénat :

» Le sénat, délibérant sur la proposition du gouvernement provisoire,

» Après avoir entendu le rapport d'une commission spéciale de sept membres,

» Décrète ce qui suit :

» Le sénat confère le gouvernement provisoire de la France, à S. A. R. monseigneur le comte d'Artois, sous le titre de lieutenant-général du royaume, en attendant que Louis-Stanislas-Xavier de France, appelé au trône des Français, ait accepté la Charte constitutionnelle.

» Le sénat arrête que le décret de ce jour, concernant le gouvernement provisoire de la France, sera présenté ce soir par le sénat en corps, à S. A. R. monseigneur le comte d'Artois. »

M. le comte d'Artois a répondu :

« Messieurs, j'ai pris connaissance de l'acte constitutionnel qui rappelle au trône de France le roi mon auguste frère. Je n'ai point reçu de lui le pouvoir d'accepter la Constitution; mais je connais ses sentimens et ses principes, et je ne crains pas d'être désavoué en assurant en son nom qu'il en admettra les bases.

» Le roi, en déclarant qu'il maintiendrait la forme actuelle du gouvernement, a donc reconnu que la monarchie devait être pondérée par un gouvernement représentatif, divisé en deux chambres : ces deux chambres sont le sénat et la chambre des députés des départemens; que l'impôt sera librement consenti par les représentans de la nation; la liberté publique et individuelle assurée; la liberté de la presse respectée, sauf les restrictions nécessaires à l'ordre et à la tranquillité publique; la liberté des cultes garantie; que les propriétés seront inviolables et sacrées; les ministres responsables, pouvant être accusés et poursuivis par les représentans de la nation; que les juges seront inamovibles, le pouvoir judiciaire indépendant, nul ne pouvant être distrait de ses juges naturels; que la dette publique sera garantie: les pensions; grades, honneurs militaires seront conservés, ainsi que l'ancienne et la nouvelle noblesse; la Légion-d'Honneur maintenue : le roi en déterminera la décoration ; que tout Français sera admissible aux emplois civils et militaires; qu'aucun individu ne pourra être inquiété pour ses opinions et ses votes, et que la vente des biens nationaux sera irrévocable. Voilà, ce me semble, messieurs, les bases essentielles et nécessaires pour consacrer tous les droits, tracer tous les devoirs, assurer toutes les existences, et garantir notre avenir.

» Je vous remercie, au nom du roi mon frère, de la part que vous avez eue au retour de notre souverain légitime, et de ce que vous avez assuré par là le bonheur de la France, pour laquelle le roi et toute sa famille sont prêts à sacrifier leur sang. Il ne peut plus y avoir parmi nous qu'un sentiment; il ne faut plus se rappeler le passé ; nous ne devons plus former qu'un peuple de frères. Pendant le temps que j'aurai entre les mains le pouvoir, temps qui, je l'espère, sera très-court, j'emploierai tous mes moyens à travailler au bonheur public. »

Un des membres du sénat s'étant écrié : « C'est vraiment le fils de Henri IV ! » le prince a repris :

« Son sang coule en effet dans mes veines, je désirerais en avoir les talens; mais je suis bien sûr d'avoir son cœur et son amour pour les Français. »

M. Félix Faulcon, vice-président du corps législatif, s'est exprimé ainsi :

« Monseigneur, les longs malheurs qui ont pesé sur la France sont enfin arrivés à leur terme! Le trône va être occupé de nouveau par les descendans de ce bon Henri que le peuple français s'approprie avec orgueil comme avec amour; et les membres du corps législatif se glorifient d'être aujourd'hui près de votre altesse royale les interprètes de la joie et des espérances de la nation.

» Les plaies profondes de la patrie ne peuvent être cicatrisées désormais que par le concours tutélaire de toutes les volontés.

» *Plus de divisions!* avez-vous dit, Monseigneur, dès les premiers pas que vous avez faits dans cette capitale; il était digne de Votre Altesse royale de faire entendre ces belles paroles, qui ont retenti déjà dans tous les cœurs. »

Le prince a répondu :

« Messieurs, je reçois avec une vive satisfaction les témoignages d'affection du corps législatif; je vous en fais mes remerciemens. Mais je dois vous dire plus : nous avons éprouvé, le roi et moi, un sentiment de gloire quand nous avons appris la fermeté avec laquelle le corps législatif avait résisté à la tyrannie dans un moment où il y avait du danger à montrer de la fermeté; nous en avons été fiers.

» Nous n'aurons tous à l'avenir qu'un même sentiment, l'amour de la patrie. Ce serait peu que d'oublier le passé; nous devons ne former tous qu'une seule famille; nous devons tous vouloir le bien public, tous y concourir.

» Oui, messieurs, plus de divisions! Nous avons beaucoup souffert, mon frère et moi; mais nos peines ne sont plus rien. Vous nous direz les maux de la nation, vous qui êtes ses représentans, et nous chercherons avec vous les moyens d'y porter remède.

» Votre roi va arriver; il est impatient de voir cette France, dont il est éloigné depuis vingt-cinq ans. Il apporte un cœur français.

» Je ne puis vous dire la joie que j'éprouve à me trouver au milieu de vous! Allons, messieurs, faisons le bien, et recommençons à être heureux. Puisse la Providence, qui a si miraculeusement commencé ce grand œuvre, bénir nos efforts pour le bonheur de la France! »

Le comte d'Artois donna ensuite successivement des audiences aux divers corps et autorités, aux cours, tribunaux, etc. Il reçut ainsi le serment du conseil d'état, par l'organe de M. Bergon; des magistrats de la ville de Paris, par M. le préfet Chabrol; de la cour impériale, par M. Séguier; de la cour de cassation, par M. Muraire; du conseil des prises, par M. Berlier; de l'ordre des avocats, par M. Delacroix-Frainville; de l'Université, par son grand-maître, M. de Fontanes, etc.

Cependant le comte d'Artois prit en mains les rênes de l'état, ou au moins signa les arrêtés que rédigeait pour lui le conseil-d'état provisoire qu'il venait de nommer, et dans lequel figuraient les noms de Talleyrand, Beurnonville, Montesquiou, Vitrolles, Dessoles, Oudinot, Dalberg, etc. On remarqua la singulière forme de ces ordonnances : « Nous, Charles-Philippe de France, fils de France, Monsieur, frère du roi, lieutenant-général du royaume, savoir faisons, etc. » Sous cette forme, il commença par ordonner la perception des deux tiers du montant des contributions ordinaires; il réduisit l'effectif de la marine, il institua la décoration du Lys; il changea le nom de Napoléon-Ville en celui de Bourbon-Vendée; il envoya des commissaires extraordinaires dans les vingt-deux divisions militaires; il pourvut aux emplois. Royer-Collard fut nommé directeur de la librairie; car on n'avait rien changé au régime de la censure impériale. Il autorisa l'enlèvement de la statue de Napoléon qui décorait le sommet de la colonne de la place Vendôme. Enfin il traita avec ceux qu'on appelait les alliés et leur livra ainsi cinquante-trois places qui étaient encore en notre possession. On dit que Louis XVIII lui en voulut beaucoup de cet acte et le lui reprocha vivement. Quoi qu'il en soit, en voici les dispositions :

Traité de Paris du 23 avril 1814, Entre Monsieur et les rois alliés. — « Toutes hostilités sur terre et sur mer sont et demeurent suspendues. — Les puissances alliées feront évacuer par leurs armées le territoire français tel qu'il se trouvait au 1er janvier 1792, à mesure que les places occupées encore hors de ces limites par les troupes françaises seront évacuées et remises aux alliés. — Les garnisons de ces places sortiront avec armes et bagages; elles pourront emmener l'artillerie de campagne dans la proportion de trois pièces par chaque millier d'hommes, les malades et blessés y compris. — La dotation des forteresses, et tout ce qui n'est pas propriété particulière, demeurera et sera remis en entier aux alliés, sans qu'il puisse en être distrait aucun objet. Dans la dotation sont compris non-seulement les dépôts d'artillerie et de munitions, mais encore toutes autres provisions de tout genre, ainsi que les archives, inventaires, plans, cartes, modèles, etc., etc. Le blocus des places fortes en France sera levé sur-le-champ par les armées alliées. Les troupes françaises faisant partie de l'armée d'Italie seront rappelées sur-le-champ par S. A. R. le lieutenant-général du royaume. — Les stipulations de l'article précédent seront appliquées également aux places maritimes, les puissances contractantes se réservant toutefois de régler dans le traité de paix définitif le sort des arsenaux, vaisseaux de guerre armés et non armés qui se trouvent dans ces places. — De part et d'autres les prisonniers, et particulièrement les otages, seront immédiatement renvoyés dans leurs pays respectifs, sans rançon et sans échange. — Il sera fait remise par les co-belligérans, immédiatement après la signature du présent acte, de l'administration des départemens ou villes actuellement occupées par leurs forces aux magistrats nommés par S. A. R. le lieutenant-général du royaume de France. »

Louis XVIII quitta Hartwel le 18 avril; le 20, il fit une entrée solennelle à Londres, et fut reçu par le prince régent, avec tous les honneurs dus à un personnage couronné. Il y eut de part et d'autre des harangues. Le prince régent parla le premier; on remarqua dans la réponse du roi cette phrase. « C'est aux conseils
» de votre altesse royale, à ce glorieux pays, et à la confiance de
» ses habitans, que j'attribuerai toujours, après la divine Provi-
» dence, le rétablissement de notre maison sur le trône de ses
» ancêtres. » On pense bien que cette phrase fut mal reçue en France, où l'on était d'autant plus susceptible, qu'on était plus malheureux. On crut d'ailleurs y voir la pensée de traiter la nation en pays conquis, car on disait tout devoir à l'étranger, et rien au sénat qui avait momentanément représenté le peuple.

Louis XVIII s'embarqua le 24 à Douvres, sur un yacht conduit par le prince régent lui-même, et suivi d'une flotte anglo-russe. Il descendit le même jour à Calais. Il y fut reçu par le général Maison et une députation d'officiers-généraux. De là, il se rendit à Compiègne, où il trouva une nombreuse cour de maréchaux, c'étaient Moncey, Berthier, Brune, Lefebvre, Mortier, Marmont, Ney, Macdonald, Serrurier, etc. Le roi fut spirituel, aimable, caressant. Ce fut là que l'on commença à parler de la Constitution. Talleyrand insista pour celle rédigée par le sénat; les agens de la Prusse et de l'Autriche pour s'en passer. L'empereur Alexandre vint lui-même à Compiègne : il insista, dit-on, pour une Constitution libérale. Enfin, le roi arriva le 2 mai à Saint-Ouen. Il y reçut le sénat, le corps législatif et les principales autorités. Cette fois, le sénat, instruit de ce qui se projetait, fit sa cour, et se donna le semblant de demander ce qu'il savait être résolu. L'orateur du corps législatif et les autres autorités ne dirent pas un mot de Constitution, ni d'institution quelconque. Voici le discours du sénat; il fut prononcé par Talleyrand.

Sire, le retour de Votre Majesté rend à la France son gouvernement naturel, et toutes les garanties nécessaires à son repos et au repos de l'Europe.

Tous les cœurs sentent que ce bienfait ne pouvait être dû qu'à vous-même; aussi tous les cœurs se précipitent sur votre passage. Il est des joies qu'on ne peut feindre; celle dont vous entendez les transports est une joie vraiment nationale.

Le sénat, profondément ému de ce touchant spectacle, heureux de confondre ses sentimens avec ceux du peuple, vient comme lui déposer au pied du trône les témoignages de son respect et de son amour.

Sire, des fléaux sans nombre ont désolé le royaume de vos pères. Notre gloire s'est réfugiée dans nos camps; les armées ont sauvé l'honneur français. En remontant sur le trône vous succédez à vingt années de ruines et de malheurs. Cet héritage pourrait effrayer une vertu commune. La réparation d'un si grand désordre veut le dévouement d'un grand courage; il faut des prodiges pour guérir les blessures de la patrie; mais nous sommes vos enfans, et les prodiges sont réservés à vos soins paternels.

Plus les circonstances sont difficiles, plus l'autorité royale doit être puissante et révérée : En parlant à l'imagination par tout l'éclat des anciens souvenirs; elle saura se concilier tous les vœux de la raison moderne en lui empruntant les plus sages théories politiques.

Une Charte constitutionnelle réunira tous les intérêts à celui du trône, et fortifiera la volonté première du concours de toutes les volontés.

Vous savez mieux que nous, Sire, que de telles institutions, si bien éprouvées chez un peuple voisin, donnent des appuis et non des barrières aux monarques amis des lois et pères des peuples.

Oui, Sire, la nation et le sénat, pleins de confiance dans les hautes lumières et dans les sentimens magnanimes de Votre Majesté, désirent avec elle que la France soit libre pour que le roi soit puissant.

Le roi répondit qu'il était sensible à l'expression des sentimens du sénat. Cependant, avant d'entrer dans Paris, il fallait rompre le silence; il fallait parler. Comme on n'avait encore rien d'arrêté, on se décida à faire une déclaration de principes. Ce fut la déclaration connue plus tard sous le nom de déclaration de Saint-Ouen. La voici :

DÉCLARATION.

Louis, par la grâce de Dieu, roi de France et de Navarre, à tous ceux qui ces présentes verront, salut.

Rappelé par l'amour de notre peuple au trône de nos pères, éclairé par les malheurs de la nation que nous sommes destiné à gouverner, notre première pensée est d'invoquer cette confiance mutuelle si nécessaire à notre repos, à son bonheur.

Après avoir lu attentivement le plan de constitution proposé par le sénat dans sa séance du 6 avril dernier, nous avons reconnu que les bases en étaient bonnes, mais qu'un grand nombre d'articles portant l'empreinte de la précipitation avec laquelle ils ont été rédigés, ils ne peuvent, dans leur forme actuelle, devenir lois fondamentales de l'état.

Résolu d'adopter une constitution libérale, voulant qu'elle soit sagement combinée, et ne pouvant en accepter une qu'il est indispensable de rectifier, nous convoquons, pour le 10 du mois de juin de la présente année (1), le sénat et le corps législatif, nous engageant à mettre sous leurs yeux le travail que nous aurons fait avec une commission choisie dans le sein de ces deux corps, et à donner pour base à cette constitution les garanties suivantes :

Le gouvernement représentatif sera maintenu tel qu'il existe aujourd'hui, divisé en deux corps, savoir : le sénat et la chambre composée des députés des départemens ;

L'impôt sera librement consenti ;

La liberté publique et individuelle assurée ;

La liberté de la presse respectée, sauf les précautions nécessaires à la tranquillité publique ;

La liberté des cultes garantie ;

Les propriétés seront inviolables et sacrées ; la vente des biens nationaux restera irrévocable ;

Les ministres, responsables, pourront être poursuivis par une des chambres législatives, et jugés par l'autre ;

Les juges seront inamovibles, et le pouvoir judiciaire indépendant ;

La dette publique sera garantie ; les pensions, grades, honneurs militaires seront conservés, ainsi que l'ancienne et la nouvelle noblesse ;

La Légion-d'Honneur, dont nous déterminerons la décoration, sera maintenue ;

Tout Français sera admissible aux emplois civils et militaires ;

Enfin, nul individu ne pourra être inquiété pour ses opinions et ses votes.

Fait à Saint-Ouen, le 2 mai 1814. — *Signé* LOUIS. — De par le roi, le secrétaire d'état provisoire, *signé* le baron de VITROLLES.

Le lendemain, 3 mai 1814, Louis XVIII fit son entrée à Paris. Un cortége imposant, une foule immense, l'accompagnèrent de Saint-Ouen jusqu'à l'église Notre-Dame, et de là jusqu'au palais des Tuileries ; le soir il y eut des illuminations. Des détachemens de la vieille garde impériale composaient en partie le cortége. A leur vue, les cris de *vive la garde !* couvrirent ceux de *vive le roi !*

ORDONNANCES ROYALES.

Du 13 mai. — « Le roi a nommé : M. Dambray, chancelier de France. (M. de Barentin conservera les honneurs de la charge.) — *Tous les membres du con-*

---

(1) Une ordonnance rapprocha cette convocation en la fixant au 31 mai, une autre la renvoya au 4 juin suivant.

seil d'état provisoire, ainsi que M. *le chancelier* et M. *Ferrand*, ministres d'état. — M. *le prince de Bénévent*, ministre et secrétaire d'état des affaires étrangères. — M. *l'abbé de Montesquiou*, ministre et secrétaire d'état de l'intérieur. — M. *le général comte Dupont*, ministre et secrétaire d'état de la guerre. — M. *le baron Louis*, ministre et secrétaire d'état des finances. — M. *le baron Malouet*, ministre et secrétaire d'état de la marine. — M. *le comte Beugnot*, directeur général de la police. — M. *Ferrand*, directeur général des postes. — M. *Bérenger*, directeur général des impositions indirectes. »

Du 13. — « Louis, etc. Voulant donner un témoignage éclatant de notre satisfaction particulière aux gardes nationales de notre royaume, et notamment de notre bonne ville de Paris ; ayant une entière confiance dans leur zèle et leur fidélité pour notre personne, nous avons ordonné et ordonnons ce qui suit : Notre bien-aimé frère Monsieur, comte d'Artois, est nommé colonel-général de toutes les gardes nationales de France. »

Du 15. — « Les conscrits de la classe de 1815 qui sont sous les drapeaux sont autorisés à rentrer dans leurs familles ; ceux qui y sont rentrés y sont maintenus. »

Du 15 mai. — « Louis, etc. Voulant donner aux princes de notre sang une marque de notre attachement, et aux armées une preuve de notre satisfaction, avons ordonné, etc. Notre bien-aimé frère Monsieur, comte d'Artois, reprendra le titre de *colonel-général des Suisses*. — Notre cousin le prince de Condé reprendra le titre de *colonel-général de l'infanterie de ligne*. — Notre neveu le duc d'Angoulême est revêtu du titre de *colonel-général des cuirassiers et des dragons*. — Notre neveu le duc de Berry prendra le titre de *colonel-général des chasseurs et des chevau-légers-lanciers*. — Notre cousin le duc d'Orléans prendra le titre de *colonel-général des hussards*. — Notre cousin le duc de Bourbon prendra le titre de *colonel-général de l'infanterie légère*. — Les généraux que le gouvernement précédent avait nommés aux fonctions de colonels-généraux auront le titre de *premiers inspecteurs-généraux* de leurs armes respectives, sous les ordres des princes que nous avons nommés colonels-généraux, et conserveront le traitement, les honneurs et prérogatives dont ils jouissent en ce moment. »

Du 16. — « Les généraux de brigade prendront la dénomination de *maréchaux de camp* ; les généraux de division prendront celle de *lieutenans-généraux*. »

Du même jour. — « Le ministère de la police générale et la préfecture de police de Paris sont réunis sous le titre de *direction générale de la police du royaume*. — Le directeur-général de la police aura près de nos personnes et dans nos palais les honneurs attribués aux ministres, et prendra rang immédiatement après eux. »

Du 20 mai. — « Louis, etc. Notre cousin le maréchal Oudinot est nommé commandant en chef du corps royal des grenadiers et des chasseurs à pied de France. — Notre cousin le maréchal Ney est nommé commandant en chef du corps royal des cuirassiers, des dragons, des chasseurs et des chevau-légers-lanciers de France. » (C'était la garde impériale.)

Du 18 mai. — « Louis, etc. Voulant donner à notre marine une preuve de notre estime et de notre bienveillance, nous avons ordonné, etc. La dignité d'*amiral de France* est conférée à notre neveu le duc d'Angoulême. »

TRAITÉ DE PAIX ENTRE LA FRANCE ET LES PUISSANCES ALLIÉES, DU 30 MAI 1814.

(*Dispositions principales.*)

« Le royaume de France conserve l'intégrité de ses limites telles qu'elles existaient à l'époque du 1er janvier 1792. Il recevra en outre une augmentation de territoire comprise dans la ligne de démarcation fixée par l'article suivant. (Cette augmentation comprenait quelques cantons annexés aux départemens des Ardennes, de la Moselle, du Bas-Rhin, de l'Ain, et une partie de la Savoie.) — Les cours alliées assurent à la France la possession de la principauté d'Avignon, du comtat Venaissin, du comté de Montbéliard, et de toutes les enclaves qui, ayant appartenu autrefois à l'Allemagne, sont comprises dans l'augmentation de territoire ci-dessus indiquée. — La Hollande, placée sous la souveraineté de la maison d'Orange, recevra un accroissement de territoire. Le titre et l'exercice de la souveraineté n'y pourront dans aucun cas appartenir à aucun prince portant ou appelé à porter une couronne étrangère. — Les états de l'Allemagne seront indépendans et unis par un lien fédératif. — La Suisse, indépendante, continuera de se gouverner par elle-même. — L'Italie, hors des limites des pays qui reviendront à l'Autriche, sera composée d'états souverains. — L'île de Malte et ses dépendances appartiendront en toute propriété et souveraineté à S. M. Britannique. — S. M. Britannique s'engage à restituer à S. M. Très-Chrétienne les colonies, pêcheries, comptoirs et établissemens de tous genres que la France possédait au 1er janvier 1792 dans les mers et sur les continens de l'Amérique, de l'Afrique et de l'Asie, à l'exception toutefois des îles de Tabago et de Sainte-Lucie, et de l'île de France et de ses dépendances, nommément Rodrigue et les Séchelles, lesquelles S. M. Très-Chrétienne cède en toute propriété et souveraineté à S. M. Britannique, comme aussi de la partie de Saint-Domingue cédée à la France par la paix de Bâle, et que S. M. Très-Chrétienne rétrocède à S. M. Catholique en toute propriété et souveraineté. — S. M. le roi de Suède et de Norwége consent à ce que l'île de la Guadeloupe soit restituée à S. M. Très-Chrétienne, et cède tous les droits qu'il peut avoir sur cette île. — S. M. Très-Fidèle (le roi de Portugal) s'engage à restituer à S. M. Très-Chrétienne la Guiane française, telle qu'elle existait au 1er janvier 1792. — S. M. Très-Chrétienne s'engage à ne faire aucun ouvrage de fortification dans les établissemens qui lui doivent être restitués, et qui sont situés dans les limites de la souveraineté britannique sur le continent des Indes, et à ne mettre dans ces établissemens que le nombre de troupes nécessaires pour le maintien de la police. — Les hautes parties contractantes s'étant réservé, par l'article 4 de la convention du 23 avril dernier, de régler dans le présent traité de paix définitive le sort des arsenaux et des vaisseaux de guerre armés et non armés qui se trouvent dans les places maritimes remises à la France en exécution de l'article 2 de ladite convention, il est convenu que lesdits vaisseaux et bâtimens de guerre armés et non armés, comme aussi l'artillerie navale et les munitions navales, et tous les matériaux de construction et d'armement, seront partagés entre la France et les pays où les places sont situées, dans la proportion de deux tiers pour la France et d'un tiers pour les puissances auxquelles lesdites places appartiendront (1). — Ne sont compris, dans les stipulations ci-dessus, les vaisseaux et arsenaux existans dans les places maritimes qui seraient tombées au pouvoir des alliés antérieurement au 23 avril, ni les vaisseaux et arsenaux qui appartenaient à la Hol-

---

(1) En vertu de cet article, qui est le cinquième du traité; la France perdit trente et un vaisseaux de haut rang et douze frégates.

lande, et nommément la *flotte du Texel*. — Dorénavant le port d'Anvers sera uniquement un port de commerce. — Les hautes parties contractantes, voulant mettre et faire mettre dans un entier oubli les divisions qui ont agité l'Europe, déclarent et promettent que, dans les pays restitués et cédés par le présent traité, aucun individu, de quelque classe et condition qu'il soit, ne pourra être poursuivi, inquiété ou troublé dans sa personne ou dans sa propriété, sous aucun prétexte, ou à cause de sa conduite ou opinion politique, ou de son attachement soit à aucune des parties contractantes, soit à des gouvernemens qui ont cessé d'exister, ou pour toute autre raison, si ce n'est pour les dettes contractées envers des individus, ou pour des actes postérieurs au présent traité. — Les puissances alliées, voulant donner à S. M. Très-Chrétienne un nouveau témoignage de leur désir de faire disparaître, autant qu'il est en elles, les conséquences de l'époque de malheur si heureusement terminée par la présente paix, renoncent à la totalité des sommes que les gouvernemens ont à réclamer de la France à raison de contrats, de fournitures ou d'avances quelconques faites au gouvernement français dans les différentes guerres qui ont eu lieu depuis 1792. De son côté S. M. Très-Chrétienne renonce à toute réclamation qu'elle pourrait former contre les puissances alliées aux mêmes titres. Dans le délai de deux mois toutes les puissances qui ont été engagées de part et d'autre dans la présente guerre enverront des plénipotentiaires à Vienne pour régler, dans un congrès général, les arrangemens qui doivent compléter les dispositions du précédent traité. »

Le jour même où fut signé ce traité, les souverains alliés firent une grande revue, et leurs troupes commencèrent à évacuer Paris; ce mouvement continua le lendemain. La dernière colonne des armées étrangères et les trois souverains avaient quitté la capitale dans les premiers jours de juin. Ce mouvement d'évacuation eut lieu en même temps dans toute la France. Les coalisés se retirèrent partout par journées d'étapes et ne tardèrent pas à repasser les frontières que les traités nous avaient laissées. A peine eurent-elles laissé le territoire libre, que les princes de la famille royale allèrent parcourir les départemens, pour se faire connaître et en prendre en quelque sorte connaissance et possession. Le duc d'Angoulême alla en Bretagne et retourna dans le Midi; le comte d'Artois parcourut l'Est depuis la Champagne jusqu'au Dauphiné. Ils furent, en quelques lieux, reçus avec un enthousiasme réel en Bretagne, en Vendée, dans le Midi, à Bordeaux, à Marseille; ailleurs, les populations montrèrent de la froideur ou de l'indifférence, et l'armée, du mécontentement partout. Les choses se passèrent à peu près comme à l'égard de l'étranger. Comme le remarque Thibaudeau, les hautes classes lui avaient donné des fêtes et en avaient reçu. Le peuple et le soldat s'étaient respectés. De même les princes furent en tous lieux reçus avec un grand empressement de la part des hautes classes, et accueillis avec plus que de la tiédeur par le peuple et le soldat.

Cependant une commission composée de neuf membres du sénat, de neuf membres du corps législatif et de quatre commissaires du roi, avait été chargée de rédiger une charte. Les sénateurs appelés à la rédaction de ce travail important, étaient MM. Barbé-Marbois, Barthélemy, Boissy-d'Anglas, Fontanes, Garnier, Pastoret, Sémonville, le maréchal Serrurier et Vimar; les législateurs étaient MM. Bois-Savary, Blanquart de Bailleul, Chabaud-Latour, Clausel de Coussergues, Duchesne, Duhamel, Faget de Baur, Félix Faulcon et Lainé; les commissaires du roi étaient d'Ambray, l'abbé de Montesquiou, Ferrand et Beugnot. Ce fut ce dernier qui eut la plus grande part à la rédaction de la Charte qui fut achevée en cinq jours, commencée le 22 mai, et terminée le 27. Conformément à la déclaration de Saint-Ouen, il fut décidé qu'elle serait communiquée à la nation, dans la séance solennelle par laquelle le roi devait ouvrir la session.

En conséquence, le 4 juin, Louis XVIII se rendit au corps législatif, où l'on avait convoqué, par lettres closes, tous les membres du corps législatif, et une partie seulement des sénateurs; car on avait rayé du nombre de ceux-ci cinquante-sept personnes, dont environ vingt appartenant à des pays séparés de la France, et douze conventionnels. Voici un extrait de la narration officielle de cette séance importante.

Discours du roi.

Messieurs, lorsque pour la première fois je viens dans cette enceinte m'environner des grands corps de l'état, des représentans d'une nation qui ne cesse de me prodiguer les plus touchantes marques de son amour, je me félicite d'être devenu le dispensateur des bienfaits que la divine Providence daigne accorder à mon peuple.

J'ai fait avec l'Autriche, la Russie, l'Angleterre et la Prusse une paix dans laquelle sont compris leurs alliés; c'est à-dire tous les princes de la chrétienté. La guerre était universelle; la réconciliation l'est pareillement.

Le rang que la France a toujours occupé parmi les nations n'a été transféré à aucune autre, et lui demeure sans partage. Tout ce que les autres états acquièrent de sécurité accroît également la sienne, et par conséquent ajoute à sa puissance véritable. Ce qu'elle ne conserve pas de ses conquêtes ne doit donc pas être regardé comme retranché de sa force réelle.

La gloire des armées françaises n'a reçu aucune atteinte; les monumens de leur valeur subsistent, et les chefs-d'œuvre des arts nous appartiennent désormais par des droits plus stables et plus sacrés que ceux de la victoire.

Les routes de commerce, si long-temps fermées, vont être libres. Le marché de la France ne sera plus seul ouvert aux productions de son sol et de son industrie ; celles dont l'habitude lui a fait un besoin, ou qui sont nécessaires aux arts qu'elle exerce, lui seront fournies par les possessions qu'elle recouvre. Elle ne sera plus réduite à s'en priver, ou à ne les obtenir qu'à des conditions ruineuses. Nos manufactures vont refleurir, nos villes maritimes vont renaître, et tout nous promet qu'un long calme au dehors et une félicité durable au dedans seront les heureux fruits de la paix.

Un souvenir douloureux vient toutefois troubler ma joie. J'étais né, je me flattais de rester toute ma vie le plus fidèle sujet du meilleur des rois ; et j'occupe aujourd'hui sa place! Mais du moins il n'est pas mort tout entier, il revit dans ce testament qu'il destinait à l'instruction de l'auguste et malheureux enfant auquel je devais succéder! C'est les yeux fixés sur cet immortel ouvrage, c'est pénétré des sentimens qui le dictèrent, c'est guidé par l'expérience, et secondé par les conseils de plusieurs d'entre vous, que j'ai rédigé la Charte constitutionnelle dont vous allez entendre la lecture, et qui asseoit sur des bases solides la prospérité de l'état.

Mon chancelier va vous faire connaître avec plus de détail mes intentions paternelles.

Discours du chancelier, M. Dambray.

Messieurs les sénateurs, messieurs les députés des départemens, vous venez d'entendre les paroles touchantes et les intentions paternelles de S. M.; c'est à ses ministres à vous faire les communications importantes qui en sont la suite.

Quel magnifique et touchant spectacle que celui d'un roi qui, pour s'assurer de nos respects, n'avait besoin que de ses vertus! qui déploie l'appareil imposant de la royauté pour apporter à son peuple, épuisé par vingt-cinq ans de malheurs, le bienfait si désiré d'une paix honorable, et celui non moins précieux d'une ordonnance de réformation par laquelle il éteint tous les partis, comme il maintient tous les droits!

Il s'est écoulé bien des années depuis que la Providence divine appela notre monarque au trône de ses pères. A l'époque de son avénement, la France, égarée par de fausses théories, divisée par l'esprit d'intrigue, aveuglée par de vaines apparences de liberté, était devenue la proie de toutes les factions, comme le théâtre de tous les excès, et se trouvait livrée aux plus horribles convulsions de l'anarchie. Elle a successivement essayé de tous les gouvernemens, jusqu'à ce que le poids des maux qui l'accablaient l'ait enfin ramenée au gouvernement paternel qui, pendant quatorze siècles, avait fait sa gloire et son bonheur.

Le souffle de Dieu a renversé ce colosse formidable de puissance qui pesait sur l'Europe entière ; mais sous les débris d'un édifice gigantesque, encore plus promptement détruit qu'élevé, la France a retrouvé du moins les fondemens inébranlables de son antique monarchie.

C'est sur cette base sacrée qu'il faut élever aujourd'hui un édifice durable, que le temps et la main des hommes ne puissent plus détruire. C'est le roi qui en devient plus que jamais la pierre fondamentale ; c'est autour de lui que tous les Français doivent se rallier. Et quel roi mérita jamais mieux leur obéissance et leur fidélité? Rappelé dans ses états par les vœux unanimes de ses peuples, il les a conquis sans armée, les a soumis par amour; il a réuni tous les esprits en gagnant tous les cœurs.

En pleine possession de ses droits héréditaires sur ce beau royaume, il ne veut exercer l'autorité qu'il tient de Dieu et de ses pères qu'en posant lui-même les bornes de son pouvoir.

Loin de lui l'idée que la souveraineté doive être dégagée des contrepoids salutaires qui, sous des dénominations différentes, ont constamment existé dans notre Constitution! Il y substitue lui-même un établissement de pouvoir tellement combiné qu'il offre autant de garanties pour la nation que de sauvegardes pour la royauté. Il ne veut être que le chef suprême de la grande famille dont il est le père. C'est lui-même qui vient donner aux Français une Charte constitutionnelle appropriée à leurs désirs comme à leurs besoins, et à la situation respective des hommes et des choses.

L'enthousiasme touchant avec lequel le roi a été reçu dans ses états, l'empressement spontané de tous les corps civils et militaires, ont convaincu S. M. de cette vérité si douce pour son cœur, que la France était monarchique par sentiment, et regardait le pouvoir de la couronne comme un pouvoir tutélaire nécessaire à son bonheur.

Sa Majesté ne craint donc pas qu'il puisse rester aucun genre de défiance entre elle et son peuple; inséparablement unis par les liens du tendre amour, une confiance mutuelle doit cimenter tous les engagemens.

Il faut à la France un pouvoir royal protecteur sans pouvoir devenir oppressif; il faut au roi des sujets aimans et fidèles, toujours libres et égaux devant la loi. L'autorité doit avoir assez de force pour déjouer tous les partis, comprimer toutes les factions, imposer à tous les ennemis qui menaceraient son repos et son bonheur.

La nation peut en même temps désirer une garantie contre tous les genres d'abus dont elle vient d'éprouver les excès.

La situation momentanée du royaume après tant d'années d'orages exige enfin quelques précautions, peut-être même quelques sacrifices, pour apaiser toutes les haines, prévenir toutes les réactions, consolider toutes les fortunes, amener, en un mot, tous les Français à un oubli généreux du passé et à une réconciliation générale.

Tel est, messieurs, l'esprit vraiment paternel dans lequel a été rédigée cette grande Charte que le roi m'ordonne de mettre sous les yeux de l'ancien sénat et du dernier corps législatif. Si le premier de ces corps a pour ainsi dire cessé d'exister avec la puissance qui l'avait établi; si le second ne peut plus avoir, sans l'autorisation du roi, que des pouvoirs incertains, et déjà expirés pour plusieurs de ses séries, leurs membres n'en sont pas moins l'élite légale des notables du royaume. Aussi le roi les a-t-il consultés en choisissant dans leur sein les membres que leur confiance avait plus d'une fois signalés à l'estime publique; il en a pour ainsi dire agrandi son conseil, et il doit à leurs sages observations plusieurs additions utiles, plusieurs restrictions importantes.

C'est le travail unanime de la commission dont ils ont fait partie qui va être mis sous vos yeux pour être ensuite porté aux deux Chambres créées par la Constitution, et envoyé à tous les tribunaux comme à toutes les municipalités.

Je ne doute pas, messieurs, qu'il n'excite parmi vous un enthousiasme de reconnaissance qui du sein de la capitale se propagera bientôt jusqu'aux extrémités du royaume.

M. le chancelier remet les actes ci-après à M. le ministre d'état Ferrand, qui en donne lecture à l'assemblée :

1° — CHARTE CONSTITUTIONNELLE.

« LOUIS, PAR LA GRACE DE DIEU, ROI DE FRANCE ET DE NAVARRE;

» A tous ceux qui ces présentes verront, salut.

» La divine Providence, en nous rappelant dans nos états après une longue absence, nous a imposé de grandes obligations. La paix était le premier besoin de nos sujets; nous nous en sommes occupé sans relâche, et cette paix, si nécessaire à la France comme au reste de l'Europe, est signée. Une Charte constitutionnelle était sollicitée par l'état actuel du royaume; nous l'avons promise, et nous la publions. Nous avons considéré que, bien que l'autorité tout entière résidât en France dans la personne du roi, nos prédécesseurs n'avaient point hésité à en modifier l'exercice suivant la différence des temps; que c'est ainsi que les communes ont dû leur affranchissement à Louis-le-Gros, la confirmation et l'extension de leurs droits à saint Louis et à Philippe-le-Bel; que l'ordre judiciaire a été établi et développé par les lois de Louis XI, d'Henri II et de Charles IX; enfin que Louis XIV a réglé presque toutes les parties de l'administration publique par différentes ordonnances dont rien encore n'avait surpassé la sagesse. Nous avons dû, à l'exemple des rois nos prédécesseurs, apprécier les effets du progrès toujours croissant des lumières, les rapports nouveaux que ces progrès ont introduits dans la société, la direction imprimée aux esprits depuis un demi-siècle, et les graves altérations qui en sont résultées. Nous avons reconnu que le vœu de nos sujets pour une Charte constitutionnelle était l'expression d'un besoin réel; mais en cédant à ce vœu nous avons pris toutes les précautions pour que cette Charte fût digne de nous et du peuple auquel nous sommes fiers de commander. Des hommes sages, pris dans les premiers corps de l'état, se sont réunis à des commissaires de notre conseil pour travailler à cet important ouvrage.

» En même temps que nous reconnaissions qu'une constitution libre et monarchique devait remplir l'attente de l'Europe éclairée, nous avons dû nous souvenir aussi que notre premier devoir envers nos peuples était de conserver pour leur propre intérêt les droits et les prérogatives de notre couronne. Nous avons espéré qu'instruits par l'expérience, ils seraient convaincus que l'autorité suprême peut seule donner aux institutions qu'elle établit la force, la permanence et la majesté dont elle est elle-même revêtue; qu'ainsi, lorsque la sagesse des rois s'accorde librement avec le vœu des peuples, une Charte constitutionnelle peut être de longue durée; mais que quand la violence arrache des concessions à la faiblesse du gouvernement, la liberté publique n'est pas moins en danger que le trône même. Nous avons enfin cherché les principes de la Charte constitutionnelle dans le caractère français et dans les monumens vénérables des siècles passés. Ainsi nous avons vu, dans le renouvellement de la pairie, une institution vraiment nationale, et qui doit lier tous les souvenirs à toutes les espérances en réunissant les temps anciens et les temps modernes. Nous avons remplacé par la Chambre des députés ces anciennes assemblées des champs de Mars et de Mai, et ces chambres du tiers-état qui ont si souvent donné tout à la fois des preuves de zèle pour les intérêts du peuple, de fidélité et de respect pour l'autorité des rois. En cherchant ainsi à renouer la chaîne des temps, que de funestes écarts avaient interrompue, nous avons effacé de notre souvenir, comme nous voudrions qu'on pût les effacer de l'histoire, tous les maux qui ont affligé la patrie durant notre absence. Heureux de nous retrouver au sein de la grande famille, nous n'avons su répondre à l'amour dont nous recevons tant de témoignages qu'en prononçant des paroles de paix et de consolation. Le vœu le plus cher à notre cœur, c'est que tous les Français vivent en frères, et que jamais aucun souvenir amer ne trouble la sécurité qui doit suivre l'acte solennel que nous leur accordons aujourd'hui.

» Sûr de nos intentions, fort de notre conscience, nous nous engageons, devant l'assemblée qui nous écoute, à être fidèle à cette Charte constitutionnelle, nous réservant d'en jurer le maintien avec une nouvelle solennité devant les autels de celui qui pèse dans la même balance les rois et les nations.

» A ces causes, nous avons volontairement, et par le libre exercice de notre autorité royale, accordé et accordons, fait concession et octroi à nos sujets, tant pour nous que pour nos successeurs, et à toujours, de la Charte constitutionnelle qui suit :

Droits publics des Français.

» ART. 1er. Les Français sont égaux devant la loi, quels que soient d'ailleurs leurs titres et leurs rangs.

» 2. Ils contribuent indistinctement, dans la proportion de leur fortune, aux charges de l'état.

» 3. Ils sont tous également admissibles aux emplois civils et militaires.

» 4. Leur liberté individuelle est également garantie, personne ne pouvant être poursuivi ni arrêté que dans les cas prévus par la loi et dans la forme qu'elle prescrit.

» 5. Chacun professe sa religion avec une égale liberté, et obtient pour son culte la même protection.

» 6. Cependant la religion catholique, apostolique et romaine, est la religion de l'état.

» 7. Les ministres de la religion catholique, apostolique et romaine, et ceux des autres cultes chrétiens reçoivent seuls des traitemens du trésor royal.

» 8. Les Français ont le droit de publier et de faire imprimer leurs opinions, en se conformant aux lois qui doivent réprimer les abus de cette liberté.

» 9. Toutes les propriétés sont inviolables, sans aucune exception de celles qu'on appelle nationales, la loi ne mettant aucune différence entre elles.

» 10. L'état peut exiger le sacrifice d'une propriété pour cause d'intérêt public légalement constaté, mais avec une indemnité préalable.

» 11. Toutes recherches des opinions et votes émis jusqu'à la restauration sont interdites. Le même oubli est commandé aux tribunaux et aux citoyens.

» 12. La conscription est abolie. Le mode de recrutement de l'armée de terre et de mer est déterminé par une loi.

Forme du gouvernement du roi.

» 13. La personne du roi est inviolable et sacrée. Ses ministres sont responsables. Au roi seul appartient la puissance exécutive.

» 14. Le roi est le chef suprême de l'état; commande les forces de terre et de mer; déclare la guerre; fait les traités de paix, d'alliance et de commerce; nomme à tous les emplois de l'administration publique, et fait les réglemens et ordonnances nécessaires pour l'exécution des lois et la sûreté de l'état.

» 15. La puissance législative s'exerce collectivement par le roi, la Chambre des Pairs et la Chambre des Députés des départemens.

» 16. Le roi propose la loi.

» 17. La proposition de la loi est portée, au gré du roi, à la Chambre des

Pairs ou à celle des Députés, excepté la loi de l'impôt, qui doit être adressée d'abord à la Chambre des Députés.

» 18. Toute loi doit être discutée et votée librement par la majorité de chacune des deux Chambres.

» 19. Les Chambres ont la faculté de supplier le roi de proposer une loi sur quelque objet que ce soit, et d'indiquer ce qui leur parait convenable que la loi contienne.

» 20. Cette demande pourra être faite par chacune des deux Chambres, mais après avoir été discutée en comité secret.

» Elle ne sera envoyée à l'autre Chambre par celle qui l'aura proposée qu'après un délai de dix jours.

» 21. Si la proposition est adoptée par l'autre Chambre, elle sera mise sous les yeux du roi; si elle est rejetée, elle ne pourra être représentée dans la même session.

» 22. Le roi seul sanctionne et promulgue les lois.

» 23. La liste civile est fixée pour toute la durée du règne par la première législature assemblée depuis l'avénement du roi.

Chambre des Pairs.

» 24. La Chambre des Pairs est une portion essentielle de la puissance législative.

» 25. Elle est convoquée par le roi en même temps que la Chambre des Députés des départemens. La session de l'une commence et finit en même temps que celle de l'autre.

» 26. Toute assemblée de la Chambre des Pairs qui serait tenue hors du temps de la session de la Chambre des Députés, ou qui ne serait pas ordonnée par le roi, est illicite et nulle de plein droit.

» 27. La nomination des Pairs de France appartient au roi. Leur nombre est illimité; il peut en varier les dignités, les nommer à vie ou les rendre héréditaires, selon sa volonté.

» 28. Les pairs ont entrée dans la Chambre à vingt-cinq ans, et voix délibérative à trente ans seulement.

» 29. La Chambre des Pairs est présidée par le chancelier de France; et, en son absence, par un pair nommé par le roi.

» 30. Les membres de la famille royale et les princes du sang sont pairs par le droit de leur naissance; ils siégent immédiatement après le président, mais ils n'ont voix délibérative qu'à vingt-cinq ans.

» 31. Les princes ne peuvent prendre séance à la Chambre que de l'ordre du roi, exprimé, pour chaque session, par un message, à peine de nullité de tout ce qui aurait été fait en leur présence.

» 32. Toutes les délibérations de la Chambre des Pairs sont secrètes.

» 33. La Chambre des Pairs connaît des crimes de haute trahison et des attentats à la sûreté de l'État, qui seront définis par la loi.

» 34. Aucun pair ne peut être arrêté que de l'autorité de la Chambre, et jugé que par elle en matière criminelle.

De la Chambre des Députés des départemens.

» 35. La Chambre des Députés sera composée des députés élus par les colléges électoraux, dont l'organisation sera déterminée par des lois.

» 36. Chaque département aura le même nombre de députés qu'il a eu jusqu'à présent.

» 37. Les députés seront élus pour cinq ans, et de manière que la Chambre soit renouvelée chaque année par cinquième.

» 38. Aucun député ne peut être admis dans la Chambre s'il n'est âgé de quarante ans, et s'il ne paie une contribution directe de 1000 francs.

» 39. Si néanmoins il ne se trouvait pas dans le département cinquante personnes de l'âge indiqué, payant au moins 1000 francs de contributions directes, leur nombre sera complété par les plus imposés au-dessous de 1000 francs, et ceux-ci ne pourront être élus concurremment avec les premiers.

» 40. Les électeurs qui concourent à la nomination des députés ne peuvent avoir droit de suffrage s'ils ne paient une contribution directe de 300 francs, et s'ils ont moins de trente ans.

» 41. Les présidens des colléges électoraux seront nommés par le roi, et de droit membres du collége.

» 42. La moitié au moins des députés sera choisie parmi les éligibles qui ont leur domicile politique dans le département.

» 43. Le président de la Chambre des Députés est nommé par le roi sur une liste de cinq membres présentée par la Chambre.

» 44. Les séances de la Chambre sont publiques; mais la demande de cinq membres suffit pour qu'elle se forme en comité secret.

» 45. La Chambre se partage en bureaux pour discuter les projets qui lui ont été présentés de la part du roi.

» 46. Aucun amendement ne peut être fait à une loi s'il n'a été proposé ou consenti par le roi, et s'il n'a été renvoyé et discuté dans les bureaux.

» 47. La Chambre des Députés reçoit toutes les propositions d'impôt; ce n'est qu'après que ces propositions ont été admises qu'elles peuvent être portées à la Chambre des Pairs.

» 48. Aucun impôt ne peut être établi ni perçu s'il n'a été consenti par les deux Chambres et sanctionné par le roi.

» 49. L'impôt foncier n'est consenti que pour un an. Les impositions indirectes peuvent l'être pour plusieurs années.

» 50. Le roi convoque chaque année les deux Chambres; il les proroge et peut dissoudre celle des députés des départemens, mais dans ce cas il doit en convoquer une nouvelle dans le délai de trois mois.

» 51. Aucune contrainte par corps ne peut être exercée contre un membre de la Chambre durant la session et dans les six semaines qui l'auront précédée ou suivie.

» 52. Aucun membre de la Chambre ne peut, pendant la durée de la session, être poursuivi ni arrêté en matière criminelle, sauf le cas de flagrant délit, qu'après que la chambre a permis sa poursuite.

» 53. Toute pétition à l'une ou à l'autre des Chambres ne peut être faite et présentée que par écrit. La loi interdit d'en apporter en personne à la barre.

Des ministres.

» 54. Les ministres peuvent être membres de la Chambre des Pairs ou de la Chambre des Députés. Ils ont en outre leur entrée dans l'une ou l'autre Chambre, et doivent être entendus quand ils le demandent.

» 55. La Chambre des Députés a le droit d'accuser les ministres et de les traduire devant la Chambre des Pairs, qui seule a celui de les juger.

» 56. Ils ne peuvent être accusés que pour fait de trahison ou de concussion. Des lois particulières spécifieront cette nature de délits et en détermineront la poursuite.

De l'ordre judiciaire.

» 57. Toute justice émane du roi ; elle s'administre en son nom par des juges qu'il nomme et qu'il institue.

» 58. Les juges nommés par le roi sont inamovibles.

» 59. Les cours et tribunaux ordinaires actuellement existans sont maintenus. Il n'y sera rien changé qu'en vertu d'une loi.

» 60. L'institution actuelle des juges de commerce est conservée.

» 61. La justice de paix est également conservée. Les juges de paix, quoique nommés par le roi, ne sont point inamovibles.

» 62. Nul ne pourra être distrait de ses juges naturels.

» 63. Il ne pourra en conséquence être créé de commissions et de tribunaux extraordinaires. Ne sont pas comprises sous cette dénomination les juridictions prévôtales, si leur établissement est jugé nécessaire.

» 64. Les débats seront publics en matière criminelle, à moins que cette publicité ne soit dangereuse pour l'ordre et les mœurs ; et dans ce cas le tribunal le déclare par un jugement.

» 65. L'institution des jurés est conservée. Les changemens qu'une plus longue expérience ferait juger nécessaires ne peuvent être effectués que par une loi.

» 66. La peine de la confiscation des biens est abolie et ne pourra pas être rétablie.

» 67. Le roi a droit de faire grâce et celui de commuer les peines.

» 68. Le Code civil et les lois actuellement existantes qui ne sont pas contraires à la présente Charte restent en vigueur jusqu'à ce qu'il y soit légalement dérogé.

Droits particuliers garantis par l'état.

» 69. Les militaires en activité de service, les officiers et soldats en retraite, les veuves, les officiers et soldats pensionnés conserveront leurs grades, honneurs et pensions.

» 70. La dette publique est garantie : toute espèce d'engagement pris par l'état avec ses créanciers est inviolable.

» La noblesse ancienne reprend ses titres ; la nouvelle conserve les siens. Le Roi fait des nobles à volonté ; mais il ne leur accorde que des rangs et des honneurs, sans aucune exemption des charges et des devoirs de la société.

» 72. La Légion-d'Honneur est maintenue. Le roi déterminera les règlemens intérieurs et la décoration.

» 73. Les colonies seront régies par des lois et des règlemens particuliers.

» 74. Le roi et ses successeurs jureront, dans la solennité de leur sacre, d'observer fidèlement la présente Charte constitutionnelle.

Articles transitoires.

» 75. Les députés des départemens de France qui siégeaient au corps législatif lors du premier ajournement continueront de siéger à la Chambre des Députés jusqu'à remplacement.

» 76. Le premier renouvellement d'un cinquième de la Chambre des Députés aura lieu au plus tard en l'année 1816, suivant l'ordre établi entre les séries.

» Nous ORDONNONS que la présente Charte constitutionnelle, mise sous les yeux du sénat et du corps législatif, conformément à notre proclamation du 2 mai, sera envoyée incontinent à la Chambre des Pairs et à celle des Députés.

» Donné à Paris, l'an de grace dix-huit cent quatorze, et de notre règne le dix-neuvième. Signé LOUIS. Visa : signé DAMBRAY. Par le roi, signé L'abbé DE MONTESQUIOU. »

ANNÉES 1814 ET 1815.

—. M. Ferrand donna ensuite lecture : 1° d'une ordonnance relative aux étrangers, qui déclarait qu'à compter de ce jour nul d'entre eux ne pourrait faire partie des chambres à moins d'avoir obtenu du roi des lettres de naturalisation vérifiées par les deux chambres; 2° d'une ordonnance relative au sénat, qui assurait à chaque sénateur né Français une pension annuelle de 36,000 fr.; 3° d'une ordonnance relative à la chambre des pairs qui assignait le palais du Luxembourg à cette assemblée, et en nommait le vice-président et le grand référendaire; 4° d'une ordonnance relative à la Chambre des Députés; d'après cet acte, portant encore la même date, la portion du palais Bourbon occupée par le ci-devant corps législatif reste affectée à la Chambre des Députés, de la manière qui sera déterminée par le roi, de concert avec le prince de Condé (propriétaire dudit palais). — Le traitement dont les anciens députés au corps législatif ont joui jusqu'à présent leur sera continué pendant le temps qui reste à écouler de leurs fonctions à la Chambre des Députés. — La direction du service de cette chambre est laissée à deux questeurs, choisis par le roi sur la présentation de cinq candidats membres de la Chambre, et nommés par elle.

Lecture faite de ces communications par M. le ministre d'état Ferrand, M. le chancelier reprend la parole, et proclame ainsi les noms de cent cinquante-quatre personnes que le roi, par une décision de ce jour, a nommées à vie, pour composer la Chambre des Pairs de France :

M. l'archevêque de Reims.
l'évêque de Langres.
l'évêque de Châlons.
M. le duc d'Uzès.
d'Elbeuf.
de Monbazon.
de la Trémouille.
de Chevreuse.
de Brissac.
de Richelieu.
de Rohan.
de Luxembourg.
de Gramont.
de Mortemart.
de Saint-Aignan.
de Noailles.
d'Aumont.
d'Harcourt.
de Fitz-James.
de Brancas.
de Valentinois.
de Fleury.
de Duras.
de la Vauguyon.
de Praslin.
de la Rochefoucauld.
de Clermont-Tonnerre.
de Choiseul.
de Coigny.
M. le prince de Bénévent.

M. le duc de Croy.
de Broglie.
de Laval-Montmorency.
de Montmorency.
de Beaumont.
de Lorges.
de Croï-d'Havré.
de Polignac.
de Lévis.
de Maillé.
de Saulx-Tavannes.
de la Force.
de Castries.
de Noailles, prince de Poix.
Doudeauville.
M. le prince de Chalais.
M. le duc de Sérent.
M. le duc de Plaisance.
M. le prince de Wagram.
M. le maréchal duc de Tarente.
d'Elchingen.
d'Albuféra.
de Castiglione.
M. le maréchal comte de Gouvion-Saint-Cyr.
M. le maréchal duc de Raguse.
de Reggio.
de Conégliano.
de Trévise.
M. le comte Abrial.

M. le comte de Barral, archevêque de Tours.
Barthélemy.
M. le cardinal de Bayanne.
M. le comte de Beauharnais.
de Beaumont.
Berthollet.
de Beurnonville.
Barbé-Marbois.
Boissy-d'Anglas.
Bourlier, évêque d'Évreux.
M. le duc de Cadore.
M. le comte de Canclaux.
Casa-Bianca.
Chasseloup-Laubat.
Cholet.
Clément de Ris.
Colaud.
Colchen.
Cornet.
Cornudet.
d'Aboville.
d'Aguesseau.
M. le maréchal duc de Dantzig.
M. le comte Davoust.
Demont.
Decroix.
Dedeley-d'Agier.
Dejean.
d'Embarrère.
Depère.
Destutt de Tracy.
d'Harville.
d'Haubersaert.
d'Hédouville.
Dupont.
Dupuy.
Emmery.
Fabre (de l'Aude).
Fontanes.
Garnier.
Gassendi.
Gouvion.
Herwyn.
de Jaucourt.
Journu Aubert.
Klein.
Lacépède.

M. le comte de Lamartillière.
Lanjuinais.
Laplace.
de la Tour-Maubourg.
Lecouteulx-Canteleu.
Lebrun de Rochemont.
Legrand.
Lemercier.
Lenoir-Laroche.
de l'Espinasse.
de Malleville.
de Monbadon.
de Montesquiou.
Pastoret.
Péré.
M. le maréchal comte Pérignon.
M. le comte de Pontécoulant.
Porcher de Richebourg.
Rampon.
Redon.
de Sainte-Suzanne.
de Saint-Vallier.
de Ségur.
de Sémonville.
M. le maréchal comte Serrurier.
M. le comte Soulès.
Shée.
de Tascher.
de Thévenard.
de Valence.
M. le maréchal duc de Valmy.
M. le comte de Vaubois.
Vernier.
de Villemanzy.
Vimar.
Volney.
Maison.
Dessolles.
Latour-Maubourg.
M. le duc de Feltre.
M. le comte Belliard.
Curial.
Vioménil.
de Vaudreuil.
M. le Bailly de Crussol.
M. le marquis d'Harcourt.
M. le marquis de Clermont-Gallerande.
M. le comte Charles de Damas.

Après cette proclamation, MM. les pairs et MM. les députés sont appelés au serment, qu'ils prêtent entre les mains de S. M.

Le roi donne ensuite aux deux chambres l'ordre de se réunir immédiatement et de se former chacune dans le palais qui lui est affecté. L'assemblée se sépare aux cris de *Vive le Roi!*

— Aussitôt que le roi eut quitté la salle, les nouveaux pairs se rendirent dans leur palais ; ils délibérèrent et votèrent une adresse au roi, qui fut portée le soir même aux Tuileries. Quant aux députés, ils ne furent pas aussi expéditifs ; cependant ils ne se séparèrent pas après la séance royale ; lorsque Louis XVIII et les pairs les eurent laissés libres, Felix Faulcon, leur président provisoire, prit place au bureau. On proposa de rédiger une adresse et de nommer une commission. M. de Beaumont proposa de choisir celle qui avait déjà été *nommée au mois de décembre dernier.* Cette proposition fut unanimement acceptée ; la chambre s'ajourna au lundi suivant, 6 juin. L'adresse fut alors discutée, adoptée et le même jour présentée au roi. Ces deux adresses contenaient explicitement une acceptation de la Charte. Un seul membre des chambres, M. Durbach, député de la Moselle, avait préparé un discours pour réclamer contre le mode de présentation de cette loi constitutive ; il voulait qu'elle fût discutée par les chambres ; mais on l'engagea à supprimer son discours. Il le fit imprimer quelques jours après. On remarqua que l'adresse de la chambre des députés se terminait par une phrase sur le bonheur que les sujets du roi devraient à *Louis-le-Désiré.*

Malgré le soin que les membres de la législature avaient eu d'éviter toute question constitutionnelle relative aux droits respectifs de la nation et du roi, on en raisonna beaucoup dans le public. On s'effraya de penser que le roi ou ses successeurs pourraient se croire aussi bien le droit de retirer qu'ils s'étaient cru celui de donner. Mais on se rassura en se disant que c'était un engagement sacré pris envers la France par Louis XVIII pour tous les Bourbons, que c'était un contrat qui cesserait d'obliger l'une des parties du moment où l'autre manquerait aux clauses qui y étaient contenues, etc. Ce fut par des discours semblables que commença à renaître en France l'habitude des conversations politiques, que l'empire avait presque fait perdre.

Le premier mois de la session fut employé par la chambre des députés à se constituer et à faire son règlement. Le roi, parmi cinq candidats qu'elle lui présenta, choisit Lainé pour son président.

Le 12 juillet, l'abbé Montesquiou lut un exposé de la situation du royaume. Il insista beaucoup sur les malheurs de la guerre et de la conscription. « L'état des appels ordonnés depuis la fin de la campagne de Russie est effrayant, disait-il :

» 11 janvier 1813..............	350,000 hommes.
» 3 avril, gardes-d'honneur.......	10,000
» Premier ban de gardes nationales...	80,000
» Gardes nationales pour les côtes....	90,000
» 24 août, armée d'Espagne........	30,000
» 9 octobre, conscription de 1814 et antérieures.............	120,000
» Conscription de 1815...........	160,000
» 15 novembre, rappel de l'an xi à 1814..	300,000
» Janvier 1813, offres de cavaliers équipés................	17,000
» 1814, levées en masse organisées. ..	143,000
Total...	1,300,000 hommes.

» Heureusement, ajoutait-il, ces dernières levées n'ont pu être complétement exécutées.

» Plusieurs causes concouraient cependant à réparer ces pertes : le sort des habitans des campagnes, amélioré par la division des grandes propriétés, l'égalité de partage dans les successions, et la propagation de la vaccine, ont été sans doute les plus puissantes. C'est à la faveur de ces causes, et en exagérant leurs effets, qu'on a essayé de tromper la nation sur l'étendue de ses sacrifices ; plus on enlevait d'hommes à la France, plus on s'efforçait de lui prouver qu'elle pouvait amplement suffire à cette effroyable destruction ; mais quand les tableaux qu'on lui présentait eussent été exacts, il en serait seulement résulté que le nombre des naissances devait faire voir avec indifférence le nombre des morts.

» On a été plus loin ; on a voulu voir dans la conscription même la source d'un accroissement de population, source impure qui a introduit le désordre et l'immoralité dans les mariages conclus avec précipitation et imprudence ; de là une foule de ménages malheureux, d'unions ridicules ou indécentes ; on a vu même des hommes du peuple, bientôt lassés d'un état qu'ils n'avaient embrassé que pour se soustraire à la conscription, se rejeter ensuite dans les dangers qu'ils avaient voulu éviter, et s'offrir comme remplaçans pour sortir de la misère qu'ils n'avaient pas prévue, ou rompre des liens si mal assortis.

» Comment n'a-t-on pas réfléchi que si la conscription, en multipliant ces mariages déplorables, avait pu accroître le nombre des naissances, elle enlevait annuellement à la France une grande partie de ces hommes déjà formés qui constituent la véritable force d'une nation? Les faits prouvent évidemment une conséquence si naturelle : la population au-dessous de vingt ans s'est accrue; au-delà de cette limite, la diminution est prodigieuse et incontestable.

» Ainsi, tandis que le gouvernement attaquait les sources de la prospérité nationale, il étalait avec orgueil les restes de cette prospérité qui ne cessait de lutter contre ses fatales mesures; il cherchait à déguiser le mal qu'il faisait sous le bien qui se soutenait encore et dont il n'était pas l'auteur. Maître d'un pays où de longs travaux avaient amassé de grandes richesses, où la civilisation avait fait les plus heureux progrès, où l'industrie et le commerce avaient pris depuis soixante ans un essor prodigieux, il s'emparait de tous ces fruits de l'activité de tant de générations et de l'expérience de tant de siècles, tantôt pour les faire servir à ses funestes desseins, tantôt pour cacher les tristes effets de son influence. Le simple exposé de l'état actuel du royaume montrera constamment la prospérité nationale luttant contre un principe destructeur, sans cesse attaquée, souvent atteinte de coups terribles, et puisant toujours en elle-même des ressources toujours insuffisantes. »

— Le rapport évaluait les pertes en matériel militaire éprouvées dans les campagnes de 1812 et 1813, à 250,000,000 fr., et les dépenses faites dans les places qui n'appartenaient plus à la France à 115,000,000; enfin l'arriéré sur les dépenses de la guerre montait à 261,000,000. — Il évaluait les pertes faites par la marine à plus de 200,000,000, représentant la valeur de quarante-trois vaisseaux, quatre-vingt-deux frégates, soixante-seize corvettes et soixante-deux bâtimens de transport perdus en *expéditions mal conçues*. Les préparatifs pour le débarquement en Angleterre avaient coûté 150,000,000. Le déficit ou l'arriéré des dépenses de la marine était de 61,000,000. Le rapport évaluait le total des anticipations ou des fonds consommés à l'avance à 805,469,000 francs, sans compter l'arriéré des divers ministères, qu'on n'évaluait pas à moins de 500,000,000, ce qui, ensemble, constituait un déficit à combler par l'avenir qui ne s'élevait pas à moins de 1,505,469,000 francs. Ce tableau était effrayant; mais le ministre avait eu le soin de rassurer ses auditeurs en leur parlant des progrès réels faits par l'agriculture et le commerce.

La chambre des députés remercia le roi de cette communication.

Dans son rapport sur les finances, le baron Louis imita l'abbé

Montesquiou. Suivant lui, l'empire n'avait jamais présenté au corps législatif un budget sincère et complet. Pour solder l'arriéré il proposa de vendre trois cent mille hectares de forêts nationales, les biens des communes, et de lui ouvrir un crédit en rentes cinq pour cent, destinées à combler ce qui resterait de l'arriéré. Cette dernière proposition donna lieu à une discussion assez vive où l'on s'appuya de part et d'autre de l'exemple de l'Angleterre. Le projet passa à une majorité de cent quarante voix contre soixante-huit. Le budget de 1815 fut arrêté pour les recettes à 618,000,000, et pour les dépenses à 545,700,000. On maintint l'impôt des droits réunis, malgré la promesse formelle que le comte d'Artois, à son entrée en France, avait faite de l'abolir; seulement on en changea le nom. L'administration des droits réunis fut appelée administration des contributions indirectes.

On reprocha à la restauration de nombreuses dilapidations en matière de finances. On assure que dans ses premiers mois, elle consomma en profusions des sommes considérables dont le versement au trésor eût de beaucoup réduit l'arriéré. D'après l'état présenté par la Bouillerie, le 1er avril 1814, le trésor du domaine extraordinaire contenait des valeurs pour la somme de 333,512,485 francs. Qu'étaient-elles devenues? une partie formant, dit-on, 20,000,000 en or, avait été emportée à Blois par la régence. Elle tomba tout entière entre les mains du nouveau gouvernement qui n'en rendit aucun compte et en fit des générosités. Une autre partie consistait en 8,000,000 d'actions de la banque; elles furent négociées, et le produit en fut distribué de la même manière. Une autre portion, montant à plus de 140,000,000, consistant en obligations de la Prusse, de l'Autriche, de la Bavière, de la Saxe, de Westphalie, de Francfort, etc., fut remise aux débiteurs. Les pièces de cette volumineuse comptabilité, dont nous ignorons les autres détails, sont déposées dans les archives de la cour des comptes.

Outre le budget, auquel les hommes de l'empire reprochaient d'être motivé sans loyauté, les Chambres votèrent différentes lois. Nous allons énumérer les principales, c'est-à-dire celles qui touchaient aux intérêts généraux.

1° *Loi qui rend aux émigrés leurs biens non vendus;* proposée le 13 septembre par M. le ministre d'état Ferrand; adoptée le 4 novembre par les députés, à la majorité de cent soixante-neuf voix contre vingt-trois.—Dans la discussion, MM. Lainé et Fourquevaux avaient inutilement demandé des indemnités pour les émigrés dont les biens étaient vendus. Lorsque, le 5 décembre, la Chambre des Pairs eut adopté la loi, M. le maréchal duc de Tarente renouvela cette demande, mais avec une addition qui lui assurait plus de succès. La proposition du maréchal tendait « à » accorder, par une mesure générale, des indemnités : 1° aux émi- » grés dont les biens avaient été vendus; 2° aux militaires qui » avaient reçu de l'ancien gouvernement des dotations de 500 à » 2,000 francs. » Le 28 décembre, attendu sa prochaine séparation, la Chambre des Pairs ajourna cette proposition à la session suivante, suppliant le roi de faire préparer pour cette époque des renseignemens qui la missent à même de statuer sur lesdites indemnités.

2° *Loi qui reconnaît comme dettes de l'état, jusqu'à concurrence de trente millions, les dettes contractées par le roi en pays étranger.* — Sur la proposition de M. Fornier de Saint-Lary, faite le 22 juillet, la Chambre, par une résolution du 5 septembre, avait supplié le roi de présenter l'état de ses dettes en pays étranger. M. de Blacas-d'Aulps, ministre de la maison du roi, proposa une loi en conséquence le 29 novembre. Adoptée le 15 du mois suivant, cette loi a réuni cent cinquante-neuf suffrages sur cent soixante votans.

3° *Loi relative à la liste civile.* — Dès le 27 juin M. Delhorme avait demandé que le roi fût supplié de fixer sa liste civile. Le 27 août, sur l'avis d'une commission, la chambre prit une résolution contenant tous les articles de la loi projetée. Le 15 septembre la Chambre des Pairs amenda cette résolution d'une manière encore plus favorable à la couronne. Le roi, sensible à la sollicitude de sa Chambre des Députés, renvoya son projet, rédigé en loi le 26 octobre par le ministre de sa maison, M. de Blacas; et le 28, à la majorité de cent quatre-vingt-cinq voix contre quatre, la Chambre sanctionna son propre vœu. La loi donnait annuellement au roi 25,000,000, et 8,000,000 aux membres de sa famille; elle désignait en outre les nombreux domaines composant la dotation de la couronne, conformément à loi du 1er juin 1791, et aux *sénatus-consultes* qui réglaient la dotation de la couronne impériale.

4° *Loi qui prescrit l'observation extérieure des jours de repos et des fêtes reconnues par le gouvernement.* — C'est encore sur la proposition d'un de ses membres, M. Bouvier, que la Chambre supplia le roi de présenter cet acte. La proposition est du 30 juin; la résolution de la Chambre du 27 juillet; la présentation du projet dans les formes dites constitutionnelles, faite par M. de Montesquiou, du 8 octobre; l'adoption définitive par la Chambre, du 14 du même mois, à la majorité de cent trente-neuf voix contre cinq. — Dès le 7 juin une ordonnance du directeur de police Beugnot, motivée sur des règlemens de l'ancien régime, avait exigé la fermeture des boutiques et la suppression de tout étalage public les jours de dimanche et de fête. Cette mesure avait provoqué des plaintes; la réformation en était sollicitée par des pétitions à la Chambre, lorsque les députés confirmèrent par une loi l'ordonnance de police.

5° *La loi sur la liberté et la police de la presse.* — Cette question est celle que la Chambre de 1814 a traitée avec le plus de franchise et de développement. Le 30 juin, M. Durbach, frappé des actes arbitraires que se permettaient les ministres, avait développé une proposition tendant « à supplier le roi de vouloir bien faire présenter une loi qui concilie les droits garantis par la Charte aux citoyens avec la répression des délits que la presse peut servir à commettre. » Cette proposition fut ajournée par la Chambre. Le 5 juillet M. de Montesquiou, ministre de l'intérieur, présenta un projet au nom du roi. Ce projet avait été, dit-on, rédigé par MM. Guizot et Royer-Collard, amis et conseiller du ministre. Le 1er août, M. Raynouard, organe de la commission centrale, fit un rapport sur ce travail ministériel, dont il demanda le rejet. La discussion s'ouvrit le 6, et se continua jusqu'au 10 inclusivement. La Chambre intendit vingt-deux orateurs, moitié pour, moitié contre. Le 11, M. de Montesquiou défendit son ouvrage, et admit quelques modifications ; M. Raynouard réfuta le ministre, en persistant dans les conclusions de son rapport ; néanmoins, dans la même séance, la Chambre adopta le projet du gouvernement à la majorité de cent trente-sept voix contre quatre-vingts. La Chambre des Pairs fit encore quelques amendemens ; le roi les consentit, et ils furent adoptés le 8 octobre par les députés. La discussion avait été vive et prolongée. Selon l'article 8 de la Charte, la loi devait *réprimer* les abus de la presse. Le ministre et les ministériels s'efforcèrent de prouver que *réprimer* était synonyme de *prévenir*, et, en conséquence, ils soutenaient la censure préalable. Cette dispute de grammaire, où la mauvaise foi était évidente de la part du gouvernement, amusa beaucoup le public, et le mécontenta. La loi néanmoins fut votée, comme si en effet *prévenir* et *réprimer* eussent été synonymes. Tous les écrits au-dessous de vingt feuilles d'impression, c'est-à-dire trois cent vingt pages in-8°, étaient soumis à la censure, et par conséquent tous les journaux. On plaçait dans la catégorie des écrits au-dessus de vingt feuilles ceux rédigés en langues mortes ou étrangères, les mandemens des évêques, les catéchismes, les mémoires sur procès, les mémoires des sociétés savantes et les opinions des deux chambres. Le ministre avait proposé trente feuilles ; on les réduisit à vingt. Voilà tout ce qu'obtint légalement l'opposition. La plupart de ces exceptions furent vivement disputées. Mais cette discussion eut un résultat très-utile : ce fut de rappeler l'attention publique sur l'importance des questions constitutionnelles, et en particulier sur celle de la liberté de la presse. Enfin, malgré les difficultés imposées par la loi, la liberté trouva le moyen de se faire jour. MM. Comte et Dunoyer publièrent un écrit périodique, le *Censeur européen*, qu'ils purent soustraire à la censure en composant chaque numéro de plus de vingt feuilles.

La Chambre, qui présentait une majorité imposante en faveur du ministère, était sans force pour soutenir des vues d'intérêt public. M. Riboud proposa d'accorder des indemnités aux départemens qui avaient été le théâtre de la guerre : la Chambre ajourna. M. Hébert demanda que l'armée française ne fût plus composée que de nationaux : la Chambre déclara qu'*il n'y avait pas lieu à délibérer*.

La session de 1814 fut prorogée le 30 décembre, et ajournée au 1er mai 1815. Mais une circonstance imprévue, le retour de Napoléon, ne permit pas d'attendre cette époque.

Les Bourbons et leurs amis étaient loin de s'attendre à un pareil événement, qu'ils travaillaient, sans s'en douter, à préparer en aigrissant l'opinion publique par une série d'actes sans portée et sans but gouvernemental. Nous allons énumérer la succession des actes officiels qui rendirent possible l'événement dont il s'agit. Nous citerons d'abord l'ordonnance sur les jours fériés, que les chambres convertirent en loi. En cette circonstance, ce fut moins le fait qui blessa le public que le rappel aux réglemens de l'ancien régime. On se demandait s'il ne pourrait pas arriver un jour où l'on en appellerait ainsi sur toutes choses au passé que la révolution avait détruit.

Du 7 juin. — Ordonnance du directeur général de la police, M. Beugnot. — « Considérant que l'observation des jours consacrés aux solennités religieuses est une loi commune à tous les peuples policés, qui remonte au berceau du monde, et qui intéresse au même degré la religion et la politique ; que l'observation du dimanche s'est maintenue avec une pieuse sévérité dans toute la chrétienté, et qu'il y a été pourvu pour la France en particulier par différentes ordonnances de nos rois, des arrêts des cours souveraines, et en dernier lieu par le règlement du 8 novembre 1782, etc. ; ordonnons ce qui suit : Les travaux seront interrompus les dimanches et les jours de fête. Tous les ateliers seront fermés. Il est défendu à tout marchand d'ouvrir sa boutique ; à tout ouvrier, portefaix, voiturier, etc., de travailler de leur état lesdits jours, et à tout étalagiste de rien exposer en vente. Il est expressément ordonné aux marchands de vin, maîtres de café, de billard, etc., de tenir leurs établissemens fermés les dimanches et jours de fête *pendant l'office divin*, depuis huit heures du matin jusqu'à midi. Des amendes de 100, 200 et 500 francs seront prononcées contre les contrevenans, sans préjudice des poursuites judiciaires, etc. »

Le 15 août, procession pour le vœu de Louis XIII, qui eut lieu à Notre-Dame, « Les vêpres dites, *la procession est sortie de l'église*. Madame et les princes suivaient à pied. »

Du 19 juillet. — Ordonnance qui reconstitue la Légion-d'Honneur sous la protection du nom de Henri IV.

« L'établissement de la maison d'éducation d'Écouen, pour les filles des membres de la Légion-d'Honneur, est réuni à la maison de Saint-Denis. A l'avenir, le nombre des élèves ne pourra excéder celui de quatre cents. Les élèves ne pourront être reçues avant l'âge de huit ans révolus, ni rester après celui de dix-huit ans accomplis. — Les établissemens formés à Paris, aux Barbeaux et aux Loges, pour l'éducation des orphelines de la Légion-d'Honneur sont supprimés. »

Du 30 juillet. — « Louis, etc. Ayant reconnu qu'une seule école militaire pourrait suffire aux besoins du service; désirant en outre récompenser les services des officiers-généraux et supérieurs de nos armées, et faire jouir la noblesse de notre royaume des avantages qui lui ont été accordés par l'édit de notre aïeul du mois de janvier 1751, relatif à la fondation de l'École royale militaire; ordonnons, etc. Les trois écoles militaires actuellement existantes sous la dénomination d'École militaire de Saint-Cyr, d'École militaire de Saint-Germain et de Prytanée militaire de La Flèche, sont supprimées. — L'École royale militaire, créée par édit du mois de janvier 1751, sera rétablie, etc., etc. »

Du 5 octobre. « Louis, etc. Ayant égard à la nécessité où sont les archevêques et évêques de notre royaume, dans les circonstances difficiles où se trouve l'Église de France, de faire instruire, dès l'enfance, des jeunes gens qui puissent ensuite entrer avec fruit dans les grands séminaires, et désirant de leur procurer les moyens de remplir avec facilité cette pieuse intention, etc.; avons ordonné, etc. Les archevêques et évêques de notre royaume pourront avoir, dans chaque département, une école ecclésiastique, dont ils nommeront les chefs et les instituteurs, etc. »

Paris, 25 juin 1814. — « Le service annoncé pour les généraux Pichegru, Georges, Moreau, et les onze personnes qui ont péri avec le général Georges, a eu lieu aujourd'hui dans l'église Saint-Paul. L'assemblée était nombreuse; elle a assisté à la cérémonie avec un pieux recueillement. *Il n'y a pas eu de prédicateur.* Une quête a été faite par madame de Polignac, accompagnée par M. le marquis de Rivière, que l'on sait avoir échappé au sort des autres victimes.

» Le service devait être célébré aux frais des parens du général Georges; S. M., l'ayant appris, a désiré témoigner l'intérêt que lui inspirait l'objet de la cérémonie, et elle a fait connaître qu'elle entendait se charger de ces frais. » (*Extrait du Moniteur.*)

Ordonnance du roi. — » Louis, etc. Sur le compte qui nous a été rendu par notre amé et féal chevalier, chancelier de France, le sieur Dambray. — Voulant récompenser la fidélité et le dévouement à notre personne de feu Georges Cadoudal, et donner à sa famille un témoignage durable de nos sentimens; — Nous avons anobli et anoblissons, décoré et décorons le sieur Joseph Cadoudal, son père, du titre et qualité de noble, pour jouir à perpétuité, par lui et ses descendans en ligne directe, des droits, honneurs et prérogatives attachés à ce titre. — Il se retirera par devant notre chancelier pour qu'il lui soit délivré des lettres patentes sur ce nécessaires. — Donné au château des Tuileries, le 12 octobre de l'an de grâce 1814, et de notre règne le vingt-cinquième. »

Monument de Quiberon.

La commission du monument de Quiberon, réunie le 30 novembre 1814, sous la présidence de M. le maréchal duc de Dalmatie (Soult), gouverneur de la treizième division militaire (Rennes), a arrêté que le nombre de ses membres serait porté jusqu'à treize, et s'est définitivement constituée.

Membres de la commission. — M. le maréchal duc de Dalmatie, président; MM. le duc de Rohan, le duc de Lévis, le comte de Damas, le baron de Damas, le vicomte de Sesmaisons, le comte de Botderu, le comte de Floirac, le baron de Suzannet, le vicomte Dubouchage, le marquis de la Rochejaquelin, le comte Charles d'Autichamp, le baron de Beausset, le chevalier Henri de Viella.

La commission, ainsi constituée et réunie, ayant entendu la lecture du programme ci-après, l'a approuvé, et a ordonné qu'il serait publié.

Programme. — Les peuples civilisés regardèrent toujours comme un devoir sacré les honneurs rendus à la mémoire des guerriers objets de leurs regrets.

Chez les anciens quelques cérémonies vaines suffisaient pour consoler des mânes affligés; mais la religion chrétienne, toute divine, suit ses enfans bien au-delà du tombeau.

Elle met au premier rang de ses affections les victimes qu'une mort glorieuse lui enlève dans les combats livrés pour la défense de l'autel et du trône; aux éloges de la patrie, aux larmes des proches et des amis, elle unit des supplications, et ne cesse de demander une récompense éternelle pour prix d'un sacrifice passager.

Les champs de Carnac, les plages de Quiberon virent tomber des légions entières de ces guerriers chrétiens; en expirant, leurs dernières paroles furent des paroles d'amour pour leur roi et des vœux pour la patrie.

Aujourd'hui le roi après un long exil, la patrie après un long silence, répondent à ces touchans adieux.

La mémoire de ces preux chevaliers retrouve enfin ses honneurs!....

...... Pénétrée de ces motifs et de ceux énoncés dans l'arrêté du 17 novembre dernier, de M. le maréchal duc de Dalmatie, la commission a pris les résolutions suivantes :

Il sera élevé un monument pyramidal sur le lieu même où les victimes de Quiberon ont été immolées.

Ce monument doit imposer par un caractère simple et noble. La matière même du pays, le granit, semble par sa dureté exclure toute espèce d'ornemens; des inscriptions doivent seules fixer l'attention.....

..... Un autre monument sera érigé dans la Chartreuse, près d'Auray, où les cendres de ces guerriers ont été transportées.

Cet édifice funéraire sera orné de deux bas-reliefs : l'un représentera la restauration de la monarchie et le rétablissement de S. M. Louis le Désiré sur le trône de nos anciens rois; l'autre représentera S. A. R. M. le duc d'Angoulême *faisant rendre les honneurs de la sépulture et les premiers devoirs religieux aux précieux restes de ces guerriers.*

Ce mausolée doit également porter un caractère simple.....

..... L'institution d'utilité publique indiquée par l'article 5 de l'arrêté précité sera un collége militaire.

Le mode d'enseignement, le nombre des élèves et le régime intérieur seront fixés par la commission.....

..... La commission, voulant associer tous les Français à l'exécution d'un aussi noble et utile projet, et leur présenter tous les moyens d'y concourir à raison de leurs facultés, recevra tous les dons qui lui seront offerts; la somme la plus modique sera acceptée. » (*Extrait du Moniteur du 1er janvier 1815.*)

— Tout le monde fut étonné de voir une pareille commission présidée et un semblable programme signé par le maréchal Soult. Ce fut la mesure qui irrita peut-être le plus vivement l'opinion publique soit à Paris, soit dans les départemens. Les uns donc, disaient que Soult en poussant les royalistes à combler ainsi la mesure, conspirait contre eux et voulait démasquer leurs intentions secrètes aux yeux de la France ; d'autres, au contraire, assuraient qu'il voulait seulement se faire pardonner son origine révolutionnaire, sa bataille de Toulouse, et mériter un ministère.

Du 5 décembre 1814. — « Le roi a nommé M. le maréchal duc de Dalmatie (Soult), ministre et secrétaire d'état de la guerre (en remplacement du général Dupont). — M. le comte Beugnot, ministre et secrétaire d'état de la marine et des colonies (en remplacement de Malouet, décédé). M. Dandré, directeur-général de le police (en remplacement de Beugnot).

Translation à Saint-Denis de la dépouille mortelle du roi Louis XVI et de la reine Marie-Antoinette.

Dès le 22 mai 1814, le chancelier de France, M. Dambray, commença les informations nécessaires pour constater les circonstances qui avaient précédé, accompagné et suivi l'inhumation de Louis XVI et de la reine sa femme. La plus importante des dépositions fut celle du sieur Danjou, gendre du sieur Desclozeaux, ce dernier étant devenu propriétaire du terrain où ces inhumations avaient eu lieu. (Le cimetière de la Madeleine.) La déposition du sieur Danjou portait :

« Qu'il avait été témoin de l'inhumation du roi Louis XVI et de S. M. la reine ; qu'il les avait vu descendre tous deux dans la fosse dans des bières découvertes, qui ont été chargées de chaux et de terre ; que la tête du roi, séparée du corps, était placée entre ses jambes ; qu'il n'avait jamais perdu de vue une place devenue si précieuse, et qu'il regardait comme sacrée, quand il a vu faire par son beau-père l'acquisition du terrain, déjà enclos de murs, qu'il a fait rehausser pour plus grande sûreté ; que le carré où se trouvent les corps de leurs majestés a été entouré par ses soins d'une charmille fermée ; qu'il y a été planté des saules pleureurs et des cyprès ; et a signé après lecture faite. — *Signé* Danjou. »

Les 18 et 19 janvier 1815, des fouilles furent exécutées dans ce terrain, d'après les indications données par les sieurs Desclozeaux et Danjou, en leur présence, et sous les yeux de MM. Dambray, chancelier de France ; Blacas, ministre de la maison du roi ; le bailli de Crussol ; de la Fare, évêque de Nancy ; le duc de Duras ; le marquis de Brezé ; l'abbé d'Astros ; Distel, chirurgien du roi. Les procès-verbaux d'exhumation et de reconnaissance n'ont point d'autres signatures que celles de ces dix personnes.

Il résulte de ces procès-verbaux qu'à une profondeur de huit à dix pieds, dans un amas confus de terre et de chaux, il a été trouvé des débris de cercueil et des ossemens ; que ces ossemens, quelques-uns corrodés et près de tomber en poussière, d'autres conservés et intacts, ont été recueillis, examinés, et reconnus pour être les restes de Louis XVI et de la reine.

Le 20 janvier ces dépouilles précieuses ont été déposées dans deux cercueils de plomb, portant chacun l'inscription d'usage seulement : *Ici est le corps de trèshaut, trèspuissant et trèsexcellent prince*, etc.

Ordonnance. — « Le roi, désirant consacrer par un témoignage public et solennel la douleur que la France n'avait pu jusqu'ici faire éclater, et qu'elle manifeste aujourd'hui d'une manière si touchante, au souvenir du plus horrible attentat, a ordonné que le 21 janvier de chaque année un service pour le repos de l'ame de Louis XVI serait célébré dans toutes les églises du royaume ; que la cour prendrait le deuil, ainsi que les autorités civiles et militaires ; que les tribunaux vaqueraient, et que les théâtres seraient fermés.

» Paris, ce 20 janvier 1815. Le ministre de la maison du roi, *signé* Blacas d'Aulps. »

Du même jour. — « Le roi, voulant récompenser le pieux dévouement de M. Desclozeaux, qui a conservé à la France les dépouilles mortelles de LL. MM. le roi Louis XVI et de la reine son épouse, et qui, se rendant acquéreur du terrain où leurs corps avaient été inhumés, a ainsi veillé lui-même à la conservation de ce dépôt précieux, lui a accordé le cordon de l'ordre de Saint-Michel, et une pension reversible à ses deux filles.

» Madame, duchesse d'Angoulême, lui a envoyé, comme un témoignage de sa reconnaissance, les portraits du roi Louis XVI et de la reine Marie-Antoinette d'Autriche. » (*Moniteur*.)

Du 21 janvier 1815. « La translation à Saint-Denis de la dépouille mortelle du roi Louis XVI et de la reine Marie-Antoinette, archiduchesse d'Autriche, a eu lieu aujourd'hui. Le cortége est parti de la rue d'Anjou à neuf heures du matin, et est arrivé à Saint-Denis vers midi. L'ordonnance en était simple et majestueuse. Sur tous les lieux de son passage il a marché entre une double haie de spectateurs nombreux, dans une attitude grave et silencieuse, et dans le recueillement profond que commandait l'objet d'une telle cérémonie. Une grande partie des habitans de Paris s'était rendue à Saint-Denis : une autre portion, non moins considérable, affluait dans les diverses églises de la capitale. L'ordre le plus parfait a régné. » (*Moniteur*.)

— La plupart des mesures dont nous venons d'achever l'énumération, étaient impolitiques au plus haut degré. Quelques-unes d'entre elles blessaient des classes de citoyens qu'il eût été prudent de ménager ; le plus grand nombre choquaient les habitudes des masses, et quelques autres irritèrent profondément tout ce qui restait de croyances révolutionnaires dans la population. « Quoi, disait-on, faire porter le deuil à la nation française pour Louis XVI ! quoi, lorsque nous oublions tout, ne rien oublier ! punir la génération actuelle pour un prétendu crime qu'elle n'a pas commis ! quoi, honorer comme des martyrs les hommes de Quiberon, des assassins tels que Cadoudal, des traîtres tels que Moreau ! Quoi, mettre à la tête du ministère de la guerre, le général de Baylen, Dupont, etc. ! » Ces plaintes furent universelles; le cri de l'opinion fut si général, que les conseillers du pouvoir renoncèrent à plusieurs de leurs projets, et reculèrent là où ils pouvaient reculer ; ainsi, comme nous l'avons vu, on remplaça Dupont par Soult.

Telles furent les premières causes du mécontentement qui s'empara des masses. Mais à ces motifs il faut ajouter les imprudences de la presse royaliste, à laquelle personne ne pouvait répondre puisque les journaux étaient censurés. On remarquait *la Quotidienne* parmi les feuilles les plus exagérées. Elle était rédigée par une bande de vaudevillistes et de chansonniers de l'empire. Ces messieurs faisaient une guerre furieuse à la révolution ; ils invoquaient incessamment les souvenirs de la terreur et terminaient leurs articles par des apostrophes violentes contre l'état présent et contre la faiblesse du pouvoir qui y avait consenti. Pour peindre d'un mot le sentiment qu'inspirait *la Quotidienne*, il suffit de rappeler le surnom dont elle fut flétrie ; on l'appelait *la Nonne sanglante*. Ce journal était imité par le *Journal royal*. Les autres feuilles périodiques, bien que plus modérées dans le style et conservant plus de mesure, n'en soutenaient pas moins presque chaque jour, des thèses qui frappaient d'illégitimité tout ce qui avait été fait depuis vingt-cinq ans, tout ce qui avait été enseigné à la jeunesse depuis un quart de siècle ; et, comme tous ces écrits étaient censurés, le public en voyant les censeurs autoriser des pareilles publications, supposait qu'elles plaisaient à la cour et étaient conformes à ses désirs secrets. Les royalistes étaient encore plus imprudens dans leurs brochures. On appelait la révolution *une rébellion de vingt-cinq ans à expier par l'obéissance absolue;* on y invitait le roi à *retirer la Charte, à ne s'entourer que d'hommes légitimes, de Francs régénérés ;* on y disait que *toute constitution était un régicide ;.* M. Châteaubriand écrivait que *le monde n'avait pas*, comme le roi, *promis de tout oublier* et que *ce monde* était impatient *de rompre le silence*. On y appelait la Convention *un monstre*, *une horrible bacchanale*, *une réunion de bandits*, etc. De plus, les royalistes alarmaient les intérêts ; ils attaquaient la légalité des ventes des biens nationaux.

Un M. Dard, avocat, publia un écrit ayant pour titre *De la restitution des biens des émigrés sous le triple rapport du droit public, du droit civil et de la politique*. Un autre avocat, M. Falconet imprimait une *Lettre à S. M. Louis XVIII sur la vente des biens nationaux*, où il s'efforçait de démontrer que cette vente était nulle. Ce dernier fut arrêté et acquitté. En même temps, des émigrés faisaient des démarches pour rentrer dans leurs biens : des hommes timides consentaient à des transactions. Le maréchal Berthier fut de ce nombre ; il remit les titres de sa propriété au roi, qui les lui rendit après les avoir gardés une heure. Les journaux enregistraient ces faits et les commentaient. Ces choses suffirent pour alarmer quelques millions d'intéressés dans la question des biens nationaux. Les plus hardis formèrent des associations pour se défendre réciproquement dans le cas où ils seraient attaqués. On adressa également des nombreuses pétitions aux chambres.

Pendant qu'on alarmait les intérêts des masses, qu'on insultait à leurs croyances révolutionnaires, on blessait leurs habitudes, et en quelque sorte on offensait leurs yeux. Les émigrés se montraient avec les mœurs de l'ancien régime, avec des costumes et des manières étranges qui les faisaient de suite reconnaître, et des prétentions plus étranges encore. On les surnomma les *Voltigeurs de Louis XIV*. On se souvenait alors que ces hommes avaient été nos premiers ennemis ; qu'ils avaient sollicité la première coalition, combattu et conspiré partout contre nous ; on reprenait, à leur aspect, les passions de 1792. Quelques caricaturistes cherchèrent à faire rire à leurs dépens ; une de ces caricatures, intitulée *M. de la Jobardière*, eut un grand succès dans les salons ; mais le peuple resta sérieux et mécontent. Enfin, le roi s'était refait une maison militaire sur le modèle de celle de 1788. Il avait repris ses mousquetaires rouges, gris et noirs, ses cent-suisses, ses gardes de la porte, etc. Les officiers à demi-solde leur cherchaient des querelles ; delà des duels où le peuple prenait toujours parti pour le vieux soldat.

L'opposition n'était pas complétement silencieuse. Comte et

Dunoyer publiaient leur *Censeur européen*, qui ayant plus de vingt feuilles échappait à la censure. Quoique bien modéré, leur journal cependant attaquait les royalistes, et défendait la souveraineté nationale. Le *Nain jaune*, journal bonapartiste, imaginait l'ordre de l'Éteignoir, et s'attirait des persécutions qui assuraient une publicité complète à ses attaques. Un mémoire de Carnot au roi, imprimé secrètement, sans son autorisation, assurait-on alors, eut un grand succès. Il disait que le retour des Bourbons avait produit en France un enthousiasme universel; que toutes les classes avaient tellement souffert, qu'il ne se trouvait personne qui ne fût réellement dans l'ivresse et qui ne se livrât aux espérances les plus consolantes. Le général républicain exagérait un peu; mais il est à croire que si les Bourbons eussent franchement accepté les conséquences révolutionnaires et se fussent appliqués à remplacer le despotisme de l'empire par la libéralité des institutions, ces sentimens fussent devenus ceux de la nation. L'attachement du peuple à Napoléon, l'espèce de culte dont il a été long-temps l'objet doit être attribué à deux causes; l'une est l'imprudence des Bourbons qui firent en sorte qu'il restât en apparence le représentant de la révolution; l'autre est que les Français humiliés par leurs dernières défaites, ne purent s'en venger en quelque sorte qu'en se réfugiant dans le passé, auquel ils avaient pris part, c'est-à-dire dans les souvenirs de l'empire. Mais revenons au mémoire de Carnot. Après avoir montré quelles étaient les dispositions nationales au retour des Bourbons, il citait des faits, et en concluait que l'on nous préparait à l'avilissement de tout ce qui avait pris part à la révolution, à l'abolition de tout ce qui tenait encore un peu aux idées libérales, à la remise des domaines nationaux; en un mot, à la résurrection complète du passé. Puis il défendait la révolution et la Convention. Ce mémoire eut lui-même peu de publicité; mais le *Censeur européen* en donna une analyse qui en eut beaucoup.

Dans le même volume le *Censeur* révélait au public une protestation contre la charte constitutionnelle, signée par les princes du sang, les membres de l'ancien parlement et le ministre Ferrand, insérée dans le *Morning-Chronicle* du 29 octobre. « Nous sommes persuadés, disait le journal anglais, que le roi de France veut sincèrement le maintien d'une constitution à laquelle il a juré de se conformer ; mais toutes les personnes qui arrivent de Paris s'accordent à dire que l'imprudence et l'emportement de ceux qui se disent ses amis, peut mettre en danger son trône, qui, quoi qu'en disent les journalistes et les faiseurs d'adresse, est loin d'être fondé sur l'amour de la nation. » On s'accordait au reste à dire dans le public que le comte d'Artois et ses fils, ainsi que la duchesse d'Angoulême, faisaient une opposition très-vive au roi, et qu'ils étaient partisans des exagérations des royalistes les plus outrés. Or, le roi était vieux ; après lui, la couronne devait échoir à ces princes ; en même temps donc qu'on cessait de compter sur le présent, il fallait désespérer de l'avenir.

L'armée était plus mécontente encore que la population ; elle était humiliée ; en perdant son chef, elle sentait qu'elle avait perdu la haute position qu'elle était habituée à tenir ; elle ne régnait plus ; elle n'était plus en quelque sorte le premier corps de l'état. L'effectif en fut diminué ; le pied de paix avait été fixé à deux cent quarante mille hommes : le gouvernement maintint à peine sous les drapeaux la moitié de ce nombre. On vit dans cette mesure une marque de défiance. Le gouvernement diminua le nombre des régimens ; il en changea les numéros. On assura qu'en prenant ce parti la restauration avait eu pour but d'effacer le souvenir des actions glorieuses qui avaient immortalisé certains régimens. Un grand nombre d'officiers furent mis à demi-solde ; on se dit que c'était pour faire place aux gentilshommes de l'armée de Condé, de la chouannerie et de la Vendée dont on plaça en effet quelques-uns. Comme ces officiers ne dissimulaient pas leur malveillance, le ministère leur montra de la défiance, et leur imposa des conditions de séjour. Cette mesure maladroite répandit des ennemis du gouvernement royal dans toutes les localités de la France. Pendant ce temps, les soldats cachaient leurs cocardes tricolores dans leurs sacs, fêtaient en secret la Saint-Napoléon, et gardaient le silence lorsque les princes les passaient en revue.

Cependant on disait partout que *cela ne pouvait pas durer*. Plus de cinquante foyers de conspiration s'étaient formés; les plus redoutables étaient dans l'armée. Nous ne connaissons point les détails de ces affaires. Il est certain seulement que Fouché était instruit des mouvemens des bonapartistes; il refusa d'agir avec eux, quoiqu'il exprimât le désir de voir les Bourbons renversés. Dans quelques réunions, on parla de mettre le duc d'Orléans sur le trône; mais partout les bonapartistes formaient la majorité; ils disposaient des forces actives et tenaient invariablement à leur empereur. Barras, qui était revenu à Paris, eut une entrevue avec M. de Blacas qui jouait à la cour le rôle de favori et de premier ministre; il lui donna des avis que celui-ci ne comprit pas. Chose singulière ! Tallien était très-lié avec M. de Blacas; il était un de ses conseillers.

Pendant ce temps, le congrès de Vienne était réuni. Il avait dû s'ouvrir le 30 juillet 1814; mais il fut retardé par un voyage des souverains à Londres et de l'empereur Alexandre à Saint-Pétersbourg. Il avait en conséquence été ajourné au mois de septembre. Le roi de Prusse et l'empereur de Russie firent, le 25, leur entrée solennelle à Vienne; les rois de Bavière, de Wurtemberg, de Danemarck, etc. le suivirent de près. Talleyrand fut chargé d'y représenter la France. On lui avait adjoint plusieurs personnages et entre autres M. Alexis de Noailles, qui représentait ce que l'on appelait alors le pavillon Marsan, c'est-à-dire le comte d'Artois et les ultra-royalistes. Les puissances se partagèrent en deux parties; la France, l'Angleterre et l'Autriche agissaient de concert. On mit en question la royauté de Murat. L'Angleterre déclara qu'elle ne se croyait point liée par le traité de 1814. Le plénipotentiaire de Murat ne fut point admis dans les délibérations du congrès. Ce prince dut alors prévoir quel sort lui était réservé; en conséquence il se prépara à défendre sa couronne par les armes. On s'occupa aussi de Napoléon; on trouva qu'il était trop voisin de l'Italie et de la France. On lui fit écrire, le 25 avril, par Fouché, pour l'engager à se retirer en Italie. Il fut enfin, dit-on, secrètement convenu de le transférer à l'île Sainte-Hélène. Le général Dessolles en fit en quelque sorte l'aveu dans un ordre du jour, du 7 mars 1815, à la garde nationale de Paris, dans lequel, après lui avoir appris son départ de l'île d'Elbe et son débarquement, il disait : « Soit que les mesures adoptées au congrès de Vienne pour assurer le repos de l'Europe en éloignant davantage le seul homme qui ait intérêt à le troubler, aient jeté ce même homme dans une entreprise désespérée, soit que des intelligences criminelles l'aient flatté de l'appui de quelques traîtres, etc. »

Toutes ces choses au reste semblaient disposées pour favoriser une pareille entreprise. L'armée française n'avait pas encore désappris à obéir à Napoléon. Murat était menacé et son intérêt même lui faisait un devoir de se ranger du côté d'une insurrection contre les coalisés. L'Italie tout entière était mécontente ; à Rome, le pape avait annulé les ventes de biens nationaux et rétabli tout l'ancien régime. Il en était de même en Piémont. L'ancien royaume d'Italie, tombé entre les mains de l'Autriche, avait perdu l'espérance d'avoir une constitution. En Espagne, Ferdinand VII avait rétabli le gouvernement absolu ; il persécutait les membres des cortès et les généraux même qui s'étaient le plus distingués dans la guerre de l'indépendance. En Hanovre, on annulait les ventes de biens nationaux ; on ne reconnaissait point les grades acquis dans l'armée depuis 1806 ; on pouvait croire enfin que les provinces du Rhin et la Belgique désiraient redevenir françaises ; que la Saxe, le Danemarck et la Bavière devaient détester un état de choses qui leur ravissait des provinces. On pouvait enfin espérer qu'une partie de l'Europe était disposée à s'insurger ; mais, pour provoquer un pareil mouvement, il eût fallu un chef qui se fût montré moins personnel et plus ami des intérêts populaires que Napoléon.

DU 1er AU 20 MARS.

Le 5 mars, on apprit aux Tuileries la nouvelle du débarquement de Bonaparte au golfe Juan. Ce fut M. de Blacas qui en instruisit le roi; il ne voyait dans cette tentative qu'un essai désespéré, une entreprise folle qui allait perdre pour toujours un compétiteur redoutable; Louis XVIII en jugea autrement. Il assembla aussitôt son conseil; l'on reconnut unanimement que le danger était immense, qu'il fallait recourir de suite aux mesures extrêmes, et enfin, tenter, par tous les moyens, de ramener l'opinion, seule force, avec laquelle on pût combattre Napoléon; la seule sur laquelle sans doute il comptait lui-même. Nous ferons connaître ces mesures à leur date; nous allons, nous transportant tantôt de Paris sur la route de Napoléon, et tantôt des bivouacs impériaux aux Tuileries, donner un journal des événemens rapides qui signalèrent le commencement du mois de mars. Il nous a semblé que cette méthode était la plus convenable pour tout recueillir jusqu'aux anecdotes.

Le 25 février il y eut bal à Porto-Ferrajo dans l'île d'Elbe. Le 26 (1), à une heure après midi, la garde impériale et les officiers de la suite de Napoléon reçoivent l'ordre de se tenir prêts à partir : les dispositions nécessaires avaient été prises à l'avance dans le port. A cinq heures on se rend sur le rivage au cri de *vive l'empereur;* à huit, un coup de canon donne le signal du départ; à neuf, l'empereur et sa suite ont quitté l'île d'Elbe. *Le sort en est jeté!* s'était écrié Napoléon en mettant le pied sur son navire. Il montait le brick de guerre l'*Inconstant,* de vingt-six canons; il avait avec lui Drouot, Cambronne, Bertrand, et quatre

(1) Nous suivrons le plus souvent, dans ce journal, la narration qui est insérée dans le tome IV de la collection de Lallement. Elle est empreinte des sentimens de l'époque même. C'est un caractère que nous désirons conserver jusqu'à un certain point, d'autant plus que nous donnerons ensuite la relation qui fut insérée dans le *Moniteur de Gand.*

cents grenadiers : trois autres bâtimens légers portaient environ deux cents hommes d'infanterie, autant de chasseurs corses, cent chevau-légers polonais, un bataillon de flanqueurs : en tout onze cents hommes. Jusque-là Napoléon avait gardé son secret : *Grenadiers*, dit-il alors, *nous allons en France, nous allons à Paris! — Vive la France! vive l'empereur!* répondirent les soldats. La traversée ne fut pas sans difficultés. La petite flotte, tourmentée par les vents, resta quatre jours en mer, au milieu des croisières anglaises et françaises. A chaque moment on craignait d'être surpris et arrêtés. Napoléon, qui ne voyait là qu'une chance comme une autre, profita de ce temps pour dicter ses proclamations à l'armée et aux Français : ce fut également lui qui dicta, sur son brick, *l'adresse de la garde impériale à l'armée*. Officiers, soldats, tambours et gens d'équipage prenaient la plume pour multiplier ces pièces.

Le 1er mars. — A trois heures de l'après midi, la flottille de l'île d'Elbe entre dans le golfe de Juan, quitte le pavillon blanc parsemé d'abeilles, et reprend la cocarde tricolore aux cris de *vive la France! vive les Français!* A cinq heures Napoléon met pied à terre, et son bivouac est établi dans un champ d'oliviers : « Voilà
» un heureux présage, dit-il; puisse t-il se réaliser!... Je vois
» d'ici l'embarras dans lequel vont se trouver ceux qui m'ont
» tourné le dos..., leurs efforts pour sauver les apparences, et
» attendre prudemment le moment de se déclarer pour le parti
» du plus fort... Mais que vont devenir les patriotes jusqu'à mon
» arrivée à Paris! Je tremble que les Vendéens et les émigrés ne
» les massacrent. Malheur à eux s'ils y touchent! Je serai sans
» pitié. » — Aussitôt le débarquement Napoléon avait chargé un capitaine et vingt-cinq hommes de s'introduire dans Antibes : ils devaient se présenter comme des déserteurs de l'île d'Elbe, reconnaître les dispositions de la garnison, et chercher à se la rendre favorable. Un zèle imprudent fit échouer cette tentative. Le général Corsin, commandant pour le roi à Antibes, fit lever le pont, et retint prisonniers le capitaine et les vingt-cinq hommes. Napoléon, fâché de ce contre-temps, mais n'en redoutant

pas les conséquences, se met en marche avec sa troupe à onze heures du soir, et se rend à Cannes, où il reçoit du peuple un accueil qui le console d'Antibes.

Du 2 au 6 mars. — De Cannes, Napoléon se porte à Grasse, à Barême, à Digne ; le 5 il entre à Gap, et ne garde plus auprès de sa personne que dix hommes à cheval et quarante grenadiers. Parmi les autorités, quelques unes tentent de résister, d'autres restent incertaines, ou se retirent ; mais partout le peuple se donne avec enthousiasme à l'empereur. A Saint-Bonnet les habitans, voyant le petit nombre de sa troupe, eurent des craintes, et lui proposèrent de faire sonner le tocsin pour réunir les villages, et l'accompagner en masse. « Non, répondit-il, vos senti-
» mens me font connaître que je ne me suis point trompé ; ils
» sont pour moi un sûr garant des sentimens de mes soldats :
» ceux que je rencontrerai se rangeront de mon côté ; plus ils
» seront, plus mon succès sera assuré. Restez donc tranquilles
» chez vous. » C'est à Gap que les proclamations dictées sur le brick furent imprimées pour la première fois, avec une autre adressée aux habitans des départemens des Hautes et Basses-Alpes.

Proclamations.

« Au Golfe-Juan, du 1er mars 1815.

» NAPOLÉON, PAR LA GRACE DE DIEU ET LES CONSTITUTIONS DE L'EMPIRE, EMPEREUR DES FRANÇAIS, etc., etc., etc.

A l'armée.

» Soldats ! *nous n'avons pas été vaincus.* Deux hommes sortis de nos rangs ont trahi nos lauriers, leur pays, leur prince, leur bienfaiteur.

» Ceux que nous avons vus pendant vingt-cinq ans parcourir toute l'Europe pour nous susciter des ennemis, qui ont passé leur vie à combattre contre nous dans les rangs des armées étrangères en maudissant notre belle France, prétendraient-ils commander et enchaîner nos aigles, eux qui n'ont jamais pu en soutenir les regards ? Souffrirons-nous qu'ils héritent du fruit de nos glorieux travaux ? qu'ils s'emparent de nos honneurs, de nos biens, qu'ils calomnient notre gloire ? Si leur règne durait, tout serait perdu, même le souvenir de ces immortelles journées.

» Avec quel acharnement ils les dénaturent ! ils cherchent à empoisonner ce que le monde admire, et s'il reste encore des défenseurs de notre gloire, c'est parmi ces mêmes ennemis que nous avons combattus sur le champ de bataille.

» Soldats! dans mon exil j'ai entendu votre voix, je suis arrivé à travers tous les obstacles et tous les périls.

» Votre général, appelé au trône par le choix du peuple et élevé sur vos pavois, vous est rendu : venez le joindre.

» Arrachez ces couleurs que la nation a proscrites, et qui, pendant vingt-cinq ans, servirent de ralliement à tous les ennemis de la France. Arborez cette cocarde tricolore; vous la portiez dans nos grandes journées!

» Nous devons oublier que nous avons été les maîtres des nations, mais nous ne devons pas souffrir qu'aucune se mêle à nos affaires. Qui prétendrait être maître chez nous? Qui en aurait le pouvoir? Reprenez ces aigles que vous aviez à Ulm, à Austerlitz, à Jena, à Eylau, à Friedland, à Tudella, à Eckmühl, à Essling, à Wagram, à Smolensk, à la Moscowa, à Lutzen, à Wurtchen, à Montmirail. Pensez-vous que cette poignée de Français, aujourd'hui si arrogans, puissent en soutenir la vue? Ils retourneront d'où ils viennent, et là, s'ils le veulent, ils régneront comme ils prétendent avoir régné depuis dix-neuf ans.

» Vos biens, vos rangs, votre gloire ; les biens, les rangs et la gloire de vos enfans, n'ont pas de plus grands ennemis que ces princes que les étrangers nous ont imposés; ils sont les ennemis de notre gloire, puisque le récit de tant d'actions héroïques qui ont illustré le peuple français combattant contre eux pour se soustraire à leur joug, est leur condamnation.

» Les vétérans des armées de Sambre-et-Meuse, du Rhin, d'Italie, d'Égypte, de l'Ouest, de la grande armée, sont humiliés : leurs honorables cicatrices sont flétries, leurs succès seraient des crimes, ces braves seraient des rebelles, si, comme le prétendent les ennemis du peuple, des souverains légitimes étaient au milieu des armées étrangères. Les honneurs, les récompenses, les affections sont pour ceux qui les ont servis contre la patrie et nous.

» Soldats! venez vous ranger sous les drapeaux de votre chef. Son existence ne se compose que de la vôtre, ses droits ne sont que ceux du peuple et les vôtres; son intérêt, son honneur, sa gloire, ne sont autres que votre intérêt, votre honneur et votre gloire. La victoire marchera au pas de charge, l'aigle avec les couleurs nationales, volera de clocher en clocher jusqu'aux tours de Notre-Dame : alors vous pourrez montrer avec honneur vos cicatrices; alors vous pourrez vous vanter de ce que vous aurez fait; vous serez les libérateurs de la patrie.

» Dans votre vieillesse, entourés et considérés de vos concitoyens, ils vous entendront avec respect raconter vos hauts faits, vous pourrez dire avec orgueil : *Et moi aussi je faisais partie de cette grande armée* qui est entrée deux fois dans les murs de Vienne, dans ceux de Rome, de Berlin, de Madrid, de Moscou, qui a délivré Paris de la souillure que la trahison et la présence de l'ennemi y ont empreinte. Honneur à ces braves soldats, la gloire de la patrie, et honte éternelle aux Français criminels, dans quelque rang que la fortune les ait fait naître, qui combattirent vingt-cinq ans avec l'étranger pour déchirer le sein de la patrie! — *Signé* NAPOLÉON. — Par l'empereur : *le grand-maréchal faisant fonctions de major général de la grande armée.* — *Signé* BERTRAND.

« Au Golfe-Juan, le 1ᵉʳ mars 1815.

» NAPOLÉON, PAR LA GRACE DE DIEU ET LES CONSTITUTIONS DE L'ÉTAT, EMPEREUR DES FRANÇAIS, etc., etc., etc.

Au peuple français.

» Français, la défection du duc de Castiglione livra Lyon sans défense à nos ennemis; l'armée dont je lui avais confié le commandement était, par le nombre de ses bataillons, la bravoure et le patriotisme des troupes qui la composaient, à même de battre le corps d'armée autrichien qui lui était opposé, et d'arriver sur les derrières du flanc gauche de l'armée ennemie qui menaçait Paris.

» Les victoires de Champ-Aubert, de Montmirail, de Château-Thierry, de Vauchamp, de Mormans, de Montereau, de Craonne, de Reims, d'Arcy-sur-Aube et de Saint-Dizier, l'insurrection des braves paysans de la Lorraine, de la Champagne, de l'Alsace, de la Franche-Comté et de la Bourgogne, et la position que j'avais prise sur les derrières de l'armée ennemie en la séparant de ses magasins, de ses parcs de réserve, de ses convois et de tous ses équipages, l'avaient placée dans une situation désespérée. Les Français ne furent jamais sur le point d'être plus puissans, et l'élite de l'armée ennemie était perdue sans ressource ; elle eût trouvé son tombeau dans ces vastes contrées qu'elle avait si impitoyablement saccagées, lorsque la trahison du duc de Raguse livra la capitale et désorganisa l'armée. La conduite inattendue de ces deux généraux qui trahirent à la fois leur patrie, leur prince et leur bienfaiteur, changea le destin de la guerre. La situation désastreuse de l'ennemi était telle, qu'à la fin de l'affaire qui eut lieu devant Paris, il était sans munitions, par la séparation de ses parcs de réserve.

» Dans ces nouvelles et grandes circonstances, mon cœur fut déchiré : mais mon âme resta inébranlable. Je ne consultai que l'intérêt de la patrie : je m'exilai sur un rocher au milieu des mers : ma vie vous était et devait encore vous être utile, je ne permis pas que le grand nombre de citoyens qui voulaient m'accompagner partageassent mon sort ; je crus leur présence utile à la France, et je n'emmenai avec moi qu'une poignée de braves, nécessaires à ma garde.

» Élevé au trône par votre choix, tout ce qui a été fait sans vous est illégitime. Depuis vingt-cinq ans la France a de nouveaux intérêts, de nouvelles institutions, une nouvelle gloire qui ne peuvent être garantis que par un gouvernement national et par une dynastie née dans ces nouvelles circonstances. Un prince qui régnerait sur vous, qui serait assis sur mon trône par la force des mêmes armées qui ont ravagé notre territoire, chercherait en vain à s'étayer des principes du droit féodal, il ne pourrait assurer l'honneur et les droits que d'un petit nombre d'individus ennemis du peuple qui depuis vingt-cinq ans les a condamnés dans toutes nos assemblées nationales. Votre tranquillité intérieure et votre considération extérieure seraient perdues à jamais.

» Français ! dans mon exil, j'ai entendu vos plaintes et vos vœux ; vous réclamiez ce gouvernement de votre choix qui seul est légitime. Vous accusiez mon sommeil, vous me reprochiez de sacrifier à mon repos les grands intérêts de la patrie.

» J'ai traversé les mers au milieu des périls de toute espèce ; j'arrive parmi vous reprendre mes droits qui sont les vôtres. Tout ce que des individus ont fait, écrit ou dit depuis la prise de Paris, je l'ignorerai toujours ; cela n'influera en rien sur le souvenir que je conserve des services importans qu'ils ont rendus, car il est des événemens d'une telle nature qu'ils sont au dessus de l'organisation humaine.

» Français ! il n'est aucune nation, quelque petite qu'elle soit, qui n'ait eu le droit et ne se soit soustraite au déshonneur d'obéir à un prince imposé par un ennemi momentanément victorieux. Lorsque Charles VII rentra à Paris et renversa le trône éphémère de Henri VI, il reconnut tenir son trône de la vaillance de ses braves et non d'un prince régent d'Angleterre.

» C'est aussi à vous seuls, et aux braves de l'armée, que je fais et ferai toujours gloire de tout devoir. — Signé NAPOLÉON. — Par l'empereur, le grand-maréchal faisant fonctions de major-général de la grande armée, signé comte BERTRAND. »

Au Golfe-Juan, le 1er mars 1815.

Les généraux, officiers et soldats de la garde impériale aux généraux, officiers et soldats de l'armée.

« Soldats et camarades, nous vous avons conservé votre empereur malgré les nombreuses embûches qu'on lui a tendues; nous vous le ramenons au travers des mers, au milieu de mille dangers. Nous avons abordé sur la terre sacrée de la patrie avec la cocarde nationale et l'aigle impérial. Foulez aux pieds la cocarde blanche, elle est le signe de la honte et du joug imposé par l'étranger et la trahison. Nous aurions inutilement versé notre sang si nous souffrions que les vaincus nous donnassent la loi ! ! !

» Depuis le peu de mois que les Bourbons règnent, ils vous ont convaincus qu'ils n'ont rien oublié ni rien appris. Ils sont toujours gouvernés par les préjugés ennemis de nos droits et de ceux du peuple. Ceux qui ont porté les armes contre leur pays, contre nous, sont des héros! vous êtes des rebelles à qui l'on veut bien pardonner jusqu'à ce que l'on soit assez consolidé par la formation d'un corps d'armée d'émigrés, par l'introduction à Paris d'une garde suisse et par le remplacement successif de nouveaux officiers dans vos rangs. Alors il faudra avoir porté les armes contre la patrie pour pouvoir prétendre aux honneurs et aux récompenses ; il faudra avoir une naissance conforme à leurs préjugés pour être officier; le soldat devra toujours être soldat; le peuple aura les charges et eux les honneurs.

» Un Viomesnil insulte au vainqueur de Zurich en le naturalisant Français, lui qui avait besoin de trouver dans la clémence de la loi pardon et amnistie. Un Brûlart, chouan sicaire de Georges, commande nos légions.

» En attendant le moment où ils oseraient détruire la Légion-d'Honneur, ils l'ont donnée à tous les traîtres et l'ont prodiguée pour l'avilir. Ils lui ont ôté toutes les prérogatives politiques que nous avions gagnées au prix de notre sang.

» Les quatre cents millions du domaine extraordinaire sur lesquels étaient assignées nos dotations, qui étaient le patrimoine de l'armée et le prix de nos succès, ils les ont fait porter en Angleterre.

» Soldats de la grande nation, soldats du grand Napoléon, continuerez-vous à l'être d'un prince qui, vingt ans, fut l'ennemi de la France, et qui se vante de devoir son trône à un prince régent d'Angleterre. Tout ce qui a été fait sans le consentement du peuple et le nôtre, et sans nous avoir consulté est illégitime.

» Soldats, la générale bat et nous marchons; courez aux armes, venez nous joindre, joindre votre empereur et nos aigles tricolores, et si ces hommes, aujourd'hui si arrogans et qui ont toujours fui à l'aspect de nos armes, osent nous attendre, quelle plus belle occasion de verser notre sang et chanter l'hymne de la victoire !

» Soldats des 7e, 8e et 19e divisions militaires, garnisons d'Antibes, de Toulon, de Marseille, officiers en retraite, vétérans de nos armées, vous êtes appelés à l'honneur de donner le premier exemple. Venez avec nous conquérir ce trône, palladium de nos droits, et que la postérité dise un jour : les étrangers, secondés par des traîtres, avaient imposé un joug honteux à la France; les braves se sont levés, et les ennemis du peuple, de l'armée, ont disparu et sont rentrés dans le néant.

Signé à l'original : *le général de brigade baron de* CAMBRONNE, *major du 1er régiment des chasseurs de la garde ; le lieutenant-colonel chevalier* MOLAT ; *artillerie de la garde,* CORNUET, RAOUL, *capitaines ;* LENOU, DEMONT, *lieutenans ; infanterie de la garde,* LOUBERT, LAMOUROT, MOUPES, COMBE, *capitaines ;* DEQUENEUX, TIBOT, CHAUNOT, MOLET, *lieutenans ; chevau-légers de la garde, le baron* FERMANOSKI, *major ;* BALLINSELLI, SEALE, *capitaines.*

Suivent les autres signatures des officiers, sous-officiers et soldats de la garde; signé enfin le général de division aide-de-camp de l'empereur, aide-major-général de la garde, comte DROUOT.

Gap, le 6 mars 1815.

» NAPOLÉON, PAR LA GRACE DE DIEU ET LES CONSTITUTIONS DE L'EMPIRE, EMPEREUR DES FRANÇAIS, ETC., ETC.

Aux habitans des départemens des Hautes et Basses-Alpes.

» Citoyens, j'ai été vivement touché de tous les sentimens que vous m'avez montrés ; vos vœux seront exaucés. La cause de la nation triomphera encore !!! Vous avez raison de m'appeler *votre père* ; je ne vis que pour l'honneur et le bonheur de la France. Mon retour dissipe toutes vos inquiétudes ; il garantit la conservation de toutes les propriétés. L'égalité entre toutes les classes, et les droits dont vous jouissez depuis vingt-cinq ans, et après lesquels nos pères ont tous soupiré, forment aujourd'hui une partie de votre existence.

» Dans toutes les circonstances où je pourrai me trouver, je me rappellerai toujours, avec un vif intérêt, tout ce que j'ai vu en traversant votre pays. — Signé NAPOLÉON. — Par l'empereur : *Le grand-maréchal faisant les fonctions de major-général de la grande armée.* — *Signé* BERTRAND.

Paris, le 6 mars. — Comme nous l'avons vu, ce fut le 5 que la cour fut instruite du débarquement. Dans la nuit du 5 au 6, le comte d'Artois partit pour Lyon avec le duc d'Orléans. Il allait y prendre le commandement des troupes ; on espérait qu'il parviendrait à réunir quinze mille gardes nationaux aux dix mille hommes de troupes de ligne qu'il trouverait à Lyon, et qu'avec cette force il serait en état d'arrêter la marche de Napoléon. On décida en même temps que le duc d'Angoulême se rendrait dans le midi, et dirigerait sur ses flancs la garde nationale de Marseille et les troupes de Masséna, Marchand, Mouton-Duverney, etc. Enfin, on résolut d'opposer la popularité du pouvoir législatif à celle de l'empereur : le roi signa une ordonnance de convocation ; il en rendit une autre qui déclarait Napoléon traître et rebelle. Voici ces deux pièces :

Proclamation du roi. — *Convocation des Chambres.*

« Nous avions, le 31 décembre dernier, ajourné les chambres pour reprendre leurs séances au 1er mai. Pendant ce temps nous nous attachions à préparer les objets dont elles devaient s'occuper. La marche du congrès de Vienne nous permettait de croire à l'établissement général d'une paix solide et durable, et nous nous livrions sans relâche à tous les travaux qui pouvaient assurer la tranquillité et le bonheur de nos peuples. Cette tranquillité est troublée; ce bonheur peut être compromis par la malveillance et la trahison : la promptitude et la sagesse des mesures que nous prenons en arrêtera les progrès. Plein de confiance dans le zèle et le dévouement dont les Chambres nous ont donné des preuves, nous nous empressons de les rappeler auprès de nous.

» Si les ennemis de la patrie ont fondé leur espoir sur les divisions qu'ils ont toujours cherché à fomenter, ses soutiens, ses défenseurs légaux renverseront ce criminel espoir par l'inattaquable force d'une union indestructible.

» A ces causes, ouï le rapport de notre amé et féal chevalier chancelier de France, le sieur Dambray, commandeur de nos ordres, et de l'avis de notre conseil, nous avons ordonné et ordonnons ce qui suit :

» ART. 1er. La Chambre des Pairs et celle des Députés des départemens sont convoquées extraordinairement au lieu ordinaire de leurs séances.

» 2. Les pairs et les députés des départemens absens de Paris s'y rendront aussitôt qu'ils auront connaissance de la présente proclamation.

» 3. La présente proclamation sera insérée au *Bulletin des Lois*, etc.

» Donné au château des Tuileries, le 6 mars 1815, et de notre règne le vingtième. — Signé LOUIS. Par le roi, le chancelier de France, *signé* DAMBRAY. »

Ordonnance du roi. — Mesures de sûreté générale.

« LOUIS, par la grâce de Dieu, roi de France et de Navarre, à tous ceux qui ces présentes verront, salut.

» L'article 12 de la Charte constitutionnelle nous charge spécialement de faire les réglemens et ordonnances nécessaires pour la sûreté de l'état; elle serait essentiellement compromise si nous ne prenions pas des mesures promptes pour réprimer l'entreprise qui vient d'être formée sur un des points de notre royaume, et arrêter l'effet des complots et attentats tendans à exciter la guerre civile et détruire le gouvernement.

» A ces causes, et sur le rapport qui nous a été fait par notre amé et féal chevalier chancelier de France, le sieur Dambray, commandeur de nos ordres, sur l'avis de notre conseil, nous avons ordonné et ordonnons, déclaré et déclarons ce qui suit :

» ART. 1er. *Napoléon Bonaparte est déclaré traître et rebelle*, pour s'être introduit à main armée dans le département du Var. Il est enjoint à tous les gouverneurs, commandans de la force armée, gardes nationales, autorités civiles, et même aux simples citoyens, de lui courir sus, de l'arrêter, et de le traduire incontinent devant un conseil de guerre, qui, après avoir reconnu l'identité, provoquera contre lui l'application des peines prononcées par la loi.

» 2. Seront punis des mêmes peines, et comme coupables des mêmes crimes, les militaires et les employés de tout grade qui auraient accompagné ou suivi ledit Bonaparte dans son invasion du territoire français, à moins que dans le délai de huit jours, à compter de la publication de la présente ordonnance, ils ne viennent faire leur soumission entre les mains de nos gouverneurs, commandans de divisions militaires, généraux, ou administrateurs civils.

» 3. Seront pareillement poursuivis, et punis comme fauteurs et complices de rébellion et d'attentat tendant à changer la forme du gouvernement et provoquer la guerre civile, tous administrateurs civils et militaires, chefs et employés dans lesdites administrations, payeurs et receveurs de deniers publics, même les simples citoyens qui prêteraient directement et indirectement aide ou assistance à Bonaparte.

» 4. Seront punis des mêmes peines, conformément à l'article 102 du Code pénal, ceux qui, par des discours tenus dans des lieux ou réunions publiques, par des placards affichés ou par des écrits imprimés, auraient pris part ou engagé les citoyens à prendre part à la révolte, ou à s'abstenir de la repousser.

» 5. Notre chancelier, nos ministres secrétaires d'état et notre directeur général de la police, chacun en ce qui le concerne, sont chargés de l'exécution de la présente ordonnance, qui sera insérée au *Bulletin des Lois*, etc.

» Donné au château des Tuileries, le 6 mars de l'an de grâce 1815, et de notre règne le vingtième. — *Signé* LOUIS. Par le roi, le chancelier de France, signé DAMBRAY. »

Paris, 8 mars. — Le ton des journaux royalistes changea subitement; plus d'attaques contre la révolution et les révolutionnaires; ils cherchèrent à plaire à ceux qu'ils irritaient incessamment depuis près d'un an. On caressa l'armée. On fit des distributions extraordinaires dans les casernes. On se fit populaire; on promettait à tout le monde. Les adresses des autorités arrivèrent de tous côtés. On pouvait croire à les lire que le dévouement était universel, et que chacun était prêt à mourir pour les Bourbons. Le même jour, le comte d'Artois passait les troupes en revue à Lyon, et recevait les hommages des fonctionnaires. Il écrivait qu'il croyait pouvoir compter sur l'appui de tous. Cependant, Soult publiait la proclamation suivante.

Ordre du jour à l'armée.

« Soldats, cet homme qui naguère abdiqua aux yeux de toute l'Europe un pouvoir usurpé, dont il avait fait un si fatal usage, Bonaparte est descendu sur le sol français, qu'il ne devait plus revoir !

» Que veut-il ? La guerre civile. Que cherche-t-il ? Des traîtres. Où les trouverait-il ? Serait-ce parmi ces soldats qu'il a trompés et sacrifiés tant de fois en égarant leur bravoure ? Serait-ce au sein de ces familles que son nom seul remplit encore d'effroi ?

» Bonaparte nous méprise assez pour croire que nous pouvons abandonner un souverain légitime et bien-aimé pour partager le sort d'un homme qui n'est plus qu'un aventurier. Il le croit, l'insensé ! et son dernier acte de démence achève de le faire connaître.

» Soldats, l'armée française est la plus brave armée de l'Europe; elle sera aussi la plus fidèle.

» Rallions nous autour de la bannière des lis, à la voix de ce père du peuple, de ce digne héritier des vertus du grand Henri ! Il vous a tracé lui-même les devoirs que vous avez à remplir : il met à votre tête ce prince modèle des chevaliers français, dont l'heureux retour dans notre patrie a déjà chassé l'usurpateur, et qui aujourd'hui va par sa présence détruire son seul et dernier espoir.

» Paris, le 8 mars 1815. Le ministre de la guerre, *signé* maréchal duc de DALMATIE. »

Marche de Napoléon. Du 7 au 9. — En quittant Gap, le 6, Napoléon marchait sur Grenoble, où des dispositions avaient été prises qui paraissaient devoir déjouer ses projets. Sept à huit cents hommes, avant-garde d'une divison de six mille hommes de troupes de ligne, étaient partis de cette ville pour se porter contre lui : ils sont rencontrés le 7 par Cambronne, commandant l'avant-garde de l'île d'Elbe, et refusent de parlementer. Napoléon dépêche auprès d'eux un autre officier, qui essuie un pareil refus. Alors Napoléon s'y rend de sa personne, suivi de quelques grenadiers ayant l'arme sous le bras. Il se présente seul aux soldats du roi : « Hé quoi, mes amis, leur dit-il, vous ne me
» reconnaissez pas! Je suis votre empereur. S'il est parmi
» vous un soldat qui veuille tuer son général, son empereur,
» il le peut; me voilà!... » Et il efface sa poitrine. Les soldats répondent en criant *vive l'empereur;* ils arborent la cocarde tricolore, embrassent leurs camarades de l'île d'Elbe, et demandent à marcher des premiers contre la division de Grenoble. Les paysans accourent, et les acclamations deviennent unanimes. Napoléon range ses nouvelles troupes en bataille; il leur dit : « Je
» viens avec une poignée de braves, parce que je compte sur le
» peuple et sur vous. Le trône des Bourbons est illégitime,
» puisqu'il n'a pas été élevé par la nation; il est contraire à la
» volonté nationale, puisqu'il est contraire aux intérêts de notre
» pays, et qu'il n'existe que dans l'intérêt de quelques familles.
» Demandez à vos pères; interrogez tous ces habitans qui arri-
» vent ici des environs : vous apprendrez de leur propre bouche
» la véritable situation des choses. Ils sont menacés du retour
» des dîmes, des priviléges, des droits féodaux, et de tous les
» abus dont vos succès les avaient délivrés. N'est-il pas vrai,
» paysans? » *Oui, oui!* répondirent-ils unanimement. — Sur ces entrefaites arrive Labédoyère avec son régiment, le septième de ligne; instruit d'avance, il avait préparé cette défection importante, qui donna le branle à toute l'armée. Il s'était détaché de la division de Grenoble pour se réunir à l'empereur. Des acclamations et des embrassemens signalèrent cette réunion. « Sire,

» dit Labédoyère, les Français vont tout faire pour votre ma-
» jesté ; mais il faut aussi que votre majesté fasse tout pour eux.
» Plus d'ambition, plus de despotisme ; nous voulons être libres
» et heureux. Il faut abjurer, sire, le système de conquête et de
» puissance qui a fait le malheur de la France et le vôtre. » —
» Si je réussis, répond Napoléon, je ferai tout ce qu'il faudra
» faire pour remplir l'attente de la nation : son bonheur m'est
» plus cher que le mien. C'est pour la rendre libre et heureuse
» que je me suis jeté dans une entreprise qui pouvait ne pas
» avoir de succès, et me coûter la vie ; mais nous aurions eu la
» consolation de mourir sur le sol de la patrie. » Cependant le
général Marchand, commandant pour le roi, se disposait à soutenir le siége de Grenoble. L'armée impériale se répand sous les
murs de la ville : les soldats ont l'arme renversée ; ils marchent
gaiement, et sans ordre militaire, chantant des refrains nationaux, criant *vive la France ! vive Napoléon ! vive Grenoble !*
Cependant la garnison ne se prononçait pas ; mais elle fut bientôt
entraînée par la population, qui du haut des remparts répétait
les cris de joie et de fraternité des assiégeans. Les habitans se
sont précipités aux portes de la place ; ils les brisent, en relèvent
quelques débris, et, au bruit des fanfares, les apportent à Napoléon : « A défaut des clefs de la bonne ville de Grenoble, di-
» sent-ils, voilà les portes ! » C'est ainsi que Napoléon fit son
entrée le 7 à Grenoble. Il trouvait là de nombreux renforts, des
armes, de l'artillerie et des munitions. Il y séjourna le 8, reçut
les autorités civiles, militaires et religieuses. « J'ai su, leur dit-
» il, que la France était malheureuse ; j'ai entendu ses gémisse-
» mens et ses reproches : je suis venu avec les fidèles compa-
» gnons de mon exil pour la délivrer du joug... Mes droits à moi
» m'ont été déférés par la nation, par la volonté unanime des
» Français ; ils ne sont autres que les droits du peuple. Je viens
» les reprendre, non pour régner, le trône n'est rien pour moi ;
» non pour me venger, je veux oublier tout ce qui a été dit, fait,
» écrit depuis la capitulation de Paris ; mais pour vous restituer
» les droits que les Bourbons vous ont ôtés, et vous arracher à la

» glèbe, au servage et au régime féodal, dont ils vous mena-
» cent... J'ai trop aimé la guerre; je ne la ferai plus; je laisserai
» mes voisins en repos : nous devons oublier que nous avons été
» les maîtres du monde. Je veux régner pour rendre notre belle
» France libre, heureuse et indépendante, et pour asseoir son
» bonheur sur des bases inébranlables. Je veux être moins son
» souverain que le premier et le meilleur de ses citoyens. » Le
même jour il passa la garnison en revue; elle était de six mille
hommes; les soldats avaient repris leur cocarde tricolore : *C'est
la même*, répétaient-ils en passant devant Napoléon, *c'est la
même que nous portions à Marengo, à Austerlitz!* « C'est parmi
» vous, leur disait l'empereur, que j'ai fait mes premières
» armes. Je vous aime tous comme d'anciens camarades : je vous
» ai suivis sur le champ de bataille, et j'ai toujours été content
» de vous. Mais j'espère que nous n'aurons pas besoin de vos
» canons; il faut à la France de la modération et du repos. L'ar-
» mée jouira dans le sein de la paix du bien que je lui ai déjà
» fait, et que je lui ferai encore. Les soldats ont retrouvé en moi
» leur père; ils peuvent compter sur les récompenses qu'ils ont
» méritées. » Le 9, Napoléon partit de Grenoble, à la tête de
huit mille hommes, pour se rendre à Lyon. « Ah! s'écriait-il en
» voyant toujours la foule se grossir sous les enseignes tricolores,
» je retrouve les sentimens qui, il y a vingt ans, me firent saluer
» la France du nom de la grande nation! Oui, vous êtes encore
» la grande nation, et vous le serez toujours! » Napoléon ne
pouvait plus douter de la réussite de son entreprise; dans la
même journée du 9 il reprit d'une manière officielle l'exercice
du pouvoir en proclamant trois décrets impériaux : l'un ordonnait d'intituler les actes publics et de rendre la justice en son
nom à dater du 15 mars; les deux autres appelaient et organi-
saient les gardes nationales des cinq départemens qui proté-
geaient son retour. Il adressa au département de l'Isère l'adresse
qui suit :

« NAPOLÉON, PAR LA GRÂCE DE DIEU ET LES CONSTITUTIONS DE L'EMPIRE, EMPEREUR DES FRANÇAIS, etc., etc., etc.

» *Aux habitans du département de l'Isère.*

» Citoyens, lorsque, dans mon exil, j'appris tous les malheurs qui pesaient sur la nation, que tous les droits du peuple étaient méconnus, et qu'il me reprochait le repos dans lequel je vivais, je ne perdis pas un moment. Je m'embarquai sur un frêle navire; je traversai les mers au milieu des vaisseaux de guerre de différentes nations; je débarquai sur le sol de la patrie, et je n'eus en vue que d'arriver avec la rapidité de l'aigle dans cette bonne ville de Grenoble, dont le patriotisme et l'attachement à ma personne m'étaient particulièrement connus.

» Dauphinois! vous avez rempli mon attente.

» J'ai supporté, non sans déchirement de cœur, mais sans abattement, les malheurs auxquels j'ai été en proie il y a un an; le spectacle que m'a offert le peuple sur mon passage m'a vivement ému. Si quelques nuages avaient pu arrêter la grande opinion que j'avais du peuple français, ce que j'ai vu m'a convaincu qu'il était toujours digne de ce nom de *grand peuple* dont je le saluai il y a plus de vingt ans.

» Dauphinois! sur le point de quitter vos contrées pour me rendre dans ma bonne ville de Lyon, j'ai senti le besoin de vous exprimer toute l'estime que m'ont inspirée vos sentimens élevés. Mon cœur est tout plein des émotions que vous y avez fait naître; j'en conserverai toujours le souvenir.—*Signé* NAPOLÉON. »

Relation des évènemens qui se sont passés à Grenoble depuis le 4 mars, insérée dans le Moniteur *du 21 mars.*

Une estafette qui avait traversé la ville dans la nuit du 3 au 4 mars, avait attiré et occupé l'attention publique. Un courrier arrivé du 4 ne fit que l'exciter plus vivement encore, et le lendemain 5 il fut connu de tout le monde que l'empereur avait débarqué le 1er mars au soir dans le voisinage de Fréjus; qu'il était accompagné de sa fidèle garde; qu'il avait d'abord occupé Grasse, et qu'il s'était dirigé, dès le 2, vers les Hautes-Alpes. Des avis successifs ne permirent plus de douter que S. M. ne dût faire de notre ville le lieu de son premier séjour.

Une garnison nombreuse y était requise. Des braves, qui devaient trouver des compagnons de gloire dans cette même garde qui ramenait Napoléon, hésitèrent d'abord à y reconnaître des ennemis, et cette première pensée de leurs cœurs devint la règle de leur conduite. Quelques tentatives pour engager dans une entreprise à laquelle ceux qui étaient chargés de donner des ordres ne s'associaient peut-être qu'à regret furent inutiles, et ne parurent point obtenir de succès. La garnison fut augmentée; le 7e et le 11e régimens de ligne arrivèrent le 7 de Chambéry; le 4e des hussards entra peu de temps après dans la ville, quittant sa garnison de Vienne. La population entière se porta sur les remparts et dans les lieux publics, entraînée par ses vœux et par ses espérances.

L'empereur était à la Mure dès le 6 au soir; le 7, ses avant-postes occupaient Vizille de bonne heure : ce dernier bourg n'étant qu'à trois lieues de Grenoble, on ne douta pas que l'entrée de S. M. n'eût lieu ce même jour.

Elle tardait trop au gré de ses soldats, et ses soldats coururent au-devant d'elle; à quatre heures après midi, le 7e régiment sortit de la ville, ayant à sa tête le colonel Henri de Labédoyère, qui courut offrir à l'empereur sa personne et son régiment.

Une partie du 5e avait déjà rejoint S. M. dans la même journée, à cinq lieues en avant de la ville, et le reste de la garnison ne tenait plus : la nuit arriva, et le résultat de ces événemens paraissait devoir encore être attendu jusqu'au lendemain, lorsqu'à huit heures et demie une avant-garde de lanciers polonais se présente à la porte de Bonne, qui était fermée, et demande qu'elle soit ouverte.

Les troupes qui occupaient le rempart répondent par les cris de *vive l'empereur!* la porte s'ouvre; l'avant-garde entre; tous les citoyens accourent à la lueur des flambeaux, et presque aussitôt l'empereur paraît, seul, à la tête et en avant de son armée.

Une foule immense se précipite sur son passage; tout se mêle, soldats et citoyens, et tous confondent leurs cris et leurs sentimens dans l'enthousiasme qu'inspire la présence du souverain. S. M. alla occuper l'hôtel des Trois-Dauphins, que la foule n'a cessé d'entourer, en faisant retentir l'air des cris de son allégresse.

M. le maire de la ville et plusieurs autres fonctionnaires se présentent aussitôt à S. M. Au même instant, on distribua des proclamations de S. M., qui furent répandues dans tous les quartiers de la ville.

Paris. Du 9. — Les nouvelles parvenaient à Paris d'heure en heure; la vérité était connue du gouvernement; elle transpirait dans le peuple, et pénétrait jusque dans les places de guerre situées au nord de la France. Les citoyens contenaient difficilement leur joie; l'armée n'attendait qu'un signal. Par un concours singulier de circonstances, une conjuration militaire, dont le but était d'obtenir justice du roi contre le ministère et contre les émigrés, allait éclater au moment de l'arrivée de Napoléon, et il est certain que cette conjuration était indépendante de son entreprise. Le gouvernement laissait proclamer des mensonges, comme s'il eût voulu se tromper lui-même sur l'imminence du danger. Les premiers succès des troupes impériales étaient constans, et l'on publiait : «Bonaparte et ses bandes ne méritent pas le déploiement des forces extraordinaires qui se portent de toutes parts contre eux; partout les troupes les ont reçus avec horreur. En butte au juste mépris des hommes, ils se cachent dans les montagnes, manquent de tout, et déjà la défection les divise et les disperse; les hommes égarés reviennent; le reste ne tardera pas à expier une tentative aussi follement criminelle... » On continuait de publier des adresses au roi, sans se rappeler que depuis long-temps ces protestations plus ou moins franches n'étaient que de forme et sans conséquence. On simulait le dévouement afin de l'exciter. Des groupes de vieillards, de femmes et d'enfans, d'autres soldés par la police, parcouraient du matin au soir la circonférence du palais des Tuileries, criant *vive le roi! vivent les princes!* Les mousquetaires et tous les officiers de la maison du roi se donnaient beaucoup de mouvement; mais leur empressement et leur étalage militaire, loin de provoquer l'imitation, excitaient des répugnances ou des rires. Toutes les démarches de ces hommes nouveaux semblaient de ridicules parades. Cependant les membres des deux chambres qui se trouvaient à Paris s'étaient réunis. Il n'y avait que soixante-neuf députés. On décida néanmoins de rédiger des adresses. Elles furent présentées au roi le 8. Dans celle de la Chambre des Députés on remarquait cette phrase : « Quelles que soient les fautes commises, ce n'est pas le moment de les examiner. Nous devons tous nous réunir contre l'ennemi commun, et chercher à rendre cette crise profitable à la sûreté du trône et à la liberté publique. » Dans l'adresse de la Chambre des Pairs, on remarquait cette autre : « Vous assemblez autour de vous vos fidèles Chambres. La nation n'a point oublié qu'avant votre heureux retour l'orgueil en délire osait les dissoudre, et les forcer au silence dès qu'il craignait leur sincérité. Telle est la différence du pouvoir légitime et du pouvoir tyrannique. » L'adresse commençait bien, mais elle finissait mal. La Chambre offrait de concourir à l'établissement de lois plus sévères si la gravité des circonstances et la sûreté du peuple français l'exigeaient.

Le 9, le roi rendit deux ordonnances, dont les considérans méritent d'être connus :

« Louis, etc.

1° — « Nous avons fait connaître à la France entière l'entreprise formée sur un des points de notre royaume par un homme dont le nom seul rappelle les malheurs de la patrie. — Nous comptons sur les sentimens patriotiques de tous les Français, sur leur attachement inviolable au trône, à leur souverain légitime, à cette Charte constitutionnelle qui fixe à jamais leur destinée ; nous comptons sur le dévouement d'une armée dont la gloire a retenti dans toute l'Europe; et si, par suite de la paix, cette armée a subi une réduction qui ne nous a pas permis d'employer activement tous les braves officiers qui en font partie, et dont l'existence a été l'objet constant de notre sollicitude, le moment est venu où, laissant un libre cours aux sentimens d'honneur et de courage qui les animent, nous les appelons à en donner de nouvelles preuves. — A ces causes, sur le rapport de notre ministre secrétaire d'état de la guerre (Soult), nous avons ordonné, etc. — Art. 1ᵉʳ. Tous les militaires en semestre et en congé limité, officiers, sous-officiers et soldats de toute arme, rejoindront sur-le-champ leurs régimens respectifs. » (Suivaient dix-huit articles, qui réglaient l'organisation de ces militaires, ainsi que les avantages qui leur étaient accordés.)

2° — « L'ennemi de la France a pénétré dans l'intérieur. Tandis que l'armée va tenir la campagne, les gardes nationales sédentaires doivent garder les places fortes, contenir les factieux dans l'intérieur, dissiper leurs rassemblemens, intercepter leurs communications. — Les gardes nationales sédentaires, qui présentent une masse de trois millions de propriétaires fonciers ou industriels, constituent une force locale universellement répandue; qui partout peut envelopper et harceler les rebelles, et redevient maîtresse partout où ils cessent d'être en force. — De cette masse formidable, mais que tant d'intérêts attachent au sol, peuvent sortir des corps volontaires qui forment des colonnes mobiles, ou prennent rang avec l'armée. Il suffit pour cela que les gardes nationaux habillés, équipés et armés, qui, par leur jeunesse, leur état et leur fortune, comme par leur noble dévouement, peuvent et veulent quitter un instant leurs foyers, se forment en corps de volontaires pour un service actif, mais libre et momentané. — Ainsi la nation combattra partout avec l'armée, soit en ligne, soit comme auxiliaire, et montrera qu'un grand peuple, quand il ne veut point, ne reprend pas le joug qu'il a secoué. — Mais comme c'est principalement par l'union que les peuples résistent à la tyrannie, c'est surtout dans les gardes nationales qu'il importe de conserver et de resserrer les nœuds d'une confiance mutuelle, en prenant un seul et même point de ralliement. Nous l'avons trouvé dans la Charte constitutionnelle, que nous avons promis d'observer et de faire observer à jamais, qui est notre ouvrage libre et personnel, le résultat de notre expérience, et le lien commun que nous avons voulu donner aux intérêts et aux opinions qui ont si long-temps divisé la France. — A ces causes, mettant notre confiance entière dans la Charte constitutionnelle; dans les Chambres, qui sont avec nous gardiennes de la Charte, et qui nous environnent; dans l'expérience de nos peuples, éclairés par les phases diverses d'une longue révolution; dans l'honneur et la fidélité de l'armée et des gardes nationales, nous avons ordonné, etc. » — (Suivaient treize articles, qui réglaient les dispositions à prendre pour la levée et la réunion des gardes nationales sédentaires et volontaires.) L'article 9 était ainsi conçu : — « 9. Nous voulons que la Charte constitutionnelle soit le point de ralliement et le signe d'alliance de tous les Français. Nous regarderons comme nous étant seuls véritablement affectionnés ceux qui déféreront à cette injonction. Nous envisagerons comme un attentat à notre autorité, et comme un moyen de favoriser la rébellion, toute entreprise directe ou indirecte, par actions, écrits ou propos publics, qui tendrait à ébranler la confiance des gardes nationales et la Charte constitutionnelle, ou à les diviser en factions par des distinctions que la Charte réprouve. »

Lyon. Du 10. — *Monsieur*, le duc d'Orléans et le maréchal Macdonald essayaient à Lyon de disposer les troupes et les habitans à la défense de la cause royale; ils répandaient de l'argent, prodiguaient les promesses, descendaient jusqu'aux prières : ils n'intéressaient personne; citoyens et soldats rouvraient leur âme à une affection d'autant plus impérieuse qu'elle avait été blessée.

La garde nationale à cheval faisait seule beaucoup de bruit autour du prince. Des ordres avaient été donnés, et lentement exécutés, pour d'insignifians préparatifs. Cependant Napoléon approchait de la seconde ville de l'empire. Le comte d'Artois passe une dernière revue; effrayé du silence qui l'environne : « Allons, mon camarade, dit-il à un dragon du treizième régi-
» ment, crie donc vive le roi! — Non, monsieur, lui repart le
» cavalier; aucun soldat ne combattra contre son père; je ne puis
» vous répondre qu'en disant vive l'empereur. — Tout est
» perdu! » s'écrie le prince en se retournant vers sa suite, et, dévorant sa juste indignation, il quitte Lyon peu après, escorté par un seul gendarme, dit-on. Le prince n'aperçut point derrière lui la garde nationale à cheval. Macdonald réitère une tentative sur les troupes; il veut les préparer à la résistance : ce maréchal en est bien connu; il en a été aimé : inutiles efforts; la troupe refuse d'obéir; Macdonald, menacé, est contraint de se retirer. Déjà la garnison et les habitans se portaient en foule au-devant des phalanges impériales. Le 10, à sept heures du soir, Napoléon paraît presque seul au faubourg de la Guillotière, et bientôt citoyens et soldats se précipitent pour lui former un cortége dont les cris, les mouvemens semblaient exprimer la possession d'un bonheur indestructible. Napoléon, vivement touché, ne pouvait que répéter ces mots d'effusion : « Lyonnais, je vous
» aime! » Il reçut les clefs de la ville des mains du maire. Rendu au palais, il confia sa personne à la garde nationale à pied, rejetant les offres de service de celle à cheval : « Nos institutions,
» dit-il aux députés de ce corps nouveau, ne reconnaissent point
» de gardes nationales à cheval; d'ailleurs vous vous êtes si mal
» conduits avec le comte d'Artois, que je ne veux point de vous. »
Il apprend en même temps que de toute cette garde à cheval, un seul homme lui était resté fidèle : « Je n'ai jamais laissé, dit Na-
» poléon, une belle action sans récompense; » et il nomma ce citoyen chevalier de la Légion-d'Honneur. — Napoléon, passant la revue des troupes sur la place Bellecourt : « Je revois cette
» place avec plaisir; je me rappelle que je la relevai de ses rui-

» nes, et que j'en posai la première pierre il y a quinze ans. »
Après la revue il donna l'ordre à une division de se diriger sur
Paris. Il reçut les différentes autorités, et s'entretint familière-
ment avec elles, relevant les fautes des Bourbons, avouant les
siennes propres, et développant ainsi la nouvelle marche qu'il se
proposait de suivre : « J'ai été entraîné par la force des événe-
» mens dans une fausse route; mais, instruit par l'expérience,
» j'ai abjuré cet amour de la gloire, si naturel aux Français,
» qui a eu pour la France et pour moi tant de funestes résultats!
» Je me suis trompé en croyant que le siècle était venu de rendre
» la France le chef-lieu d'un grand empire; j'ai renoncé pour
» toujours à cette haute entreprise : nous avons assez de gloire;
» il faut nous reposer... Ce n'est point l'ambition qui me ramène
» en France; c'est l'amour de la patrie. J'aurais préféré le repos
» de l'île d'Elbe aux soucis du trône si je n'avais su que la France
» était malheureuse, et qu'elle avait besoin de moi... En mettant
» le pied sur notre chère France, j'ai fait le vœu de la rendre
» libre et heureuse : je ne lui apporte que des bienfaits. Je reviens
» pour protéger et défendre les intérêts que notre révolution a
» fait naître; je reviens pour concourir, avec les représentans de
» la nation, à la formation d'un pacte de famille qui conservera
» à jamais la liberté et les droits de tous les Français. Je mettrai
» désormais mon ambition et ma gloire à faire le bonheur de ce
» grand peuple, duquel je tiens tout. Je ne veux point, comme
» Louis XVIII, vous octroyer une Charte révocable. Je veux vous
» donner une Constitution inviolable, et qu'elle soit l'ouvrage du
» peuple et de moi. » Lyon le posséda jusqu'au 13. Il y rendit
neuf décrets, portant : dissolution des Chambres royales et convocation prochaine du *Champ de Mai*, renvoi des émigrés non
amnistiés par les lois, abolition de la noblesse, rappel des membres de l'ordre judiciaire renvoyé par le gouvernement royal,
restitution aux communes et aux hospices des biens qui leur
avaient été enlevés, séquestre des biens de la maison Bourbon,
licenciement de la maison militaire du roi, suppression des ordres de Saint-Louis, du Saint-Esprit, de Saint-Michel et du Lis,

rétablissement de la Légion-d'Honneur comme avant 1814, etc. Avant de partir il consacra dans une proclamation les paroles qu'il avait souvent répétées aux Lyonnais pendant son séjour parmi eux : « Lyonnais, au moment de quitter votre ville pour
» me rendre dans ma capitale, j'éprouve le besoin de vous faire
» connaître les sentimens que vous m'avez inspirés. Vous avez
» toujours été au premier rang dans mes affections ; sur le trône
» ou dans l'exil, vous m'avez toujours montré les mêmes senti-
» mens ; le caractère élevé qui vous distingue vous a mérité toute
» mon estime. Dans des momens plus tranquilles je reviendrai
» pour m'occuper de vos manufactures et de votre ville. Lyon-
» nais, je vous aime! » C'est à Lyon que Napoléon reçut des renseignemens positifs sur la situation générale de l'empire, sur le vœu des Français, enfin sur l'opinion publique, avide de liberté depuis qu'elle n'était plus sous le charme de sa domination. « Je sais, disait-il, que les idées libérales ont repris le ter-
» rain que j'avais fait gagner au pouvoir. Je ne chercherai point
» à le reprendre : il ne faut jamais lutter contre une nation ; c'est
» le pot de terre contre le pot de fer. Les Français seront con-
» tens de moi. Je sens qu'il y a du plaisir et de la gloire à rendre
» un peuple heureux. Je donnerai à la France des garanties. Je ne
» lui avais point épargné la gloire ; je ne lui épargnerai point la
» liberté. Je ne garderai de pouvoir que ce qu'il m'en faudra pour
» gouverner. Le pouvoir n'est point incompatible avec la liberté ;
» jamais au contraire la liberté n'est plus entière que lorsque
» le pouvoir est bien constitué : quand il est faible il est ombra-
» geux ; quand il est fort il dort tranquille, et laisse à la liberté
» la bride sur le cou. Je sais ce qu'il faut aux Français ; nous
» nous arrangerons. Mais point de licence, point d'anarchie ; car
» l'anarchie nous ramènerait au despotisme des républicains, le
» plus fécond de tous en actes tyranniques, parce que tout le
» monde s'en mêle, etc. » (*Lallement, t. XXI.*)

Nous ajouterons à cette narration la citation textuelle de quelques-uns des décrets impériaux. Nos lecteurs pourront apprécier quel était l'homme qui les rédigeait et à quel point ils étaient habilement faits pour exciter l'enthousiasme libéral de la nation. Nous terminerons par la relation officielle des événemens Lyon, insérée dans le *Moniteur* du 21 mars, c'est-à-dire après l'entrée de Bonaparte à Paris.

« NAPOLÉON, etc. Nous avons décrété et décrétons ce qui suit :

» Art. 1er. La noblesse est abolie, et les lois de l'assemblée constituante seront mises en vigueur.

» 2. Les titres féodaux sont supprimés; les lois de nos assemblées nationales seront mises en vigueur.

» 3. Les individus qui ont obtenu de nous des titres nationaux, comme récompense nationale, et dont les lettres-patentes ont été vérifiées au conseil du sceau des titres, continueront à les porter.

» 4. Nous nous réservons de donner des titres aux descendans des hommes qui ont illustré le nom français dans les différens siècles; soit dans le commandement des armées de terre et de mer, dans les conseils du souverain, dans les administrations civiles et judiciaires, soit enfin dans les sciences et arts et dans le commerce, conformément à la loi qui sera promulguée sur cette matière.

» 5. Notre grand-maréchal, faisant fonctions de major-général de la grande armée, est chargé de prendre les mesures nécessaires pour la publication du présent décret. — *Signé* NAPOLÉON. »

« A Lyon, le 15 mars 1815. »

» NAPOLÉON, etc., etc., etc. Considérant que la chambre des pairs est composée en partie de personnes qui ont porté les armes contre la France, et qui ont intérêt au rétablissement des droits féodaux, à la destruction de l'égalité entre les différentes classes, à l'annulation des ventes des domaines nationaux, et enfin à priver le peuple des droits qu'il a acquis par vingt-cinq ans de combats contre les ennemis de la gloire nationale;

» Considérant que les pouvoirs des députés au corps législatif étaient expirés; et que dès-lors la chambre des communes n'a plus aucun caractère national qu'une partie de cette chambre s'est rendue indigne de la confiance de la nation en adhérant au rétablissement de la noblesse féodale, abolie par les constitutions acceptées par le peuple, et en faisant payer par la France des dettes contractées à l'étranger pour tramer des coalitions et soudoyer des armées contre le peuple français, en donnant aux Bourbons le titre de roi légitime, ce qui était déclarer rebelles le peuple français et les armées, proclamer seuls bons Français les émigrés qui ont déchiré pendant vingt-cinq ans le sein de la patrie, et violé tous les droits du peuple en consacrant le principe que la nation était faite pour le trône, et non le trône pour la nation ;

» Nous avons décrété et décrétons ce qui suit :

» Art. 1er. La Chambre des Pairs est dissoute.

» 2. La Chambre de Communes est dissoute; il est ordonné à chacun des membres convoqué, et arrivé à Paris depuis le 7 mars dernier, de retourner sans délai dans son domicile.

» 3. Les colléges électoraux des départemens de l'empire seront réunis à Paris, dans le courant du mois de mai prochain, en *grande assemblée extraordinaire du champ de mai*, afin de prendre les mesures convenables pour corriger et modifier nos constitutions, selon l'intérêt et la volonté de la nation, et en même temps pour assister au couronnement de l'impératrice, notre très-chère et bien-aimée épouse, et à celui de notre cher et bien-aimé fils.

» 4. Notre grand maréchal, faisant fonctions de major-général de la grande armée, est chargé de prendre les mesures nécessaires pour la publication du présent décret. — Signé NAPOLÉON. »

« Lyon 10 mars.

» *Honneur, gloire, patrie!* Enfin nous les avons revues ces aigles mille fois triomphantes et jamais vaincues! nous les avons revues, et nos cœurs ont tressailli de joie! A leur aspect, nous nous sommes écriés : *Voilà l'honneur et la gloire de la patrie;* et si nous avions pu oublier un seul instant que le sang français coule dans nos veines, la vue du héros de Marengo, d'Iéna et d'Austerlitz, et de ses plus fidèles compagnons d'armes, nous aurait rappelés au caractère noble et fier qui distingua les Lyonnais de tous les temps.

» Oh! quelle journée que celle du 10 mars! Qui pourrait la peindre dignement pour en déposer l'immortel tableau dans les fastes de la cité?.. Nous savions, depuis cinq jours, que l'empereur avait débarqué en Provence et s'avançait sur Grenoble par Digne et Gap. La nouvelle de son entrée à Grenoble nous parvint dès le 8, dans la soirée, et nous apprîmes en même temps que la garnison de cette ville avait volé au devant du monarque rendu à l'admiration, aux vœux des Français et de l'armée. On vit alors l'allégresse éclater sur tous les visages; le cri de vive l'empereur ne s'échappait pas encore de toutes les bouches; mais il était dans tous les cœurs, excepté dans le cœur perfide et insensible de quelques traîtres, assez vils pour chercher leur élévation dans l'abaissement de leur patrie.

» Cependant M. le comte d'Artois arrive dans nos murs avec le duc d'Orléans et le comte de Damas. Le 20ᵉ régiment tiré de Montbrison renforce la garnison de Lyon, composée du 24ᵉ d'infanterie de ligne et du 13ᵉ de dragons. Un appel est fait à une portion de la garde nationale. Les deux ponts sur le Rhône sont barricadés ; le prince passe les troupes en revue et essaie de les enflammer pour la cause royale. Vains efforts! Dernière et inutile ressource d'un gouvernement débile, qui n'a pu ni ranimer des affections depuis longtemps éteintes, ni faire oublier à l'armée des drapeaux qui, pendant vingt-cinq ans, ont parcouru triomphants toutes les capitales de l'Europe, et porté le nom français au plus haut degré d'illustration.

» Le matin, le prince fit encore une tentative sur l'esprit des soldats ; il se montra dans tous les rangs, mais il les trouva glacés ; il vit qu'il fallait alors se décider à partir et à emmener la troupe.

» Le maréchal duc de Tarente, arrivé dans la matinée, visita les deux ponts; les préparatifs de résistance semblèrent recommencer ; les régiments se rapprochèrent des ponts; mais chacun savait que les premiers postes de l'empereur se trouvaient sur la rive gauche du Rhône, dans le faubourg de la Guillotière, où leur présence excitait le plus vif enthousiasme; on savait aussi que tous les soldats attendaient leurs frères d'armes pour se jeter dans leurs bras, et l'empereur, pour saluer encore en lui le soutien de la patrie. Les Lyonnais redemandaient déjà hautement le génie puissant qui avait relevé les murs de leur cité désolée par les anarchistes, qui protégeait leur commerce et faisait fleurir leurs manufactures, et qui n'avait peut-être été malheureux que parce qu'il avait voulu faire trop de bien à la France.

» A deux heures après midi, le duc de Tarente conduisit sur le pont de la Guillotière deux bataillons d'infanterie. Pendant qu'ils s'approchaient des barricades, les hussards du 4ᵉ régiment, qui avaient rejoint les aigles à Grenoble, débouchèrent du faubourg de la Guillotière et entrèrent par le pont, précédés par une centaine de jeunes gens de ce faubourg, qui criaient comme eux vive l'empereur! Les troupes de l'un et de l'autre côté se joignirent aux barricades. Ici, le même cri part simultanément de toutes les bouches; les poutres et les arbres qui barraient le chemin sont jetés au Rhône; les soldats s'embrassent avec transport et se mettent en marche pour entrer dans la ville. Plus de vingt mille habitans rangés sur le quai du Rhône et sur le cours Napoléon, où ils étaient témoins de cette guerre d'une nouvelle espèce, font retentir les airs de leurs acclamations sans cesse répétées : tous les officiers et soldats du 20e et du 24e de ligne, et du 15e de dragons, s'abandonnent enfin aux mouvemens de leur cœur. *Vive l'empereur* n'est de leur part qu'un seul cri! Ils courent au-devant des hussards, et tous se rangent ensuite sur la place Bonaparte.

» Le duc de Tarente s'était retiré, ainsi que M. le gouverneur comte de Damas. M. le comte de Chabrol, préfet, venait également de quitter la ville. Tous les officiers supérieurs sont restés, et c'est avec la plus vive satisfaction que les soldats ont vu au milieu d'eux M. le général de division Brayer.

» A cinq heures, la garnison se porta sur le pont de la Guillotière et au-delà, à la rencontre de l'empereur. A six heures et demie, l'armée qui venait de Grenoble commença à faire son entrée à Lyon, au milieu des mêmes acclamations. A sept heures, les Lyonnais eurent le bonheur de revoir et de posséder l'empereur des Français, et de lui prodiguer de nouvelles marques de leur amour et de leur fidélité. Déjà ce grand monarque, toujours infatigable dans son activité, s'occupe de sa bonne ville de Lyon, qu'il va combler de nouveaux bienfaits. Il passera en revue son armée dans la matinée; et nous savons que plusieurs régimens arriveront ce soir dans nos murs, pour se joindre à leurs frères d'armes. »
(*Moniteur.*)

»11 *mars*:—L'empereur a travaillé toute la matinée, et a reçu le corps municipal. S. M. a passé une revue générale, qui a duré depuis onze heures jusqu'à quatre, et a admis auprès d'elle la cour impériale, le clergé, le conseil de préfecture, les tribunaux civils et de commerce, l'Académie, l'état-major, les officiers à la suite, et autres fonctionnaires civils et militaires. Plusieurs citoyens ont entendu de la bouche de S. M. l'expression de la satisfaction qu'elle a daigné témoigner, et ont recueilli l'assurance de son dévouement au bonheur et à la France.

» L'empereur, en quelque sorte, a dévoilé lui-même le fond de toutes ses pensées, en répétant : «Nous devons oublier que nous avons été les maîtres des na-
» tions. — Mes droits ne sont que ceux du peuple. — Tout ce que des individus
» ont fait, écrit ou dit depuis la prise de Paris, je l'ignorerai toujours. »

» Dans les diverses audiences accordées par S. M., elle a fait connaître qu'elle était bien convaincue que les destins de la France ne pouvaient s'accomplir que par les soins d'un gouvernement libéral; que les Français étaient nés pour fournir l'exemple d'une nation heureuse par la conservation de la liberté publique et l'affermissement des principes de l'égalité des droits et des devoirs. S. M. s'est informée avec une sollicitude particulière de l'état des campagnes, et a dit : « Je viens éloigner d'elles pour toujours les souvenirs du régime
» féodal, du servage et de la glèbe; je ne leur apporte que des bienfaits. »

» Partout, sur toute la route, depuis son départ de l'île d'Elbe, l'empereur n'a trouvé que soumission, respect et dévouement. Tous les départemens qu'il a déjà traversés ont accouru devant ses aigles; et ce second retour, au milieu des Français, inespéré comme le premier qui le leur ramena des sables de l'Afrique, a été pour S. M. une nouvelle occasion de recueillir l'hommage de leur admiration et de leur amour.
(*Moniteur.*)

Paris, 11 mars. — Le bruit se répandit qu'une grande victoire avait été remportée en avant de Lyon par les gardes nationales réunies aux troupes de ligne. Le ministère fait publier que « Bonaparte est sans moyens, que la désertion est dans sa bande, et » que l'immense majorité des sujets dévoués au trône laisse sans » inquiétude sur les tentatives désespérées des partisans de l'em » pereur. » Mais la nouvelle du retour du comte d'Artois ne tarda pas à dissiper ces bruits favorables. D'ailleurs l'excès des précautions auxquelles on avait recours, la multiplicité des appels faits à l'opinion, démentaient la fausse sécurité qu'affichait le gouvernement; ils suffisaient pour montrer que le danger allait croissant. Le 11, le roi adressa au peuple français la proclamation qui suit :

« Après vingt-cinq ans de révolution, nous avions, par un bienfait signalé de la Providence, ramené la France à un état de bonheur et de tranquillité. Pour rendre cet état durable et solide, nous avions donné à nos peuples une Charte qui, par une constitution sage, assurait la liberté de chacun de nos sujets. Cette Charte était, depuis le mois de juin dernier, la règle journalière de notre conduite, et nous trouvions dans la Chambre des Pairs et dans celle des Députés tous les secours nécessaires pour concourir avec nous au maintien de la gloire et de la prospérité nationales. L'amour de nos peuples était la récompense la plus douce de nos travaux, et le meilleur garant de leurs heureux succès. C'est cet amour que nous appelons avec confiance contre l'ennemi qui vient souiller le territoire français, qui veut y renouveler la guerre civile ! C'est contre lui que toutes les opinions doivent se réunir ! Tout ce qui aime sincèrement la patrie, tout ce qui sent le prix d'un gouvernement paternel et d'une liberté garantie par les lois, ne doit plus avoir qu'une pensée, de détruire l'oppresseur qui ne veut ni patrie, ni gouvernement, ni liberté. Tous les Français, égaux par la Constitution, doivent l'être aussi pour la défendre. C'est à eux tous que nous adressons l'appel qui doit les sauver tous ! Le moment est venu de donner un grand exemple ; nous l'attendons de l'énergie d'une nation libre et valeureuse : elle nous trouvera toujours prêt à la diriger dans cette entreprise, à laquelle est attaché le salut de la France. Des mesures sont prises pour arrêter l'ennemi entre Lyon et Paris. Nos moyens suffiront si la nation lui oppose l'invincible obstacle de son dévouement et de son courage. La France ne sera point vaincue dans cette lutte de la liberté contre la tyrannie, de la fidélité contre la trahison, de Louis XVIII contre Bonaparte ! — *Signé* Louis. Par le roi, le ministre de l'intérieur, *signé* l'abbé de Montesquiou. »

— En outre, Louis XVIII rendit plusieurs ordonnances : l'une déclare que les conseils généraux de département sont convoqués, et doivent rester en permanence pour l'exécution des mesures prescrites de salut public, l'organisation des gardes nationales, l'enrôlement des volontaires, etc. Une autre ordonnance, rendue conformément à une loi de nivôse an IV, frappe de la *peine de mort* les embaucheurs pour l'ennemi, les déserteurs, les provocateurs à la rébellion, soit par écrit ou autrement. Enfin, le ministre de la guerre, Soult, duc de Dalmatie, est remplacé par Clarck, duc de Feltre.

Ce fut le même jour, 11 mars, que les députés, se trouvant en nombre suffisant pour délibérer, entrèrent en session sous la présidence de Lainé. Celui-ci ouvrit la séance par un discours dans lequel il énumérait plusieurs projets, dont, disait-il, on s'occupait au ministère, l'un pour étendre le droit d'élection aux représentans des sciences et de l'industrie; l'autre pour améliorer le régime de la presse; un autre sur la responsabilité des ministres; un autre sur les finances, etc.

Paris. 12 mars. —Proclamation du roi aux armées.

« Louis, etc., à nos braves armées, salut.

» Braves soldats, la gloire et la force de notre royaume, c'est au nom de l'honneur que votre roi vous ordonne d'être fidèles à vos drapeaux! Vous lui avez juré fidélité; vous ne trahirez pas vos sermens. Un général que vous auriez défendu jusqu'au dernier soupir, s'il ne vous avait pas déliés par une abdication formelle, vous a rendus à votre roi légitime. Confondus dans la grande famille dont il est le père, et dont vous ne vous distinguerez que par de plus éclatans services, vous êtes devenus mes enfans; je vous porte tous dans mon cœur. Je m'associais à la gloire de vos triomphes alors même qu'ils n'étaient pas pour ma cause : rappelé au trône de mes pères, je me suis félicité de le voir soutenu par cette brave armée, si digne de le défendre. Soldats, c'est votre amour que j'invoque, c'est votre fidélité que je réclame : vos aïeux se rallièrent jadis au panache du grand Henri; c'est son petit-fils que j'ai placé à votre tête. Suivez-le fidèlement dans les sentiers de l'honneur et du devoir; défendez avec lui la liberté publique, qu'on attaque; la Charte constitutionnelle, qu'on veut détruire! Défendez vos femmes, vos pères, vos enfans, vos propriétés contre la tyrannie, qui les menace! L'ennemi de la patrie n'est-il pas aussi le vôtre? N'a-t-il pas spéculé sur votre sang, trafiqué de vos fatigues et de vos blessures? N'est-ce pas pour satisfaire son insatiable ambition qu'il vous conduisait à travers mille dangers, à d'inutiles et meurtrières victoires?

» Notre belle France ne lui suffisant plus, il épuiserait de nouveau la population entière pour aller aux extrémités du monde payer de votre sang de nouvelles conquêtes. Défiez-vous de ses perfides promesses! Votre roi vous appelle; la patrie vous réclame; que l'honneur vous fixe invariablement sous vos drapeaux! C'est moi qui me charge de vos récompenses; c'est dans vos rangs, c'est parmi l'élite des soldats fidèles que je vous choisirai des officiers : la reconnaissance publique paiera tous vos services. Encore un effort, et vous jouirez bientôt de la gloire et du repos glorieux que vous avez mérités.

» Marchez donc sans balancer, braves soldats, à la voix de l'honneur! Arrêtez vous-mêmes le premier traître qui voudra vous séduire. Si quelques-uns d'entre vous avaient déjà prêté l'oreille aux perfides suggestions des rebelles, il est encore temps qu'ils rentrent dans les sentiers du devoir; la porte est encore ouverte au repentir : c'est ainsi que plusieurs escadrons, qu'un chef coupable voulait égarer près de La Fère, l'ont d'eux-mêmes forcé à s'éloigner. Que cet exemple profite à toute l'armée; que ce grand nombre de corps restés purs, qui ont refusé de se réunir aux rebelles, serrent leurs bataillons pour attaquer et repousser les traîtres, et persévèrent dans leurs bonnes dispositions! Soldats, vous êtes Français; je suis votre roi : ce n'est pas en vain que je confie à votre courage et à votre fidélité le salut de notre chère patrie!

» Donné au château des Tuileries, le 12 mars 1815, et de notre règne le vingtième. *Signé* Louis. »

Par une autre proclamation du même jour, le roi, voulant *utiliser tant de braves Français qui se présentent de toutes parts*, règle le mode de formation des bataillons de *volontaires royaux*. Ordre du jour du duc de Berry, à qui le roi a confié le commandement de tous les corps qui se trouvent à Paris et aux environs; le prince a pour second le maréchal Macdonald : « S. A. R. se félicite d'avoir, pour premier acte de son commandement, à témoigner aux troupes sa satisfaction sur la conduite qu'elles tiennent, et elle en appelle avec confiance à l'honneur français, sûr garant de celle qu'elles tiendront à l'avenir. »

Paris, 13 *mars*. — Le ministre de l'intérieur vient présenter à la Chambre des Députés un projet de loi sur les récompenses nationales. Il se composait de trois articles. M. Faget de Baure en proposa par amendement un quatrième qui fut accepté par le ministère. Cette loi fut votée le lendemain 14, en ces termes :

Louis, etc. A tous ceux qui ces présentes verront, salut.

Voulant éviter à nos peuples le fléau d'une guerre étrangère, qui peut éclater à la nouvelle, au congrès, de l'apparition de Napoléon Bonaparte sur le territoire français;

Voulant donner à l'armée française une marque de notre satisfaction et de notre confiance, et à nos fidèles sujets une nouvelle garantie de tous leurs droits politiques et civils, fondés sur la Charte constitutionnelle,

Nous avons ordonné et ordonnons que le projet de loi dont la teneur suit sera porté à la Chambre des Députés des départemens par notre ministre de l'intérieur.

Art. 1er. Les garnisons de La Fère, de Lille et de Cambrai ont bien mérité du roi et de la patrie : il leur sera décerné une récompense nationale.

2. La garnison d'Antibes a également mérité de la patrie, et il lui sera décerné une récompense nationale.

Les maréchaux Mortier, duc de Trévise, et Macdonald, duc de Tarente, ont bien mérité de la patrie : il sera voté en leur faveur une récompense nationale.

3. Il sera donné une pension aux militaires qui seront blessés, et aux familles de ceux qui seront tués en combattant Napoléon Bonaparte. — (*Article du projet primitif.*)

4. Le dépôt de la Charte constitutionnelle et de la liberté publique est confié à la fidélité et au courage de l'armée, des gardes nationales et de tous les citoyens. — (*Amendement de M. Faget de Baure.*)

L'article premier était relatif à un événement qui venait d'avoir lieu. Le mouvement militaire depuis long-temps préparé par les conspirateurs bonapartistes avait éclaté. La nouvelle du débarquement de Napoléon en avait précipité l'explosion. On avait voulu faire une diversion utile aux projets de l'empereur, et en même temps tenter de fermer toute voie de retraite aux Bourbons. Le général Lefèvre Desnouettes, commandant les chasseurs à cheval de l'ex-garde impériale, devait commencer, enlever l'artillerie de La Fère et se porter à Compiègne accompagné des deux généraux Lallement, dont l'aîné commandait le département de l'Aisne. Le général Drouet d'Erlon devait suivre avec les troupes sous ses ordres ; Davoust devait enfin prendre le commandement supérieur. Ces dispositions étant convenues, Lallement l'aîné partit de Paris ; Lallement jeune se rendit auprès de Davoust, qui, au moment d'agir, hésita et finit par refuser. Le jeune Lallement alla rejoindre son frère, qui s'était rendu à La Fère et échouait contre la résistance du général qui y commandait. Les deux frères n'eurent plus d'autre parti à prendre que celui de la fuite ; d'autant plus que Drouet d'Erlon, intimidé par l'arrivée de Mortier à Lille, se sauvait de son côté. Quant à Lefèvre Desnouettes, il amena ses chasseurs à Compiègne, où, se trouvant isolé et sans appui, il ne pensa non plus qu'à se dérober à l'arrestation qui le menaçait. Le mauvais succès de cette conspiration assura aux Bourbons leur retraite en Belgique.

Ce n'était pas sans motifs que, dans les considérans de la loi qui récompensait la fidélité des garnisons de La Fère, Lille et Cambrai, le roi parlait des résolutions du congrès de Vienne. On y était instruit de la tentative de Napoléon ; le 13 mars, on y prit la résolution suivante.

DÉCLARATION DE VIENNE.

« Les puissances qui ont signé le traité de Paris, réunies en congrès à Vienne, informées de l'évasion de Napoléon Bonaparte et de son entrée à main armée en France, doivent à leur propre dignité et à l'intérêt de l'ordre social une déclaration solennelle des sentimens que cet événement leur a fait éprouver.

» En rompant ainsi la convention qui l'avait établi à l'île d'Elbe, Bonaparte détruit le seul titre légal auquel son existence se trouvait attachée. En reparaissant en France avec des projets de trouble et de bouleversement, il s'est privé lui-même de la protection des lois, et a manifesté à la face de l'univers qu'il ne saurait y avoir ni paix ni trêve avec lui.

» Les puissances déclarent en conséquence que Napoléon Bonaparte s'est placé hors des relations civiles et sociales, et que, comme ennemi et perturbateur du repos du monde, il s'est livré à la vindicte publique.

» Elles déclarent en même temps que, fermement résolues de maintenir intact le traité de Paris du 50 mai 1814, et les dispositions sanctionnées par ce traité, et celles qu'elles ont arrêtées ou qu'elles arrêteront encore pour le compléter et le consolider, elles emploieront tous leurs moyens et réuniront tous leurs efforts pour que la paix générale, objet des vœux de l'Europe et but constant de leurs travaux, ne soit pas troublée de nouveau, et pour la garantir de tout attentat qui menacerait de replonger les peuples dans les désordres et les malheurs des révolutions.

» Et, quoique intimement persuadés que la France entière, se ralliant autour de son souverain légitime, fera incessamment rentrer dans le néant cette dernière tentative d'un délire criminel et impuissant, tous les souverains de l'Europe, animés des mêmes sentimens, et guidés par les mêmes principes, déclarent que si, contre tout calcul, il pouvait résulter de cet événement un danger réel quelconque, ils seraient prêts à donner au roi de France et à la nation française, ou à tout autre gouvernement attaqué, dès que la demande en serait formée, les secours nécessaires pour rétablir la tranquilité publique, et à faire cause commune contre tous ceux qui entreprendraient de la compromettre.

» La présente déclaration, insérée au protocole du congrès réuni à Vienne, dans sa séance du 13 mars 1815, sera rendue publique.

» Fait et certifié véritable par les plénipotentiaires des huit puissances signataires du traité de Paris.

» A Vienne, le 13 mars 1815.

(*Suivent les signatures dans l'ordre alphabétique des cours :*)

AUTRICHE.	*Signé* le prince de METTERNICH, le baron de WESSEMBERG.
ESPAGNE.	P. GOMEZ LABRADOR.
FRANCE.	le prince de TALLEYRAND ; le duc de DALBERG, LATOUR-DUPIN, le comte ALEXIS de NOAILLES.
GRANDE-BRETAGNE.	WELLINGTON, CLANCARTY, CATHCART, STEWART.
PORTUGAL.	le comte de PALMELLA, SALDANHA, LOBO.
PRUSSE.	le prince de HARDEMBERG, le baron de HUMBOLDT.
RUSSIE.	le comte de RASUMOWSKI, le comte de STACKELBERG, le comte de NESSELRODE.
SUÈDE.	LOEWENHIELM. »

Si la publicité de cette pièce eût pu devancer en France les succès de Napoléon, nul doute qu'elle ne les eût empêchés; nul doute que, si elle eût été sans influence sur les soldats, elle n'eût fait réfléchir les chefs qui se donnaient à l'empereur avec au moins autant d'enthousiasme que leurs troupes, et dont les déterminations furent certainement pour beaucoup dans la rapide conversion qui livrait nos régimens à la domination impériale. On trouve la preuve de cette influence des chefs dans ce qui se passa partout où ils hésitèrent; les garnisons n'étaient pas tranquilles, mais obéissantes. Quoi qu'il en soit, à son arrivée dans la capitale, Napoléon fit déclarer que cette pièce était fausse. Il fit publier un rapport de Foucher, assez court d'ailleurs, où elle était déclarée apocryphe par plusieurs raisons; la première, c'est qu'on y *provoquait l'assassinat de l'empereur*, ce qui était *sans exemple dans l'histoire du monde*; la seconde était le style; la troisième, c'est qu'il était *impossible de concevoir qu'elle fût signée* par *Wellington* et surtout par l'Autriche : *un père ne pouvait appeler l'assassinat de son fils*. La quatrième raison était qu'elle était *contraire à tout principe de morale et de religion, attentatoire au caractère de loyauté des augustes souverains*, etc. Enfin, après avoir dix fois répété la même raison en mots différens, on concluait que la déclaration du congrès de Vienne était l'œuvre d'un libelliste. (*Séance du conseil des ministres du 29 mars.*)

Marche de Napoléon. 13 mars. — Napoléon passa la nuit à Macon. Le même jour, Ney se donna avec son armée à l'empereur. Voici sa proclamation.

ORDRE DU JOUR. — *Le maréchal prince de la Moskowa aux troupes de son gouvernement.*

Officiers, sous-officiers et soldats, la cause des Bourbons est à jamais perdue ! La dynastie légitime que la nation française a adoptée va remonter sur le trône : c'est à l'empereur Napoléon, notre souverain, qu'il appartient seul de régner sur notre beau pays ! Que la noblesse des Bourbons prenne le parti de s'expatrier encore, ou qu'elle consente à vivre au milieu de nous, que nous importe ! La cause sacrée de la liberté et de notre indépendance ne souffrira plus de leur funeste influence. Ils ont voulu avilir notre gloire militaire; mais ils se sont trompés : cette gloire est le fruit de trop nobles travaux pour que nous puissions jamais en perdre le souvenir.

Soldats ! les temps ne sont plus où l'on gouvernait les peuples en étouffant tous leurs droits : la liberté triomphe enfin, et Napoléon, nôtre auguste empereur, va l'affermir à jamais. Que désormais cette cause si belle soit la nôtre et celle de tous les Français ! Que tous les braves que j'ai l'honneur de commander se pénètrent de cette grande vérité !

» Soldats! je vous ai souvent menés à la victoire, maintenant je veux vous conduire à cette phalange immortelle que l'empereur Napoléon conduit à Paris, et qui y sera sous peu de jours ; et là, notre espérance et notre bonheur seront à jamais réalisés. *Vive l'empereur !*—Lons-le-Saulnier, 15 mars 1815.

Le maréchal d'empire, Signé, PRINCE DE LA MOSCOWA.

Paris du 14 au 18. — Le 14, une ordonnance royale rétablit la préfecture de police de Paris, et la confia à M. de Bourienne. — Le 15, une seconde ordonnance déclare que les employés du gouvernement qui prendront les armes conserveront leur traitement pendant la durée de leur service militaire. Les adresses des départemens continuent à affluer et garnissent les colonnes des journaux. Cependant dans les chambres on multipliait les projets en faveur de l'armée. M. Sartelon proposait que le tiers des sous-lieutenances fût donné aux sous-officiers, etc. Les constitutionnels effrayés du retour du despotisme impérial, préférant la faiblesse des Bourbons, espérant en obtenir des concessions dans le danger qui les accablait, firent quelques démarches ; ils proposèrent d'opposer à la popularité militaire de Napoléon la popularité révolutionnaire de La Fayette. Mais les royalistes aimèrent mieux courir les hasards d'une seconde émigration, que d'accepter ces redoutables auxiliaires. On arrêta d'essayer par une grande démonstration de se rattacher l'opinion publique de la capitale, et d'exciter un mouvement dans la garde nationale. En conséquence, on décida que, le 16, le roi se rendrait à la Chambre des Députés, et, afin de mettre tout Paris en mouvement, que la garde nationale serait convoquée et passée en revue, chaque légion dans son quartier. Nous allons d'abord présenter la séance royale et les actes parlementaires qui en furent la suite.

SÉANCE ROYALE. 16 MARS.

La Chambre des Pairs est réunie à la Chambre des Députés. Les grands dignitaires de la couronne, des maréchaux de France, les inspecteurs-généraux de l'armée, les grands cordons des ordres, des officiers supérieurs de terre e de mer, de nombreux détachemens de la maison militaire du roi et de la garde nationale parisienne, composaient le cortége du trône, que grossissait encore une affluence considérable de citoyens. Monsieur, frère du roi, le duc de Berry, le duc d'Orléans, le prince de Condé, accompagnaient le monarque. S. M. est accueillie, sur son passage, comme au sein de la représentation nationale, par de vives acclamations, et surtout par les témoignages du tendre intérêt qu'inspirait sa situation personnelle.

Discours du roi.

« Messieurs, dans ce moment de crise, où l'ennemi public a pénétré dans une portion de mon royaume, et qu'il menace la liberté de tout le reste, je viens au milieu de vous resserrer encore les liens qui, vous unissant avec moi, font la force de l'état; je viens, en m'adressant à vous, exposer à toute la France mes sentimens et mes vœux.

» J'ai revu ma patrie; je l'ai réconciliée avec toutes les puissances étrangères, qui seront, n'en doutez pas, fidèles au traité qui nous a rendus à la paix. J'ai travaillé au bonheur de mon peuple; j'ai recueilli, je recueille tous les jours les marques les plus touchantes de son amour : pourrais-je, à soixante ans, mieux terminer ma carrière qu'en mourant pour sa défense !

» Je ne crains donc rien pour moi; mais je crains pour la France ! celui qui vient allumer parmi nous les torches de la guerre civile, y apporte aussi le fléau de la guerre étrangère; il vient remettre notre patrie sous le joug de fer; il vient enfin détruire cette Charte constitutionnelle que je vous ai donnée, cette Charte mon plus beau titre aux yeux de la postérité, cette Charte que tous les Français chérissent, et que je jure ici de maintenir !

» Rallions-nous donc autour d'elle ! Qu'elle soit notre étendard sacré ! les descendans de Henri IV s'y rangeront les premiers; ils seront suivis de tous les bons Français. Enfin, messieurs, que le concours des deux Chambres donne à l'autorité toute la force qui lui est nécessaire, et cette guerre, vraiment nationale, prouvera, par son heureuse issue ce que peut un grand peuple uni par l'amour de son roi et de la loi fondamentale de l'état. »

Ce discours fait sur l'assemblée une profonde impression. Le cri de *vive le roi* est devenu trop froid pour des ames électrisées; ce sont les cris de *mourir pour le roi, le roi à la vie à la mort*, qui font retentir la salle. Un mouvement de *Monsieur*, qui indique que le prince se dispose à parler, a commandé le silence. S. A. R., après s'être incliné respectueusement devant S. M., prononce ces paroles :

« Sire, je sais que je m'écarte ici des règles ordinaires en parlant devant Votre Majesté; mais je la supplie de m'excuser, et de permettre que j'exprime ici, en mon nom et au nom de ma famille, combien nous partageons du fond du cœur les sentimens et les principes qui animent Votre Majesté. »

Alors Monsieur, comte d'Artois, se tourne vers l'assemblée, et ajoute en élevant la main :

« Nous jurons sur l'honneur de vivre et de mourir fidèles à notre roi et à la Charte constitutionnelle, qui assure le bonheur des Français. »

L'assemblée éprouve ici une émotion nouvelle, et d'autant plus forte que la Charte constitutionnelle venait de recevoir un hommage inespéré. Dans l'explosion des sentimens qu'il a fait naître, S. M. a présenté sa main à Monsieur, qui l'a baisée avec amour; mais tout à coup, cédant comme homme au mouvement de son cœur, le roi reçoit le prince dans ses bras, et le presse sur son sein avec la tendresse d'un frère. A ce touchant spectacle des larmes coulent de tous les yeux; et les acclamations, que l'attendrissement a d'abord rendues plus douces, reprennent bientôt avec plus de force, et se prolongent encore après le départ du roi et des princes.

La séance royale terminée, les députés rentrent en séance. Lainé monte à la tribune.

Discours de M. Lainé, président.

« Messieurs, si la majesté royale n'a pas permis de faire entendre devant elle les accens que les touchantes paroles du roi enlèvent à tous les cœurs, au moins ne devons-nous pas tarder à les faire retentir, et à porter au pied du trône l'hommage de notre reconnaissance. Avant de vous proposer de voter une adresse à Sa Majesté, permettez au président de la Chambre quelques rapides réflexions sur notre état présent.

» De même que le roi attendait que les représentans et les pairs fussent réunis autour de lui pour faire connaître la déclaration qui vient de rassurer le peuple français, nous attendions que la plupart des députés de la France fussent arrivés pour faire entendre le cri de la nation sur les étranges événemens qui la troublent. Dès les premiers instans, les plus rapprochés d'entre nous n'ont rien négligé dans les comités pour préparer les moyens de mettre la représentation nationale à portée de se prononcer. Ce n'est pas le moment de rechercher les fautes, de découvrir toutes les causes de cette agitation inattendue; la France obtiendra bientôt, par ses représentans, justice et réparation.

» Il faut à présent tourner tous nos efforts contre celui qui vient tenter de renverser jusqu'à l'espoir de l'homme civilisé. Non, messieurs, ce n'est plus de la cour que peuvent venir les inquiétudes sur la liberté et les droits reconnus. Il s'est avancé sur quelques villes françaises celui qui veut nous ravir non seulement la liberté, mais qui nous apporte tous les maux qui dégradent l'homme, et désoleraient à jamais notre patrie !

» Les calamités qu'il appela sur nous sont trop récentes pour que le souvenir en soit altéré. La plupart des familles pleurent encore, et le murmure des malédictions qu'il avait provoquées en France et dans l'Europe n'a pas encore achevé de retentir. Mais ce n'est pas la douleur des maux passés qui nous anime, c'est la perspective des désastres qu'il traîne à sa suite qui doit nous exciter.

» Sous lui, plus d'espoir de liberté, et le joug qu'il lève sur nos têtes déjà affaiblies par sa trop longue tyrannie apparaît si pesant que chacun aperçoit bien qu'il serait insupportable. Le despotisme est l'impérieux besoin de son caractère; et quand il aurait appris que le despote lui-même y trouve sa ruine, il serait encore maîtrisé par sa position. Sans vous épouvanter de tous les degrés qui conduisent à ce misérable état, notre patrie ressemblerait dans peu à ces gouvernemens qui, sur les côtes d'Afrique, excitaient naguère le courroux des peuples civilisés. Plus de justice ; plus de propriété ; l'industrie deviendra une cause d'avanies, et les confiscations, trop tard abolies par la Charte, apporteront, sans distinguer les natures de propriétés, les dépouilles qui ne seront pas distribuées, dans les mains d'un fisc dévorateur.

» Au contraire, dès que la France en sera délivrée, nous aurons toutes les garanties qui assurent à jamais la sage liberté des peuples. Non-seulement le roi, mais les princes qui sont assis sur les marches du trône, viennent de faire des promesses solennelles. Ils n'auront jamais ni la volonté ni le pouvoir de les violer : de longs revers leur apprennent que plus les sujets sont grands, plus le trône est élevé. C'est ainsi que les crises politiques fondent sur des bases stables des gouvernemens protecteurs et conformes aux droits et à la dignité de l'espèce humaine.

» Mais il ne s'agit pas seulement de ces libertés dont les peuples sont si jaloux; il s'agit de toute l'existence morale; il s'agit d'écarter de notre nation et de nos têtes un opprobre que les siècles n'effaceraient jamais. La plus grande amertume de cet opprobre serait sans doute d'être courbés sous la servitude la plus humiliante; mais de quels traits nous peindrait l'histoire si nous laissions enlever du milieu de nous, ou périr sur cette terre un roi que le ciel semblait nous avoir envoyé pour nous reposer de nos sanglantes fatigues et nous relever à la suite d'une longue oppression !

» Il y a plus de vingt ans qu'après la catastrophe de sa famille, il a passé, dans les terres étrangères, des années moins pénibles que celles qui sont réservées aux rois sur le trône. Il a su notre gloire avec orgueil; elle adoucissait son exil lorsque les revers qui nous ont plongés dans des désastres inconnus avant ces temps ont abattu son ame. Quand des phalanges ennemies se sont à leur tour montrées en cette capitale, peut-être que le nom de sa race a paralysé les mains de la vengeance et éteint la torche des représailles. Nous l'avons appelé, comme parlent les uns; nous l'avons rappelé, comme attestent les autres. Arrivé au milieu de nous, il a éprouvé des consolations qui le dédommageraient de ses malheurs si les Français n'en devaient souffrir de plus cruels que leur roi. Les corps de l'état et tous les Français lui ont demandé une Charte qui assurât la liberté publique; il l'a donnée; elle a reçu l'assentiment général; et vous savez si le roi a voulu qu'elle fût partout et toujours fidèlement observée. Il s'est étudié à étouffer les passions et les vengeances toujours prêtes à se rallumer. Il n'a soulevé le poids des affaires publiques que pour pleurer son frère, héritier de son cœur plus encore que de sa couronne. Le monde s'étonne de la profonde paix qui a suivi la restauration. Il serait impossible d'indiquer aucune époque de la monarchie où la liberté du sujet ait été plus respectée, où les tribunaux aient joui de plus d'indépendance. La bonté du monarque méditait, comme vous, le perfectionnement de vos institutions; elle nous préparait de longs jours de bonheur, lorsque tout à coup une incroyable apparition a étonné les esprits. Attristé de la défection de quelques régimens et des maux que traîne à sa suite celui qu'ils entourent, le roi a déclaré aux représentans de la nation qu'il mourrait plutôt au milieu de son peuple que de l'abandonner; et parmi les calamités qui menacent le royaume, celle dont son cœur tout français est le plus vivement ému, c'est la crainte que des armées étrangères ne se préparent à venger des infractions inattendues, et à porter le fer et la flamme au milieu de nous pour en préserver leurs peuples encore mal rassurés.

» Il y a, messieurs, dans les cœurs français et dans toutes les consciences une voix plus puissante que la mienne, qui répond que nous ne subirons, ni devant la postérité, ni devant le dieu des nations, une accusation si terrible. Non, la France ne laissera périr ni son roi ni sa liberté! Dépositaire en cet instant de ce que les destinées humaines ont de plus noble, elle saura conserver aux générations les bienfaits qui lui furent transmis.

» La France sera touchée du sentiment qui domine dans le cœur du monarque. Comme lui, en combattant le destructeur de la race humaine, elle veut conjurer surtout le fléau d'une guerre étrangère, et se sauver du nouveau malheur de voir des phalanges ennemies sur le territoire sacré de la patrie. Si la troupe de notre ennemi se grossissait, ce malheur deviendait inévitable. Déjà, sous le nom de gloire, il parle comme autrefois de conquêtes et de vengeance : le sang de la guerre est son élément; il ne tarderait pas à fondre sur les états voisins, et à y traîner nos enfans.

» Ne l'a-t-il pas refusée aux vœux du corps législatif, et même à ceux des étrangers, cette paix qui, en offrant de s'asseoir sur les bords du Rhin, eût conservé à la France des conquêtes faites avant lui? Les rois assemblés, qui sont encore en armes, n'ont oublié ni ses entreprises ni ses succès, et la politique les portera peut-être à prévenir ses attaques..... Dieu! à quelles calamités notre pays ne serait-il pas en proie! L'ame la plus stoïque s'en effraie, car les imaginations sont encore éclairées par l'incendie de Moskou, et j'en vois la fatale lumière se réfléchir sur les colonnes du Louvre.

» Mais écartons, messieurs, des augures aussi sinistres; la petite armée dont il est environné cause plus de douleur que d'effroi : maintenant que les premiers momens de surprise sont passés, tout s'agite. Nous nous sommes levés avec respect devant l'armée française, et ses nobles chefs nous assurent la délivrance. Tandis que vous vous promettez, immobiles sur vos sièges, ce calme, courage que l'histoire fit admirer chez les anciens, la jeunesse des écoles, comme en Prusse, comme en Allemagne, se précipite contre le même homme. La valeur des volontaires de toutes les classes est secondée par les gardes nationales, et les bataillons civils seront dirigés par les nobles soldats qui les soutiennent.

» Que les hommes de tous les partis oublient donc leurs ressentimens pour ne se ressouvenir que de leur qualité de Français! Nous réglerons nos différens après, mais aujourd'hui réunissons nos efforts contre l'ennemi commun. Que de petits peuples, que de simples villes, surmontant la première impression, irrités des menaces de la servitude, se sont subitement levés, et ont anéanti, aux pieds de leurs murailles, des armées bien autrement formidables qui leur apportaient un joug moins humiliant! Je n'ai pas le temps de vous en citer les exemples; la mémoire émue les rappelle aisément quand on se trouve dans les mêmes occurrences. Nous n'avons à craindre ni les mêmes forces auxquelles ces villes étaient exposées, ni des dangers aussi imminens.

» La nation est pour ainsi dire en armes dans ses gardes nationales. La population de Paris suffirait pour sauver la France, quand bien même l'armée fidèle n'aspirerait pas à cueillir des lauriers encore plus beaux que ceux dont elle est couverte, des lauriers civiques!

» Nous sommes placés, messieurs, entre un opprobre éternel et un honneur immense : vous avez déjà frémi de la pensée du premier, tandis que, si la terre française engloutit son oppresseur, des jours brillans se lèveront sur un peuple réconcilié avec son gouvernement, sous un roi protecteur de la liberté commune, et défendu par une armée rapatriée.

» Je propose, messieurs, qu'il soit voté une adresse à sa majesté pour lui exprimer les sentimens de ses fidèles sujets et les vœux de la France. »

La chambre adopte avec empressement la proposition de M. Lainé. (*Extrait du Moniteur.*)

De son côté, la Chambre des Pairs s'occupait d'une semblable démarche auprès du trône. Voici les deux adresses.

Adresse de la Chambre des Pairs au roi, présentée par M. Dambray. — Du 17 mars 1815.

« Sire, les pairs de France ont été vivement émus du discours que votre majesté a prononcé du haut du trône. Elles ont retenti jusqu'au fond de tous les cœurs, ces paroles si énergiques et si touchantes qui expriment à la fois votre amour pour vos peuples et votre attachement à la Constitution que vous leur avez donnée! Les sentimens qui animent la grande ame de votre majesté se sont déployés, dans cette séance solennelle, avec un noble élan qui ajoutait encore une plus vive empreinte au caractère auguste et sacré de votre promesse royale. Monsieur, votre digne frère, et tous les princes de votre sang ont voulu déposer aux pieds de votre majesté, en présence des deux Chambres, sous la simple garantie de l'honneur, leur serment de fidélité à la Constitution.

» Cette Constitution, sire, est le gage d'une nouvelle alliance entre le peuple français et l'antique race de ses rois. Les plus sages institutions se sont associées aux plus illustres souvenirs; ils se prêtent un mutuel appui, et composent une puissance inébranlable. Quel insensé a pu croire qu'une nation généreuse, unie à son roi par des nœuds aussi forts, recevrait la loi de la violence et de la trahison! qu'elle reconnaîtrait pour maître celui qui n'a usé du pouvoir que pour fouler aux pieds toute liberté, tout honneur, toute justice! celui contre lequel l'Europe indignée s'est levée tout en armes pour le rejeter de son sein!

» Ce que nous avons à défendre, ce n'est pas seulement la sûreté de l'état, ce n'est pas la France contre l'invasion d'un ennemi, c'est toute l'existence de la patrie, c'est l'honneur national, c'est la gloire même de nos armées, cette gloire qui nous rendait si fiers, et que nous montrions encore avec orgueil aux autres nations au milieu de nos calamités intérieures et de l'oppression tyrannique sous laquelle nous gémissions! Quel peuple eut jamais à combattre pour de si chers intérêts!

» Sire, c'est par une confiance sans bornes que nous devons répondre à la sagesse et à la fermeté dont vous donnez un si noble exemple. La Constitution met entre les mains de votre majesté toutes les forces et les ressources de l'état quand il s'agit de la défendre; et quels pouvoirs d'ailleurs ne trouvez-vous pas dans cet accord unanime de sentimens et de volontés qui rassemble autour du trône les représentans de la nation dans les deux Chambres, et dont nous venons ici vous apporter l'hommage!»

Réponse du roi.

« Je reçois avec la plus vive satisfaction l'adresse de la Chambre des Pairs. Je n'ai pas moins de plaisir à voir la confiance qu'elle met en moi. Je la mériterai en employant toujours les moyens qui sont en mon pouvoir pour la sûreté de l'état. »

Adresse de la Chambre des Députés au roi, présentée par M. Lainé. — Du 17 mars 1815.

« Sire, nos larmes ont coulé lorsque votre majesté, s'exprimant en père et en roi, a parlé de couronner sa carrière en mourant pour son peuple. Dans ce moment, à la fois terrible et doux, il n'est aucun de ceux qui vous ont entendu qui n'ait désiré vous consacrer sa vie pour répondre à vos généreux sentimens. Bientôt tous les Français vont éprouver le même enthousiasme, et la France sera sauvée!

» La chambre des députés des départemens, sire, vient porter au pied du trône l'hommage de sa reconnaissance. Elle a entendu avec confiance le serment solennel de votre auguste famille pour le maintien de la Charte constitutionnelle. Organe de la nation, la Chambre répond au noble appel sorti de la bouche de son roi: plus les peuples ont la garantie de leurs droits, plus ils sont pénétrés de la sainteté de leurs devoirs. C'est pour maintenir les uns et remplir les autres, que les soldats et les citoyens courent aux armes. Il ne s'agit pas seulement, comme autrefois, de n'être pas la proie d'un ennemi étranger; il s'agit de ne pas subir le joug le plus dur et le plus humiliant!

» Pour sauver la France des maux qui la menacent, votre majesté demande que le concours des deux Chambres donne à l'autorité toute la force qui lui est nécessaire. Déjà votre majesté a pris contre notre oppresseur des mesures de sûreté publique ; et quel Français pourrait jamais reconnaître les titres et les droits de souverain dans la personne de Napoléon Bonaparte, cet ennemi de la France et du monde ? Oui, sire, les deux Chambres viendront vous entourer, et se feront un devoir de concourir avec votre majesté au salut de la patrie et du trône ! Découvrons la trahison partout où elle se cache ; frappons-la partout où elle existe ; comblons d'honneurs et de reconnaissance l'armée généreuse qui, défendant son chef, notre liberté, qui est aussi la sienne, va combattre ces soldats égarés que leur barbare chef porte à déchirer les entrailles de leur patrie !

» Mais, sire, ces protestations des cœurs ne suffiraient pas, et nous supplions votre majesté de nous permettre de proposer à son intime confiance des moyens que nous croyons propres à ranimer de plus en plus l'espérance publique. Tandis que les Chambres prêteront ainsi au gouvernement, qui doit sauver la France, la force de la nation tout entière, vos fidèles sujets sont convaincus que le gouvernement concourra au salut public en se confiant à des hommes énergiques à la fois et modérés, dont les noms seuls soient une garantie pour tous les intérêts, une réponse à toutes les inquiétudes ; à des hommes qui, ayant été à diverses époques les défenseurs des principes de justice et de liberté qui sont dans le cœur de votre majesté, et forment le patrimoine de la nation, sont tous également solidaires de la stabilité du trône et des principes que l'ennemi public vient anéantir ! »

Réponse du roi.

« Je reçois avec une vive satisfaction l'expression des sentimens de la Chambre des Députés, et du concours qu'elle me promet dans ces circonstances difficiles ; de mon côté, elle peut être sûre que les instrumens que j'emploierai seront toujours dignes de la patrie et de moi. »

Le 18, dans sa dernière séance, la Chambre des Députés, prenant en considération une proposition faite et développée par M. le général Augier, la renvoya dans les bureaux pour y être délibérée sur-le-champ. Elle accueillit également, sur la proposition de M. Barrot, des *considérans* regardés comme nécessaires pour motiver les mesures réclamées par M. Augier. Ces deux projets, imprimés par ordre de la Chambre, forment en quelque sorte sa protestation.

Considérans proposés par M. Barrot.

La Chambre des Députés des départemens,

Considérant que Bonaparte s'avance vers la capitale, suivi d'une poignée de soldats égarés, avec la prétention de remonter sur le trône de France ; qu'une stupeur inconcevable et des trames criminelles ont secondé sa marche ; qu'il est instant de l'arrêter pour prévenir une guerre civile des plus affreuses, et les entreprises que les puissances voisines pourraient tenter contre la France sous prétexte et à la faveur de nos dissensions ;

Considérant que la nation française s'était levée en masse, en 1789, pour reconquérir, de concert avec le roi, les droits naturels et imprescriptibles qui appartiennent à tous les peuples; que la jouissance lui en est assurée par les Constitutions qu'elle a librement acceptées en 1791, en l'an III et l'an VIII; que la Charte constitutionnelle de 1814 n'est que le développement des principes sur lesquels ces constitutions étaient basées, et son application au système qui s'est établi à cette époque;

Considérant que, depuis 1791, tous les gouvernemens qui ont méconnu les droits de la nation ont été renversés, et que nul gouvernement ne peut plus se soutenir en France qu'en suivant très-exactement la ligne des principes constitutionnels;

Que Bonaparte les avait tous méconnus et violés, au mépris des sermens les plus solennels et les plus sacrés;

Que, contre l'honneur et l'intérêt de la nation, il avait entrepris les guerres les plus injustes, et sacrifié, pour les soutenir, toutes les ressources de l'état en hommes et en argent, enlevé à toutes les familles tout espoir de régénération, aux sciences, aux arts toutes leurs ressources;

Considérant qu'après avoir fait périr dans les neiges de la Russie la plus belle armée qui ait jamais existé, après avoir sacrifié, pour la campagne de 1813, tout ce qui nous restait de moyens de défense, et avoir mis la nation française dans la position la plus fâcheuse où elle se soit jamais trouvée, il refusa de renoncer aux pouvoirs qu'il avait usurpés, et de reconnaître les droits de la nation, qui lui offrait encore à cette condition, par l'organe de ses représentans, de le tirer de l'extrême embarras où il s'était mis;

Considérant que, par l'effet de son obstination, le territoire français a été envahi en 1814 par des armées innombrables; que la France a été livrée à toutes les horreurs de la guerre; que, dans ces circonstances malheureuses, il fut du devoir des représentans de la nation de déclarer déchu de tout droit à la gouverner celui qui l'avait plongée dans un abîme de calamités affreuses;

Que Bonaparte reconnut alors lui-même qu'il s'était rendu indigne de la confiance de la nation, et abdiqua, pour lui et ses enfans, tout droit à la couronne de France;

Qu'un vœu général et spontané rappela sur le trône une famille que la France était accoutumé de vénérer, et un prince qui, à l'époque de notre régénération, avait puissamment secondé les efforts que son auguste frère avait faits pour opérer cette régénération;

Considérant que le serment prêté il y a deux jours par Louis XVIII et par son auguste frère, de maintenir inviolablement la Charte constitutionnelle, assure à la nation la jouissance pleine et entière de ses droits, et fait cesser toutes les craintes qu'on aurait pour l'avenir;

Considérant que, lorsque la patrie est en danger, tous les citoyens se doivent à sa défense,

Prend la résolution suivante, qu'elle supplie le roi de convertir immédiatement en projet de loi :

Projet de résolution, par M. le général Augier.

La guerre contre Bonaparte est déclarée guerre nationale.

Tous les Français sont appelés à prendre les armes contre l'ennemi commun. Tous les jeunes gens non mariés faisant partie de la garde nationale, tous les employés dans les ministères et dans les administrations qui marcheront à la voix de l'honneur et de la patrie, conserveront leur traitement outre la solde affectée, et reprendront leur place à leur retour.

Il sera frappé une médaille dont seront décorés tous les militaires et tous les citoyens qui auront combattu dans cette campagne pour la patrie, le roi et la liberté publique.

Tous discours tenus dans les réunions ou lieux publics, tous placards ou autres écrits qui auraient pour objet de porter atteinte à l'irrévocabilité que la Charte constitutionnelle garantit pour la vente des biens nationaux, ou d'inspirer des craintes et des inquiétudes aux acquéreurs et possesseurs de ces biens, ou enfin de provoquer le rétablissement des droits féodaux, de la dîme et des rentes seigneuriales, seront considérés comme attentats ou complots tendans à exciter la guerre civile entre les citoyens.

En conséquence, les auteurs et complices de ces discours, placards ou écrits, seront punis de la peine de réclusion. Si les coupables ou complices sont fonctionnaires publics, la peine du bannissement sera prononcée contre eux.

Tout citoyen, quel que soit son état, qui serait actuellement engagé dans la révolte, et qui, dans le délai de quatre jours après la publication de la présente, ferait sa déclaration de repentir, et renouvellerait son serment de fidélité devant une autorité publique, rentrera dans ses grades, places, titres et pensions.

Il sera pris, dans le budget de 1815, des moyens pour assurer des indemnités aux militaires qui ont perdu leurs dotations.

Revenons maintenant à ce qui se passa. Le jour même de la séance royale on afficha une proclamation du conseil municipal qui appelait les citoyens aux armes. Les légions de la garde nationale furent réunies dans leurs quartiers. A la sortie de la séance, le comte d'Artois alla les passer en revue. On avait invité à sortir des rangs ceux qui voudraient prendre parti pour la cause royale; on comptait sans doute sur un mouvement d'enthousiasme et d'entraînement, mais la garde nationale resta froide; elle cria fort peu; quelques hommes, la plupart ivres, sortirent des rangs, mais en si petit nombre, que tout Paris ne fournit pas assez de monde pour garnir les cadres de deux compagnies. Cependant quelques centaines de volontaires royaux s'étaient réunis. Ils parcouraient les rues par bandes, promenant un drapeau blanc, criant: *Vive le roi!* mais n'excitant aucune sympathie. Leur jeunesse faisait en général pitié; c'étaient la plupart des étudians en droit; leur costume paraissait ridicule; ils avaient pour la plupart, pour tout uniforme, un chapeau à la Henri IV orné d'un panache blanc.

Le 18, le roi adressa à l'armée une proclamation ayant pour titre: *Le roi à l'armée française.* Il lui disait qu'il avait répondu de sa fidélité à la France; qu'elle ne démentirait pas son roi; qu'il plaignait les soldats égarés, et qu'il était prêt à oublier leur erreur. En même temps, le 17, le général Maison annonçait qu'à compter de ce jour *tous le corps se regardaient comme en campagne*, et que le 18 commencerait le *mouvement en avant contre l'ennemi*. En même temps on faisait des largesses dans les casernes ; mais les troupes dissimulaient à peine leurs mauvaises dispositions.

Les journaux disaient que « l'audacieux usurpateur ne met-
» trait jamais le pied dans Paris, et que bientôt abandonné de
» tout le monde, il se retrouverait dans la solitude qui attend les
» tyrans délaissés par la fortune. »

En même temps, le bruit se repandait que les royalistes avaient le projet d'anéantir la Charte, de donner la dictature au comte d'Artois, d'établir des tribunaux extraordinaires, en un mot, de faire une petite Saint-Barthélemy. On donnait comme certain que Blacas avait remis à Bourienne une liste de vingt-cinq personnages à arrêter. Ces bruits étaient sans doute sans fondement ; de tels projets n'étaient ni raisonnables ni opportuns. Néanmoins ils se propagèrent et firent désirer à beaucoup de gens l'arrivée de Bonaparte. Un fait servait de base à ces discours. Quelques jours auparavant la police s'était présentée à l'hôtel de Fouché, pour arrêter ce personnage. Il avait réussi à s'échapper, et depuis il se tenait caché.

Marche de Napoléon. — L'empereur traversait Autun le 15, Avallon le 16 ; Auxerre le 17, où il fut rejoint par le maréchal Ney. Le 19, il se mit en route pour Fontainebleau.

Paris, le 19. — On publia que Lyon avait repris la cocarde blanche ; que le quartier-général du duc de Berry serait le lendemain à Villejuif. En effet, Marmont, passa en revue la maison du roi ; mais au lieu de la porter sur la route de Fontainebleau, on la dirigea sur celle de Beauvais, pour protéger la retraite du roi et des princes qui quittèrent les Tuileries dans la nuit du 19 au 20, à une heure du matin. — Le lendemain matin, 20 mars, le *Moniteur* contenait la proclamation suivante signée dans la nuit :

Proclamation royale.

« Louis, par la grâce de Dieu, roi de France et de Navarre, à nos amés et féaux les pairs de France et les députés des départemens.

» La divine Providence, qui nous a rappelés au trône de nos pères, permet aujourd'hui que ce trône soit ébranlé par la défection d'une partie de la force armée qui avait juré de le défendre. Nous pourrions profiter des dispositions fidèles et patriotiques de l'immense majorité des habitans de Paris pour en disputer l'entrée aux rebelles ; mais nous frémissons des malheurs de tout genre qu'un combat dans ses murs attirerait sur les habitans.

» Nous nous retirons avec quelques braves que l'intrigue et la perfidie ne parviendront point à détacher de leurs devoirs ; et, puisque nous ne pouvons point défendre notre capitale, nous irons plus loin rassembler des forces et chercher sur un autre point du royaume, non pas des sujets plus aimans et plus fidèles que nos bons Parisiens, mais des Français plus avantageusement placés pour se déclarer pour la bonne cause.

» La crise actuelle s'apaisera ; nous avons le doux pressentiment que les soldats égarés, dont la défection livre nos sujets à tant de dangers, ne tarderont pas à reconnaître leurs torts, et trouveront dans notre indulgence et dans nos bontés la récompense de leur retour.

» Nous reviendrons bientôt au milieu de ce bon peuple, à qui nous ramènerons encore une fois la paix et le bonheur.

» A ces causes, nous avons déclaré et déclarons, ordonné et ordonnons ce qui suit :

» Art. 1er. Aux termes de l'article 50 de la Charte constitutionnelle et de l'article 4 du titre II de la loi du 14 août 1814, la session de la Chambre des Pairs et celle de la Chambre des Députés des départemens pour 1814 sont déclarées closes. Les pairs et les députés qui les composent se sépareront à l'instant.

» 2. Nous convoquons une nouvelle session de la Chambre des Pairs, et la session de 1815 de la Chambre des Députés.

» Les pairs et les députés des départemens se réuniront le plus tôt possible au lieu que nous indiquerons pour le siége provisoire de notre gouvernement.

» Toute assemblée de l'une ou de l'autre Chambre qui aurait lieu ailleurs sans notre autorisation est dès à présent déclarée nulle et illicite.

» 3. Notre chancelier et nos ministres, chacun dans ce qui le concerne, sont chargés de l'exécution de la présente proclamation, qui sera portée aux deux Chambres, publiée et affichée tant à Paris que dans les départemens, et envoyée à tous les préfets, sous-préfets, cours et tribunaux du royaume.

» Donné à Paris, le 19 mars de l'an de grâce 1815, et de notre règne le vingtième. — *Signé* Louis. — Par le roi, le chancelier de France, *signé* Dambray.

— Nous terminerons ici notre journal, en donnant d'abord la relation officielle publiée par ordre de l'empereur dans le *Moniteur* du 25, et celle qui fut insérée par ordre du roi dans le *Moniteur de Gand*. Nous ajouterons à ces pièces la réponse du duc de Raguse à la proclamation du golfe Juan, extraite du même journal. Ces documens offriront peut-être quelques répétitions ; mais ils forment un complément nécessaire que l'historien a besoin de consulter pour juger l'événement extraordinaire dont nous nous occupons.

Relation du Moniteur.

« L'empereur, instruit que le peuple en France avait perdu tous ses droits acquis par vingt-cinq années de combats et de victoires, et que l'armée était attaquée dans sa gloire, résolut de faire changer cet état de choses, de rétablir le trône impérial, qui seul pouvait garantir les droits de la nation, et de faire disparaître ce trône royal que le peuple avait proscrit, comme ne garantissant que les intérêts d'un petit nombre d'individus.

» Le 26 février, à cinq heures du soir, il s'embarqua sur un brick portant vingt-six canons, avec quatre cents hommes de sa garde. Trois autres bâtimens qui se trouvaient dans le port, et qui furent saisis, reçurent deux cents hommes d'infanterie, cent chevau-légers polonais et le bataillon des flanqueurs, de deux cents hommes. Le vent était du sud et paraissait favorable. Le capitaine Chautard avait espoir qu'avant la pointe du jour l'île de Capraïa serait doublée, et qu'on serait hors des croisières françaises et anglaises qui observaient de ce côté. Cet espoir fut déçu. On avait à peine doublé le cap Saint-André de l'île d'Elbe, que le vent mollit; la mer devint calme; à la pointe du jour on n'avait fait que six lieues, et l'on était encore entre l'île de Capraïa et l'île d'Elbe, en vue des croisières.

» Le péril paraissait imminent. Plusieurs marins étaient d'opinion de retourner à Porto-Ferrajo. L'empereur ordonna qu'on continuât la navigation, ayant pour ressource, en dernier événement, de s'emparer de la croisière française. Elle se composait de deux frégates et un brick; mais tout ce qu'on savait de l'attachement des équipages à la gloire nationale ne permettait pas de douter qu'ils arboreraient le pavillon tricolore et se rangeraient de notre côté. Vers midi, le vent fraîchit un peu; à quatre heures après midi on se trouva à la hauteur de Livourne. Une frégate paraissait à cinq lieues sous le vent, une autre était sur les côtes de Corse, et de loin un bâtiment de guerre venait droit vent arrière à la rencontre du brick. A six heures du soir, le brick que montait l'empereur se croisa avec un brick qu'on reconnut être le *Zéphir*, monté par le capitaine Andrieux, officier distingué autant par ses talens que par son véritable patriotisme. On proposa d'abord de parler au brick et de lui faire arborer le pavillon tricolore. Cependant l'empereur donna ordre aux soldats de la garde d'ôter leurs bonnets et de se cacher sur le pont, préférant passer à côté du brick sans se laisser reconnaître, et se réservant le parti de le faire changer de pavillon si on était obligé d'y recourir. Les deux bricks passèrent bord à bord. Le lieutenant de vaisseau Taillade, officier de la marine française, était très-connu du capitaine Andrieux, et dès qu'on fut à portée on parlementa. On demanda au capitaine Andrieux s'il avait des commissions pour Gênes; on se fit quelques honnêtetés; et les deux bricks, allant en sens contraire, furent bientôt hors de vue, sans que le capitaine Andrieux se doutât de ce que portait ce frêle bâtiment!

» Dans la nuit du 27 au 28, le vent continua de fraîchir. A la pointe du jour, on reconnut un bâtiment de soixante-quatorze, qui avait l'air de se diriger ou sur Saint-Florent, ou sur la Sardaigne. On ne tarda pas à s'apercevoir que ce bâtiment ne s'occupait pas du brick.

» Le 28, à sept heures du matin, on découvrit les côtes de Noli; à midi, Antibes. A trois heures, le 1ᵉʳ mars, on entra dans le golfe de Juan.

» L'empereur ordonna qu'un capitaine de la garde, avec vingt-cinq hommes, débarquât avant la garnison du brick, pour s'assurer de la batterie de côte, s'il en existait une. Ce capitaine conçut, de son chef, l'idée de faire changer de cocarde au bataillon qui était dans Antibes. Il se jeta imprudemment dans la place; l'officier qui y commandait pour le roi fit lever les ponts-levis et fermer les portes : sa troupe prit les armes; mais elle eut respect pour ces vieux soldats et pour leur cocarde qu'elle chérissait. Cependant l'opération du capitaine échoua, et ses hommes restèrent prisonniers dans Antibes.

» A cinq heures après midi, le débarquement au golfe Juan était achevé. On établit un bivouac au bord de la mer jusqu'au lever de la lune.

» A onze heures du soir l'empereur se mit à la tête de cette poignée de braves, au sort de laquelle étaient attachées de si grandes destinées. Il se rendit à Cannes; de là à Grasse, et par Saint-Vallier, il arriva dans la soirée du 2 au village de Cérénon, ayant fait vingt lieues dans cette première journée. Le peuple de Cannes reçut l'empereur avec des sentimens qui furent le premier présage du succès de l'entreprise.

» Le 3, l'empereur coucha à Barême; le 4, il dîna à Digne. De Castellane à Digne et dans tout le département des Basses-Alpes, les paysans, instruits de la marche de l'empereur, accouraient de tous côtés sur la route, et manifestaient leurs sentimens avec une énergie qui ne laissait plus de doutes.

» Le 5, le général Cambronne, avec une avant-garde de quarante grenadiers, s'empara du pont et de la forteresse de Sisteron.

» Le même jour, l'empereur coucha à Gap, avec dix hommes à cheval et quarante grenadiers.

» L'enthousiasme qu'inspirait la présence de l'empereur aux habitans des Basses-Alpes, la haine qu'ils portaient à la noblesse, faisaient assez comprendre quel était le vœu général de la province du Dauphiné.

» A deux heures après midi, le 6, l'empereur partit de Gap, et la population de la ville tout entière était sur son passage.

» A Saint-Bonnet, les habitans, voyant le petit nombre de sa troupe, eurent des craintes et proposèrent à l'empereur de sonner le tocsin pour réunir les villages et l'accompagner en masse. « Non, dit l'empereur; vos sentimens me
» font connaître que je ne me suis pas trompé. Ils sont pour moi un sûr garant
» des sentimens de mes soldats. Ceux que je rencontrerai se rangeront de mon
» côté; plus ils seront, plus mon succès sera assuré. Restez donc tranquilles
» chez vous ! »

» On avait imprimé à Gap plusieurs milliers de proclamations adressées par l'empereur à l'armée et au peuple, et de celles des soldats de la garde à leurs camarades. Ces proclamations se répandirent avec la rapidité de l'éclair dans tout le Dauphiné.

» Le même jour l'empereur vint coucher à Corp. Les quarante hommes d'avant-garde du général Cambronne allèrent coucher jusqu'à la Mure. Ils se rencontrèrent avec l'avant-garde d'une division de six mille hommes de troupes de ligne qui venait de Grenoble pour arrêter leur marche. Le général Cambronne voulut parlementer avec les avant-postes. On lui répondit qu'il y avait défense de communiquer. Cependant cette avant-garde de la division de Grenoble recula de trois lieues et vint prendre position entre les lacs au village de....

» L'empereur, instruit de cette circonstance, se porta sur les lieux : il trouva sur la ligne opposée un bataillon du 5e de ligne, une compagnie de sapeurs, une compagnie de mineurs, en tout sept à huit cents hommes. Il envoya son officier d'ordonnance, le chef d'escadron Roul, pour faire connaître à ces troupes la nouvelle de son arrivée; mais cet officier ne pouvait se faire entendre : on lui opposait toujours la défense qui avait été faite de communiquer. L'empereur mit pied à terre et alla droit au bataillon, suivi de la garde portant l'arme sous le bras. Il se fit reconnaître et dit que « le premier soldat qui voudrait

» tuer son empereur, le pouvait. » Le cri unanime de *vive l'empereur!* fut leur réponse. Ce brave régiment avait été sous les ordres de l'empereur dès ses premières campagnes d'Italie. La garde et les soldats s'embrassèrent. Les soldats du 5e arrachèrent sur-le-champ leur cocarde et prirent avec enthousiasme, et la larme à l'œil, la cocarde tricolore. Lorsqu'ils furent rangés en bataille, l'empereur leur dit : « Je viens avec une poignée de braves, parce que je compte
» sur le peuple et sur vous. Le trône des Bourbons est illégitime, puisqu'il n'a
» pas été élevé par la nation ; il est contraire à la volonté nationale, puisqu'il est
» contraire aux intérêts de notre pays ; et qu'il n'existe que dans l'intérêt de
» quelques familles. — Demandez à vos pères : interrogez tous ces habitans qui
» arrivent ici des environs ; vous apprendrez de leur propre bouche la véritable
» situation des choses : ils sont menacés du retour des dîmes, des priviléges,
» des droits féodaux et de tous les abus dont vos succès les avaient délivrés ;
» n'est-il pas vrai, paysans ? — Oui, Sire, répondent-ils tous d'un cri unanime,
» on voulait nous attacher à la terre. Vous venez, comme l'ange du Seigneur,
» pour nous sauver ! »

» Les braves du bataillon du 5e demandèrent à marcher des premiers sur la division qui couvrait Grenoble. On se mit en marche au milieu de la foule d'habitans qui s'augmentait à chaque instant. Vizille se distingua par son enthousiasme. « C'est ici qu'est née la révolution, disaient ces braves gens ! c'est nous
» qui les premiers avons osé réclamer les priviléges des hommes ; c'est encore
» ici que ressuscite la liberté française, et que la France recouvre son bonheur
» et son indépendance ! »

» Quelque fatigué que fût l'empereur, il voulut entrer le soir même dans Grenoble. Entre Vizille et Grenoble, le jeune adjudant-major du 7e de ligne vint annoncer que le colonel Labedoyère, profondément navré du déshonneur qui couvrait la France, et déterminé par les plus nobles sentimens, s'était détaché de la division de Grenoble, et venait avec le régiment, au pas accéléré, à la rencontre de l'empereur. Une demi-heure après, ce brave régiment vint doubler la force des troupes impériales. A neuf heures du soir, l'empereur fit son entrée dans le faubourg de.....

» On avait fait rentrer les troupes dans Grenoble, et les portes de la ville étaient fermées. Les remparts qui devaient défendre la ville étaient couverts par le 3e régiment du génie, composé de deux mille sapeurs, tous vieux soldats couverts d'honorables blessures ; et par le 4e d'artillerie de ligne, ce même régiment où, vingt-cinq ans auparavant, l'empereur avait été fait capitaine ; par les deux autres bataillons du 5e de ligne, par le 11e de ligne, et les fidèles hussards du 4e.

» La garde nationale et la population entière de Grenoble était placée derrière la garnison, et tous faisaient retentir l'air des cris de *vive l'empereur!* On enfonça les portes, et à dix heures du soir l'empereur entra dans Grenoble, au milieu d'une armée et d'un peuple animés du plus vif enthousiasme.

» Le lendemain, l'empereur fut harangué par la municipalité et par toutes les autorités départementales. Les discours des chefs militaires et ceux des magistrats étaient unanimes. Tous disaient que des princes imposés par une force étrangère n'étaient pas des princes légitimes, et qu'on n'était tenu à aucun engagement envers des princes dont la nation ne voulait pas.

» A deux heures, l'empereur passa la revue de ces troupes au milieu de la population de tout le département, aux cris : *A bas les Bourbons! à bas les ennemis du peuple! vive l'empereur et un gouvernement de notre choix!* La garnison de Grenoble, immédiatement après, se mit en marche forcée pour se porter sur Lyon.

» Une remarque qui n'a pas échappé aux observateurs, c'est qu'en un clin-d'œil ces six mille hommes se trouvèrent parés de la cocarde nationale, et chacun d'une cocarde vieille et usée; car, en quittant leur cocarde tricolore, ils l'avaient cachée au fond de leur sac. Pas une ne fut achetée au Petit-Grenoble. C'est la même, disaient-ils en passant devant l'empereur, c'est la même que nous portions à Austerlitz! Celle-ci, disaient d'autres, nous l'avions à Marengo!

» Le 9, l'empereur coucha à Bourgoin. La foule et l'enthousiasme allaient, s'il était possible, en augmentant. « Il y a long-temps que nous vous attendions, disaient tous ces braves gens à l'empereur. Vous voilà enfin arrivé pour délivrer la France de l'insolence de la noblesse, des prétentions des prêtres et de la honte du joug de l'étranger! » De Grenoble à Lyon, la marche de l'empereur ne fut qu'un triomphe. L'empereur, fatigué, était dans sa calèche, allant toujours au pas, environné d'une foule de paysans chantant des chansons qui exprimaient la noblesse des sentimens des braves Dauphinois. « Ah! dit l'empereur, je re-
» trouve ici les sentimens qui, il y a vingt ans, me firent saluer la France du
» nom de la *grande nation!* Oui, vous êtes encore la grande nation, et vous le
» serez toujours! »

» Cependant le comte d'Artois, le duc d'Orléans et plusieurs maréchaux étaient arrivés à Lyon; l'argent avait été prodigué aux troupes, les promesses aux officiers : on voulait couper le pont de la Guillotière et le pont Morand. L'empereur riait de ces ridicules préparatifs; il ne pouvait avoir de doutes sur les dispositions des Lyonnais, encore moins sur les dispositions des soldats. Cependant il avait donné ordre au général Bertrand de réunir des bateaux à Mirbel, dans l'intention de passer dans la nuit, et d'intercepter les routes de Moulins et de Mâcon au prince qui voulait lui interdire le passage du Rhône.

» A quatre heures, une reconnaissance du 4ᵉ de hussards arriva à la Guillotière, et fut accueillie aux cris de *vive l'empereur!* par cette immense population d'un faubourg qui toujours s'est distingué par son attachement à la patrie. Le passage de Mirbel fut contremandé, et l'empereur se porta au galop sur Lyon à la tête des troupes qui devaient lui en défendre l'entrée.

» Le comte d'Artois avait tout fait pour s'assurer les troupes. Il ignorait que rien n'est possible en France quand on y est l'agent de l'étranger, et qu'on n'est pas du côté de l'honneur national et de la cause du peuple! Passant devant le 13ᵉ régiment de dragons, il dit à un brave que des cicatrices et trois chevrons décoraient : « Allons, camarade, crie donc *vive le roi!* — Non, monsieur, répond ce brave dragon, aucun soldat ne combattra contre son père! Je ne puis vous répondre qu'en criant *vive l'empereur!* Le comte d'Artois monta en voiture, et quitta Lyon escorté d'un seul gendarme.

» A neuf heures du soir, l'empereur traversa la Guillotière presque seul, mais environné d'une immense population.

» Le lendemain 11, il passa la revue de toute la division de Lyon, et le brave général Brayer à la tête se mit en marche pour avancer sur la capitale.

» Les sentimens que, pendant deux jours, les habitans de cette grande ville et les paysans des environs témoignèrent à l'empereur, le touchèrent tellement, qu'il ne put leur exprimer ce qu'il sentait qu'en disant : *Lyonnais! je vous aime.* C'est pour la seconde fois que les acclamations de cette ville avaient été le présage des nouvelles destinées réservées à la France.

» Le 15, à trois heures après midi, l'empereur arriva à Villefranche, petite ville de quatre mille ames, qui en renfermait en ce moment plus de soixante mille. Il s'arrêta à l'Hôtel-de-Ville. Un grand nombre de militaires blessés lui furent présentés.

» Il entra à Mâcon à sept heures du soir, toujours environné du peuple des cantons voisins. Il témoigna son étonnement aux Mâconnais du peu d'efforts qu'ils avaient faits dans la dernière guerre, pour se défendre contre l'ennemi, et soutenir l'honneur des Bourguignons. « Sire, pourquoi aviez-vous nommé un mau-
» vais maire? »

» A Tournus, l'empereur n'eut que des éloges à donner aux habitants pour la belle conduite et le patriotisme qui, dans ces mêmes circonstances, ont distingué Tournus, Châlons et Saint-Jean-de-Lône. A Châlons, qui, pendant quarante jours, a résisté aux forces de l'ennemi et défendu le passage de la Saône, l'empereur s'est fait rendre compte de tous les traits de bravoure, et ne pouvant se rendre à Saint-Jean-de-Lône, il a du moins envoyé la décoration de la Légion-d'Honneur au digne maire de cette ville. A cette occasion, l'empereur s'écria : « C'est pour vous, braves gens, que j'ai institué la Légion-d'Honneur, et non
» pour les émigrés pensionnés de nos ennemis ! »

» L'empereur reçut à Châlons la députation de la ville de Dijon, qui venait de chasser de son sein le préfet et le mauvais maire dont la conduite, dans la dernière campagne, a déshonoré Dijon et les Dijonnais ! L'empereur destitua ce maire, en nomma un autre, et confia le commandement de la division au brave général Devaux.

» Le 15, l'empereur vint coucher à Autun, et d'Autun il alla coucher, le 16, à Avallon. Il trouva sur cette route les mêmes sentiments que dans les montagnes du Dauphiné. Il rétablit dans leurs places tous les fonctionnaires qui avaient été destitués pour avoir concouru à la défense de la patrie contre l'étranger. Les habitants de Chiffey étaient spécialement l'objet des persécutions d'un freluquet, sous-préfet à Sémur, pour avoir pris les armes contre les ennemis de notre pays. L'empereur a donné ordre à un brigadier de gendarmerie d'arrêter ce sous-préfet, et de le conduire dans les prisons d'Avallon.

» L'empereur déjeuna le 17 à Vermanton, et vint à Auxerre, où le préfet Gamot était resté fidèle à son poste. Le brave 14e avait foulé aux pieds la cocarde blanche. L'empereur apprit que le 6e de lanciers avait également arboré la cocarde tricolore, et se portait sur Montereau pour garder ce pont contre un détachement de gardes-du-corps qui voulait le faire sauter. Les jeunes gardes-du-corps, n'étant pas encore accoutumés aux coups de lance, prirent la fuite à l'aspect de ce corps, et on leur fit deux prisonniers.

» A Auxerre, le comte Bertrand, major-général, donna ordre qu'on réunît tous les bateaux pour embarquer l'armée, qui était déjà forte de quatre divisions, et la porter le soir même à Fossard, de manière à pouvoir arriver à une heure du matin à Fontainebleau.

» Avant de partir d'Auxerre, l'empereur fut rejoint par le prince de la Moskowa. Ce maréchal avait fait arborer la cocarde tricolore dans tout son gouvernement.

» L'empereur arriva à Fontainebleau le 20, à quatre heures du matin ; à sept heures, il apprit que les Bourbons étaient partis de Paris, et que la capitale était libre. Il partit sur-le-champ pour s'y rendre ; il est entré aux Tuileries à neuf heures du soir, au moment où on l'attendait le moins.

» Ainsi s'est terminée sans répandre une goutte de sang, sans trouver aucun obstacle, cette légitime entreprise, qui a rétabli la nation dans ses droits, dans sa gloire, et a effacé la souillure que la trahison et la présence de l'étranger avaient répandue sur la capitale ; ainsi s'est vérifié ce passage de l'adresse de l'empereur aux soldats : que *l'aigle, avec les couleurs nationales, volerait de clocher en clocher jusqu'aux tours de Notre-Dame.*

» En dix-huit jours, le brave bataillon de la garde a franchi l'espace entre le golfe Juan et Paris, espace qu'en temps ordinaire on met quarante-cinq jours à parcourir.

» Arrivé aux portes de Paris, l'empereur vit venir à sa rencontre l'armée tout entière que commandait le duc de Berri. Officiers, soldats, généraux, infanterie légère, infanterie de ligne, lanciers, dragons, cuirassiers, artillerie, tous vinrent au-devant de leur général que le choix du peuple et le vœu de l'armée avaient élevé à l'empire, et la cocarde tricolore fut arborée par chaque soldat qui l'avait dans son sac. Tous foulèrent aux pieds cette cocarde blanche qui a été pendant vingt-cinq ans le signe de ralliement des ennemis de la France et du peuple.

» Le 21, à une heure après midi, l'empereur a passé la revue de toutes les troupes qui composaient l'armée de Paris. La capitale entière a été témoin des sentimens d'enthousiasme et d'attachement qui animaient ces braves soldats. Tous avaient reconquis leur patrie ! Tous étaient sortis d'oppression ! Tous avaient retrouvé dans les couleurs nationales le souvenir de tous les sentimens généreux qui ont toujours distingué la nation française. Après que l'empereur eut passé dans les rangs, toutes les troupes furent rangées en bataillon carré.

« Soldats, dit l'empereur, je suis venu avec six cents hommes en France, parce
» que je comptais sur l'amour du peuple et sur le souvenir des vieux soldats. Je
» n'ai pas été trompé dans mon attente ! Soldats ! je vous en remercie. La gloire
» de ce que nous venons de faire est toute au peuple et à vous ! La mienne se ré-
» duit à vous avoir connus et appréciés.

» Soldats, le trône des Bourbons était illégitime, puisqu'il avait été relevé par
» des mains étrangères, puisqu'il avait été proscrit par le vœu de la nation ex-
» primé par toutes nos assemblées nationales, puisque enfin il n'offrait de ga-
» rantie qu'aux intérêts d'un petit nombre d'hommes arrogans dont les préten-
» tions sont opposées à nos droits. Soldats, le trône impérial peut seul garantir
» les droits du peuple, et surtout le premier de nos intérêts, celui de notre
» gloire. Soldats, nous allons marcher pour chasser du territoire ces princes
» auxiliaires de l'étranger ; la nation, non-seulement nous secondera de ses
» vœux, mais même suivra notre impulsion. Le peuple français et moi nous
» comptons sur vous. Nous ne voulons pas nous mêler des affaires des nations
» étrangères ; mais malheur à qui se mêlerait des nôtres ! »

» Ce discours fut accueilli par les acclamations du peuple et des soldats.

» Un instant après, le général Cambronne et des officiers de la garde du ba-
taillon de l'île d'Elbe parurent avec les anciennes aigles de la garde. L'empereur reprit la parole et dit aux soldats : « Voilà les officiers du bataillon qui m'a ac-
» compagné dans mon malheur. Ils sont tous mes amis. Ils étaient chers à mon
» cœur ! Toutes les fois que je les voyais, ils me représentaient les différens ré-
» gimens de l'armée ; car dans ces six cents braves, il y a des hommes de tous
» les régimens. Tous me rappelaient ces grandes journées dont le souvenir est
» si cher, car tous sont couverts d'honorables cicatrices reçues à ces batailles mé-
» morables ! En les aimant, c'est vous tous, soldats de toute l'armée française,
» que j'aimais ! Ils vous rapportent ces aigles ! qu'elles vous servent de point
» de ralliement ! En les donnant à la garde, je les donne à toute l'armée.

» La trahison et des circonstances malheureuses les avaient couvertes d'un
» crêpe funèbre ! mais grâces au peuple français et à vous, elles reparaissent

» resplendissantes de toute leur gloire. Jurez qu'elles se trouveront toujours
» partout où l'intérêt de la patrie les appellera! que les traîtres et ceux qui
» voudraient envahir notre territoire n'en puissent jamais soutenir le re-
» gard ! »

« Nous le jurons ! » s'écrièrent avec enthousiasme tous les soldats. Les troupes
défilèrent ensuite au son de la musique, qui jouait l'air : *Veillons au salut de
l'empire.*»

Napoléon composa ainsi son ministère : à l'intérieur, Carnot, à qui il conféra en même temps le titre de comte, en témoignage de sa satisfaction pour la défense d'Anvers; mais Carnot refusa ce titre; à la guerre, le maréchal Davoust, prince d'Eckmühl; aux affaires étrangères, Caulaincourt, duc de Vicence; aux finances, Gaudin, duc de Gaëte; au trésor, Mollien; à la marine, Decrès; à la police générale, Fouché, duc d'Otrante;—le portefeuille de la justice était remis à l'archi chancelier, Cambacérès;—Maret, duc de Bassano, reprenait le ministère de la secrétairerie d'état. — Les deux plus importantes administrations de Paris furent confiées, savoir : la préfecture du département, au comte de Bondy, et la préfecture de police au comte Réal.

Relation des événemens qui se sont passés avant et depuis le 20 mars 1815.
(Extrait du *Moniteur de Gand*, n° 1er, 14 avril.)

» Une catastrophe aussi funeste qu'inattendue vient de frapper l'Europe d'étonnement. Un roi qu'environnaient la confiance et l'amour de son peuple s'est vu forcer de quitter sa capitale, et bientôt après ses états envahis par l'homme dont le nom ne rappelle que des calamités et des crimes; et la France, de l'état de paix et de prospérité qui lui avait été rendu, a été, en moins de trois semaines, replongée dans l'abîme de maux qu'elle croyait fermé. Il est important de faire connaître par quelle progression de causes irrésistibles la trahison a pu enchaîner, dans cette circonstance, la force publique et la volonté nationale.

» Ce fut le 5 de mars que le roi apprit, par une dépêche télégraphique, le débarquement de Bonaparte, à la tête de onze cents hommes, sur le territoire français. Cette entreprise pouvait être considérée sous deux points de vue différens : c'était le résultat d'un complot secondé par de vastes intelligences, ou l'acte d'un insensé à qui son ambition et la violence de son caractère n'avaient pas permis de supporter plus long-temps un repos qui ne lui laissait que l'agitation des remords. Dans cette double supposition, il était nécessaire de prendre les mesures que suggérait la prudence et qu'aurait prescrites le plus imminent péril. Des ordres furent expédiés en toute hâte pour que les troupes se rassemblassent à Lyon. On recevait du commandant de Grenoble des avis satisfaisans; et la conduite de la garnison d'Antibes devait faire espérer que Bonaparte avait été trompé dans l'espoir d'attirer à son parti les troupes du roi. Dans le cas cependant où il eût formé quelques intelligences, un corps placé à Lyon devait l'arrêter. *Monsieur* partit le 6 au matin pour prendre le commandement de ce corps, et il fut suivi le lendemain par M. le duc d'Orléans.

» Tous les maréchaux et généraux employés dans les départemens eurent ordre de se rendre dans leurs commandemens respectifs. Le maréchal Ney, qui commandait à Besançon et pouvait y seconder les opérations de *Monsieur*, vint prendre congé du roi. En baisant la main de S. M., il lui dit avec le ton de dévouement et un élan qui semblait partir de la franchise d'un soldat, que, s'il atteignait l'ennemi du roi et de la France, « *il le ramènerait dans une cage de fer.* » L'événement a fait voir quelle basse dissimulation lui inspirait alors le projet d'une perfidie que tous les militaires de l'Europe n'apprendront qu'avec horreur.

» *Monsieur* fut reçu à Lyon avec enthousiasme ; tout y fut préparé pour la plus vigoureuse résistance ; mais malheureusement il ne s'y trouvait aucune munition de guerre.

» Bientôt on sut que la garnison de Grenoble avait ouvert à l'ennemi les portes de cette ville, et qu'un régiment parti de Chambéry, sous les ordres de Labédoyère, s'était uni aux rebelles. Il n'était encore arrivé à Lyon qu'un petit nombre de troupes ; mais *Monsieur*, que le maréchal Macdonald s'était empressé de rejoindre, ne s'en décida pas moins à tenir derrière des barricades élevées à la hâte. Cependant, à l'apparition des premiers dragons qui précédaient Bonaparte, une défection générale se mit dans les troupes de *Monsieur*. Toutes les remontrances du duc de Tarente furent vaines, et alors, comme depuis, les forces assemblées pour résister au torrent ne firent que le grossir et en alimenter la violence.

» On apprit le 10, par une dépêche télégraphique, et par conséquent sans aucun détail, que Bonaparte était entré à Lyon ce même jour. M. le duc d'Orléans revint à Paris le 12. *Monsieur* y arriva le lendemain. Les nouvelles qui suivirent firent craindre une suite rapide de désastres.

» Cependant l'opinion, agitée par tant de craintes et de défiances, cherchait ailleurs que dans l'ascendant d'un seul homme la cause de son déplorable succès. On ne voulait pas croire que la séduction de sa présence eût produit un tel effet sur les troupes. Le maréchal duc de Dalmatie, ministre de la guerre, avait été le dernier à soutenir en France, les armes à la main, la cause déjà perdue de Napoléon. On prétendit voir dans cette ancienne marque de dévouement l'indice d'une trahison. Cette trahison ne fut point du tout prouvée, et on doit peut-être la mettre au nombre de ces calomnies populaires qui se répandent au moment des grands périls ; mais la voix publique éclata contre le maréchal, et lui-même vint remettre entre les mains du roi sa démission et son épée. Sa majesté, avec la confiance qui ne l'a jamais abandonnée au milieu des plus lâches perfidies, fit appeler le duc de Feltre, que l'estime générale indiquait à son choix, et lui rendit le portefeuille de la guerre qu'il avait eu sous Bonaparte jusqu'à l'époque de la restauration. Cette confiance du roi a été pleinement justifiée par la fidélité du duc de Feltre.

» On ne pouvait plus songer qu'à faire rétrograder les troupes : en s'avançant vers l'ennemi, elles lui fournissaient presque partout des auxiliaires. On se décida à former un corps d'armée devant Paris, et à réunir le plus grand nombre possible de gardes nationales et de volontaires. Dès le 11, M. le duc de Berry avait été nommé général de cette armée. Le maréchal Macdonald fut chargé de la commander sous ce prince.

» Cependant les dispositions à prendre pour l'organisation des volontaires et des colonnes mobiles demandaient quelques jours. Chaque instant enfantait un nouveau danger. Bonaparte marchait avec rapidité. Plusieurs régimens qui s'étaient trouvés sur sa route l'avaient rejoint ; quelques-uns même s'étaient emparés en son nom de plusieurs villes de Bourgogne : l'un d'eux le devança dans Auxerre.

» On conservait un faible espoir de maintenir dans le devoir les troupes de la première division militaire et celles qui formaient la garnison de Paris. Un péril imminent auquel on venait d'échapper, par la fidélité du commandant de la Fère, et l'arrestation des traîtres d'Erlon et Lallement, semblaient rassurer pour les départemens du Nord. Le duc de Reggio, abandonné de la vieille garde, était parvenu à contenir les autres troupes qui étaient sous ses ordres. On voulut former, sous le commandement du duc de Trévise, une armée de réserve à Péronne, où les troupes réunies seraient moins exposées à la séduction. M. le duc d'Orléans partit pour s'y rendre.

» Ce fut alors que le roi vint au milieu des représentans de la nation, dont il avait voulu s'entourer à la première approche du danger. Son discours aux deux chambres fit une grande impression dans la capitale, dont les habitans n'ont témoigné qu'un sentiment, celui d'un entier dévouement au roi et à la patrie. Mais la garde nationale, composée en grande partie de pères de familles, ne pouvait fournir un nombre de volontaires suffisant pour donner quelque espoir de résistance : le général Dessolles conseilla de mêler les citoyens aux soldats pour retenir ceux-ci dans le devoir, et d'y joindre les corps de cavalerie de la maison militaire du roi.

» Le 17, on reçut une nouvelle désastreuse. Le maréchal Ney, que l'on croyait à la poursuite des rebelles, s'était joint à eux; son infâme proclamation appelait les troupes à partager son déshonneur. La ville de Sens, où l'on avait cru retarder la marche de Bonaparte, se déclarait hors d'état de résister. L'ennemi marchait sur Fontainebleau, et les troupes de Paris restaient muettes, ou ne laissaient apercevoir que le désir d'abandonner leurs drapeaux.

» A peine eurent-elles été mises en mouvement, que ces mauvaises dispositions dégénérèrent en sédition ouverte. Dans la matinée du 19, l'on sut qu'il n'y avait pas en avant de Paris un seul régiment sur lequel on pût compter. Ainsi rien ne pouvait plus arrêter la marche de Bonaparte, et le seul parti qui restât au roi était de se retirer avec sa maison militaire. Sa majesté qui avait envoyé M. le duc de Bourbon dans les départemens de l'Ouest, et qui avait adressé à M. le duc d'Angoulême les pouvoirs nécessaires pour diriger les armemens des provinces méridionales, pensa qu'elle devait se porter de préférence vers les départemens du Nord, les places fortes de ces frontières pouvant servir de point de ralliement aux sujets. Le roi partit le 19 à minuit, et fut suivi une heure après par sa maison militaire, sous les ordres de Monsieur et de M. le duc de Berri.

» Arrivé à Abbeville, le 20, à cinq heures de l'après-midi, le roi comptait y attendre les troupes de sa maison; mais le maréchal Macdonald ayant rejoint S. M. le 21 à midi, démontra au roi la nécessité de s'éloigner davantage; d'après son rapport, S. M. prit la résolution de se renfermer à Lille, et envoya à sa maison militaire l'ordre de l'y rejoindre par la route d'Amiens.

» Le 22, à une heure après midi, le roi, précédé par le duc de Tarente, entra dans Lille, où il fut accueilli par les plus vives démonstrations de l'amour et de la fidélité des habitans. S. M. y avait été devancée par M. le duc d'Orléans et par le duc de Trévise, qui avait cru devoir y faire rentrer la garnison. Cette dernière circonstance, dont le roi n'était pas instruit, pouvait déconcerter les plans de résistance qui venaient d'être formés. Si les troupes n'étaient point rentrées, les gardes nationales et la maison du roi, secondées par le patriotisme des Lillois, auraient assuré au roi ce dernier asile sur le territoire français. Avec une garnison nombreuse et mal disposée, ce dessein paraissait de l'exécution la plus difficile. Sa majesté persista toutefois à en faire la tentative. Déjà sa présence avait porté à son comble l'enthousiasme du peuple. Une foule assemblée se portait sur ses pas en faisant tous ses efforts pour émouvoir les soldats, et répétant sans cesse devant eux le cri de *vive le roi!* Ceux-ci, mornes et glacés, gardaient un sombre silence, présage alarmant de leur prochaine défection. En effet, le maréchal Mortier déclara franchement au roi qu'il ne pouvait répondre de la garnison. Questionné sur les expédiens extrêmes qu'il serait possible d'employer, il déclara qu'il ne serait point en son pouvoir de faire sortir les troupes de la place.

» Sur ces entrefaites, la déclaration promulguée à Vienne le 15 mars, au nom de toutes les puissances européennes, parvint à Lille. Le roi l'y fit soudain répandre et afficher, espérant, mais inutilement, éclairer les troupes sur les funestes résultats dont leur trahison allait être suivie, et sur les malheurs inévitables qu'elle attirerait sur leur patrie.

» Le 23, S. M. sut que le duc de Bassano, faisant les fonctions de ministre de l'intérieur, avait envoyé au préfet de Lille des ordres de Bonaparte. Ce même jour, à une heure après midi, le maréchal Mortier vint dire au ministre de la maison du roi, que, sur le bruit généralement répandu que M. le duc de Berri allait arriver avec la maison militaire et deux régimens suisses, toute la garnison était prête à se soulever; qu'il conjurait le roi de partir pour éviter le plus affreux malheur; qu'en escortant lui-même S. M. hors des portes de la ville, il espérait imposer encore aux soldats, ce qui lui deviendrait impossible si l'on différait le départ d'un seul instant.

» Le roi jugea devoir alors envoyer à sa maison militaire l'ordre de se porter sur Dunkerque, ordre qui malheureusement n'est point parvenu. Quant à lui, ne pouvant se rendre directement dans cette ville, il se dirigea sur Ostende. Sa majesté partit de Lille à trois heures, accompagnée du maréchal Mortier et suivie de M. le duc d'Orléans. Au bas du glacis, le duc de Trévise se crut obligé de rentrer pour prévenir les désordres que pourrait commettre la garnison pendant son absence. M. le duc d'Orléans rentra aussi dans la place, et n'en repartit que plusieurs heures après. Le maréchal Macdonald n'a quitté le roi qu'aux portes de Menin, et jusqu'au dernier moment a donné à S. M., ainsi que le duc de Trévise, la preuve consolante que la religion du serment et la foi de l'homme d'honneur n'étaient point dédaignées par tous les braves dont l'armée française s'enorgueillit.

» Un piquet de la garde nationale de Lille, un détachement de cuirassiers et de chasseurs du roi ont suivi S. M. jusqu'à la frontière. Quelques-uns de ces derniers, ainsi que plusieurs officiers, n'ont pas voulu l'abandonner et l'ont accompagnée sur le territoire de la Belgique. Le roi est arrivé à Ostende, espérant se rendre à Dunkerque dès que cette ville serait occupée par sa maison militaire.

» Pendant ce temps, cette malheureuse maison, à laquelle s'étaient joints un grand nombre de volontaires de tout âge et de tout état, avait suivi la même route que le roi avait prise pour se rendre à Lille. Monsieur et M. le duc de Berri, toujours à la tête de cette brave élite, et en partageant les fatigues, avaient pu sans cesse en admirer l'héroïque constance. Des jeunes gens qui, pour la première fois, avaient chargé leurs bras d'une arme pesante, des vieillards faisant à pied des marches forcées dans les chemins qu'une pluie abondante et continue avait rendus presque impraticables, s'étaient associés à cette troupe fidèle et n'ont été découragés ni par les privations, ni par l'incertitude d'une marche que la défection des garnisons voisines rendait à chaque instant plus périlleuse. Dans l'absence des ordres que le roi n'avait pu faire parvenir, et à la nouvelle que S. M. était sortie de Lille, la colonne se porta directement sur la frontière; mais ne pouvant défiler assez promptement pour suivre tout entière le maréchal Marmont, qui la dirigeait, sous les ordres des princes, avec un zèle et une activité dignes d'un meilleur succès, engagée dans un terrain fangeux, d'où les chevaux ne pouvaient sortir qu'avec une extrême difficulté, une partie de ces infortunés a été forcée de rester en arrière. Monsieur, craignant que leur dévouement ne leur fit courir des périls inutiles les a laissés libres de se retirer. Bientôt surpris et renfermés dans Béthune par les ordres reçus de Paris, ils n'ont pu même tous se disperser, et ils n'ont laissé à Monsieur que l'espoir de réunir successivement auprès de lui tous ceux qu'il pourrait recueillir sur la frontière, où il est resté dans ce dessein.

» C'est le 25, à huit heures du soir, que le roi a su Monsieur arrivé à Ypres, et que la nouvelle du sort qu'éprouvait sa maison militaire est venue ajouter au fardeau des sentimens douloureux dont il était accablé.

» Au milieu de ces désastres, S. M. a reçu d'éclatans témoignages de fidélité; mais ils doivent en quelque sorte aggraver encore ses regrets. C'est un peuple bon, sensible, qu'il a laissé en proie à tous les excès d'une soldatesque égarée. Ce sont des serviteurs dévoués, courageux, qu'il n'a pu même rassembler autour de lui. Ce sont des traits de constance inébranlable dans plusieurs des chefs les plus distingués de cette armée que le roi voudrait encore nommer la sienne, auxquels il ne peut jusqu'ici offrir d'autre récompense que le prix d'estime et d'éloges que la France et la postérité leur décerneront un jour.

» Depuis l'arrivée de S. M. à Ostende, elle a su, par M. le duc d'Orléans, que l'ordre de l'arrêter, ainsi que tous les princes, était parvenu au maréchal Mortier. Un officier d'état-major, porteur d'une dépêche du maréchal Davoust, où était renfermé le même ordre, est arrivé ensuite à Lille lorsque le roi en était déjà sorti, mais le duc de Trévise a fait en sorte que rien ne transpirât avant le départ de M. le duc d'Orléans.

» Cette relation succincte des principaux faits que présente la courte et malheureuse époque dont le tableau vient d'être retracé peut faire juger des subites et innombrables difficultés dont le roi s'est vu environné. Jamais événemens plus inopinés et plus rapides n'ont changé la face d'une vaste monarchie: mais jamais opposition plus marquante entre l'esprit du soldat et du citoyen n'a éclaté chez un peuple. Grande leçon pour les nations qui auraient l'imprudence de se soumettre à un gouvernement militaire.

» Au reste, la défection simultanée et presque générale de l'armée n'a été, comme on le voit, fondée sur aucun motif qui puisse l'attacher long-temps au sort de l'homme dont le trop funeste ascendant l'entraine aujourd'hui. Le pacte tacite qu'il a fait avec elle sera bientôt rompu par les revers qui l'attendent. Ce n'est point Bonaparte proscrit, rejeté et bientôt accablé par l'Europe entière, que cette soldatesque crédule a voulu suivre : c'est le dévastateur du monde qu'elle a vu prêt à lui en rendre les dépouilles. Le prestige détruit, Bonaparte perdra bientôt sa force empruntée. C'est cet instant, c'est la réflexion qui suit l'ivresse d'une grande erreur, que le roi attend avec toute l'impatience que lui donnent les heureux résultats qu'il en espère.

Réponse du duc de Raguse à la proclamation datée du golfe de Juan, le 1er mars 1815. (Extrait du Moniteur de Gand.)

« Une accusation odieuse est portée contre moi à la face de l'Europe entière, et quel que soit le caractère de passion et d'invraisemblance qu'elle porte avec elle, mon honneur me force à y répondre. Ce n'est point une justification que je présente ici; je n'en ai pas besoin : c'est un exposé fidèle des faits qui mettra chacun à même de connaître la conduite que j'ai tenue.

» Je suis accusé d'avoir livré Paris aux étrangers, lorsque la défense de cette ville a été l'objet de l'étonnement général. C'est avec des débris misérables que j'avais à combattre contre toutes les forces réunies des armées alliées; c'est dans des positions prises à la hâte, où aucune défense n'avait été préparée, et avec huit mille hommes, que j'ai résisté pendant huit heures à quarante-cinq mille qui furent successivement engagés contre moi; et c'est un fait d'armes semblable, si honorable pour ceux qui y ont pris part, que l'on ose traiter de trahison!

» Après l'affaire de Rheims, l'empereur Napoléon opérait avec toutes ses forces sur la Marne, et s'abandonnait à l'illusion que ces mouvemens menaçant les communications de l'ennemi, celui-ci effectuerait sa retraite, lorsqu'au contraire l'ennemi avait résolu, après avoir opéré la jonction de l'armée de Silésie avec la grande armée, de marcher sur Paris. Mon faible corps d'armée, composé de trois mille cinq cents hommes d'infanterie et de quinze cents chevaux, et celui du duc de Trévise, fort d'environ six à sept mille hommes, furent laissés sur l'Aisne pour contenir l'armée de Silésie, qui n'en était séparée que par cette rivière, et qui, depuis la jonction du corps de Bulow, et de divers renforts, était forte de plus de quatre-vingt mille hommes. L'armée ennemie passa l'Aisne, et nous força à nous replier. Mes instructions étant de couvrir Paris, nous nous retirâmes sur Fismes, et nous adoptâmes, le duc de Trévise et moi, un système d'opérations qui, sans nous compromettre, devait retarder la marche de l'ennemi : c'était de prendre successivement de fortes positions que l'ennemi ne pût attaquer sans les avoir reconnues ou sans avoir manœuvré pour les tourner, ce qui nous préparait aussi les moyens de battre quelques-uns des détachemens qu'il aurait faits. Des ordres vinrent de nous diriger à marches forcées sur Châlons. Nous les exécutâmes; mais, arrivés à Vertus, nous fûmes informés que la plus grande partie de l'armée ennemie occupait Châlons, tandis qu'une autre débouchait sur Épernay, et que le corps de Kleist, qui nous avait suivis, passait la Marne à Château-Thierry; et, apprenant en même temps que Napoléon était encore devant Vitry et avait une arrière-garde à Sommesous, puis, nous marchâmes, sans perdre un moment, pour le rejoindre, et le 24 mars je pris position à Soudé. Je croyais encore l'armée française à portée, car qui eût pu croire, en effet, au passage de la Marne sans avoir un pont, et que l'empereur Napoléon eût laissé entre Paris et lui des forces huit fois plus considérables que celles qu'il pouvait rassembler? Le 25 au matin, à peine avais-je acquis la certitude de ce mouvement, que toute l'armée ennemie déboucha sur moi. Je me retirai en canonnant l'ennemi, et toute la retraite se fût faite avec le même ordre, si quelques troupes, malheureusement, restées à Bussy-l'Estrée et à Vatry ne s'étaient trouvées ainsi en arrière de nous : il fallut les attendre pendant une heure à Sommesous, et nous soutenir contre des forces colossales dont le nombre croissait toujours. Le passage des défilés nous fit éprouver quelques pertes, et nous terminâmes la journée en prenant position sur les hauteurs d'Allement, près de Sézanne. Je ne parle pas de la division du général Pachtod qui, d'après des ordres directs de l'empereur, manœuvrant pour son compte, donna dans l'armée ennemie, et fut prise sans que j'eusse connaissance de son existence.

» Le lendemain nous prîmes position de bonne heure au défilé de Tourneloup. L'ennemi arrivant, nous continuâmes notre retraite, et je fis l'arrière-garde. Arrivés le soir devant La Ferté-Gaucher, nous trouvâmes le corps de Kleist occupant cette ville et à cheval sur la grande route de Coulommiers, tandis qu'un gros corps de cavalerie dépassait la gauche de l'armée ennemie. Notre position était critique, et elle était presque désespérée. Nous nous en tirâmes par un bonheur inouï. Quelques troupes du duc de Trévise couvrirent notre mouvement contre le corps de Kleist; une défense héroïque de mes troupes dans le village de Moutis arrêta l'avant-garde ennemie; la nuit arriva, et nous effectuâmes notre mouvement sans faire aucune perte. Comme nous ne pouvions plus reprendre la route de Meaux, nous suivîmes celle de Charenton, et le 29 au soir nous occupâmes Charenton, Saint-Mandé et Charonne.

» Le duc de Trevise fut chargé de la défense de Paris depuis le canal jusqu'à la Seine, et moi depuis le canal jusqu'à la Marne. Mes troupes étaient réduites à deux mille quatre cents hommes d'infanterie et huit cents chevaux. C'était le peu d'hommes qui avaient échappé à une multitude de glorieux combats. On mit sous mes ordres les troupes que commandait le général Compans : c'étaient des détachemens de divers dépôts, de vétérans et de troupes de toute espèce qui avaient été réunies plutôt pour faire nombre que pour combattre; ainsi toutes mes forces consistaient en sept mille quatre cents hommes d'infanterie, de soixante-dix bataillons différents, et environ mille chevaux. Je me portai au jour sur les hauteurs de Belleville; de là je me hâtai d'arriver à celles de Romainville, qui étaient la clef de la position, et que le général Compans, en se retirant de Claye, avait omis d'occuper; mais l'ennemi y était déjà, et ce fut dans le bois de Romainville que l'affaire s'engagea. L'ennemi s'étendit par sa droite et par sa gauche; il fut partout contenu et repoussé; mais son nombre allait toujours croissant. Plusieurs mêlées d'infanterie avaient eu lieu, et plusieurs soldats avaient été tués à côté de moi à coups de baïonnette à l'entrée du village de Belleville, lorsque Joseph m'envoya, par écrit, l'autorisation, que j'ai entre les mains, de capituler. Il était dix heures; à onze Joseph était déjà bien loin de Paris, et à trois heures je combattais encore; mais à cette heure, ayant depuis long-temps la totalité de mon monde engagé, et voyant encore vingt mille hommes qui allaient entrer de nouveau en ligne, j'envoyai divers officiers au prince de Schwartzemberg pour lui faire connaître que j'étais prêt à entrer en arrangement. Un seul de mes officiers put parvenir, et certes je ne l'avais pas envoyé trop tôt, car lorsqu'il revint, le général Compans ayant évacué les hauteurs de Pantin, l'ennemi s'était porté dans la rue de Belleville, mon seul point de retraite : je l'en avais chassé en chargeant moi-même à la tête de quarante hommes la tête de sa colonne, et assurant ainsi le retour de mes troupes; mais je me trouvais presque acculé aux murs de Paris. Les hostilités furent suspendues, et les troupes rentrèrent dans les barrières. L'arrangement écrit, qui a été publié dans le temps, ne fut signé qu'à minuit.

» Le lendemain matin les troupes évacuèrent Paris, et je me portai à Essonne, où je pris position. J'allai voir l'empereur Napoléon à Fontainebleau. Il me parut juger enfin sa position, et disposé à terminer une lutte qu'il ne pouvait plus soutenir. Il s'arrêta au projet de se retrancher, de réunir le peu de forces qui lui restait, de chercher à les augmenter et de négocier. C'était la seule chose raisonnable qu'il eût à faire, et j'abondai dans son sens. Je repartis aussitôt pour faire commencer les travaux de défense que l'exécution de ce projet rendait nécessaires. Ce même jour, 1er avril, il vint visiter la position, et là il apprit, par le retour des officiers que j'avais laissés pour la remise des barrières, la prodigieuse exaltation de Paris, la déclaration de l'empereur Alexandre, et la révolution qui s'opérait. En ce moment la résolution de sacrifier à sa vengeance le reste de l'armée fut prise : il ne connut plus rien qu'une attaque désespérée, quoiqu'il n'y eût plus une seule chance de succès en sa faveur : avec les moyens qui lui restaient, c'étaient seulement de nouvelles victimes offertes à ses passions. Dès lors tous les ordres, toutes les instructions, tous les discours furent d'accord avec ce projet, dont l'exécution était fixée au 5 avril.

» Les nouvelles de Paris se succédaient fréquemment : le décret sur la déchéance me parvint. La situation de Paris et celle de la France étaient déplorables, et l'avenir offrait les résultats les plus tristes, si la chute de l'empereur ne changeait pas ses destinées, en faisant sa paix morale avec toute l'Europe, et n'amortissait pas les haines qu'il avait fait naître. Les alliés, soutenus par l'insurrection de toutes les grandes villes du royaume, maîtres de la capitale, n'ayant plus en tête qu'une poignée de braves qui avaient survécu à tant de désastres, proclamaient partout que c'était à Napoléon seul qu'ils faisaient la guerre. Il fallait les mettre subitement à l'épreuve, les sommer de tenir leur parole, et les forcer à renoncer à la vengeance dont ils voulaient rendre victime la France ; il fallait que l'armée redevînt nationale, en adoptant les intérêts de la presque totalité des habitans, qui se déclaraient contre l'empereur, et appelaient à grands cris une révolution salutaire qui occasionnerait leur délivrance. Tout bon Français, de quelque manière qu'il fût placé, ne devait-il pas concourir à un changement qui sauvait la patrie et la délivrait d'une croisade de l'Europe entière armée contre elle, de la partie de l'Europe même possédée par la famille de Napoléon ? S'il eût été possible de compter sur l'union de tous les chefs de l'armée, s'il n'eût pas été probable que les intérêts particuliers de quelques-uns croiseraient les mesures les plus généreuses et les plus patriotiques, si le moment n'eût pas été si pressant, puisque nous étions au 4 avril et que c'était le 5 que devait avoir lieu cette action désespérée, dont l'objet était la destruction du dernier soldat et de la capitale ; c'était au concert des chefs de l'armée qu'il fallait recourir ; mais, dans l'état actuel des choses, il fallait se borner à assurer la libre sortie de différens corps de l'armée, pour les détacher de l'empereur et neutraliser ses projets, et les réunir aux autres troupes françaises qui étaient éloignées de lui. Tel fut donc l'objet des pourparlers qui eurent lieu avec le prince de Schwartzemberg. En même temps que je me disposais à informer mes camarades de la situation des choses, et du parti que je croyais devoir prendre, le duc de Tarente, le prince de la Moskowa, le duc de Vicence et le duc de Trévise arrivèrent chez moi à Essonne. Les trois premiers m'apprirent que l'empereur venait d'être forcé à signer la promesse de signer son abdication, et qu'ils allaient à ce titre négocier la suspension des hostilités. Je leur fis connaître les arrangemens pris avec le prince de Schwartzemberg, mais qui n'étaient pas complets, puisque je n'avais pas encore reçu la garantie écrite que j'avais demandée, et je leur déclarai alors que, puisqu'ils étaient d'accord pour un changement que le salut de l'état demandait, et qui était le seul objet de mes démarches, je ne me séparais jamais d'eux. Le duc de Vicence exprima le désir de me voir les accompagner à Paris, pensant que mon union avec eux, après ce qui venait de se passer, serait d'un grand poids ; je me rendis à ses désirs, laissant le commandement de mon corps d'armée au plus ancien général de division, lui donnant l'ordre de ne faire aucun mouvement et lui annonçant mon prochain retour. J'expliquai les motifs de mon changement au prince de Schwartzemberg, qui, plein de loyauté, les trouva légitimes et sans réplique, et je remplis la promesse que j'avais faite à mes camarades dans l'entretien que nous eûmes avec l'empereur Alexandre. A huit heures du matin, un de mes aides-de-camp arriva et m'annonça que, contre mes ordres formels, et malgré ses plus instantes représentations, les généraux avaient mis les troupes en mouvement pour Versailles à quatre heures du matin, effrayés qu'ils étaient des dangers personnels dont ils croyaient être menacés et dont ils avaient eu l'idée par l'arrivée et le départ de plusieurs officiers d'état-major venus de Fontainebleau. La démarche était faite et la chose irréparable.

» Tel est le récit fidèle et vrai de cet événement, qui a eu et aura une si grande influence sur toute ma vie.

» L'empereur, en m'accusant, a voulu sauver sa gloire, l'opinion de ses talens et l'honneur des soldats. Pour l'honneur des soldats il n'en était pas besoin ; il n'a jamais paru avec plus d'éclat que dans cette campagne ; mais pour ce qui le concerne, il ne trompera aucun homme sans passion, car il serait impossible de justifier cette série d'opérations qui ont marqué les dernières années de son règne.

» Il m'accuse de trahison ! Je demande où en est le prix ? J'ai rejeté avec mépris toute espèce d'avantages particuliers qui m'étaient offerts pour me placer volontairement dans la catégorie de toute l'armée. Avais-je des affections particulières pour la maison de Bourbon ? d'où me seraient-elles venues, moi qui ne suis entré dans le monde que peu de temps avant le moment où elle a cessé de gouverner la France ? Quelle que fût l'opinion que j'eusse pu me faire de l'esprit supérieur du roi, de sa bonté et de celle des princes, elle était bien loin de la réalité ; ce charme que l'on trouve près d'eux m'était inconnu et n'avait pas fait naître les engagemens sacrés qui me lient à eux aujourd'hui, et que les malheurs actuels, si peu mérités, resserrent davantage encore ; engagemens sacrés, car pour les gens de cœur, les égards et les témoignages d'estime valent mille fois mieux que les bienfaits et les dons. Où donc est le principe de mes actions ? dans un ardent amour de la patrie, qui a toute ma vie maîtrisé mon cœur et absorbé toutes mes idées. J'ai voulu sauver la France de la destruction, j'ai voulu la préserver des combinaisons qui devaient entraîner sa ruine, de ces combinaisons si funestes, fruit des plus étranges illusions de l'orgueil, et si souvent renouvelées en Espagne, en Russie et en Allemagne, et qui promettaient une épouvantable catastrophe qu'il fallait s'empresser de prévenir.

» Une étrange et douloureuse fatalité a empêché de tirer du retour de la maison de Bourbon tous les avantages qu'il était permis d'en espérer pour la France ; mais cependant on leur a dû la fin prompte d'une guerre funeste, la délivrance de la capitale et du royaume, une administration douce et paternelle, et un calme et une liberté qui nous étaient inconnus. Quelques jours encore, et cette liberté si chère, si nécessaire à tous les Français, était consolidée pour toujours.

» Les étrangers étaient perdus sans ressource, dit-on, et c'est moi qu'on accuse de les avoir sauvés. Je suis leur libérateur, moi qui les ai toujours combattus avec autant d'énergie que de constance, dont le zèle ne s'est jamais ralenti un moment ; moi qui, après avoir attaché mon nom aux succès les plus marquans de la campagne, avais déjà une fois préservé Paris par les combats de Meaux et de Livry. Disons-le, celui qui a si fort aidé les étrangers dans leurs opérations et rendu inutile le dévouement de tant de bons soldats et d'officiers instruits, c'est celui qui, avec trois cent mille hommes, a voulu garder et occuper l'Europe depuis la Vistule jusqu'à Cattaro et à l'Èbre, tandis que la France avait à peine pour la défendre quarante mille soldats réunis à la hâte ; et les libérateurs de la France, ce sont ceux qui, comme par enchantement, l'ont délivrée de la croisade dirigée contre elle, et assuré le retour de deux cent cinquante mille hommes éparpillés dans toute l'Europe, et de cent cinquante mille prisonniers qui font aujourd'hui sa force et sa puissance.

» J'ai servi l'empereur Napoléon avec zèle, constance et dévouement pendant toute ma carrière, et je ne me suis éloigné de lui que pour sauver la France, et lorsqu'un pas de plus allait la précipiter dans l'abîme qu'il avait ouvert. Aucun sacrifice ne m'a coûté lorsqu'il a été question de la gloire ou du salut de mon pays. Et cependant que de circonstances les ont rendus quelquefois pénibles et douloureux! Qui jamais fit plus que moi abnégation de ses intérêts personnels et fut plus maîtrisé par l'intérêt général? Qui jamais paya plus d'exemple dans les souffrances, dans les dangers, dans les privations? qui montra dans toute sa vie plus de désintéressement que moi? Ma vie est pure, elle est celle d'un bon citoyen, et on voudrait l'entacher d'infamie! Non, tant de faits honorables dans une si longue suite d'années démentent tellement cette accusation, que ceux dont l'opinion est de quelque prix refuseront toujours d'y croire.

» Quelle que soit la destinée qui m'est réservée, que ma vie entière se passe dans la proscription ou qu'il me soit permis de servir la patrie, que je sois rappelé ou que je sois repoussé de son sein, mes vœux pour sa gloire et pour son bonheur ne varieront jamais; car l'amour de la patrie a été et sera toujours la passion de mon cœur; et le roi a bien connu mes sentimens et rendu justice à la droiture de mes intentions, lorsqu'il a daigné ajouter à mes armes la devise *Patriæ totus et ubique*, qui fait en peu de mots l'histoire de ma vie. — Gand, le 1er avril 1815. — Signé *le maréchal duc* DE RAGUSE. » (*Moniteur de Gand*, n° 2.)

CENT-JOURS.

Les Bourbons, pendant leur séjour en France, n'avaient su exciter en leur faveur aucun sentiment national; ils avaient au contraire blessé les habitudes que vingt-cinq ans de révolution avaient en quelque sorte incarnées dans la nation. Lorsque Napoléon se présenta, il s'adressa au contraire à des habitudes toutes faites, que quelques mois ne suffisaient pas pour faire disparaître; il trouva dans l'armée celle de lui obéir et de le respecter; il ne pouvait rencontrer dans le peuple qu'une seule répugnance, celle qu'avaient fait naître son ambition militaire et son despotisme; or, il se disait corrigé de l'une et de l'autre; il promettait d'y renoncer; on le crut, parce que l'on désirait le croire. Les uns le reçurent avec enthousiasme; d'autres, en plus grand nombre, avec indifférence; tout le monde était d'ailleurs content d'apprendre aux Bourbons que l'on ne régnait pas sur un peuple malgré lui, et que leur légitimité héréditaire était une prétention impossible au dix-neuvième siècle. En outre, la nation, humiliée par les événemens de 1814, pensait rentrer dans son indépendance en reprenant le chef qui s'offrait à elle. Si cependant les Bourbons fussent franchement entrés dans la voie des institutions libérales, s'ils eussent donné à la France l'usage d'une seule liberté, celle de la presse, nous ne craignons pas de le dire, le retour de Napoléon n'eût pas eu lieu. La France eût préféré la liberté à l'empereur.

Quoi qu'il en soit, il ne suffisait pas à Napoléon d'avoir, en vingt jours, été porté par un assentiment qui paraissait unanime, du fond du golfe Juan aux Tuileries; il désirait légitimer son entreprise. Il donna des ordres en conséquence. Tous les corps constitués préparaient des adresses qui devaient lui être présentées en une audience solennelle fixée au 26. Il voulut que le conseil d'état lui présentât une déclaration au lieu d'une adresse.

Le jour fixé pour cette cérémonie, destiné en quelque sorte à la réintégration officielle du pouvoir impérial, les ministres eurent les premiers la parole. On remarqua cette phrase dans un discours que le prince archi-chancelier, Cambacérès, prononça en leur nom et à leur tête :

« Votre majesté a tracé à ses ministres la route qu'ils doivent tenir; déjà elle a fait connaître à tous les peuples, par ses proclamations, les maximes d'après lesquelles elle veut que son empire soit désormais gouverné. Point de guerre au dehors, si ce n'est pour repousser une injuste agression; point de réaction au dedans, point d'actes arbitraires; sûreté des personnes, sûreté des propriétés, libre circulation de la pensée : tels sont les principes que vous avez consacrés. »

Réponse de l'empereur. « Les sentiments que vous m'exprimez sont les miens. *Tout à la nation, et tout pour la France*, voilà ma devise.

» Moi et ma famille, que ce grand peuple a élevés sur le trône des Français, et qu'il y a maintenus malgré les vicissitudes et les tempêtes politiques, nous ne voulons, nous ne devons et nous ne pouvons jamais réclamer d'autres titres. »

— Après les ministres vint le conseil d'état. Defermont porta la parole en qualité de doyen des présidens du conseil.

« Sire, dit-il, les membres de votre conseil d'état ont pensé, au moment de leur première réunion, qu'il était de leur devoir de professer solennellement les principes qui dirigent leur opinion et leur conduite. Ils viennent présenter à votre majesté la délibération qu'ils ont prise à l'unanimité, et vous supplier d'agréer l'assurance de leur dévouement, de leur reconnaissance, de leur respect et de leur amour pour votre personne sacrée. »

CONSEIL D'ÉTAT. — *Extrait du registre des délibérations.* — *Séance du 25 mars 1815.*

« Le conseil d'état, en reprenant ses fonctions, croit devoir faire connaître les principes qui font la règle de ses opinions et de sa conduite.

» La souveraineté réside dans le peuple; il est la seule source légitime du pouvoir.

« En 1789, la nation reconquit ses droits, depuis long-temps usurpés ou méconnus.

» L'assemblée nationale abolit la monarchie féodale, établit une monarchie constitutionnelle et le gouvernement représentatif.

» La résistance des Bourbons aux vœux du peuple amena leur chute et leur bannissement du territoire français.

» Deux fois le peuple consacra par ses votes la nouvelle forme de gouvernement établie par ses représentans.

» En l'an VIII, Bonaparte, déjà couronné par la victoire, se trouva porté au gouvernement par l'assentiment national; une Constitution créa la magistrature consulaire.

» Le sénatus-consulte du 16 thermidor an X nomma Bonaparte consul à vie.

» Le sénatus-consulte du 28 floréal an XII conféra à Napoléon la dignité impériale, et la rendit héréditaire dans sa famille.

» Ces trois actes solennels furent soumis à l'acceptation du peuple, qui les consacra par près de trois millions de votes.

» Ainsi, pendant vingt-deux ans, les Bourbons avaient cessé de régner en France; ils y étaient oubliés par leurs contemporains : étrangers à nos lois, à nos institutions, à nos mœurs, à notre gloire, la génération actuelle ne les connaissait que par le souvenir de la guerre étrangère qu'ils avaient suscitée contre la patrie, et des dissensions intestines qu'ils y avaient allumées.

» En 1814, la France fut envahie par les armées ennemies, et la capitale occupée. L'étranger créa un prétendu gouvernement provisoire. Il assembla la minorité des sénateurs, et les força, contre leur mission et contre leur volonté, à détruire les Constitutions existantes, à renverser le trône impérial, et à rappeler la famille des Bourbons.

» Le sénat, qui n'avait été institué que pour conserver les Constitutions de l'empire, reconnut lui-même qu'il n'avait point le pouvoir de les changer. Il décréta que le projet de Constitution qu'il avait préparé serait soumis à l'acceptation du peuple, et que Louis-Stanislas-Xavier serait proclamé roi des Français aussitôt qu'il aurait accepté la Constitution, et juré de l'observer et de la faire observer.

» L'abdication de l'empereur Napoléon ne fut que le résultat de la situation malheureuse où la France et l'empereur avaient été réduits par les événemens de la guerre, par la trahison et par l'occupation de la capitale; l'abdication n'eut pour objet que d'éviter la guerre civile et l'effusion du sang français. Non consacré par le vœu du peuple, cet acte ne pouvait détruire le contrat social qui s'était formé entre lui et l'empereur; et quand Napoléon aurait pu abdiquer personnellement la couronne, il n'aurait pu sacrifier les droits de son fils, appelé à régner après lui.

» Cependant un Bourbon fut nommé lieutenant-général du royaume, et prit les rênes du gouvernement.

» Louis-Stanislas-Xavier arriva en France; il fit son entrée dans la capitale; il s'empara du trône d'après l'ordre établi dans l'ancienne monarchie féodale.

» Il n'avait point accepté la Constitution décrétée par le sénat; il n'avait point juré de l'observer et de la faire observer; elle n'avait point été envoyée à l'acceptation du peuple; le peuple, subjugué par la présence des armées étrangères ne pouvait pas même exprimer librement ni valablement son vœu.

» Sous leur protection, après avoir remercié un prince étranger de l'avoir fait remonter sur le trône, Louis-Stanislas-Xavier data le premier acte de son autorité de la *dix-neuvième année de son règne*, déclarant ainsi que les actes émanés de la volonté du peuple n'étaient que le produit d'une longue révolte. Il accorda *volontairement*, et par le libre *exercice de son autorité royale*, une Charte constitutionnelle appelée *ordonnance de réformation*; et, pour toute sanction, il la fit lire en présence d'un nouveau corps qu'il venait de créer, et d'une réunion de députés qui n'était pas libre, qui ne l'accepta point, dont aucun n'avait caractère pour consentir à ce changement, et dont les deux cinquièmes n'avaient même plus le caractère de représentans.

» Tous ces actes sont donc illégaux : faits en présence des armées ennemies, et sous la domination étrangère, ils ne sont que l'ouvrage de la violence; ils sont essentiellement nuls, et attentatoires à l'honneur, à la liberté et aux droits du peuple.

» Les adhésions données par des individus et par des fonctionnaires sans mission n'ont pu ni anéantir ni suppléer le consentement du peuple, exprimé par des votes solennellement provoqués et légalement émis.

» Si ces adhésions, ainsi que les sermens, avaient jamais pu même être obligatoires pour ceux qui les ont faits, ils auraient cessé de l'être dès que le gouvernement qui les a reçus a cessé d'exister.

» La conduite des citoyens qui sous ce gouvernement ont servi l'état ne peut être blâmée; ils sont même dignes d'éloges, ceux qui n'ont profité de leur position que pour défendre les intérêts nationaux, et s'opposer à l'esprit de réaction et de contre-révolution qui désolait la France.

» Les Bourbons eux-mêmes avaient constamment violé leurs promesses : ils favorisèrent les prétentions de la noblesse féodale; ils ébranlèrent les ventes des biens nationaux de toutes les origines; ils préparèrent le rétablissement des droits féodaux et des dîmes; ils menacèrent toutes les existences nouvelles; ils déclarèrent la guerre à toutes les opinions libérales; ils attaquèrent toutes les institutions que la France avait acquises au prix de son sang, aimant mieux humilier la nation que de s'unir à sa gloire; ils dépouillèrent la Légion-d'Honneur de sa dotation et de ses droits politiques; ils en prodiguèrent la décoration pour l'avilir; ils enlevèrent à l'armée, aux braves, leur solde, leurs grades et leurs honneurs, pour les donner à des émigrés, à des chefs de révolte; ils voulurent enfin régner, et opprimer le peuple par l'émigration.

» Profondément affectée de son humiliation et de ses malheurs, la France appelait de tous ses vœux son gouvernement national, la dynastie liée à ses nouveaux intérêts, à ses nouvelles institutions.

» Lorsque l'empereur approchait de la capitale, les Bourbons ont en vain voulu réparer, par des lois improvisées et des sermens tardifs à leur Charte constitutionnelle, les outrages faits à la nation et à l'armée : le temps des illusions était passé; la confiance était aliénée pour jamais. Aucun bras ne s'est armé pour leur défense; la nation et l'armée ont volé au-devant de leur libérateur.

» L'empereur, en remontant sur le trône où le peuple l'avait élevé, rétablit donc le peuple dans ses droits les plus sacrés. Il ne fait que rappeler à leur exécution les décrets des assemblées représentatives, sanctionnés par la nation; il revient régner par le seul principe de légitimité que la France ait reconnu et consacré depuis vingt-cinq ans, et auquel toutes les autorités s'étaient liées par des sermens dont la volonté du peuple aurait pu seule les dégager.

» L'empereur est appelé à garantir de nouveau par des institutions (et il en a pris l'engagement dans ses proclamations à la nation et à l'armée) tous les principes libéraux; la liberté individuelle et l'égalité des droits, la liberté de la presse et l'abolition de la censure, la liberté des cultes, le vote des contributions et des lois par les représentans de la nation légalement élus, les propriétés nationales de toute origine, l'indépendance et l'inamovibilité des tribunaux, la responsabilité des ministres et de tous les agens du pouvoir.

» Pour mieux consacrer les droits et les obligations du peuple et du monarque, les institutions nationales doivent être revues dans une grande assemblée des représentans, déjà annoncée par l'empereur.

» Jusqu'à la réunion de cette grande assemblée représentative, l'empereur doit exercer et faire exercer, conformément aux Constitutions et aux lois existantes, le pouvoir qu'elles lui ont délégué, qui n'a pu lui être enlevé, qu'il n'a pu abdiquer sans l'assentiment de la nation, que le vœu et l'intérêt général du peuple français lui font un devoir de reprendre.

» *Signé* les conseillers d'état comtes DEFERMONT, REGNAULT (de Saint-Jean-d'Angely), BOULAY (de la Meurthe), ANDRÉOSSY, DARU, THIBAUDEAU, MARET, NAJAC, JOLIVET, BERLIER, MIOT, DUCHATEL, DUMAS, DULAULOY, PELET (de la Lozère), FRANÇAIS (de Nantes), LAS CASES, JAUBERT, LAVALETTE, RÉAL, MERLIN (de Douai), DELABORDE, BONDY; les barons POMMEREUL, COSTAZ, MARCHANT, QUINETTE, BELLEVILLE, DALPHONSE, FÉLIX, MERLET, FINOT, JANET, PRÉVAL, FAIN, CHAMPY, FRÉVILLE, PELET; les chevaliers JAUBERT, BRUYÈRE, GILBERT DE VOISINS, CH. MAILLARD, GASSON, C.-D. LACUÉE. »

Réponse de l'empereur.

« Les princes sont les premiers citoyens de l'état. Leur autorité est plus ou moins étendue, selon l'intérêt des nations qu'ils gouvernent. La souveraineté elle-même n'est héréditaire que parce que l'intérêt des peuples l'exige. Hors de ces principes, je ne connais pas de légitimité.

» J'ai renoncé aux idées du grand empire dont depuis quinze ans je n'avais encore que posé les bases; désormais le bonheur et la consolidation de l'empire français seront l'objet de toutes mes pensées. »

—Thibaudeau avait été le rédacteur de cette adresse. Elle avait été communiquée à l'avance à Napoléon, qui ne fit aucune observation; mais il y eut des conseillers plus susceptibles que l'empereur. Molé, Hauterive et de Gérando refusèrent de la signer; ils la trouvaient trop républicaine et destructive des droits du trône.

Après le conseil d'état, Napoléon reçut les protestations de la cour de cassation, de la cour des comptes, de la cour impériale, et enfin du conseil municipal de Paris. Dans le discours prononcé au nom de celui-ci, on lui rappelait encore une fois ses promesses. « Sire, disaient les magistrats parisiens, les premières
» paroles qui vous sont échappées en rentrant sur le sol français
» renferment la promesse d'une constitution digne de vous et de
» vos peuples; cette promesse ajoute à tous les sentimens que
» nous vous devons; car les Français qui vous connaissent savent
» bien qu'une constitution garantie par vous ne sera pas aussitôt
» violée que promulguée. » L'empereur les chargea de remer-

cier leurs administrés des témoignages d'affection qu'ils lui avaient donnés; mais il sembla n'avoir pas entendu la phrase que nous venons de citer. Il alla ensuite parcourir les appartemens des Tuileries pleins d'une foule d'officiers qui le saluèrent des acclamations les plus vives. Cette grande réception parut destinée à compléter la restauration du trône impérial en joignant à l'assentiment des soldats et du peuple, celui des magistrats et des notabilités militaires et civiles. Cependant, toute la France n'avait pas encore arboré le drapeau tricolore. Quelques départemens du midi semblaient dévoués à la cause royale; on devait craindre les mouvemens de la Vendée. Les places du nord venaient à peine de prendre les couleurs impériales. En effet, ce ne fut que le 24, que le duc d'Orléans sortit de Lille pour se rendre en Belgique, laissant pour le maréchal Mortier, duc de Trévise, une lettre ainsi conçue :

« Je vous remets en entier, mon cher maréchal, le commandement que j'avais été si heureux d'exercer avec vous dans le département du Nord. Je suis trop bon Français pour sacrifier les intérêts de la France parce que de nouveaux malheurs me forcent à la quitter; je pars pour m'ensevelir dans la retraite et l'oubli. Le roi n'étant plus en France, je ne puis plus transmettre d'ordres en son nom, et il ne me reste qu'à vous dégager de l'observation de tous les ordres que je vous avais transmis, en vous recommandant de faire tout ce que votre excellent jugement et votre patriotisme si pur vous suggéreront de mieux pour les intérêts de la France, et de plus conforme à tous les devoirs que vous avez à remplir. »

Le duc de Trévise, rendu libre par cette lettre, ordonna aussitôt d'arborer le drapeau tricolore sur toutes les places du Nord.

Les royalistes reprochèrent cette lettre au duc d'Orléans; ils l'accusèrent de n'avoir point renoncé aux espérances qui avaient été celles de son père, et de ménager toujours la révolution. On prêta dans le temps à ce prince quelques mots plus significatifs encore. On assura qu'en se séparant de ses officiers il dit à l'un d'eux : « Allez, monsieur, reprendre la cocarde nationale; je » m'honore de l'avoir portée, et je voudrais pouvoir la porter » encore. » Napoléon, d'ailleurs, traita la famille d'Orléans avec des égards particuliers : il ordonna qu'une indemnité de 300,000 francs serait payée annuellement à la duchesse d'Orléans. Il accorda en même temps à la duchesse de Bourbon une indemnité annuelle de 150,000 francs.

Cependant, les agens royaux n'avaient pu encore exciter aucun mouvement dans les départemens de l'Ouest. Augereau, qui commandait pour le roi la quatorzième division militaire, qui s'était d'abord montré très-ardent pour la cause des Bourbons, était revenu avec le même empressement à la cause impériale.

Le duc de Bourbon, qui avait été chargé d'organiser la Vendée, avait à peine eu le temps de grouper quelques individus; il céda sans peine aux représentations du colonel de gendarmerie Noireau, commandant pour l'empereur, et s'embarqua dans le courant d'avril. — Mais, vers le milieu du mois suivant, l'insurrection vendéenne se réveilla à la voix de ses anciens chefs, d'Autichamp, Sapineau, Suzanet, Dandigné et les frères du célèbre Larochejaquelin. Des paysans, au nombre de sept à huit mille, se levèrent au son du tocsin; de toutes parts des mécontens accoururent, et la cause des Bourbons recouvra ainsi une armée, que des débarquemens anglais entretenaient de fusils et de munitions. De son côté l'empereur forma une armée de la Loire, qui fut confiée aux généraux Travot et Lamarque : les royalistes ne tardèrent pas à éprouver des défaites; mais la marche rapide des événemens prévint leur entière soumission. Le général Lamarque reçut des instructions pour traiter avec les chefs vendéens, et le 26 juin il leur accorda, encore au nom de l'empereur, une amnistie pleine et entière. — Dans plusieurs autres départemens il y eut quelques émeutes, quelques rassemblemens armés, qui furent apaisés facilement.

Le duc et la duchesse d'Angoulême s'étaient trouvés avantageusement placés pour réunir des défenseurs à la cause royale : au moment où Napoléon reparaissait en France, leurs altesses visitaient les départemens du Midi. Leurs tentatives ne furent pas heureuses. L'opinion de l'armée les fit également échouer. Nous ne devons pas cependant les passer sous silence. Nous n'avons point trouvé, dans les pièces du temps, de relation suffisamment complète de la courte campagne du duc d'Angoulême : nous empruntons donc la narration de Lallement qui, rédigée sous la restauration, présente les événemens sous un aspect qui nous a paru impartial. Nous donnerons ensuite un extrait du *Moniteur des cent jours.*

« Le duc d'Angoulême apprit à Toulouse l'invasion de Bonaparte. S. A. R. établit un gouvernement provisoire dans cette ville, et fit un appel à tous les royalistes du Midi. Sept à huit mille citoyens, accourus de Montpellier, de Marseille, de Nîmes, d'Avignon, etc., embrassèrent le parti du trône. Des troupes de ligne, que le prince eut le bonheur de trouver fidèles dans leurs garnisons, où non instruites encore des progrès de Napoléon, portèrent en peu de jours son armée à douze mille hommes. Le duc la divisa en deux corps; il garda le commandement de l'un, et confia celui de l'autre au général Ernouf. L'armée royale obtint d'abord des succès. Le prince était à Valence; Ernouf occupait

Gap : la marche combinée des deux corps avait pour but la possession de Grenoble et de Lyon. Napoléon ordonna de son côté une levée en masse de la garde nationale des départemens de l'Isère, de la Drôme, du Rhône et de la Côte-d'Or : elle se fit avec promptitude et enthousiasme. Ce déploiement de forces devint, heureusement, inutile : le feu de la guerre civile ne pouvait s'allumer en France. Les corps de ligne de l'armée royale ne purent voir pendant long-temps des ennemis dans leurs anciens camarades ; ils passèrent successivement sous les drapeaux de Napoléon : un seul régiment, le dixième d'infanterie, resta fidèle au prince, mais seulement pour escorter sa personne ; il déclara ne point vouloir se battre. Les volontaires royaux se dispersèrent. Quant aux autorités civiles et aux habitants, ils recevaient avec empressement, comme toujours, la loi protectrice du plus fort. Le duc d'Angoulême, que les généraux Grouchy et Gilly bloquaient entre des fleuves et des montagnes, se décida à capituler : le baron de Damas pour S. A. R., et le général Gilly pour l'empereur, convinrent, le 8 avril, du licenciement de l'armée royale, et de l'embarquement du prince à Cette. Le général en chef Grouchy, qui devait ratifier la capitulation, voulut la soumettre à l'approbation de l'empereur. Cette formalité obligea le duc de s'arrêter comme prisonnier à Pont-Saint-Esprit : S. A., traitée d'ailleurs selon son rang, montra une noble résignation. La réponse de Napoléon parvint promptement ; elle était ainsi conçue : — « M. le comte de Grouchy, l'ordonnance du roi en
» date du 6 mars, et la déclaration signée à Vienne par ses ministres, pourraient
» m'autoriser à traiter le duc d'Angoulême comme cette ordonnance et cette
» déclaration voulaient qu'on traitât moi et ma famille. Mais, constant dans les
» dispositions qui m'avaient porté à ordonner que les membres de la famille des
» Bourbons pussent sortir librement de France, mon intention est que vous
» donniez des ordres pour que le duc d'Angoulême soit conduit à Cette, où il
» sera embarqué, et que vous veilliez à sa sûreté, et à écarter de lui tout mauvais
» traitement. Vous aurez soin seulement de retirer les fonds qui ont été enlevés
» des caisses publiques, et de demander au duc d'Angoulême qu'il s'oblige à la
» restitution des diamans de la couronne, qui sont la propriété de la nation.
» Vous lui ferez connaître en même temps les dispositions des lois des assemblées
» nationales qui ont été renouvelées, et qui s'appliquent aux membres de la fa-
» mille des Bourbons qui entreraient sur le territoire français. Vous remercierez
» en mon nom les gardes nationales du patriotisme et du zèle qu'elles ont fait
» éclater, et de l'attachement qu'elles m'ont montré dans ces circonstances im-
» portantes. Au palais des Tuileries, le 11 avril 1815. Signé NAPOLÉON. » — Le duc d'Angoulême ne pouvait s'engager seul à la restitution demandée ; on en fit l'objet d'une négociation particulière. S. A. R. obtint sur-le-champ sa liberté et tous les moyens nécessaires pour son départ ; elle quitta Saint-Esprit le 16, et s'embarqua à Cette sur un bâtiment suédois. Par un décret du 17 avril, Napoléon éleva le général Grouchy à la dignité de maréchal. Ce n'est pas que la petite guerre du Midi eût entraîné de grands périls, ni provoqué des efforts de génie ; cette promotion était autant le prix d'anciens services qu'un véhicule offert à l'émulation et au dévouement : Napoléon avait eu la pensée de n'appeler aux commandemens supérieurs que des généraux et des colonels.

» La retraite du duc d'Angoulême donnait à l'empereur la possession de Marseille, de Toulon, d'Antibes ; elle lui rendait les talens et la renommée du maréchal duc de Rivoli, prince d'Essling, enfin de Masséna, qui s'exprimait ainsi dans son rapport du 14 avril : « Les ordres de Votre Majesté ont éprouvé des
» retards insurmontables dans ma position. Les mouvemens excités dans la
» huitième division, et particulièrement à Marseille, s'y maintenaient par la

» présence du duc d'Angoulême, par la mauvaise composition des premières
» autorités civiles, par les rapports constans qu'entretenaient les agens des
» princes avec des ministres étrangers, et par des nouvelles controuvées, toutes
» plus alarmantes les unes que les autres pour les paisibles citoyens. D'un autre
» côté, le duc d'Angoulême, qui déjà m'avait enlevé trois régimens, voulait en-
» core prendre ceux qui étaient à Toulon, et il m'a fait dire par M. de Rivière
» que son intention était de donner ce port en dépôt aux Anglais, qui fourni-
» raient, en retour, de l'argent au roi de France. Dans une situation aussi diffi-
» cile, je me déterminai, après avoir mis Antibes en état de siége, pour le sous-
» traire à l'autorité du préfet du Var, à me rendre à Toulon, afin de conserver
» à Sa Majesté cette place et sa marine. Enfin, le 10 avril, j'avais eu connais-
» sance que le sixième régiment, à Avignon, avait repris les couleurs natio-
» nales; j'ordonnai au général Leclerc de le maintenir dans la discipline, et de
» lui ordonner de se tenir prêt à faire un mouvement. Le 10, j'ai fait une procla-
» mation. Une estafette l'a portée dans les quatre départemens de la division,
» avec ordre de la faire publier et afficher à son de trompe, et au bruit de vingt
» et un coups de canon, de faire flotter le pavillon national sur les forts, les mu
» nicipalités, les bâtimens de l'état, et de faire reprendre la cocarde tricolore
» aux troupes de terre et de mer. Rien ne pouvait peindre la joie franche qu'ont
» manifestée les troupes de terre et de mer; la fête s'est prolongée pendant deux
» jours. J'ai fait mettre en liberté les grenadiers de la garde impériale qui
» avaient été arrêtés à Antibes. J'ai également fait élargir tous les détenus pour
» des motifs d'opinion. Le 11 au soir, la ville de Marseille ne s'était point en-
» core soumise. Je lui fixai la journée du 12. J'annonçais que je m'y rendrais
» le 15; en effet, mes dispositions étaient faites à Toulon et à Avignon; mais je
» n'ai pas eu besoin d'agir. Le 12, le conseil municipal de Marseille a député
» trois de ses membres auprès de moi pour me porter la soumission de cette ville.
» J'ai accueilli cette députation, et, dans la nuit du 12, le préfet des Bouches-
» du-Rhône m'a annoncé, par estafette, que le drapeau tricolore floltait à l'hô-
» tel-de-ville, à la préfecture, sur les forts et sur les bâtimens de l'état; que le
» plus grand calme régnait dans cette place; qu'il avait fait passer mes ordres
» et mes proclamations aux sous-préfets, afin de faire suivre par toutes les com-
» munes du département l'exemple du chef-lieu. »

RELATION DE CE QUI S'EST PASSÉ À BORDEAUX.
Extrait du Moniteur de Gand.

« Madame était bien déterminée à ne pas quitter Bordeaux, et à mettre tout en œuvre pour conserver au roi, jusqu'à la dernière extrémité, cette ville fi- dèle. On redoubla de zèle et d'activité pour organiser différens corps de troupes choisis dans l'élite de la garde nationale; on les équipa à la hâte; et, sur la nou- velle que le général Clausel avançait de plus en plus, on fit partir aussitôt un de ces corps pour défendre le passage de la Dordogne à Saint-André-de-Cubzac. Une affaire s'engage, et je n'oublierai jamais le cri de joie qui se fit entendre dans le palais en répétant ces mots..... *Enfin on se bat!* Notre petite troupe eut l'avantage, et le général Clauzel eut quelques-uns des siens tués par notre ar- tillerie. La nuit suspendit le combat, qui devait recommencer le lendemain à la pointe du jour, lorsqu'un incident, malheureusement trop à craindre depuis long-temps, survint enfin, et fut la principale cause de la perte de Bordeaux.

» La garnison de Blaye, forteresse si importante pour la sûreté de cette ville, venait de se révolter; l'étendard tricolore y était arboré, et la troupe de ligne était sortie de ce fort pour aller se joindre au général Clausel, ce qui lui donnait des forces bien supérieures à celles qu'on pouvait lui opposer ; il ne trouva donc plus aucun obstacle sur sa route, et, le samedi premier d'avril, il parut avec sa troupe sur la rive droite de la Garonne, en face de Bordeaux. S'étant posté à la Bastide, il n'avait plus que la rivière entre la ville et lui. C'est de là qu'il proposa une capitulation. Comme, selon lui, Madame était la seule cause des mesures hostiles, il promettait que si la ville voulait promptement se soumettre, les habitans ne seraient pas inquiétés. Personne n'aurait rien à craindre pour sa sûreté. Tout le monde devait être parfaitement tranquille ; la tête seule de M. Lynch était exceptée de ces conditions pacifiques. Un cri général d'indignation retentit dans toute la ville, et d'une voix unanime on entendit répéter : « Des armes ! des armes !..... combattons tous pour sauver Bordeaux. » Le tumulte augmentait à chaque instant ; Madame ne demandait pas mieux que de tout tenter pour soutenir une si courageuse disposition.

» Mais, pour assurer le succès de l'entreprise contre le général Clausel, le concours des troupes de ligne en garnison dans la ville était nécessaire, les seules forces de la garde nationale n'étant pas suffisantes. Malgré le serment de fidélité que ces troupes avaient renouvelé, comme je l'ai déjà dit plus haut; malgré un grand et magnifique repas où, peu de jours auparavant, ces régimens et la garde nationale avaient fraternisé le verre à la main, en buvant ensemble à la santé du roi, ce n'était plus le même esprit : ils étaient totalement changés ; des perfides agens de Bonaparte les avaient excités à la révolte, et, selon les rapports des officiers-généraux, l'insurrection était à son comble dans les casernes. Les autorités militaires tenaient un langage très-effrayant sur la disposition des troupes, même à l'égard de Madame ! Des chefs de bataillon déclarèrent qu'ils ne répondaient plus de la sûreté de son altesse royale, tant les propos devenaient affreux ! On avait tout à redouter pour ses jours, ajoutaient-ils, si elle ne quittait pas promptement Bordeaux. — Une opinion bien différente était établie parmi les chefs de la garde fidèle. Ils étaient si persuadés que rien ne pouvait résister à la vue de Madame, qu'ils ne doutaient pas que si elle se montrait à la troupe de ligne, elle ne la ramenât sous les drapeaux du roi, et qu'en ralliant ainsi leurs forces à celles de la garde nationale, on sauverait Bordeaux de cette honteuse soumission, à laquelle on ne pouvait penser sans frémir, tant l'idée de voir flotter l'étendard tricolore était en horreur.

» Dans cette diversité d'opinions, Madame n'hésita pas une minute à prendre un parti décisif. « Je vais aller visiter les casernes, dit-elle, et juger par moi- » même de la disposition des troupes. » En effet, à deux heures elle monte en voiture découverte ; une escorte nombreuse d'officiers-généraux l'accompagne à cheval. Je vous assure que cette marche guerrière avait quelque chose de bien imposant. On arrive à la caserne de Saint-Raphaël. Un profond silence y régnait à l'entrée de Madame. Elle mit pied à terre, et, passant deux fois dans les rangs avec cette dignité que vous lui connaissez, elle vint ensuite se placer au centre, annonçant l'intention de parler aux officiers. Ils se réunirent autour d'elle. Alors, d'un ton très-élevé, elle leur adressa ces mots : « Messieurs, vous » n'ignorez pas les événemens qui se passent. Un étranger vient de s'emparer » du trône de votre roi légitime. Bordeaux est menacé par une poignée de ré- » voltés ; la garde nationale est déterminée à défendre la ville. Voilà le moment » de montrer qu'on est fidèle à ses sermens. Je viens ici vous les rappeler, et ju- » ger par moi-même des sentimens de chacun pour son souverain légitime. Je » veux qu'on parle avec franchise. Je l'exige. Êtes-vous disposés à seconder la » garde nationale dans les efforts qu'elle veut faire pour défendre Bordeaux » contre ceux qui viennent l'attaquer ? Répondez franchement. » Pour toute

réponse...... *silence absolu.* « Vous ne vous souvenez donc plus des sermens que
» vous avez renouvelés il y a si peu de jours entre mes mains ? S'il existe encore
» parmi vous quelques hommes qui s'en souviennent et qui restent fidèles à la
» cause du roi, qu'ils sortent des rangs et qu'ils l'expriment hautement. » Alors
on vit quelques épées en l'air. « Vous êtes en bien petit nombre, reprit Madame,
» mais n'importe on connait au moins ceux sur qui on peut compter. » Des protestations d'attachement à sa personne lui furent adressées par quelques soldats.
« Nous ne souffrirons pas qu'on vous fasse du mal; nous vous défendrons », s'écrièrent plusieurs voix. « Il ne s'agit pas de moi, mais du service du roi, reprit
» Madame avec véhémence; voulez-vous le servir ? » — « Dans tout ce que nos
» chefs nous commanderont pour la patrie, nous obéirons; mais nous ne vou-
» lons pas la guerre civile, et jamais nous ne nous battrons contre nos frères. »
En vain Madame leur rappela tout ce que le devoir et l'honneur leur commandaient, ils furent sourds à sa voix. Avant de les quitter, elle leur fit promettre
qu'au moins ils contribueraient à maintenir l'ordre dans la ville si on y entrait,
et qu'ils veilleraient qu'on ne fît aucun mal à la garde nationale si on avait de
mauvaises intentions contre elle. Ils le promirent. — Madame s'en alla le cœur
navré de ce dont elle venait d'être témoin.

» Mais, ce n'était rien encore : la visite de la seconde caserne fut bien plus
pénible. L'esprit de révolte s'y montrait mille fois davantage, et ce fut bien plus
inutilement encore que Madame essaya de les ramener dans le chemin de l'honneur. Malgré le peu de succès que S. A. R. pouvait espérer d'une troisième tentative auprès de semblables troupes, elle ne voulut rien négliger, et ce fut au
château Trompette que les derniers efforts de son héroïque courage furent portés au plus haut point. Quelle réception l'on y préparait à l'auguste fille de tant
de rois! De ma vie je ne l'oublierai, j'en ai tant souffert! Après avoir passé les
sombres voûtes de ce château fort, représentez-vous le coup-d'œil qui nous
frappa en entrant dans l'intérieur de cette caserne, transformée en un véritable
repaire de brigands. L'air farouche, la contenance morne et frémissant de rage,
comme au moment de saisir leur proie, telle nous trouvâmes cette soldatesque
mutinée, rangée sous les armes. Avec une ame, une énergie sans égales, Madame
leur adressa le discours le plus fait pour émouvoir les cœurs les plus endurcis.
Dans tout autre temps, ils en auraient été attendris. Mais à quel excès d'égarement ne les avait-on pas poussés, puisqu'ils semblaient redoubler de rage, en
écoutant un langage si noble et si touchant ! Plus l'émotion de Madame augmentait, et plus elle redoublait d'éloquence; des larmes inondaient son visage : « Eh
» quoi! leur dit-elle, est-ce bien à ce même régiment d'Angoulême que je parle ?
» Avez-vous pu si promptement oublier les graces dont vous avez été comblés
» par le duc d'Angoulême ?... Ne le regardez-vous donc plus comme votre chef,
» lui que vous appeliez votre prince ? Et moi, dans les mains de qui vous avez
» renouvelé votre serment de fidélité..... moi que vous nommiez votre princesse !
» ne me reconnaissez-vous plus ? — O Dieu ! ajouta-t-elle avec l'accent de la
» douleur, après vingt ans de malheurs, il est bien cruel de s'expatrier encore !
» Je n'ai cessé de faire des vœux pour le bonheur de ma patrie, car je suis Fran-
» çaise, moi !..... et vous n'êtes plus Français. Allez, retirez-vous. » Pourra-t-on
jamais croire que dans cet instant il se soit trouvé un être assez vil pour oser
dire avec ironie : *Je ne réponds rien, parce que je sais respecter le malheur.*
Au seul souvenir de tant d'insolence, tout mon sang bouillonne encore; jamais je
n'éprouvai un tel mouvement d'indignation. Madame donna le signal du départ.
Un roulement de tambours se fit entendre, et nous repassâmes sous les batteries
de ce triste fort, le cœur encore plus déchiré que lorsque nous y étions entrés.

» Pour adoucir l'amertume de ce pénible calice, il semblait que Madame eût réservé pour la fin de sa course, la revue qu'elle se proposait de faire de cette fidèle garde nationale, qui était en bataille sur le superbe quai qui s'étend le long des bords de la Garonne. Une scène bien différente de celle dont elle venait d'être témoin, l'attendait là. Lorsqu'elle parut, un cri général de *vive le roi! vive Madame!* se fit entendre. A la vue de la profonde douleur répandue sur son visage, on redouble encore d'attachement pour elle, et c'est avec transport qu'on le lui exprime. Elle eut beaucoup de peine à se faire entendre au milieu de ces cris; elle obtint enfin qu'on fît silence, et, restant debout dans sa calèche pour être mieux entendue de la troupe nombreuse qui l'entourait, elle adressa à cette garde fidèle tout ce que son cœur lui inspira de plus noble, de plus sensible, pour lui exprimer combien elle était touchée de tant de zèle et de dévouement pour le roi.

« Je viens, ajouta-t-elle, vous demander un dernier sacrifice. Promettez-» moi de m'obéir dans tout ce que je vous recommanderai. » — « Nous le ju-» rons. » — Eh bien! continua Madame, d'après ce que je viens de voir, on » ne peut pas compter sur le secours de la garnison; il est inutile de chercher » à se défendre. Vous avez assez fait pour l'honneur; conservez au roi des sujets » fidèles pour un temps plus heureux. Je prends tout sur moi; je vous ordonne » de ne plus combattre. » — « Non, non, relevez-nous de notre serment; nous » voulons mourir pour le roi, nous voulons mourir pour vous. » — On se presse autour de sa voiture, on saisit la main de Madame, on la baise, on l'inonde de larmes, on demande pour toute grace qu'il soit permis aux braves Bordelais de répandre leur sang. L'enthousiasme est porté jusqu'au délire : toute la ville le partage et mêle ses cris de *vive le roi!* à ceux de la garde nationale. Jamais position n'a été plus singulière que celle où se trouvait Madame en ce moment : elle était exactement placée en face de ce général Clausel, qui, sur l'autre rive, se trouvait témoin des hommages qui entouraient S. A. R. Il ne pouvait perdre un seul des témoignages d'amour qu'on prodiguait à Madame : le son en parvenait très-distinctement jusqu'à lui; il en fut très-alarmé, et fit braquer des canons de ce côté. Les drapeaux blancs flottaient à toutes les fenêtres, et formaient une perspective très-désagréable pour ce traître. Jamais la ville n'avait offert un si beau coup d'œil : pour le plus beau jour d'entrée, elle n'aurait pas pu être plus brillante en signes de royalisme de tout genre. La population paraissait doublée; et, lorsque Madame retourna au palais, elle fut accompagnée par tout ce peuple fidèle, qui la bénissait les larmes aux yeux, et s'unissait du fond du cœur à ses regrets et à sa douleur.

» A peine étions-nous de retour, qu'une fusillade commença dans la ville; on vit passer des blessés qu'on rapportait; il y eut quelques personnes de tuées. De moment en moment on venait apporter à Madame des nouvelles effrayantes, et on annonçait que ce n'était que le prélude du massacre. Des régimens en insurrection quittaient leurs casernes; une partie s'était rangée sur la place de la Comédie, et tenait des propos si affreux, que les généraux et plusieurs officiers vinrent supplier Madame de partir de Bordeaux. Il ne se passait pas une minute sans qu'on vît arriver des messagers expédiés de toutes parts pour supplier Madame avec instance de penser à sa sûreté. Rien ne pouvait la décider à abandonner cette malheureuse ville : elle ne pouvait soutenir la pensée du sort affreux qui était peut-être réservé à ses habitans après son départ; elle en était accablée de douleur, lorsqu'on vint l'avertir que, si elle prolongeait son séjour, loin d'être utile à Bordeaux, elle serait cause que le général Clausel le traiterait bien plus mal. Alors (ce qu'on n'aurait pu gagner sur elle en ne lui parlant que des dangers qu'elle courait et de sa sûreté personnelle) elle céda aussitôt qu'il fut question du salut de la ville et de ses habitans.

» A huit heures du soir, elle reçut donc les adieux de ceux qui ne pouvant la suivre, ne lui restaient pas moins entièrement dévoués à Bordeaux. Elle monta en voiture et partit escortée par cette même garde fidèle, qui était montée à cheval pour veiller sur ses jours et protéger sa retraite. Un triste et profond silence régnait dans la ville; chacun s'était renfermé chez soi, et les fenêtres des maisons étaient hermétiquement fermées : c'étaient les préparatifs de la réception qu'on réservait au général Clausel. En effet, nous avons su depuis qu'il avait demandé en entrant dans la ville s'il n'y avait plus d'habitans à Bordeaux. Mais, au passage de Madame, malgré ces portes et ces fenêtres closes, du fond de ces maisons on entendit encore comme un écho qui répétait *vive Madame! vive Madame!.....* »

Récit des événemens qui ont précédé et accompagné la soumission de Bordeaux.

« Le lieutenant-général Clausel partit de Paris le 25 mars pour aller prendre le commandement supérieur de la onzième division militaire.

» Jusqu'au-delà d'Angoulême, il a vu partout flotter le drapeau tricolore, partout régnait le meilleur esprit ; les villes et les campagnes manifestaient à l'envi leur joie et leur dévouement à l'empereur.

» Arrivé le 27 à Angoulême, il s'y était arrêté vingt-quatre heures, pour s'instruire de ce qui se passait à Bordeaux, d'où les courriers ne partaient plus, pour transmettre des renseignemens et des ordres aux brigades de gendarmerie qui garnissaient la route qu'il allait tenir.

» Elles ignoraient encore la vérité des événemens, et agissaient sous l'influence de Bordeaux.

» Dès qu'elles furent éclairées, elles envoyèrent demander les ordres du général Clausel, et se réunirent à la Grollé pour l'attendre et grossir son escorte.

» Le général Clausel arriva le 29 au soir à la Grolle.

» Il apprit dans la nuit que vingt-deux gendarmes, sous le commandement du chef d'escadron Baylin, avaient été envoyés de Bordeaux sur Angoulême pour éclairer la route, et qu'ils étaient arrivés à Monlieu.

» Le général Clausel résolut d'aller à eux : il les vit, leur parla; ils se réunirent à lui, ainsi que venaient de le faire les gardes nationales de tous les villages environnans.

» Le 50, le général Clausel coucha à Cavignac; il apprit qu'environ deux cents volontaires, dits *royaux de Bordeaux*, occupaient Saint-André-de-Cubzac avec deux pièces de canon.

» Pendant son séjour à Angoulême, le général Clausel avait dépêché des courriers aux préfets des départemens de la Gironde, des Landes et des Basses-Pyrénées pour leur transmettre la connaissance de la vérité et les ordres du gouvernement.

» L'adjudant-commandant Laval, officier d'une grande intelligence et d'une grande activité, était parti d'Angoulême, lieu de sa résidence, pour aller porter à la garnison de Blaye la connaissance des événemens et les ordres du général Clauzel.

» Sorti d'Angoulême le 28 à deux heures du matin, l'adjudant-commandant Laval avait pris des chemins détournés à travers un pays encore soumis à l'influence de Bordeaux, mais dont les habitans étaient généralement bien disposés; il pénétra à Blaye le 29 à neuf heures du soir.

» Les portes lui furent ouvertes au nom de l'empereur; la joie éclata dans le peuple et dans la garnison; les couleurs nationales furent arborées partout le 30 au matin. Pendant la nuit, des officiers intelligens avaient été dépêchés à Bordeaux.

» Le colonel Georges, du 62e, commandant les troupes de Blaye, avait, par toute sa conduite, mérité toujours les plus grands éloges, et n'avait pas laissé entrer dans la place celui qu'on avait nommé pour le remplacer.

» Cent cinquante hommes de la garnison de Blaye se détachèrent pour venir à Saint-André-de-Cubzac au devant du général Clausel.

» Déjà les nouvelles de Blaye avaient engagé les volontaires bordelais qui occupaient la rive droite de la Dordogne à se replier sur la rive gauche.

» Arrivé à Saint-André-de-Cubzac, le général Clausel y trouva le détachement de la garnison de Blaye.

» Il l'envoya à Cubzac, avec l'ordre de s'emparer du pont volant qui se trouvait plus près de la rive gauche que de la rive droite : sur celle-ci étaient les volontaires de Bordeaux, qui voulurent s'opposer aux dispositions ordonnées par le général Clausel; ils tirèrent quelques coups de canon, dont tout le résultat fut d'endommager quelques maisons de Cubzac.

» N'ayant pu éviter le commencement des hostilités, le général Clausel voulut au moins les faire cesser promptement; il invita l'officier commandant la troupe bordelaise à venir lui parler.

» Celui-ci, M. de Martignac, lui parut un homme de sens et de mérite, ami de son pays, et qui lui fit connaître que les Bordelais n'avaient pris la résolution désespérée de résister que sur les craintes qu'on avait cherché à leur donner, et les vengeances qu'on leur avait annoncées.

» Le général Clausel le désabusa sur tous les points, lui fit connaître les intentions bienfaisantes de l'empereur, lui donna tous les détails des événemens, qu'il ne connaissait que d'une manière imparfaite. M. de Martignac lui promit de les communiquer à ses concitoyens.

» Deux pièces d'artillerie venues de Blaye avaient été établies par le général Clausel sur la rive droite de la Dordogne.

» Les Bordelais avaient quitté la rive gauche; des dispositions furent faites pour le passage et pour pouvoir traverser promptement l'*entre-deux-mers*, et se présenter sur la rive droite de la Garonne en face de Bordeaux.

» Bordeaux avait rappelé tous ses détachemens, s'était renforcé de la garnison de Libourne, et avait retenu constamment sa propre garnison dans l'intérieur.

» Le général Clausel n'avait que deux canons, trente gendarmes et cent cinquante hommes d'infanterie pour en imposer à Bordeaux et y étouffer les germes de la guerre civile.

» Le général Clausel fit publier un ordre du jour. Il avait déjà répandu une adresse et une proclamation aux troupes.

» Le 1er avril, la petite troupe du général Clausel avait déjà passé de la rive droite à la rive gauche de la Dordogne.

» Cependant la duchesse d'Angoulême faisait les plus grands efforts pour effectuer dans Bordeaux le soulèvement et la résistance. Le général Clausel, arrivé sur la rive droite de la Garonne, la vit passant en revue les gardes nationales. Il fit arborer à sa vue les couleurs nationales à la Bastide. C'est de là qu'il fut témoin de la fusillade qui s'engagea d'une manière si singulière entre la troupe de volontaires royaux qui garnissaient le quai de Bordeaux; un capitaine y a été tué, plusieurs hommes blessés; M. de Puységur, commandant de la garde nationale, a couru de grands risques; le général Clausel faisait tous les efforts et tous les signes possibles pour mettre fin à ce malheureux tumulte.

» A cinq heures du soir le pavillon tricolore fut arboré sur le château Trompette. M. le capitaine Martignac revint assurer le général Clausel que madame d'Angoulême s'était décidée à partir dans la nuit, et qu'une députation de Bordeaux le suivait pour porter des paroles de soumission.

» Ainsi c'est avec moins de cinquante gendarmes, cent cinquante fantassins du 62e, commandés par le chef de bataillon Tourni, et deux pièces de canon, que, le 2 avril, le général Clausel est entré dans Bordeaux.

» La veille au soir, madame la duchesse d'Angoulême s'était embarquée au-dessus de Pouillac, pour rejoindre au bas de la rivière quelques bâtimens anglais. Le maire Lynch est parti avec madame d'Angoulême. » (*Moniteur.*)

« *Bordeaux, le 3 avril.* — La conduite ferme et prudente du général Clausel nous a évité de grands malheurs. Le passage de la Dordogne par ses troupes avait produit ici une vive impression. Avant qu'il fût arrivé à la Bastide, la duchesse d'Angoulême, en proie à une terreur qu'elle ne pouvait cacher, lui fit promettre qu'elle quitterait Bordeaux dans la matinée du 1er avril. C'est ce qui détermina le général Clausel à s'arrêter à la Bastide, en face de Bordeaux, sur la rive droite de la Garonne, où il arriva le 31 mars au soir. La duchesse d'Angoulême voulut profiter de ce délai pour ne pas tenir ses promesses. Elle se porta aux casernes, fit réunir les troupes et chercha à leur persuader de défendre l'entrée de Bordeaux au général Clausel. Les officiers de tous grades lui déclarèrent nettement qu'ils auraient pour elle le respect dû au malheur et à son sexe, mais qu'étant Français, aucun motif ne pourrait les porter à prendre les armes contre des Français. La duchesse versa d'abondantes larmes; elle demanda que du moins les troupes restassent neutres, si les gardes nationales voulaient combattre pour elle; les officiers répondirent qu'ils ne tireraient point sur les gardes nationales, mais qu'ils ne souffriraient pas que celles-ci tirassent sur les troupes du général Clausel; qu'ils ne voulaient pas qu'une goutte de sang français fût répandue. Les soldats se joignirent d'une voix unanime aux sentimens de leurs officiers. La duchesse se retira l'effroi dans l'ame et la menace à la bouche. Elle était tremblante. Lorsqu'elle arriva sur le quai où la garde nationale était sous les armes, elle y fut reçue dans un silence profond; on entendait murmurer dans tous les rangs, à l'exception de ceux des volontaires royaux : « Point de combats, point de guerre civile! » La duchesse se hâta de rentrer dans le palais impérial, d'où elle ordonna son départ. A huit heures elle avait quitté Bordeaux. Le feu qu'elle avait allumé n'était pas éteint dans tous les cœurs. La garde nationale, qui venait de tenir une conduite si sage, avait à côté d'elle des hommes effrénés : c'étaient des hommes de la lie du peuple formant la masse des compagnies de volontaires royaux. Ces hommes, qui n'avaient été enrôlés qu'à prix d'argent, comptaient sur le pillage. Leurs espérances étant déjouées par la fermeté de la garde nationale, un petit nombre de furieux tirèrent sur la compagnie de M. Troplong qui passait pour être animée du meilleur esprit. Les gardes nationales ripostèrent. Les volontaires s'enfuirent. Mais M. le capitaine Troplong avait été atteint mortellement. Il vient d'être enterré avec tous les honneurs militaires; plus de dix mille personnes ont suivi le convoi de cet excellent citoyen. Les regrets qu'on donne à sa mort ont suspendu un moment l'allégresse de ce peuple, heureux d'être enfin délivré des malheurs dont il était menacé. » (*Moniteur.*)

Rapport du lieutenant-général comte Grouchy, sur ses opérations dans le Midi. — *Au quartier-général du Pont-Saint-Esprit, le 11 avril 1815.*

« Sire, la rapidité des événemens et les mouvemens continuels que j'ai été dans le cas de faire, n'ont pas permis jusqu'à ce jour que j'eusse l'honneur d'adresser à V. M. un rapport détaillé de mes diverses opérations : je profite de ce premier moment de repos pour remplir ce devoir.

» L'ordre de me rendre à Lyon pour y prendre le commandement en chef de la dix-neuvième et de la septième divisions militaires me fut donné à Paris le 1er avril; je quittai V. M. à midi; j'arrivai à Lyon, muni de pouvoirs spéciaux analogues aux circonstances, le lundi 3 avril, à deux heures du matin.

» Le général Desaix, malade et alité, y avait fait publier, le 31 mars, une proclamation annonçant que les troupes du Midi n'avaient plus aucune consistance; que le 83e et le 58e avaient quitté les insurgés, et que le général Debelle avait obtenu sur eux un notable succès à Montélimart.

» Le 3 avril, à neuf heures du matin, la nouvelle se répandit que le général Debelle avait éprouvé un échec à Lauriol; qu'on ignorait ce qu'il était devenu; que l'ennemi était maître de Valence et poursuivait ses avantages... Des témoins de l'affaire et des échappés de Valence ne permettaient pas de douter de la véracité de ces bruits on n'avait aucune nouvelle du général Debelle.

» A l'instant j'envoyai des officiers sur les bords de l'Isère, pour y rallier les troupes et faire couper le pont de Romans, occuper le port Saint-Jacques où se trouve le bac sur la route de Lyon à Valence : faire lever les gardes nationales de l'Isère et garnir la rive droite de cette rivière, et faire couler à fond toutes les embarcations qui s'y trouveraient.

» Il n'y avait pour toute garnison à Lyon, que des dépôts de régimens qui ne fournissaient que trois cents baïonnettes, et quelques dragons à pied du 15e; en artillerie douze pièces sans chevaux pour les conduire et sans canonniers pour les servir.

» Le 6e régiment d'infanterie légère, fort de huit cent quarante hommes, venant de Lons-le-Saulnier d'où le général Desaix l'avait appelé, y arrivait; j'avais devancé les généraux que S. M. envoyait dans le Midi : le général Desaix était hors d'état d'agir et le commandant de la place, le général Schwister, mutilé, ne pouvait avoir l'activité nécessaire... Je courus passer la revue du 6e régiment, je l'électrisai par des paroles analogues aux circonstances, je l'embarquai sur le Rhône et lui ordonnai d'aller prendre position à l'embranchement des routes de Valence à Lyon par Romans et d'occuper les bords de l'Isère par ses avant-postes; trois bouches à feu partirent avec cette petite colonne.

» Je publiai une première proclamation aux Lyonnais. Je l'ai déjà transmise à V. M., elle est sous la date du 3 avril; je portai à Tain le peu de gendarmerie que j'avais à Lyon, et le général Piré arrivant de Paris s'y rendit lui-même.

» J'écrivis au général Lasalcette d'envoyer en poste occuper Romans par tout ce qu'il avait de troupes disponibles, en gardant cependant le monde qui lui était nécessaire pour défendre Grenoble, s'il était attaqué.

» Un rapport du général Debelle arriva enfin, il confirmait le récit de l'affaire de Lauriol, il l'aggravait même, en annonçant qu'il n'avait pas eu le temps de faire couper le pont de Romans, ni pu prendre aucune mesure pour s'opposer au passage de l'Isère, ce qui l'obligeait à se retirer sur Grenoble.

» En réponse à mes ordres le général Lasalcette me marquait ses embarras, résultant de ce que le 58e régiment n'était pas encore arrivé à Grenoble, bien qu'il sût qu'il avait quitté les insurgés, qu'en conséquence il ne pouvait envoyer à Romans qu'un faible détachement.

» Dans la nuit du 4 avril j'appris par les officiers dépêchés sur l'Isère, que les insurgés étaient maîtres de Romans, qu'ils l'occupaient en force, et qu'ils avaient passé la rivière au bas du port Saint-Jacques et marchaient sur Tain;

on voyait flotter sur la rive droite du Rhône à Tournon le drapeau blanc, et on y apercevait la tête d'une colonne de royalistes.

» Le général Piré prit en conséquence position à Saint-Rambert. Les forces des insurgés, commandés par le duc d'Angoulême, étaient de six à huit mille hommes et dix bouches à feu; le 10e de ligne, le 1er étranger et le 14e de chasseurs à cheval, faisaient l'élite de ce corps, le reste se composait de bataillons régulièrement organisés de gardes nationales des départemens du Midi. Le tableau de la composition de la colonne du duc d'Angoulême, lors de sa retraite, a été pris dans ses papiers.

» La colonne de la rive droite, arrivée à Tournon, était forte de mille hommes, et formée de volontaires royaux; elle était commandée par le colonel Magnies.

» Une troisième colonne, aux ordres des généraux Saint-Priest et Ernouff, composée du 83e régiment et de Marseillais, menaçait Grenoble.

» L'Isère forcé, l'ennemi en pleine marche sur Lyon, n'ayant à lui opposer au dehors que huit cent quarante hommes d'infanterie placés à Saint-Rambert, et au dedans que quelques centaines de soldats, je crus devoir mettre la ville de Lyon en état de siége, faire un appel aux populations environnantes, armer les faubourgs, soutenir par des proclamations énergiques l'esprit public en même temps que je comprimais les malveillans par des mesures de vigueur et des dispositions nécessaires.

» J'écrivis au général Lasalcette de m'envoyer en poste le 58e régiment, et de mettre Grenoble dans le meilleur état possible; enfin, j'enjoignis au petit corps envoyé sur Romans, et qui n'avait pas pu dépasser Saint-Marcellin, d'harceler le flanc droit de la colonne ennemie qui débouchait de Romans, et de retarder sa marche par de constantes démonstrations offensives.

» Je prescrivis au général Piré de ne se retirer qu'en disputant le terrain afin de donner à mes moyens le temps de m'arriver.

» L'ensemble des mesures que je prenais fut bientôt connu du duc d'Angoulême; il apprit par ses partisans l'exaltation des classes agissantes de Lyon et des habitans des faubourgs; que de toutes parts des compagnies de gardes nationales, des bataillons de volontaires, des officiers réformés, organisés en compagnies, affluaient dans la ville; que je m'y étais procuré des chevaux pour l'artillerie; que j'avais monté des dragons, préparé des ouvrages pour défendre les ponts; enfin, que la population entière de l'Isère se levait contre lui...

» Les insurrections de Nîmes et de Montpellier lui donnèrent de l'inquiétude, il devint incertain et resta stationnaire un jour : les bataillons du 58e m'arrivaient; les bataillons d'élite de la garde nationale lyonnaise furent portés à Vienne, où j'avais armé et organisé les gardes nationales des campagnes, et où se trouvait par ce moyen une réunion de plus de deux mille gardes nationaux animés du meilleur esprit. J'en donnai le commandement au général Sénécal et l'envoyai occuper Saint-Vallier avec ses forces, et six autres bouches à feu furent ajoutées aux trois qu'avait déjà le général Piré.

» Un bataillon du 59e qui était à Grenoble, où le 83e s'était aussi rendu, abandonnant les bannières blanches, fut envoyé par le général Lasalcette à Saint-Marcellin avec trois bouches à feu; j'eus alors une réunion assez forte sur le flanc de l'ennemi.

» Je me déterminai à prendre l'offensive. J'ordonnai au général Piré de faire la démonstration d'un passage au port Saint-Jacques, et, par une marche de nuit de passer à Romans et de se porter sur Valence, réunissant les troupes qui étaient à Saint-Marcellin, et agissant rapidement.

» La fausse attaque a eu lieu. Le général Piré a canonné vivement et a engagé une fusillade avec les insurgés; et, se portant sur la rive, l'aigle du 6º léger à la main, a fait retentir de toutes parts les cris de *vive l'empereur!* Une grêle de balles dont il a été assailli n'ont atteint que ses habits, et le duc d'Angoulême a été à même d'apprécier l'enthousiasme de l'armée pour son auguste chef. Un bateau propre à effectuer le passage, amené malgré le feu de l'ennemi ne lui permit pas de douter qu'on ne passât la rivière de vive force sur ce point. Cependant le pont de Romans était réparé, les troupes venant de Saint-Marcelin passaient en toute hâte. Dès qu'elles furent sur la rive gauche, et réunies à celles du général Piré qui, par une marche rapide pendant la nuit, les rejoignit, ne laissant au port Saint-Jacques que quelques hommes pour entretenir des feux et faire du bruit, on se porta sur Valence; prévenu sans doute du passage à Romans, M. le duc d'Angoulême s'était retiré en toute hâte de Valence, où l'on n'a trouvé que ses blessés. Ma cavalerie s'est mise à l'instant à sa poursuite sous les ordres du général Letellier.

» Quelque diligence qu'ait faite le général Letellier, il n'a pu joindre que les traînards; arrivé à Lauriol, le 14º régiment de chasseurs à cheval a envoyé sa soumission à S. M.; et est venu nous joindre; je l'ai passé en revue: il s'est réuni à la grande famille militaire aux cris de *vive l'empereur!* et a marché avec nous : arrivé à Montélimart, et mon avant-garde occupant déjà Donzere, je sus que l'ennemi était réuni à Lapalue. Je fis mes dispositions pour attaquer de suite : j'avais envoyé par le Rhône au général Gilli, qui était au Saint-Esprit, l'ordre de déboucher avec le 63º et le 10º de chasseurs sur le flanc des royalistes.

» Le général Leclerc, avec le régiment qui est à Avignon, devait se porter à la position de Moinas pour couper la retraite au duc d'Angoulême que je me proposais d'assaillir de front par ma principale colonne, tandis qu'une plus faible eût agi sur son flanc, s'y portant par la petite route de Saint-Paul et Bollène.

» Ces dispositions n'étaient déjà plus nécessaires : dès que le duc d'Angoulême avait su que le Saint-Esprit était occupé, et que le général Gilly eut échangé quelques coups de fusils avec son avant-garde, il s'était reployé à Lapalue, et n'avait songé qu'à s'assurer, avant que je pusse l'assaillir, des moyens de sortir de France. Effrayé d'ailleurs du mouvement d'indignation qu'éprouvaient les nombreux bataillons de gardes nationales qui nous arrivaient de toutes parts, il avait conclu en toute hâte avec le général Gilly une capitulation par suite de laquelle il licenciait son armée, ordonnait la dissolution de toutes les compagnies de volontaires royaux, et devait s'embarquer à Cette.

» Je n'ai pas cru devoir ratifier cette capitulation à l'exécution de laquelle les gardes nationales déclaraient qu'elles voulaient s'opposer, et me rendant en toute hâte au Saint-Esprit, j'y ai retenu le duc d'Angoulême, jusqu'à ce que Votre Majesté ait prononcé sur son sort. Le licenciement de son armée ne s'en opère pas moins, le 10º et le 1ᵉʳ étrangers auxquels j'ai donné de nouveaux chefs rougissent de leur coupable conduite et sont dirigés sur Lyon et Grenoble; ce n'est pas sans peine qu'on est parvenu à les soustraire aux effets de l'indignation des troupes impériales ; les compagnies de volontaires du Gard, de l'Hérault et de Vaucluse, jettent leurs armes et retournent dans leurs foyers, il en est de même des corps du général Ernouf et du colonel Magnies; l'artillerie, la caisse militaire, l'ambulance, les papiers de l'armée royale sont en notre pouvoir, et un tel événement coupe le fil de toutes les trames qui s'ourdissaient pour organiser la guerre civile du Midi.

» Marseille et le département des Bouches-du-Rhône ne peuvent tarder de sortir de leur égarement. Mon avant-garde part pour Avignon, et je m'y porte moi-même, laissant ici le général Corbineau avec M. le duc d'Angoulême et des forces suffisantes pour répondre de sa sûreté.

» Je suis avec respect, sire, de Votre Majesté, le fidèle sujet, *le général en chef*, comte de GROUCHY. » (*Moniteur.*)

Par suite de ces événemens, la France paraissait pacifiée. Mais le parti royaliste restait ; des dispositions militaires ne pouvaient atteindre ses agens. Napoléon recourut à des décrets : l'un, du 25 mars, rappelait les lois des assemblées nationales contre les Bourbons, et exilait à trente lieues de Paris leurs ministres et les employés de leur maison civile et militaire. Le 9 avril, Napoléon fit rédiger un autre décret portant amnistie. Treize individus en étaient exceptés. Il ordonnait leur mise en jugement et le séquestre de leurs biens. C'étaient Talleyrand, Marmont, Dalberg, l'abbé Montesquiou, Jaucourt, Beurnonville, Lynch, Vitrolles, Alexis de Noailles, Bourienne, Bellard, Laroche-Jacquelin, et Sosthène de Larochefoucault. Augereau avait d'abord été porté sur cette liste, il en fut rayé. Ce décret fut antidaté ; il fut imprimé comme rendu le 13 mars à Lyon. L'empereur, à cette occasion, éprouva une vive résistance. Bertrand refusa de le contresigner. Tout le monde se souleva contre cette mesure de rigueur ; il semblait que chacun, croyant au prochain retour des Bourbons, tînt à se conserver des amis parmi les hommes de leur parti.

Le ministre de la police, Fouché, se distingua par une longanimité remarquable envers les royalistes. On en jugera par la circulaire suivante.

MINISTÈRE DE LA POLICE GÉNÉRALE. — *Circulaire aux préfets.* — *Du 31 mars 1815.*

« Monsieur le préfet, il m'a paru nécessaire de déterminer le but et la nature des relations qui vont s'établir entre vous et moi.

» Les principes de la police ont été subvertis ; ceux de la morale et de la justice n'ont pas toujours résisté à l'influence des passions : tous les actes d'un gouvernement né de la trahison ont dû porter l'empreinte de cette origine. Ce n'était pas seulement par des mesures publiques qu'il pouvait flétrir les souvenirs les plus chers à la nation ; préparer des vengeances, exciter des haines, briser les résistances de l'opinion, rétablir la domination des priviléges, et anéantir la puissance tutélaire des lois : ce gouvernement, pour accomplir ses intentions, a mis en jeu les ressorts secrets d'une tyrannie subalterne, de toutes les tyrannies la plus insupportable. On l'a vu s'entourer de délateurs, étendre ses recherches sur le passé, pousser ses mystérieuses inquisitions jusqu'au sein des familles, effrayer par des persécutions clandestines, semer les inquiétudes sur toutes les existences, détruire enfin, par ses instructions confidentielles, l'appareil imposteur de ses promesses et de ses proclamations.

» De pareils moyens blessaient les lois et les mœurs de la France ; ils sont incompatibles avec un gouvernement dont les intérêts se confondent avec ceux des citoyens.

» Chargée de maintenir l'ordre public, de veiller à la sûreté de l'état et à celle des individus, la police, avec des formes différentes, ne peut avoir d'autre règle que celle de la justice : elle en est le flambeau; mais elle n'en est pas le glaive. L'une prévient ou réprime les délits que l'autre ne peut punir ou ne peut atteindre; toutes deux sont instituées pour assurer l'exécution des lois, et non pour les enfreindre; pour garantir la liberté des citoyens, et non pour y porter atteinte; pour assurer la sécurité des hommes honnêtes, et non pour empoisonner la source des jouissances sociales.

» Ainsi, monsieur, votre surveillance ne doit s'étendre au delà de ce qu'exige la sûreté publique ou particulière, ni s'embarrasser dans les détails minutieux d'une curiosité sans objet utile; ni gêner le libre exercice des facultés humaines et des droits civils par un système violent de précautions que les lois n'autorisent pas, ni ne se laisser entraîner, par des présomptions vagues et des conjectures hasardées, à la poursuite de chimères qui s'évanouissent au milieu de l'effroi qu'elles occasionnent. Votre correspondance, réglée sur les mêmes principes, doit sortir de la routine de ces rapports périodiques, de ces aperçus superficiels et purement moraux, qui, loin d'instruire et d'éclairer l'autorité, répandent autour d'elle les erreurs, les préventions, une sécurité fausse ou de fausses alarmes.

» Je ne demande et ne veux connaître que des faits, des faits recueillis avec soin, présentés avec exactitude et simplicité, développés avec tous les détails qui peuvent en faire sentir les conséquences, en indiquer les rapports, en faciliter le rapprochement.

» Vous remarquerez toutefois que, resserrée dans d'étroites limites, votre surveillance ne peut juger l'importance des faits qu'elle observe. Tel événement, peu remarquable en apparence dans la sphère d'un département, peut avoir un grand intérêt dans l'ordre général par ses liaisons avec des analogues que vous n'avez pu connaître : c'est pourquoi je ne dois rien ignorer de ce qui se passe d'extraordinaire, ou selon le cours habituel des choses.

» Telle est, monsieur, la tâche simple et facile qui vous est imposée.

» La France, réintégrée dans la jouissance de ses droits politiques, replacée dans toute sa gloire, sous la protection de son empereur, la France n'a plus de vœux à former, et plus d'ennemis à craindre. Le gouvernement trouve dans la réunion de tous les intérêts, dans l'assentiment de toutes les classes, une force réelle à laquelle les ressources artificielles de l'autorité ne peuvent rien ajouter. Il faut abandonner les erremens de cette *police d'attaque* qui, sans cesse agitée par le soupçon, sans cesse inquiète et turbulente, menace sans garantir, et tourmente sans protéger. Il faut se renfermer dans les limites d'une police libérale et positive, de cette *police d'observation* qui, calme dans sa marche, mesurée dans ses recherches, active dans ses poursuites, partout présente et toujours protectrice, veille pour le bonheur du peuple, pour les travaux de l'industrie, pour le repos de tous.

» Ne cherchez dans le passé que ce qui est honorable et glorieux à la nation, ce qui peut rapprocher les hommes, affaiblir les préventions, et réunir tous les Français dans les mêmes idées et les mêmes sentiments.

» J'aime à croire, monsieur, que je serai puissamment secondé de vos lumières, de votre zèle, de votre patriotisme, et de votre dévouement à l'empereur.—Agréez, monsieur le préfet, l'assurance de ma considération distinguée. Le ministre de la police générale, *signé le duc d'*Otrante. »

Fouché ne se borna pas à cette circulaire; il n'exécuta pas ou exécuta mal l'article du décret du 25 mars, qui exilait tous les employés de la maison civile et militaire. Les officiers reçurent même de l'emploi; l'empereur fut très-mécontent de Fouché; mais il n'osait le destituer, parce qu'il croyait le surveiller mieux en l'ayant sous la main. Fouché a avoué plus tard qu'il prévoyait « que Bonaparte ne pourrait point se soutenir. C'était un grand homme, ajouta-t-il, mais il était devenu fou. J'ai dû faire ce que j'ai fait, et préférer le bien de la France à toute autre considération ». Quant à Napoléon, il disait à ses intimes que « les manœuvres de Fouché ne décideraient pas seules du sort de la France. Pour m'occuper de lui attendons une victoire.. » (*Lallement*, t. 21.) Cependant on remarquait que le ministre de la police rédigeait ses rapports de manière à en faire des comptes rendus sur la situation intérieure de la France, plus utiles au roi qu'à Napoléon. Cette remarque n'échappa point sans doute à ce dernier; aussi on ne comprend point sa patience, surtout lorsque l'on lit la lettre suivante que nous avons omise dans notre dernier volume, et que l'ex-ministre lui adressait à l'île d'Elbe. Nous saisissons cette occasion d'en citer les principaux passages :

« Vous acceptez comme retraite l'île d'Elbe et sa souveraineté... La situation de cette île ne vous convient pas, et le titre de souverain de quelques acres de terre convient encore moins à celui qui a possédé un empire immense.... L'île d'Elbe est à très-peu de distance de la Grèce et de l'Espagne; elle touche presque aux côtes de l'Italie et de la France. De cette île, la mer, les vents et une petite felouque peuvent vous amener subitement dans les pays les plus exposés à l'agitation, aux événemens et aux révolutions. La stabilité n'existe encore nulle part. Dans cet état de mobilité des nations, un génie comme le vôtre peut toujours exciter de l'inquiétude et des soupçons parmi les puissances européennes. Sans être criminel, vous pouvez être accusé; sans être criminel, vous pouvez aussi faire du mal..... Les titres que vous conservez, en rappelant à chaque instant ce que vous avez perdu, ne peuvent servir qu'à augmenter l'amertume de vos regrets; ils ne paraîtront pas des débris, mais une vaine représentation de tant de grandeurs qui se sont évanouies. Je dis plus, sans vous honorer, ils vous exposent à de plus grands dangers : on dira que vous ne gardez vos titres que parce que vous conservez toutes vos prétentions..... Il serait plus glorieux et plus consolant pour vous de vivre comme un simple particulier, et à présent l'asile le plus sûr et le plus convenable pour un homme comme vous est dans les États-Unis de l'Amérique. Là vous recommencerez votre existence au milieu d'un peuple encore neuf, qui saura admirer votre génie sans le craindre..... Vous prouverez aux Américains que, si vous étiez né parmi eux, vous auriez pensé et voté comme eux, et que vous auriez préféré leurs vertus et leur liberté à toutes les dominations de la terre. »

L'empereur comptait en finir avec toutes ces existences, par les moyens mêmes qui lui avaient donné l'empire, c'est-à-dire par des victoires. D'ailleurs cette tolérance extrême n'étonnait point l'opinion publique. On méprisait le parti royaliste ; les derniers événemens avaient montré sa faiblesse ; tout le monde comprenait que, sans l'appui de l'étranger, il était complétement impuissant. On ne doutait pas que cet appui dût lui manquer, mais on croyait que la coalition serait moins forte qu'en 1814 ; on pensait que l'Autriche au moins n'y prendrait point part et deviendrait peut-être notre alliée. Quant à l'empereur, il fut bientôt détrompé à cet égard, si toutefois il avait conservé quelques espérances.

Dès son entrée à Lyon, il avait écrit à Marie-Louise ; arrivé à Paris, il en fit autant ; il paraît qu'il ne reçut point de réponse. Il fit faire des ouvertures aux ambassadeurs des grandes puissances qu'il trouva encore à Paris ; ceux-ci, en se retirant, répondirent qu'ils en référeraient à leur cour. Le 4 avril, il adressa aux souverains une lettre circulaire autographe dont voici la teneur :

« Monsieur mon frère, vous aurez appris, dans le cours du mois dernier, mon retour sur les côtes de France, mon entrée à Paris, et le départ de la famille des Bourbons. La véritable nature de ces événemens doit maintenant être connue de Votre Majesté ; ils sont l'ouvrage d'une irrésistible puissance, l'ouvrage de la volonté unanime d'une grande nation qui connaît ses devoirs et ses droits. La dynastie que la force avait rendue au peuple français n'était plus faite pour lui : les Bourbons n'ont voulu s'associer ni à ses sentimens ni à ses mœurs ; la France a dû se séparer d'eux. Sa voix appelait un libérateur. L'attente qui m'avait décidé au plus grand des sacrifices avait été trompée. Je suis venu, et, du point où j'ai touché le rivage, l'amour de mes peuples m'a porté jusqu'au sein de ma capitale. Le premier besoin de mon cœur est de payer tant d'affection par le maintien d'une honorable tranquillité. Le rétablissement du trône impérial était nécessaire au bonheur des Français. Ma plus douce pensée est de le rendre en même temps utile à l'affermissement du repos de l'Europe. Assez de gloire a illustré tour à tour les drapeaux des diverses nations ; les vicissitudes du sort ont assez fait succéder de grands revers à de grands succès. Une plus belle arène est aujourd'hui ouverte aux souverains, et je suis le premier à y descendre. Après avoir présenté au monde le spectacle de grands combats, il sera plus doux de ne connaître désormais d'autre rivalité que celle des avantages de la paix, d'autre lutte que la lutte sainte de la félicité des peuples. La France se plaît à proclamer avec franchise ce noble but de tous ses vœux. Jalouse de son indépendance, le principe invariable de sa politique sera le respect le plus absolu pour l'indépendance des autres nations. Si tels sont, comme j'en ai l'heureuse confiance, les sentimens personnels de Votre Majesté, le calme général est assuré pour long-temps ; et la Justice, assise aux confins des divers états, suffira seule pour en garder les frontières. — Je saisis avec empressement, etc., etc.

» Paris, le 4 avril 1815. Signé NAPOLÉON. »

Le ministre de l'extérieur écrivit dans le même sens aux ministres étrangers. Mais toutes ces lettres furent arrêtées aux frontières et adressées au congrès à Vienne. Un rapport de Caulaincourt, inséré dans le *Moniteur* du 14 avril, instruisit le public de cette circonstance; mais il était rédigé de sorte à dissimuler en grande partie la gravité de la situation. « Il paraît certain, y disait-on en concluant, qu'il aurait été signé le 25 mars un nouvel accord, dans lequel les puissances auraient consacré l'ancienne alliance de Chaumont. Si le but en est défensif, il rentre dans les vues de Votre Majesté elle-même, et la France n'a point à se plaindre : s'il en était autrement, c'est l'indépendance de la nation française qui serait attaquée, et la France saurait repousser une si odieuse agression.

» Le prince régent d'Angleterre déclare qu'il veut, avant d'agir, s'entendre avec les autres puissances. Toutes ces puissances sont armées, et elles délibèrent. La France, exclue de ces délibérations, dont elle est le principal objet, la France seule délibère, et n'est point armée encore.

» Dans des circonstances aussi graves, au milieu de ces incertitudes sur les dispositions effectives des puissances étrangères, dispositions dont les actes extérieurs sont de nature à autoriser de justes alarmes, les sentiments et les vœux de Votre Majesté pour le maintien de la paix et du traité de Paris ne doivent pas empêcher de légitimes précautions. »

Ce rapport concluait, comme on le voit, à presser les armemens militaires. C'était la seule chose que le peuple pût y voir, car il ne comprend que les affirmations nettes et positives; mais les hommes habitués aux dissimulations de style en usage dans ces matières prévirent dès ce moment l'orage qui allait fondre sur la France. Ils savaient, d'ailleurs, que Louis XVIII, retiré à Gand, y tenait une cour, avait nommé un nouveau ministère, continuait à agir en roi de France, était accepté par tous les souverains en cette qualité, et en conséquence participait par ses ministres aux actes du congrès de Vienne. Un grand nombre d'entre se tinrent au courant de ce qu'ordonnait cette cour. Aussitôt que Louis XVIII publia son *Moniteur* (14 avril), ils prirent soin de connaître les ordonnances par lesquelles il répondait aux décrets lancés par l'empereur, et se préparèrent à se tenir autant que possible dans les limites fort larges que ces ordonnances fixaient à la fidélité. Elles consistaient à ne pas obéir aux décrets de l'usurpateur sur la conscription, le service militaire et les contributions.

Pendant que la coalition mettait Napoléon et ses agens au ban de l'Europe, elle ne négligeait rien pour introduire la trahison dans le sein de son conseil, et diminuer la résistance de la France, en diminuant son élan militaire. Nous trouvons, à cet égard, des détails curieux dans l'Histoire de Napoléon de Thibaudeau. L'auteur était en position pour être bien informé. Aussi, nous n'hésitons point à lui emprunter le passage suivant :

Un personnage qui eut, à cette époque, la plus grande influence, et dont le nom se trouve lié aux calamités qui fondirent sur la France, fut jugé digne par l'étranger de seconder ses projets et ses vues : le ministre de la police Fouché n'avait point pardonné sa disgrâce à Napoléon : l'empereur avait toujours conservé de la défiance, et l'ex-ministre de la rancune ; en 1814, il s'en était fait un mérite auprès du parti royaliste et des ennemis de la France ; il avait reproché à Metternich de n'avoir pas fait renfermer Napoléon dans un château-fort, et lui avait prédit qu'il sortirait de l'île d'Elbe pour jouer encore un grand rôle. Sa lettre, par laquelle il avait conseillé à Napoléon de s'éloigner de l'Europe, n'était qu'une traduction polie de ce propos énergique. Lorsqu'à l'étranger on vit, malgré tous ces antécédens, Fouché accepter un ministère impérial, on ne put croire à sa sincère conversion ; on ne douta pas qu'il ne fût disposé à profiter de son influence pour seconder les alliés et rétablir les Bourbons.

Vers la fin d'avril, un agent secret apporta à Fouché une lettre de Metternich, écrite entre lignes en encre sympathique. Elle faisait connaître que la première condition de tout projet de négociation était l'exclusion formelle de Napoléon. Cela posé, le prince invitait Fouché à envoyer un agent à Bâle pour conférer avec un M. Werner ; la lettre contenait un papier servant de signe de reconnaissance. L'empereur, en ayant été instruit, fit arrêter cet agent par Réal ; il avoua qu'il avait remis la lettre à Fouché, qui lui avait dit de se préparer à repartir. Napoléon le manda, sous un prétexte, et le vit venir ; il ne lui parla pas de la lettre ; l'empereur fut tenté de sévir, préféra d'envoyer à Bâle un agent qui se présenterait au nom de Fouché, et confia cette mission à Fleury de Chaboulon. Il était chargé de pénétrer les intentions de Metternich sur la personne de l'empereur et sur son gouvernement, de faire connaître sa position, ses intentions pacifiques, et de tâcher d'établir un rapprochement entre lui et l'Autriche, de savoir si les alliés seraient disposés à appeler le prince Eugène à la tête de la régence dans le cas où Napoléon périrait à la guerre.

Pour n'être pas devancé par un agent de Fouché, Fleury laissa à la frontière l'ordre de ne laisser sortir personne venant de Paris, et arriva, le 5 mai, à Bâle. Il alla trouver Werner et s'en fit reconnaître ; il attendait depuis le 1er, et parut n'avoir point été prévenu par Fouché : on entra en explications.

Werner avoua franchement que Metternich comptait sur Fouché pour épargner à la France la guerre civile et la guerre étrangère, seconder les efforts des alliés pour se débarrasser de Napoléon, et rétablir les Bourbons. Quant aux moyens, il n'en indiqua pas ; c'était à Fouché à les trouver : les alliés mettaient en lui leur confiance, et lui en laissaient tout l'honneur. Ils le croyaient facile, feignant d'être persuadés que le retour de Napoléon n'avait été favorisé que par l'armée, et que la nation lui était contraire. Fleury s'attacha à réfuter cette opinion, et à établir celle de Fouché, que les Bourbons ne pouvaient plus régner en France ; mais les alliés tenaient moins, dit Werner, à restaurer Louis XVIII qu'à écarter Napoléon du trône ; il proposa le duc d'Orléans, ou le jeune Napoléon, ou un gouvernement fédératif. Fleury exposa les inconvéniens de chacun de ces projets : le gouvernement fédératif ressemblait à la république, on n'en voulait plus ; le duc d'Orléans aurait contre lui les partisans de Louis XVIII, de Napoléon et de la régence; ce dernier parti exposerait le pays aux rivalités et aux déchiremens. Comme c'était celui vers lequel semblait incliner Werner, Fleury le sonda sur le point de savoir si, dans ce cas, les alliés consentiraient à ce que le prince Eugène fût placé à la tête de la régence. Werner ne crut pas pouvoir répondre à une question ausi imprévue. La conclusion de Fleury fut que Napoléon était le seul chef qui convînt à la France, en restreignant son pouvoir de manière à ce qu'il ne pût plus troubler la tranquillité de l'Europe, et que l'Autriche n'avait rien de mieux à faire que de concourir à ce résultat. Les deux agens se séparèrent, après s'être donné un nouveau rendez-vous à Bâle dans huit jours.

Pendant la mission de Fleury, Fouché, prévenu par son ami Réal, était venu raconter à l'empereur l'ouverture qui lui avait été faite par Metternich. Il avait paru satisfait de la conduite de son ministre et ne pas douter de sa fidélité.

Lorsque Fleury fut de retour, Napoléon lui dit d'aller rapporter à Fouché ce qui s'était passé avec Werner, et de lui montrer de la confiance. Fouché feignit de croire que la conférence de Bâle pourrait amener un rapprochement avec l'Autriche, et dit qu'il écrirait à Metternich de manière à le convaincre que le meilleur parti à prendre était d'abandonner les Bourbons, et de laisser la France s'arranger avec Napoléon. Il remit en effet une lettre; Fleury la montra à l'empereur, qui s'en montra satisfait, et il repartit pour Bâle.

Metternich avait informé les alliés de la première conférence : ils étaient résolus à ne jamais reconnaître Napoléon, et à n'entrer avec lui dans aucune négociation. Mais Werner se dit en même temps autorisé à déclarer formellement qu'ils renonçaient à rétablir les Bourbons, et qu'ils consentaient à accorder le jeune Napoléon. Il fallait donc renverser l'empereur, et le mettre hors d'état de reparaître sur la scène politique ; il fut impossible de s'entendre sur ce point, ni d'amener l'Autriche à une négociation séparée. Fleury remit à Werner la lettre de Fouché pour Metternich. Il fut d'autant plus surpris de son contenu qu'il avait, en toutes occasions, témoigné au prince une haine invétérée pour Napoléon : qu'il lui avait, en 1814, reproché de ne l'avoir pas fait renfermer dans un château-fort, et prédit qu'il reviendrait de l'île d'Elbe ravager de nouveau l'Europe. Werner ajouta : « Il faut que M. Fouché, pour croire au salut de l'em-
» pereur, ignore totalement ce qui se passe à Vienne ; ce qu'on lui a fait dire
» par MM. de Montron et Bresson le ramènera sans doute à des idées diffé-
» rentes, et lui fera sentir qu'il doit, pour ses intérêts personnels et pour celui
» de la France, seconder les efforts des alliés. » Les deux agens se séparèrent après s'être promis de se retrouver à Bâle, le 1er juin.

L'empereur parut concevoir quelque espérance, et croire qu'il imposait aux alliés, puisqu'ils offraient la régence ; il se flattait même que s'ils lui laissaient encore un mois, il ne les craindrait plus. Il autorisa Fleury à continuer ses relations avec Fouché ; elles ne donnèrent plus lieu qu'à des dissertations oiseuses sur les probabilités de la paix et de la guerre.

Le rapport des agens envoyés à Talleyrand, et dont avait parlé Werner, coïncidait avec ses communications. Bresson et Dufresne-Saint-Léon dirent franchement qu'il n'y avait pas de transaction à espérer.

Quant à Montron, il répandait que les puissances, inexorables pour Napoléon, proposaient ces diverses alternatives : 1° Louis XVIII, mais sans les princes et avec la réversibilité de la couronne après sa mort à la branche d'Orléans ; 2° le duc d'Orléans ; 3° un prince étranger ; 4° la régence. Il ajoutait qu'il fallait organiser un ministère vigoureux, s'emparer de Napoléon et déclarer aux puissances le choix que l'on aurait fait entre ces quatres propositions.

Bresson fut envoyé en Angleterre par Davoust, sous prétexte d'un achat de fusils. Un ancien employé supérieur de la police partit pour la Suisse avec un passeport de Fouché; l'empereur ne douta plus qu'il était trahi; mais il ne fit point d'éclat, dans la crainte de jeter l'alarme parmi ses partisans et d'encourager ses ennemis. Il ne pensait pas que Fleury dût retourner à Bâle, persuadé que Fouché aurait fait prévenir Metternich; cependant il y retourna, mais Werner n'y reparut pas.

La régence était l'idée favorite de Fouché; il l'avait jetée en avant en traversant l'Autriche en 1813. Il se flattait qu'il l'aurait fait prévaloir en 1814, s'il s'était trouvé à Paris; il la regardait encore comme le meilleur moyen de concilier les intérêts nouveaux de la France et de la tranquillité de l'Europe. Il ne s'en cachait pas; c'était le but de ses relations avec Metternich. L'ouverture faite par Werner à Fleury lui donnait quelque espoir de l'obtenir; il se faisait illusion. Les alliés ne voulaient pas plus de la régence en 1815 qu'ils n'en avaient voulu en 1814. Ce n'était pour eux qu'un moyen de diviser le parti national et le parti bonapartiste également ennemis des Bourbons.

La régence ouvrit un vaste champ aux déceptions et aux intrigues. Beaucoup de patriotes et de bonapartistes s'y laissaient prendre; Napoléon était étourdi de leurs conseils, de leurs instances. Dans le mouvement de la France, lui disaient-ils, il y avait plus de haine contre les Bourbons que d'amour pour sa personne; sa conduite, depuis son retour, avait singulièrement refroidi les esprits; la guerre ne paraissant faite par les puissances qu'à l'empereur, elle ne serait point nationale en France; la lutte étant dès-lors inégale, l'issue en serait malheureuse; le seul moyen de salut était son abdication en faveur de son fils.

Napoléon répondit avec force et vivacité : « Quoi! vous voudriez une Autrichienne pour régente, et réduire la France à cet état d'abaissement? Je n'y consentirai jamais, ni comme père, ni comme époux, ni comme citoyen. J'aimerais mieux les Bourbons. Ma femme serait le jouet de tous les partis, mon fils malheureux, et la France humiliée sous l'influence de l'étranger. »

Lui opposait-on qu'il avait traité sur cette base en 1814, il coupait court par ces mots : « Il y a des raisons de famille que je ne peux pas dire ; d'ailleurs, que deviendrais-je? »

On disait tout bas que l'impératrice Marie-Louise avait tout-à-fait oublié Napoléon, qu'elle avait un amant officiellement choisi par la cour, qu'elle ne s'inquiétait nullement des intérêts de son fils.

La situation n'était plus la même qu'en 1814; les alliés avaient manifesté leurs mauvaises intentions contre Napoléon à l'île d'Elbe; son retour en France les avait encore plus irrités; il n'avait à en attendre que la mort ou la captivité. Enfin, il se persuadait que lui seul pouvait défendre l'indépendance de la France, et que son abdication amènerait infailliblement le retour des Bourbons.

C'était toujours le but de la coalition. La déclaration du 13 mars et le traité du 25 avaient formellement posé le principe de la légitimité. Dans tous les actes subséquens, dans les discours du ministère anglais au parlement, on répétait à satiété qu'on ne prétendait pas imposer à la France un gouvernement; mais on disait aussi que le droit de la nation de s'en choisir un devait avoir pour limites la sûreté et la tranquillité des autres états. On ne dissimulait pas la prédilection des puissances pour les Bourbons. Le traité de Paris avait été fait pour eux et avec eux, elles en voulaient le maintien dans toutes ses dispositions.

Outre les actes généraux du congrès et les actes particuliers des divers états qui s'y rapportaient, chaque souverain manifestait, en particulier, sa politique et ses sentimens, tantôt par des documens officiels, tantôt par des écrits officieux et des pamphlets soudoyés. La Suisse et l'Allemagne, les villes libres et les monarchies, les petits et les grands, les faibles et les forts, tout fit ou fut forcé de faire ses levées, ses proclamations, ses manifestes.

Pour cette fois, il fallait en finir avec la France. Lorsqu'il s'agit de faire adhérer la confédération germanique à l'alliance, le baron de Gagern, plénipotentiaire de Nassau, déclara : « Que la France était entourée d'un triple rang de places fortes qu'elle n'avait acquises ni conquises par des moyens légitimes, mais que ses intrigues lui avaient données dans le cours du dernier siècle; que particulièrement l'Alsace se trouvait dans cette catégorie; que la paix de Paris, en 1814, avait été rédigée dans des termes préjudiciables à l'Allemagne; que si les armées françaises étaient défaites, il ne pouvait plus être question d'une paix comme celle de Paris. Jamais on ne vit un tel débordement de prétentions, de haines et de fureurs. Aux temps des croisades, on n'avait pas montré plus d'acharnement contre les paisibles possesseurs de la Terre-Sainte. Le saint Bernard d'alors était le ministre Stein, le Pierre l'Hermite, Justus Gruner. Celui-ci, dans une proclamation du 15 avril, comme gouverneur général dans les provinces prussiennes du Rhin, appelait franchement les Allemands à marcher, non pour chasser Napoléon et rétablir les Bourbons, mais *pour écraser, pour partager cette terre impie que la politique des princes ne pouvait plus laisser subsister un instant sans danger pour leurs trônes.* Gruner fut, à la vérité, désavoué par l'Autriche, mais, loin de l'être par la Prusse, il fut, au contraire, élevé à un poste éminent dans l'armée.

Le ministre Stein, dans une gazette rédigée sous son influence, le *Mercure du Rhin,* renchérissait encore, s'il est possible, sur les imprécations de son compatriote.

« Il faut exterminer cette bande de cinq cent mille brigands (l'armée française); il faut faire plus, il faut déclarer la guerre à toute la nation et mettre hors la loi tout ce peuple sans caractère, pour qui la guerre est un besoin... La France partagée, ou les chaînes de la France, voilà notre alternative... Si nous avons de justes motifs pour vouloir que Napoléon disparaisse de la scène politique comme prince, nous n'en avons pas de moins grands pour anéantir les Français comme peuple. Il n'est pas nécessaire, pour cela, qu'on les égorge; il suffira de leur donner beaucoup de princes et pas d'empereur, de les organiser à l'instar du peuple allemand. Le monde ne peut rester en paix tant qu'il existera un peuple français; qu'on le change donc en peuple de Bourgogne, de Neustrie, d'Aquitaine, etc. Ils se déchireront entre eux, mais le monde sera tranquille pour des siècles..... (1). »

Au reste, tout se préparait en France pour la guerre. Presque toutes les semaines, l'empereur passait une revue sur le Carrousel. Chaque fois, c'étaient de nouveaux corps qui paraissaient devant lui; chaque fois, il adressait un discours, soit aux soldats en masse, soit aux officiers qu'il faisait réunir autour de lui; chaque fois des cris, des vivats, des démonstrations de dévouement ac-

(1) « On a prétendu que Napoléon avait fait fabriquer à Paris ces atroces diatribes; on l'a dit surtout de la proclamation de Justus Grunner. Cependant qu'on ouvre la plupart des journaux allemands du temps, on verra qu'ils étaient presque tous écrits sur ce ton. »

cueillaient ses discours et sa présence. Les journaux n'étaient remplis que de mouvemens militaires, d'adresses des régimens, d'adresses des autorités civiles. On disait unanimement que la France n'avait été vaincue que par trahison, au point que cette opinion était devenue générale et subsiste encore. Tout, en un mot, était à la guerre; l'armée semblait être devenue la nation; il n'était question que d'elle, de ses succès passés, de sa bravoure et de ses succès à venir. On exaltait le dévouement et le courage de la garde, et surtout de ces onze cents soldats qui avaient ramené l'empereur de l'île d'Elbe, et que l'on désignait par le sobriquet de *grognards*.

Le 28 mars, un décret impérial rappela les anciens soldats sous les armes. Mais le style n'en était point impérieux comme autrefois; c'était un appel à la sympathie et aux sentimens de l'armée, plutôt qu'à son obéissance. En voici les premières lignes.

« Napoléon, empereur des Français; nous avons décrété et décrétons ce qui suit : ART. 1er. L'empereur appelle tous les sous-officiers et soldats qui ont quitté l'armée, par quelque raison que ce soit, à rejoindre leurs corps, et il leur donne la promesse spéciale qu'aussitôt que la paix actuelle sera consolidée, ceux qui auront rejoint en conséquence du présent décret seront les premiers qui obtiendront des congés pour rentrer dans leurs foyers. »

Les autres articles réglaient la formation de douze régimens de la jeune garde, la réorganisation des régimens en quatre bataillons complets et un cinquième de cadres. Le même jour, 28 mars, un décret impérial défendit la traite des nègres.

Le 8 avril, Napoléon supprimait le droit de circulation sur les boissons et l'exercice; en un mot, il modifiait cet impôt indirect de manière à supprimer ce qu'il présentait de vexatoire, tel que les visites domiciliaires chez les débitants ou l'exercice, tels que les espèces de passeports sans lesquels auparavant une pièce de vin ou d'eau-de-vie ne pouvait être transportée d'un lieu à un autre. Elle remplaçait ces moyens par la patente ou licence imposée aux débitants.

Un décret du 10 avril, régla l'organisation des grenadiers et chasseurs de la garde nationale. Ils devaient être pris parmi les hommes de vingt à quarante ans; le recrutement de ces bataillons était confié à des comités composés des autorités départementales; ils devaient inscrire les hommes qu'ils jugeaient capables d'en faire partie; enfin les hommes désignés devaient s'habiller et s'équipper. Le style de ce décret était autrement impératif que celui du décret dont nous venons de donner un passage. Un second décret du même jour mettait en activité deux cent quatre de ces bataillons de la garde nationale, appartenant aux départemens limitrophes des frontières. Ils étaient *mis à la disposition du ministre de la guerre,* pour les garnisons des places fortes. Si l'on avait eu le temps de compléter cette formation, on aurait pu disposer d'un effectif de cent quarante-six mille huit cent quatre-vingts hommes. Enfin par un troisième décret du même jour tout Français, payant plus de 50 francs de contributions, était tenu d'être armé d'un fusil de calibre avec baïonnette et giberne. Quant aux Français qui payaient moins de contributions, il était dit seulement qu'ils avaient droit à cet équipement, et non pas qu'ils étaient tenus de se le procurer.

Ces divers décrets, par lesquels l'empereur, agissant en dictateur, usait de l'autorité qui appartenait seulement à la loi, refroidirent l'opinion publique. On commença à croire que le malheur ne l'avait pas corrigé et qu'il revenait aussi despote qu'il l'avait été auparavant. On s'étonnait de ne plus lui entendre parler de la constitution qu'il avait promise. On disait qu'il ne tiendrait point ses engagemens, qu'il avait oublié dans la prospérité les promesses à l'aide desquelles il avait ressaisi l'assentiment national. On se fatiguait de n'entendre parler que de soldats et de vertus guerrières ; le style militaire, qui était à l'ordre du jour, blessait beaucoup de gens ; ils se demandaient s'ils avaient été conquis, et si la France devait obéir à une armée. On lisait dans le *Censeur européen* (*bulletin du 5 au 18 avril*) quelques réflexions qui n'étaient pas propres seulement à MM. Comte et Dunoyer, et qui expriment bien l'état de l'opinion publique.

— L'ordre de l'Éteignoir étant tombé en même temps que l'ordre du Lys, ne serait-il pas possible de le remplacer par un autre qui, sans être moins avantageux au progrès des ténèbres, serait cependant plus analogue aux circonstances ? Il nous semble que l'ordre du Sabre aurait évidemment ce double avantage.

— Un des rédacteurs du *Mercure*, qui naguère s'était constitué défenseur d'un grand ministre, accusait les rédacteurs du *Censeur* d'avoir mal raisonné dans la défense du général Ex...... Le plus fort de ses argumens était pris de ce qu'ils étaient des avocats *imberbes*. Cette idée lumineuse n'ayant pas été assez bien développée, l'auteur s'occupe, dit-on, d'un ouvrage qui satisfera mieux ses lecteurs, et qui, vu les circonstances, ne pourra manquer de faire une grande sensation ; il a pour titre : *De l'influence de la moustache sur le raisonnement, et de la nécessité du sabre dans l'administration.*

— Qu'est-ce que la gloire ? Un lion qui fait trembler tous les animaux d'une contrée a-t-il de la gloire ? Un peuple misérable, qui ne sait pas se gouverner, et qui ne peut inspirer à ses voisins que la terreur ou la haine, a-t-il de la gloire ?

S'il est vrai que la gloire est exclusivement le partage des hommes qui se sont rendus célèbres par le bien qu'ils ont fait à leurs semblables, à quoi se réduit précisément la gloire d'un peuple conquérant? Ces questions seront sans doute résolues quand nous serons fatigués de parler sans savoir ce que nous disons.

— La bravoure considérée en elle-même, et abstraction faite de toute vertu morale, est-elle une qualité estimable? Celui qui brave la mort, sans utilité pour ses semblables, mérite-t-il l'estime des hommes? Mérite-t-il l'estime, celui qui brave les voyageurs pour leur enlever leur argent? Celui qui brave les mers pour aller faire des esclaves, ou qui brave des armées pour mettre des peuples en servitude? Nous abandonnons ces questions à la méditation des journalistes qui ne cessent de nous parler de braves et de bravoure.

— Quoi qu'il en soit, Napoléon faisait de la popularité à sa manière; il allait visiter les établissemens publics, quelques grands ateliers et quelques écoles publiques; tous les jours il recevait gracieusement les porteurs d'adresses qui se présentaient. Le 15 avril il reçut une députation des chirurgiens militaires et l'École de Médecine. Environ quinze cents jeunes gens se rassemblèrent à cette occasion dans la cour des Tuileries et poussèrent des cris assourdissans. Toute cette jeunesse était animée d'un véritable enthousiasme.

Le 16 avril, l'empereur passa en revue les quarante-huit bataillons de la garde nationale de Paris. On reçut tout le monde, habillé ou non habillé. Voici la narration officielle insérée dans le *Moniteur* :

Sa Majesté a passé aujourd'hui (16 avril) la revue de la garde nationale de Paris, composée de douze légions formant quarante-huit bataillons; vingt-quatre bataillons étaient formés dans la cour du palais des Tuileries, et les vingt-quatre autres sur la place du Carrousel. Lorsque les vingt-quatre premiers bataillons ont été passés en revue, ils se sont serrés; les autres sont entrés dans la cour et ont fait face en arrière. L'empereur a passé successivement dans tous les rangs et s'est arrêté pendant quelque temps devant chaque bataillon. Les officiers étant ensuite venus au cercle, S. M. leur a adressé la parole à peu près en ces termes:

« Soldats de la garde nationale de Paris, je suis bien aise de vous voir; je vous ai formés il y a quinze mois pour le maintien de la tranquillité publique dans la capitale et pour sa sûreté. Vous avez rempli mon attente; vous avez versé votre sang pour la défense de Paris; et si des troupes ennemies sont entrées dans vos murs, la faute n'en est pas à vous; mais à la trahison, et surtout à la fatalité qui s'est attachée à nos affaires dans ces malheureuses circonstances.

» Le trône royal ne convenait pas à la France. Il ne donnait aucune sûreté au peuple sur ses intérêts les plus précieux; il nous avait été imposé par l'étranger; s'il eût existé, il eût été un monument de honte et de malheur. Je suis arrivé armé de toute la force du peuple et de l'armée pour faire disparaître cette tache et rendre tout leur éclat à l'honneur et à la gloire de la France.

» Soldats de la garde nationale, ce matin même le télégraphe de Lyon m'a appris que le drapeau tricolore flotte à Antibes et à Marseille. Cent coups de canon, tirés sur toutes nos frontières, apprendront à l'étranger que nos dissensions civiles sont terminées, je dis les étrangers, parce que nous ne connaissons pas encore d'ennemis. S'ils rassemblent leurs troupes, nous rassemblons les nôtres. Nos armées sont toutes composées de braves qui se sont signalés dans plusieurs batailles, et qui présenteront à l'étranger une frontière de fer; tandis que de nombreux bataillons de grenadiers et de chasseurs de la garde nationale garantiront nos frontières. Je ne me mêlerai point des affaires des autres nations : malheur aux gouvernemens qui se mêleraient des nôtres ! Des revers ont retrempé le caractère du peuple français : il a repris cette jeunesse, cette vigueur, qui, il y a vingt ans, étonnaient l'Europe.

» Soldats, vous avez été forcés d'arborer des couleurs proscrites par la nation ; mais les couleurs nationales étaient dans vos cœurs. Vous jurez de les prendre toujours pour signe de ralliement et de défendre ce trône impérial, seule et naturelle garantie de nos droits. Vous jurez de ne jamais souffrir que des étrangers, chez lesquels nous avons paru plusieurs fois en maîtres, se mêlent de nos constitutions et de notre gouvernement. Vous jurez enfin de tout sacrifier à l'honneur et à l'indépendance de la France ! »

Nous le jurons! tel a été le cri unanime de toute la garde nationale.

Ce discours a été fréquemment interrompu par les marques du plus vif enthousiasme qui avait éclaté dès le commencement de la revue et qui s'est manifesté pendant toute sa durée.

Quoique la garde nationale marchât au pas accéléré, elle a mis plus de deux heures à défiler devant l'empereur.

Tel est le récit officiel. Cependant, si l'on en croit les contemporains, la garde nationale ainsi que la foule réunie pour assister au spectacle d'une revue montra de la froideur. Les démonstrations furent faibles. Quelques bataillons seulement saluèrent l'empereur de vives acclamations. On avait, à la cour, beaucoup redouté cette revue, et l'on avait eu raison. Cette garde ne pouvait voir les événemens du même œil que l'armée, mais seulement du côté des avantages qui en résulteraient pour les libertés publiques. Or, qu'avait-on fait dans ce sens? presque rien. Un décret du 25 mars avait, il est vrai, aboli la censure, mais Fouché avait réuni les journalistes pour les engager à ne point parler contre les intentions du gouvernement; mais la presse n'était nullement garantie; elle était elle-même ainsi que ses ministres toujours sous le coup de la police; tout le monde avait conscience de cette situation et bientôt l'on en eut la preuve. Le numéro du *Censeur européen* que nous avons cité, fut arrêté. Il est vrai que cette mesure fut accueillie par un cri si général de réprobation, que la police renonça à arrêter les publications du journal. Les feuilles napoléonistes se bornèrent à en injurier les auteurs. Voici comment ceux-ci leur répondirent et racontèrent la petite persécution qu'ils avaient subie :

— *Bulletin du 19 avril au 1ᵉʳ juin.* — Certain journal, enfant bâtard de la *Quotidienne* et du *Journal Royal*, a cru nous faire une grande insulte, en qualifiant le *Censeur* de vieux *voltigeur à bonnet rouge*. Il nous semble que le profond respect que quelques *grands cordons* lui inspirent devait l'obliger à garder des ménagemens pour nos célèbres *bonnets* ; car il sait bien que si quelque chose est propre à faire un *grand cordon* c'est assurément un *bonnet rouge*.

— Les journaux ont annoncé que *la vente du cinquième volume du* Censeur *avait été suspendue*. Ces expressions ne sont pas exactes : il fallait dire que le cinquième volume du *Censeur* avait été saisi par une troupe d'agens de police au bureau de distribution, chez l'imprimeur, chez les libraires du Palais-Royal, et jusque dans les cabinets littéraires ; il fallait dire qu'on avait emporté jusqu'aux formes de l'imprimerie. Ce n'est là, au reste, qu'une de ces mille gentillesses que notre police libérale se permet sans le moindre scrupule ; et il ne vaut pas la peine d'en parler.

— Cependant, les actes publics étaient loin de manifester l'opinion réelle de la garde nationale. Le 18 avril, elle donna un banquet à la garde impériale. Mais, l'un et l'autre corps n'avait à cette fête que des représentans en quelque sorte ; quelques centaines d'hommes figuraient pour les milliers qui composaient les deux corps. On remarqua le premier *toast*, adressé à l'empereur, à l'impératrice et au *prince impérial*.

Toutes ces choses n'étaient pas de nature à réchauffer l'opinion publique refroidie. C'était une constitution qu'elle voulait et qu'elle attendait avec impatience. Cependant, depuis le 20 mars, on semblait avoir pris le parti de n'en plus parler. Il est vrai que, le 6 avril, le ministre de l'intérieur avait envoyé une instruction aux préfets sur les colléges électoraux ; il y commentait les actes de Lyon, et annonçait même que l'impératrice et son fils assisteraient à cette solennité. Mais, le ministre, quoique ce fût Carnot, ne disait rien de la constitution. Les journaux annonçaient quelquefois, mais seulement comme des *on dit*, qu'une commission allait être nommée ou était nommée. Les personnages qui entouraient Napoléon étaient dans la même hésitation que le public.

« Rien d'officiel, dit Thibaudeau, rien de solennel : tout se faisait dans le mystère et l'obscurité. Dans ces manipulations préparatoires, Napoléon se révoltait contre la tyrannie de l'opinion, à laquelle il était forcé de céder. Il le faisait de mauvaise grâce, sentant qu'il agissait contre sa nature et sa conviction. On voulait le détacher du passé et qu'il fût un homme nouveau ; c'était impossible ; il s'y cramponnait de toutes ses forces : » Vous » m'ôtez mon passé, dit-il ; je veux le conserver. Mes onze ans » de règne ! l'Europe sait si j'y ai des droits. Il faut que la nou» velle constitution se rattache aux anciennes ; elle aura la sanction » de plusieurs années de gloire. Les constitutions impériales ont

» été acceptées par le peuple. » Il défendait donc sa légitimité, fondée sur la souveraineté populaire, comme Louis XVIII avait appuyé la sienne sur sa naissance et le droit divin. » — (*Histoire de Napoléon.*)

On ignorait ces combats dans le public; on espérait donc encore, quoiqu'on vît avec peine que la cour impériale avait repris ses allures, son étiquette, toutes les manières du passé. Toute la famille de Napoléon était accourue, et, placée autour de lui, elle semblait lui demander les apanages et les royaumes dont elle avait été un moment enrichie.

On était dans cette situation des esprits, lorsque, le 22 avril, après une courte discussion au conseil des ministres et une simple lecture au conseil d'état, on vit paraître l'acte additionnel aux constitutions de l'empire et un décret qui l'envoyait à l'acceptation du peuple. Le public en eut connaissance le 23 par le *Moniteur*.

ACTE ADDITIONNEL AUX CONSTITUTIONS DE L'EMPIRE.

Napoléon, par la grace de Dieu et les Constitutions, empereur des Français, à tous présens et à venir, salut.

Depuis que nous avons été appelé, il y a quinze années, par le vœu de la France, au gouvernement de l'état, nous avons cherché à perfectionner, à diverses époques, les formes constitutionnelles, suivant les besoins et les désirs de la nation, et en profitant des leçons de l'expérience. Les Constitutions de l'empire se sont ainsi formées d'une série d'actes qui ont été revêtus de l'acceptation du peuple. Nous avions alors pour but d'organiser un grand système fédératif européen, que nous avions adopté comme conforme à l'esprit du siècle, et favorable aux progrès de la civilisation. Pour parvenir à le compléter et à lui donner toute l'étendue et toute la stabilité dont il était susceptible, nous avions ajourné l'établissement de plusieurs institutions intérieures, plus spécialement destinées à protéger la liberté des citoyens. Notre but n'est plus désormais que d'accroître la prospérité de la France, par l'affermissement de la liberté publique. De là résulte la nécessité de plusieurs modifications importantes dans les Constitutions, sénatus-consultes et autres actes qui régissent cet empire. A ces causes, voulant, d'un côté, conserver du passé ce qu'il y a de bon et de salutaire, et, de l'autre, rendre les Constitutions de notre empire conformes en tout aux vœux et aux besoins nationaux, ainsi qu'à l'état de paix que nous désirons maintenir avec l'Europe, nous avons résolu de proposer au peuple une suite de dispositions tendant à modifier et perfectionner ses actes constitutionnels, à entourer les droits des citoyens de toutes leurs garanties, à donner au système représentatif toute son extension, à investir les corps intermédiaires de la considération et du pouvoir désirables; en un mot, à combiner le plus haut point de liberté politique et de sûreté individuelle avec la force et la centralisation nécessaires pour faire respecter par l'étranger l'indépendance du peuple français et la dignité de notre couronne. En conséquence, les articles suivans, formant un acte supplémentaire aux Constitutions de l'empire, seront soumis à l'acceptation libre et solennelle de tous les citoyens, dans toute l'étendue de la France.

Titre premier. — *Dispositions générales.*

Art. 1. Les Constitutions de l'empire, nommément l'acte constitutionnel du 22 frimaire an VIII, les sénatus-consulte des 14 et 16 thermidor an X, et celui du 28 floréal an XII, seront modifiés par les dispositions qui suivent. Toutes leurs autres dispositions sont confirmées et maintenues.

2. Le pouvoir législatif est exercé par l'empereur et par deux Chambres.

3. La première chambre, nommée Chambre des Pairs, est héréditaire.

4. L'empereur en nomme les membres, qui sont irrévocables, eux et leurs descendans mâles, d'aîné en aîné en ligne directe. Le nombre des pairs est illimité. L'adoption ne transmet point la dignité de pair à celui qui en est l'objet.

Les pairs prennent séance à vingt et un ans, mais n'ont voix délibérative qu'à vingt-cinq.

5. La Chambre des Pairs est présidée par l'archichancelier de l'empire, ou, dans le cas prévu par l'article 51 du sénatus-consulte du 28 floréal an XII, par un des membres de cette chambre désigné spécialement par l'empereur.

6. Les membres de la famille impériale, dans l'ordre de l'hérédité, sont pairs de droit. Ils siégent après le président. Ils prennent séance à dix-huit ans, mais n'ont voix délibérative qu'à vingt et un.

7. La seconde Chambre, nommée Chambre des Représentans, est élue par le peuple.

8. Les membres de cette Chambre sont au nombre de six cent vingt-neuf. Ils doivent être âgés de vingt-cinq ans au moins.

9. Le président de la Chambre des Représentans est nommé par la Chambre, à l'ouverture de la première session. Il reste en fonctions jusqu'au renouvellement de la Chambre. Sa nomination est soumise à l'approbation de l'empereur.

10. La Chambre des Représentans vérifie les pouvoirs de ses membres, et prononce sur la validité des élections contestées.

11. Les membres de la Chambre des Représentans reçoivent pour frais de voyage, et durant la session, l'indemnité décrétée par l'assemblée constituante.

12. Ils sont indéfiniment rééligibles.

13. La Chambre des représentans est renouvelée de droit en entier tous les cinq ans.

14. Aucun membre de l'une ou de l'autre Chambre ne peut être arrêté, sauf le cas de flagrant délit, ni poursuivi en matière criminelle ou correctionnelle pendant les sessions, qu'en vertu d'une résolution de la Chambre dont il fait partie.

15. Aucun ne peut être arrêté ni détenu pour dettes, à partir de la convocation, ni quarante jours après la session.

16. Les Pairs sont jugés par leur Chambre, en matière criminelle ou correctionnelle, dans les formes qui seront réglées par la loi.

17. La qualité de Pair et de Représentant est compatible avec toutes les fonctions publiques, hors celles de comptables.

Toutefois les préfets et sous-préfets ne sont pas éligibles par le collége électoral du département ou de l'arrondissement qu'ils administrent.

18. L'empereur envoie dans les Chambres des ministres d'état et des conseillers d'état, qui y siégent et prennent part aux discussions, mais qui n'ont voix délibérative que dans le cas où ils sont membres de la Chambre comme Pairs ou élus du peuple.

19. Les ministres qui sont membres de la Chambre des Pairs ou de celle des Représentans, ou qui siégent par mission du gouvernement, donnent aux

Chambres les éclaircissemens qui sont jugés nécessaires, quand leur publicité ne compromet pas l'intérêt de l'état.

20. Les séances des deux Chambres sont publiques. Elles peuvent néanmoins se former en comité secret, la Chambre des Pairs sur la demande de dix membres, celle des Représentans sur la demande de vingt-cinq. Le gouvernement peut également requérir des comités secrets pour des communications à faire. Dans tous les cas les délibérations et les votes ne peuvent avoir lieu qu'en séance publique.

21. L'empereur peut proroger, ajourner et dissoudre la Chambre des Représentans. La proclamation qui prononce la dissolution convoque les colléges électoraux pour une élection nouvelle, et indique la réunion des Représentans dans six mois au plus tard.

22. Durant l'intervalle des sessions de la Chambre des Représentans, ou en cas de dissolution de cette Chambre, la Chambre des Pairs ne peut s'assembler.

23. Le gouvernement a la proposition de la loi ; les chambres peuvent proposer des amendemens : si ces amendemens ne sont pas adoptés par le gouvernement, les chambres sont tenues de voter sur la loi telle qu'elle a été proposée.

24. Les chambres ont la faculté d'inviter le gouvernement à proposer une loi sur un objet déterminé, et de rédiger ce qu'il leur paraît convenable d'insérer dans la loi. Cette demande peut être faite par chacune des deux chambres.

25. Lorsqu'une rédaction est adoptée dans l'une des deux chambres, elle est portée à l'autre ; et si elle y est approuvée, elle est portée à l'empereur.

26. Aucun discours écrit, excepté les rapports des commissions, les rapports des ministres sur les lois qui sont présentées et les comptes qui sont rendus, ne peut être lu dans l'une ou l'autre des chambres.

Titre II. — Des colléges électoraux et du mode d'élection.

27. Les colléges électoraux de département et d'arrondissement sont maintenus, conformément au sénatus-consulte du 16 thermidor an x, sauf les modifications qui suivent.

28. Les assemblées de canton rempliront chaque année, par des élections annuelles, toutes les vacances dans les colléges électoraux.

29. A dater de l'an 1816, un membre de la Chambre des Pairs désigné par l'empereur sera président à vie et inamovible de chaque collége électoral de département.

30. A dater de la même époque, le collége électoral de chaque département nommera, parmi les membres de chaque collége d'arrondissement, le président et deux vice-présidens. A cet effet, l'assemblée du collége de département précédera de quinze jours celle du collége d'arrondissement.

31. Les colléges de département et d'arrondissement nommeront le nombre de représentans établi pour chacun par l'acte et le tableau ci-annexés, n° 1.

32. Les représentans peuvent être choisis indifféremment dans toute l'étendue de la France.

Chaque collége de département ou d'arrondissement qui choisira un représentant hors du département ou de l'arrondissement, nommera un suppléant qui sera pris nécessairement dans le département ou l'arrondissement.

33. L'industrie et la propriété manufacturière et commerciale auront une représentation spéciale.

L'élection des représentans commerciaux et manufacturiers sera faite par le collége électoral de département, sur une liste d'éligibles dressée par les chambres de commerce et les chambres consultatives réunies, suivant l'acte et le tableau ci-annexés, n° 2.

Titre III. — De la loi de l'impôt.

54. L'impôt général direct, soit foncier, soit mobilier, n'est voté que pour un an; les impôts indirects peuvent être votés pour plusieurs années. Dans le cas de la dissolution de la Chambre des Représentans, les impositions votées dans la session précédente sont continuées jusqu'à la nouvelle réunion de la Chambre.

55. Aucun impôt direct ou indirect en argent ou en nature ne peut être perçu, aucun emprunt ne peut avoir lieu, aucune inscription de créance au grand-livre de la dette publique ne peut être faite, aucun domaine ne peut être aliéné ni échangé, aucune levée d'hommes pour l'armée ne peut être ordonnée, aucune portion du territoire ne peut être échangée, qu'en vertu d'une loi.

56. Toute proposition d'impôt, d'emprunt ou de levée d'hommes, ne peut être faite qu'à la Chambre des Représentans.

57. C'est aussi à la Chambre des Représentans qu'est porté d'abord : 1° le budget général de l'état, contenant l'aperçu des recettes et la proposition des fonds assignés pour l'année à chaque département du ministère; 2° le compte des recettes et dépenses de l'année ou des années précédentes.

Titre IV. — Des ministres et de la responsabilité.

58. Tous les actes du gouvernement doivent être contresignés par un ministre ayant département.

59. Les ministres sont responsables des actes du gouvernement signés par eux, ainsi que de l'exécution des lois.

40. Ils peuvent être accusés par la Chambre des Représentans, et sont jugés par celle des Pairs.

41. Tout ministre, tout commandant d'armée de terre ou de mer peut être accusé par la Chambre des Représentans, et jugé par la Chambre des Pairs, pour avoir compromis la sûreté ou l'honneur de la nation.

42. La Chambre des Pairs, en ce cas, exerce, soit pour caractériser le délit, soit pour infliger la peine, un pouvoir discrétionnaire.

43. Avant de prononcer la mise en accusation d'un ministre, la Chambre des Représentans doit déclarer qu'il y a lieu à examiner la proposition d'accusation.

44. Cette déclaration ne peut se faire qu'après le rapport d'une commission de soixante membres tirés au sort. Cette commission ne fait son rapport que dix jours au plus tôt après sa nomination.

45. Quand la Chambre a déclaré qu'il y a lieu à examen, elle peut appeler le ministre dans son sein pour lui demander des explications. Cet appel ne peut avoir lieu que dix jours après le rapport de la commission.

46. Dans tout autre cas, les ministres ayant département ne peuvent être appelés ni mandés par les Chambres.

47. Lorsque la Chambre des Représentans a déclaré qu'il y a lieu à examen contre un ministre, il est formé une nouvelle commission de soixante membres tirés au sort, comme la première, et il est fait, par cette commission, un nouveau rapport sur la mise en accusation. Cette commission ne fait son rapport que dix jours après sa nomination.

48. La mise en accusation ne peut être prononcée que dix jours après la lecture et la distribution du rapport.

49. L'accusation étant prononcée, la Chambre des Représentans nomme cinq

commissaires pris dans son sein, pour poursuivre l'accusation devant la Chambre des Pairs.

50. L'article 75 du titre VIII de l'acte constitutionnel du 22 frimaire an VIII, portant que les agens du gouvernement ne peuvent être poursuivis qu'en vertu d'une décision du conseil d'état, sera modifié par une loi.

Titre V. — Du pouvoir judiciaire.

51. L'empereur nomme tous les juges. Ils sont inamovibles et à vie dès l'instant de leur nomination, sauf la nomination des juges de paix et des juges de commerce, qui aura lieu comme par le passé.

Les juges actuels nommés par l'empereur, aux termes du sénatus-consulte du 12 octobre 1807, et qu'il jugera convenable de conserver, recevront des provisions à vie avant le 1er janvier prochain.

52. L'institution des jurés est maintenue.
53. Les débats en matière criminelle sont publics.
54. Les délits militaires seuls sont du ressort des tribunaux militaires.
55. Tous les autres délits, même commis par les militaires, sont de la compétence des tribunaux civils.
56. Tous les crimes et délits qui étaient attribués à la haute-cour impériale, et dont le jugement n'est pas réservé par le présent acte à la Chambre des Pairs, seront portés devant les tribunaux ordinaires.
57. L'empereur a le droit de faire grâce, même en matière correctionnelle, et d'accorder des amnisties.
58. Les interprétations des lois demandées par la cour de cassation seront données dans la forme d'une loi.

Titre VI. — Droits des citoyens.

59. Les Français sont égaux devant la loi, soit pour la contribution aux impôts et charges publiques, soit pour l'admission aux emplois civils et militaires.
60. Nul ne peut, sous aucun prétexte, être distrait des juges qui lui sont assignés par la loi.
61. Nul ne peut être poursuivi, arrêté, détenu ni exilé que dans les cas prévus par la loi et suivant les formes prescrites.
62. La liberté des cultes est garantie à tous.
63. Toutes les propriétés possédées ou acquises en vertu des lois, et toutes les créances sur l'état, sont inviolables.
64. Tout citoyen a le droit d'imprimer et de publier ses pensées, en les signant, sans aucune censure préalable, sauf la responsabilité légale, après la publication, par jugement, par jurés, quand même il n'y aurait lieu qu'à l'application d'une peine correctionnelle.
65. Le droit de pétition est assuré à tous les citoyens. Toute pétition est individuelle. Ces pétitions peuvent être adressées, soit au gouvernement, soit aux deux chambres: néanmoins, ces dernières même doivent porter l'intitulé à S. M. l'Empereur. Elles seront présentées aux chambres sous la garantie d'un membre qui recommande la pétition. Elles sont lues publiquement; et si la chambre les prend en considération, elles sont portées à l'empereur par le président.
66. Aucune place, aucune partie du territoire ne peut être déclarée en état de siège que dans le cas d'invasion de la part d'une force étrangère, ou de troubles civils.

Dans le premier cas, la déclaration est faite par un acte du gouvernement.

Dans le second cas, elle ne peut l'être que par la loi. Toutefois, si, le cas arrivant, les chambres ne sont pas assemblées, l'acte du gouvernement déclarant l'état de siége doit être converti en une proposition de loi dans les quinze premiers jours de la réunion des chambres.

67. Le peuple français déclare que, dans la délégation qu'il a faite et qu'il fait de ses pouvoirs, il n'a pas entendu et n'entend pas donner le droit de proposer le rétablissement des Bourbons ou d'aucun prince de cette famille sur le trône, même en cas d'extinction de la dynastie impériale, ni le droit de rétablir, soit l'ancienne noblesse féodale, soit les droits féodaux et seigneuriaux, soit les dîmes, soit aucun culte privilégié et dominant, ni la faculté de porter aucune atteinte à l'irrévocabilité de la vente des domaines nationaux; il interdit formellement au gouvernement, aux chambres et aux citoyens toute proposition à cet égard.

Donné à Paris, le 22 avril 1815. — *Signé*, NAPOLÉON. Par l'empereur, le ministre secrétaire d'état. — *Signé*, le duc de BASSANO.

Acte et tableau fixant le nombre des députés à élire pour la chambre des représentans.

NAPOLÉON, etc.—ART. 1er. La proportion du nombre de députés à la Chambre des Représentans et leur élection sont réglées ainsi qu'il suit.

2. Les colléges électoraux de département nommeront deux cent trente-huit députés à la Chambre des Représentans, et les colléges électoraux d'arrondissement nommeront, quelle que soit leur population, un député par chaque arrondissement : le tout conformément au tableau joint au présent acte.

3. Le présent acte sera joint à l'acte additionnel aux constitutions en date de ce jour. — *Signé*, NAPOLÉON.

Acte et tableau pour régler le nombre de députés pour représenter la propriété et l'industrie commerciale et manufacturière.

NAPOLÉON, etc.—ART. 1er. Pour l'exécution de l'article 33 de l'acte additionnel aux constitutions, relatif à la représentation de l'industrie et de la propriété commerciale et manufacturière, la France sera divisée en treize arrondissemens, conformément au tableau ci-joint n° 2.

2. Il sera nommé pour tous les arrondissemens vingt-trois députés, choisis, 1° parmi les négocians, armateurs ou banquiers; 2° parmi les manufacturiers ou fabricans, d'après la répartition portée au même tableau.

3. Les députés seront nommés au chef-lieu et par les électeurs du département indiqué à la première colonne du tableau.

4. Les députés seront pris nécessairement sur une liste d'éligibles formée par les membres réunis des chambres de commerce et des chambres consultatives de commerce de tout l'arrondissement commercial, lesquels nommeront, au scrutin et à la majorité, un président, un vice-président et un secrétaire.

5. L'assemblée chargée de la formation de cette liste y portera les commerçans qui se sont les plus distingués par leur probité et leurs talens, et qui paient le plus de contributions; qui font les opérations les plus considérables en France ou à l'étranger, ou qui emploient le plus d'ouvriers, et en les distinguant par la nature des opérations commerciales auxquelles ils se livrent.

6. Cette liste sera de soixante pour chaque arrondissement commercial, et de cent vingt pour l'arrondissement de Paris. Il y aura sur chacune au moins un tiers de manufacturiers et un tiers de négocians.

7. Elle sera renouvelée en entier, tous les cinq ans, à la fin de chaque législature, ou en cas de dissolution de la Chambre des Représentans.

8. Le présent acte sera joint à l'acte additionnel aux Constitutions, en date de ce jour.
Signé, Napoléon.

Décret ordonnant la présentation de l'acte additionnel aux Constitutions à l'acceptation du peuple français.

Napoléon, etc. — Conformément à ce qui a été fait en l'an VIII, en l'an X et en l'an XII, pour la présentation des Constitutions à l'acceptation du peuple français,

Nous avons décrété et décrétons ce qui suit :

Art. 1er. Il sera ouvert, aux secrétariats de toutes les administrations et de toutes les municipalités, aux greffes de tous les tribunaux, chez tous les juges de paix, chez tous les notaires, des registres sur lesquels les Français seront appelés à consigner leur vote sur l'acte additionnel aux Constitutions, en date de ce jour.

2. Ces registres s'ouvriront deux jours au plus tard, après la réception du Bulletin des Lois, et resteront ouverts pendant dix jours.

3. Aussitôt après l'expiration du temps donné pour voter, chaque dépositaire d'un registre l'arrêtera, portera au bas le relevé du nombre des votés, certifiera le tout, et l'adressera, dans les deux jours suivants, au maire de sa municipalité; celui-ci, dans les vingt-quatre heures suivantes, le fera passer au sous-préfet de son arrondissement, avec un relevé de lui certifié.

4. Vingt et un jours après la publication du présent règlement, le sous-préfet transmettra au préfet tous les registres de son arrondissement, avec un relevé de lui certifié.

5. Vingt-cinq jours après la publication du présent règlement, chaque préfet adressera au ministre de l'intérieur tous les registres de son département, avec un relevé général de lui certifié.

6. L'acte additionnel aux Constitutions sera envoyé à l'acceptation des armées de terre et de mer.

7. Dix jours après la réception du Bulletin des Lois, chaque corps enverra au secrétariat du ministère de la guerre et de celui de la marine le registre de ses votes.

8. Le dépouillement de tous les registres et le recensement des votes auront lieu à l'assemblée du Champ-de-Mai, qui est à cet effet convoquée à Paris, pour le 26 mai prochain.

9. Nos ministres sont chargés chacun en ce qui le concerne de l'exécution du présent décret.
Signé, Napoléon.

La publication de ces actes causa un mécontentement universel et rapide; l'illusion fut en un instant dissipée. La masse de la population se détacha de Napoléon, comme elle s'était détachée des Bourbons. Tout le monde prévit que l'empereur et l'empire étaient perdus. Il ne lui resta que l'armée, les hommes compromis, les patriotes énergiques, qui voyaient encore dans Napoléon la garantie de l'indépendance nationale, et tous ceux que la nécessité rattachait à sa fortune. « Napoléon, disait-on, n'agissait pas mieux que les Bourbons; et il n'avait ni leurs préjugés, ni leurs croyances pour l'excuser : il avait trompé la nation ; il avait promis que l'assemblée du Champ-de-Mai serait chargée de corriger la constitution ; il avait manqué à sa parole. La formalité de l'acceptation par le peuple était illusoire ; rien n'était changé. Napoléon aussi n'avait rien appris, etc. »

Cependant, le gouvernement fit insérer dans le *Moniteur* du 24, un décret de convocation du Champ-de-Mai. En voici la teneur :

Art. 1er. L'assemblée du Champ-de-Mai, convoquée pour le 26 du mois de mai prochain, sera composée :

1° Des membres de tous les colléges électoraux de départemens et d'arrondissemens de l'empire ;

2° Des députations qui seront nommées par tous les corps de l'armée de terre et de mer.

2. Aussitôt après leur arrivée à Paris, les membres des colléges électoraux se présenteront au ministère de l'intérieur, où on leur indiquera le lieu qui leur aura été assigné pour la réunion en une seule assemblée des membres des différens colléges de chaque département.

3. L'assemblée des membres des colléges du même département se formera sous la présidence du président du collége électoral du département.

Après avoir nommé ses secrétaires et ses scrutateurs, elle procédera au dépouillement des votes du département.

4. Les assemblées des colléges de chaque département nommeront chacune une députation de cinq membres pour porter le dépouillement des votes du département à une assemblée centrale.

Les registres des votes de l'armée de terre et de mer seront transmis à cette assemblée.

Elle fera le recensement général des votes sous la présidence du prince archichancelier, qui en portera le résultat à l'empereur.

5. Tous les membres des colléges électoraux et des députations de l'armée formant l'assemblée du Champ-de-Mai se réuniront au Champ-de-Mars en présence de l'empereur.

Le résultat du recensement général des votes sera proclamé, et l'acte additionnel aux Constitutions sera promulgué, et scellé du sceau de l'état.

6. Après le serment de l'*empereur*, chaque assemblée de colléges electoraux, successivement et par ordre alphabétique, prêtera, par l'organe de l'un de ses membres, le serment d'obéissance aux Constitutions, de fidélité à l'*empereur*.

7. Des aigles seront distribuées dans l'assemblée du Champ-de-Mai, au collége électoral de chaque département pour la garde nationale du département, et aux députations de chacun des corps de l'armée de terre et de mer.

9. Nos ministres sont chargés, chacun en ce qui le concerne, de l'exécution du présent décret. — Paris, le 22 avril 1815. — *Signé* NAPOLÉON.

— « A quoi bon maintenant une pareille assemblée? dit-on de nouveau en lisant ce décret ; espère-t-il nous séduire à l'aide d'une vaine cérémonie? » Le mécontentement ne diminua pas ; et comme toutes les passions publiques, il ne cessa de gagner et de croître. Le gouvernement ne savait qu'en partie ce qui se passait ; Mais c'était assez pour l'effrayer. Il chercha à ressaisir l'opinion en faisant publier dans ses journaux, et particulièrement dans le *Moniteur*, de longues justifications, des actes additionnels et surtout des dispositions qui avaient le plus révolté l'opinion, de celle, par exemple, qui créait une Chambre des Pairs. M. de Sismondi signa plusieurs articles de ce genre dans le *Moniteur*. Mais ces dissertations officielles eurent peu de succès, ou ne furent pas lues.

Cependant les effets du premier enthousiasme continuaient à se manifester. Il se forma en Bretagne une fédération qui rappelait un peu celle de la première révolution. Nos lecteurs remarqueront que le projet était antérieur à la connaissance des actes additionnels. L'article du *Moniteur* qui annonçait la constitution de la société est curieux à lire. Nous l'insérons ici.

Les habitans de Rennes, parmi lesquels se trouve un grand nombre de citoyens de tout âge et de toutes conditions dont le dévouement à l'empereur est fortement senti, se sont énergiquement prononcés pour la cause nationale. Les Nantais ont les premiers répondu à l'appel, et ont proposé d'envoyer à Rennes des commissaires qui concourraient à poser les bases d'un pacte fédératif pour les cinq départemens de la Bretagne.

Ces députés sont arrivés ici le samedi 22 avril, à quatre heures, et ont été reçus par une foule immense qui s'était portée à leur rencontre, ayant la musique en tête, et aux cris répétés de *vive l'empereur !*

Le préfet s'étant assuré que les sentimens étaient de part et d'autre tels qu'on pouvait les désirer, et que les députés et leurs hôtes étaient tous des hommes présentant par leur éducation et la consistance de leurs familles, toute la garantie nécessaire, laissa un libre essor à cet élan patriotique.

Le dimanche 23, dans une réunion considérable, les commissaires nantais déposèrent sur le bureau l'adresse de leurs commettans. Cependant on discutait les bases d'un pacte fédératif, et à l'imitation de celui que la Bretagne signa en 1790 à Pontivy, aujourd'hui Napoléonville.

Sur le bruit de cette réunion, des commissaires du Morbihan partirent de Vannes avec l'agrément du préfet, pour se réunir à leurs amis de Rennes et de Nantes.

Dans la nuit, le projet de pacte fédératif destiné à unir tous les bons Français des cinq départemens de la Bretagne pour la défense de la patrie, de sa liberté, de ses constitutions et de l'empereur, fut dressé. Il fut adopté le lendemain avec enthousiasme par l'assemblée générale qui s'était grossie d'une manière surprenante.

Des commissaires ont été nommés pour aller dans toutes les villes de la Bretagne et dans la Basse-Normandie.

Des députations de Ploermel et de Josselin sont venues se joindre aux fédérés, au nom de leurs concitoyens.

Cette confédération, composée de l'élite de la génération, née dans la révolution, élevée dans les principes libéraux, parfaitement en état de distinguer la liberté de la licence, et dont la haine pour les anciens priviléges n'est point équivoque, va s'étendre rapidement dans toute la Bretagne.

Tout est dans l'ordre le plus parfait à Rennes, malgré l'enthousiasme; les assemblées générales sont terminées.

Des communes rurales demandent à adhérer à la confédération.

— Des fédérations semblables furent successivement établies à Paris, à Rouen, en Bourgogne, à Angers, à Lyon, à Strasbourg, à Grenoble, à Metz, à Nancy. Nous avons quelques raisons de croire que parmi les plus ardens meneurs de ces associations nouvelles, il y avait un certain nombre d'hommes qui croyaient pouvoir y trouver plus tard les moyens de résister au despotisme impérial. Quant à Napoléon, il laissa faire, car il croyait que sa tolérance à cet égard pourrait lui rendre la popularité que lui avaient enlevés ses actes additionnels.

Enfin, le 30 avril, Napoléon, obsédé par son entourage, se détermina à rendre un décret qui convoquait les colléges électoraux pour l'élection des députés à la chambre des représentans, et qui statuait que les députés élus se rendraient à Paris pour assister à l'assemblée du Champ-de-Mai, et composer la chambre, qui serait convoquée après l'acceptation de l'acte additionnel. Suivant Thibaudeau, c'était Fouché qui avait le premier soulevé la question de cette convocation. Regnauld de Saint-Jean-d'Angely, endoctriné par lui, se détermina à en parler à l'empereur, qui reçut la proposition de très-mauvaise grâce, y fit des objections, et ne céda que sur la menace de démission faite par Regnauld, par plusieurs ministres et conseillers d'état.

L'assemblée du *Champ-de-Mai* n'eut lieu que le 1er juin. Il n'était guère possible en effet qu'elle fût réunie plus tôt. Les électeurs avaient des députés à nommer, et les magistrats à recueillir des votes. Mais l'opinion mécontente ne tint aucun compte de ces circonstances; le *Champ-de-Mai*, disait-on, *est remis à l'année prochaine.*

Dans cet intervalle l'empereur ne fut pas oisif. L'activité du ministre de la guerre était toujours la même.

Le 22 avril 1815, un décret établit l'organisation des corps francs dans les départemens. — Le 24, un autre décret avait organisé les canonniers gardes-côtes. — Un décret du 30 ordonna le renouvellement de toutes les autorités municipales. Elles devaient être nommées par les assemblées primaires, conformément à la loi du 14 décembre 1789. C'était encore une des concessions faites à ses ministres et à ses conseillers. — Un décret du 25 avril rendit aux régimens leurs anciens numéros que les Bourbons avaient changés. — Un décret du 1er mai, réorganisa la gendarmerie. — On commença à faire travailler aux fortifications de Paris et de Lyon. Dès le 7 mai, les ouvriers étaient occupés, sous la direction des officiers de génie, à commencer les fortifications de campagnes qui devaient couvrir la capitale du côté du nord ; les fortifications appuyées à droite à Vincennes et à Charenton devaient passer en avant des villages de Ménilmontant, Belleville, Pantin, La Villette, et suivre depuis ce point la branche du canal de l'Ourcq qui va rejoindre la Seine à Saint-Denis. Cette dernière ville devait être fortifiée. Montmartre fut également fortifié afin de servir de point secondaire de défense. Il devait être armé de batteries. On fit venir de nos ports de mer les canons qui devaient garnir cette ligne de travaux. Le parc fut établi plus tard au Champ-de-Mars. — Le 9 mai, sur le rapport de Fouché, Napoléon décréta diverses mesures de police destinées à prévenir et à punir toutes tentatives royalistes à l'intérieur. — Le 12 mai, le *Moniteur* inséra la proclamation suivante, bien différente de celles qu'on y lisait ordinairement.

Les habitans, les ouvriers des faubourgs Saint-Antoine et Saint-Marceau, à leurs concitoyens, leurs camarades.

Les déclarations odieuses des 15 et 25 mars, la proclamation du roi de Prusse, du 5 avril, ont dévoilé les projets sacriléges de l'étranger, qui, non content d'avoir fait disparaître du nombre des puissances la Pologne, l'Italie et la brave nation saxonne, d'avoir disposé à son seul profit de la Belgique et des départemens du Rhin, voudrait aussi diviser la France, et semble ne nous laisser d'autre choix que de mourir pour sa défense, ou de cesser d'exister comme Français.

Tous les habitans des départemens de l'est ont pris les armes ; ils ont accouru sur nos frontières pour les couvrir, dans nos forteresses pour les défendre.

Le peuple de Paris ne sera pas le dernier à suivre un si noble exemple : les hauteurs qui dominent la capitale se couvrent de retranchemens et de batteries. Ce n'est pas en présence de l'immense population de nos faubourgs qu'elles resteront sans défenseurs. L'intervalle que l'étranger met entre ses proclamations et ses résolutions est mis à profit par la sage prévoyance de l'empereur. Si l'an dernier la trahison n'avait pas paralysé toutes les mesures de défense, si elle ne nous avait pas refusé des armes, l'ennemi n'aurait pas pénétré dans nos faubourgs ; quoi qu'il puisse arriver, il n'y pénétrera plus. Nous ne portons point envie à la garde nationale, qui a sur nous l'avantage de pouvoir consacrer son temps à un service journalier ; mais nous voulons avoir notre part à la défense commune ; nous offrons nos bras à l'empereur, notre vœu est qu'il les accepte, qu'au moment du danger il en fasse diriger les coups.

Nous demandons à être armés et organisés ; nous le demandons tous, parce que nous réclamons tous le même droit, et que nous avons tous les mêmes devoirs à remplir ; nous voulons être au besoin les éclaireurs de la partie de la garde nationale qui, n'étant pas retenue par son service pour maintenir l'ordre dans l'intérieur et veiller à la garde des barrières, se porterait, comme l'an passé, hors des murs ; et notre ambition serait satisfaite, puisque nous pourrions nous présenter les premiers au-devant de l'ennemi. Nous voulons aussi, par notre attitude, frapper de terreur les traîtres qui pourraient désirer encore une fois l'avilissement de leur patrie.

C'est pour ce but, c'est pour notre indépendance, c'est pour l'honneur de la France, pour la liberté, pour la cause du peuple, inséparable de celle de notre immortel empereur, que nous nous unissons tous par le même serment : nous promettons, nous jurons que la capitale ne reverra plus l'étranger lui donner des lois.

A cet effet, les habitans, les ouvriers des faubourgs Saint-Antoine et Saint-Marceau, qui dans tous les temps ont montré leur dévouement à la cause du peuple, et qui ne sont pas portés sur les contrôles de la garde nationale, *sont confédérés*.

Une députation sera chargée de présenter à l'empereur l'offre qu'ils font tous ici de marcher, si la capitale était menacée, pour couvrir les hauteurs qui la défendent, et s'opposer, sur tous les points, aux approches de l'ennemi.

La même députation suppliera S. M. de permettre que des députés des faubourgs de sa capitale se rendent auprès des habitans de Lyon et de ses faubourgs, la seconde ville de France, qui l'an passé vit aussi l'ennemi dans ses murs; les sentimens de la ville de Lyon sont connus de toute la France, nous savons qu'elle trouvera aussi dans le courage de ses habitans l'assurance que jamais les oppresseurs de notre indépendance, les ennemis de la gloire du nom français, ne pénétreront sur le sol sacré de la patrie.

En conséquence, les habitans des faubourgs Saint-Marceau et Saint-Antoine ont résolu de s'engager par le pacte dont les articles suivent :

Art. 1er. Tous les habitans de ces faubourgs en état de porter les armes se consacrent à la défense de la capitale.

2. Au premier signal qui serait donné par l'autorité et par les chefs de la garde nationale, tout habitant en état de porter les armes se rendra aux lieux de rassemblement qui seront désignés, pour être mis à la disposition des chefs nommés pour le conduire sur les points menacés.

3. Les autres citoyens de la capitale qui ne sont pas portés sur les contrôles de la garde nationale, et qui, ayant manifesté leurs vœux aux autorités et aux chefs de légion de leur arrondissement, voudront s'unir à nous, seront admis avec joie dans nos rangs.

4. Nous jurons à l'empereur obéissance sans bornes et une fidélité à toute épreuve, et nous nous promettons à nous-mêmes d'obéir à tous les ordres des chefs désignés pour nous commander, de réprimer les désordres, de quelque nature qu'ils soient, qui pourraient prendre naissance dans nos nombreux rassemblemens, et de rejeter de notre union ceux qui en seraient les auteurs.

Le cri de ralliement de la confédération est et sera toujours *vive la nation! vive la liberté! vive l'empereur!* — Paris, ce 10 mai 1815.

Signé, BEAURAIN, DULOIR, GAUVILLE, MILLOUR, *commissaires*, et plus de trois mille signatures.

— Le dimanche 14 mai, les fédérés des faubourgs Saint-Antoine et Saint-Marceau, au nombre de douze à quinze mille, en habits de travail et sans armes, furent admis dans la cour des Tuileries, et s'y rangèrent en ordre de bataille. L'empereur se porta à cheval devant la ligne; il écouta un discours prononcé par l'orateur des fédérés qui était terminé par ces mots : *vive la nation! vive la liberté! vive l'empereur!* il y répondit. « Soldats fédérés, dit-il en terminant, s'il est des hommes nés dans les hautes classes de la société qui aient déshonoré le nom français, 'amour de la patrie et le sentiment de l'honneur national se sont conservés tout entiers dans le peuple des villes, les habitans des campagnes et les soldats de l'armée. Je suis bien aise de vous voir; j'ai confiance en vous. Vive la nation ! » On répondit à ces derniers mots par les cris de *vive l'empereur !* Napoléon ensuite parcourut à cheval les rangs des fédérés; il y fut accueilli par de nombreuses acclamations. Ensuite le défilé eut lieu. Ce n'était pas cependant sans appréhension que les courtisans avaient vu l'empereur se mêler ainsi avec le peuple. On avait donc pris des précautions. On avait massé des régimens sur le Carrousel. Ceux-ci furent passés en revue après les fédérés.

Un décret impérial suivit de près cette revue. Il ordonnait la formation de vingt-quatre bataillons de fédérés *tirailleurs de la garde nationale*. Ils devaient être équipés et habillés aux frais de la ville, et l'armée de ligne devait fournir les cadres d'officiers destinés à les diriger. Le général Darricau fut chargé du commandement en chef. Un avis du maire du douzième arrondissement en date du 24 mai en donna avis aux Parisiens. Les courtisans virent cette formation avec peine; ils répandirent les bruits les plus singuliers; on était, disaient-ils, menacé d'un nouveau 10 août, du pillage, du jacobinisme, etc. Mais reprenons la liste des décrets impériaux que nous avons interrompue.

Le 27 avril, sur le rapport de Carnot, l'empereur décréta qu'il serait établi à Paris une *école d'essai* pour l'enseignement élémentaire, d'après la méthode Lancastrienne.

Le 27 mai, un décret régla l'administration des sommes produites par les dons patriotiques. Cette mesure avait pour but de les provoquer, plutôt que d'en régulariser la recette et l'emploi. Ils avaient, en effet, été assez peu nombreux et presque tous offerts par des personnes attachées au pouvoir. Ils le devinrent davantage après le décret. Toutes les autorités, tous les employés du gouvernement, des départemens et des villes, et jusqu'aux gardes nationaux, furent invités à souscrire.

En même temps, l'empereur passait de nombreuses revues. Il activait par sa présence les fortifications de Paris du côté du nord. Ce n'étaient pas les ouvriers seulement qui y travaillaient; mais c'étaient encore la population et la garde nationale qui se relayait à cette corvée par bataillons. En un mot, les préparatifs de défense étaient le fait prédominant de l'époque. L'empereur n'ignorait point de quelle formidable invasion la France épuisée était menacée. Lord Castlereagh avait fait au parlement (*séance du 26 mai*) l'énumération des forces que les coalisés disposaient contre nous. Elles s'élevaient ensemble à un million onze mille hommes. Mais ces révélations avaient été soigneusement cachées au seul pays qui fût intéressé à les connaître, c'est-à-dire à la France. On atteignit enfin le 1er juin, jour fixé pour l'ouverture du Champ-de-Mai. Nous allons donner la narration du *Moniteur*.

Assemblée du Champ-de-Mai au Champ-de-Mars. — Paris, le 1er juin.

Le trône de l'empereur s'élevait en avant du bâtiment de l'École-Militaire et au centre d'une vaste enceinte demi-circulaire dont les deux tiers formaient à droite et à gauche de grands amphithéâtres où quinze mille personnes étaient assises. L'autre tiers en face du trône était ouvert. Un autel s'élevait au milieu; au-delà et à environ cent toises, s'élevait un autre trône isolé qui dominait tout le Champ-de-Mars.

L'empereur, rendu au Champ-de-Mars avec le cortége, a paru sur son trône au bruit des acclamations universelles. La messe a été célébrée par monseigneur l'archevêque de Tours, qu'assistaient S. Em. monseigneur le cardinal de Bayonne, et quatre autres évêques.

La messe étant dite, MM. les membres de la députation centrale des colléges électoraux de la France se sont avancés au pied du trône, dont ils ont monté l'escalier pour voir de plus près l'empereur et pour être mieux vus de lui; ils étaient au nombre d'environ cinq cents; ils ont été présentés à S. M. par S. A. S. le prince archichancelier de l'empire. Alors, l'un des membres de la députation (1) a prononcé d'une voix forte et animée l'adresse suivante au nom du peuple français.

« Sire, le peuple français vous avait décerné la couronne, vous l'avez déposée sans son aveu; ses suffrages viennent de vous imposer le devoir de la reprendre.

» Un contrat nouveau s'est formé entre la nation et V. M.

» Rassemblés de tous les points de l'empire, autour des tables de la loi, où nous venons inscrire le vœu du peuple, ce vœu, seule source légitime du pouvoir, il nous est impossible de ne pas faire retentir la voix de la France, dont nous sommes les organes immédiats; de ne pas dire, en présence de l'Europe, au chef auguste de la nation, ce qu'elle attend de lui, ce qu'il doit attendre d'elle.

» Nos paroles seront graves comme les circonstances qui les inspirent.

» Que veut la ligue de rois alliés avec cet appareil de guerre dont elle épouvante l'Europe et afflige l'humanité?

» Par quel acte, par quelle violation, avons-nous provoqué leur vengeance, motivé leur agression?

» Avons-nous, depuis la paix, essayé de leur donner des lois? Nous voulons seulement faire et suivre celles qui s'adaptent à nos mœurs.

» Nous ne voulons point du chef que veulent pour nous nos ennemis, et nous voulons celui dont ils ne veulent pas.

» Ils osent vous proscrire personnellement, vous, Sire, qui, maître tant de fois de leurs capitales, les avez raffermis généreusement sur leurs trônes ébranlés! Cette haine de nos ennemis ajoute à notre amour pour vous. On proscrirait le moins connu de nos citoyens que nous devrions le défendre avec la même éner-

---

(1) M. Dubois, d'Angers, électeur et représentant du département de Maine-et-Loire.

gie : il serait, comme vous, sous l'égide de la loi et de la puissance française.

» On nous menace d'une invasion ! et cependant resserrés dans des frontières que la nature ne nous a point imposées, que long-temps et avant votre règne, la victoire et la paix même avaient reculées, nous n'avons point franchi cette étroite enceinte, par respect pour des traités que vous n'avez point signés et que vous avez offert de respecter.

» Ne demande-t-on que des garanties ? elles sont toutes dans nos institutions et dans la volonté du peuple français, unie désormais à la vôtre.

» Ne craint-on pas de nous rappeler des temps, un état de choses naguère si différent et qui pourrait encore se reproduire ?

« Ce ne serait pas la première fois que nous aurions vaincu l'Europe armée contre nous.

» Ces droits sacrés, imprescriptibles, que la moindre peuplade n'a jamais réclamés en vain au tribunal de la justice et de l'histoire, c'est à la nation française qu'on ose les disputer une seconde fois, au dix-neuvième siècle, à la face du monde civilisé !

» Parce que la France veut être la France, faut-il qu'elle soit dégradée, déchirée, démembrée, et nous réserve-t-on le sort de la Pologne ?

» Vainement veut-on cacher de funestes desseins sous l'apparence du dessein unique de vous séparer de nous pour nous donner à des maîtres avec qui nous n'avons plus rien de commun, que nous n'entendons plus, et qui ne peuvent pas nous entendre; qui ne semblent appartenir ni au siècle ni à la nation, qui ne les a reçus un moment dans son sein que pour voir proscrire et avilir par eux ses plus généreux citoyens.

» Leur présence a détruit toutes les illusions qui s'attachaient encore à leur nom.

» Ils ne pourraient plus croire à nos sermens ; nous ne pourrions plus croire à leurs promesses. La dîme, la féodalité, les priviléges, tout ce qui nous est odieux était trop évidemment le but et le fond de leur pensée, quand l'un d'eux, pour consoler l'impatience du présent, assurait ses confidens qu'*il leur répondait de l'avenir.*

» Ce que chacun de nous avait regardé pendant vingt-cinq ans comme titres de gloire, comme services dignes de récompenses, a été pour eux un titre de proscription, un sceau de réprobation.

» Un million de fonctionnaires, de magistrats, qui, depuis vingt-cinq ans, suivent les mêmes maximes, et parmi lesquels nous venons de choisir nos représentans, cinq cent mille guerriers, notre force et notre gloire, six millions de propriétaires investis par la révolution, un plus grand nombre encore de citoyens éclairés qui font une profession réfléchie de ces idées, devenues parmi nous des dogmes politiques, tous ces dignes Français n'étaient point les Français des Bourbons; ils ne voulaient régner que pour une poignée de privilégiés, depuis vingt cinq ans punis ou pardonnés.

» L'opinion même, cette propriété sacrée de l'homme, ils l'ont poursuivie, persécutée, jusque dans le paisible sanctuaire des lettres et des arts.

» Sire, un trône un moment relevé par les armes étrangères, et environné d'erreurs incurables, s'est écroulé en un instant devant vous, parce que vous nous rapportiez de la retraite, qui n'est féconde en grandes pensées que pour les grands hommes, tous les erremens de notre véritable gloire et toutes les espérances de notre véritable prospérité.

» Comment votre marche triomphale, de Cannes à Paris, n'a-t-elle pas dessillé tous les yeux ? Dans l'histoire de tous les peuples et de tous les siècles, est-il une scène plus nationale, plus héroïque, plus imposante? Ce triomphe, qui n'a point coûté de sang, ne suffit-il pas pour détromper nos ennemis? en veulent-ils de plus sanglans. Eh bien! Sire, attendez de nous tout ce qu'un héros fondateur est en droit d'attendre d'une nation fidèle, énergique, généreuse, inébranlable dans ses principes, invariable dans le but de ses efforts, l'indépendance à l'extérieur et la liberté au dedans.

» Les trois branches de la législature vont se mettre en action; un seul sentiment les animera : confians dans les promesses de V. M., nous lui remettons, nous remettons à nos représentans et à la Chambre des Pairs le soin de revoir, de consolider, de perfectionner de concert, sans précipitation, sans secousse, avec maturité, avec sagesse, notre système constitutionnel et les institutions qui doivent en être la garantie.

» Et cependant si nous sommes forcés de combattre, qu'un seul cri retentisse dans tous les cœurs. « Marchons à l'ennemi qui veut nous traiter comme la der-
» nière des nations! Serrons-nous tous autour du trône, où siége le père et le
» chef du peuple et de l'armée. »

» Sire, rien n'est impossible, rien ne sera épargné pour nous assurer l'honneur et l'indépendance, ces biens plus chers que la vie. Tout sera tenté, tout sera exécuté pour repousser un joug ignominieux. Nous le disons aux nations : puissent leurs chefs nous entendre! s'ils acceptent vos offres de paix, le peuple français attendra de votre administration forte, libérale, paternelle, des motifs de se consoler des sacrifices que lui a coûté la paix; mais si l'on ne nous laisse que le choix entre la guerre et la honte, la nation tout entière se lève pour la guerre; elle est prête à vous dégager des offres, trop modérées peut-être, que vous avez faites pour épargner à l'Europe un nouveau bouleversement. Tout Français est soldat : la victoire suivra vos aigles, et nos ennemis, qui comptaient sur nos divisions, regretteront bientôt de nous avoir provoqués. »

L'énergie et la sensibilité de l'orateur se sont communiquées de proche en proche à tous les assistans, et l'enceinte entière du Champ-de-Mars a retenti des cris de *vive la nation! vive l'empereur!*

En ce moment S. A. S. le prince archichancelier a proclamé le résultat des votes, portant que l'acte additionnel aux constitutions de l'empire est accepté à la presque unanimité des votans (le nombre des votes négatifs étant de quatre mille deux cent six) (1).

Le chef des hérauts d'armes, sur l'ordre de Sa Majesté, transmis par S. Exc. le grand-maitre des cérémonies a dit :

« Au nom de l'empereur, je déclare que l'acte additionnel aux constitutions de l'empire a été accepté par le peuple français. »

De nouvelles acclamations se sont fait entendre de toutes parts.

Le grand chambellan ayant fait apporter devant le trône une table sur la-

(1)   Votes des citoyens.. { Oui, 1,288,537
                              Non,   4.207
       Votes de l'armée.... { Oui,   222,000
                              Non,   520
       Votes de la marine. { Oui,   22,000
                              Non,   275

— Le *Moniteur de Gand* publia des observations sur ces votes. Il fit remarquer, avec raison, que le nombre n'en était pas assez considérable pour constituer une approbation nationale. En effet, les votans formaient une minorité; puisque le nombre des citoyens, d'âge à donner leur avis et consultés par le décret, était de plus de six millions cinq cent mille. (*Note des auteurs.*)

quelle était placé l'acte additionnel aux constitutions de l'empire, S. A. S. le prince archichancelier a remis la plume à S. A. I. le prince Joseph, qui l'a présentée à l'empereur, et S. M. a revêtu de sa signature l'acte de promulgation de la Constitution.

La table ayant été retirée, l'empereur, assis et couvert, a parlé en ces termes :

« Messieurs les électeurs des colléges de département et d'arrondissement; Messieurs les députés de l'armée de terre et de mer au Champ-de-Mai;

» Empereur, consul, soldat, je tiens tout du peuple. Dans la prospérité, dans l'adversité, sur le champ de bataille, au conseil, sur le trône, dans l'exil, la France a été l'objet unique et constant de mes pensées et de mes actions.

» Comme ce roi d'Athènes, je me suis sacrifié pour mon peuple, dans l'espoir de voir se réaliser la promesse donnée de conserver à la France son intégrité naturelle, son honneur et ses droits.

» L'indignation de voir ses droits sacrés, acquis par vingt-cinq années de victoires, méconnus et perdus à jamais; le cri de l'honneur français flétri; les vœux de la nation m'ont ramené sur ce trône qui m'est chér, parce qu'il est le *palladium* de l'indépendance, de l'honneur et des droits du peuple.

» Français, en traversant au milieu de l'allégresse publique les diverses provinces de l'empire pour arriver dans ma capitale, j'ai dû compter sur une longue paix; les nations sont liées par les traités conclus par leurs gouvernemens, quels qu'ils soient.

» Ma pensée se portait alors tout entière sur les moyens de fonder notre liberté par une Constitution conforme à la volonté et à l'intérêt du peuple. J'ai convoqué le Champ-de-Mai.

» Je ne tardai pas à apprendre que les princes qui ont méconnu tous les principes, froissé l'opinion et les plus chers intérêts de tant de peuples, veulent nous faire la guerre. Ils méditent d'accroître le royaume des Pays-Bas, de lui donner pour barrières toutes nos places frontières du nord, et de concilier les différends qui les divisent encore, en se partageant la Lorraine et l'Alsace.

» Il a fallu se préparer à la guerre.

» Cependant, devant courir personnellement les hasards des combats, ma première sollicitude a dû être de constituer sans retard la nation. Le peuple a accepté l'acte que je lui ai présenté.

» Français, lorsque nous aurons repoussé ces injustes agressions, et que l'Europe sera convaincue de ce qu'on doit aux droits et à l'indépendance de vingt-huit millions de Français, une loi solennelle, faite dans les formes voulues par l'acte constitutionnel, réunira les différentes dispositions de nos constitutions aujourd'hui éparses.

» Français, vous allez retourner dans vos départemens. Dites aux citoyens que les circonstances sont grandes!!! Qu'avec de l'union, de l'énergie et de la persévérance, nous sortirons victorieux de cette lutte d'un grand peuple contre ses oppresseurs; que les générations à venir scruteront sévèrement notre conduite; qu'une nation a tout perdu quand elle a perdu l'indépendance. Dites-leur que les rois étrangers que j'ai élevés sur le trône, ou qui me doivent la conservation de leur couronne; qui tous, au temps de ma prospérité, ont brigué mon alliance et la protection du peuple français, dirigent aujourd'hui tous leurs coups contre ma personne. Si je ne voyais que c'est à la patrie qu'ils en veulent, je mettrais à leur merci cette existence contre laquelle ils se montrent si acharnés. Mais dites aussi aux citoyens que tant que les Français me conserveront les sentimens d'amour dont ils me donnent tant de preuves, cette rage de nos ennemis sera impuissante.

» Français, ma volonté est celle du peuple; mes droits sont les siens; mon honneur, ma gloire, mon bonheur, ne peuvent être autres que l'honneur, la gloire et le bonheur de la France. »

Il serait difficile de décrire l'émotion qui s'est manifestée sur tous les visages aux accens de S. M. et les cris prolongés qui ont suivi son discours.

Alors monseigneur l'archevêque de Bourges, premier aumônier, faisant les fonctions de grand aumônier, s'est approché du trône, a présenté à genoux les Saints-Évangiles à l'empereur, qui a prêté serment en ces termes :

Je jure d'observer et de faire observer les Constitutions de l'empire.

Le prince archichancelier, s'avançant au pied du trône, a prononcé le premier le serment d'*obéissance aux Constitutions et de fidélité à l'empereur.* L'assemblée a répété d'une voix unanime : *Nous le jurons!*

Pendant le discours et le serment, les membres de la députation centrale des colléges, au lieu de retourner à leurs places dans l'enceinte circulaire en face du trône, se sont assis sur les marches mêmes du trône, auprès de l'empereur, qui s'est vu environné d'eux comme un père de sa famille. Ils ne se sont retirés que pendant le *Te Deum* qui a été chanté après le serment, et au moment où les présidens des colléges électoraux se sont avancés pour recevoir les aigles destinées aux gardes nationales de leurs départemens respectifs. L'aigle de la garde nationale du département de la Seine, celle du premier régiment de l'armée et celle du premier corps de la marine ont été tenues, ainsi que l'annonçait le programme de la cérémonie, par les ministres de l'intérieur, de la guerre et de la marine. L'empereur ayant quitté le manteau impérial, s'est levé de son trône, s'est avancé sur les premières marches ; les tambours ont battu un ban, et S. M. a parlé en ces termes :

« Soldats de la garde nationale de l'empire, soldats des troupes de terre et de mer, je vous confie l'aigle impériale aux couleurs nationales; vous jurez de la défendre au prix de votre sang contre les ennemis de la patrie et de ce trône! Vous jurez qu'elle sera toujours votre signe de ralliement ; vous le jurez. »

Les cris universellement prolongés *nous le jurons!* ont retenti dans l'enceinte, et c'est au milieu de ces acclamations et environné des aigles de tous les corps armés de France, que l'empereur est allé se placer avec tout son cortége sur le trône élevé au milieu du Champ-de-Mars, où, en qualité de colonel de la garde nationale de Paris et de la garde impériale, il a donné les aigles aux présidens du département et des six arrondissemens, et aux chefs de sa garde. Le comte Chaptal, président des colléges électoraux de Paris, et le lieutenant-général comte Durosnel, tenaient l'aigle de la garde nationale, et le lieutenant-général comte Friant, celle de la garde impériale. Toutes les troupes ont marché par bataillon et par escadron, et ont environné le trône : les officiers placés en première ligne, l'Empereur a dit :

« Soldats de la garde nationale de Paris, soldats de la garde impériale.

» Je vous confie l'aigle impériale aux couleurs nationales. Vous jurez de périr, s'il le faut, pour la défendre contre les ennemis de la patrie et du trône. (Toute cette armée qui, groupée autour du trône, était à la portée de sa voix, a interrompu l'empereur par ces cris mille fois répétés : *Nous le jurons!*) Vous jurez de ne jamais reconnaître d'autre signe de ralliement. (De nouveaux cris unanimes ont fait entendre : *Nous le jurons!* Les tambours ont battu un ban et le silence s'est rétabli.) Vous, soldats de la garde nationale de Paris, vous jurez de ne jamais souffrir que l'étranger souille de nouveau la capitale de la grande nation. C'est à votre bravoure que je la confierai. (Les cris *nous le jurons!* ont été répétés mille et mille fois.) Et vous, soldats de la garde impériale, vous jurez de vous surpasser vous-mêmes dans la campagne qui va s'ouvrir, et de mourir tous plutôt que de souffrir que les étrangers viennent dicter la loi à la patrie. » (Les acclamations, les cris *nous le jurons!* ont retenti de nouveau et se sont prolongés dans toute l'étendue du Champ-de-Mars.)

Alors les troupes, qui formaient à peu près cinquante mille hommes, dont vingt-sept mille de gardes nationales, ont défilé devant S. M. aux cris de *vive l'empereur!* et aux acclamations d'un peuple immense qui couvrait les tertres du Champ-de-Mars jusqu'à la Seine.

A la suite de cette narration, on lisait les décrets suivants :

NAPOLÉON, etc. — La Chambre des Pairs et la Chambre des Représentans sont convoquées pour le 3 du présent mois de juin 1815.

Donné en notre palais des Tuileries, le 1er juin 1815. — *Signé*, NAPOLÉON.

Un décret rendu par S. M. le 26 mai, sur le rapport du ministre de l'intérieur, le conseil-d'état entendu, contient les dispositions suivantes :

ART. 1er. La Chambre des Pairs se formera au palais du Luxembourg, sous la présidence du prince archichancelier de l'empire ou du vice-président.

Elle procédera à la nomination de deux secrétaires définitifs. Les deux plus jeunes d'âge en exerceront provisoirement les fonctions.

2. La Chambre des Représentans se formera dans le palais du corps législatif, sous la présidence du doyen d'âge; les deux plus jeunes feront les fonctions de secrétaires.

3. Lorsque la chambre aura procédé à la nomination de son président, le procès-verbal de cette nomination sera porté à l'empereur par le président provisoire... etc.

Cette cérémonie déplut à la plus grande partie de la population. Elle fut mécontente de n'avoir pas assez vu, d'avoir été trop écartée. On remarqua en général le luxe du cortége; quelques personnes dirent que cet étalage était déplacé et peu populaire. Le gouvernement instruit fit donner le dimanche suivant, 4 juin, une de ces fêtes que le peuple aime parce qu'il y est, en même temps, acteur et spectateur. Elle fut donnée aux Champs-Elysées et avec tous les divertissements d'usage, mâts de cocagne, orchestres, spectacles, illuminations, foire, feu d'artifice. On se plaignit cependant des distributions de vin et d'alimens; on dit que c'était avilir le peuple que de lui jeter ainsi de la nourriture. Enfin, le même jour, l'empereur, qui savait que les invités au Champ-de-Mai n'étaient guère plus satisfaits que les spectateurs, et qui les avait trouvés trop froids, les réunit dans son palais pour agir directement et personnellement en quelque sorte sur chacun d'eux. Le prétexte de la réunion fut la distribution des aigles que l'on n'avait pu faire au Champ-de-Mai. Voici encore la narration du *Moniteur*.

Paris, le 4 juin. — Aujourd'hui dimanche, 4 juin 1815, au palais des Tuileries, l'empereur étant sur son trône, entouré des princes, grands dignitaires, ministres, grands-officiers, grands-aigles de la Légion-d'Honneur et officiers de sa maison, les membres des colléges électoraux de la France et les députations des armées de terre et de mer ont défilé successivement devant S. M. Ils ont été conduits dans la salle du trône par les maitres et aides des cérémonies, introduits par S. Exc. le grand-maitre et présentés par S. A. S. le prince archichancelier.

L'empereur a reçu ensuite dans la salle du trône les députations des colléges électoraux des départemens dont les noms suivent, qui ont présenté des adresses à S. M. Ces députations ont été introduites et présentées de la même manière.

Après la messe, Sa Majesté a passé avec son cortége dans la galerie du Muséum, où elle a trouvé rangés à droite, dans l'ordre alphabétique des départemens, les membres des colléges électoraux, et à gauche les députations militaires. Elle a été accueillie par de vives et unanimes acclamations. L'aigle de chaque département et de chaque corps était placée à côté du président du collége électoral du département, ou du chef de la députation militaire, et rien n'offrait un spectacle plus magnifique que cette immense réunion de Français dans une galerie si riche des monumens des arts, se pressant tous autour du signe qui doit les rallier pour la défense de leurs foyers. L'empereur, qui, dans l'assemblée du Champ-de-Mai, n'avait pas pu donner de sa main toutes les aigles destinées aux gardes nationales des départemens, a voulu, dans une enceinte plus étroite, accomplir cette promesse, et par là lier plus intimement encore, s'il était possible, les gardes nationales à la conservation d'un gage si précieux; chaque aigle a été présentée par S. Ex. le ministre de l'intérieur à S. M., qui l'a remise elle-même au président du collége du département auquel elle était destinée. S. M. a reçu avec bonté toutes les pétitions qui lui ont été présentées par les électeurs, et a passé plusieurs heures à s'entretenir avec eux. A l'extrémité de la galerie du Muséum, tous les colléges électoraux ayant eu leur audience de S. M. l'empereur est entré dans le salon qui suit la galerie, y a vu les députations de sa garde, des invalides et des vétérans; et, après avoir fait le tour de ce salon, est rentré dans la galerie où les députations des armées de terre et de mer étaient rangées à gauche jusqu'à l'autre extrémité.

Cette nombreuse réunion, qu'on peut estimer à dix mille personnes, avait peine à contenir ses sentimens pendant que S. M. parlait à presque tous les membres des colléges : elle s'est dédommagée de cette contrainte par les acclamations du plus vif enthousiasme au moment où S. M. a terminé l'audience et est rentrée dans ses appartemens. Il était sept heures du soir.

A huit heures, une magnifique illumination a dessiné les lignes du palais des Tuileries, une foule immense revenue des Champs-Élysées, où les jeux publics, qui avaient occupé la journée, étaient terminés, s'est portée autour du pavillon du milieu pour y entendre le concert. A neuf heures l'empereur, accompagné de sa famille, a paru au balcon. Il a été salué par des acclamations réitérées. Lorsqu'elles ont permis à l'orchestre de se faire entendre, le concert a commencé.

Après l'ouverture, un chœur nombreux a exécuté *la Lyonnaise*, dont chaque couplet a été suivi de vifs applaudissemens et des cris réitérés de *vive l'empereur!* On a ensuite entendu les *Pas des Scythes*, de *Sémiramis*, un chœur guerrier de *Tarare*, et l'air fameux des *Sauvages*, de Rameau. Le concert a été terminé par le *Vivat in œternum*, qui a de nouveau excité des acclamations réitérées (1).

Immédiatement après le concert, le signal a été donné pour le feu d'artifice

---

(1) On remarqua que *la Marseillaise*, qu'on chantait cependant partout et particulièrement au café Montansier, devenu un espèce de club militaire, avait été bannie de ce concert.   (*Note des auteurs.*)

qui était disposé sur la place de la Concorde. L'empereur, en se retirant, a reçu de nouveau les plus éclatans témoignages des sentimens publics. Pendant que la foule s'écoulait par les diverses issues du jardin, et se répandait sur les quais, les ponts et les places adjacentes, le cri de *vive l'empereur!* se faisait entendre de toutes parts, et répondait au premier cri qu'accompagnaient des chants guerriers de nombreuses réunions de militaires et d'habitans, dont les banquets joyeux se sont prolongés fort avant dans la nuit. (*Moniteur.*)

— La première séance de la Chambre des Députés et de la Chambre des Pairs avait eu lieu la veille de cette fête, qui fut la dernière de l'empire. La liste des pairs n'avait été formée que le 2 au soir, dans un conseil privé; ils furent convoqués de suite, c'est-à-dire dans la nuit ou le matin du 3, pour se réunir le même jour, de telle sorte que les noms des membres de la pairie étaient, au moment de l'ouverture de la session, complétement inconnus aux députés et au public. Chacun d'eux même sut quels étaient ses collègues au moment seulement où il les vit prendre séance dans le palais du Luxembourg. Cette manière de procéder, ce retard inusité dans la publication d'une liste importante étaient motivés. Napoléon, dit-on, désirait que son frère Lucien, élu député de l'Isère, fût nommé président de la Chambre des Représentans; et, dans ce but, il voulait que les députés ignorassent qu'il devait faire partie de la Chambre des Pairs. Mais les souvenirs du 18 brumaire étaient trop présens encore aux esprits pour que Lucien obtînt une pareille marque de confiance de la part des représentans. Les électeurs de l'Isère semblaient eux-mêmes avoir prévu que sa place n'était pas dans la chambre élective. Ils lui avaient donné un suppléant : c'était Duchesne. Si Lucien échouait dans sa candidature à la présidence dans le corps législatif, Napoléon eût souhaité au moins que celle-ci fût décernée à l'un de ses ministres d'état, Regnault, Merlin, Boulay ou Defermont. Mais tous ses désirs furent contrariés. Les représentans, comme nous allons le voir, se montrèrent moins complaisans qu'on ne s'y attendait peut-être.

Chambre des Représentans. — 3 *juin* 1815.

La Chambre se constitue provisoirement sous la présidence de son doyen d'âge. Elle prend un arrêté immédiat pour la vérification des pouvoirs, et se sépare en conséquence en commissions. La séance est suspendue pendant quelques heures, durant lesquelles les commissions opèrent les vérifications dont elles sont chargées. Ce travail terminé, la séance est reprise; chaque commission présente successivement son rapport, et l'on vote.

Le rapporteur de la quatrième commission avait à rendre compte des élections faites par le collége électoral du département de l'Isère, qui a nommé membre de la Chambre des Représentans le prince Lucien, et a désigné M. Duchesne comme son suppléant.

Il avait été observé, dans le sein de la commission, que le prince Lucien était appelé de droit à siéger dans la Chambre des Pairs ; que, par ce motif, son suppléant paraît devoir être considéré comme membre de la Chambre des Représentans.

M. le rapporteur, exprimant le vœu de la commission, déclare qu'elle a cru devoir se borner à exprimer purement et simplement les nominations telles qu'elles ont eu lieu.

La Chambre adopte le rapport de sa commission et prononce l'ajournement des élections du département de l'Isère, jusqu'à ce que la Chambre soit définitivement constituée.

Un membre. « Demain nous avons à nous occuper de la nomination du président de la Chambre. Il serait important que nous eussions connaissance de la liste des personnes qui doivent composer la Chambre des Pairs, et je désirerais que le gouvernement voulût nous faire des communications à ce sujet ; car il pourrait arriver que nous donnassions nos suffrages pour la présidence à des membres qui, n'ayant pas encore déclaré qu'ils acceptent les fonctions de représentans, rendraient ces suffrages sans application. »

Un autre membre fait observer que demain les représentans et les membres des colléges électoraux sont invités à se présenter à l'audience de l'empereur.

M. Regnault de Saint-Jean-d'Angely. « Je pense qu'il serait nécessaire que l'assemblée décidât de se réunir demain à huit heures pour procéder à la formation de son bureau définitif. Il est vrai que les députés, ainsi que les membres des colléges électoraux, sont invités à se trouver demain à l'audience de l'empereur. Toutefois les représentans devraient préférer s'occuper de l'élection du président de leur Chambre plutôt que d'une cérémonie, d'autant plus qu'ils auront d'autres occasions de jouir de la présence de S. M. Je demande que M. le président mette aux voix si l'assemblée se réunira demain à huit heures, et qu'elle ne désempare pas aujourd'hui avant d'avoir terminé la vérification des pouvoirs, sauf les ajournemens qui ont été prononcés. »

Ces propositions sont mises aux voix et adoptées.

Chambre des Pairs.

La Chambre se réunit à quatre heures sous la présidence de Cambacérès, archichancelier de l'empire. Elle nomme Thibaudeau et le comte de Vicence secrétaires.

Chambre des Représentans. — Séance du 4 juin.

La séance est ouverte à neuf heures par la lecture du procès-verbal.

Au moment où il y est question de l'ajournement prononcé hier par la Chambre sur l'élection du prince Lucien et de M. Duchesne, son suppléant, un membre exprime le désir que cet ajournement soit motivé sur ce que le prince Lucien, étant de droit membre de la Chambre des Pairs, il ne peut siéger dans celle des Représentans.

Le vœu général de l'assemblée paraît être que l'ajournement dont il s'agit reste assimilé à ceux qui ont été prononcés sur d'autres élections, et cette disposition est arrêtée.

La lecture du procès-verbal terminée, un membre demande la parole.

M. *Sibuet, député du département de Seine-et-Oise.* « Avant que l'adoption du procès-verbal soit mise aux voix, je demande à soumettre une observation à l'assemblée.

» Je désirerais que, pour les appels nominaux, ainsi que dans les procès-verbaux de nos séances, il ne soit donné aux membres de cette assemblée aucun autre titre que celui de représentant : c'est une simple mesure de police intérieure que je propose, sans entendre rien préjuger au fond sur la question des titres. Au moyen de cette restriction, ma proposition n'exige que quelques développemens, d'autant plus que ceux de nos collègues qu'elle concerne plus particulièrement s'empresseront sans doute d'y adhérer. Qu'est-ce en effet que la renonciation momentanée dont il s'agit, en comparaison des abandons généreux faits sur l'autel de la patrie, dans la nuit fameuse du 4 août, par leurs nobles prédécesseurs? (Murmures.)

» Quoi qu'il en soit, nous ne devons pas reconnaître deux ordres dans l'état, ni voir siéger d'un côté les princes, les ducs, les comtes, les barons, les chevaliers, et de l'autre ceux qu'on appelait jadis tiers-état; c'est ici surtout que nous sommes égaux entre nous, et que le président lui-même ne peut être que *primus inter pares.* Oui, messieurs, nous devons jouir dans cette auguste enceinte, non-seulement de la liberté et de l'égalité politiques, telles qu'elles sont reconnues et fixées par les lois, mais encore de cette liberté, de cette égalité sociales, qui produisent l'union et la confiance parmi les hommes et qui font naître l'amitié; ces sentimens, messieurs, qu'il est si nécessaire de faire germer dans nos cœurs, s'y trouveront étouffés du moment que l'amour-propre des uns sera blessé par toute prétention de supériorité des autres. En vain alléguerait-on que les titres sans privilége sont des mots qui ne portent aucune atteinte aux droits de chacun de nous; je répondrai toujours victorieusement... » (Murmures, interruption.)

M...... « Si je ne me trompe, il me semble que l'orateur ne parle pas d'abondance; alors, sans rien préjuger sur le fond de la question, je lui observerai que la Constitution nous défend de prononcer dans cette Chambre aucune opinion écrite. »

M. *Sibuet.* « Si l'assemblée croyait devoir interpréter judaïquement la disposition constitutionnelle que l'on vient de rappeler, il en résulterait que la parole serait, pour ainsi dire, exclusivement réservée, soit à quelques orateurs distingués, dont la Chambre s'honore, et qui ont brillé déjà dans nos assemblées, soit à nos procureurs impériaux qui, par état, doivent avoir contracté l'habitude de parler en public; et par là, vous verriez se renouveler, pour les trois quarts de nos collègues, cette mesure si contraire à la liberté, qui condamnait au silence la représentation nationale tout entière. Au surplus, je termine en déclarant que, pour des Français surtout, le privilége le plus odieux est celui qui tend à humilier le plus grand nombre au profit de quelques-uns.

» Nous ne devons donc, dès le principe, reconnaître parmi nous d'autre noblesse que celle des sentimens, d'autre supériorité que celle des talens, et d'autre titre que celui qui nous a été transmis par nos commettans. » (Bruit. — Ordre du jour.)

La proposition de M. Sibuet n'est pas appuyée.

La rédaction du procès-verbal est mise aux voix et approuvée.

M. *le président.* « J'ai l'honneur d'annoncer à l'assemblée que j'ai fait connaître le vœu qu'elle a exprimé hier de connaître officiellement la liste des membres qui composent la Chambre des Pairs. Je viens de recevoir, à ce sujet, de Son Excellence le ministre de l'intérieur une lettre dont je vais vous donner lecture.

« Paris, le 4 juin 1815. — M. le président, j'ai l'honneur de vous informer que, d'après les ordres de S. M. l'empereur, la liste des membres de la Chambre des Pairs ne sera arrêtée et publiée qu'après l'ouverture de la session. — Agréez, monsieur le président, l'assurance de ma parfaite considération. *Signé* CARNOT.»

Après la lecture de cette lettre, quelques murmures se font entendre.

M. Dupin. « Si, pour réponse à la lettre dont il vient de lui être donné communication, la chambre déclarait qu'elle ne procédera à sa constitution définitive qu'après avoir reçu la liste dont elle désire avoir connaissance...» (Il s'élève de nouveaux murmures.)

Quelques voix. « L'ordre du jour. »

M. Dupin à la tribune. « Eh! messieurs, vous murmurez, ne sommes-nous pas tous représentans? Chacun de nous n'a-t-il pas le droit d'émettre son opinion? Si nous voulons défendre la liberté de nos commettans, commençons par être libres nous-mêmes.»

M. le président. « Je dois rappeler à l'assemblée que l'objet réel de la séance de ce jour est de procéder à la nomination du président définitif de la Chambre. Avant que l'on s'occupe de l'appel nominal, je proposerai la formation de six bureaux pour le dépouillement des bulletins qui seront déposés dans l'urne. »

M. Pervinquierre pense qu'un seul bureau composé de quatre scrutateurs suffit, et cette disposition est adoptée.

L'appel nominal pour le scrutin est commencé; une légère discussion s'engage sur la manière de procéder qui pourra le mieux assurer la parfaite régularité de cette opération, et constater que le nombre des bulletins corresponde exactement à celui des votans.

Chaque membre appelé, dépose son suffrage dans l'urne placée sous les yeux de tout le bureau, où sont aussi placés les quatre scrutateurs; les noms sont inscrits par MM. les secrétaires provisoires.

Le nombre des votans est de 472. Majorité absolue 237.

Le dépouillement de ce scrutin donne pour résultat :

> 189 suffrages à M. le comte Lanjuinais.
> 74 à M. Flaugergues.
> 51 à M. de La Fayette père.
> 17 à M. de La Fayette, sans désignation.
> 41 à M. le comte Merlin.
> 29 à M. Dupont, député de l'Eure.

En un moindre nombre à MM. Bedoc, Boulai, Dumolard, Carnot, Regnaud de Saint-Jean-d'Angely, Girardin, Garat, Malherbes, Vouty de la Tour, Ramond, Dubois d'Angers et Roi de la Seine.

Aucun membre n'ayant obtenu la majorité absolue, il est procédé de suite à un second scrutin.

Le nombre des votans est de 427. Majorité absolue, 214.

Le dépouillement des votes fait connaître que M. Lanjuinais a réuni 277 suffrages.

M. Flaugergues, 58.

M. de La Fayette père, 75.

M. le président provisoire prononce que M. le comte Lanjuinais a réuni la majorité absolue des voix pour la présidence définitive de la Chambre des Représentans. De nombreux applaudissemens se font entendre.

Aux termes de l'article de l'acte additionnel aux Constitutions, dont il est fait lecture, la Chambre arrête que l'extrait du procès-verbal de cette séance sera porté dans le jour à S. M. l'empereur par le président provisoire.

La rédaction de cet arrêté, soumise à l'approbation de la Chambre, est adoptée. — La séance est levée.

Chambre des Pairs. — Séance du 5 juin.

La Chambre se réunit à deux heures sous la présidence du prince archichancelier.

Un de MM. les secrétaires donne lecture d'une lettre de M. le comte Aboville, nommé membre de la Chambre des Pairs, dans laquelle il annonce que ses infirmités ne lui permettant pas de sortir de chez lui, il lui sera impossible d'assister aux séances de la Chambre.

La mention de cette lettre au procès-verbal est ordonnée.

Le prince archichancelier annonce à la Chambre qu'en conformité de l'article 5 de l'acte additionnel aux constitutions, l'empereur vient de nommer, parmi les membres de la Chambre, un suppléant à la présidence, dans le cas d'absence de son président ordinaire. Le prince donne lecture du décret dont voici le texte :

Au palais de l'Élysée, le 4 juin 1815.

Napoléon, etc.; — Nous avons décrété et décrétons ce qui suit :

Le comte de Lacépède présidera la Chambre des Pairs en cas d'absence du prince archichancelier, et cependant la session actuelle. — *Signé* Napoléon. — Par l'empereur, *le prince archichancelier de l'empire.* — *Signé*, Cambacérès.

Le prince président annonce à la Chambre qu'elle va entendre la lecture de la liste des pairs de France nommés jusqu'à ce jour.

M. le comte Thibaudeau, secrétaire, en donne lecture.

Du palais de l'Élysée, le 2 juin 1815.

Sont nommés membres de la Chambre des Pairs :

Le prince archi-chancelier, président.	Le maréchal comte Brune.
Le prince Joseph.	Le comte Bigot.
Le prince Louis.	Le comte Boissy.
Le prince Lucien.	Le cardinal Cambacérès.
Le prince Jérôme.	Le comte Cafarelli, conseiller-d'état.
Le cardinal Fesch.	Le comte Casa-Bianca.
Le prince Eugène.	Le comte Canclaux.
Le duc de Parme.	Le comte Carnot.
Le duc de Plaisance.	Le duc de Cadore.
Le lieutenant-général Andréossy.	Le comte Chaptal.
Le maréchal duc d'Albuféra.	Le comte Clary.
Le comte d'Aubusson.	Le lieutenant-général comte Clausel.
Le duc de Bassano.	Le comte Colchen.
Le comte Beauveau.	Le comte de Croix.
Le lieutenant-général comte Bertrand.	Le comte Cornudet.
Le comte de Beaufremont.	Le contre-amiral baron Cosmao.
Le lieutenant-général baron Brayer.	Le maréchal duc de Conégliano.
Le comte Baral, archevêque de Tours.	Le lieut.-général comte Cambronne.
Le lieutenant-général comte Belliard.	Le comte Clément de Riz.

Le maréchal duc de Dalmatie.
Le maréchal duc de Dantzig.
Le baron Davilliers.
Le duc Decrès.
Le comte d'Arjuzon.
Le comte d'Alsace.
Le comte d'Aboville.
Le comte Dejan.
Le comte Dedelay d'Agier.
Le lieutenant-général comte Drouot.
Le lieutenant-général comte Duhesme.
Le lieutenant-général comte Durosnel.
Le maréchal prince d'Essling.
Le maréchal prince d'Eckmuhl.
Le lieutenant-général comte Dulauloy.
Le lieutenant-général comte d'Erlon.
Le lieut.-général comte Excelmans.
Le vice-amiral comte Emériau.
Le comte Fallot de Beaumont, archevêque de Bourges.
Le comte Fabre, de l'Aude.
Le lieutenant-général comte Friant.
Le lieutenant-général comte Flahaut.
Le comte Forbin Janson.
Le duc de Gaëte.
Le comte Gassendi.
Le lieutenant-général comte Gazan.
Le lieutenant-général comte Gérard.
Le comte Gilbert de Voisins.
Le lieutenant-général baron Girard.
Le maréchal comte Grouchy.
Le maréchal comte Jourdan.
Le comte Lacépède.
Le maréc.-de-camp comte Labédoyère.
Le lieutenant-général comte Laborde.
Le comte Alexandre Larochefoucault.
Le lieutenant-général comte Latour-Maubourg.
Le comte Alexandre Lameth.
Le lieuten.-général baron Lallemand.
Le lieuten.-général comte Laferrière-Lévèque.
Le comte Lavalette.

Le lieutenant-général comte Lecourbe.
Le lieutenant-général comte Lefèvre-Desnouettes.
Le comte Lejeas.
Le lieutenant-général comte le Marois.
Le lieuten.-général comte de Lobau.
Le maréchal prince de la Moskowa.
Le comte Montalivet.
Le comte de Marmier.
Le comte Montesquiou, grand chambellan.
Le lieutenant-général comte Molitor.
Le comte Monge.
Le lieutenant-général comte Morand.
Le comte Molé.
Le comte Mollien.
Le comte Nicolaï.
Le duc d'Otrante.
Le duc de Padoue.
Le lieutenant-général comte Pajol.
Le comte Primat, archev. de Toulouse.
Le comte de Praslin.
Le comte Pontécoulant.
Le comte Perregaux.
Le baron Quinette.
Le comte Rampon.
Le lieutenant-général comte Rapp.
Le lieutenant-général comte Reille.
Le comte Rœderer.
Le duc de Rovigo.
Le comte Roger Ducos.
Le comte de Ségur.
Le comte Sieyès.
Le comte Sussy.
Le maréchal duc de Trévise.
Le comte Thibaudeau.
Le lieutenant-général baron Travot.
Le comte Turenne.
Le lieutenant-général comte Valence.
Le lieutenant-général comte de Valmy.
Le lieut.-général comte Vandamme.
Le duc de Vicence.
Le lieut.-général comte Verdières.

— Signé, NAPOLÉON. — Par l'empereur, *le prince archichancelier*. — Signé, CAMBACÉRÈS.

S. A. I. le prince Joseph fait observer qu'il y a une erreur de rédaction dans la pièce qui vient d'être lue, puisque, conformément à l'article 6 de l'acte additionnel aux Constitutions, qui porte que les membres de la famille impériale, dans l'ordre de l'hérédité, sont pairs de droit, il est de droit membre de la Chambre des Pairs.

Cette observation n'est pas contestée, et il en sera fait mention au procès-verbal.

Le prince archichancelier, président, annonce que la commission, chargée de s'occuper d'un projet de réglement intérieur, a commencé son travail; mais elle a pensé qu'elle ne pourrait le présenter que dans son ensemble, et qu'elle ne devait pas soumettre un travail partiel.

Chambre des Représentans. — Séance du 5 juin.

Immédiatement après l'ouverture de cette séance, M. le président provisoire annonce à l'assemblée qu'il a obtenu hier soir une audience de l'empereur, et qu'il lui a fait connaître la nomination de M. le comte Lanjuinais à la présidence définitive de la Chambre.

« J'ai demandé à S. M., ajoute M. de Brange, si elle avait quelque chose à me communiquer relativement à cette nomination. Elle m'a répondu qu'en écrivant ce matin à dix heures au chambellan de service, elle ferait connaître sa décision. »
(Il s'élève des murmures.)

N..... « Je pense que les relations de la Chambre avec S. M. doivent être plus directes, et que son président ne peut correspondre officiellement avec un chambellan de l'empereur, mais seulement avec ses ministres. Je demande donc que la lettre ne soit point écrite par M. le président provisoire, et que la chambre, continuant sa séance, attende la réponse de S. M. »

M. Dumolard. « Il y a nécessairement erreur dans ce que vous venez de dire, M. le président; vous êtes animé des meilleurs sentimens, nous n'en faisons aucun doute; mais nous ne doutons pas davantage que, lorsqu'il s'agit des rapports de la chambre avec S. M., un chambellan ne peut être convenablement intermédiaire entre les représentans de la nation et le chef de l'état. »

M. Regnault de Saint-Jean-d'Angely. « Je crois devoir appuyer ce que vient d'exprimer si judicieusement notre collègue Dumolard, en disant que les paroles de l'empereur n'ont probablement pas été bien saisies. Au surplus, il me parait inutile de prévenir le message de S. M., qui doit arriver à l'instant. »

Le procès-verbal de la séance d'hier est lu et approuvé.

La séance est quelque temps suspendue.

Elle est reprise au moment où M. le comte Regnault de Saint-Jean-d'Angely, se présentant à la tribune, annonce qu'il est chargé par l'empereur de remettre à M. le président provisoire la réponse de S. M. au message qui lui a été adressé hier par la Chambre.

Le message est remis entre les mains de M. le président.

M. Scipion Mourgues, député de la Somme. « J'oserai interpeller notre collègue qui vient de parler, et lui demander de vouloir bien déclarer si c'est comme ministre ou comme membre de la Chambre qu'il vient lui faire cette communication. »

M. le comte Regnault. « C'est en qualité de ministre d'état et en qualité de représentant; ces deux qualités se confondent. S. M. m'a chargé d'une mission, et je l'ai remplie. »

La décision de l'empereur, écrite au bas de l'expédition même du message de la Chambre est conçue en ces termes. —« En notre palais des Tuileries, le 5 juin. J'approuve. Signé, NAPOLÉON. »

La décision de S. M. est accueillie par des témoignages de la plus vive satisfaction de toute l'assemblée.

M. le président provisoire. « D'après la notification qui vient de nous être faite par S. M., je proclame M. le comte Lanjuinais président définitif de la Chambre des Représentans. » (L'assemblée applaudit.)

Invité par M. le président provisoire et par un grand nombre de membres, le président définitif de la Chambre prend place au fauteuil.

La Chambre se trouvant ainsi définitivement constituée, M. le président annonce que S. M., avec qui il a conféré aujourd'hui, l'a chargé d'annoncer à la Chambre que l'ouverture de la session aurait lieu demain.

La Chambre décide qu'il sera nommé quatre vice-présidens et quatre vice-secrétaires.

Le scrutin de liste avec la condition de majorité absolue est le mode auquel se fixe la Chambre pour accélérer ces nominations. — Il y est procédé de suite.

M. *le comte Regnault de Saint-Jean-d'Angely.* « Messieurs, S. M., instruite du désir manifesté par l'assemblée de connaître les noms des membres qui composent la Chambre des Pairs, m'a chargé de vous faire cette communication, et je la dépose sur le bureau. »

Un secrétaire donne lecture de la liste contenue dans le message de S. M.

M. le président communique à la Chambre une lettre qui lui est adressée par S. A. I. le prince Lucien. S. A. I. prie M. le président de faire part à l'assemblée que, d'après les lettres closes de S. M., il a pris séance dans la Chambre des Pairs, et qu'en conséquence il a donné sa démission de la Chambre des Représentans. — En conséquence de la démission donnée par le prince Lucien, un membre propose que M. Duchesne, son suppléant, soit admis à siéger dans la Chambre des Représentans.

M. *le président* met aux voix cette proposition, qui est adoptée.

Le dépouillement du premier scrutin pour la nomination des quatre vice-présidens constate que, sur 90 votans, M. Flaugergues a obtenu 405 suffrages; M. Dupont, 279 ; M. Lafayette, père, 257.

Ces trois membres ayant réuni la majorité absolue, M. le président les proclame vice-présidens annuels de la Chambre des Représentans.

Chambre des Représentans.—Séance du 6 juin.

M. *le président* annonce que la rédaction du procès-verbal n'est pas encore terminée, et invite l'assemblée à s'occuper de la nomination du quatrième vice-président.

Pendant le dépouillement du scrutin, un membre demande la parole.

M. *Dupin* (*de la Nièvre*). « Messieurs, j'ai à vous soumettre une difficulté relative au serment. Le peuple français, dont nous sommes les représentans, a accepté l'acte additionnel aux Constitutions de l'empire, obéissons à cet acte : cela ne préjudicie en rien au droit qui nous est acquis de l'améliorer dans les formes et sous les conditions qu'il prescrit.

» A côté de cette première réflexion, plaçons-en une autre pour rassurer les bons esprits et rendre impossibles les malignes interprétations. Il ne s'agit pas du serment en soi; nulle résistance à cet égard : obéissance aux Constitutions de l'empire, fidélité au chef de l'état, union intime, indissoluble du peuple avec le gouvernement qu'il s'est choisi.

» Mais dans l'intérêt propre et sagement entendu de ce gouvernement, reconnaissons que, pour être valable, pour être légitime, pour être obligatoire, pour être constitutionnel enfin (car ce nom renferme tout), ce serment ne doit pas être prêté en vertu d'un décret qui ne renferme que la volonté *unilatérale* du prince, mais qu'il doit l'être en vertu d'une loi qui est le vœu de la nation constitutionnellement exprimé.

» Sous le mérite de ces explications, je propose : 1° qu'il soit reconnu par l'assemblée qu'aucun serment ne peut être exigé d'elle qu'en vertu d'une loi;

« 2° Qu'il soit entendu que le serment qui sera prêté, en vertu de la loi, ne préjudiciera en rien au droit d'améliorer la Constitution dans les formes et sous les conditions qu'elle exprime. »

N...... fait observer, sur la première proposition de M. Dupin, que la loi dont il parle existe et se trouve consacrée par l'art. 56 du sénatus-consulte du 28 floréal an XII.

Et quant à la réserve exprimée dans la seconde proposition du préopinant, il croit devoir la combattre comme anti-constitutionnelle.

M. Roi (*de la Seine*) pense qu'on ne peut arguer de l'art. 56 du sénatus-consulte de l'an XII, pour dire qu'il existe une loi qui impose à l'assemblée l'obligation de prêter un serment. Le mode de la représentation nationale, dit-il, a changé totalement. Il serait impossible d'assimiler celui qui vient d'être institué aux trois corps dont elle était alors composée : le tribunat, le corps législatif et le sénat. Si la disposition que l'on cite avait encore force de loi, le décret impérial du 3 de ce mois aurait-il été jugé nécessaire?

M. Bedoch s'attache particulièrement à cette idée, que le décret impérial ordonne l'exécution d'une loi existante, et que c'est en exécution de cette loi que l'on prêtera serment. L'acte additionnel aux Constitutions laisse intactes toutes les dispositions qu'il n'a pas formellement abrogées; elles doivent recevoir leur exécution jusqu'à ce que, selon les formes légales, on y ait fait des améliorations que l'empereur s'empressera de consacrer. L'art. 56 de la loi du 28 floréal an XII est donc maintenu. S'il est maintenu, il doit être exécuté. Sans doute nous ne sommes pas l'ancien corps législatif, mais ne sommes-nous pas comme lui une fraction de la puissance législative? Le sénat n'était-il pas dans ce sens ce qu'est aujourd'hui la Chambre des Pairs? Ce sont les mêmes caractères, si les dénominations sont différentes. Refuser de prêter le serment, ce serait dénaturer l'objet de la séance impériale. (Il s'élève quelques murmures.)

M. Dumolard. « A Dieu ne plaise que je me présente à cette tribune avec l'intention de rien proposer de contraire aux intérêts et aux droits de la nation; car la nation doit passer avant tout : l'empereur lui-même existe par elle et pour elle, et, s'il fallait opter, mon choix ne serait pas douteux.

» Mais, dans les circonstances critiques où nous nous trouvons, il faut que la nation se sauve avec et par l'empereur. (On applaudit.)

» Messieurs, je n'ai pas le moindre doute sur la pureté des sentimens qui animent les orateurs que nous venons d'entendre; chacun de nous porte dans son cœur la patrie et la liberté. Mais a-t-on bien examiné quelle est notre position actuelle? L'acte additionnel a été approuvé par l'immense majorité de la nation, et ce n'est pas nous qui professerions une opinion contraire. Les membres des colléges électoraux, appelés auprès du trône, ont juré d'observer cette loi fondamentale; l'empereur en a fait le premier le serment solennel : nous sommes arrivés avec la mission, non de la déclarer parfaite, puisqu'il y pourra être fait des améliorations que l'empereur désire lui-même, mais avec le devoir d'en faire la base de tous nos travaux. Mais lorsque l'ennemi est près de nos frontières, que l'Angleterre nous travaille pour nous désunir, notre premier besoin est de marcher avec nos invincibles armées. (On applaudit.)

» Quand les proclamations insidieuses de Louis XVIII attaquent l'honneur des soldats, les peignent comme des révoltés, lorsqu'on cherche à les isoler de leurs chefs, il est de notre devoir de déclarer que l'armée est la nation ; que les braves qui composent cette armée ne sont que notre avant-garde; que nous pensons comme eux ; que nous marchons avec eux ; que nous voulons leur tenir compte de leur sang et de leurs services.

« Je demande l'ordre du jour sur la proposition. »

M. *le général Sébastiani.* « Je viens m'opposer à l'ordre du jour. La question est trop importante pour l'écarter aussi légèrement. Elle mérite au contraire une décision solennelle prise après un mûr examen, et dont le résultat ne peut être que d'ordonner le serment contre lequel on s'est élevé, serment qui doit unir la nation, l'armée et le gouvernement. Quand l'Europe encore incertaine, et qui a les yeux sur nous, est prête à se diviser, irons-nous mettre en question la légalité de ce serment. L'acte additionnel impose l'obligation d'être fidèle à cet acte où se trouve tout ce qui doit garantir notre indépendance et notre liberté : hâtons-nous de nous réunir pour nous en assurer la jouissance. Nous avons une armée qui n'est pas une armée de Cosaques; elle saura nous conserver l'un et l'autre. J'en atteste son honneur et son courage!

» Je demande que la délibération de la Chambre se prononce pour le serment; quant à moi je n'hésite point à le prêter individuellement. »

M. *Dumolard.* « Je renonce à la demande que j'avais faite de l'ordre du jour, et je m'empresse d'adhérer à la dernière proposition qui vient d'être soumise à la Chambre. »

M. *Boulay (de la Meurthe).* « Citoyens représentans, je commence par remercier l'assemblée d'avoir voulu que la question qui nous occupe fût traitée en séance publique. Il paraît que quelques-uns d'entre nous avaient désiré, hier, qu'elle fût l'objet d'un comité secret : ce comité n'a pas eu lieu, parce qu'il n'avait pas été demandé régulièrement, et je regarde comme une chose heureuse, que nous nous expliquions franchement en présence du public, que notre opinion soit bien connue de toute la France, de toute l'Europe.

» Voici ma profession de foi sur le serment. Je jure d'abord obéissance aux constitutions de l'empire : et comment pourrais-je hésiter de le faire ? Ces constitutions ne sont-elles pas l'ouvrage de la volonté nationale immédiatement exprimée dans des formes régulières? Je suis Français, je suis représentant du peuple, et, dès l'entrée de ma carrière, je refuserais de reconnaître les titres qui constituent mon existence civile et politique? Quelle inconséquence absurde! quelle insigne folie! Mais, nous dit-on, les constitutions sont éparses et pour ainsi dire jetées çà et là dans différens actes : on ne les connaît pas bien ; l'étude en est difficile, hérissée de doutes et d'incertitudes. On peut y faire des changemens, des améliorations; mais, de bonne foi, est-ce là une objection bien fondée contre la prestation du serment? Qu'on désire de revoir les anciens actes, et de les raccorder avec le nouveau, pour en faire un seul tout, et pour ainsi dire un seul cahier, c'est une idée raisonnable, et à laquelle je suis loin de vouloir m'opposer. Que sur l'évidence du besoin, qu'après des discussions solennelles et dans les formes légales et constitutionnelles, on améliore successivement notre organisation politique ; j'applaudis encore à cette idée ; mais, je le répète, est-ce là une raison de refuser le serment d'obéissance aux constitutions existantes? A mon avis, c'est précisément le contraire. Loin qu'en faisant le serment, je croie m'interdire le droit de concourir à l'amélioration désirée, il me semble que c'est de ce même serment que je tire ce droit; il me semble que par là je contracte l'engagement solennel de concourir de tous mes efforts à cette amélioration.

» Quant au serment de fidélité à l'empereur, certes, je le prête de bien bon cœur, et je crois faire un acte éminemment français ; car l'empereur est, à mes yeux, le premier représentant de la nation, le chef légitime et constitutionnel de l'état, le premier lien de l'unité. Ainsi, quand je jure de lui être fidèle, je crois jurer de l'être à la nation elle-même.

» Il faut ici parler avec franchise et dire la vérité. Il existe en France deux partis : l'un, qui est national, puisqu'il comprend la grande masse du peuple, et qu'il stipule pour son indépendance, son honneur et son véritable intérêt; l'autre, qu'on peut appeler *la faction de l'étranger.* Oui, Messieurs, il existe des Français assez vils, assez corrompus pour appeler les Anglais, les Russes, les Prussiens, etc. Ce sont les Bourbons qui sont les chefs de cette faction; ce sont eux qui, à l'aide des baïonnettes étrangères, veulent de nouveau nous imposer un joug humiliant. Il faut donc nous prononcer fortement; il faut le faire avec unanimité, car sans doute, et je suis loin de le soupçonner, l'étranger n'a point ici de représentants. Nous sommes tous Français. N'examinons pas même s'il y a une loi ou un décret qui exigent de nous le serment. Pour moi, je ne consulte ici que ma conscience et mon devoir, et demain, en présence de l'empereur et des deux chambres, c'est-à-dire en présence de la nation, je déclare que je ferai avec plaisir le *serment d'obéissance aux constitutions de l'empire et de fidélité à l'empereur.* »

On demande à aller aux voix.

M. *Gourlai.* « Prenons garde à l'attitude que doivent prendre les Représentans du peuple français. Il est essentiel que l'on n'aperçoive aucune divergence d'opinions parmi nous. On a parlé des efforts de l'étranger pour nous diviser : on aurait pu dire aussi que dans la Vendée les ennemis de l'intérieur emploient tous leurs moyens pour subjuguer les hommes de la révolution. Il faut que la nation se rallie au trône, et que le trône se rallie à la nation. Je vote pour le serment. »

On demande à aller aux voix.

M. *le président* résume la discussion et consulte le vœu de l'assemblée sur la dernière proposition en faveur du serment.

Cette proposition est adoptée à l'unanimité.

M. *le général Carnot.* « Je viens soumettre à la Chambre une proposition qui lui paraîtra sans doute mériter toute son attention. Je demande que, pour ajouter à la gloire et à l'enthousiasme de nos armées, la Chambre décrète qu'elles ont bien mérité de la patrie. Elles viennent d'acquérir encore de nouveaux titres à l'estime nationale. Elles ont évité l'effusion du sang, et leur modération a égalé leur courage. Chez les peuples libres, l'armée c'est les citoyens. Aussi, chez les anciens peuples, tous les citoyens couraient aux armes pour maintenir leur indépendance dès qu'elle était menacée. Les Spartiates aux Thermopyles ont fondé la liberté des Grecs et préparé la chute du grand roi. Les injures publiées par les ennemis contre nos braves sont autant d'attaques contre l'indépendance nationale. Il s'agit enfin de savoir si le peuple français deviendra l'esclave d'une poignée d'hommes orgueilleux et de quelques familles privilégiées. Je demande qu'il soit décrété que l'armée a bien mérité de la nation. »

M. *Duchesne.* « Nous sommes unanimes dans les sentimens que nous professons pour l'armée. Elle a fait ses preuves, et sa gloire est établie. Mais dans les circonstances, nous devons dire seulement que nous attendons tout de son courage. Puisqu'elle n'a pas encore pu se signaler de nouveau, je ne pense pas que.......... » (Une improbation marquée et générale interrompt l'orateur.)

M. *le comte Regnault de Saint-Jean d'Angély.* « Lorsque M. le général Carnot a pris la parole, il a sans doute exprimé les sentimens dont chacun de nous est profondément pénétré : nous sommes tous pressés de venger l'armée française des outrages des gouvernemens étrangers qui prétendent aujourd'hui ne voir que des soldats révoltés dans ceux qui se sont montrés les organes généreux de la patrie. Quand ils jugent ainsi, c'est qu'ils comparent nos armées à celles qu'ils font marcher contre nous. Mais les nôtres ne sont point des automates qui n'écoutent ni leurs sentimens ni leur raison. C'est en vain que l'on essaie de séparer les soldats de la nation. L'armée française est vraiment nationale; ce sont nos enfans qui la composent. Loin d'être, comme on a voulu le faire croire, des êtres passifs, des instrumens de tyrannie, ne les a-t-on pas vus stipuler pour la liberté? obéir comme militaires et voter comme citoyens?

» Il faut proclamer ces vérités, les faire retentir dans toute la France, dans toute l'Europe. Mais, après cette profession de foi, qui est aussi la vôtre; après avoir exprimé les sentimens dont nous sommes tous animés pour les braves qui se dévouent à la défense de la patrie, je dois dire que la déclaration demandée par M. le général Carnot ne peut émaner d'une seule branche de la puissance législative. Nous ne sommes pas encore définitivement constitués; ainsi nous n'avons pas même le caractère légal, nécessaire pour en faire l'objet d'une simple résolution.

» Mais, si nous ne pouvons seuls donner ce témoignage honorable à vos fils, au mien qui fait aussi partie de cette barrière formidable opposée à l'invasion étrangère, à ces braves gardes nationales levées de toutes parts, et dans un nombre qu'il n'est pas temps encore de révéler à nos ennemis, c'est à la nation entière à payer cette dette sacrée. Je demande qu'en reconnaissant toute la justice de la proposition de notre collègue, la décision soit ajournée jusqu'après la réunion effectuée des trois pouvoirs. »

L'ajournement, motivé sur les observations de l'orateur, est prononcé par la Chambre.

Un secrétaire donne lecture du procès-verbal de la séance d'hier.

Un membre fait observer qu'il n'y est pas fait mention de la déclaration faite par le président d'âge, relativement au compte-rendu de sa mission auprès de l'empereur.

M. Boulay, de la Meurthe, monte à la tribune et confirme ce qui a été dit dans la séance d'hier par MM. Regnault de Saint-Jean-d'Angély et Dumolard. « M. le président d'âge, ajoute l'orateur, se trouvait depuis quelques instans dans un salon voisin du cabinet de l'empereur : S. M. n'en avait point été avertie; en recevant M. le président, S. M. lui a témoigné son regret que le chambellan de service ne l'eût point prévenue plus tôt.

» Je pense qu'il convient que le procès-verbal contienne seulement que M. le président a rendu compte de sa mission à la Chambre. »

Cette proposition est adoptée.

La rédaction du procès-verbal est approuvée.

Il est donné communication à l'assemblée de la lettre suivante :

« Monsieur le président, j'ai l'honneur de vous prévenir que S. M. l'empereur partira, avec son cortège, du palais des Tuileries, demain mercredi 7 juin, à quatre heures après midi, pour se rendre au palais des représentans, et faire l'ouverture de la session des Chambres.

» Je joins ici le programme arrêté pour cette cérémonie, suivant l'usage.

» Je vous prie d'agréer l'expression de la haute considération avec laquelle j'ai l'honneur d'être, etc. —Ségur. »

Le scrutin de ballottage entre M. le général Grenier et M. Bedoch pour le choix d'un quatrième vice-président donne, sur 493 votans, 565 suffrages à M. le général Grenier.

Dans un autre scrutin, pour la nomination de quatre secrétaires définitifs, M. Bedoch obtient la majorité absolue, et M. le président le proclame l'un des secrétaires de la Chambre. — La séance est levée.

Séance impériale pour l'ouverture de la session.— Réunion des deux Chambres. — 7 juin 1815.

Les cris de *vive l'empereur! vive la nation! vive la liberté!* annonçaient au loin le cortège. Ils retentissent au sein de la représentation nationale. Napoléon a paru, accompagné de ses frères Joseph et Lucien, de son oncle le cardinal Fesch, et suivi des grands dignitaires, des grands officiers de la couronne, de ses grands aigles, etc. Madame mère et la reine Hortense occupent une tribune particulière.

Après avoir reçu, dans les formes ordinaires, le serment des pairs et des députés, l'empereur a dit :

« Messieurs de la Chambre des Pairs et messieurs de la Chambre des Représentans, depuis trois mois les circonstances et la confiance du peuple m'ont revêtu d'un pouvoir illimité. Aujourd'hui s'accomplit le désir le plus pressant de mon cœur : je viens commencer la monarchie constitutionnelle.

» Les hommes sont impuissans pour assurer l'avenir; les institutions seules fixent les destinées des nations. La monarchie est nécessaire en France pour garantir la liberté, l'indépendance et les droits du peuple.

» Nos Constitutions sont éparses : une de nos plus importantes occupations sera de les réunir dans un seul cadre, et de les coordonner dans une seule pensée. Ce travail recommandera l'époque actuelle aux générations futures.

» J'ambitionne de voir la France jouir de toute la liberté possible ; je dis possible, parce que l'anarchie ramène toujours au gouvernement absolu.

» Une coalition formidable de rois en veut à notre indépendance ; ses armées arrivent sur nos frontières.

» La frégate *la Melpomène* a été attaquée et prise dans la Méditerranée, après un combat sanglant contre un vaisseau anglais de soixante-quatorze. Le sang a coulé pendant la paix !

» Nos ennemis comptent sur nos divisions intestines. Ils excitent et fomentent la guerre civile. Des rassemblemens ont lieu ; on communique avec Gand, comme, en 1792, avec Coblentz. Des mesures législatives sont indispensables : c'est à votre patriotisme, à vos lumières et à votre attachement à ma personne que je me confie sans réserve.

» La liberté de la presse est inhérente à la Constitution actuelle ; on n'y peut rien changer sans altérer tout notre système politique ; mais il faut des lois répressives, surtout dans l'état actuel de la nation. Je recommande à vos méditations cet objet important.

» Mes ministres vous feront connaître la situation de nos affaires.

» Les finances seraient dans un état satisfaisant sans le surcroît de dépenses que les circonstances actuelles ont exigé.

» Cependant on pourrait faire face à tout, si les recettes comprises dans le budget étaient toutes réalisables dans l'année ; et c'est sur les moyens d'arriver à ce résultat que mon ministre des finances fixera votre attention.

» Il est possible que le premier devoir du prince m'appelle bientôt à la tête des enfans de la nation pour combattre pour la patrie. L'armée et moi nous ferons notre devoir.

» Vous, Pairs et Représentans, donnez à la nation l'exemple de la confiance, de l'énergie et du patriotisme ; et, comme le sénat du grand peuple de l'antiquité, soyez décidés à mourir plutôt que de survivre au déshonneur et à la dégradation de la France. La cause sainte de la patrie triomphera !

Napoléon à son départ, comme à son arrivée, fut salué des cris long-temps prolongés de *vive l'empereur ! vive la nation !*

Représentans. — Séance du 8.

Garnier de Saintes venait de demander qu'une mention formelle consacrât, dans le procès-verbal de la séance du 6, l'unanimité que la Chambre avait manifestée pour le maintien du serment prescrit par les Constitutions de l'empire. — Il importe, avait-il dit, que la France entière qui nous regarde, que l'étranger qui nous observe, sachent qu'il n'y a aucun dissentiment parmi nous ; que, dans le but glorieux de sauver la patrie, nous ne faisons qu'un avec l'empereur comme l'empereur ne fait qu'un avec nous ; que lui même, devenu l'homme de la liberté, l'homme de la nation, ne peut plus être séparé d'elle !

— On avait objecté que les vues de Garnier se trouvaient remplies par la prestation individuelle de ce serment, faite la veille par tous les membres entre les mains de l'empereur ; que d'ailleurs une démarche nécessaire, et qui cette fois ne serait pas de pure forme, donnait à l'assemblée une occasion plus solennelle encore de proclamer ses principes et ses vœux : c'était l'adresse en réponse au discours du trône. On avait ainsi abandonné la proposition de Garnier pour nommer la commission chargée de rédiger l'adresse à l'empereur.

Félix Lepelletier. « J'appuie la proposition de l'adresse à S. M., proposition dictée par la justice et la reconnaissance nationale. Quel est le Français, ami de son pays, qui ne proclame le 1er mars comme le jour du salut de la France ? En vain la coalition des rois prétend nous faire changer de sentiment, et prescrire à la France quel chef doit la gouverner ! Nous défendrons notre choix, messieurs ; et, puisque la sagesse est bannie du congrès de Vienne, nous en appellerons à la valeur de nos armées. Dans notre adresse, nous devons promettre à l'empereur, au nom du peuple français, les sacrifices nécessaires à la cause commune. Il faut que l'empereur, en partant pour diriger la défense de notre territoire, emporte la certitude que tous les efforts de la nation se joindront à l'action de sa pensée. Si la flatterie et l'adulation ont décerné le surnom de *Désiré* à un prince que la France n'avait ni appelé ni attendu, l'équité ne nous prescrira-t-elle pas de décerner à Napoléon, qui, presque seul, sans autre moyen que la confiance, est venu nous sauver de l'esclavage apporté par les Bourbons ; de lui décerner, dis-je, dans l'adresse, le titre de *Sauveur de la patrie ?*... (Murmures.) C'est la meilleure réponse... (Murmures, bruits. L'ordre du jour !) Je le répète, c'est la meilleure réponse à faire aux calomnies émanées des cabinets des rois... (*De toutes parts* : L'ordre du jour !) Je demanderai en même temps qu'il soit rédigé une adresse au peuple français ; cet hommage rendu à sa souveraineté me paraît surtout nécessaire dans les circonstances actuelles, où ses intérêts lui commandent tant de sacrifices. » (L'ordre du jour !)

Dupin de la Nièvre. « J'espère que la Chambre saura se garantir des inconvéniens de cette adulation, qui n'a que trop égaré les précédentes assemblées législatives. Le peuple ne nous a pas envoyés pour flatter l'empereur, mais pour l'aider de nos conseils et d'une coopération légitime. Si nous prévenons les évènemens, quels moyens réserverons-nous à notre reconnaissance pour le moment où la patrie sera sauvée ? »

Félix Lepelletier cherche en vain à se justifier, à expliquer toute sa pensée ; il ne peut parvenir à reprendre la parole. Entraînée par des cris, l'assemblée passe à l'ordre du jour...

Quoique rejetée sans examen par l'assemblée, la proposition de Lepelletier devint le sujet de discussions particulières soutenues avec chaleur. Plusieurs persistaient à y voir de la flatterie. D'autres repoussaient un hommage propre à affermir le trône impérial; ils espéraient que la Chambre des Représentans deviendrait une assemblée constituante. Les artisans du pouvoir impérial proclamaient sans hésiter, Bonaparte, le *Sauveur de la patrie.*

Représentans. — Séance du 9 juin.

Le président expose à l'assemblée qu'il est une mesure d'urgence dont elle doit s'occuper sans délai; c'est le réglement concernant la tenue de ses séances.

Leyraud de la Creuze. « Représentans, avant de passer à l'examen d'un réglement, ce n'est pas sans étonnement que nous n'entendons plus reproduire une motion qui n'avait été ajournée que parce qu'elle était intempestive, et faite avant que nous fussions constitués.

» Cette motion avait pour objet d'inviter nos collègues décorés des titres de chevalier, baron, comte, duc, de s'en dépouiller un moment dans le temple de la représentation du peuple. (Murmures.) Écoutez! Vous répondrez après.

» Sans doute, dans une monarchie constitutionnelle, il faut des récompenses pour la bravoure, le talent, les services; il faut des distinctions honorifiques : elles sont le véhicule des grandes ames, l'aiguillon des passions nobles; et j'aime à me courber par un sentiment de respect devant le mérite.

» Mais, dans une assemblée du peuple, évitons un grand danger : il ne faut pas que l'on puisse penser, lorsque nous aurons à combattre l'opinion de ces hommes titrés, que leurs titres respectables peuvent enchaîner l'essor de notre pensée, étouffer le feu sacré de la patrie. (Murmures. Bruit.)

» Mandataires du peuple, voulez-vous être dignes de votre mission? Soyez peuple un moment; devenez un instant nos égaux; que le lien de la fraternité nous unisse, et ne soyez plus que nos collègues ! Ce ne peut être un sacrifice pour vos grands cœurs. Songez qu'en entrant dans l'assemblée des Amphictyons, les rois de Sparte et d'Athènes se dépouillaient de la pompe de leurs noms, du faste de la pourpre royale; ils n'étaient plus que les représentans de leur patrie.

» Je demande donc que M. le président mette aux voix cette proposition sur une mesure de police intérieure :

» Dans l'assemblée nationale portera-t-on d'autres qualifications que celles de représentans ou de collègues? » (*Quelques voix :* Appuyé ! *La majorité :* L'ordre du jour!)

Le président fait observer que cette question, quoique fort importante, doit être traitée dans la discussion du réglement. On revient à l'ordre du jour.

Lecture est faite du réglement de la dernière chambre. L'assemblée en adopte provisoirement les chapitres 3 et 4, et nomme une commission de neuf membres pour rédiger le réglement définitif.

Manuel des Hautes-Alpes. « Messieurs, il n'est personne de nous qui ne connaisse la puissance de l'ordre : sa présence peut tout sauver, comme son absence peut tout perdre. C'est sans doute ce qui vous a déterminés à adopter provisoirement les chapitres 3 et 4 du réglement dont nous venons d'entendre la lecture. Mais, si j'y trouve des moyens de réprimer les mouvemens tumultueux qui peuvent troubler les délibérations, interrompre les orateurs, agiter l'assemblée par des murmures contraires à la liberté des opinions, j'y remarque aussi des dispositions qui doivent prévenir ou réprimer les propositions intempestives, plus nuisibles peut-être aux intérêts de la nation.

» Si, dès hier, il eût fallu s'astreindre à la condition de se faire inscrire au bureau et d'y déposer les propositions à soumettre le lendemain à la chambre, nous n'aurions pas éprouvé le désagrément d'écarter une demande que la sagesse n'avait pas dictée. Parmi ceux de nos collègues qui auraient eu connaissance de la motion projetée, quelques-uns auraient pu engager son auteur à n'y pas donner suite; ils auraient pu lui dire que, quand le peuple français se rallie avec enthousiasme à son souverain, ses représentans doivent surtout éviter de rompre par des propositions indiscrètes l'heureux ensemble du sentiment national. Ce langage aurait été entendu, et dès lors il n'eût été donné aucune prise aux réflexions des journaux et à la malignité des commentaires. »

Représentans. — Séance du 10 juin.

La proposition tendante à la suppression des titres, déjà faite par Sibuet le 4, et le 9 par Leyraud, est reproduite par Sibuet. Après les murmures qu'elle excite pour une troisième fois, le renvoi à la commission du règlement en est ordonné.

La chambre se forme en comité secret pour entendre et discuter le projet d'adresse en réponse au discours du trône. Ce projet, qui a déjà été l'objet de longs débats dans la commission chargée de la rédiger, subit encore quelques changemens. Il est enfin adopté, et présenté le lendemain.

L'adresse ci-après est de Durand de la Marne; elle avait été débattue avec un projet présenté par le comte Garat.

Adresse de la Chambre des Représentans à l'empereur. — Présentée le 11 juin 1815.

« Sire, la Chambre des Représentans a recueilli avec une profonde émotion les paroles émanées du trône dans la séance solennelle où Votre Majesté, déposant le pouvoir extraordinaire qu'elle exerçait, a proclamé le commencement de la monarchie constitutionnelle.

» Les principales bases de cette monarchie, protectrice de la liberté, de l'égalité, du bonheur du peuple, ont été reconnues par Votre Majesté, qui, se portant d'elle-même au-devant de tous les scrupules comme de tous les vœux, a déclaré que le soin de réunir nos Constitutions éparses et de les coordonner était une des plus importantes occupations réservées à la législature. Fidèle à sa mission, la Chambre des Représentans remplira la tâche qui lui est dévolue dans ce noble travail. Elle demande que, pour satisfaire à la volonté publique, ainsi qu'au vœu de Votre Majesté, la délibération nationale rectifie le plus tôt possible ce que l'urgence de notre situation a pu produire de défectueux ou laisser d'imparfait dans l'ensemble de nos Constitutions. Mais en même temps, Sire, la Chambre des Représentans ne se montrera pas moins empressée de proclamer ses sentimens et ses principes sur la lutte terrible qui menace d'ensanglanter l'Europe. A la suite d'événemens désastreux, la France envahie ne parut un moment écoutée sur l'établissement de la Constitution que pour se voir presque aussitôt soumise à une Charte royale émanée du pouvoir absolu, à une ordonnance de réformation toujours révocable de sa nature, et qui, n'ayant pas l'assentiment exprimé du peuple, n'a jamais pu être considérée comme obligatoire pour la nation.

» Reprenant aujourd'hui l'exercice de tous ses droits, se ralliant autour du héros que sa confiance investit de nouveau du gouvernement de l'état, la France s'étonne et s'afflige de voir des souverains en armes lui demander raison d'un changement intérieur qui est le résultat de la volonté nationale, et qui ne porte atteinte ni aux relations existantes avec les autres gouvernemens, ni à leur sécurité. La France ne peut admettre les distinctions à l'aide desquelles les puissances coalisées cherchent à voiler leur agression : attaquer le monarque de son choix, c'est attaquer l'indépendance de la nation. Elle est armée tout entière pour défendre cette indépendance, et pour repousser, sans exception, toute famille et tout prince qu'on oserait vouloir lui imposer.

» Aucun projet ambitieux n'entre dans la pensée du peuple français. La volonté même du prince victorieux serait impuissante pour entraîner la nation hors des limites de sa propre défense ; mais aussi, pour garantir son territoire, pour maintenir sa liberté, son honneur, sa dignité, elle est prête à tous les sacrifices !

» Que n'est-il permis, Sire, d'espérer encore que cet appareil de guerre, formé peut-être par les irritations de l'orgueil, et par des illusions que chaque jour doit affaiblir, s'éloignera devant le besoin d'une paix nécessaire à tous les peuples de l'Europe, et qui rendrait à Votre Majesté sa compagne, aux Français l'héritier du trône ! Mais déjà le sang a coulé ; le signal des combats, préparés contre l'indépendance et la liberté françaises, a été donné au nom d'un peuple qui porte au plus haut degré l'enthousiasme de l'indépendance et de la liberté. Sans doute, au nombre des communications que nous promet Votre Majesté, les Chambres trouveront la preuve des efforts qu'elle a faits pour maintenir la paix du monde. Si tous ces efforts doivent rester inutiles, que les malheurs de la guerre retombent sur ceux qui l'auront provoquée !

» La Chambre des Représentans n'attend que les documens qui lui sont annoncés pour concourir de tout son pouvoir aux mesures qu'exigera le succès d'une guerre aussi légitime. Il lui tarde, pour énoncer son vœu, de connaître les besoins et les ressources de l'état ; et tandis que Votre Majesté, opposant à la plus injuste agression la valeur des armées nationales et la force de son génie, ne cherchera dans la victoire qu'un moyen d'arriver à une paix durable, la Chambre des Représentans croira marcher vers le même but en travaillant sans relâche au pacte dont le perfectionnement doit cimenter encore l'union du peuple et du trône, et fortifier aux yeux de l'Europe, par l'amélioration de nos institutions, la garantie de nos engagemens. »

Réponse de l'Empereur.

« Monsieur le président et messieurs les députés de la Chambre des Représentans, je retrouve avec satisfaction mes propres sentimens dans ceux que vous m'exprimez. Dans ces graves circonstances ma pensée est absorbée par la guerre imminente au succès de laquelle sont attachés l'indépendance et l'honneur de la France.

» Je partirai cette nuit pour me rendre à la tête de mes armées ; les mouvemens des différens corps ennemis y rendent ma présence indispensable. Pendant mon absence je verrais avec plaisir qu'une commission nommée par chaque Chambre méditât sur nos Constitutions.

» La Constitution est notre point de ralliement, elle doit être notre étoile polaire dans ces momens d'orage. Toute discussion publique qui tendrait à diminuer directement ou indirectement la confiance qu'on doit avoir dans ses dispositions, serait un malheur pour l'état ; nous nous trouverions au milieu des écueils, sans boussole et sans direction. La crise où nous sommes engagés est forte. N'imitons pas l'exemple du Bas-Empire, qui, pressé de tous côtés par les barbares, se rendit la risée de la postérité en s'occupant de discussions abstraites au moment où le belier brisait les portes de la ville.

» Indépendamment des mesures législatives qu'exigent les circonstances de l'intérieur, vous jugerez peut-être utile de vous occuper des lois organiques destinées à faire marcher la Constitution ; elles peuvent être l'objet de vos travaux publics sans avoir aucun inconvénient.

» Monsieur le président et messieurs les députés de la Chambre des Représentans, les sentimens exprimés dans votre adresse me démontrent assez l'attachement de la Chambre à ma personne, et tout le patriotisme dont elle est animée. Dans toutes les affaires ma marche sera toujours droite et ferme. Aidez-moi à sauver la patrie. Premier représentant du peuple, j'ai contracté l'obligation que je renouvelle, d'employer, dans des temps plus tranquilles, toutes les prérogatives de la couronne et le peu d'expérience que j'ai acquis à vous seconder dans l'amélioration de nos institutions. »

Adresse de la Chambre des Pairs.

Elle fut présentée quelques instans avant celle des députés. On observa la hiérarchie des pouvoirs en faisant passer celle-là la première.

« Sire, votre empressement à soumettre aux formes et aux règles constitutionnelles le pouvoir absolu que les circonstances et la confiance du peuple vous avaient imposé, les nouvelles garanties données aux droits de la nation, le dévouement qui vous conduit au milieu des périls que va braver l'armée, pénètrent tous les cœurs d'une profonde reconnaissance. Les pairs de France viennent offrir à Votre Majesté l'hommage de ce sentiment.

» Vous avez manifesté, Sire, des principes qui sont ceux de la nation : ils doivent être les nôtres. Oui, tout pouvoir vient du peuple, est institué par le peuple ; la monarchie constitutionnelle est nécessaire au peuple français, comme garantie de sa liberté et de son indépendance.

» Sire, tandis que vous serez à la frontière, à la tête des enfans de la patrie, la Chambre des Pairs concourra avec zèle à toutes les mesures législatives que les circonstances exigeront, pour forcer l'étranger à reconnaître l'indépendance nationale, et faire triompher dans l'intérieur les principes consacrés par la volonté du peuple.

» L'intérêt de la France est inséparable du vôtre. Si la fortune trompait vos efforts, des revers, Sire, n'affaibliraient pas notre persévérance, et redoubleraient notre attachement pour vous.

» Si les succès répondent à la justice de notre cause et aux espérances que nous sommes accoutumés à concevoir de votre génie et de la bravoure de nos armées, la France n'en veut d'autre fruit que la paix. Nos institutions garantissent à l'Europe que jamais le gouvernement français ne peut être entraîné par les séductions de la victoire. »

L'empereur a répondu :

« Monsieur le président et messieurs les députés de la Chambre des Pairs, la lutte dans laquelle nous sommes engagés est sérieuse. L'entraînement de la prospérité n'est pas le danger qui nous menace aujourd'hui. C'est sous les *Fourches Caudines* que les étrangers veulent nous faire passer !

» La justice de notre cause, l'esprit public de la nation et le courage de l'armée, sont de puissans motifs pour espérer des succès ; mais si nous avions des revers, c'est alors surtout que j'aimerais à voir déployer toute l'énergie de ce grand peuple ; c'est alors que je trouverais dans la Chambre des Pairs des preuves d'attachement à la patrie et à moi.

» C'est dans les temps difficiles que les grandes nations, comme les grands hommes, déploient toute l'énergie de leur caractère, et deviennent un objet d'admiration pour la postérité.

» Monsieur le président et messieurs les députés de la Chambre des Pairs, je vous remercie des sentimens que vous m'exprimez au nom de la Chambre. »

Représentans. — Séance du 15 juin.

Le président. « L'ordre du jour de cette séance appelle la lecture de diverses propositions qui, aux termes des réglemens, sont affichées depuis vingt-quatre heures. »

Dupin. « Voici les termes de la proposition que j'ai l'honneur de soumettre à la Chambre, et dont je me propose de lui présenter le développement.

Je demande : 1° qu'une commission spéciale soit chargée de s'occuper d'un travail présentant la réunion des Constitutions de l'empire et de l'acte additionnel en un seul cadre ; 2° de recueillir, d'analyser et de coordonner toutes les propositions et observations qui auraient pour but de les améliorer.

Si la Chambre veut bien le permettre, je développerai cette proposition devant elle jeudi prochain. »

La Chambre accorde la parole à l'orateur pour le jour indiqué.

Scipion Mourgues. « La proposition que je demanderai à développer est relative aux travaux de la Chambre, concernant la Constitution. Je demande qu'il soit nommé une commission de sept membres, chargée de réunir les diverses parties de nos Constitutions ; que deux fois, à une semaine de distance, quatre membres soient successivement adjoints à cette commission, ce qui la portera constamment au nombre de quinze. Je trouve dans cette disposition l'avantage de nous faire apprécier plus particulièrement les lumières de ceux des membres de la Chambre que nous ne connaissons pas encore assez.

Je demande en outre qu'il soit fait une humble adresse à S. M. pour l'inviter à nommer dans son conseil d'état une commission qui se concerterait dans son travail avec la vôtre, et qu'il soit en conséquence adressé un message à cet égard à l'empereur et à la Chambre des Pairs. »

N..... « Aux termes du réglement toute proposition doit être affichée vingt-quatre heures avant d'être présentée à la tribune, afin que la Chambre décide si elle l'entendra, ou qu'on puisse demander un comité secret. La proposition que M. Mourgues vient de faire n'est pas celle que j'ai vue affichée et signée de lui ; cette proposition tendait à établir par une loi, qu'en cas d'invasion, la Chambre des Représentans ne pourrait être ni ajournée ni dissoute.... »

Mourgues. « Ce n'est pas de celle-là qu'il s'agit ; il y en avait une autre, et c'est celle que je viens de faire.... »

Le président. « Il y avait en effet une autre proposition, mais M. Mourgues paraît l'ajourner de lui-même. Il sera entendu vendredi dans le développement de la proposition que vous venez d'entendre.

M. Regnault va donner communication du rapport du ministre de l'intérieur sur la situation de l'empire. »

Plusieurs voix. « Est-ce comme ministre d'état ? »

Regnault de Saint-Jean-d'Angély. « Un décret de S. M. a chargé les ministres qui sont membres de la Chambre des Pairs de présenter à cette chambre le rapport du ministre de l'intérieur. Le même décret a chargé les ministres d'état qui sont membres de la Chambre des Représentans d'en donner également communication à cette Chambre ; si l'assemblée veut en entendre la lecture, je suis prêt à la lui faire. »

Un membre. « Le rapport est-il signé ? »

Regnault. « Le rapport est signé du ministre de l'intérieur. — Un profond silence s'établit.

Regnault donne lecture du rapport. Cette lecture, écoutée avec une attention soutenue, dure plus de deux heures.

La seule partie de ce rapport qui attira l'attention de l'assemblée et du public était celle qui concernait la situation militaire. C'était aussi la seule qui ne fût pas étrangère aux préoccupations générales. On venait d'apprendre en effet que l'empereur était parti le 12, à trois heures et demi du matin, prenant la route du Nord. Quelque confiance que l'on eût dans ses talens militaires, on fut d'autant plus attentif sur ce sujet qu'on n'ignorait pas que l'on était sans alliés. Le seul que nous eussions et qui pouvait, par sa position, empêcher l'invasion du Midi, le roi de Naples, Murat, après avoir fait une vaine levée de boucliers, avait vu mettre son armée en déroute, sa capitale prise, et venait en fugitif toucher le sol de son ancienne patrie. Voici la partie du rapport sur la situation de l'empire, relative à la guerre.

DÉPARTEMENT DE LA GUERRE.

« L'empereur a rétabli sur ses anciennes bases l'armée, dont le gouvernement des Bourbons avait dispersé les élémens.

» Tous les braves ont reconnu sa voix, et se sont ralliés à leurs aigles. L'armée française est sur un pied respectable; les différentes armes sont relativement dans la proportion nécessaire, et les forces convenablement réparties sur les différentes frontières de l'empire; toutes les branches du service militaire ont reçu une nouvelle impulsion.

» J'en présente l'analyse en évitant d'entrer dans les détails dont il est important que les ennemis n'aient pas connaissance. »

Force des armées. — « Au 1er avril 1814, l'armée française, soit en campagne, soit dans les places fortes et garnisons d'Allemagne, d'Italie, d'Espagne et de France, se composait de 450,000 combattans; et, si l'on y comprend 150,000 prisonniers, soldats les plus aguerris qui devaient nous être rendus, la force totale de l'armée s'élevait encore à 600,000 hommes. On ne comprend point dans cette énumération la levée des conscrits de 1815, parce que, sur les 160,000 conscrits mis à la disposition du gouvernement, 45,000 seulement ont été appelés.

» Inquiet, effrayé de ses propres forces, le gouvernement royal fit de longs et vains efforts pour les dissoudre. Les provocations à la désertion, les encouragemens offerts par les agens des puissances étrangères, l'abandon des armes et des effets militaires, laissaient encore dans les rangs 250,000 vieux soldats, et, pour ébranler leur fidélité, pour mutiler l'armée jusqu'à la proportion prescrite par un système de finance, dont toutes les économies devaient uniquement peser sur l'armée, il fallait encore expulser 100,000 braves.

» Le désordre fut si grand, la désorganisation si rapide, qu'on fut obligé de faire un rappel de 60,000 hommes au mois de novembre 1814. Mais la confiance était perdue; au 20 mars dernier, 55,000 hommes seulement étaient rentrés, et cette force de plus de 600,000 hommes se trouvait en moins d'un an réduite à 175,000.

» Depuis le 20 mars, en deux mois, l'armée de ligne s'est élevée de 175,000 à 575,000 hommes.

» Ce résultat se vérifie par le détail suivant :

» Enrôlemens volontaires. 20,000
» Anciens militaires rappelés sous les drapeaux. 80,000
» Vieux soldats rentrés dans les cadres des bataillons d'élite des gardes nationales. 25,000

» Militaires en retraite formés en cinquante-cinq bataillons, et trente-six compagnies d'anciens canonniers. 55,000
» Seize régimens de jeune garde qui avaient été dissous. 20,000
» Grenadiers et chasseurs de la vieille garde, infanterie ou cavaliers rentrés sous leurs aigles. 5,000
» Cinquante compagnies de canonniers gardes-côtes réorganisés. . 6,000
» Chasseurs des Pyrénées et des Alpes. 6,000
» Huit régimens étrangers. 12,000

» Cette masse de 200,000 hommes, si l'on en excepte quelques enrôlés volontaires, se compose toute d'anciens soldats, et, ne comprenant point d'hommes au-dessous de vingt ans, laisse intactes les ressources pour le recrutement.

» La force de l'armée de ligne s'accroît chaque jour par les élémens que l'on vient d'indiquer, et dans une proportion qui permet d'espérer qu'elle pourra s'élever jusqu'à 500,000 hommes.

» D'un autre côté, 417 bataillons de grenadiers et chasseurs choisis sur la masse des bataillons de garde nationale, et tous composés d'hommes de l'âge de vingt à quarante ans, sont destinés à former les garnisons des places et les réserves déterminées dans le plan de défense des frontières.

» Sur ce nombre de 417 bataillons, 240 ont déjà été mis en marche, et l'effectif de ceux déjà arrivés à leurs destinations est, au 10 juin, de 150,121 hommes.

» La formation successive des autres bataillons et le complétement produiront encore 200,000 hommes.

» On ne comprend point dans ces bataillons les 106 compagnies d'artillerie de garde nationale, complètement organisées dans les différentes places, et qui donnent une force de 12,000 canonniers.

» Ainsi, huit cent cinquante mille Français vont défendre l'indépendance, la liberté, l'honneur de notre patrie, et, pendant qu'ils combattront, la masse des gardes nationales sédentaires, aussi fortement, aussi régulièrement organisée que les élites, ajoute dans les places fortes, dans tous les postes, dans toutes les villes de l'intérieur, de nouvelles ressources pour le triomphe de la cause nationale.

Organisation et personnel. — « Il était peut-être moins difficile à l'empereur de retrouver les élémens de l'armée, qui de toutes parts se reproduisaient à ses regards et sous sa main, que de rétablir son organisation.

» Cent soixante-sept régimens d'infanterie, de six et huit bataillons, avaient été réduits à cent cinq de trois bataillons, et quatre-vingt-onze de cavalerie à cinquante-sept.

» Pour confondre et effacer les plus glorieux souvenirs, les incorporations, les changemens de numéros, les nouvelles dénominations avaient divisé les familles des braves, et semé la discorde.

» Tout à la fois ingrat, avare et prodigue, le gouvernement réduisait à la demi-solde quatorze mille officiers, forçait à la retraite les chefs les plus dévoués à leur pays, et les sous-officiers que des actions d'éclat avaient fait élever jusqu'au grade de capitaine, pendant que quatre ou cinq mille anciens officiers émigrés, qu'on avait vu combattre contre leur patrie, étaient introduits dans les rangs de l'armée, récompensés par des pensions et des grades honorifiques.

» L'empereur a rétabli tous les régimens sur l'ancien pied, a augmenté ceux d'infanterie de deux bataillons, et rappelé à leurs postes un grand nombre d'officiers supérieurs et particuliers.

» La formation des bataillons d'élite de la garde nationale, la création de trente-six bataillons de tirailleurs tant à Paris qu'à Lyon, ont fait employer encore deux cent trente colonels, quatre cent soixante chefs de bataillon, et quatre cent soixante capitaines adjudans majors.

» Un grand nombre d'officiers en retraite ont été rappelés pour servir dans les places.

» Enfin, l'empereur est dans l'intention d'assurer à la classe si précieuse des sous-officiers les avantages d'un nouveau mode d'avancement qui leur assurera la moitié des sous-lieutenances vacantes, et rappellera les dispositions libérales et l'alternative de l'élection et de l'ancienneté, consacrées par la loi du 14 germinal an III.

» Ce fut surtout dans les états-majors que le gouvernement des Bourbons porta le plus grand désordre, et montra le plus son imprévoyance et sa faiblesse. Pendant qu'il écartait, humiliait, réduisait au désespoir plus de la moitié des généraux de l'armée impériale, et qu'il environnait de soupçons et de recherches inquiètes ceux qui s'étaient montrés les plus fidèles à leurs devoirs et à l'empereur; pendant qu'il leur retirait le gouvernement des places fortes, plus de cinq cents nouveaux généraux, inconnus à l'armée, étaient nommés parmi les officiers de l'émigration.

» Les plus anciennes désertions, les plus éclatantes perfidies, les insultes aux décorations nationales étaient des titres certains à des faveurs sans mesures.

» L'empereur a rappelé aux commandemens des places de guerre des hommes qui joignent à des principes sûrs la vigueur et les talens nécessaires pour les bien défendre.

» Les plus importantes places ont reçu des gouverneurs et des commandans supérieurs.

» Des commandans d'armes ont été placés sur des points qui n'en avaient pas encore eu. Ils multiplieront et dirigeront les résistances partielles et les moyens de surveillance.

» Les états-majors emploient au 31 mai,

    492 officiers généraux ;

    1730 adjudans-commandans, aides-de-camp et adjoints ;

    1189 commandans d'armes, adjudans de place, etc.

» On a éliminé des tableaux plus de six cents officiers de l'émigration. »

Garde impériale. — « L'Europe connaît la valeur héroïque, le sangfroid et la constance de la garde impériale; la France n'a pas de plus ferme rempart pendant la guerre, ni de plus bel ornement pendant la paix. Le gouvernement royal devait à ces guerriers, à ces fils aînés de la gloire, pour l'honneur national et pour ses propres intérêts, s'il avait jamais su les connaître, un témoignage éclatant d'admiration et d'estime; mais leur fidélité à l'empereur les rendit suspects; ils furent soigneusement écartés et humiliés.

» Pendant qu'on travaillait constamment à affaiblir et à dissoudre cette phalange sacrée, une maison militaire du roi s'organisait à grands frais sur les mêmes bases, avec le même luxe, les mêmes abus qui, au commencement du dernier règne des Bourbons, avaient excité les murmures du peuple et de l'armée, et nécessité sa réforme. Les grades, les faveurs, les exceptions, les priviléges des chefs et des subordonnés, tout ce qui pouvait exciter le mécontentement dans les rangs de l'armée fut prodigué aux émigrés. Vingt-cinq millions, c'est-à-dire le huitième du budget du ministère de la guerre, furent affectés à cette vaine dépense.

» L'empereur, par un décret daté de Lyon le 13 mars, a rétabli la garde impériale : elle est aujourd'hui composée de vingt-quatre régimens d'infanterie, de cinq régimens de cavalerie, de plusieurs corps de gendarmerie, d'artillerie, de génie, de train, et déjà forte de plus de quarante mille hommes. »

Artillerie. — « Le traité de paix de Paris ayant réduit la France à ses anciennes limites, et la convention du 23 avril 1814, qui précéda ce traité, ayant livré aux puissances coalisées les cinquante-trois places que tenaient encore les troupes françaises au-delà de ces limites, dans lesquelles se trouvait un matériel immense d'artillerie, qu'on abandonnait sans compensation, les ennemis ont dû nous considérer non-seulement comme hors d'état de faire la guerre, mais encore de repousser la moindre attaque.

» Cependant, quoiqu'ils eussent enlevé toute l'artillerie qu'ils avaient trouvée à La Fère, à Avesne, à Béfort, et dans quelques autres petites places où ils étaient entrés sans coup férir, et contre le texte même de la capitulation, il existait encore de grandes ressources, si le système d'inertie suivi par le gouvernement royal n'eût empêché d'en tirer parti.

» Cette funeste économie, véritable trahison nationale, fit abandonner les travaux des arsenaux, suspendre ceux des forges et des poudreries, et réduire à moitié les commandes des manufactures d'armes.

» Les troupes d'artillerie et du train furent aussi considérablement diminuées.

» Mais, dès le 21 mars, toutes les branches du service de l'artillerie furent réorganisées, et reprirent l'activité qu'il est si nécessaire de leur conserver en tout temps.

» Cent batteries d'artillerie ont été complétement organisées et sont en ligne aux différentes armées.

» Vingt mille chevaux du train d'artillerie et des équipages ont été achetés.

» Les escadrons du train d'artillerie ont été quintuplés.

» Les manufactures d'armes ont triplé leurs produits.

» Il a été réparé quatre-vingt mille fusils depuis deux mois, et cent vingt mille autres le seront au 1er août.

» Il a été fourni des armes aux cinquante-six bataillons de militaires en retraite qui ont repris du service, à cent mille anciens soldats rappelés sous les drapeaux, et aux cent cinquante mille gardes nationales mises en activité.

» Le surplus des armes destinées à l'armement des gardes nationales mobilisées est en dépôt dans les places où elles doivent se rendre.

» Dix grands ateliers d'armes ont été organisés à Paris, et emploient près de six mille ouvriers. On y fabrique ou répare quinze cents fusils par jour, et ce nombre s'augmentera progressivement jusqu'à trois mille, à mesure que les ouvriers se formeront à ce genre de travaux.

» Les ateliers de Paris fourniront d'ici à la fin de l'année plus de deux cent mille fusils; les manufactures impériales en fabriqueront trois cent mille, et sous peu l'on aura en réserve dans les magasins plus de six cent mille fusils, pour armer au besoin la population entière des contrées qui pourraient être menacées par l'ennemi.

» Les quinze cents places ou forts qui défendent nos frontières ont été armés et approvisionnés en munitions de guerre.

» Les côtes de l'empire ont été armées, et les compagnies de canonniers gardes-côtes ont été réorganisées.

» Vingt places dans l'intérieur ont été mises en état de défense, armées et approvisionnées.

» La fabrication des poudres est dans la plus grande activité, et il existe des approvisionnemens en salpêtre pour en confectionner des quantités considérables.

» Enfin, les arsenaux ont repris, depuis le 21 mars, le cours de leurs travaux, et ont mis en état tous les équipages d'artillerie de campagne, de place, de siége et de pont, nécessaires à la défense de la patrie.

Génie. — » L'empereur, après avoir reculé les bornes de l'empire, avait fait fortifier les places des nouvelles frontières, et assigné, pendant les dix dernières années, un fond de 125 millions pour la construction des nouvelles places et la restauration de celles qu'il importait de mettre en état de défense.

» On ne connait que trop le traité approuvé par le comte d'Artois, comme lieutenant-général du royaume, sous le titre de convention du 25 avril 1814, par lequel cinquante-trois places et forts, occupés par les troupes françaises au-delà des limites de l'ancienne France, furent remis aux ennemis dans un délai de vingt jours, en Allemagne, en Italie, en Espagne; acte aussi humiliant qu'inconsidéré, dont la postérité jugera les motifs et les effets, et qui nous dessaisit en un instant de tous les moyens de compensation qui restaient à la France pour obtenir une paix plus honorable. Un matériel immense, de grands dépôts de toutes sortes d'effets militaires, douze mille six cents bouches à feu, dont onze mille trois cents en bronze, abandonnés sans réclamation, consommèrent une perte de plus de 200 millions.

» Les places des frontières de l'ancienne France se trouvant alors en troisième et en quatrième lignes, furent mises au simple entretien, et ce ne fut que pour les places maritimes qu'il fut assigné des fonds pour augmenter leur valeur et leur degré de résistance.

» Lorsque le traité de paix de Paris restreignit la France dans ses anciennes limites, il était d'une sage prévoyance de restaurer les places de première ligne, et de les mettre en état de défense; mais le gouvernement royal, formé en haine de l'armée nationale, et qui ne voulait d'économie que par la réduction des dépenses du département de la guerre, n'accorda aucuns fonds pour faire réparer nos places.

» Depuis le 20 mars dernier on a entrepris et exécuté les travaux qui ont mis en état de défense toutes nos places de guerre; on a restauré celles dont les fortifications étaient abandonnées, et l'on a fortifié les villes ouvertes et les positions les plus importantes de nos frontières.

» Ce travaux ont été poussés avec une étonnante rapidité dans toutes les places de première, deuxième et troisième ligne. Les autorités civiles concourent de tous leurs moyens aux travaux de défense; et ces places, même celles qui étaient hors d'entretien, arrêteront l'ennemi à chaque pas, le forceront à des siéges réguliers, et lui présenteront sur plusieurs points des obstacles insurmontables.

» Soissons, Laon, La Fère, Saint-Quentin, Guise, Château-Thierry, Vitry, Langres, etc., sont en état d'opposer une vive résistance. On travaille avec la plus grande activité à la défense de Châlons, Reims, Dijon, etc. Les Vosges, le Jura, l'Argonne, déjà fortifiés par la nature, reçoivent encore toutes les défenses de l'art. La population entière exécute ces travaux sur tous les points.

» Paris et Lyon auront sous peu de jours tous les moyens de résister aux plus grands efforts de l'ennemi; et ces travaux occupent cinq à six mille ouvriers dans chacune de ces villes. »

Représentans. — *Séance du 15 juin.*

Crochon. « Je demande à soumettre à la Chambre la proposition d'une loi avec les dispositions qu'il lui paraitra convenable d'y insérer, pour le remplacement des députés dont les élections ont été annulées;

» De ceux qui ont donné, donneront ou seront réputés avoir donné leur démission ;

» De ceux qui décéderont ;

» De ceux qui accepteront des fonctions de comptables envers le gouvernement ;

» Et enfin pour la réélection de ceux qui seront appelés aux fonctions de ministres ayant département, de ministre-d'état, de conseiller-d'état ou de préfet.

La Chambre entendra lundi le développement de cette proposition.

La parole est accordée à un autre membre pour un projet tendant à obtenir une loi répressive des provocations séditieuses et des abus de la liberté de la presse.

Malleville. « Je propose que l'empereur soit supplié de présenter, en forme de loi, le projet suivant :

» Art. 1er. Il est permis à tout individu de manifester par la voie de la presse son opinion sur les lois et les actes du gouvernement, pourvu que ses écrits ou ses discours ne contiennent ni excitation directe au crime, ni calomnie, ni injure, ni provocation séditieuse.

» 2. Sont réputés séditieux, les discours tenus dans des lieux ou réunions publics, les placards affichés, les écrits imprimés, dans lesquels l'auteur excit directement les citoyens à désobéir aux lois ou aux actes du gouvernement, annonce qu'ils n'y obéiront point, ou déclare qu'il n'y obéira pas lui-même.

» Ceux de même nature qui contiennent la menace ou l'annonce de renverser le chef de l'état, ou de changer le gouvernement, ou l'ordre de successibilité au trône.

» Ceux de la même nature dans lesquels on conteste au gouvernement sa légitimité.

Sont encore réputés séditieux les cris de *vive le roi ! vive Louis XVIII ! vivent les Bourbons !* lorsqu'ils sont proférés dans des réunions ou lieux publics, ou qu'ils sont consignés dans des écrits imprimés ou affichés.

» 3. Les coupables des provocations séditieuses ci-dessus spécifiées seront punis de la réclusion.

» Néanmoins, dans les cas où lesdites provocations n'auraient été suivies d'aucun effet, leurs auteurs seront simplement punis d'un emprisonnement de six jours au moins, et d'un an au plus.

» 4. Les imprimeurs ou distributeurs des écrits séditieux seront punis de la même peine que leurs auteurs, sauf les exceptions et les distinctions énoncées dans la section 6 du titre 1er du Code pénal.

» 5. Les provocations directes à l'assassinat de l'empereur, ou des membres de la famille impériale, au renversement du gouvernement, à la guerre civile, à la rébellion ou autres crimes, continueront à être punies de la manière, et suivant les distinctions énoncées dans le Code pénal.

» Il en sera de même des imputations calomnieuses et des injures dirigées contre l'empereur ou les membres de la famille impériale, lesquelles seront punies de la même peine que si elles étaient dirigées contre de simples particuliers.

» 6. La publication des actes et proclamations des puissances étrangères ou ennemis de la France déjà insérées dans les journaux étrangers aura lieu librement par la voie des écrits périodiques et des journaux français ; elle n'exposera les rédacteurs de ces feuilles à aucune responsabilité légale ; ceux-ci seront seulement tenus d'insérer aussi dans leurs feuilles les explications ou réfutations qui leur seront fournies par le gouvernement.

» 7. Sont maintenues les dispositions du titre 2 de la loi du 21 octobre 1814, relatives à la police de la presse et de la librairie. Toutes les dispositions de la même loi et des lois antérieures qui sont contraires à la présente sont abrogées.

» Messieurs, avant de demander à la Chambre quel jour elle veut m'assigner pour lui développer ma proposition, je déclare que je ne me serais pas permis de lui présenter cette proposition si le ministre n'avait pas annoncé à l'assemblée qu'elle aurait à s'occuper d'une loi répressive de la licence de la presse; si je n'avais pas l'expérience des dangers de cette licence dans mon département, enfin, si j'eusse été informé que le gouvernement fût lui-même dans l'intention de nous proposer un projet de loi sur cette matière. »

Le président. « Quel jour l'assemblée fixe-t-elle à M. Malleville pour le développement de sa proposition ? »

N...... « J'en demande l'ajournement. Demain l'assemblée entendra les communications qui lui seront faites par le ministre de la police générale. Sans doute ces communications seront de nature à indiquer les mesures les plus utiles pour remplir l'objet de la proposition qui vient d'être soumise à la Chambre. »

Crochon. « J'appuie l'ajournement, et par une considération que je crois très-importante. La proposition qui vous est faite tend à mettre un juste frein à la licence de la presse; mais en même temps que vous déterminerez le point où cette licence devient un délit contre la chose publique, il faudra vous occuper de l'organisation du jury qui devra prononcer. Si je demande l'ajournement, c'est pour laisser le temps d'organiser ce jury; car je serais bien trompé si l'intention de l'assemblée était de soumettre ces délits aux formes du jury existant. Une seule réflexion suffira pour justifier l'opinion que j'exprime. A qui la loi donne-t-elle le droit de former le jury ? Au gouvernement. Mais les délits de la presse seront, en général, dirigés contre le gouvernement lui-même et contre ses agens. Et il est certain que la presse cessera d'être libre du moment où le gouvernement pourrait livrer à un jury à lui ceux qu'il aurait cru pouvoir accuser comme coupables d'un de ces délits. »

N...... « Le jury que l'on propose pour juger les délits de la presse serait une chose très-dangereuse; on vous amènerait bientôt à former un jury spécial pour toutes les espèces particulières de délits. Les règles du jury ordinaire sont suffisantes pour la punition des abus que l'on se propose de réprimer. Je demande au surplus l'ajournement. »

Malleville. « Je réclame l'exécution du règlement, et que l'on ne s'occupe pas en ce moment de discuter le fond de la proposition que je vous ai soumise. Je ne partage pas en ce moment l'opinion de notre collègue Crochon; peut-être la partagerai-je dans la suite. Mais je demande que l'assemblée veuille bien fixer le jour où elle croit devoir entendre les développemens de ma proposition; autrement je la retire. »

Bedoch. « La question à décider est de savoir si un membre qui soumet une proposition doit être admis à la développer. Or, il est sans exemple que cette admission ait été refusée. L'assemblée ne s'engage à rien en accordant la parole à un jour fixe, puisqu'elle reste libre d'ajourner indéfiniment, comme de prendre en considération les propositions qui lui sont développées. »

La Chambre décide que M. Malleville sera entendu samedi.

Leguevel (député du Morbihan), propose de solliciter du gouvernement un projet de loi répressive des délits commis par les brigands, prenant le titre de bandes royales, et il demande à développer ses motifs dans la séance d'après-demain.

Voici les dispositions que M. Leguevel soumet à la Chambre :

Art. 1er. Les biens meubles et immeubles des individus connus pour faire partie des révoltés seront mis sous le séquestre, et les revenus perçus et administrés comme biens nationaux, sauf à prononcer définitivement la confiscation de ces mêmes biens par une loi ultérieure. Le révolté qui aura déposé les armes ne pourra rentrer dans ses biens qu'après son amnistie, en vertu de mainlevée qui lui sera donnée par le gouvernement; et, dans aucun cas, il ne pourra réclamer les revenus, intérêts et fruits échus durant son état de rébellion; et son amnistie ne pourra nuire aux condamnations prononcées contre lui, et dont il va être parlé ci-après.

2. Tous ceux connus pour faire partie des bandes de révoltés ou brigands, prenant le titre d'armée royale, sont solidairement responsables des préjudices et dommages occasionnés par ces bandes, directement ou indirectement, c'est-à-dire qu'ils devront des indemnités aux citoyens qui auront été pillés ou volés par ces mêmes bandes, ou qui auront été obligés, pour se soustraire à leur fureur, de quitter leurs domiciles, ou de se réfugier dans les grandes villes, ou suivre les troupes impériales.

3. Les procureurs impériaux près les tribunaux, sur le simple avis qui leur en sera donné par les parties qui auront éprouvé le dommage, ou par tout autre, ou même dès que l'événement parviendrait à leur connaissance, devront, sous leur responsabilité, obtenir un jugement au profit de ceux qui auront été pillés, ou qui se seront réfugiés, lequel leur accordera des dommages-intérêts qui seront fixés par les juges, nommément contre les révoltés du département dont les noms sont connus, et même contre tous ceux qui seraient reconnus par la suite avoir fait partie des bandes et rassemblemens, le tout solidairement.

4. Ces jugemens seront obtenus sur simple réquisitoire, sans écriture, et ils auront la durée de l'efficacité de jugemens contradictoires.

5. Les jugemens seront exécutés par privilège et sans inscriptions, sur les biens des condamnés.

6. Toute vente faite par un révolté, un mois avant qu'il ait quitté son domicile, et pendant tout le temps de la rébellion, est nulle de plein droit. Il en est de même des donations ou autres actes qu'il aurait faits.

7. Tous les révoltés, leurs ascendans ou descendans sont mis hors la loi.

A ces mots, toute l'assemblée, qui jusque-là avait écouté avec calme les propositions de M. Leguevel, manifeste l'improbation la plus vive.

On entend de toutes parts ces mots prononcés avec énergie, et souvent répétés : *l'ordre du jour! l'ordre du jour!*

Plusieurs membres demandent la parole, et se présentent en même temps à la tribune.

L'assemblée demande sans discontinuité l'ordre du jour, et manifeste qu'elle ne veut point de discussion.

Le président parvient à ramener un moment le calme dans l'assemblée; et alors il demande si elle veut entendre un des orateurs qui se sont présentés à la tribune.

Les cris à l'ordre du jour recommencent avec la même force.

Le président. « Je mets aux voix l'ordre du jour. »

Quelques membres. « Avec la censure. »

La chambre, à l'unanimité, passe purement et simplement à l'ordre du jour.

Pouilly. « Messieurs, l'objet de la proposition que j'ai à soumettre à la Chambre est la nécessité de régler par une loi la suspension momentanée de l'empire de la Constitution dans quelques parties du territoire, lorsque le salut public et le maintien de la tranquillité l'exigent impérieusement. Il faut absolument régulariser l'emploi de ces mesures extraordinaires qui, jusqu'à présent, n'ont pu être employées que d'une manière arbitraire. Je demande à être entendu demain pour le développement de cette proposition, développement dans lequel je m'attacherai sévèrement aux principes qui sont la base de notre système constitutionnel. »

La proposition est vivement appuyée. M. le président consulté la Chambre, qui arrête que l'orateur sera entendu demain.

Dupin. « Messieurs, autant la représentation nationale doit être sévère, je dirai même impitoyable contre les auteurs des projets qui tendraient à troubler la tranquillité publique, à fomenter des dissensions intestines, et à plonger la patrie dans les malheurs de la guerre civile, autant elle doit écouter favorablement les propositions qui tendent à assurer à la France le bonheur dont elle doit jouir sous l'empire des lois constitutionnelles. En vous proposant de former une commission chargée de réunir les parties éparses de nos constitutions, de les coordonner entre elles dans un seul cadre, je suis persuadé que je ne suis que l'organe du plus grand nombre d'entre vous : je crois même pouvoir dire que j'interprète le vœu national. Vous l'avez proclamé vous-mêmes ce vœu ; vous avez reconnu que la volonté publique appelait l'examen et la rectification la plus prompte possible de ce que l'acte additionnel peut offrir d'incomplet et de défectueux.

» Assurément telle qu'elle est, la Constitution est notre signe de ralliement ; elle commande notre profond respect et notre entière obéissance ; elle est l'étoile polaire qui doit nous guider ; mais pour qu'elle nous conduise au port, l'objet de tous nos vœux, il faut qu'elle soit fixe, invariable, et surtout qu'aucun nuage ne la dérobe à nos regards. L'acte dont il s'agit se ressent de la précipitation avec laquelle on a été forcé de le rédiger ; il doit être modifié avec maturité. Ce travail est de la nature de ceux dont une grande assemblée ne peut s'occuper. Il ne peut se préparer que dans le silence et dans la méditation d'une commission qui ne doit être ni trop, ni trop peu nombreuse ; les deux excès sont également à éviter. Je crois qu'elle pourrait être de vingt et un membres nommés à la majorité relative sur un scrutin de liste ; mais quelle que soit la marche des membres qui la composent, cette commission, sans entraver nos travaux, sans brusquer les améliorations désirables, s'occupera d'une tâche urgente et nécessaire, celle de réunir les lois constitutionnelles qui doivent nous régir, celle de les rechercher dans ce volumineux recueil du *Bulletin des Lois*, où il y a si peu de lois, et où il est si difficile de les trouver.

» Faire connaître à la France que vous vous occupez de cet objet si important, est le meilleur, le plus sûr moyen d'élever l'esprit public à toute la hauteur que commandent les circonstances, et d'entretenir cet enthousiasme national auquel sont attachées les destinées de la patrie. Des grands efforts sont nécessaires, de grands sacrifices sont commandés par le péril commun ; pour les rendre plus faciles et moins onéreux, prouvons qu'en bons et fidèles mandataires nous savons stipuler les plus chers intérêts de nos commettans. Rendons cette époque et cette session recommandables dans la postérité par la vigueur, par l'énergie de nos résolutions, en même temps que par la sagesse des lois à la formation desquelles nous sommes appelés à concourir : c'est ainsi que nous serons libres au dedans et au dehors. Voici la proposition que je soumets à la Chambre.

» Art. 1er. Il y aura une commission chargée de réunir nos constitutions, de les refondre et de les coordonner dans un projet de loi général.

» 2. Cette commission sera composée de vingt et un membres nommés par scrutin de liste à la majorité relative.

» Elle choisira dans son sein un président, un secrétaire et un rapporteur chargé de rendre compte à l'assemblée du progrès des travaux. »

M. Dupin continue : « Mon collègue Mourgues est d'accord avec moi sur le fond de la proposition, il me laisse le soin de la développer devant vous. L'honorable membre voudrait trouver un moyen d'appeler successivement à la commission le plus grand nombre possible des membres de la Chambre encore trop peu connus pour profiter de leurs lumières. Je m'en rapporte à cet égard à la sagesse de la Chambre. »

Plusieurs membres demandent la parole.

Le président. « Avant de discuter, aux termes du règlement, je dois demander si la proposition est appuyée. »

Un grand nombre de voix. « Oui, oui, elle est appuyée. »

Le président. « La proposition étant appuyée, aux termes de l'article 42 du règlement, je dois consulter l'assemblée pour savoir si elle la prend en considération. »

La Chambre arrête à l'unanimité que la proposition est prise en considération, et elle décide que M. Dupin sera entendu lundi.

Mourgues. « C'est devant vous, Messieurs, qu'il convient de déposer toute vanité, tout sentiment de prétention individuelle; aussi me suis-je empressé de rechercher mon collègue M. Dupin, pour modifier nos opinions sur le sujet qui vous occupe. Il a paru se rendre à mon idée sur la formation de la commission, en spécifiant que cette commission sera désignée comme chargée de revoir et de coordonner les diverses parties de nos constitutions, mais qu'elle ne se nommera pas commission de constitution. Quoi qu'il en soit, j'insiste sur le mode de formation que j'ai proposé, mode qui est un juste hommage au zèle, aux lumières et aux honorables sentimens de nos collègues, qui sont nouveaux encore dans les assemblées législatives, et qui ne peuvent que gagner à être plus particulièrement connus. Au reste, je n'anticiperai pas sur l'objet qui vous occupera lundi; mais j'ai à vous présenter le complément de ma pensée. J'ai proposé qu'une humble adresse fût présentée à l'empereur, pour que S. M. fût invitée à nommer une commission qui concerterait ses travaux avec les vôtres; en relatant ma proposition dans le feuilleton de la Chambre, on lit que l'empereur serait invité à choisir cette commission dans son conseil d'état ; c'est une erreur que je m'empresse de désavouer ; personne plus que moi n'est convaincu qu'il ne nous appartient pas de déterminer dans quel cercle de personnes investies de sa confiance S. M. doit choisir celles qui pourraient composer cette commission. En parlant de sa formation, je vous rappellerai que l'empereur a lui-même prévenu votre idée ; et en ce qui nous regarde, je ne fais que rendre hommage au principe constitutionnel qui, pour le grand œuvre national dont il s'agit, exige le concours de trois branches de la législation : c'est aussi en ce sens que j'ai demandé l'envoi d'un message à la Chambre des Pairs.... »

Quelques membres. « L'ordre du jour.... »

D'autres. « Le renvoi à lundi. »

N.... « Je m'oppose à l'ordre du jour. Notre collègue doit être admis à développer une proposition qui peut être ajoutée à la proposition principale ; mais je demande le renvoi du tout au lundi. »

Un membre, au milieu d'une agitation assez vive de l'assemblée, demande si le travail dont il s'agit devra se faire par une commission ou par la Chambre divisée en bureaux....

T. XL. 12

Le président. « La Chambre a prononcé le renvoi à lundi de la proposition et des discussions. Cet objet est terminé. »

Malleville. « Je demande la parole pour une motion d'ordre. Messieurs, en Angleterre.... (L'orateur est vivement interrompu.) L'observation que j'ai à vous faire intéresse essentiellement vos délibérations; l'exemple de l'Angleterre peut être cité dans cette circonstance avec avantage. (Nouvelle interruption.) Je demande que le texte d'un discours de l'empereur ne soit jamais reproduit devant vous dans vos discussions; la personne de l'empereur est sacrée; elle est inviolable, il ne peut être question que des actes de son gouvernement et jamais de ses propres paroles.... (Nouvelle interruption.) C'est à propos des citations qui vous ont été faites dans cette même discussion ; je demande comme article réglementaire essentiel que jamais dans une discussion, le vœu, l'intention présumée, ou une expression de S. M. ne puissent être cités.... »

Plusieurs voix. « Appuyé. »

D'autres. « Le renvoi à la commission du règlement. »

N.... « Messieurs, c'est aussi d'un objet réglementaire que j'ai à vous entretenir. L'acte constitutionnel ne permet d'apporter à cette tribune d'autres productions écrites que les rapports des ministres et ceux des commissions sur les propositions de loi. Je pense que cet article peut et doit s'interpréter en ce sens, que les développemens des propositions de lois soumis par les membres de la Chambre, peuvent également être présentés écrits. Il est impossible qu'on exige que des développemens de telles propositions soient soumis d'abondance : puisque les rapports peuvent être écrits, nécessairement les développemens doivent l'être, pour que la Chambre et les commissions elles-mêmes puissent juger et comparer. Je demande que cette idée soit renvoyée à la commission du règlement. » — La proposition est appuyée.

Garat. « J'appuie la proposition qui vous est faite ; elle est très-importante, et doit être l'objet d'une de vos délibérations les plus prochaines. L'article de l'acte additionnel, relatif aux rapports écrits, sur lequel on vous demande ici ou une modification, ou une interprétation, sera violé très-souvent, ou modifié. Pour éviter qu'il ne soit violé, il importe de lui apporter promptement une modification que je crois être dans son esprit. Je demande le renvoi à la commission du règlement. »

N.... « Je m'oppose au renvoi à la commission du règlement, car il s'agit ici d'une proposition tendant à la modification d'un article constitutionnel..... (L'orateur est interrompu.) La Constitution, on ne saurait trop le répéter, est notre unique boussole; or son article ne permet de présenter écrits que les rapports. Je demande le renvoi de la proposition à la commission qui sera chargée de présenter et de réunir dans un seul cadre les diverses parties de nos constitutions. »

Cette proposition est vivement appuyée.

M. Flaugergues. « Et moi aussi, messieurs, je professe le plus profond respect pour la Constitution telle qu'elle existe, quoique je ne la regarde pas comme arrivée au point de perfection qu'elle pourra obtenir; mais ici il ne s'agit ni de la violer ni de la méconnaître ; on vous en demande une interprétation tout-à-fait conforme au bon sens et à l'esprit même de l'acte et de l'article que l'on cite.

» Quand le gouvernement vous présentera des projets de lois, les exposés des motifs seront imprimés ; quand vos commissions vous feront des rapports sur ces projets de lois, ces rapports seront toujours également imprimés ; vous devez en effet avoir ces écrits sous les yeux pour les comparer et pour éclairer votre opinion et déterminer votre vote. Eh bien! quand un de vos membres fait une proposition qui peut également conduire à un rapport d'une commission et à une proposition de loi, ne faut-il pas que vous ayez les mêmes moyens de comparaison. Le rapport de votre commission pourra être écrit, il faut donc que le développement de la proposition dont elle vous fera le rapport le soit aussi. Quel est celui d'entre vous qui pourrait délibérer en connaissance de cause, s'il n'avait également sous les yeux et la proposition développée, et le rapport de la commission qui l'aura examinée?

» Les motifs les plus puissans doivent vous déterminer à cet égard. Les ministres peuvent vous présenter leur travail écrit quand ils proposent des lois: dans le même cas, vos membres doivent avoir le même avantage. Ce sont les discussions qui nécessairement doivent être orales; j'ai essayé, le premier peut-être, d'en faire sentir la nécessité, et j'ai trouvé avec plaisir cette idée renfermée dans l'acte additionnel. Les opinions écrites doivent être avec raison bannies de la discussion; elles y sont sans effet et sans utilité, comme sans intérêt. On se combat sans se rencontrer; on parle sans s'éclairer. Tout le monde suit et renouvelle une série d'idées à peu près la même, et souvent les argumens les plus pressans demeurent sans réponse: la discussion doit donc être orale; mais quand il s'agit du développement de la proposition d'une loi, c'est une tout autre chose. Il y a fort peu de têtes capables de le présenter, sans une préparation écrite, d'une manière satisfaisante et dans l'ensemble et dans les détails; j'ajoute qu'il n'y a pas non plus beaucoup de personnes capables de retenir et de fixer dans leur esprit toutes les parties d'un développement qui pourrait être ainsi oralement présenté. Je crois donc que vous vous conformerez au véritable esprit de l'article, en adoptant la proposition: j'en demande le renvoi à la commission du règlement, ou plutôt l'adoption, car la nécessité en paraît d'une telle évidence..... »

Plusieurs membres. « Le renvoi.... »

Merlin. « Votre commission du règlement s'est particulièrement occupée du sujet important qui vous occupe; cet objet est compris dans le travail qu'elle a à vous présenter, et qui sera soumis à la Chambre demain. »

N..... « Je viens réclamer contre une omission dans l'exécution d'une partie essentielle du règlement; cette omission peut avoir de graves inconvéniens, et nous en avons eu un exemple remarquable dans cette séance. L'article 57 porte que tout membre ayant à faire une proposition, doit la déposer sur le bureau, et que cette proposition est affichée pour être soumise à la Chambre vingt-quatre heures après. Mais doit-on entendre par là l'objet seulement de la proposition, ou le dispositif textuel de cette proposition? Par exemple, s'il s'agit de mesures contre les personnes suspectes, de la liberté individuelle, de la liberté de la presse, ou de tout autre sujet qui excite un vif intérêt, peut-on permettre à un membre d'énoncer sa proposition vaguement et en termes généraux, de manière que la Chambre ne connaisse pas précisément et à l'avance la proposition qu'on doit lui faire. Je demande qu'aux termes de l'article 40 du règlement, tout membre soit tenu de faire connaître, non pas seulement l'objet de la proposition qu'il veut faire, mais qu'il en précise textuellement les dispositions principales. »

Cette proposition est renvoyée à la commission du règlement.

Représentans. — 16 *juin*.

Le président invite un membre inscrit pour une proposition qui a été déposée sur le bureau à monter à la tribune.

Dubois (de la Seine). « Je fais la proposition d'une loi pour l'abolition de toute confiscation de biens meubles et immeubles, relativement à toute espèce de crimes et délits, si ce n'est en matière de contrebande.

» Si la Chambre le permet, je lui présenterai mardi prochain le développement de ma proposition. »

La Chambre consent à la demande de M. Dubois.

Le président. « La parole est à MM. les ministres de S. M. pour un rapport qu'ils doivent faire à la Chambre. »

Boulay, député de la Meurthe, et ministre d'état. « Messieurs, l'empereur par une lettre datée de Beaumont, le 15 à trois heures du matin, a instruit son frère, le prince Joseph, président du conseil des ministres, que l'ennemi faisant des mouvemens pour attaquer l'armée française, S. M. marchait à sa rencontre, et que les hostilités allaient commencer.

» S. M. a ordonné à son ministre des relations extérieures, et à ses ministres d'état, de communiquer, le premier à la Chambre des Pairs, les seconds à la Chambre des Représentans, le rapport fait à S. M. sur tout ce qui s'est passé depuis le 15 mars, sur les efforts qui ont été faits pour maintenir la paix, et sur les actes des puissances étrangères qui ont nécessité la guerre.

» Je vais faire lecture du rapport des relations extérieures, qui sera ensuite, ainsi que les pièces justificatives, déposé sur le bureau de la Chambre. »

Ce rapport était connu de tout le monde, car il était inséré, ainsi que les pièces justificatives, dans le *Moniteur* du jour, 16 juin. Parmi les pièces nous citerons les plus importantes : c'est le traité du 25 mars entre les puissances, et la lettre de lord Castelreagh par laquelle il refuse de recevoir la lettre autographe de Napoléon et celle de son ministre. Nous ajouterons à cette citation celle du titre de quelques-unes des pièces les plus importantes.

Traité du 25 mars.

« Au nom de la très-sainte et indivisible Trinité,

» S. M. l'empereur d'Autriche, roi de Hongrie et de Bohême, et S. M. le roi du royaume-uni de la Grande-Bretagne et d'Irlande, ayant pris en considération les suites que l'invasion en France de Napoléon Buonaparte et la situation actuelle de ce royaume peuvent avoir pour la sûreté de l'Europe, ont résolu, d'un commun accord avec S. M. l'empereur de toutes les Russies et S. M. le roi de Prusse, d'appliquer à cette circonstance importante les principes consacrés par le traité de Chaumont. En conséquence, ils sont convenus de renouveler par un traité solennel, signé séparément par chacune des quatre puissances, avec chacune des trois autres, l'engagement de préserver contre toute atteinte l'ordre de choses si heureusement rétabli en Europe, et de déterminer les moyens les plus efficaces de mettre cet engagement à exécution, ainsi que de lui donner, dans les circonstances présentes, toute l'extension qu'elles réclament impérieusement.

» A cet effet, S. M. l'empereur d'Autriche, roi de Hongrie et de Bohême, a nommé pour discuter, conclure et signer les conditions du présent traité, avec S. M. le roi du royaume-uni de la Grande-Bretagne et d'Irlande, le sieur....

» Et S. M. britannique ayant nommé, de son côté, le sieur.....

» Lesdits plénipotentiaires, après avoir échangé leurs pleins pouvoirs trouvés en bonne et due forme, ont arrêté les articles suivans :

» Art. 1er. Les hautes puissances contractantes ci-dessus dénommées s'engagent solennellement à réunir les moyens de leurs états respectifs pour maintenir dans toute leur intégrité les conditions du traité de paix conclu à Paris le 30 mai 1814, ainsi que les stipulations arrêtées et signées au congrès de Vienne, dans le but de compléter les dispositions de ce traité, de les garantir contre toute atteinte, et particulièrement contre les desseins de Napoléon Buonaparte.

» A cet effet, elles s'engagent à diriger, si le cas l'exigeait, et dans le sens de la déclaration du 13 mars dernier, de concert et de commun accord, tous leurs efforts contre lui et contre tous ceux qui se seraient déjà ralliés à sa faction, ou s'y réuniraient dans la suite, afin de le forcer à se désister de ses projets, et de le mettre hors d'état de troubler à l'avenir la tranquillité et la paix générale, sous la protection de laquelle les droits, la liberté et l'indépendance des nations venaient d'être placés et assurés.

» Art. 2. Quoiqu'un but aussi grand et aussi bienfaisant ne permette pas qu'on mesure les moyens destinés pour l'atteindre, et que les hautes parties contractantes soient résolues d'y consacrer tous ceux dont, d'après leur situation respective, elles peuvent disposer, elles sont néanmoins convenues de tenir constamment en campagne chacune cent cinquante mille hommes au complet, y compris, pour le moins, la proportion d'un dixième de cavalerie, et une juste proportion d'artillerie, sans compter les garnisons, et de les employer activement et de concert contre l'ennemi commun.

» Art. 3. Les hautes parties contractantes s'engagent réciproquement à ne pas poser les armes que d'un commun accord et avant que l'objet de la guerre désigné dans l'art. 1er du présent traité n'ait été atteint, en temps que Buonaparte ne sera pas mis absolument hors de possibilité d'exciter des troubles et de renouveler ses tentatives pour s'emparer du pouvoir suprême en France.

» Art. 4. Le présent traité étant applicable principalement aux circonstances présentes, les stipulations du traité de Chaumont, et nommément celles contenues dans l'art. 16, auront de nouveau toute leur force et vigueur, aussitôt que le but actuel aura été atteint.

» Art. 5. Tout ce qui est relatif au commandement des armées combinées, aux subsistances, etc., sera réglé par une convention particulière.

» Art. 6. Les hautes parties contractantes auront la faculté d'accréditer respectivement, auprès des généraux commandant leurs armées, des officiers qui auront la liberté de correspondre avec leurs gouvernemens pour les informer des événemens militaires et de tout ce qui est relatif aux opérations des armées.

» Art. 7. Les engagemens stipulés par le présent traité ayant pour but le maintien de la paix générale, les hautes parties contractantes conviennent entre elles d'inviter toutes les puissances d'Europe à y accéder.

» Art. 8. Le présent traité étant uniquement dirigé dans le but de soutenir la France, ou tout autre pays envahi, contre les entreprises de Buonaparte et de ses adhérens, S. M. très-chrétienne sera spécialement invitée à donner son adhésion et à faire connaître, dans le cas où elle devrait requérir les forces stipulées dans l'art. 2, quels secours les circonstances lui permettront d'adapter à l'objet du présent traité.

» Art. 9. Le présent traité sera ratifié, et les ratifications en seront échangées dans deux mois, ou plus tôt, si faire se peut.

» En foi de quoi, les plénipotentiaires respectifs l'ont signé et y ont apposé le cachet de leurs armes.

» Fait à Vienne, le 25 mars de l'an de grâce 1815.

» L. S. le prince DE METTERNICH, baron DE WESSEMBERG, WELLINGTON.

» Le même jour, le même traité a été conclu entre la Russie et la Grande-Bretagne, ainsi qu'entre la Prusse et la Grande-Bretagne. »

Réponse de lord Castelreagh à M. le duc de Vicence. Downing-Street, le 8 avril 1815.

« Monsieur le duc, j'ai reçu les deux lettres dont Votre Excellence m'a honoré, en date de Paris, le 4 de ce mois, et dont l'une renfermait une lettre adressée S. A. R. le prince régent.

» Je dois prévenir Votre Excellence que le prince régent a décliné de recevoir la lettre qui lui était adressée, et m'a en même temps donné ses ordres pour transmettre à Vienne celles qui m'étaient adressées par Votre Excellence, pour être portées à la connaissance et soumises à la considération des souverains alliés et des plénipotentiaires assemblés au congrès.

» J'ai l'honneur d'être, de Votre Excellence, le très-obéissant et très-humble serviteur. CASTLEREAGH. »

Parmi les pièces qui suivaient celles dont il vient d'être fait mention, on remarquait l'extrait du procès-verbal d'une conférence relative aux propositions faites par Bonaparte au congrès de Vienne. La première question posée était : « La position de » Bonaparte vis-à-vis des puissances de l'Europe a-t-elle changé » par les premiers succès de son entreprise ou par les événemens » qui se sont passés depuis son arrivée à Paris ? » La seconde : « L'offre de sanctionner le traité de Paris peut-il changer les dis- » positions des puissances ? » La troisième : « Est-il nécessaire de » publier une nouvelle déclaration ? » La réponse unanime était *non* sur les trois questions. A la suite on lisait la signature des ministres plénipotentiaires de toutes les puissances représentées au congrès de Vienne, parmi lesquels figuraient, pour la France, Talleyrand, d'Alberg, Alexis de Noailles. L'Espagne, la Suède, la Bavière, le Wurtemberg, la Saxe prirent part à la conférence aussi bien que la Russie, l'Autriche, l'Angleterre, la Prusse, la Sardaigne, la Sicile, les Pays-Bas, etc. Enfin, on lisait à la suite une série de pièces constatant les négociations des coalisés avec la Suisse, d'où il résultait que celle-ci s'engageait à maintenir la neutralité de son territoire *contre la France*, et que les puissances coalisées lui promettaient une armée dans le cas où elle réclamerait leur secours. Postérieurement, les cantons, consultés individuellement, décidèrent à la majorité que les Suisses livreraient passage aux armées alliées. Ainsi la France n'avait pas un allié. Mais reprenons le cours de la séance.

La Chambre ordonne l'impression du rapport et des pièces à six exemplaires.

Jay. « Je demande la parole pour une motion d'ordre. Je demande à notre collègue Boulay s'il est autorisé par le ministre des relations extérieures à répondre aux questions qui pourraient lui être faites par les membres de la Chambre..... » (Une agitation assez vive se répand dans l'assemblée.)

Jay à la tribune. « Je demande encore à notre collègue Boulay pourquoi le rapport que nous venons d'entendre est adressé à l'empereur et non à la Chambre. Messieurs, la question qui s'élève en ce moment est très-importante; ce n'est point par des discours, ce n'est point par des amendemens à l'acte constitutionnel, que nous établirons la Constitution elle-même; c'est en contractant une forte habitude de ses principes et de son esprit. Dans un pays voisin du nôtre, les ministres du roi paraissent dans la chambre des communes; ils y siégent, ils y répondent aux interpellations qui peuvent leur être faites. L'empereur vous a annoncé que ses ministres vous feraient connaître l'exposé de la situation de l'empire, chacun dans leur département. Il est donc évident que l'intention de S. M. a été que cette communication vous fût donnée. Je demande que dorénavant ces communications vous soient données directement, et que les ministres d'état aient mission pour répondre aux questions qui pourront leur être adressées. »

Plusieurs voix. « Appuyé! appuyé! »

Boulay. « J'avoue que je ne conçois pas bien quel est le but de la proposition qui vous est faite. De quoi s'agit-il? Le ministre des affaires étrangères a fait un rapport sur la situation de son département. L'empereur avait le droit de le demander. Le devoir du ministre était de le présenter. Il n'y a rien là qui ne soit dans l'ordre des choses. L'empereur a jugé que le rapport était assez important pour être communiqué aux deux Chambres. M. le duc de Vicence, pair de France, le communique en ce moment à la Chambre des Pairs, et nous, ministre d'état, nous en donnons connaissance à la Chambre des Représentans, dont nous sommes également membre; nous communiquons le rapport revêtu de la signature du ministre; je demande ce qu'il y a là d'irrégulier et d'inconvenant. » — On demande l'ordre du jour.

Plusieurs voix. « Motivé sur la signature du ministre. »

Tripier. « Je pense, messieurs, que vous ne pouvez passer à l'ordre du jour; que c'est ici le cas d'une délibération importante, et que la question qui vous occupe ne peut être résolue que par une loi spéciale. »

Le président. « L'assemblée a paru satisfaite de l'explication qui lui a été donnée; je mets aux voix l'ordre du jour. »

Plusieurs voix. « Motivé sur la signature du ministre. »

Manuel. « La proposition qui vous est faite n'est pas une simple motion d'ordre; elle est fort importante par les suites qu'elle doit avoir, relativement à vos rapports avec le gouvernement. J'examine les circonstances présentes : une communication vient de vous être faite; j'en trouve la forme vicieuse, car le rapport n'est pas adressé à la Chambre; c'est un rapport fait à l'empereur, et communiqué à la Chambre; mais en admettant que cette forme puisse être tolérée, je trouve qu'au fond il y a ici un inconvénient grave. Par exemple, après cette lecture, chacun de nous pourrait désirer et réclamer des renseignemens sur l'objet principal du rapport, ou sur quelques parties accessoires de ce même rapport. Quel moyen avez-vous de l'ob'enir, si le ministre, auteur de ce rapport, et en ayant dans sa pensée et l'ensemble et les détails, n'est pas présent dans cette assemblée! Je le répète, messieurs, la question a de graves conséquences. Je n'étais point préparé à la discuter; mais elle appelle toutes vos méditations, et je m'oppose en conséquence à l'ordre du jour. »

Plusieurs membres. « Le renvoi de la commission au règlement. »

Boulay. « Je persiste à croire que la question est mal entendue, parce qu'elle a été mal présentée; on suppose que les ministres d'état ne peuvent donner les renseignemens désirés, et l'on demande que les ministres se présentent; mais j'observe que si un ministre est membre de l'autre Chambre, c'est une grande question que de savoir s'il peut figurer dans celle-ci... (Des murmures s'élèvent.) Je m'aperçois que l'idée que je viens d'émettre n'obtient pas les suffrages de la Chambre, et je consens bien volontiers à la considérer comme une erreur; mais nous, ministres d'état, nous sommes membres du gouvernement; comme tels et comme membres de la Chambre, nous pouvons donner les renseignemens.»

Fabry. « Êtes-vous responsables ? »

Boulay. « On demande si nous sommes responsables; il ne peut y avoir de notre part aucune responsabilité, puisque nous ne faisons que communiquer et déposer un rapport signé par le ministre, rapport dont le ministre signataire est en effet seul responsable. Nous ne le serions que si nous nous trompions en donnant les renseignemens qui pourraient être demandés; et à l'égard de ces renseignemens, il est vrai de dire que nous sommes chargés de les donner autant que l'intérêt public peut l'exiger ou le permettre. En qualité de ministres d'état, nous devons donner ces renseignemens, si nous les avons; si nous ne sommes pas prêts à les donner, nous devons les aller prendre, et dès le lendemain, peut-être dans la séance même, les donner à la Chambre; rien de plus simple et de plus naturel.

» Je persiste à croire qu'il n'y a ici qu'un malentendu : le gouvernement ne peut être soupçonné d'avoir l'intention de ne pas communiquer à la Chambre tout ce que l'intérêt public lui permet de faire connaître. Nous sommes les intermédiaires entre la Chambre et lui; nous pouvons donner sur les rapports présentés toutes les explications nécessaires; je ne crois pas qu'il y ait lieu à délibérer sur la proposition. »

Félix Lepelletier. « L'observation de M. Jay est très-importante; elle mérite toute votre attention, et je la crois du nombre de celles qui doivent être renvoyées à votre commission chargée de réunir les diverses parties des Constitutions. »

Desmousseaux. « Sous le seul rapport de la forme, et sans discuter le fond de la question, la proposition qui vous est faite est intéressante, puisqu'elle a trait à la distinction des pouvoirs, véritable élément de la liberté. Le pouvoir législatif est divisé en trois branches, qui sont l'empereur et les deux Chambres. Le pouvoir exécutif réside dans l'empereur seul. Lors donc que l'empereur où le pouvoir exécutif a des communications à faire aux Chambres, elle ne doivent point être faites sous la forme d'une simple lecture, mais être l'objet d'un message directement adressé aux Chambres. Il importe peu que la communication soit présentée par un ministre ayant département, ou par un ministre d'état; mais il faut que, pour de telles communications faites aux Chambres, les Chambres reçoivent un message du gouvernement. Je trouve donc qu'il y a ici un vice de forme dans la communication qui vous est donnée; je crois que des communications de cette nature ne peuvent vous être faites que par suite d'un message de l'empereur, présenté par un de ses ministres, lequel ministre doit paraître revêtu de son costume.

» Cependant, dans les circonstances graves et pressantes où nous nous trouvons, je ne crois pas que le vice de forme que je vous fais observer doive vous arrêter. Je demande que pour cette fois la communication soit reçue comme si elle avait été présentée dans une forme plus régulière, et le renvoi de la proposition à la commission de règlement, qui devra s'occuper particulièrement du mode de communication entre les Chambres entre elles, et entre les Chambres et le gouvernement.

Régnault de Saint-Jean-d'Angely. « Je demande à la Chambre la permission de lui lire les articles 18 et 19 de l'acte additionnel. Il résulte évidemment de ces articles, savoir, du premier, que l'empereur peut envoyer dans les Chambres des ministres ou des conseillers d'état, qui, s'ils ne sont pas membres de la Chambre, peuvent prendre part à la discussion, et à la délibération s'ils en sont membres. Le gouvernement ne l'a pas fait : il a chargé de la communication des ministres d'état membres de la Chambre des Représentans.

» Il résulte de l'article 19 que les éclaircissemens de la nature de ceux que M. Jay indique comme pouvant être demandés doivent l'être en effet aux ministres d'état siégeant dans la Chambre et chargés de la communication.

» Aujourd'hui, que s'est-il passé? Le ministre a rendu compte à S. M. et aux membres de son conseil de l'état de nos relations politiques; son rapport contient tout ce qui a pu être dit pour éclairer les Chambres; les pièces à l'appui du rapport y sont annexées; quand vous en aurez pris connaissance, désirerez-vous d'autres renseignemens? ils pourront être demandés par la Chambre. Je dis demandés par la Chambre, car je ne crois pas que l'on puisse entendre que les ministres doivent répondre à l'interpellation d'un seul membre qui n'aurait pas l'assentiment de la Chambre..... (L'orateur est interrompu.) Je répète que si des éclaircissemens paraissent nécessaires, chaque membre a bien le droit de les demander, mais non en son nom et propre et personnel; c'est la Chambre qui doit délibérer que les renseignemens sont de nature à être demandés.... (Nouvelle interruption.) Je prie l'assemblée de considérer que je parle dans l'intérêt même des éclaircissemens qui pourraient être demandés, et dans ceux de la Chambre elle-même, puisque si elle les demande, le ministre doit lui répondre; mais que si le ministre ne recevait qu'une interpellation personnelle, il pourrait garder le silence...

» Quant à la responsabilité, à l'égard de laquelle j'ai entendu une voix s'élever, elle est tout entière garantie par la signature du rapport communiqué aux termes de l'art. 38, titre IV, de l'acte additionnel; je vois donc, même dans la forme contre laquelle on s'élève, les droits de la Chambre et ceux du peuple respectés, toutes les lumières nécessaires à la Chambre assurées, et la responsabilité garantie. Je demande, en me résumant, que les diverses propositions qui ont été faites soient renvoyées à la commission chargée de réunir les diverses parties des Constitutions. »

La proposition est vivement appuyée.

Desmousseaux. « La monarchie constitutionnelle vient de commencer : avec elle la distinction des pouvoirs est établie, et c'est une chose importante que de régler leur communication entre eux.

» Je persiste à croire que, pour une communication si importante, lorsqu'il s'agit d'un rapport, par suite duquel de grands sacrifices en hommes et en argent devront être demandés pour la défense de la patrie, la forme adoptée manque de régularité. J'appuie le renvoi demandé. »

Barrère. « C'est à l'insuffisance et à l'incorrection de quelques parties de nos lois constitutionnelles que nous sommes redevables de la discussion qui vient de s'élever. Elle n'aurait pas eu lieu s'il existait des règles déterminées sur les communications avec le pouvoir exécutif; je dis avec le pouvoir exécutif, car il n'est pas question du souverain, dont il faut toujours mettre la personne à part comme inviolable et sacrée. Si ces rapports étaient établis comme par l'assemblée constituante en 1791, ces débats n'auraient pas occupé la Chambre. Il sera nécessaire de s'occuper promptement de déterminer ces rapports; autrement, dans le cours de cette session, nous serions souvent arrêtés par des difficultés de cette nature.

» Sans doute, dans les circonstances où nous nous trouvons, tout doit être sacrifié au désir et au besoin de maintenir la plus parfaite union entre tous les pouvoirs; et nous devons, pour le moment, passer sur ce que nous pouvons regarder comme l'omission d'une formalité nécessaire; mais l'article dont il s'agit n'en est pas moins un des plus essentiels de l'acte constitutionnel. Est-ce un rapport que vous avez entendu? Non, messieurs; c'est la communication d'un rapport fait à l'empereur; et je pense qu'il devait vous être présenté par le ministre. J'invoque l'exemple de ce qui s'est passé. Aux états-généraux, le ministre Necker présenta son rapport sur les finances à la barre de l'assemblée; un des préopinans peut se le rappeler. M. de Montmorin, d'autres ministres y parurent également. M. de Narbonne se présenta souvent aussi à l'assemblée législative; alors ce n'était plus à la barre, c'était dans le sein même de l'assemblée. Sous le directoire, d'autres formes furent suivies. Sous le gouvernement impérial, des communications directes furent établies entre le sénat, le corps législatif et le gouvernement. Aujourd'hui il faudra distinguer entre les ministres ayant département, et les ministres que je nommerai à brevets, comme cela était autrefois. Nous n'avons affaire qu'au ministre responsable. Sa présence est d'autant plus nécessaire, que lui seul peut donner tous les renseignemens désirables, et qu'en paraissant à cette tribune, il achève de donner la garantie de sa responsabilité.

» Dirait-on qu'en sa qualité de pair, le ministre ne doit pas paraître dans la Chambre des Représentans? Je répondrai que quelle que soit la dignité de pair, je ne la crois pas au-dessus de l'honneur de parler devant cette Chambre; et, s'il en était autrement, il faudrait alors reconnaître que le ministre devrait opter entre son titre de pair et sa fonction de ministre.

» Des ministres d'état siégent parmi nous; ils nous apportent le tribut de leur expérience et de leurs lumières; mais ils ne sont pas le pouvoir exécutif. Les articles que l'on nous a cités sont relatifs à l'initiative des lois, à des propositions de lois. Il est convenable alors de recevoir et d'entendre des conseillers d'état pour en soutenir la discussion; mais quand il s'agit d'un rapport sur la situation générale de la France dans les circonstances si graves où la mettent et les efforts du royalisme et la coalition de l'étranger, je crois que nous avons droit de désirer entendre les ministres, ou des affaires étrangères, ou de la police, ou de l'intérieur. Il faut que leur responsabilité soit assurée; pour qu'elle le soit, leur présence me semble nécessaire : c'est ainsi qu'on en use chez un peuple voisin, où les ministres à portefeuille, à département, où M. Castelreagh, par exemple, donne comme ministre les communications ordonnées par son gouvernement. Je demande que la Chambre prenne en grande considération l'examen des moyens de communication avec le pouvoir exécutif. »

Leroy. « Je ne produirai pas des observations qui rentreraient dans celles du préopinant, mais j'ai une autre observation à faire. Je ne me rends pas assez compte de ce que c'est que le rapport que vous avez entendu. Ce n'est point une déclaration de guerre, mais une manière de vous faire connaître que la guerre est inévitable, imminente; or l'art. 50 de la Constitution de l'an VIII portait que toute déclaration de guerre serait proposée, discutée, décrétée et promulguée comme des lois; aussi je demande le renvoi du rapport qui vient d'être fait à une commission spéciale... »

Une très-vive agitation se répand dans l'assemblée.

Faisant. « Je réponds à M. Régnault sur les inductions qu'il a tirées des articles 18 et 19 ; une distinction me paraît détruire son raisonnement. Ces articles s'appliquent lorsqu'il s'agit d'un projet de loi dont il faut développer les motifs et soutenir la discussion ; mais quand il s'agit de la situation de l'empire, et des affaires les plus importantes de l'état, un ministre n'ayant pas portefeuille ne peut donner les renseignemens nécessaires. Je demande que des communications de cette nature ne puissent être données que par les ministres ayant département. »

Sébastiani. « M. Leroy, en rappelant la Constitution de l'an VIII, et en disant que la déclaration de guerre devait être promulguée dans la forme des lois, aurait dû dire aussi que, par cette même Constitution, le chef de l'état était autorisé à repousser l'agression ennemie. Or, messieurs, aujourd'hui l'agression n'est-elle pas évidente ; au moment où je parle peut-être les soldats français versent-ils généreusement leur sang pour la défense de la patrie, et l'on vient vous demander une loi pour déclarer la guerre ! Attendriez-vous donc que l'ennemi fût à vos portes pour vous croire autorisés à le combattre ? Je demande au nom de l'honneur national et du salut de l'état l'ordre du jour sur la seconde partie de la proposition de M. Leroy. »

Cette proposition est vivement appuyée : de toutes parts on crie aux voix.

Leroy « Je n'ai pas demandé que la Chambre s'occupât d'une loi pour la déclaration de guerre... (Interruption.) J'ai demandé que le rapport du ministre à l'empereur, avec les pièces justificatives qui l'accompagnent, fût renvoyé à une commission spéciale ; car ce rapport, messieurs, ne peut tomber de la sorte ; il faut bien qu'on lui donne une suite, qu'il ait un résultat... » (L'agitation de l'assemblée continue.)

Dumolard. « Dans les questions les plus délicates la même manière de voir peut s'exprimer d'une manière différente ; on conteste faute de s'entendre. La première proposition de M. Leroy est fondée, et je l'appuie ; on doit distinguer ce qui est règlement intérieur, et les dispositions qui établissent les communications entre les Chambres et le pouvoir exécutif. Le renvoi à une commission spéciale est donc dans la nature des choses. Cet objet d'ailleurs est pressant, et vous ne devez pas en charger une commission à laquelle vous donnez déjà une tâche importante et difficile à remplir.

» Quant à la seconde proposition de M. Leroy, elle est extrêmement délicate. »

Une foule de voix. « Elle n'est pas appuyée..... »

Dumolard. « Mon intention était de vous demander l'ordre du jour sur cette proposition : en principe je voterais contre ; dans l'application qui en est faite aujourd'hui, je la trouverais extrêmement dangereuse, et cela certainement contre les intentions de son auteur. »

Le président. « La deuxième proposition de M. Leroy n'étant pas appuyée, la Chambre n'a point à délibérer. »

Le président résume ensuite la discussion et consulte l'assemblée sur le renvoi de la proposition de M. Jay à la commission du règlement, ou à celle chargée du travail sur la Constitution, ou à une commission spéciale.

Le renvoi à une commission spéciale est ordonné à la presque unanimité.

N..... « Hier il vous a été présenté un projet de loi contre les auteurs et les complices de la rébellion qui agite quelques départemens ; les dispositions violentes de ce projet ont été rejetées par vous avec indignation ; aujourd'hui on vous propose de suspendre l'empire de la Constitution..... L'orateur est interrompu... (*Une foule de voix* : « Vous n'avez pas entendu ».)... J'ai pu me tromper sur l'opinion émise; quoi qu'il en soit, comme le plus pénible emploi de votre mission sera sans doute de prononcer sur des mesures de rigueur, je crois que nous devons attendre à cet égard les propositions du gouvernement; c'est après avoir entendu le rapport du ministre que nous pourrons émettre un vœu. »

N.....« Dans plusieurs départemens de l'ouest, tels que ceux d'Ille-et-Vilaine et du Morbihan, l'empire de la Constitution a été suspendu par suite des troubles civils, par les ordres du général Bigarré, qui sans doute n'a fait qu'exécuter les ordres du gouvernement. Ces mesures étaient sans doute indispensables dans un moment où l'action ordinaire des lois ne pouvait contenir le parti au milieu du tumulte des armes, des excès de la rébellion; mais si ces mesures sont nécessaires, il faut qu'elles soient revêtues d'un caractère légal. Elles existent depuis le 3 de ce mois, et depuis cette époque on ne nous en a pas entretenus..... »

La Chambre ajourne cette discussion après le rapport du ministre de la police.

Nouvelles de l'armée. — Ordre du jour. — Avesne, le 14 juin 1815.

« Soldats, c'est aujourd'hui l'anniversaire de Marengo et de Friedland, qui décida deux fois du destin de l'Europe. Alors, comme après Austerlitz, comme après Wagram, nous fûmes trop généreux. Nous crûmes aux protestations et aux sermens des princes que nous laissâmes sur le trône ! Aujourd'hui cependant, coalisés entre eux, ils en veulent à l'indépendance et aux droits les plus sacrés de la France. Ils ont commencé la plus injuste des agressions. Marchons donc à leur rencontre. Eux et nous ne sommes-nous plus les mêmes hommes?

» Soldats, à Iéna, contre ces mêmes Prussiens, aujourd'hui si arrogans, vous étiez un contre trois, et à Montmirail, un contre six !

» Que ceux d'entre vous qui ont été prisonniers des Anglais vous fassent le récit de leurs pontons et des maux affreux qu'ils ont soufferts !

» Les Saxons, les Belges, les Hanovriens, les soldats de la confédération du Rhin gémissent d'être obligés de prêter leurs bras à la cause de princes ennemis de la justice et des droits de tous les peuples ; il savent que cette coalition est insatiable ! Après avoir dévoré douze millions de Polonais, douze millions d'Italiens, un million de Saxons, six millions de Belges, elle devra dévorer les états de deuxième ordre de l'Allemagne.

» Les insensés ! un moment de prospérité les aveugle. L'oppression et l'humiliation du peuple français sont hors de leur pouvoir ! S'ils entrent en France, ils y trouveront leur tombeau.

» Soldats, nous avons des marches forcées à faire, des batailles à livrer, des périls à courir ; mais avec de la constance, la victoire sera à nous ; les droits, l'honneur et le bonheur de la patrie seront reconquis !

» Pour tout Français qui a du cœur, le moment est arrivé de vaincre ou de périr. — *Signé* NAPOLÉON. — Pour ampliation, *le maréchal de l'empire, major-général, duc de* DALMATIE. »

Charleroi, le 15 juin 1815 au soir.

Le 14, l'armée était placée de la manière suivante :

Le quartier impérial à Beaumont.

Le premier corps, commandé par le général d'Erlon, était à Solre sur la Sambre.

Le deuxième corps, commandé par le général Reille, était à Ham sur Eure.

Le troisième corps, commandé par le général Vandamme, était sur la droite de Beaumont.

Le quatrième corps, commandé par le général Gérard, arrivait à Philippeville.

Le 15 à trois heures du matin, le général Reille attaqua l'ennemi et se porta sur Marchiennes-au-Pont. Il eut différens engagemens dans lesquels sa cavalerie chargea un bataillon prussien et fit trois cents prisonniers.

A une heure du matin, l'empereur était à Jamignan-sur-Heure.

La division de cavalerie légère du général Daumont sabra deux bataillons prussiens et fit quatre cents prisonniers.

Le général Pajol entra à Charleroi à midi. Les sapeurs et les marins de la garde étaient à l'avant-garde pour réparer les ponts. Ils pénétrèrent les premiers en tirailleurs dans la ville.

Le général Clari, avec le 1er de hussards, se porta sur Gosselies, sur la route de Bruxelles, et le général Pajol sur Gilly, sur la route de Namur.

A trois heures après midi, le général Vandamme déboucha avec son corps sur Gilly.

Le maréchal Grouchy arriva avec la cavalerie du général Excelmans.

L'ennemi occupait la gauche de la position de Fleurus; à cinq heures après midi, l'empereur ordonna l'attaque. La position fut tournée et enlevée. Les quatre escadrons de service de la garde, commandés par le général Letort, aide-de-camp de l'empereur, enfoncèrent trois carrés; les 26e, 27e et 28e régimens prussiens furent mis en déroute. Nos escadrons sabrèrent quatre à cinq cents hommes et firent cent cinquante prisonniers.

Pendant ce temps, le général Reille passait la Sambre à Marchiennes-au-Pont, pour se porter sur Gosselies avec les divisions du prince Jérôme et du général Bachelu, attaquait l'ennemi, lui faisait deux cent cinquante prisonniers, et le poursuivait sur la route de Bruxelles.

Nous devînmes ainsi maîtres de toute la position de Fleurus.

A huit heures du soir, l'empereur entra à son quartier-général à Charleroi.

Cette journée coûte à l'ennemi cinq pièces de canon et deux mille hommes, dont mille prisonniers. Notre perte est de dix hommes tués et de quatre-vingt blessés, la plupart des escadrons de service qui ont fait les charges, et des trois escadrons du 20e de dragons, qui ont aussi chargé un carré avec la plus grande intrépidité. Notre perte, légère, quant au nombre, a été sensible à l'empereur, par la blessure grave qu'a reçue le général Letort, son aide-de-camp, en chargeant à la tête des escadrons de service. Cet officier est de la plus grande distinction; il a été frappé d'une balle au bas-ventre, et le chirurgien fait craindre que sa blessure ne soit mortelle.

Nous avons trouvé à Charleroi quelques magasins. La joie des Belges ne saurait se décrire. Il y a des villages qui, à la vue de leurs libérateurs, ont formé des danses, et partout c'est un élan qui part du cœur.

Dans le rapport de l'état-major-général, on insérera les noms des officiers et soldats qui se sont distingués.

L'empereur a donné le commandement de la gauche au prince de la Moscowa, qui a eu le soir son quartier-général aux Quatre-Chemins, sur la route de Bruxelles.

Le duc de Trévise, à qui l'empereur avait donné le commandement de la jeune garde, est resté à Beaumont, malade d'une sciatique qui l'a forcé de se mettre au lit.

Le quatrième corps, commandé par le général Gérard, arrive ce soir au Châtelet. Le général Gérard a rendu compte que le lieutenant-général Bourmont, le colonel Clouet et le chef d'escadron Villontreys, ont passé à l'ennemi.

Un lieutenant du 11ᵉ de chasseurs a également passé à l'ennemi.

Le major-général a ordonné que ces déserteurs fussent sur-le-champ jugés conformément aux lois.

Rien ne peut peindre le bon esprit et l'ardeur de l'armée. Elle regarde comme un événement heureux la désertion de ce petit nombre de traîtres qui se démasquent ainsi.

Dépêche télégraphique. — Montmellian, le 15 à neuf heures du soir.
Le duc d'Albuféra, à S. Exc. le ministre de la guerre.

L'ennemi a été attaqué ce matin. Nous lui avons fait six cents prisonniers, parmi lesquels se trouvent un colonel et un major ; et nous lui avons tué deux à trois cents hommes.

Séance du 17 juin.

Régnault de Saint-Jean-d'Angely paraît à la tribune, et annonce qu'il est chargé de donner lecture de la dépêche télégraphique du duc d'Albuféra.

Régnault donne ensuite lecture du rapport fait à S. M. par S. Exc. le ministre de la police générale. — On demande de toutes parts, et l'assemblée ordonne l'impression et la distribution à six exemplaires.

Plusieurs voix. « Le renvoi à une commission spéciale. » — *D'autres.* « L'ordre du jour motivé.... »

Dumolard. « Le rapport que vous venez d'entendre exige toutes vos méditations ; mais il importe de ne pas perdre un temps si précieux dans les circonstances actuelles ; il faut prendre des mesures promptes ; le rapport en fait sentir la nécessité. Je demande le renvoi du rapport présenté à une commission de neuf membres, qui, après avoir pris tous les renseignemens nécessaires, vous proposera les mesures convenables. »

Félix Desportes. « J'avais soumis à l'assemblée un projet relatif aux mesures à prendre. Ce projet était déposé ; mais, après avoir entendu le rapport du ministre, je retire mes propositions. »

Plusieurs voix. « Aux voix la commission. »

D'autres. « C'est au gouvernement à proposer des mesures. »

Desmousseaux. « Rien sans doute de plus lumineux et de plus important que le rapport que vous venez d'entendre. Il vous expose l'état de la France et les malheurs qu'entraîne dans quelques départemens la révolte qui y a éclaté. J'en conclus que personne, mieux que le ministre, ne peut connaître quelles lacunes existent dans notre législation actuelle pour la répression des délits. C'est au gouvernement que l'acte additionnel confère l'initiative des lois. Il entre sans doute dans les devoirs de la Chambre d'en proposer. Mais sont-ce précisément des lois répressives, des lois limitatives des droits et de la liberté des citoyens? Non, sans doute : le gouvernement doit vous proposer les lois qu'il croit nécessaires au maintien de l'ordre public et à sa propre conservation. Je demande qu'il soit invité à proposer lui-même. (Des murmures s'élèvent). Je vois que l'intention de la Chambre n'est même pas de provoquer, par une invitation.... »

On demande l'ordre du jour.

Garnier (de Saintes). « Voudriez-vous, messieurs, établir une sorte de lutte avec le gouvernement? voudriez-vous discuter sur la question de savoir qui, dans nos dangers publics, prendra l'initiative? Messieurs, l'ennemi n'attend ni ne délibère. Le sang français coule ; nos pères, nos frères sont égorgés dans l'Ouest : que l'initiative vienne de l'un ou de l'autre pouvoir, il n'importe ; mais qu'elle soit prise.

» Le rapport vous annonce que des mesures sont nécessaires contre les ennemis de l'ordre public, qu'ils aient le glaive ou la plume à la main. Quel inconvénient y a-t-il à nommer une commission spéciale qui se concertera avec le gouvernement?...... (Interruption.) Déjà plusieurs membres ont présenté des vues : votre commission aura des rapports avec eux et avec les ministres. (Nouvelle interruption : l'orateur insiste fortement pour être entendu.) Eh bien ! messieurs, si vous ne voulez pas avoir des rapports avec les ministres, ayez-en donc avec vous-mêmes, et nommez une commission qui vous entretiendra des mesures à prendre. J'appuie la proposition de sa formation. »

On demande de nouveau l'ordre du jour.

Un membre. « Vous ne pouvez passer à l'ordre du jour ; il serait dangereux, ferait méconnaître nos intentions, et nuirait à la tranquillité publique. »

Huet de Coetlisan. « Dans ses relations avec les Chambres, le gouvernement ne peut être que la personne même du monarque; ce n'est pas comme pouvoir exécutif que le monarque fait des propositions de lois et en a l'initiative, c'est comme partie intégrante de la puissance législative. Si un ministre proposait un projet de loi sans en constater sa mission, sans exhiber les pouvoirs qu'il aurait reçus du chef de l'état, non-seulement il n'y aurait pas de rapports entre vous-mêmes, vous refuseriez de l'entendre..... (Interruption). Dans cette circonstance, messieurs, je trouve qu'il n'était pas nécessaire que le gouvernement vous fît une proposition ; mais je pense qu'il est très-convenable qu'il s'en soit rapporté à vous sur les mesures à prendre.

» Lorsqu'il est question d'administration générale, d'une direction nouvelle à donner à l'industrie, d'objets enfin sur lesquels le gouvernement seul peut voir l'ensemble et les détails, c'est à lui à prendre l'initiative; mais ici, il n'en est point ainsi. Chacun de nous connaît la situation de son département, de sa ville, de son pays enfin, aussi bien que le ministre peut la connaître lui-même; si nous n'embrassons pas le système général, si nous ne connaissons pas aussi bien les ressorts secrets qui font mouvoir les partis, nous avons au moins des détails certains, des données positives, et nous pouvons proposer des idées utiles.

» La proposition de la part du gouvernement n'est donc nécessaire ni dans la forme ni au fond. Le rapport embrasse trois objets distincts : la suspension de la Constitution dans quelques départemens; la répression des délits de la presse; des mesures à prendre dans les départemens menacés. Ces lois sont essentiellement temporaires, mais elles ont pour but d'étendre le cercle du pouvoir, et de dégager d'autant les ministres de leur responsabilité. Or n'y a-t-il pas un grand inconvénient à les laisser présenter aux ministres eux-mêmes?

» Je suppose que les ministres, entraînés par cette habitude qui est celle de tous les ministres, par cette ambition usurpatrice qui les anime tous, et qui a tant besoin de la surveillance constante de la représentation nationale; je suppose, dis-je, qu'ils vous proposent quelques articles inadmissibles parmi d'autres acceptables, de ces articles ambigus qui enchaînent le législateur qui les adopte contre sa propre intention.

» Je suppose que le gouvernement s'étaie même de la modération qu'il aura manifestée, pour prolonger ces articles de lois au delà du terme nécessaire, ne serez-vous pas entraînés vous-mêmes par la loi que vous avez rendue, par l'urgence des circonstances qui vous l'auront fait rendre?

» Je loue au contraire le gouvernement et les ministres d'avoir voulu vous donner à cet égard toute latitude, et de ce que leur confiance paraît attendre de vous les mesures nécessaires.

» Messieurs, les lois constitutionnelles sont souvent un vain étalage de mots et de principes : ce sont les usages qui établissent, fondent et consolident les institutions, qui les rendent plus respectables à la fois, et plus durables ; seuls, ils établissent, étendent les institutions, et leur donnent, à l'aide du temps, l'empreinte du caractère national. Dans huit jours on arguera du parti que vous allez prendre aujourd'hui, et si vous usez aujourd'hui de cette initiative qui vous est assurée, dans un siècle, vos successeurs en réclameront le précieux avantage.

» Je conclus en disant qu'ici les propositions des mesures à prendre peuvent ne pas venir du gouvernement, et je demande qu'au lieu d'une commission spéciale, on en nomme trois qui embrassent les diverses parties du rapport du ministre. » (Une nouvelle agitation se répand dans l'assemblée).

N...... « Je demande l'ordre du jour, et le motiverai en peu de mots. Vous avez dit à l'empereur que votre zèle patriotique était prêt à tous les sacrifices, et que vous seconderiez le gouvernement en lui assurant tous les moyens qui lui seraient nécessaires ; mais ces moyens, il faut les donner d'une manière régulière ; et ces moyens, c'est aux hommes chargés de l'administration générale qu'il appartient de les indiquer et de les proposer. Que répondriez-vous à un ministre des finances qui vous dirait : Voici les besoins de l'état, je viens demander des ressources ; ce ministre aurait-il rempli sa mission ? Le ministre connaît mieux que nous l'état de la France ; mieux que nous il doit connaître et indiquer les remèdes. Je demande l'ordre du jour, motivé sur l'intention bien unanime que vous manifesterez toujours, de concourir de tous vos moyens avec le gouvernement pour assurer le salut de l'état. »

On demande vivement l'ordre du jour......

Un membre. « Je demande aussi l'ordre du jour. L'initiative que vous prendriez ici entraînerait des lenteurs dangereuses. »

Durbach. « Je conçois difficilement que dans ces circonstances la Chambre se refuse à prendre l'initiative à laquelle elle semble être invitée. S'il est un moyen de pacification certain, c'est dans une détermination solennelle de la Chambre. Il n'y a pas un seul département qui ne soit disposé à reconnaître un vœu de la Chambre librement et hautement exprimé. S'il est des mesures pour lesquelles votre initiative soit désirable, c'est pour celles dont il s'agit ; car la Chambre qui les aura provoquées sera aussi la première à demander leur révocation quand elles ne seront plus nécessaires. Les dispositions à prendre seront d'une exécution plus facile si elles sont proposées dans cette Chambre, que si elles émanent du gouvernement lui-même : nous ne pouvons nous dissimuler que quelques actes de ses agens, contre ses intentions sans doute, ont donné des prétextes à la rébellion. Votre délibération peut être un grand moyen de pacification intérieure, et avec la paix au-dedans, nous ne craignons rien au-dehors. Quand les commissions seront nommées, le gouvernement leur donnera tous les renseignemens désirables ; je vote pour leur formation. »

Valantin. « Nul doute que nous ne puissions prendre ici l'initiative ; mais à raison de sa responsabilité même, nul doute aussi que le ministère ne s'empresse de vous présenter le projet qu'il croit nécessaire. La Chambre ne peut croire qu'elle serait à portée de rendre une décision qui conciliât tous les intérêts ? Avons-nous tous les documens, tous les renseignemens nécessaires ? Ne précipitons rien. Les ministres d'état sont présens ; ils rendront compte au gouvernement du dévouement unanime manifesté par la Chambre, et le gouvernement vous demandera des mesures nécessaires. Je demande l'ordre du jour. »

Un membre. « Je ne me rends pas assez compte des motifs du gouvernement ; pourquoi semble-t-il vouloir que la Chambre prenne ici l'initiative ?..... (*Plusieurs voix*. Il ne dit pas cela-). Il doit connaître le mal mieux que nous. Un malade indique-t-il à son médecin le remède qui doit le guérir? Nous ici, dans la diversité de nos opinions et de nos renseignemens nous pourrions nous tromper, et sur la nature du mal, et sur les remèdes, suivant les diverses localités. Je demande que le gouvernement propose les mesures qu'il croira nécessaires. »

Barrère. « Telle est l'influence et la force de la vérité et des principes politiques avoués de la sagesse, qu'on est tôt ou tard forcé d'y revenir. Votre Constitution a donc deux sortes d'initiatives : l'une de la part du gouvernement, l'autre de la part des Chambres; ainsi nous voilà revenus au véritable système représentatif : or dans tous les gouvernemens représentatifs, c'est le gouvernement qui présente le tableau de situation, et c'est la législature qui indique les élémens dont il faut se servir et les moyens qui sont à prendre.

» Félicitons-nous, messieurs, j'ose le dire, que les malheurs des temps étendent et sanctionnent cette initiative constitutionnelle, dont le cercle s'étendra à mesure que les idées d'une saine et vraie liberté s'affermiront parmi nous. Et comment, lorsqu'on semble vous inviter à la prendre, la refuseriez-vous? Il s'agit de recourir à un pouvoir extraordinaire : c'est la dictature de la loi qu'il faut établir, et non celle d'un homme. Vous pouvez l'établir pour un temps limité, dans des termes dignes d'un peuple libre, et vous vous y refuseriez ! L'ordre du jour semblerait de votre part un signe d'indifférence; il servirait de prétexte à la calomnie. Je demande le renvoi à une commission spéciale. »

On demande à aller aux voix.

Tripier. « L'opinion de l'assemblée paraît formée; je ne l'occuperai que peu d'instans; quelques idées sur l'exercice du pouvoir législatif ne seront point ici déplacées.

» Sans doute, quand vous vous occupez de lois générales et propres à tous les temps, je conçois que vous désiriez prendre l'initiative; mais quand il s'agit de l'extension d'un pouvoir à exercer dans des circonstances rares; quand il s'agit de connaître pour appliquer ce pouvoir, l'état de pays éloignés par de grandes distances, et dont la situation véritable ne nous est point assez connue, je ne pense pas que nous réunissions assez de renseignemens certains pour prendre utilement l'initiative.

» Quand il s'agit de suspension des lois constitutionnelles, certes ce n'est pas à la Chambre des Représentans, dont la mission est de les fortifier et de les maintenir, qu'il appartient de prendre l'initiative. Consentez, si cela est indispensable, mais ne proposez pas. Sans doute il faut soutenir le pouvoir, l'environner de confiance et de force, lui donner tous les moyens nécessaires; mais il faut le faire avec sagesse, avec discernement. Croyez que les ministres ne sont point inactifs. Je ne considère leurs rapports que comme des exposés, comme des instructions préliminaires, qui doivent être suivis demain peut-être, ou sous peu de jours, des projets de loi qu'ils auront jugés nécessaires.

» C'est dans le sein du gouvernement, dans ce centre de méditations éclairées, que les mesures véritablement utiles peuvent être conçues. Ces mesures vous sont proposées, et c'est alors que vous confirmez réellement ce qu'on a appelé la dictature de la loi. Nul ne peut la créer sans vous; mais en la confirmant, vous lui donnez plus de sagesse et d'utilité qu'en la proposant vous-mêmes.

» Je demande l'ordre du jour, non sur le rapport, mais sur la proposition intempestive de la nomination d'une commission. »

De Montigni. « Je m'oppose à la formation de la commission; je demande l'ordre du jour. La Chambre a, dans son adresse à l'empereur, offert de concourir de tous ses moyens au salut de la France. Le gouvernement est plus à même que la Chambre de connaître les mesures qu'il convient d'adopter; c'est au gouvernement à les proposer et non à la Chambre à prendre l'initiative. »

Boulay. « Les circonstances exigent des lois extraordinaires. C'est par elles que la patrie doit être sauvée; mais elles offrent divers problèmes difficiles à résoudre. Les ministres s'en sont occupés, et ils ont hésité dans le choix des mesures à prendre. Pourquoi? C'est que la solution du problème dépend d'un grand nombre de connaissances positives et particulières qu'ils sont obligés de recueillir. Nous sommes convaincu que sur beaucoup de points de détails, les membres de la Chambre ont des notions certaines très-essentielles, et que, comme il s'agit d'étendre ou de restreindre l'application d'une législation répressive, les membres de la Chambre donneront mieux que personne, selon le besoin, les renseignemens nécessaires. Il serait donc nécessaire de former un centre commun où ces renseignemens viennent aboutir, et le meilleur moyen, à cet effet, est la formation d'une commission. »

Félix Desportes. « Je demande la formation d'une commission : le gouvernement pourra lui communiquer, de son côté, tous les renseignemens qu'il possède..... »

Merlin de l'Aveyron. « Notre intérêt est commun, notre but unique, nous ne différons que sur la forme à adopter. Il faut nous en tenir aux principes, jusqu'à ce que cette Constitution, imparfaite peut-être, mais qui est notre étoile polaire, soit améliorée et modifiée. Elle est notre guide, elle est notre règle invariable de conduite. La Constitution donne au gouvernement l'initiative de la loi. Les Chambres ont la faculté d'inviter le gouvernement à proposer des lois, et ici vous devez seulement user de cette faculté. Nommez une commission, que fera-t-elle ? elle présentera un projet qui sera discuté, adopté, envoyé à la Chambre des Pairs, qui discutera aussi, adoptera peut-être, et les propositions seront envoyées au gouvernement pour que le gouvernement vous présente un projet de loi : mais si le gouvernement ne trouve pas la loi proposée utile, il faudra donc recommencer, et cela, quand le danger presse, quand des mesures promptes sont indispensables ? »

On demande à grands cris l'ordre du jour.

Girod de l'Ain. « Le ministre d'état vous a dit lui-même que le ministre n'était pas prêt. » (Une agitation très-vive se répand dans l'assemblée. M. le président la rappelle au silence et au calme. Les propositions se succèdent; on demande enfin la clôture de la discussion.)

La chambre ferme la discussion à une très-grande majorité. — On demande de nouveau l'ordre du jour.

Sibuet. « Je conçois qu'on s'oppose à la nomination d'une commission qui, plus tard, pourrait ressembler en analyse à un comité de sûreté générale..... (L'orateur est interrompu.) Vous ne pouvez passer à l'ordre du jour sans inviter le gouvernement à présenter un projet de loi le plus tôt possible. »

De nouveaux murmures s'élèvent.

Le président. « La proposition n'est pas appuyée; je ne la mets point aux voix ; je mets aux voix l'ordre du jour, non pas l'ordre du jour sur le rapport du ministre, mais l'ordre du jour sur la nomination d'une commission spéciale.»

L'ordre du jour sur cette nomination est adopté à une grande majorité.

Chambre des Pairs. — 17 juin.

La formation d'un règlement intérieur était l'occupation principale de la Chambre. C'est à propos de ce travail que Thibaudeau fit la proposition suivante :

Le comte Thibaudeau propose qu'il soit nommé une commission qui se concerterait avec une pareille commission nommée par la Chambre des Représentans, et qui se réunirait aux commissaires nommés par le gouvernement, afin de régler le mode qu'il convient d'adopter pour les rapports que les Chambres doivent avoir entre elles et avec le gouvernement.

Cette proposition est généralement appuyée, mise aux voix et adoptée.

NOUVELLES DE L'ARMÉE.

En arrière de Ligny, à huit heures et demie du soir, le 16 juin 1815.

« L'empereur vient de remporter une victoire complète sur les armées prussiennes et anglaises réunies sous les ordres de lord Wellington et du maréchal Blücher. L'armée débouche en ce moment par le village de Ligny, en avant de Fleurus, pour poursuivre l'ennemi. »

Pendant que l'on recevait des nouvelles favorables de la grande armée, il en venait aussi de la Vendée. Les troupes impériales avaient eu divers engagemens avec les rebelles; ceux-ci avaient été chaque fois très-maltraités. Le marquis de Larochejaquelin fut tué dans une de ces affaires. Cependant quelques journaux, comme pour diminuer l'effet de la victoire dont on venait d'être instruit, dirent qu'il se répandait des bruits fâcheux sur les événemens de la Vendée, et que le général Travot y avait essuyé un échec. Ce fut l'objet d'un démenti violent donné le lendemain 19 à la tribune de la Chambre des Représentans par Regnault de Saint-Jean-d'Angely. Au reste, dans cette séance du 19, la chambre entendit un rapport sur les finances, présenté par le ministre, et vota quelques chapitres de son règlement intérieur.

Représentans: — Séance du 20 juin.

L'ordre du jour appelle la discussion de la proposition de M. Dupin, ayant pour objet la nomination d'une commission de vingt et un membres, qui serait chargée de coordonner nos constitutions avec l'acte additionnel, et de présenter à la Chambre le résultat de son travail.

Duchesne. « Deux propositions analogues à celle de notre collègue Dupin vous ont été soumises : l'une de M. Mourgues, fondue par amendement dans la première, ne porte d'abord qu'à neuf le nombre des membres de cette commission, qui serait élevé à celui de vingt et un par la nomination successive de six membres choisis à huit jours d'intervalle; une dernière, par M. Broussous, tend à ajourner toute discussion pour des changemens à nos constitutions jusqu'après la guerre; et son vœu serait qu'on ne s'occupât que des lois organiques de ces mêmes constitutions.

» Je viens appuyer la proposition de M. Dupin et combattre les deux autres.

» Le travail par lequel la Constitution politique de la France pourra recevoir des améliorations est si nécessaire, si généralement désiré, qu'on ne saurait trop se hâter d'en faire l'objet des méditations de ceux de nos collègues que la confiance de la Chambre voudra en charger. Nul doute que ce travail ne soit constitutionnel. L'initiative indirecte ne fait-elle pas essentiellement partie de vos attributions? L'article 67 et dernier de l'acte additionnel détermine les objets sur lesquels tout changement est formellement interdit. C'est donc autoriser par cela même à proposer tous ceux qui ne le sont pas, et qui peuvent y apporter d'heureuses modifications. L'exclusion d'un droit naturel renferme nécessairement l'admission de tous les autres. Cette unique difficulté étant levée, il s'agit de savoir si vous devez différer d'obéir au sentiment général manifesté avec unanimité, au mandat spécial qui vous a été donné dans la réunion solennelle du Champ-de-Mai, par nos électeurs, organes en ce moment du vœu de la nation elle-même.

» Vous penserez sans doute, messieurs, qu'il importe de faire disparaître plus tôt que plus tard la contradiction manifeste qui existe entre le préambule de l'acte additionnel et le premier article. »

L'orateur, après avoir cité l'un et l'autre, après avoir rappelé les différens sénatus-consultes, croit trouver dans plusieurs de leurs dispositions essentielles, des sujets de discussions inévitables, tels que la création d'une nouvelle noblesse et des majorats, les articles concernant la régence, le droit de décider de la paix ou de la guerre, droit, tantôt partagé, tantôt rendu en quelque sorte dans son exercice la propriété exclusive du gouvernement.

« Le travail d'une commission, continue M. Duchesne, est donc indispensable pour coordonner, régulariser toutes les parties d'un tout, jusqu'à présent formé d'élémens hétérogènes.

» Si je passe au besoin de modifier l'acte additionnel lui-même, n'avez-vous pas aperçu, dès les premiers jours de votre session, des lacunes embarrassantes pour la marche de vos travaux? L'article qui oblige à ne parler que d'abondance a déjà fait naître des difficultés qu'il faudra résoudre. Vous avez vu encore qu'il n'est établi aucun mode de remplir les places vacantes dans la Chambre. Rien n'est stipulé pour régler la nature des communications entre le gouvernement et les représentans de la nation.

» Enfin, messieurs, je terminerai par une considération que je crois très-importante.

» La guerre qui vient de commencer sera heureuse, je l'espère, malgré les chances qui entrent dans les calculs de nos ennemis; elle sera heureuse, car l'armée a débuté par d'heureux succès; car cette fois la justice de notre cause est certaine, et la France entière, combattant pour son indépendance, doit toujours être invincible.

» Mais quand l'article 55 de l'acte constitutionnel décide que nulle portion du territoire ne peut être échangée qu'en vertu d'une loi, le résultat probable de la guerre actuelle ne fait-il pas sentir la nécessité de prévoir l'application nécessaire de cette disposition à toute agrégation qui serait faite au territoire français? Il y a donc des lacunes essentielles à remplir dans notre pacte social, et celle-ci a besoin de l'être, pour assurer aux nations étrangères un gage solennel de modération. »

M. Duchesne, se décidant en faveur de la proposition de M. Dupin, pense qu'on ne peut s'occuper du travail de révision que dans les formes constitutionnelles d'un projet de loi ordinaire; il écarte, comme offrant des inconvéniens pratiques, la coopération proposée de la Chambre des Pairs, et s'inscrit contre la proposition faite par M. Broussous.

Broussous. « J'aurais désiré que l'orateur se fût abstenu de réfuter une proposition que je n'ai pas encore développée et que je pourrais encore modifier. Mon intention est d'appuyer celle de notre collègue Dupin; mais je pense qu'il n'est pas convenable de s'occuper en ce moment dans la Chambre de discussions sur la Constitution; qu'il faut les ajourner jusqu'au rapport que fera la commission de révision. C'est à ces derniers termes que je me réduis. Mon motif est que rien n'empêchera les membres de porter directement à la commission le produit de leurs méditations, et que nous économiserons un temps précieux. »

Cette explication paraît satisfaire M. Duchesne, qui déclare n'avoir rien à y objecter.

Jay. « Il me semble que jamais discussion n'a dû être plus que celle-ci dirigée par des considérations morales et politiques, et c'est sous ce point de vue que je me propose de l'envisager à cette tribune.

» En vain, mes collègues, voudrait-on se le dissimuler, la France est dans un état de crise qui doit décider de ses destinées. Attaquée au dehors par la coalition des rois, au dedans par de nombreux ennemis, elle attend son salut de l'union autant que de l'énergie de ses citoyens. Consultons l'opinion pour resserrer les nœuds qui doivent rattacher tous les pouvoirs, faire disparaître toutes les défiances. Réunissons tous les efforts pour soutenir l'honneur et sauver la gloire de la nation. Si les ennemis de notre indépendance ont espéré nous la ravir, c'est qu'ils ont cru que nous ne serions point assez unis pour la sauver.

» Rappelez-vous, messieurs, après le 11 mars, quelles ont été les paroles de l'empereur : ces paroles mémorables qui ont été entendues de toute la France, et auxquelles toute la France a répondu par un vœu et par un élan également unanimes. Ces paroles imposèrent un silence profond à nos ennemis. Leurs premières tentatives expirèrent devant ces promesses solennelles du souverain, et devant le mouvement de la nation.

» Vous ne pouvez l'ignorer, cette confiance aujourd'hui sans limites dans les paroles solennelles que vous avez entendues, a été ébranlée un moment. L'acte additionnel, au moment où il parut, ne remplit pas toutes les espérances des amis de la liberté et de la patrie. Le peuple craignit que la liberté fût le moyen et non le but, et sembla redouter de nouveau l'enivrement du pouvoir. C'est à cet instant que vos ennemis vous ont crus divisés, et c'est cet instant, qui déjà est loin de nous, que leur perfidie a choisi pour combiner leurs odieuses manœuvres, pour calomnier le gouvernement, pour ébranler la confiance, pour nous diviser et rompre le faisceau d'efforts qu'il nous est indispensable de resserrer dans les circonstances présentes. Eh bien ! messieurs, adoptez la proposition de M. Dupin, et vous ôtez à vos ennemis l'avantage sur lequel ils ont fondé leurs espérances : l'occasion est belle ; il faut la saisir. L'acte additionnel est susceptible d'amélioration ; le souverain lui-même vous a invités à vous en occuper, à l'exception de l'article 67, sur lequel le peuple lui-même a tracé un cercle à sa propre volonté, et par conséquent à ses mandataires ; vous avez la faculté de réparer les omissions importantes qui sont reconnues, de coordonner les parties éparses de nos constitutions, de faire disparaître surtout l'amalgame de vos institutions permanentes avec ces sénatus-consultes, tristes monuments de la servitude sénatoriale ; vous avez à établir ces institutions en harmonie avec le véritable esprit du siècle et l'opinion générale que la nation a manifestée ; voilà le travail nécessaire, indispensable, pressant ; c'est lui qui secondera dignement le noble élan du peuple ; c'est lui qui formera l'esprit public ; c'est lui qui ôtera à la calomnie les armes les plus dangereuses, ce qui doublera les forces et le courage de vos défenseurs.

» Ce travail n'est point d'une très-grande difficulté. Il est un législateur invisible dont l'action est lente, mais dont la marche est invariable et irrésistible : c'est le temps, qui forme l'opinion du peuple ; plus vous inscrirez avec fidélité ses arrêts sur les tables de vos lois, et plus vous serez certains de rendre vos institutions durables, plus vous serez assurés de leur sagesse et de leur conformité avec le vœu du peuple, pour lequel elles sont faites; et ne craignez pas ici de tomber dans la discussion de ces questions abstraites qui divisaient les Grecs, lorsque les Musulmans étaient à leurs portes. Ces discussions étaient de vains détails sur des doctrines scolastiques, de vaines subtilités qui détournèrent l'attention des dangers que courait l'empire; les Grecs auraient mérité des éloges si leurs discussions eussent eu pour but de fixer par des lois sages les destinées de leur patrie. C'est de ces lois qu'il faut vous occuper, et c'est ainsi seulement que vous remplirez votre mandat, que vous justifierez la confiance du peuple, et que vous remplirez les intentions de l'empereur. En vous occupant de ces grands intérêts, en appelant sur eux tous les secours de l'opinion, toutes les méditations des hommes éclairés, vous rendrez prompts et faciles tous les sacrifices que vous allez demander à la nation pour sa défense, et l'armée nationale ne craindra plus que la victoire ne serve de transition au rétablissement du pouvoir absolu. Ne craignez pas de donner un grand mouvement à l'opinion en faveur des principes avoués par la raison et la justice; ce mouvement, dans le corps politique, c'est la vie; c'est par lui que vous prouverez à l'Europe toute l'étendue de votre confiance dans le gouvernement, et au gouvernement toute la confiance qu'il doit avoir en nous. L'Europe, messieurs, attend avec impatience l'attitude que vous allez prendre; si elle vous voit prosternés devant le pouvoir, toutes ses craintes sont de nouveau justifiées, et elle a du moins un prétexte pour se dire alarmée. Si vous vous montrez les mandataires éclairés et fidèles de la nation, si vous accomplissez son vœu et si vous affermissez vos institutions, l'Europe ne peut plus dire qu'elle s'arme pour sa sûreté, et elle est forcée de respecter votre indépendance. Je demande que la proposition de M. Dupin soit mise aux voix, et que la commission soit nommée séance tenante. »

La proposition est vivement appuyée.

Ligeret de Chasey. « Je n'abuserai pas des moments de la Chambre pour appuyer une proposition sur laquelle elle paraît d'accord. Les motifs et le besoin d'une commission promptement formée sont unanimement sentis. Le travail dont elle sera chargée est appelé par le vœu général, par celui même du souverain qui vous a invités à vous en occuper. Mais comment cette commission sera-t-elle formée? y ferez-vous entrer successivement un grand nombre de membres, comme on vous l'a proposé, pour mettre ainsi à profit les lumières de chacun de nous? je ne le pense pas; ce mode aurait des inconvéniens graves; il entraînerait des lenteurs et peut-être d'inutiles débats, chacun apportant son vœu partiel, et si je puis m'exprimer ainsi, son utopie particulière. J'ai pensé qu'il y aurait un moyen à prendre pour que la commission, sans difficulté et sans embarras, fût la créature de tous, et pût consulter également tous les membres de cette assemblée sur son travail. Ce serait de nommer un membre par députation. Cette commission de quatre-vingt-sept membres se diviserait et discuterait en bureaux; elle nommerait ensuite une commission centrale. Ainsi, par les discussions des membres de la commission et des membres des députations, la matière serait préalablement éclaircie, et au travail général votre discussion pourrait être calme et réfléchie sur des sujets déjà approfondis et médités. »

Cette proposition est vivement appuyée.

Mertin, de l'Aveyron. « Le seul moyen d'assurer notre indépendance au dehors est d'assurer notre liberté au dedans; nous n'aurons la liberté que par la force de nos institutions. Quand nos institutions seront consolidées, les rois coalisés, déjà repoussés par l'effort de nos armes, reconnaîtront les droits de notre indépendance et rentreront dans les limites de leurs états.... Je demande qu'on mette aux voix le principe de la formation de la commission, et qu'on ajoute que chaque députation nommera un membre pour correspondre avec la commission et lui faire connaître son vœu particulier. »

Jacotot. « J'appuie la proposition de M. Dupin, quant à la première partie. Il faut coordonner nos constitutions dans un seul et même cadre; le peuple le veut, nous en reconnaissons tous l'urgente nécessité. Il faut donc une commission; mais comment sera-t-elle formée? par le sort? il est aveugle; par le bureau? le bureau ne nous connaît pas tous; par nous-mêmes au scrutin? nous ne nous connaissons pas assez. Que faut-il donc faire? il faut que chaque députation se réunisse et nomme un de ses membres, cela fera quatre-vingt-sept membres divisés en huit bureaux. Les députations du commerce nommeront un neuvième bureau. Ces membres réunis éliront une commission centrale. Je ne crois pas qu'il y ait un meilleur moyen de choisir; c'est le meilleur moyen de profiter des lumières de tous; car s'il y a une commission centrale nommée par la Chambre, un membre n'ira pas la trouver pour lui faire une observation légère en apparence, et peut-être très-importante; mais il ira facilement trouver le membre de sa députation, qui fera partie des quatre-vingt-sept, et son observation ne sera pas perdue. J'appuie la proposition de M. Ligeret... » On demande de toutes parts à aller au voix.....

La discussion est fermée.

Flaugergues. « Je ne demande pas la parole sur le fond de la question qui est fermée; mais je demande à être entendu sur la position de la question, c'est-à-dire sur le modèle de formation de la commission. Celui qui vous a été proposé, et qui paraît séduire l'assemblée, me paraît entraîner bien des lenteurs dans le travail dont la commission sera surchargée; et ici, messieurs, permettez-moi de faire observer que ce travail n'est ni si long ni si difficile qu'on voudrait bien le croire, car personne de nous ne peut penser que nous allions nous jeter dans les idées d'une nouvelle constitution. »

Une foule de voix. « Non, non. »

Flaugergues. « Le travail dont il s'agit est un travail d'ordre, de méthode et de régularisation. A Dieu ne plaise que l'on conçoive la pensée de lui donner plus d'extension! L'acte additionnel, dans ses dispositions fondamentales, suffit à la liberté du peuple; il garantit tous ses droits et tous ses intérêts. Je crois donc que pour le simple travail dont la commission doit être chargée, cette commission peut être nommée dans les formes ordinaires, et que cet appareil d'une commission nommée dans toutes les députations présenterait l'idée d'un travail extraordinaire, et ferait croire à la possibilité d'une extension d'attributions contraires aux intentions unanimes de cette assemblée...» (L'orateur est interrompu.)

On demande à aller aux voix.

Tripier. « La discussion est fermée; l'orateur y rentre et dénature la question : il la traite au fond. S'il continue à ne pas parler seulement sur la formation de la commission, il ne peut avoir la parole..... »

Flaugergues. « Je ne parle que du mode même de formation de la commission : j'indique les inconvéniens, pour l'opinion publique qui a les yeux ouverts sur tous nos actes, d'une commission aussi nombreuse, nommée avec cette sorte de solennité : je dis que le moyen de formation le plus simple et le plus court, est le meilleur pour ne point répandre d'alarmes sur le maintien des dispositions constitutionnelles existantes. »

Durbach. « La discussion est fermée, je ne prétends pas la rouvrir; mais le mode proposé..... »

Une foule de membres. « Aux voix, aux voix! »

Durbach. « Nous sommes tous d'accord, il faut une commission... »

Les mêmes membres. « Eh bien, aux voix ! »

Durbach. « Le mode qui a été proposé paraît réunir votre assentiment et présente des avantages; mais ce mode et le mode ordinaire pourraient, je crois, se concilier; qui empêche la Chambre de nommer une commission dans le mode ordinaire, à laquelle se réunirait celle qui sera le résultat du choix des quatre-vingt-sept membres de la commission par députations.

Ligeret. « J'insiste sur la première question: Y aura-t-il une commission chargée de revoir et de coordonner les constitutions de l'empire dans un seul cadre? »

Cette proposition ainsi posée est mise aux voix et adoptée à l'unanimité.

Ligeret. « Actuellement quel mode adoptera-t-on ? »

Une foule de voix. « Le vôtre, le vôtre. »

D'autres voix. « La proposition de M. Jacotot. » — *D'autres voix.* « C'est la même. »

M. le président donne lecture de la proposition de M. Ligeret de Chasey, rédigée.

Elle est adoptée à une très-grande majorité dans les termes suivans :

1° La députation de chaque département nommera un de ses membres pour former une première réunion de quatre-vingt sept personnes, qui se diviseront au sort en huit bureaux, dont sept de onze membres et un de dix, un neuvième bureau de dix membres sera composé par les députations de commerce, chacun de ces bureaux sera chargé de son organisation particulière.

2° Chaque membre de ces bureaux communiquera à son bureau respectif les observations qu'il aura recueillies de sa députation sur toutes les parties du travail, à mesure des confections, pour les examiner et arrêter ensuite un projet provisoire.

3° Les présidens de chaque bureau se concerteront seulement pour donner une distribution identique aux différentes parties du travail, afin de faciliter les rapprochemens de ces parties et de leurs dispositions.

4° La matière ainsi élaborée, chacun de ces neuf bureaux nommera un de ses membres pour composer une commission centrale, qui sera chargée de revoir et de comparer les divers projets des bureaux, de mettre de l'unité et de l'accord entre toutes les parties, et de présenter à la Chambre des travaux dignes de sa confiance.

Mourgues. « Je demande actuellement qu'il soit adressé un message à la Chambre des Pairs pour l'inviter à former également une commission... »

Une foule de voix. « Cela est inutile... L'ordre du jour. »

La Chambre passe à l'ordre du jour.

Duchesne. « Je demande que les députations se réunissent demain pour nommer un de leurs membres. »

Plusieurs voix. « Ce soir. » — *Un membre.* « A l'instant... »

Après quelques momens d'agitation, la Chambre arrête que demain, avant l'ouverture de la séance, les députations se réuniront pour indiquer celui de leurs membres qu'elles choisissent, et que ces choix seront proclamés à l'ouverture de la séance.

La commission des dépenses demande à être entendue; aux termes d'une délibération prise par la Chambre, dans une des dernières séances, relativement aux comités secrets, et vingt-cinq membres en ayant formé la demande pour cet objet, la Chambre se forme en comité secret.

Les spectateurs évacuent les tribunes.

Dès le 20, au matin, le bruit d'une bataille perdue s'était répandu dans Paris, sans que l'on pût savoir l'origine de cette sinistre nouvelle. Les hommes confians purent croire que ce n'était que l'une de ces mille rumeurs que les factions se plaisent à répandre pour inquiéter et troubler leurs ennemis. Mais, dans la journée, on reçut des renseignemens précis; il n'était que trop vrai que l'armée française avait été battue : l'empereur, après avoir, disait-on, tenté vainement de la rallier, accourait à Paris pour y chercher des ressources. Il y arriva en effet le lendemain 21, à quatre heures du matin, et descendit à l'Élysée. Il fit publier de suite un supplément au *Moniteur* du jour, que nous allons mettre sous les yeux du lecteur.

Nouvelles de l'armée. — Bataille de Ligny-sous-Fleurus.

Le 16 au matin l'armée occupait les positions suivantes :

L'aile gauche, commandée par le maréchal duc d'Elchingen, et composée du 1er et du 2e corps d'infanterie et du 2e de cavalerie, occupait les positions de Frasne.

L'aile droite, commandée par le maréchal Grouchy, et composée des 3e et 4e corps d'infanterie et du 3e corps de cavalerie, occupait les hauteurs derrière Fleurus.

Le quartier-général de l'empereur était à Charleroi, où se trouvaient la garde impériale et le 6e corps.

L'aile gauche eut l'ordre de marcher sur les Quatre-Bras, et la droite sur Sombre. L'empereur se porta à Fleurus avec sa réserve.

Les colonnes du maréchal Grouchy étant en marche, aperçurent, après avoir dépassé Fleurus, l'armée ennemie, commandée par le feld-maréchal Blücher, occupant les plateaux du moulin de Bussy, par la gauche, le village de Sombre, et prolongeant sa cavalerie fort avant sur la route de Namur : sa droite était à Saint-Amand, et occupait ce gros village avec de grandes forces, ayant devant elle un ravin qui formait sa position.

L'empereur fut reconnaître la force et les positions de l'ennemi, et résolut d'attaquer sur-le-champ. Il fallut faire un changement de front, la droite en avant, et en pivotant sur Fleurus.

Le général Vandamme marcha sur Saint-Amand, le général Gérard sur Ligny, et le maréchal Grouchy sur Sombre. La 4e division du 2e corps, commandée par le général Girard, marcha en réserve derrière le corps du général Vandamme. La garde se rangea à la hauteur de Fleurus, ainsi que les cuirassiers du général Milhaud.

A trois heures après midi ces dispositions furent achevées. La division du général Lefol, faisant partie du corps du général Vandamme, s'engagea la première, et s'empara de Saint-Amand, d'où elle chassa l'ennemi à la baïonnette. Elle se maintint pendant tout le combat au cimetière et au clocher de Saint-Amand; mais ce village, qui est très-étendu fut le théâtre de différens combats pendant la soirée; tout le corps du général Vandamme y fut engagé, et l'ennemi y engagea des forces considérables.

Le général Girard, placé en réserve du corps du général Vandamme, tourna le village par sa droite, et s'y battit avec sa valeur accoutumée. Les forces respectives étaient soutenues de part et d'autre par une soixantaine de bouches à feu.

A la droite, le général Gérard s'engagea avec le 4ᵉ corps au village de Ligny, qui fut pris et repris plusieurs fois.

Le maréchal Grouchy, à l'extrême droite, et le général Pajol, combattirent au village de Sombre. L'ennemi montra de 80 à 90 mille hommes, et un grand nombre de pièces de canon.

A sept heures nous étions maîtres de tous les villages situés sur le bord du ravin qui couvrait la position de l'ennemi; mais il occupait encore avec toutes ses masses le plateau du moulin de Bussy.

L'empereur se porta avec sa garde au village de Ligny; le général Gérard fit déboucher le général Pécheux avec ce qui lui restait de réserve, presque toutes les troupes ayant été engagées dans ce village. Huit bataillons de la garde débouchèrent à la baïonnette et derrière eux les quatre escadrons de service, les cuirassiers du général Delort, ceux du général Milhaud, et les grenadiers à cheval de la garde. La vieille garde aborda à la baïonnette les colonnes ennemies qui étaient sur les hauteurs de Bussy, et en un instant couvrit le champ de bataille de morts. L'escadron de service attaqua et rompit un carré, et les cuirassiers poussèrent l'ennemi dans toutes les directions. A sept heures et demie nous avions quarante pièces de canon, beaucoup de voitures, des drapeaux et des prisonniers, et l'ennemi cherchait son salut dans une retraite précipitée. A dix heures la bataille était finie, et nous nous trouvions maîtres de tout le champ de bataille.

Le général Lutzow, partisan, a été fait prisonnier. Les prisonniers assurent que le feld-maréchal Blücher a été blessé. L'élite de l'armée prussienne a été détruite dans cette bataille. Sa perte ne peut-être moindre de 15,000 hommes. La nôtre est de 3,000 hommes tués ou blessés.

A la gauche, le maréchal Ney avait marché sur les Quatre-Bras, avec une division qui avait culbuté une division anglaise qui s'y trouvait placée. Mais attaqué par le prince d'Orange avec vingt-cinq mille hommes, partie Anglais, partie Hanovriens, à la solde de l'Angleterre, il se replia sur sa position de Frasnes. Là s'engagèrent des combats multipliés; l'ennemi s'attachait à le forcer, mais il le fit vainement. Le duc d'Elchingen attendait le premier corps, qui n'arriva qu'à la nuit; il se borna à garder sa position. Dans un carré attaqué par le 8ᵉ régiment de cuirassiers, le drapeau du 69ᵉ régiment d'infanterie anglaise est tombé entre nos mains. Le prince de Brunswick a été tué. Le prince d'Orange a été blessé. On assure que l'ennemi a eu beaucoup de personnages et de généraux de marque tués ou blessés; on porte la perte des Anglais à quatre ou cinq mille hommes; la nôtre, de ce côté, a été très-considérable: elle s'élève à quatre mille deux cents hommes tués ou blessés. Ce combat a fini à la nuit. Lord Wellington a ensuite évacué les Quatre-Bras, et s'est porté sur Genappes.

Dans la matinée du 17, l'empereur s'est rendu aux Quatre-Bras, d'où il a marché pour attaquer l'armée anglaise; il l'a poussée jusqu'à l'entrée de la forêt de Soignes avec l'aile gauche et la réserve. L'aile droite s'est portée par Sombre à la suite du feld-maréchal Blücher, qui se dirigeait sur Savres, où il paraissait vouloir se placer.

A dix heures du soir, l'armée anglaise occupa Mont-Saint-Jean par son centre, se trouva en position en avant de la forêt de Soignes; il aurait fallu pouvoir disposer de trois heures pour l'attaquer; on fut donc obligé de remettre au lendemain.

Le quartier-général de l'empereur fut établi à la ferme de Caillou, près Planchenoit. La pluie tombait par torrens. Ainsi, dans la journée du 16, la gauche, la droite et la réserve, ont été également engagées à une distance d'à-peu-près deux lieues.

Bataille de Mont-Saint-Jean.

A neuf heures du matin, la pluie ayant un peu diminué, le 1er corps se mit en mouvement, et se plaça, la gauche à la route de Bruxelles, et vis-à-vis le village de Mont-Saint-Jean, qui paraissait le centre de la position de l'ennemi. Le second corps appuya sa droite à la route de Bruxelles, et sa gauche à un petit bois à portée de canon de l'armée anglaise. Les cuirassiers se portèrent en réserve derrière, et la garde en réserve sur les hauteurs. Le 6e corps avec la cavalerie du général d'Aumont, sous les ordres du comte Lobau, fut destiné à se porter en arrière de notre droite, pour s'opposer à un corps prussien qui paraissait avoir échappé au maréchal Grouchy, et être dans l'intention de tomber sur notre flanc droit, intention qui nous avait été connue par nos rapports et par une lettre d'un général prussien, que portait une ordonnance prise par nos coureurs.

Les troupes étaient pleines d'ardeur. On estimait les forces de l'armée anglaise à quatre-vingt mille hommes; on supposait que le corps prussien, qui pouvait être en mesure vers le soir, pouvait être de quinze mille hommes. Les forces ennemies étaient donc de plus de quatre-vingt dix mille hommes. Les nôtres étaient moins nombreuses.

A midi, tous les préparatifs étant terminés, le prince Jérôme, commandant une division du 2e corps, et destiné à en former l'extrême gauche, se porta sur le bois dont l'ennemi occupait une partie. La canonnade s'engagea; l'ennemi soutint, par trente pièces de canon, les troupes qu'il avait envoyées pour garder le bois. Nous fîmes aussi de notre côté des dispositions d'artillerie. A une heure, le prince Jérôme fut maître de tout le bois, et toute l'armée anglaise se replia derrière un rideau. Le comte d'Erlon attaqua alors le village de Mont-Saint-Jean, et fit appuyer son attaque par quatre-vingt pièces de canon. Il s'engagea là une épouvantable canonnade qui dut beaucoup faire souffrir l'armée anglaise. Tous les coups portaient sur le plateau. Une brigade de la 1re division du comte d'Erlon s'empara du village de Mont-Saint-Jean; une seconde brigade fut chargée par un corps de cavalerie anglaise, qui lui fit éprouver beaucoup de pertes. Au même moment, une division de cavalerie anglaise chargea la batterie du comte d'Erlon par sa droite, et désorganisa plusieurs pièces; mais les cuirassiers du général Milhaud chargèrent cette division, dont trois régimens furent rompus et écharpés.

Il était trois heures après-midi. L'empereur fit avancer la garde pour la placer dans la plaine sur le terrain qu'avait occupé le premier corps au commencement de l'action : ce corps se trouvant déjà en avant. La division prussienne, dont on avait prévu le mouvement, commença alors à s'engager avec les tirailleurs du comte Lobau, en prolongeant son feu sur tout notre flanc droit. Il était convenable, avant de rien entreprendre ailleurs, d'attendre l'issue qu'aurait cette attaque. A cet effet, tous les moyens de la réserve étaient prêts à se porter au secours du comte Lobau et à écraser le corps prussien, lorsqu'il se serait avancé.

Cela fait, l'empereur avait le projet de mener une attaque par le village de Mont-Saint-Jean, dont on espérait un succès décisif; mais par un mouvement d'impatience si fréquent dans nos annales militaires, et qui nous a été souvent si funeste, la cavalerie de réserve s'étant aperçue d'un mouvement rétrograde que faisaient les Anglais pour se mettre à l'abri de nos batteries, dont ils avaient déjà tant souffert, couronna les hauteurs de Mont-Saint-Jean et chargea l'infanterie. Ce mouvement qui, fait à temps et soutenu par les réserves, devait décider de la journée, fait isolément et avant que les affaires de la droite ne fussent terminées, devint funeste.

N'y ayant aucun moyen de le contremander, l'ennemi montrant beaucoup de masses d'infanterie et de cavalerie, et les deux divisions de cuirassiers étant engagées, toute notre cavalerie courut au même moment pour soutenir ses camarades. Là, pendant trois heures, se firent de nombreuses charges, qui nous valurent l'enfoncement de plusieurs carrés et six drapeaux de l'infanterie anglaise, avantage hors de proportion avec les pertes qu'éprouvait notre cavalerie par la mitraille et les fusillades. Il était impossible de disposer de nos réserves d'infanterie jusqu'à ce qu'on eût repoussé l'attaque de flanc du corps prussien. Cette attaque se prolongeait toujours et perpendiculairement sur notre flanc droit. L'empereur y envoya le général Duhesmes avec la jeune garde et plusieurs batteries de réserve. L'ennemi fut contenu, fut repoussé et recula ; il avait épuisé ses forces et l'on n'en avait plus rien à craindre. C'est ce moment qui était celui indiqué pour une attaque sur le centre de l'ennemi. Comme les cuirassiers souffraient par la mitraille, on envoya quatre bataillons de la moyenne garde pour protéger les cuirassiers, soutenir la position, et, si cela était possible, dégager et faire reculer dans la plaine une partie de notre cavalerie.

On envoya deux autres bataillons pour se tenir en potence sur l'extrême gauche de la division, qui avait manœuvré sur nos flancs, afin de n'avoir de ce côté aucune inquiétude ; le reste fut disposé en réserve, partie pour occuper la potence en arrière de Mont-Saint-Jean, partie sur le plateau en arrière du champ de bataille, qui formait notre position de retraite.

Dans cet état de choses la bataille était gagnée, nous occupions toutes les positions que l'ennemi occupait au commencement de l'action ; notre cavalerie ayant été trop tôt et mal employée, nous ne pouvions plus espérer de succès décisifs. Mais le maréchal Grouchy ayant appris le mouvement du corps prussien, marchait sur le derrière de ce corps, ce qui nous assurait un succès éclatant pour la journée du lendemain. Après huit heures de feux et de charges d'infanterie et de cavalerie toute l'armée voyait avec satisfaction la bataille gagnée et le champ de bataille en notre pouvoir.

Sur les huit heures et demie, les quatre bataillons de la moyenne garde qui avaient été envoyés sur le plateau au-delà de Mont-Saint-Jean pour soutenir les cuirassiers, étant gênés par sa mitraille, marchèrent à la baïonnette pour enlever ses batteries. Le jour finissait, une charge faite sur leur flanc par plusieurs escadrons anglais les mirent en désordre : les fuyards repassèrent le ravin, les régimens voisins qui virent quelques troupes appartenant à la garde à la débandade, crurent que c'était de la vieille garde et s'ébranlèrent ; les cris *tout est perdu, la garde est repoussée !* se firent entendre, les soldats prétendent même que sur plusieurs points des malveillans apostés ont crié *sauve qui peut !* Quoi qu'il en soit, une terreur panique se répandit tout à la fois sur tout le champ de bataille ; on se précipita dans le plus grand désordre sur la ligne de communication ; les soldats, les canonniers, les caissons se pressaient pour y arriver : la vieille garde, qui était en réserve, en fut assaillie, et fut elle-même entraînée.

Dans un instant, l'armée ne fut plus qu'une masse confuse : toutes les armes étaient mêlées, et il était impossible de reformer un corps. L'ennemi, qui s'aperçut de cette étonnante confusion, fit déboucher des colonnes de cavalerie ; le désordre augmenta, la confusion de la nuit empêcha de rallier les troupes et de leur montrer leur erreur.

Ainsi une bataille terminée, une journée finie, de fausses mesures réparées, de plus grands succès assurés pour le lendemain tout fut perdu par un moment de terreur panique. Les escadrons mêmes de service, rangés à côté de l'empereur, furent culbutés et désorganisés par ces flots tumultueux, et il n'y eut plus autre chose à faire que de suivre le torrent. Les parcs de réserve, les bagages qui n'avaient point repassé la Sambre, et tout ce qui était sur le champ de bataille sont restés au pouvoir de l'ennemi. Il n'y a eu même aucun moyen d'attendre les troupes de notre droite; on sait ce que c'est que la plus brave armée du monde, lorsqu'elle est mêlée et que son organisation n'existe plus.

L'empereur a passé la Sambre à Charleroi le 19, à cinq heures du matin. Philippeville et Avesnes ont été donnés pour point de réunion. Le prince Jérôme, le général Morand et les autres généraux y ont déjà rallié une partie de l'armée. Le maréchal Grouchy, avec le corps de la droite, opère son mouvement sur la Basse-Sambre.

La perte de l'ennemi doit avoir été très-grande, à en juger par les drapeaux que nous lui avons pris, et par les pas rétrogrades qu'il avait faits. La nôtre ne pourra se calculer qu'après le ralliement des troupes. Avant que le désordre éclatât, nous avions déjà éprouvé des pertes considérables, surtout dans notre cavalerie, si funestement et pourtant si bravement engagée. Malgré ces pertes, cette valeureuse cavalerie a constamment gardé la position qu'elle avait prise aux Anglais, et ne l'a abandonnée que quand le tumulte et le désordre du champ de bataille l'y ont forcée. Au milieu de la nuit et des obstacles qui encombraient la route, elle n'a pu elle-même conserver son organisation.

L'artillerie, comme à son ordinaire, s'est couverte de gloire. Les voitures du quartier-général étaient restées dans leur position ordinaire; aucun mouvement rétrograde n'ayant été jugé nécessaire. Dans le cours de la nuit, elles sont tombées entre les mains de l'ennemi.

Telle a été l'issue de la bataille de Mont-Saint-Jean, glorieuse pour les armées françaises et pourtant si funeste (1).

EXTRAIT DU MONITEUR DE GAND. — AFFAIRES DE FRANCE.

Gand, ce 20 juin 1815. — « La victoire la plus complète vient d'être remportée sur l'ennemi et l'oppresseur de la France, par une partie des forces destinées à châtier le perturbateur de la paix publique. Voulant prévenir l'époque prochaine à laquelle toutes les armées de l'Europe allaient fondre ensemble sur lui, Napoléon Bonaparte avait réuni l'élite de ses troupes, ou plutôt il avait concentré toutes celles dont il pouvait disposer, persuadé de l'avantage que lui donnerait une attaque inopinée contre un des points occupés par les alliés. Il s'est brusquement jeté, le 15, sur la division prussienne du général Ziethen, s'est emparé de Charleroi, s'est porté rapidement en avant, pendant que les divers corps de l'armée prussienne étaient contraints de se replier pour effectuer leur

---

(1) Nous croyons utile de donner le total des armées engagées.
Le 14 au soir les appels constatèrent que la force de l'armée française était de cent vingt-deux mille quatre cents hommes et trois cent cinquante bouches à feu.
L'armée de Blücher, composée de Prussiens et de Saxons, était forte de cent vingt mille hommes et de trois cents bouches à feu.
L'armée de Wellington, composée de neuf brigades anglaises, dix allemandes, cinq hollandaises et belges, de onze divisions de cavalerie, était forte de cent quatre mille deux cents hommes, non compris huit régimens anglais débarqués à Ostende, et cinq, également anglais, enfermés dans les places. (*Note des auteurs.*)

jonction, et que le duc de Wellington, malgré plusieurs succès partiels obtenus par son armée, était également obligé de faire un mouvement rétrograde, en maintenant ses communications avec le prince Blücher. Ne pouvant encore, à défaut de rapports officiels, rendre exactement compte des combats successifs et des manœuvres qui ont eu lieu pendant ces opérations, nous devons nous borner à un récit très-imparfait des immenses résultats dont nous sommes informés. Le 17, l'armée anglaise était en position à Waterloo, village situé à l'entrée de la forêt de Soignes. Elle se mit en ligne avec l'armée prussienne qui, sur ces entrefaites, avait été rejointe par la division du général Bulow, et c'est la mémorable journée du 18 qui a terminé de la manière la plus heureuse pour les alliés la lutte sanglante et opiniâtre qui durait depuis le 15. L'audace de l'usurpateur, son plan d'agression, médité avec une longue réflexion, exécuté avec cette dévorante activité qui le caractérise et que redoublait la crainte d'un irréparable revers, la rage féroce de ses complices, le fanatisme de ses soldats, leur bravoure digne d'une meilleure cause, tout a cédé au génie du duc de Wellington, à cet ascendant de la véritable gloire sur une détestable renommée. L'armée de Bonaparte, cette armée qui n'est plus française que de nom, depuis qu'elle est la terreur et le fléau de la patrie, a été vaincue et presque entièrement détruite. Une nombreuse artillerie, que l'on évalue dans le premier moment, à cent cinquante pièces de canon, est tombée entre les mains des alliés. On ne sait point encore le nombre des prisonniers, qui est immense. Nous attendons, à tout moment, les particularités de cette grande victoire, qui est décisive pour l'issue de cette *guerre sociale*, dont elle doit avancer l'heureux terme.

» On ne sait encore où s'arrêteront les débris dispersés des forces de Napoléon Bonaparte. Les Russes et les Autrichiens ont déjà certainement passé la frontière, et peuvent, avant peu, se joindre à l'armée victorieuse. Ainsi sont déjoués à la fois tous les projets du tyran. Il ne peut offrir à ses partisans abusés, ni l'éclat d'une conquête, à laquelle une réunion d'importans intérêts lui faisait attacher tant de prix, ni l'espoir d'éloigner la prochaine invasion du territoire français. Les conséquences de son agression rendront impraticable un plan de défense pour couvrir la frontière de la France; elles laissent, sur cette frontière, l'adversaire le plus redoutable de la tyrannie, un bon roi près d'une population fidèle; enfin, elles facilitent la paisible occupation de plusieurs départemens, et, par conséquent, préviennent les désordres inévitables dont l'usurpateur comptait se faire un moyen d'exciter un injuste ressentiment contre les alliés; car, jusqu'aux fléaux qu'il attire sur la France, tout devient, dans ses calculs barbares, un expédient propre à multiplier ses dupes et ses victimes. Mais un grand revers a trompé son attente, un grand châtiment le poursuit, et l'invincible main qui le conduit à sa perte semble, en même temps, détourner quelques-unes des calamités dont sa résistance menaçait la nation qu'il s'efforçait d'associer à ses périls, comme si elle participait à ses crimes. »

— « Gand a offert, ces quatre derniers jours, un spectacle aussi touchant qu'extraordinaire. La population, inquiète, s'attroupait sous les fenêtres du roi de France; elle semblait attacher ses vœux, ses craintes et ses espérances à la destinée du vertueux et vénérable monarque. Si des bruits sinistres se répandaient, elle paraissait abattue. Si l'on annonçait un succès, elle criait aussitôt : *Vive le roi!* Il n'y a point de marque d'intérêt que les Gantois n'aient donné dans ce moment aux Français royalistes, envers lesquels ils exercent depuis trois mois la plus noble et la plus généreuse hospitalité. Dans cette grande cause de l'humanité, la différence de patrie s'était effacée, et tous ceux qui détestaient Bonaparte étaient du même pays. Si quelque chose pouvait augmenter l'horreur qu'il inspire, ce serait le massacre de tant d'hommes immolés de nouveau à son abominable ambition, hommes à qui le règne de Louis-le-Désiré assurait une vie longue, heureuse et paisible! Les complices de l'usurpateur nous diront-ils encore que leur maître est adoré dans la Belgique? Ces braves soldats, qu'il espérait corrompre, lui ont appris que l'on ne trouve pas toujours des traîtres, et que le plus grand courage peut s'allier avec la plus honorable fidélité. Le roi de France, touché des sentimens que lui témoignaient les habitans de cette grande ville, n'a point voulu la quitter; il n'a point voulu s'éloigner davantage d'une patrie qui l'appelle, lors même que l'incertitude des événemens militaires, son âge, sa santé et le salut de la France, attachés à sa personne, semblaient commander une retraite. Il est resté, pour ainsi dire, aux avant-postes avec cette sérénité que lui ont toujours donné dans ses longs malheurs une conscience sans reproches, et une espérance sans bornes dans la justice de la Providence. Lorsque la victoire a été connue, les transports du peuple ont éclaté avec une vivacité dont il y a peu d'exemples; on entendait répéter une seconde fois le mot de l'empereur Alexandre : *la cause de l'humanité est gagnée!* Le roi, cédant aux instances de la foule, a paru à la fenêtre. On a été singulièrement frappé de son air grave : le peuple, dans son ivresse, s'attendait à lire la même joie sur le front de Louis XVIII. Mais on a bientôt senti, avec attendrissement, que la juste satisfaction du roi de France pour les triomphes les plus légitimes n'étouffait point dans ce cœur paternel des sentimens qui ont résisté à la plus noire des ingratitudes.

» Quelques instans auparavant, le roi, par un de ces mots qui le montrent tout entier, avait dit au duc de Bellune, admis à l'honneur de dîner avec Sa Majesté : « M. le maréchal, jamais je n'ai eu au succès des alliés avant la restau-
» ration : leur cause était juste; mais j'ignorais leurs desseins sur la France.
» Aujourd'hui qu'ils sont les alliés de ma couronne, qu'ils combattent non des
» Français, mais des Bonapartistes, qu'ils se dévouent si noblement pour la
» délivrance de mes peuples et le repos du monde, nous pouvons saluer la vic-
» toire sans cesser d'être Français. »

CHAMBRE DES REPRÉSENTANS. — *Séance du 21 juin.*

La séance est ouverte à midi et un quart. — Le président annonce que MM. La Fayette et Lacoste ont des propositions à soumettre à la Chambre.

Le général La Fayette. «Messieurs, lorsque, pour la première fois depuis bien des années, j'élève une voix que les vieux amis de la liberté reconnaîtront encore, je me sens appelé, Messieurs, à vous parler des dangers de la patrie, que vous seuls à présent avez le pouvoir de sauver.

» Des bruits sinistres s'étaient répandus; ils sont malheureusement confirmés. Voici le moment de nous rallier autour du vieux étendard tricolore, celui de 89, celui de la liberté, de l'égalité et de l'ordre public; c'est celui-là seul que nous avons à défendre contre les prétentions étrangères et contre les tentatives intérieures. Permettez, Messieurs, à un vétéran de cette cause sacrée, qui fut toujours étranger à l'esprit de faction, de vous soumettre quelques résolutions préalables dont vous apprécierez, j'espère, la nécessité.

» Art. 1er. La Chambre des Représentans déclare que l'indépendance de la nation est menacée.

» 2. La Chambre se déclare en permanence. Toute tentative pour la dissoudre est un crime de haute trahison; quiconque se rendrait coupable de cette tentative sera traître à la patrie, et sur-le-champ jugé comme tel.

» 3. L'armée de ligne et les gardes nationales qui ont combattu et combattent encore pour défendre la liberté, l'indépendance et le territoire de la France, ont bien mérité de la patrie.

» 4. Le ministre de l'intérieur est invité à réunir l'état-major-général, les commandans et majors de légions de la garde nationale parisienne, afin d'aviser aux moyens de lui donner des armes et de porter au plus grand complet cette garde citoyenne dont le patriotisme et le zèle éprouvés depuis vingt-six ans offrent une sûre garantie à la liberté, aux propriétés, à la tranquillité de la capitale et à l'inviolabilité des représentans de la nation.

» 5. Les ministres de la guerre, des relations extérieures, de la police et de l'intérieur, sont invités à se rendre sur-le-champ dans le sein de l'assemblée. » (On applaudit.)

Lacoste. « Les circonstances sont grandes, des bruits sinistres, le retour du chef de l'état dans la capitale, exigent que la vérité nous soit connue tout entière. Je demande que les ministres soient entendus en comité secret. Dans un tel moment de crise, il faut éclairer le peuple français, et pour cela il est indispensable que les ministres nous fassent connaître la vérité. »

Le président. « La proposition de M. Lacoste étant à peu près la même que celle de M. de La Fayette, je dois consulter le vœu de l'assemblée sur cette première proposition. »

Il est donné lecture des trois premiers articles qui sont adoptés sans modification.

Un membre propose de substituer dans le 4ᵉ article le mot *réunira*, au lieu de ceux-ci : *est invité à réunir*.

Merlin. « C'est faire languir la discussion que de s'arrêter aux expressions ; il doit être entendu que le ministre de l'intérieur *réunira*.

» Au surplus, je propose d'ajourner l'article 4 jusqu'à ce que les ministres aient été entendus, parce que la Chambre ignore la nature des communications qui lui seront faites. »

Cette proposition est adoptée.

Flaugergues. « Je viens appuyer les propositions de M. de La Fayette, et je pense que le cinquième article doit recevoir son exécution sans délai ; en un mot, les ministres doivent être mandés. J'ajouterai que, sans vouloir proposer la permanence de la Chambre, il convient de ne pas désemparer que nous n'ayons obtenu les renseignemens dont nous sentons tous l'urgence. »

N..... « J'appuie les propositions de M. de La Fayette et celle du préopinant ; car, messieurs, dans quelques instans, la Chambre pourrait être dissoute, et vous auriez le regret d'avoir perdu en lenteurs un temps précieux ; je demande le maintien des articles qui ont été adoptés. »

Après quelques débats sur le mode de délibération pour l'adoption de la déclaration proposée, elle est mise aux voix et adoptée par la Chambre, à l'exception de l'art. 4.

N..... « L'intention de l'assemblée est sans doute de ne mander que ceux des ministres dont la présence peut être nécessaire. »

Le président. « Les ministres à portefeuille, c'est-à-dire ceux qui peuvent avoir des communications importantes à donner à la Chambre, et pour plus de précision, les ministres de la guerre, des relations extérieures, de la police et de l'intérieur. »

Dubois de la Seine. « Je demande que la résolution que vous venez de prendre soit imprimée, affichée dans la capitale et envoyée dans tous les départemens. »

Cette proposition est adoptée.

N..... « Je ne pense pas que vous ayez seuls le pouvoir de prendre cette détermination comme vous avez le droit d'appeler les ministres et de leur demander des renseignemens. Ce qui me paraît convenable en ce moment, c'est d'envoyer un message à la Chambre des Pairs, pour les instruire de la résolution que vous avez adoptée. »

Dupin. « Vous ne devez avoir aucune inquiétude relativement à la capitale. Ce sont les départemens qui ont besoin de connaître l'esprit qui anime les représentans de la nation et l'attitude que leur commande le danger de la patrie : ici vous n'avez rien à craindre. Vous êtes entourés de la garde nationale, qui connaît la résolution prise par la Chambre, et la fera respecter. Le plus grand calme règnera dans la ville où vous siégez ; mais il importe que dans les autres parties de la France, on sache que les représentans sont là, et que le salut de la nation est leur suprême et unique loi. »

N..... « Peut-être vais-je émettre un vœu prématuré ; mais on a assez dit que nous devions avoir du courage, et le moment est venu d'en montrer. Mon avis serait qu'avant tout la résolution prise par la Chambre fût notifiée aux deux autres branches de la représentation nationale, puisqu'elles ont été créées toutes trois sur le même plan. »

Flaugergues. « La question est de savoir si l'on enverra votre résolution dans les départemens. Je partage les sentimens de la Chambre et l'opinion de notre collègue Dupin ; mais vous n'avez pas le pouvoir physique de réaliser sa proposition. A défaut de publicité légale, la publicité de fait est la seule possible. »

Dupin reparaît à la tribune. « Quand le malheur et la malveillance vous pressent de tous côtés, vous devez sentir toute l'importance de faire connaître promptement dans les provinces que vous vous êtes déclarés inviolables : il faut qu'elles le sachent, afin de n'être pas abusées par des rapports mensongers et perfides.... »

Flaugergues. « Songez bien, messieurs, que la rapidité avec laquelle se répandent les journaux assure la plus prompte publicité de la détermination que vous voulez faire connaître. »

Le président met aux voix la proposition qui a été faite d'envoyer un message aux deux branches de l'autorité représentative.

Cette disposition est adoptée.

La Chambre arrête que la résolution qu'elle a prise sera distribuée à six exemplaires.

N..... « En attendant les communications ministérielles qui vont vous être faites, et sur lesquelles la Chambre voudra sans doute qu'il lui soit fait un rapport, je propose de nommer sur-le-champ au scrutin une commission extraordinaire de neuf membres. »

Heuillard de Montigny. « Plus les dangers de la patrie sont grands, plus nous devons mettre de circonspection et de sang-froid dans nos délibérations. Je demande l'ajournement de toute mesure qui serait précipitée, avant que les ministres aient répondu par des documens certains à l'appel qui leur a été fait par la Chambre. Après cette communication je pourrai proposer l'envoi d'une adresse au peuple français pour lui faire connaître la résolution de ses représentans, et que tous nous sommes prêts à défendre la patrie. »

Un membre. « Vous ne savez pas ce que les ministres ont à vous communiquer. »

Regnaud. « Messieurs, S. M. l'empereur, que je quitte à l'instant, m'a chargé de faire à la Chambre la communication suivante :

« L'empereur est arrivé à onze heures.

» Il a convoqué le conseil des ministres; il a annoncé que l'armée, après une
» victoire signalée dans les plaines de Fleurus, où l'élite de l'armée prussienne
» a été écrasée, a livré une grande bataille, deux jours après, à quatre lieues
» de Bruxelles. L'armée anglaise a été battue toute la journée, et obligée de
» céder le champ de bataille.

» On avait pris six drapeaux anglais, et la journée était décidée; lorsqu'à la
» nuit des malveillans ont répandu l'alarme, et occasionné un désordre que
» la présence de S. M. n'a pu rétablir à cause de la nuit.

» La suite a été des désastres qu'on n'a pu arrêter.

» L'armée se rallie sous les murs d'Avesnes et de Philippeville.

» S. M. a passé à Laon; elle y a donné des ordres pour que la levée en masse
» des gardes nationales du département arrête les fuyards.

» Elle est venue à Paris pour conférer avec ses ministres sur les moyens de
» rétablir le matériel de l'armée.

» L'intention de S. M. est de se concerter aussi avec les Chambres sur les
mesures législatives qu'exigent les circonstances.

» S. M. s'occupe en ce moment des propositions à présenter aux Chambres.

» J'ajouterai, messieurs, qu'au moment où je sortais du conseil, on m'a remis un bulletin imprimé par le *Moniteur*. Je n'ai pas été chargé d'en parler officiellement, et c'est simplement comme membre de la Chambre que je lui fais part de cette circonstance. »

Quelques voix. « La lecture du bulletin. »

Plusieurs membres font observer qu'au moment où l'on attend les renseignemens officiels que doivent donner les ministres, il serait peu convenable que la Chambre prît connaissance des faits d'une manière aussi indirecte.

La proposition est mise aux voix.

L'assemblée passe à l'ordre du jour.

N..... « Messieurs; dans un moment où de si grands intérêts vous occupent, vous devez désirer que ce qui se passe dans l'assemblée soit colligé avec la plus grande exactitude. Plusieurs d'entre nous savent que les journaux ne rendent pas textuellement les discours des orateurs, et que ceux qui les rendent le plus fidèlement ne laissent pas de les altérer à un certain point. Aujourd'hui, plus que jamais, nous devons désirer que nos propres expressions soient textuellement rendues. En conséquence, je demande que dès cet instant l'assemblée s'attache un tachygraphe.... »

Cette proposition n'est point appuyée.

Félix Desportes prend la parole et observe que la Chambre ayant à s'occuper du placement et du logement de la garde nationale à qui la garde du palais est confiée, il est urgent que la commission d'administration soit nommée. Il propose qu'elle soit de cinq membres.

Le président met aux voix la proposition de la nomination de la commission.

On demande que deux membres soient nommés par le bureau.

Beaucoup de membres. « Le choix tout entier. »

Le président. « Dans la circonstance difficile où se trouve l'assemblée, il sera nécessaire qu'il y ait au moins quelques-uns des membres choisis parmi ceux qui ont l'usage de cette administration.

L'assemblée décide que le bureau nommera toute la commission.

Quelques momens après, un secrétaire du bureau proclame le nom des cinq commissaires : se sont MM. Gamon, le général Beckre, Lefèvre, ordonnateur, Labbey de Pompières.

Le président. « J'invite les membres qui viennent d'être désignés, à s'emparer sur le-champ de l'administration. »

M. Valentin se présente à la tribune. « Je ne viens point, dit-il, faire part à la Chambre d'une opinion : je n'ai point eu le temps de la former ; je ne présenterai point de propositions, puisqu'à peine ai-je pu me recueillir sur un objet que je prie l'assemblée d'examiner elle-même. De quelle manière va-t-elle se conduire vis-à-vis des ministres? Si, comme nous devons l'espérer, ils se présentent, ils ne viendront pas comme membres de la chambre; mais comme ministres, pour donner des renseignemens. On ne peut, à l'avance, dresser une série de questions : elles naîtront du rapport qui sera fait par les ministres. Cependant chacun de nous ne peut les interroger; nous devons attendre de la vivacité française que lorsque quelque chose de bien se présentera à un membre, il s'empressera de l'énoncer; les questions se presseront, les ministres ne sauront auquel entendre, et l'assemblée sera dans l'embarras elle-même. Je demande qu'elle examine ce qu'elle aura à faire dans cette circonstance. »

M. Dumolard. « Je dois rappeler à la chambre ce qui se passait dans l'assemblée constituante et l'assemblée législative, et celle-ci suivra sans doute la même marche. Les ministres alors ne se présentaient pas comme membres d'une chambre, mais comme agens du pouvoir exécutif, et pour donner des renseignemens qui étaient demandés. Lorsqu'un membre voulait faire une question, il ne s'adressait pas au ministre, mais au président, qui consultait l'assemblée. Si la question était jugée convenable, elle était faite par le président au ministre.

M. Henri Lacoste. « Je pense qu'il faudrait se fixer d'abord sur la nature des questions. Le salut de la patrie me paraît tenir aux réponses qui seront faites dans les circonstances graves où nous nous trouvons. Quelle est aujourd'hui notre situation militaire? Quelle est la proportion de nos ressources et de nos besoins? Telles sont les deux principales questions, et je demande que l'assemblée.... »

Au milieu de quelques paroles prononcées par plusieurs membres, on demande particulièrement la priorité pour la motion de M. Dumolard.

Le président la met aux voix et elle est adoptée.

Le président. « Je reçois l'accusé de réception des messages de la chambre adressés à l'archichancelier et au duc de Bassano. Le message a été à l'instant remis dans les mains de l'empereur. »

A trois heures un quart, MM. Regnaud de Saint-Jean-d'Angely, Flaugergues et Bédoch entrent dans la salle. Un cercle nombreux se forme autour d'eux. Un membre, s'énonçant de sa place, dit : « Plusieurs de nos collègues attendent avec impatience les communications qui pourraient être données. »

Cet incident n'a pas de suite.

Quelques momens après, M. Jay demande la parole et monte à la tribune.

M. Jay. « Ce matin, quand nous avons appris les dangers de la patrie, un noble sentiment s'est spontanément manifesté dans l'assemblée. Il n'est aucun de nous qui n'ait juré dans son cœur de mourir à son poste plutôt que d'abandonner les grands intérêts qui lui sont confiés. Vous avez appelé les ministres pour connaître la situation des choses : vous les avez invités à paraître devant l'assemblée des représentans de la nation pour y remplir un de leurs devoirs. Cette invitation, à ce qu'il paraît, n'a pas été écoutée. Ils ont eu le temps de se concerter ; et si ce retard se prolonge, l'assemblée des représentans de la France a le droit d'en connaître les causes, que l'on ne peut empêcher de redouter. Je demande qu'un second message soit fait pour appeler les ministres et leur faire connaître qu'on attend d'eux les éclaircissemens qu'ils doivent, et que l'exécution de cet ordre soit mise sous leur responsabilité. » (Appuyé, appuyé.)

Manuel. « La Chambre va sans doute être appelée sous peu à délibérer sur les plus grands intérêts de la France. Il faut que ses résolutions soient le résultat de méditations rapides sans doute, mais si profondes que les mesures qu'elle adopterait spontanément et celles qui lui seraient proposées puissent, partant d'un même esprit, se coordonner entre elles. Il y a ici une unanimité parfaite de sentimens qui se confondent tous dans l'amour de la patrie. Mais il faut éviter le danger des délibérations spontanées d'un grand corps. Je demande qu'il soit formé une commission spéciale à qui l'on renverra les mesures proposées, et que ce soient les quatre-vingt-sept membres formant la commission de constitution qui choisissent cette commission nouvelle. » (Non, non, s'écrie-t-on de tous côtés.)

Un membre. « Les réflexions que vous venez d'entendre sur la maturité des mesures à proposer peuvent être sages ; mais avant de délibérer il faut mettre l'assemblée en état de le faire sans trouble et avec une entière indépendance. Les ministres n'ont pas répondu à l'invitation que vous leur avez faite de se rendre dans votre sein. Quelle est la cause de ce retard ? Je ne puis la deviner ; mais s'il se prolonge, ne doit-il pas faire présager que les renseignemens qui seront donnés, s'ils sont puisés dans la vérité, doivent répandre un jour affreux sur notre situation ? Procédons avec vigueur, mais avec cette sagesse qui garantira à l'assemblée qu'elle n'aura pas à revenir sur ses pas. Vous avez été presque forcés malgré vous de reculer l'instant où vous délibérerez sur le salut de la patrie ; mais il vous faut prendre des mesures qui vous garantissent que vous pourrez en délibérer quand il en sera temps ; et peut-être, si vous tardiez davantage à vous occuper de ces mesures, le moment serait passé. Des bruits sourds, des mouvemens qu'on aperçoit au de-hors, font désirer que la chambre fasse des dispositions qui assurent l'inviolabilité de ses délibérations. Il y avait dans la motion de M. de La Fayette une proposition tendant à mander le commandant, de la garde nationale pour assurer la garde du palais. Tous les militaires méritent sans doute notre confiance ; mais la garde nationale est une armée de citoyens, et lorsque c'est pour les citoyens que nous allons délibérer aujourd'hui, je demande que les chefs de cette garde soient convoqués et qu'elle s'arme, non pour nous éviter un danger personnel. Chacun de nous sait qu'il est exposé à périr au poste où la patrie l'a placé. Périr n'est point un mal que redoute un Français ; le cœur de tout Français bat assez vivement pour que son énergie ne soit pas mise en doute. Mais la gloire de périr aveuglément est commune ; elle n'existe point pour qui doit se conserver pour le salut de la patrie. C'est elle qui réclame notre conservation, puisque c'est sur ses intérêts les plus chers qu'il nous faut délibérer.

» Prenons donc d'abord la mesure qui ne nous laissera aucun regret. Que les ministres soient une seconde fois invités (*Ordonné ! ordonné !* s'écrient plusieurs membres) à venir instruire la Chambre de la situation de la France ; mais quand ce message sera fait, assurons-nous par des mesures précises que nous serons, quand il le faudra encore, en mesure de délibérer. »

M. Pénières. « La commission d'administration que vous venez de nommer vient vous faire une proposition relative à l'indépendance de vos délibérations. Vous savez que l'empereur s'est réservé le commandement de la garde nationale et que le commandant en second est sous ses ordres. Il faut que l'assemblée prenne une décision, et qu'elle nomme le commandant de la garde nationale. (*Murmures.* Non ! non !) Nous avons demandé un certain nombre de troupes, mais le commandant peut se refuser à cette réquisition. » (Nouveaux murmures.)

On crie : Aux voix le second message aux ministres.

M. Félix Desportes dit de sa place : « Les ministres vont arriver à la minute ; c'est une déclaration qui a été faite à l'Élysée. »

Un membre. « Si votre premier message eût porté le mot *mandé*, vous auriez été obéis. Vous avez le droit constitutionnel d'interroger les ministres ; quelle certitude pouvez-vous avoir que les ministres ont eu connaissance de vos intentions ? »

Durbach. « Je viens appuyer la motion du nouveau message, et combattre la proposition de nommer le commandant de la garde nationale. »

On s'écrie de toutes parts : « Elle n'est pas appuyée ! »

Le président met aux voix l'envoi d'un second message pour inviter les ministres à se rendre sur-le-champ à la Chambre. — L'envoi du message est ordonné. — Le président demande si la proposition que la Chambre nomme le commandant de la garde nationale est appuyée. « Elle l'est, » disent plusieurs membres. — Le président la met aux voix. Elle est rejetée à la presque unanimité par l'ordre du jour.

M. Pouilly-Lévêque. « Je propose que MM. les chefs de légion, ainsi que les majors, soient invités à se rendre sur-le-champ dans l'assemblée. » (Non ! non ! s'écrie-t-on de toutes parts.) Cette proposition n'est point appuyée.

M. le président reçoit un message de la chambre des pairs contenant la même déclaration que celle adoptée par celle des Représentans.

A quatre heures un quart, on expédie les lettres d'envoi à chacun des ministres, pour leur faire connaître de nouveau que l'assemblée les invite à se rendre dans son sein.

A quatre heures et demie, M. Sébastiani propose à la Chambre de mander aussi les chefs de légion de la garde nationale pour leur ordonner de mettre chacun un bataillon sous les armes, afin de veiller à la sûreté de la représentation nationale et de la ville de Paris.

N..... « Je demande qu'on attende la réponse du général Durosnel à la commission administrative, qui doit lui avoir déjà fait cette invitation. »

M. Sébastiani. « J'insiste sur la mesure que j'ai l'honneur de proposer à la Chambre, et je la réduis à ces termes : Le président mandera chaque chef de légion, etc., etc. »

Gamon. « L'un des membres de la commission d'administration annonce que déjà un bataillon de garde nationale fait le service autour de la salle. »

Grenier. « Rien n'annonce que la tranquillité publique soit troublée. Je demande que M. Sébastiani s'explique clairement à cet égard. »

Le président. « Rien n'annonce, en effet, que la tranquillité publique soit troublée ; j'en reçois l'assurance officielle. Il n'y a pas l'ombre de mouvement. »

Sorbier. « A moins que le général Durosnel n'ait perdu votre confiance, c'est à lui qu'il faut s'adresser. »

Lefèvre. « Votre commission a suivi cette marche ; elle a écrit au général Durosnel. »

L'assemblée passe à l'ordre du jour sur les propositions de MM. Grenier et Sébastiani.

Le ministre de la police générale et le secrétaire du ministre des relations extérieures adressent à M. le président l'accusé de réception du message de la Chambre.

Un membre propose de suspendre la séance. — *Plusieurs voix.* « Non, non. »

M. le président donne lecture de la lettre suivante :

« M. le président. Ayant été retenus jusqu'à présent à la Chambre des Pairs et au conseil, et ayant presqu'en même temps reçu votre message et celui des Pairs, nous allons nous rendre dans le sein de la Chambre.

» Nous avons l'honneur d'offrir à V. Exc. l'expression de notre haute considération. Signé Carnot, Caulaincourt, le duc d'Otrante, le prince d'Eckmuhl. »

Le prince Lucien et les ministres sont introduits.

Le prince Lucien. « Messieurs les représentans, nommé commissaire extraordinaire de S. M. I. pour me rendre dans votre sein afin de concerter avec vous des mesures de prudence, je dépose sur le bureau le message de S. M., et je demande que vous veuilliez bien vous former en comité secret pour entendre les ministres. » Sur l'ordre de M. le président, les spectateurs sont invités à se retirer. Les tribunes sont évacuées.

Comité secret. — Le prince Lucien donne lecture du message contenant un exposé rapide des désastres déjà connus de l'armée. L'empereur « invitait les représentans à s'unir avec le chef de l'état pour préserver la patrie du malheur de retourner sous le joug des Bourbons, ou de devenir, comme les Polonais, la proie des étrangers. Il proposait que les deux Chambres nommassent respectivement une commission de cinq membres pour se concerter avec les ministres sur les mesures de salut public, et sur les moyens de traiter de la paix avec les coalisés. »

Les interpellations aux ministres se succèdent, se croisent, se confondent, se perdent dans le bruit et le tumulte. Le besoin du silence se fait enfin sentir, et ces paroles sont entendues distinctement.

Henri Lacoste, du Gard. « Le voile est donc déchiré! Nos malheurs sont connus! Quelque affreux que soient nos désastres, peut-être ne nous les a-t-on point encore entièrement révélés. Je ne discuterai point les communications qui nous ont été faites : le moment n'est point venu de demander compte au chef de l'état du sang de nos braves et de la perte de l'honneur national; mais je lui demanderai, au nom du salut public, de nous dévoiler le secret de ses pensées, de sa politique, de nous apprendre le moyen de fermer l'abime entr'ouvert sous nos pas! Vous nous parlez d'indépendance nationale, vous nous parlez de paix; ministres de Napoléon! Mais quelle nouvelle base donnerez-vous à vos négociations? Quels nouveaux moyens de communication avez-vous en votre pouvoir? Vous le savez comme nous, c'est à Napoléon seul que l'Europe a déclaré la guerre! Séparerez-vous désormais la nation de Napoléon? Pour moi, je le déclare, je ne vois qu'un homme entre la paix et nous. Qu'il parle, et la patrie sera sauvée! »

Le prince Lucien. « Hé quoi! aurions-nous la faiblesse de croire encore au langage de nos ennemis? Lorsque, pour la première fois, la victoire nous fut infidèle, ne nous jurèrent-ils pas, en présence de Dieu et des hommes, qu'ils respecteraient notre indépendance et nos lois? Ne donnons point une seconde fois dans le piège qu'ils tendent à notre confiance, à notre credulité! Leur but, en cherchant à isoler la nation de l'empereur, est de nous désunir pour nous vaincre, et nous replonger plus facilement dans l'abaissement et l'esclavage, dont son retour nous a délivrés. Je vous en conjure, citoyens, au nom sacré de la patrie, ralliez-vous tous autour du chef que la nation vient de replacer si solennellement à sa tête! Songez que notre salut dépend de notre union, et que vous ne pourriez-vous séparer de l'empereur, et l'abandonner à ses ennemis, sans perdre l'état, sans manquer à vos sermens, sans flétrir à jamais l'honneur national! »

Le général La Fayette. « Vous nous accusez de manquer à nos devoirs envers l'honneur et envers Napoléon! Avez-vous oublié tout ce que nous avons fait pour lui? Avez-vous oublié que les ossemens de nos enfans, de nos frères attestent partout notre fidélité, dans les sables de l'Afrique, sur les bords du Guadalquivir et du Tage, sur les rives de la Vistule et dans les déserts glacés de la Moskovie? Depuis plus de dix ans trois millions de Français ont péri pour un homme qui veut lutter encore aujourd'hui contre toute l'Europe! Nous avons assez fait pour lui; maintenant notre devoir est de sauver la patrie. »

Napoléon est encore véhémentement accusé par quelques membres, faiblement défendu par d'autres; mais le bruit a recommencé, et domine toutes les voix.

Cependant les ministres parviennent à donner, chacun dans son département, des explications satisfaisantes : ils prouvent qu'une armée formidable peut encore être ralliée, et que la marche de l'ennemi n'est pas aussi rapide que le proclame la malveillance : ils démontrent la fausseté de ces bruits, injurieux pour l'empereur, d'après lesquels le gouvernement aurait voulu attenter à l'indépendance de la Chambre : enfin, les grandes ressources qui restent encore, le dévouement des citoyens, la force de l'opinion, leur paraissent assurer le salut de la chose publique si la confiance et l'union subsistent entre les pouvoirs.

Les esprits se calment. On convient, selon l'invitation faite dans le message, qu'une commission sera nommée pour se concerter immédiatement avec les ministres. (1)

A huit heures, la séance est rendue publique.

Le président. « Il a été fait au comité deux propositions. Une de ces propositions a obtenu la priorité : je vais la rappeler et la mettre aux voix. En voici la rédaction :

« La Chambre arrête qu'il sera nommé, séance tenante, une commission de cinq membres, qui se concertera avec la commission de la Chambre des Pairs, s'il en est nommé une, et le conseil des ministres de S. M., pour, sans délai, recueillir tous les renseignemens sur l'état de la France, et proposer tout moyen de salut public. »

Cette délibération est prise à l'unanimité,

Garnier de Saintes. « Messieurs, vous venez de prendre une grande mesure : il faut la réaliser promptement. »

Une foule de voix. « La commission, la commission. »

Le président. « M. le ministre de la guerre demande à être entendu. »

Le prince d'Eckmühl, ministre de la guerre. « Messieurs, j'apprends que des malveillans font courir le bruit que j'ai fait avancer des troupes pour cerner l'assemblée. Ce bruit est injurieux à l'empereur et à son ministre, qui est un bon Français. Cela vient de la même source que le bruit qu'on avait fait circuler de l'arrivée du général Travot à Paris... » (On applaudit.)

Garnier de Saintes. « Il faut organiser votre commission le plus tôt possible; je demande que vous invitiez M. le président et les quatre vice-présidens... »

Un membre. « Je demande que la commission soit composée du président et des vice-présidents... ».

Valentin. « En vous constituant, vous avez donné une preuve signalée de votre confiance à votre président et à vos quatre vice-présidens. Vous avez fait en les nommant les meilleurs choix possibles. Certes, ils n'ont pas démérité de votre confiance; je demande que vous arrêtiez, à l'instant, qu'ils formeront la commission. » Cette proposition est très-vivement appuyée.

Sauzey. « Cela est impossible, cela est contraire au réglement : le réglement

(1) La narration de cette séance secrète est extraite de Lallement. (*N. des auteurs.*)

prescrit le mode de formation des commissions.....» Une très-vive agitation se répand dans l'assemblée. »

M. Sauzey parle long-temps dans le tumulte.

Sauzey. « Et s'il faut vous réunir cette nuit, pendant que votre commission sera assemblée, qui vous présidera ? »

Plusieurs voix. « Un secrétaire. »

Le général Grenier. « Cette observation est juste; au moment où vous serez appelés à délibérer, vous pouvez n'avoir ni président, ni vice-présidens. Certainement ils sont très-honorés de la nouvelle confiance que vous voulez leur donner; mais je dois observer que votre président, ou l'un des vice-présidens, seront rapporteurs de votre commission, et que discuter et présider est impossible... »

Dupin. « Vous êtes en permanence ; vous pouvez donc vous ajourner ou ne pas vous ajourner. Si vous avez une séance, vous n'avez ni président ni vice-présidens.... »

On demande de toutes parts à aller aux voix. L'assemblée arrête, à une grande majorité, que la commission sera formée du président et des quatre vice-présidens de la Chambre.

Le président. « On demande que communication de cette délibération soit faite à la Chambre des Pairs par un message. » Cette proposition est adoptée.

Le président. « La séance est levée et indiquée à demain huit heures du matin. »

Chambre des Pairs. — Séance du 21 juin.

Les Pairs ont été convoqués extraordinairement. Leur maintien annonce en général une profonde affliction. Quelques-uns, trop agités par la crainte, d'autres, adroitement vieillis dans les révolutions, et toujours avides de popularité, se font remarquer par une turbulence tribunitienne ; mais la grande majorité, encore sans projets politiques, sans calculs personnels, suivra l'impulsion que lui donnera la Chambre des Représentans.

Le ministre de l'intérieur, Carnot, présente un exposé succinct des nouvelles de l'armée. (C'est la note que Regnault lisait dans le même moment aux représentans.) Cette communication est reçue dans le silence.

Un messager d'état apporte la résolution de la Chambre des Représentans qui *déclare que l'indépendance de la nation est menacée*, etc., etc.

A la lecture de cette pièce on voit se peindre sur les visages l'étonnement, l'hésitation ; quelques instans s'écoulent sans qu'aucun membre prenne la parole.

Le comte Thibaudeau. « La Chambre, dans le danger imminent qui menace la patrie, ne peut demeurer indifférente à la communication qui vient de lui être faite. La Chambre des Représentans nous a donné un bel exemple; nous devons nous empresser de partager ses sentimens, et de les manifester. Je demande que la Chambre se forme en comité secret pour examiner quelle suite elle doit donner à ce message. »

Le comte de Latour-Maubourg. « Pourquoi un comité secret? Il faut que notre délibération soit publique, afin que nos sentimens pour la patrie soient connus de la nation entière. »

Le président consulte l'assemblée, qui décide que la délibération aura lieu en séance publique.

Le comte de Pontécoulant. « Je désirerais savoir à quelle heure la résolution de la Chambre des Représentans qui vient de vous être lue a été prise..? — (On répond qu'il y a environ une heure.) — Ce n'est point une vaine curiosité qui m'a fait hasarder cette question. L'empereur n'est-il pas de retour? le gouvernement est-il absent, pour que les députés mandent ainsi les ministres afin d'entendre le compte de leur gestion? Je verrais donc une grande inconvenance à mander les ministres dans cette Chambre.

» Ce serait encore une question de savoir si, lors même que l'empereur serait absent, il n'y aurait pas de l'inconvenance dans cette démarche. Cette partie de la résolution des représentans ne me parait pas devoir être admise. J'appuie le surplus du message. Mais, dans des circonstances aussi graves et aussi impérieuses, des propositions de cette importance doivent être renvoyées à une commission, conformément au réglement. »

Le comte Boissy-d'Anglas. « Il me semble qu'en cet instant le réglement ne saurait être invoqué. Lorsque la patrie est en danger, que l'indépendance nationale est menacée, il ne s'agit pas en un tel moment de s'arrêter à des formes qui ne peuvent être applicables qu'aux temps ordinaires. Je demande que le message soit pris de suite en considération. » (Pontécoulant retire sa proposition. Valence la reproduit. Boissy reprend :) « Est-il besoin, messieurs, d'une commission pour manifester nos sentimens, et faire des déclarations semblables à celles contenues au message de la Chambre des Représentants? Exigent-elles des délibérations pro'ongées? Doit-on s'arrêter à des formes non prévues dans le réglement, parce qu'en l'arrêtant on ne pouvait prévoir les circonstances extraordinaires sous l'empire desquelles nous sommes aujourd'hui? Vous déclarerez que l'indépendance de la nation est menacée ; vous déclarerez que vous êtes en permanence, et que quiconque tenterait de dissoudre la Chambre serait traitre à la patrie ; vous déclarerez que les troupes de ligne et les gardes nationales ont bien mérité de la patrie. Il me semble que pour ces déclarations l'intervention d'une commission est parfaitement inutile.

» Dans les malheurs de la patrie nous devons déployer un grand caractère, et montrer toute notre énergie. C'est une déclaration que nous faisons. Quand nous aurons reçu les communications que l'empereur doit nous faire parvenir, nous concourrons aux mesures qui nous seront proposées d'une manière régulière. »

Le comte de Valence. « Ce n'est pas une simple déclaration, mais une résolution qui a le véritable caractère d'une loi. Je suis de l'avis d'adopter les articles du message qui ne contiennent qu'une simple déclaration ; mais pour l'article qui contient une véritable loi, une loi pénale, je dois insister pour qu'il soit nommé une commission. Il y a un temps suffisant pour délibérer dans les formes sages et lentes que le réglement nous prescrit avec tant de raison. J'insiste donc de nouveau pour la nomination d'une commission qui vous présentera une rédaction des articles. »

Le comte de Montesquiou soutient la même opinion.

Le baron Quinette. « Gardons-nous, messieurs, d'exposer par nos lenteurs la représentation nationale à se diviser en deux partis! Quoi! la Chambre des Pairs resterait oisive, tandis que celle des Représentans montre une noble activité? Quelle raison s'oppose à ce que nous adoptions sa résolution ? Il s'agit de déclarer que l'indépendance de la nation est menacée lorsque l'ennemi est à nos portes ; il s'agit de nous constituer en permanence dans une circonstance aussi critique, et de déclarer traitre à la patrie quiconque tenterait de dissoudre la représentation nationale. Cette proposition ne peut pas souffrir de difficulté. Quant à déclarer que nos armées ont bien mérité de la patrie, qui ne se ferait un devoir d'applaudir à une pareille résolution? Je demande que, sans nommer une commission, nous procédions de suite à l'adoption d'une résolution semblable à celle qui a été prise par la Chambre des Représentans. »

La Chambre décide qu'il ne sera point nommé de commission; elle prend en considération le message, et l'adopte quant au fond : il sera mis aux voix article par article. Thibaudeau propose une rédaction qui est admise; elle consiste à transformer la résolution des représentans en une déclaration particulier de la Chambre des Pairs.

Les articles 1 et 3 ont été adoptés sans opposition. La disposition tendante à mander les ministres, combattue par Pontécoulant, a été rejetée à la presque unanimité. Une longue discussion s'est élevée sur l'article 2.

Le comte Doulcet de Pontécoulant. « Je ne combats pas l'article; mais il exige une sorte de discussion qui établisse bien que ces mesures dérogent à l'acte constitutionnel. Oui, messieurs, c'est une dérogation positive à cet acte que le péril imminent de la patrie peut seul excuser. J'ai entendu dire à l'un de nous, dans un rapport qu'il nous a soumis comme ministre, c'est un des passages qui m'a le plus frappé, « qu'il serait prêt à déclarer par quels motifs il aurait ex-
» cédé les bornes de son pouvoir dans les actes de son ministère envers les ci-
» toyens, s'exposant à toutes les chances de la responsabilité ministérielle plutôt
» que de compromettre le salut de l'état. »

» Et moi aussi je veux encourir la même responsabilité, et m'y soumettrai avec dévouement !

» La permanence des Chambres est la seule ancre de salut dans la tempête dont nous sommes battus depuis si peu d'instans, et d'une manière si terrible !

» J'adopte donc les articles tels qu'ils sont, et, sachant bien qu'ils sont une dérogation formelle à l'acte constitutionnel, je déclare que je les adopte sciemment.

» J'ai dû faire sentir à la Chambre à quel point la résolution qu'elle allait prendre était contraire à la Constitution; et nous tous, messieurs, nous devons en convenir hautement, afin que chacun de nous réfléchisse à toute l'importance d'une semblable résolution. Quelles que soient les lois établies, le salut du peuple est la suprême loi ; et aujourd'hui l'existence de la France, peut-être même le salut de toute l'Europe, est attaché à la permanence de la représentation nationale. »

Le comte de Valence. « J'adopte volontiers la permanence ; mais, messieurs, considérez que la résolution a tous les caractères d'une loi. Tous ceux qui se rendraient coupables d'une tentative pour dissoudre la Chambre seraient jugés... Voilà une loi pénale. Il faut se défendre de toute précipitation, de cet enthousiasme que les circonstances peuvent faire naître. On peut adopter le premier et le troisième article, et renvoyer le surplus du second à l'examen d'une commission, après avoir déclaré la permanence. »

Le comte de Montesquiou. « Oui, sans doute, toute résolution qui impose des peines a le caractère d'une loi. Gardons-nous de prendre une délibération portant des dispositions législatives, et qui ne peut être licitement adoptée que par le concours des deux chambres et du gouvernement. »

Le comte Thibaudeau. « C'est rentrer dans la discussion d'une proposition rejetée. Quant à celle de suivre le règlement, comment pourrait-on y donner quelque suite ? Un règlement est fait pour des circonstances ordinaires ; mais, dans celles aussi extraordinaires qui nous pressent, est-il possible de s'y astreindre ?

» Au reste, la marche proposée par M. de Valence ne serait pas plus régulière que celle d'adopter sur-le-champ la résolution, puisqu'on ne pourrait pas suivre la forme des trois lectures, et observer des délais.

» Lorsqu'on ne savait pas, il y a quelques heures, où était l'empereur quand la capitale est menacée, faudra-t-il se traîner péniblement sur les formes ?

» Devons-nous donc hésiter à adopter cette résolution? Ne sommes-nous pas tous animés du même esprit, tous déterminés à nous ensevelir, s'il le faut, sous les ruines de la patrie? »

Le comte de Pontécoulant. « Il est vraiment inconvenant de revenir sans cesse sur les délibérations!

» La résolution est adoptée. En continuant à la discuter nous perdrions l'attitude qui convient à un sénat, à une Chambre des Pairs. Il ne s'agit donc plus qu'à régler la forme de son adoption.

» Adoptera-t-on la résolution de la Chambre des Représentans telle qu'elle est? En prendra-t-on une conforme? l'une et l'autre formes sont également bonnes; mais le pire de tous les partis serait de n'en prendre aucun : ce serait abdiquer les pouvoirs qui nous ont été confiés; ce serait renoncer à concourir au salut de la patrie. Par là nous forcerions en quelque sorte la Chambre des Représentans à agir toute seule, à s'emparer du pouvoir, à se constituer en *Assemblée nationale*, en *Convention* : ce serait de notre part renoncer à la mission glorieuse qui nous a été confiée de concourir au salut de la patrie; car il n'y a de mission vraiment glorieuse que dans le danger. Se refuser à cette mission, ce serait annuler la puissance législative établie par la Constitution ; cependant nous formons une partie essentielle du pouvoir législatif. Ce sont toujours les hommes qui ont manqué aux circonstances ; il faut aujourd'hui savoir s'élever à leur hauteur; il faut que la Chambre des Pairs se maintienne dans ses principes, qu'elle retienne d'une main sage et ferme la portion de pouvoir qui lui est confiée. Sans doute nous avons été nommés par le chef du gouvernement; mais ne pouvons-nous pas nous dire aussi les représentans de la nation? Car à quoi sommes-nous redevables de ce choix, si ce n'est aux services que nous lui avons rendus, les uns comme militaires, ayant prodigué leur sang pour sa défense et le maintien de son indépendance ; et nous, citoyens obscurs, pour nos longs services dans la magistrature et l'administration? A ce noble titre, messieurs, concourons tous au salut de la patrie; ne souffrons pas que le pouvoir soit dans les mains de cette tourbe d'agens qui s'arrogeaient le droit d'arrêter, d'exiler les individus sans en rendre compte, et disposaient ainsi sans motifs de la liberté et de la vie des citoyens!

» C'est à nous, qui avons eu l'expérience de la révolution, qui l'avons traversée au milieu de tant de désastres et de tant d'illustres naufrages, à maintenir un pouvoir législatif qui puisse rassurer tous les citoyens.

» Je reviens à la question. En droit, la Chambre ne peut revenir sur ses délibérations, car autrement il n'y aurait rien de fixe ni de stable dans la législation.

» En fait, la résolution est sage et bonne, et l'on ne peut mieux faire que d'adopter cette résolution noble et française de la Chambre des Représentans. »

Le comte de Valence. « Mais nous avons tout le temps de prendre une détermination! (Murmures.) L'empereur va tenir le conseil de ses ministres, et comme nous n'en connaîtrons pas le résultat avant quatre ou cinq heures, il est possible que pendant ce temps une commission examine le message... (Murmures.) Je cesse d'opposer mon opinion personnelle à celle de la Chambre; oui, je consens à ce qu'elle déclare sur-le-champ que l'indépendance de la patrie est menacée, qu'elle se constitue en permanence, qu'elle déclare enfin que l'armée a bien mérité de la patrie; mais je soutiens qu'on doit renvoyer à une commission spéciale l'examen des autres articles de la résolution.

» Au surplus, j'avoue que je ne comprends pas, que je ne comprendrai jamais comment vous déclareriez traître à la patrie quiconque tenterait de dissoudre la représentation nationale.

» Qui nous menace d'une pareille mesure? Qui? Est-ce le gouvernement, qui seul en a le droit par la Constitution? »

Le comte de Pontécoulant (avec chaleur). « La multitude, égarée par nos ennemis !... Mais je le déclare, dans le danger imminent de la chose publique, si un ministre signait un pareil acte, je me porterais ici et publiquement son accusateur ! »

Le comte Boissy-d'Anglas. « Il est indécent de revenir quatre fois sur la même proposition. Je demande qu'on passe aux voix, et que l'orateur qui entravera encore la délibération soit rappelé à l'ordre. »

La rédaction proposée par Thibaudeau est définitivement adoptée en ces termes :

« La Chambre des Pairs, après avoir pris communication du message qui lui a été adressé par la Chambre des Représentans dans la séance de ce jour, arrête les dispositions suivantes :

» 1° La Chambre des Pairs déclare que l'indépendance de la nation est menacée.

« 2° La Chambre se déclare en permanence. Toute tentative pour la dissoudre est un crime de haute trahison. Quiconque se rendrait coupable de cette tentative sera traître à la patrie, et sur-le-champ jugé comme tel.

» 3° L'armée de ligne et les gardes nationales qui ont combattu et combattent pour défendre la liberté, l'indépendance et le territoire de la France ont bien mérité de la patrie.

» La présente déclaration sera transmise par un message à S. M. l'empereur et à la Chambre des Représentans. »

Le prince Lucien se présente en qualité de commissaire extraordinaire de l'empereur, et fait à la Chambre, en comité secret, la communication qu'il venait de faire aux représentans : les pairs la reçoivent avec calme. A la suite du comité secret une commission est nommée pour s'entendre avec la commission de la Chambre des Représentans, avec les ministres, etc. ; elle est composée des comtes Boissy-d'Anglas, Thibaudeau, Dejean, Drouot, Andréossy.

Séance des commissions de la Chambre des Représentans et de celle des pairs. — Négociations secrètes avec Napoléon.

Nous tirons ces détails de l'*Histroire de Napoléon* par Thibaudeau. Il était membre de la commission nommée par les pairs.

« En sortant de la séance secrète, Lucien ne dissimula pas qu'il fallait, ou dissoudre les Chambres, ou abdiquer. Napoléon ne prenait aucune résolution ; il flottait entre les avis divers de ses conseillers, dont la majorité cependant inclinait pour l'abdication (1).

» Les deux commissions se réunirent à onze heures du soir, aux Tuileries, avec les ministres et les ministres d'état, sous la présidence de Cambacérès. Cette grande salle du conseil d'état, témoin de tant de vicissitudes, ce palais désert, le silence de la nuit, et la gravité des circonstances, inspiraient la tristesse et une sorte d'effroi. A la discrétion des orateurs, à la modération des dis-

---

(1) Le 21, dans la matinée, Barbier, bibliothécaire du conseil d'état, fut invité à dresser immédiatement à l'empereur une note sur les principaux faits historiques relatifs à des exemples d'abdication d'empereurs ou de rois.

cours, au soin avec lequel on évitait d'abord de prononcer le nom de l'empereur, on eût dit qu'encore tout puissant il était caché pour entendre, ou que les murs étaient ses espions; son génie semblait planer sur l'assemblée pour la contenir plus que pour l'inspirer. Les ministres proposèrent tranquillement une levée d'hommes, une loi de haute police et des mesures de finances, à peu près comme on demandait autrefois au sénat des conscrits, au corps législatif de l'argent.

» Pas un mot des désastres de Waterloo, de leurs causes, de leur étendue, de la situation de l'armée, des ressources, de la question agitée dans le comité secret sur les obstacles que pourrait apporter la personne de Napoléon à la paix.

» L'assemblée était divisée en deux partis, celui de Napoléon et celui des Chambres. Ce dernier posa pour base de la délibération que l'on sacrifierait tout pour la patrie, excepté la liberté constitutionnelle et l'intégrité du territoire. Ce principe emportait l'abdication de Napoléon; les Chambres y étaient décidées. Les représentans insistèrent sur l'urgence de faire marcher de front les négociations avec les mesures de défense, et d'envoyer à l'ennemi des négociateurs au nom des Chambres, puisqu'il ne voulait pas traiter avec Napoléon. Les impériaux objectaient que ce serait prononcer de fait la déchéance de l'empereur; ils avaient raison; un reste de pudeur empêchait ses ministres d'y consentir. Ce scrupule n'arrêtait pas Fouché : il opinait comme les représentans.

» Cette discussion, ayant réchauffé les esprits, amena la question de l'abdication. La Fayette rappela ce qui s'était passé dans le comité secret, et proposa à l'assemblée de se rendre tout entière auprès de Napoléon, pour lui représenter que son abdication était devenue nécessaire aux intérêts de la patrie. Les impériaux s'y opposèrent. Cambacérès prudemment déclara qu'il ne pouvait pas mettre aux voix des propositions de cette espèce. D'ailleurs, les impériaux n'avaient qu'une petite majorité. On se borna donc à adopter leurs mesures de défense, et l'avis qu'ils ouvrirent d'entamer de suite des négociations au nom de la nation par des plénipotentiaires nommés par Napoléon; mais les représentans manifestèrent jusqu'à la fin l'opinion que ces mesures ne seraient point adoptées par les Chambres, l'intention de les combattre, et la conviction que la marche rapide des événemens amènerait le lendemain des déterminations violentes contre Napoléon, telles que sa déchéance, s'il ne la prévenait pas par son abdication.

» Pendant le reste de la nuit, et le 22 au matin, chaque parti se prépara au grand événement qui devait nécessairement signaler cette journée. A la Chambre des Représentans, si elle prononçait la déchéance de Napoléon, on craignait d'offenser l'armée et d'amener quelques déchiremens. On préférait que Napoléon abdiquât de son propre mouvement et par dévouement à la patrie.

» A l'Élysée, on flottait entre la violence et la faiblesse; courtisans, ministres, princes, Napoléon lui-même, tout était dans la plus grande perplexité; on sentait le pouvoir s'échapper, on n'avait ni la volonté de le remettre, ni la force de le retenir. Lucien seul conseillait d'en finir par un coup d'état.

» Les Chambres s'assemblèrent et demandèrent le rapport de leurs commissions. Celle de la Chambre des Représentans retardait tant qu'elle pouvait. Elle attendait l'issue des instances qu'on faisait auprès de Napoléon pour le décider à un sacrifice qui parût spontané. On ne put arracher de lui que son consentement à ce que les Chambres envoyassent une députation pour négocier avec les puissances, et la promesse qu'il abdiquerait lorsqu'il serait constaté qu'il était le seul obstacle à la paix, et si elles consentaient à assurer à ce prix l'indépendance de la nation et l'intégrité du territoire.

» Rapporteur de la commission des représentans, le général Grenier présenta ces résolutions comme le résultat de la délibération de la nuit. Au point où l'on en était venu, des termes moyens ne pouvaient plus suffire. Duchesne, La Fayette, Sébastiani exigeaient l'abdication, sinon la déchéance. Les moins violens insistaient seulement pour qu'on laissât à Napoléon le temps nécessaire afin que l'abdication parût du moins la libre expression de sa volonté. La Chambre lui accorda un délai d'une heure, et suspendit sa séance.

» Regnault, le général Solignac, Durbach, Flaugergues firent successivement des démarches auprès de l'empereur pour le décider à l'abdication; il résista long-temps, se promenant extrêmement agité, à grands pas, dans son cabinet, dans le jardin, et disant : « Puisqu'on veut me faire violence, je n'abdiquerai » point.... La Chambre n'est qu'un composé de Jacobins et d'ambitieux ! J'au-» rais dû les chasser..... Qu'on me laisse réfléchir en paix dans l'intérêt de mon » fils, dans celui de la France..... Ma tête est à votre disposition..... Quand » j'aurai abdiqué, vous n'aurez plus d'armée..... Dans huit jours vous aurez l'é-» tranger à Paris. » Mais Napoléon parlait à des sourds et criait dans le désert. Son frère Joseph, Lucien lui-même, ne voyant plus moyen de résister, le conjurèrent de se soumettre à son destin. « Écrivez à ces messieurs, dit-il à Fouché » avec un sourire ironique, de se tenir tranquilles, ils vont être satisfaits. » Fouché n'y manqua pas et écrivit à Manuel. Napoléon dicta à Lucien son abdication en ces termes :

« *Déclaration au peuple français.*

» Français ! en commençant la guerre pour soutenir l'indépendance nationale, » je comptais sur la réunion de tous les efforts, de toutes les volontés et le con-» cours de toutes les autorités nationales. J'étais fondé à en espérer le succès, et » j'avais bravé toutes les déclarations des puissances contre moi; les circonstances » paraissent changées; je m'offre en sacrifice à la haine des ennemis de la » France. Puissent-ils être sincères dans leurs déclarations et n'en avoir jamais » voulu qu'à ma personne ! Ma vie politique est terminée, et je proclame mon » fils, sous le titre de Napoléon II, empereur des Français. Les ministres actuels » formeront provisoirement le conseil de gouvernement. L'intérêt que je porte » à mon fils m'engage à inviter les Chambres à organiser, sans délai, la régence » par une loi. Unissez-vous tous pour le salut public et pour rester une nation » indépendante. — Donné au palais de l'Élysée, le 22 juin 1815. »

» Les ministres portèrent cette déclaration aux Chambres.

» Fouché, qui avait le plus poussé à l'abdication, recommanda Napoléon aux égards et à la protection des Chambres. Regnaud émut les représentans par un tableau pathétique de tant de grandeur déchue. Il fut arrêté qu'une députation irait exprimer à Napoléon, au nom de la nation, le respect et la reconnaissance avec lesquels elle acceptait le noble sacrifice qu'il avait fait à l'indépendance et au bonheur du peuple français.

» Les bureaux des deux Chambres allèrent à l'Élysée; il y régnait une grande solitude, le plus profond silence. Un très-petit nombre d'hommes dévoués y était : tout le reste en était sorti avec l'abdication : c'était une répétition de Fontainebleau. Pour conserver un air calme, Napoléon faisait visiblement des efforts; il y avait dans ses traits de l'altération et de l'abattement. La députation de la Chambre des Représentans vint la première. Lorsqu'elle eut rempli sa mission, Napoléon lui déclara franchement que son abdication livrait la France à l'étranger, lui recommanda cependant de renforcer promptement les armées, et insista fortement sur les droits de son fils. Le président Lanjuinais répondit que la Chambre avait délibéré seulement sur le fait de l'abdication ; qu'il lui rendrait compte du vœu de l'empereur pour son fils. Cette entrevue fut froide et sèche.

» Par un jeu bizarre de la fortune, un des hommes qui, dans ses harangues, avait le plus flatté l'empereur, Lacépède, lui porta la parole au nom de la Chambre des Pairs. Napoléon était debout, seul, sans appareil ; il répondit avec une aigreur mal dissimulée et sur le ton d'une conversation animée : « Je n'ai
» abdiqué qu'en faveur de mon fils..... Si les Chambres ne le proclamaient pas,
» mon abdication serait nulle..... je rentrerais dans tous mes droits..... D'après
» la marche que l'on prend, on ramènera les Bourbons..... Vous verserez bien-
» tôt des larmes de sang..... On se flatte d'obtenir d'Orléans, mais les Anglais
» ne le veulent pas ; d'Orléans lui-même ne voudrait pas monter sur le trône
» sans que la branche régnante eût abdiqué. Aux yeux des rois de droit divin, ce
» serait aussi un usurpateur. »

» Les présidens convinrent d'une rédaction de la réponse de Napoléon pour la rapporter aux Chambres ; et le lendemain on l'inséra dans les journaux en ces termes :

» Je vous remercie des sentimens que vous m'exprimez. Je recommande aux Chambres de renforcer les armées, et de les mettre dans le meilleur état de défense. Qui veut la paix doit se préparer à la guerre. Ne mettez pas cette grande nation à la merci de l'étranger, de peur d'être déçus dans vos espérances. Dans quelque position que je me trouve, je serai heureux si la France est libre et indépendante. Si j'ai remis le droit qu'elle m'a donné à mon fils, de mon vivant ; ce grand sacrifice, je ne l'ai fait que pour le bien de la nation et l'intérêt de mon fils, que j'ai, en conséquence, proclamé empereur. »

Les événemens qu'on vient de lire se passèrent en partie la nuit, en partie dans la journée, pendant la durée de la séance qui suit.

CHAMBRE DES REPRÉSENTANS. — *Séance du 22 juin.*

A neuf heures et demie, M. Bedoch, l'un des secrétaires, occupe la place de M. le président. Plusieurs membres témoignent le désir que la séance soit rouverte.

Bedoch. « Messieurs, la rédaction du procès-verbal de la séance d'hier n'est pas encore terminée : aussitôt qu'elle sera achevée, il vous en sera donné lecture.

» Le rapport de la commission extraordinaire que vous avez nommée à l'effet de se concerter avec le conseil des ministres pour les mesures de salut public n'étant pas prêt, je ne puis qu'appeler un autre ordre du jour. Si un membre a une proposition à faire, je lui accorderai la parole. »

M. Leyraud se présente à la tribune.

On crie de toutes parts : « C'est la commission qu'il faut entendre, » et cette disposition de l'assemblée ne cesse de se manifester jusqu'à ce que M. Leyraud ait quitté la tribune.

Bedoch. « Il paraît que l'assemblée ne veut s'occuper d'aucune espèce de travail avant le rapport de sa commission extraordinaire. » — *Un très-grand nombre de voix.* « Oui, oui. »

M. Bedoch déclare que tout objet étranger au travail de la commission est suspendu.

A dix heures et demie, l'assemblée manifeste le désir d'entendre le rapport.

Henri Lacoste. « On ajourne le moment de satisfaire au vœu de la Chambre ;

c'est un temps perdu pour les intérêts de la patrie. Je demande que la commission soit invitée à venir faire son rapport : il doit être prêt. »

Un membre. « La Chambre est impatiente d'entendre le rapport de sa commission. »

Un autre membre. « La commission ne vient point présenter son travail. Vous êtes responsables à la patrie de tout le temps que vous perdez. »

Clément (du Doubs) fait lecture du procès verbal, dont la rédaction est approuvée.

On annonce l'arrivée du rapporteur de la commission.

M. le président l'invite à monter à la tribune.

Grenier. « Je conçois la vive impatience que montre l'assemblée de connaître ce que nous avons fait pour remplir la tâche importante qu'elle nous a confiée. Votre commission extraordinaire s'est réunie à celle de la Chambre des Pairs et au conseil d'état. La délibération a duré cinq heures. Je vais exposer le résultat de cette délibération. »

(Quelques membres demandent un comité secret; le vœu général de l'assemblée s'y oppose.)

« Voici, continue le rapporteur, deux propositions que je suis chargé de soumettre à la Chambre :

« Les commissions réunies ont reconnu, à la majorité de seize contre cinq, que le salut de la patrie exigeait que l'empereur consentît à ce que les deux Chambres nommassent une commission qui serait chargée de négocier directement avec les puissances coalisées, aux conditions de respecter l'indépendance nationale, l'intégrité du territoire et le droit qu'a tout peuple de se donner les constitutions qu'il juge à propos; mais elles ont pensé en même temps qu'il convenait d'appuyer ces négociations par le prompt développement de toutes les forces nationales. »

»En conséquence, la commission propose à votre délibération cette première disposition.

« Messieurs, cet article me paraît insuffisant; il ne remplirait pas le but que la Chambre se propose, parce qu'il pourrait arriver que votre députation ne fût pas admise. Mais il se présente un moyen d'en faciliter le succès; j'ai des raisons de croire que vous recevrez bientôt un message par lequel l'empereur doit déclarer que, vu les circonstances fâcheuses où se trouve la France et les dispositions des puissances coalisées, il trouvera bon que l'assemblée nomme l'ambassade que vous voudrez envoyer pour négocier de la paix; qu'en même temps cette négociation serait appuyée par le plus grand développement des forces nationales; et que si enfin lui seul était un obstacle invincible à ce que la nation fût admise à traiter de son indépendance, il sera prêt à faire le sacrifice qui lui serait demandé. »

« Je passe à l'autre article.

» Et quant au second objet, les ministres d'état, membres de la Chambre, proposeront à l'assemblée les mesures propres à fournir des hommes, des chevaux, de l'argent, ainsi que les mesures qu'ils croient les plus propres à contenir et réprimer les ennemis de l'intérieur.

» Ce dernier objet, messieurs, est le plus urgent; en effet, si nous ne prévenons pas les progrès de l'ennemi par une force respectable, avant huit jours la capitale peut être de nouveau menacée. Les ministres sont prêts à proposer des mesures tant pour résister à l'ennemi extérieur que pour réprimer ceux de l'intérieur, contre lesquels vous avez sollicité, il y a trois jours, l'énergie et la vigilance du gouvernement. »

On demande la parole.

M. Leyraud paraît à la tribune.

N.... « Je demande que la Chambre se forme en comité secret. » (Non, l'ordre du jour.)

En ce moment l'assemblée témoigne le désir que M. le président, présent au bureau, reprenne ses fonctions.

M. Bedoch lui cède le fauteuil.

Leyraud. « Et nous aussi nous avons réfléchi sur les circonstances difficiles où se trouve la France.

» Le résultat des derniers événemens a déchiré tous les cœurs, et nous nous sommes demandé par quels moyens nous parviendrons à sauver la patrie. A cette question sur les moyens de repousser les forces des puissances coalisées ; et, pour tâcher d'y répondre, interrogeons les ressources qui nous restent, et replions-nous sur notre situation intérieure.

» Si nous calculons les forces des armées ennemies, certes l'imagination s'en effraie.... »

De violens murmures éclatent dans l'assemblée. On ne cesse de crier à l'ordre tant que l'orateur, malgré l'improbation générale, s'efforce de reprendre la parole.

A la voix de M. le président le calme se rétablit.

N..... « Nous avons encore des forces à opposer à nos ennemis. Nous avons du courage et la volonté d'être libres ; nous périrons tous plutôt que de perdre notre indépendance. »

M. Crochon pense qu'il est nécessaire d'adopter promptement des mesures pour se procurer les moyens de soutenir la guerre, en même temps qu'il sera ouvert des négociations pour obtenir la paix. Il soumet à la délibération de l'assemblée le projet de déclaration suivant :

« La Chambre des Représentans, interprète des sentimens de la nation, proclame ce qui suit :

» La nation française renonce à jamais à toute conquête, à toute guerre offensive et d'ambition. Elle ne prendra les armes que pour défendre son territoire, pour venger les outrages faits à sa dignité, si elle ne pouvait en obtenir la réparation par voie de négociation, ou pour défendre un allié injustement attaqué. La nation veut conserver la monarchie constitutionnelle comme garantie de sa tranquillité et de celle de l'Europe.

» Il sera nommé cinq plénipotentiaires, trois dans la Chambre des Représentans et deux dans la Chambre des Pairs, pour porter la présente déclaration, et négocier la paix d'après cette reconnaissance solennelle, gage de sécurité pour tous les peuples. »

On demande l'ordre du jour.

Duchesne. « Je ne pense pas que le projet proposé par la commission puisse nous faire atteindre le but désiré. Nos désastres sont grands, on ne peut le nier ; ils sont attestés par la présence même du chef de nos armées dans la capitale. Si l'énergie de la nation n'a pas de bornes, ses moyens en ont. On nous a dit que ces moyens équivalent à ceux qu'elle avait en 1791. Plût à Dieu qu'il en fût ainsi ! mais j'ai trop de motifs pour ne pas partager cette opinion. On nous parle aussi d'imiter les Espagnols qui ont donné un si grand exemple d'esprit national, un sentiment si profond de leur indépendance. Mais n'est-il pas malheureusement trop vrai que notre situation actuelle est bien différente de la leur ? N'est-il pas malheureusement vrai qu'en France il ne règne pas la même unanimité de sentimens, unanimité qui peut seule...? (Des murmures interrompent l'orateur.) Je ne pense donc pas que la Chambre puisse offrir des négociations aux puissances alliées. Il résulte des pièces mêmes qui nous ont été communiquées la preuve qu'elles ont constamment refusé toutes les ouvertures qui leur ont été faites, et déclaré qu'elles ne traiteraient jamais avec vous tant que vous auriez à votre tête l'empereur.

Le président. « On vient de me donner l'assurance qu'avant trois heures la Chambre recevra de l'empereur un message qui pourra remplir ses vœux. »

N.... « On veut faire perdre le temps à l'assemblée. »

N..... « Je demande que nous nous réunissions en bureaux. » (*Un grand nombre de voix* : «Non, non. »)

Souques. « Nous ne quitterons pas. »

Durbach. « Il ne faut pas de moyen terme. »

La proposition de se réunir en bureaux est écartée par l'ordre du jour.

Duchesne. « Il faudrait que nous fussions sûrs de trouver dans le développement des forces de la nation une défense assez imposante pour appuyer nos négociations, et traiter avec succès de notre honneur et de notre indépendance. Ces deux moyens n'offrent pas la certitude que nous puissions maintenir nos libertés. Les circonstances peuvent amener encore près de la capitale des armées victorieuses; alors et sous leurs auspices reparaîtra cette ancienne famille... (Jamais ! s'écrient avec vivacité plusieurs membres.) J'exprime franchement ma pensée. Quelles pourraient être les conséquences de ces événemens? Nous n'avons qu'un parti à prendre: c'est d'engager l'empereur, au nom du salut de l'état, au nom sacré d'une patrie qui souffre, de déclarer son abdication. »

Quelques voix. « Appuyé. »

(Des mouvemens d'impatience se manifestent.)

Le président. « Je ne puis espérer d'arriver à un résultat si je ne parvenais à contenir l'agitation de l'assemblée.

» Le salut de la patrie sera dans le rapport de la commission. Je prie la Chambre d'attendre le message de l'empereur. »

Le général Solignac. « Et moi aussi, je partage les vives inquiétudes de celui qui m'a précédé à cette tribune. Oui, nous devons nous occuper du salut de l'empire et du maintien de nos institutions libérales; et tandis que le gouvernement se dispose à vous présenter des mesures qui tendront à ce but, il me semble qu'il importe de conserver à la Chambre l'honneur de n'avoir pas proposé elle-même une chose qui semble devoir être l'expression libre du monarque. Je demande qu'une députation de cinq membres soit nommée pour se rendre auprès de l'empereur, laquelle députation exprimerait à S. M. l'urgence de sa décision. Alors votre commission extraordinaire reviendrait au sein de la Chambre; et je ne doute pas que le rapport qui nous serait fait ne satisfît tout à la fois le vœu de l'assemblée et celui de la nation. »

On demande que la proposition soit mise aux voix.

M. le président. « Il y a des membres qui ont demandé la parole. »

M. le général Solignac. « Je viens proposer un amendement à ma proposition. Plusieurs de nos honorables collègues m'ont fait observer qu'il est hors de doute que la Chambre ne soit bientôt informée de la détermination prise par S. M. Je pense donc qu'il est convenable que nous attendions une heure le message qui paraît devoir être adressé à la Chambre. »

Les avis semblent partagés.

M. Souques demande la parole.

M. Solignac. « Messieurs, nous voulons tous sauver la patrie ; mais ne pouvons-nous pas concilier ce sentiment unanime avec le désir honorable pour la

Chambre de conserver l'honneur du chef de l'état? (Oui, oui, s'écrie l'assemblée presque tout entière.) Si je demandais d'attendre à ce soir ou demain, on pourrait m'opposer quelques considérations ; mais une heure ! » (Oui, oui : aux voix.)

M. le président met aux voix la proposition. Elle est adoptée.

La séance est suspendue.

Après quelques instans, S. Exc. le ministre de la guerre se présente dans l'assemblée. Il est invité par M. le président à monter à la tribune.

M. le maréchal prince d'Eckmühl. «Messieurs, hier nous avons reçu des nouvelles de l'armée. Les renseignemens qui nous étaient donnés, sans être officiels, nous portaient à croire que nos désastres ne sont pas aussi considérables qu'on a pu le craindre. Aujourd'hui ces renseignemens ont acquis le caractère officiel le plus certain, et je les garantis à la Chambre sur mon honneur.

» Un officier d'ordonnance du prince Jérôme, parti d'Avesnes le 21 juin, a trouvé la route couverte de soldats. Il doit y avoir au moins vingt mille hommes ralliés. Quelques officiers de la garde ont trouvé sur la route des voitures de fusils, et ont armé de suite au moins cinq mille soldats. On a rassemblé de tous côtés des canons, caissons et fourgons.

» Des émissaires jetaient partout l'alarme en annonçant l'ennemi. Le commandant de La Fère a donné ordre d'arrêter tous ceux qui répandraient des bruits fâcheux.

» La garde s'est ralliée à Avesnes.

» Voici l'extrait d'une dépêche du duc de Dalmatie :

» M. le maréchal écrit le 20, de Rocroy, qu'avec les bataillons de Philippeville il avait rallié deux mille hommes de la vieille garde et beaucoup d'autres détachemens.

» Le maréchal Grouchy annonce qu'il a battu, le 18, les restes de l'armée prussienne. Les communications étaient libres avec le maréchal Soult.

» Un autre officier n'a vu aucun ennemi entre le maréchal Grouchy et la frontière. Nul doute que M. le maréchal n'y soit avec son corps de cavalerie.

» Ainsi nous avons encore une armée de soixante mille hommes à la frontière du Nord. On peut y envoyer en outre dix mille hommes avec de la cavalerie et deux cents pièces de canon. J'ajoute que, si la Chambre prend de fortes mesures, et qu'elle déclare traître à la patrie tout garde national ou tout militaire qui abandonnera ses drapeaux, une barrière assez forte peut être opposée à l'invasion étrangère, et vous aurez une armée assez respectable pour appuyer vos négociations avec un ennemi qui a prouvé qu'il ne tenait pas toujours fidèlement ses promesses. »

Un membre. « Je désirerais que le ministre voulût bien dire à la Chambre s'il est vrai que l'ennemi eût des troupes légères aux environs de la ville de Laon. »

M. le prince d'Eckmühl. « Ces rapports sont faux comme ceux que l'on avait répandus hier que je faisais marcher des troupes contre cette assemblée : assertion odieuse que l'on affecte encore de répéter aujourd'hui.

» Messieurs, je le déclare ici, sur mon honneur, tous ces bruits-là sont faux.

Un membre. « Les communications tardives qui sont faites à la Chambre.... » (A l'ordre, à l'ordre, s'écrie-t-on de toutes parts.)

N..... « Je demande que l'orateur soit rappelé à l'ordre avec censure. »

Le prince d'Eckmühl. « Les communications que je viens de donner à la Chambre ne sont point tardives, ni faites par ruse : j'en suis incapable ; il y a peu de momens que je les ai reçues, et M. Regnault de Saint-Jean-d'Angély était présent à l'arrivée des dépêches. »

Le précédent orateur demande que la parole lui soit continuée.

Flaubergues. « L'assemblée entière a le droit de censurer un ministre ; mais ce droit ne peut être exercé individuellement par ses membres. »

Les communications du ministre de la guerre seront insérées au procès-verbal. La séance est suspendue à une heure : elle est reprise à midi.

Le président ordonne aux huissiers de faire évacuer les couloirs latéraux aux étrangers qui s'y sont introduits.

Le général Solignac. « Je demande une exception pour MM. les officiers de la garde nationale. »

Arnault. « Pour tout ce qui porte l'habit de garde national de service. »

Cette proposition est de suite mise à exécution. Les ministres de S. M., le duc d'Otrante, le comte Carnot, le duc de Vicence et le prince d'Eckmühl sont introduits.

Le président. « Je vais donner lecture d'un acte important qui m'est communiqué par MM. les ministres de S. M. Je rappelle les termes du règlement, qui défend aucun signe d'improbation ni d'approbation. »

M. le président lit la déclaration au peuple français. (Nous répétons cette déclaration.)

« *Déclaration au peuple français.*

» Français, en commençant la guerre pour soutenir l'indépendance nationale, je comptais sur la réunion de tous les efforts, de toutes les volontés, et le concours de toutes les autorités nationales : j'étais fondé à en espérer le succès, et j'avais bravé toutes les déclarations des puissances contre moi.

» Les circonstances me paraissent changées. Je m'offre en sacrifice à la haine des ennemis de la France. Puissent-ils être sincères dans leurs déclarations, et n'en avoir réellement voulu qu'à ma personne ! Ma vie politique est terminée, et je proclame mon fils, sous le titre de Napoléon II, empereur des Français.

» Les ministres actuels formeront provisoirement le conseil de gouvernement. L'intérêt que je porte à mon fils m'engage à inviter les Chambres à organiser sans délai la régence par une loi.

» Unissez-vous tous pour le salut public, et pour rester une nation indépendante !

» Au palais de l'Élysée, ce 22 juin 1815. Signé NAPOLÉON. »

Le duc d'Otrante. « Messieurs, c'est ici le moment où la Chambre des représentans doit se prononcer en face de la nation et de l'Europe pour sa liberté, son indépendance, et pour le succès des principes pour lesquels la nation verse son sang et s'épuise en sacrifices depuis vingt-cinq ans. Ce n'est pas devant une assemblée composée de Français que je croirai convenable de recommander les égards dus à l'empereur Napoléon, et de rappeler les sentimens qu'il doit inspirer dans son malheur. Les représentans de la nation n'oublieront point dans les négociations qui devront s'ouvrir de stipuler les intérêts de celui qui, pendant de longues années, a présidé aux destinées de la patrie. Je propose à la Chambre de délibérer qu'une commission de cinq membres sera nommée, séance tenante qu'elle sera chargée de se rendre auprès des puissances alliées pour y traiter des intérêts de la France dans les circonstances et la position nouvelle où elle se trouve, et soutenir ses droits et l'indépendance du peuple français. Je demande que cette commission, nommée aujourd'hui, puisse partir demain. »

Cet avis paraît obtenir le suffrage unanime de la Chambre.

M. Dupin. « Messieurs, l'abdication de l'empereur Napoléon était nécessaire ; mais elle est grande, généreuse ; elle mérite l'expression de la reconnaissance nationale. Le sacrifice que fait en ce moment l'empereur Napoléon prouve qu'en effet il voulait la gloire et le bonheur du peuple français ; et c'est aujourd'hui, pour que cette gloire et ce bonheur ne soient pas compromis, pour que l'indépendance nationale ne soit pas attaquée, qu'il vient de se dévouer. Il remet au peuple français les pouvoirs qui lui avaient été confiés. Votre premier devoir est donc d'accepter cette abdication au nom de la nation que vous représentez.»

» Je propose la délibération suivante :

« La Chambre des Représentans, considérant que le salut du peuple est la suprême loi, déclare :

» Art. 1. Au nom du peuple français, la Chambre des Représentans accepte l'abdication de Napoléon.

» 2. La Chambre des Représentans se déclare assemblée nationale..... (Des murmures s'élèvent.) Des députés partiront de suite pour le quartier-général des alliés pour y stipuler les droits de l'indépendance nationale, et particulièrement l'inviolabilité de la personne de Napoléon.

» 3. Il sera nommé une commission exécutive de cinq membres, dont trois nommés par la Chambre des Représentans, et deux par celle des Pairs.

« 4. Cette commission nommera de suite un généralissime; les ministres continueront leurs fonctions.

» 5. Une commission spéciale sera chargée de préparer le travail de la nouvelle constitution, qui devra garantir nos institutions nationales. Elle formera les bases du pacte et des conditions auxquelles le trône pourra être occupé par le prince que le peuple aura choisi..... .

(Une vive agitation se répand dans l'assemblée.)

M. *Dupin*. « Je demande à développer ces propositions. Il faut d'abord que l'abdication soit acceptée : c'est la seule manière légale de rompre le contrat qui nous unissait à l'empereur Napoléon. Les circonstances remettent entre les mains de la nation le pouvoir qu'elle avait assigné. Il faut prendre avec sagesse, avec calme, les mesures nécessaires pour replacer ce pouvoir, et rendre à la nation un gouvernement qu'elle n'a plus.

» Votre premier besoin est ensuite de vous adresser aux puissances alliées, et de leur demander si leur intention sera conforme aux promesses qu'elles ont faites. Elles ont déclaré solennellement qu'elles n'entendaient point attenter à l'indépendance de la nation et la forcer à choisir un gouvernement. La seule objection qu'elles faisaient vient de disparaître. Le motif d'inimitié qu'elles ont proclamé n'existe plus. Nous allons donc voir si leur bonne foi sera justifiée ou démentie..... (Il s'élève un murmure favorable.)

» De plus, les rênes du gouvernement ne peuvent rester ni flottantes ni incertaines. Vous ne voulez pas les garder entre vos mains ; vous voulez que le char de la patrie ne s'égare pas dans de fausses routes, et que sa conduite soit remise à des mains fermes et prudentes à la fois. Il faut donc nommer un conseil exécutif, et le choix appartient sans nul doute aux deux Chambres.

» La paix doit être le but de votre résolution, et l'objet des démarches les plus pressantes de ce gouvernement provisoire ; mais une paix qui garantisse les droits et les institutions nationales ; mais une paix qui nous assure la jouissance de cette liberté civile et politique, objet si constant de nos travaux et de nos sacrifices.

» Il faut que le conseil exécutif nomme un généralissime, car il n'y aurait aucun ensemble dans l'emploi des moyens de défense nationale.

» Enfin, les ministres de l'empereur n'ont nullement perdu de votre confiance ;

ils l'ont méritée, et ils continuent à en jouir. Ils continueront de servir sous le conseil exécutif.

» Nos constitutions doivent être refondues et réunies dans un seul cadre; ce travail doit vous occuper sans relâche; ce n'est qu'en le terminant que nous pourrons être certains de ne pas recevoir la loi, et de faire nos conditions quand il s'agira d'appeler au trône celui qui doit y monter. En effet, s'il y avait unanimité telle que les deux Chambres, les villes, les campagnes, toute la nation enfin appelât le même homme, certes la volonté publique serait la vôtre; mais cette volonté, il faut la consulter pour la connaître. En vous occupant de la défense commune, vous saurez prévenir les déchiremens et les prétentions contraires à la volonté nationale. La voix publique se manifestera, et vous en porterez l'expression dans les négociations.

» On a proposé de réunir la Chambre des Pairs à cette assemblée... » (Des murmures s'élèvent.)

Plusieurs voix. « Qui cela? Personne !..... »

M. *Dupin.* « Je ne crois pas la chose possible. La Chambre des Pairs partage vos intentions; elle se voue comme vous à la cause de l'indépendance nationale; elle mettra le sceau à vos délibérations, et marchera de concert avec vous. Seulement je voudrais qu'il y eût une commission qui fût un lien commun d'harmonie entre les deux Chambres, et qui nous mît à même d'apporter de l'ensemble et de la régularité dans nos travaux. Voici, messieurs, l'expression libre du vœu d'un citoyen qui n'a d'autre but que le bonheur de sa patrie, et d'autre volonté que celles que lui prescriront vos délibérations. »

M. Dupin donne lecture de sa proposition rédigée.

M. *Mourgues.* « Hier était le jour de la prudence, aujourd'hui est le jour de l'action. L'ennemi s'avance, les discours usent la patience, ils arrêtent le mouvement: plus de discours.

» Voici mes propositions :

» Art. 1. La Chambre des Représentans accepte l'abdication de Napoléon Bonaparte, et déclare le trône vacant jusqu'à l'émission du vœu du peuple.

» 2. La nation place sa personne sous la sauvegarde de l'honneur national.

» 3. La Chambre des Représentans se déclare assemblée constituante, pour faire sans délai, et réunir dans un seul code, les lois constitutives de l'état.

» 4. Elle nomme cinq membres, pris dans son sein, pour aller sur-le-champ négocier avec les puissances alliées pour la garantie de l'indépendance nationale.

» 5. Elle confie le gouvernement provisoire de l'état aux ministres actuels, qui travailleront avec une commission de cinq membres, prise dans son sein, et sous la présidence du président de la Chambre.

» 6. Le maréchal Macdonald est nommé provisoirement généralissime des armées de terre et de mer.

» 7. Elle nomme le général La Fayette général en chef provisoire des gardes nationales de France, et le maréchal Oudinot général en second de ces forces. (Des murmures s'élèvent.)

» 8. Elle ordonne que les ministres feront connaître, par les télégraphes et des courriers extraordinaires, les présentes dispositions aux généraux en chef des forces de terre et de mer, et aux préfets. »

Le tumulte augmente. On demande vivement l'ordre du jour; l'agitation de l'assemblée redouble.

M. *Garreau.* « Au milieu des grands objets qui vous occupent, je n'en ai qu'un à soumettre à vos méditations, c'est l'article 67 de l'acte additionnel. » — L'opinant en commence la lecture.

Le président. « L'assemblée reconnaît votre intention ; l'article est bien connu. »

Une foule de voix. « Cessez. Lisez... »

M. Garreau lit l'article 67. « Messieurs, s'écrie-t-il, je n'avais qu'à vous lire cet article. Je dois avoir été entendu. »

Une foule de voix. « Oui, oui... Appuyé.

M. Dupin reparaît à la tribune. — On demande vivement l'ordre du jour.

M. Regnault. « Je viens appuyer l'ordre du jour sur la proposition qui vous est faite. Dans les circonstances où nous nous trouvons, il faut accélérer la marche de l'assemblée et du gouvernement. Quel en est le moyen ? C'est de conserver, autant que possible, l'organisation politique et administrative, et la forme de gouvernement qui existe. Tout ce qui porterait une atteinte inutile aux formes établies, tout ce qui tendrait à briser les instrumens créés et aujourd'hui en mouvement, pour en substituer d'autres, nous jetterait dans tout le dédale d'une désorganisation complète.

» Et que vous propose-t-on ? de vous déclarer assemblée nationale, en conservant la Chambre des Pairs ! Ainsi vous changeriez votre titre de votre plein gré, et vous conserveriez celui de la deuxième Chambre de la législature.

» Une seconde proposition a été faite, tendant à vous déclarer assemblée constituante, c'est-à-dire de déclarer qu'il n'y a rien d'établi, qu'il n'y a point de droits reconnus, point de principes posés, et que les citoyens ne savent plus sur quelle base de gouvernement ils reposent. De sorte que, la proposition faite à midi, discutée à une heure, adoptée à deux, la nation entière est livrée à un bouleversement complet...

» Je n'attache ici, messieurs, aucun intérêt personnel ; ici je n'appartiens plus à aucun parti, je n'appartiens plus à personne. Je ne vois que la patrie et ses dangers ; je vois que notre premier besoin est de conserver, de maintenir et de réorganiser ; et je vois qu'on vous propose de faire table nette, de vous livrer à une création entière d'élémens nouveaux, et de vous entourer de débris pour vous occuper ensuite à reconstruire. Et cependant, n'avons-nous pas eu assez de peines pour établir ce qui existe, pour parvenir à fixer les principes libéraux qui font la base de notre état actuel ? Recommencerons-nous la carrière des innovations et de l'inexpérience ?

» Non, messieurs ; et qu'y a-t-il à faire ? Le voici. Nos Constitutions n'ont pas toute la perfection désirable. Les pensées des amis de la liberté n'y sont pas toutes exprimées. Provoquez la réunion de la commission chargée de les revoir et de les coordonner : vous satisferez au vœu de tous les cœurs, vous remplirez les idées de toutes les têtes patriotiques.

» Vous aurez rempli ainsi le premier de vos devoirs, car c'est ici que doit naître, c'est ici que doit exister l'initiative de tout ce qu'il y a de grand, de patriotique, de généreux ; la Chambre des Pairs s'empressera de le sanctionner. Voilà pour l'autorité législative, dont votre conseil exécutif sera lui-même une branche constitutionnelle. Le conseil exécutif remplacera l'autorité qui vous manque. Il doit être organisé sans délai pour opposer une vive résistance aux ennemis qui nous menacent, aux factieux qui veulent les seconder et leur livrer passage.

» Les ministres ont votre confiance ; je puis le dire, messieurs, je ne suis plus ministre : je suis citoyen, je suis représentant du peuple, et j'ai le droit d'invoquer ce titre, car je l'ai invoqué dans le cabinet même du prince, à l'égard duquel il vous reste à remplir un devoir. Et ici, messieurs, j'en suis certain, personne ne désavouera les sentimens que je vais exprimer.

» Représentans du peuple, il n'y a qu'un moment, vous aviez à votre tête un homme que vous avez proclamé grand; cet homme, la postérité le jugera. Il était revêtu par le peuple du pouvoir souverain : il vient d'en faire la remise sans réserve, sans condition personnelle. (La voix de l'orateur est ici altérée par la plus profonde émotion..... L'assemblée reste long-temps dans le silence.) Je pense que la Chambre, à son égard, doit se rendre l'interprète des sentimens qui lui sont dus, et que lui conservera la nation... (*Une foule de voix.* « Oui, oui, appuyé.) Peut-être même est-ce ici le moment de vous révéler ce qui s'est passé dans le sein de son cabinet. Hier, messieurs, quand je l'ai abordé, je lui ai déclaré que rien n'égalait la fidélité que je lui avais jurée ; mais que, répondant à sa confiance, je devais lui dire qu'il ne pouvait plus défendre l'indépendance et les droits de la nation ; je lui ai répété que, comme ministre, je mourrais autour de son trône pour le défendre ; mais que, comme représentant du peuple, et plein des devoirs que ce titre m'impose, je devais à ma patrie de lui tenir le langage impérieusement commandé par le salut de l'état.

» Il m'appartient donc, messieurs, après avoir rempli le devoir d'homme d'état, de remplir celui que mon cœur m'impose.

» Je demande l'ordre du jour sur les propositions qui vous sont faites ; je demande que la journée ne se passe pas sans que le conseil exécutif soit nommé ; et je demande que le bureau soit chargé de se rendre auprès de l'empereur pour lui exprimer la reconnaissance du peuple français pour le sacrifice qu'il a jugé nécessaire de faire à l'indépendance nationale. »

La proposition est unanimement appuyée. — On demande de toutes parts à aller aux voix. — La proposition est rédigée et adoptée à l'unanimité dans les termes suivans :

« La Chambre des Représentans :

» Considérant que le premier intérêt du peuple français est le maintien des lois qui assurent l'organisation de tous les pouvoirs,

» Passe à l'ordre du jour sur les propositions qui ont été faites de la former en assemblée nationale ou en assemblée constituante.

» La Chambre arrête que le président et son bureau se retireront vers Napoléon pour lui exprimer, au nom de la nation, la reconnaissance et le respect avec lesquels elle accepte le noble sacrifice qu'il a fait à l'indépendance et au bonheur du peuple français.

» La Chambre arrête qu'il sera nommé sans délai une commission de cinq membres, dont trois seront choisis dans la Chambre des Représentans et deux dans la Chambre des Pairs, pour exercer provisoirement les fonctions du gouvernement ; et que les ministres continueront leurs fonctions, sous l'autorité de cette commission.

M. le général Solignac et M. Durbach demandent la parole.

Un membre. « A condition qu'on ne dira rien contre ce qui vient d'être décidé. »

M. le général Solignac. « Vous avez arrêté la nomination d'un conseil exécutif : je demande l'envoi de commissaires au quartier-général de lord Wellington, pour lui faire connaître la nouvelle situation de la France... »

Une foule de voix. « La nomination de la commission. »

M. Durbach. « Si les étrangers qui menacent notre territoire sont de bonne foi, comme je me plais à le croire ; s'ils ont dit dans leur déclaration ce qu'ils pensent en effet ; s'ils ne veulent point attenter à l'indépendance nationale, dès que votre nouvelle situation, dès que l'acceptation de l'abdication de Napoléon leur sera connue, la guerre doit cesser. Nous avons éprouvé des pertes considérables ; mais, messieurs, la perte d'une bataille n'est pas l'anéantissement de la France, et ne peut la faire passer sous le joug de l'étranger. Malgré les efforts de notre éternel ennemi, l'Angleterre..... » (De violens murmures s'élèvent.)

Une foule de voix. « Fermez la discussion..... La nomination de la commission..... »

Un membre. « Vous êtes sans gouvernement : avant tout il faut en nommer un. »

D'autres membres. « Plus de discours ; n'entendez aucun orateur avant la nomination. »

La clôture de la discussion est ordonnée à l'unanimité.

M. le général Solignac. « Je demande la formation de la commission au scrutin de liste, et à la majorité absolue. »

M. le président. « Je rappelle qu'il est nécessaire de voter l'acceptation de l'abdication de l'empereur.» — L'assemblée vote cette acceptation à l'unanimité, la formule de cette acceptation sera comprise dans le message qui sera porté à S. M. par les membres du bureau.

M. Sibuet de Seine-et-Oise. « Point de discours, point de prétentions oratoires ; des faits et une prompte exécution. Vous venez d'arrêter la nomination d'une commission exécutive provisoire de cinq membres ; on vous a proposé d'en choisir trois dans la Chambre, et de laisser la nomination des deux autres à la Chambre des Pairs ; je m'oppose à ce qu'aucun des membres du pouvoir exécutif soit choisi dans notre sein. Si, au lieu de nous occuper instamment des intérêts du peuple, nous songeons à nos intérêts particuliers ; si nous profitons personnellement des circonstances pour nous emparer de l'autorité suprême ; si nous mettons dans les mêmes mains le pouvoir législatif et une portion quelconque du pouvoir exécutif, prenez-y bien garde, représentans, nous perdons la considération publique que nous avons méritée jusqu'à présent, et sans laquelle il nous est impossible de faire le bien. Je demande donc que les trois membres de la commission exécutive provisoire soient nommés par la Chambre, mais qu'ils soient choisis hors de son sein. »

M. Henri Lacoste. « Je dois interrompre cette discussion d'intérêt général par une considération importante. Les ministres de la police et de la guerre sont présens. Ils peuvent nous donner des explications... J'ai reçu, et plusieurs de mes collègues ont reçu également, des lettres contenant des révélations importantes ; en voici une où je lis : « Il est instant que la Chambre prenne des » mesures. Des ordres secrets sont donnés : dix mille hommes arrivent en poste » à Paris. On se plaint que la garde nationale soit commandée par des officiers » de troupe de ligne ; on désire qu'elle soit commandée par un général dévoué. » On provoque un 13 vendémiaire, un 18 brumaire... » (Les murmures les plus violens interrompent.)

Une foule de membres interpellent l'orateur en ces termes : « Qu'est-ce que cela ?..... La lettre est-elle signée?... » Le tumulte augmente.

Le ministre de la guerre, à la tribune « Je m'empresse de donner des explications à l'assemblée ; et celles que je vais donner répondront, je l'espère, à toutes les dénonciations de cette nature, et rendront d'autres explications inutiles. J'ai l'honneur d'annoncer à l'assemblée que toutes les troupes destinées à la défense de Paris sont sous les ordres de généraux qui sont membres de la Chambre des Représentans ou des Pairs ; leurs postes sont assignés : ce sont les généraux Grenier, Sébastiani et Valence. Des troupes qui étaient sur la Somme ont, à raison des circonstances, reçu l'ordre de revenir sur la Seine. Je n'ai qu'un mot à ajouter. Messieurs, tant que j'aurai un commandement, aucun

Français n'aura à craindre aucune trahison...» (Les plus vifs applaudissemens éclatent de toutes parts.)

M. le président. « La discussion va se rétablir sur le choix de la commission exécutive. Pourra-t-on choisir dans les Chambres? Cet amendement est d'une haute importance. Il y a un sous-amendement portant que les membres nommés s'abstiendront de leurs fonctions législatives pendant leurs fonctions exécutives. »

M. Flaugergues. « Vous ne devez astreindre à voter ni dans les Chambres, ni hors des Chambres. Vous avez besoin de noms nationaux, de noms européens; jamais, en effet, mission ne fut plus importante que celle du gouvernement provisoire. Un homme du plus grand mérite, mais d'un nom peu connu, pourrait ne pas avoir cette confiance qu'il faut mériter de la France et de l'Europe; le droit populaire doit être exercé ici dans toute sa latitude. »

M. Cambon. « Vous venez de rendre hommage à la division des pouvoirs; ne laissez pas de prétexte à la malveillance. J'ai vu souvent l'assemblée manifester des préventions contre les personnes chargées de l'autorité exécutive. Si des représentans ou des pairs étaient nommés, il faudrait qu'ils optassent. Mais quel est le représentant qui voudrait quitter son poste, confié par le peuple, pour une autre fonction? Je demande que le choix ne puisse tomber sur un membre des Chambres. »

Un membre. « Je combats la proposition. »

Plusieurs voix. « Elle n'est pas appuyée. »

Le président consulte l'assemblée sur la formation de la commission exécutive. — Il est arrêté que trois membres seront choisis par la Chambre des Représentans et deux par celle des Pairs. — Les membres des deux Chambres qui feront partie de la commission du gouvernement ne pourront, pendant la durée de leurs fonctions dans cette commission, exercer aucune fonction législative. — Un message portera cette délibération à la Chambre des Pairs.

M. Regnault rappelle la proposition de l'envoi d'une commission aux alliés.

Un membre. « La commission exécutive la nommera. »

M. Regnault. « Mon opinion personnelle serait que vous devez laisser cette nomination, quelque importante qu'elle soit, au pouvoir exécutif... Toutes les fois que vous pourrez sans inconvénient ne pas vous écarter des formes constitutionnelles, vous y trouverez un immense avantage. »

M. Flaugergues. « J'appuie cette observation. Votre premier motif, en demandant aux alliés de respecter l'indépendance nationale, sera de présenter à leur idée les formes d'un gouvernement constitué. Or vous iriez, si vous nommiez des commissaires parmi vous, vous présenter à l'Europe avec des formes anarchiques : on ne voudrait pas les reconnaître. Le conseil exécutif respectera vos pouvoirs; vous respecterez son indépendance; sans cela, n'ayant ni règle ni frein, vous serez demain assemblée nationale, après-demain convention, et vous serez dévorés par l'anarchie. Je demande que le conseil exécutif nomme les commissaires qui seront envoyés aux alliés. » — Cette proposition est adoptée à l'unanimité.

M. Girod de l'Ain. « Il importe que l'opinion du peuple et de l'armée ne soit pas incertaine sur les événemens qui viennent de se passer. Je demande l'envoi d'une adresse au peuple et aux armées. » (Des murmures s'élèvent.)

M. Flaugergues. « Ceci est encore contraire à la division des pouvoirs : faites des adresses aujourd'hui, demain vous exécuterez, et il n'y aura pas de gouvernement. Messieurs, empressez-vous de former le vôtre. Les journaux sont partis ce matin, et la France nous voit encore muets sur ses plus grands intérêts. Il faut que le courrier qui apportera votre délibération de ce jour apprenne à la France qu'elle a un gouvernement. » — L'assemblée arrête qu'elle va se retirer dans ses bureaux pour former le scrutin.

Le ministre de la guerre. « Messieurs, il est une mesure très-importante à prendre, et je presse l'assemblée de l'adopter. La malveillance s'agite pour désorganiser l'armée, et pour porter les gardes nationales à la désertion. Je demande que, par une déclaration solennelle, la Chambre rappelle à leur poste tous les militaires de tout grade sous peine d'être déclarés traîtres à la patrie. »

Un membre. « Déclarez que tout citoyen est appelé à soutenir la guerre de l'indépendance. »

Un membre. « Le renvoi à la commission exécutive. »

M. Manuel. « Ce n'est point une mesure de détail, mais un acte très-important. Déclarez à la France que tout citoyen en état de porter les armes est appelé à la défense de la patrie; annoncez à l'Europe que, pour maintenir votre indépendance, il n'est pas de sacrifices auxquels les Français ne soient prêts. Le conseil ordonnera les mesures d'exécution. »

Le général Mouton-Duvernet. « Messieurs, vous avez entendu le ministre de la guerre : le conseil exécutif remplira son devoir ; mais déclarez que les appels des gardes nationales, des fédérés, des volontaires, continuent pour la défense de la patrie, et croyez que les Français y répondront. Vous avez sous les armes de nombreux soldats. J'arrive de Lyon. Là, j'ai vu douze bataillons armés et équipés ; quinze autres étaient prêts à l'être ; les gardes nationales rurales s'organisent ; l'esprit est excellent, l'enthousiasme général. Quoi qu'on ait dit du midi de la France, vous y trouverez encore les Français disposés à combattre pour leurs foyers. J'ai passé la revue de la garde nationale de Marseille : elle portait avec orgueil la cocarde nationale ; elle a prêté avec enthousiasme serment de fidélité ; en me quittant tous m'ont dit : « Nous sommes Français, et si l'ennemi se présente, nous saurons le combattre. » — On applaudit très-vivement.

M. Flaugergues. « Je propose de déclarer que la guerre est nationale, et que tous les Français sont appelés à la défense commune. »

Le ministre de la guerre. « J'ai des motifs pour demander la mesure dont il s'agit ; des rapports m'annoncent que des émissaires cherchent à entraîner les gardes nationales qui sont dans les places à la désertion. Prenons garde à ne pas renouveler la faute du gouvernement provisoire, et de laisser désorganiser l'armée. » — La proposition est mise aux voix et adoptée.

Le ministre de la guerre. « Je reçois une lettre qui confirme les détails que j'ai déjà donnés ce matin à l'assemblée : je vais en donner lecture. »

Copie d'une lettre écrite par M. le maréchal de-camp baron Bonnemain, au lieutenant-général gouverneur de Givet, et transmise au ministre de la guerre par le lieutenant-général gouverneur de la 2ᵉ division militaire.

»Dinant, le 29 juin 1815.

« Monsieur le général, je pense qu'il vous sera agréable d'avoir des nouvelles de ce qui se passe de ce côté, et je m'empresse, en arrivant à Dinant avec mes troupes, de vous mander que j'y suis depuis midi, et que M. le maréchal comte de Grouchy est à Namur avec les corps d'armées sous ses ordres (ceux commandés par MM. les généraux Gérard et Vandamme). Il serait bien essentiel pour nous de connaître le quartier-général de l'empereur et la position de son armée ; vous sentirez, M. le général, combien cela est nécessaire pour déterminer les mouvemens ultérieurs de notre armée. — Je vous prie d'agréer, etc. Le *général de cavalerie*, baron BONNEMAIN. »

Lettre d'envoi au ministre.

« Monseigneur, j'ai l'honneur d'adresser à V. Exc. une lettre de M. le maréchal-de-camp Bonnemain, qui vient de m'être envoyée par M. le lieutenant-général gouverneur de Givet.

» J'ai jugé son contenu d'une trop grande importance pour ne pas la transmettre sur-le-champ par estafette à V. Exc.

» J'aurai l'honneur d'ajouter que M. le gouverneur de Givet a transmis de suite au général Bonnemain les nouvelles dispositions sur l'emplacement des troupes, pour les communiquer de suite au général maréchal Grouchy. — J'ai l'honneur, etc. *Le lieutenant-général commandant la deuxième division militaire*, comte DUMONCEAU. »

Le général Mouton-Duvernet. « Plusieurs membres m'engagent à donner plus de détails sur Lyon. J'en suis parti le 19 à minuit; tout y était tranquille et en bon état de défense; deux lignes sont établies et complétement armées sur le Rhône; les faubourgs et les villages voisins sont en état de défense. Les travaux sur la Saône sont achevés, et l'artillerie destinée à les armer débarque. Il y a de l'armée des Alpes des nouvelles également satisfaisantes. J'ai vu arriver à Lyon trente-sept officiers et huit cents prisonniers piémontais. Le maréchal Suchet continue ses succès dans la Maurienne; on assure même dans la Tarentaise. Les Autrichiens ne s'étaient point encore montrés sur la crête des Alpes ; leur marche par la Suisse ne s'était point vérifiée. A Lyon, la garnison est suffisante; les canonniers sont nombreux ; la garde nationale est à ses postes assignés ; les militaires sont cantonnés aux lieux qu'ils doivent défendre ; l'esprit public est bon ; l'état des choses est tel que, pour prendre Lyon, il faudrait un siége en règle.» (On applaudit vivement.)

La séance est suspendue pour attendre la réponse aux messages envoyés à la Chambre des Pairs.

A quatre heures la séance est reprise.

M. de Larochefaucault-Liancourt. « Vous allez nommer un gouvernement provisoire; j'espère qu'il sera de courte durée; il faut que le travail de la révision de la Constitution marche de front, et que celui que la France choisira pour prince... »

Une foule de voix. « Il est choisi. »

M. le président. « L'assemblée n'est point assez nombreuse pour de telles discussions. »

M. le président, après que l'assemblée s'est complétée, prend la parole. Il annonce que le président, les vice-présidents et les quatre secrétaires se sont transportés auprès de S. M. l'empereur Napoléon; qu'ils ont été reçus aussitôt et ont rempli leur mission. S. M. a répondu en témoignant le plus touchant intérêt pour la nation française, le plus vif désir de la voir assurer sa liberté, son indépendance et son bonheur. S. M. a surtout insisté sur le motif qui avait déterminé son abdication, et elle a recommandé à la Chambre de ne point oublier qu'elle avait abdiqué en faveur de son fils.

M. Durbach. « Vous avez entendu le rapport de votre président. La Chambre a reconnu et accepté l'abdication de Napoléon; mais une Constitution existera : la loi d'hérédité n'est point écartée. Le fils de Napoléon est mineur. Ainsi c'est un conseil de régence...» Une vive agitation interrompt l'orateur... *Une foule de voix.* « Ce n'est pas le moment... » On demande l'ordre du jour. — L'ordre du jour est adopté.

Un message de la Chambre des Pairs annonce que dès ce moment une commission est chargée de lui faire un rapport sur l'abdication de l'empereur Napoléon.

M. *Jay.* « Le message relatif à votre détermination n'est pas encore répondu. Je demande que vous n'en procédiez pas moins à l'élection qui vous concerne. Nul doute que la Chambre des Pairs n'adopte votre résolution. Il est même bon que votre élection précède la sienne pour qu'il n'y ait pas de double choix. Cette Chambre entendra un rapport sur l'abdication. Vous devez lui faire connaître par un message que votre détermination a été prise à cet égard. »

M. *le président.* « Le message sera envoyé. » — On procède à l'appel nominal pour la formation de la commission exécutive. — M. Flaugergues occupe le fauteuil. — Il donne lecture de deux messages de la Chambre des Pairs qui annonce avoir adopté les résolutions de celle qui déclare la guerre nationale, et qui, sur l'acte d'abdication de Napoléon Bonaparte, prescrit la formation d'une commission de gouvernement. — Sur l'observation de M. Flaugergues, la Chambre arrête qu'il sera fait un message à celle des Pairs pour lui annoncer que c'est par erreur que, dans l'expédition de cette dernière résolution, il est dit que trois des membres de cette commission seront *dans* la Chambre des Représentans, le texte de la résolution portant que ces trois membres seront nommés *par* la Chambre.

L'appel nominal étant terminé, le nombre des votans est reconnu de 511. La majorité absolue est de 256 voix. — M. Lanjuinais reprend le fauteuil et proclame le résultat du dépouillement des bulletins. »

« Le comte Carnot a eu 524 voix ; le duc d'Otrante, 293 ; le général Grenier, 204 ; le maréchal Macdonald, 157 ; M. La Fayette père, 142 ; M. Flaugergues, 46 ; M. Lambrechts, 42. Je proclame M. le comte Carnot et M. le duc d'Otrante membres de la commission du gouvernement. »

On procède à un second scrutin pour la nomination du troisième membre. — Le président annonce qu'après que ce scrutin sera terminé, la séance sera renvoyée au lendemain, dix heures. — Plusieurs membres demandent que la séance reste permanente.

Quelques voix. « Un message à la Chambre des Pairs pour lui faire connaître ces nominations. »

Le président. « Il est fait. »

A huit heures le président annonce que M. Labbey de Pompières, l'un des membres de la commission d'administration, l'invite à se réunir à l'instant au lieu de ses séances.

M. *Regnault.* « Il est impossible de prolonger plus long-temps la séance. On sait assez combien celles de nuit, quand elles ne sont point indispensables, ont d'inconvéniens. Je demande donc qu'avant d'ouvrir le scrutin, on annonce qu'à son issue la séance sera levée et ajournée à demain. »

Cette proposition, quoique appuyée, n'est pas mise aux voix, et l'appel nominal commence. — Au milieu de l'appel nominal, un membre prend la parole de sa place et dit : « J'invite chacun des membres à prendre sa place, et à être prêt aux mesures que peuvent exiger les circonstances. »

M. *le général Solignac.* « Je demande que notre collègue, qui vient de faire cette interpellation, donne les motifs qui la lui ont dictée. On dit qu'il y a un mouvement ; il n'y en a aucun. J'invite l'assemblée à entendre, avant de rien faire, la commission d'administration, qui viendra bien l'instruire, s'il en est besoin. »

L'appel nominal continue. Lorsqu'il est terminé, on procède au dépouillement du scrutin. — Le nombre des votans est reconnu de 504 : majorité, 255.

M. le président. « M. le général Grenier a réuni 350 suffrages. Je le proclame membre de la commission du gouvernement. »

On demande qu'il soit fait un message à la Chambre des Pairs.

M. le président annonce que le message est expédié. — La séance est levée.

CHAMBRE DES PAIRS. — Séance permanente du 22 juin.

Le ministre de l'intérieur, Carnot, donne lecture de la *déclaration* de Napoléon au peuple français. — Sur la demande de plusieurs membres, le ministre fait une seconde lecture de cette pièce, qui est ensuite renvoyée à la commission nommée la veille pour s'entendre avec les représentans et les ministres.

Carnot, reprenant la parole, communique à la Chambre, au nom du ministre de la guerre, une note dont le prince d'Eckmühl avait donné lui-même connaissance aux représentans. Carnot finissait à peine cette nouvelle lecture, que Ney, dans un mouvement impétueux, avait déjà élevé la voix, et fait entendre ces mots : *Cela n'est pas !*...

Le maréchal prince de la Moskowa. « La nouvelle que vient de vous lire M. le ministre de l'intérieur est fausse, fausse sous tous les rapports ! (Agitation. Écoutez !) L'ennemi est vainqueur sur tous les points. J'ai vu le désordre, puisque je commandais sous les ordres de l'empereur. D'après les résultats des désastreuses journées du 16 et du 18, on ose nous dire que l'on a achevé de battre l'ennemi le 18, qu'il nous reste encore aujourd'hui sur la frontière soixante mille hommes ! Le fait est faux ; c'est tout au plus si le maréchal Grouchy a pu rallier de dix à quinze mille hommes ; et l'on a été battu trop à plat pour qu'ils soient en état de résister à l'ennemi. Tous les généraux qui sont ici, et qui commandaient avec moi, peuvent l'attester. Au surplus, il suffit d'être un peu homme de guerre pour apercevoir que le rapport que vient de nous lire M. le ministre de l'intérieur se contredit sur tous les points : il est certain que le maréchal Grouchy a été battu le 16 aussi bien que nous ; si sa division eût été intacte, il eût pu couvrir la retraite de l'armée ; il eût pu aider l'empereur à rallier les débris ; et l'empereur serait resté sur la frontière, au lieu de se diriger sur Paris. Ce que je vous dis là est la vérité la plus positive, la vérité claire comme le jour.

» Ce que M. le ministre de l'intérieur nous a lu concernant la position du duc de Dalmatie est faux : il n'a pas été possible de rallier un seul homme de la garde.

» Voilà notre véritable position : l'ennemi est à Nivelle avec quatre-vingt mille hommes. Quand on nous dit que l'armée prussienne est détruite, cela n'est pas vrai : la plus grande portion de cette armée ne s'est pas battue. Dans six ou sept jours l'ennemi peut être dans le sein de la capitale. Il n'y a plus d'autre moyen pour le salut public que de faire des propositions à l'ennemi. » (Vive et longue agitation.)

Le comte de Latour-Maubourg. « Il ne s'agit ici, en effet, ni d'un rapport d'un général en chef ni d'un officier général de l'armée, ni d'une communication officielle du gouvernement : le papier qui vient d'être lu peut être assimilé aux journaux ; ce n'est que le rapport particulier de deux officiers, qui n'ont pu connaître l'ensemble des opérations subséquentes de l'armée. Pour que cette note fût valable, il faudrait qu'elle fût signée par le ministre. »

Le ministre de l'intérieur, Carnot. « La lettre est non seulement signée par le ministre de la guerre, mais écrite en entier de sa main. Il a puisé les faits dans es rapports; il a porté ces faits à la connaissance de l'empereur, qui en a approuvé la communication. »

Le comte de Latour-Maubourg. « Si les faits ne sont pas vrais, je demande que le ministre de la guerre soit mis en état d'accusation pour avoir voulu tromper la Chambre des Pairs et celle des Représentans. »

Le comte de Flahaut. « Cette lettre est conforme à la vérité; c'est sur mon rapport qu'elle a été rédigée. Le 18, le maréchal Grouchy avait remporté un grand avantage et battu l'armée prussienne aux ordres du maréchal Blücher; il doit avoir quarante mille hommes au moins sous ses ordres. »

Le maréchal prince de la Moskowa. « Son corps d'armée n'est pas de dix mille hommes d'infanterie. D'ailleurs Grouchy, qui n'était qu'à une distance de trois lieues de l'empereur, aurait dû savoir ce qui se passait; il aurait dû avoir des nouvelles de la bataille. »

Le comte Doulcet de Pontécoulant. « Je demande la fin de cette discussion, pénible pour nous tous. Ce que j'y ai remarqué, c'est que le prince a paru blâmer les opérations du maréchal Grouchy. J'ai l'honneur d'être son parent, et je suis ainsi appelé à défendre sa réputation. Le maréchal s'est battu en bon Français, en bon soldat, en bon général. Il est étonnant que l'on se permette de jeter du blâme sur sa conduite sans avoir une connaissance positive des faits. »

Le maréchal prince de la Moskowa. « Je ne prétends pas inculper le maréchal Grouchy. Il ne pouvait prendre l'initiative des manœuvres, et je suis le premier à reconnaître qu'il a fait son devoir comme bon Français et comme général; mais j'atteste qu'il ne peut avoir en ce moment quarante mille hommes sous ses ordres. Si l'on a en tout vingt-cinq mille hommes, c'est beaucoup. »

La discussion est fermée et la séance suspendue. — A la reprise de la séance, vers quatre heures, la Chambre reçoit des représentans une résolution tendant à accepter l'abdication de l'empereur, à exprimer à Napoléon la reconnaissance du peuple pour ce noble sacrifice fait à l'indépendance nationale, à nommer une commission de cinq membres pour exercer provisoirement les fonctions du gouvernement, etc. — Quelques membres votaient l'adoption de cet acte; une discussion s'élève.

Le comte Labédoyère. « Je demande que nous déclarions si c'est Napoléon II que nous proclamons, ou bien si c'est un nouveau gouvernement que nous voulons adopter. C'est pour son fils que Napoléon a abdiqué. Quel est donc ce nouveau gouvernement que l'on voudrait établir? Souvenons-nous, messieurs, du gouvernement provisoire et de ses suites désastreuses!

» Faudra-t-il que le sang français n'ait encore coulé que pour nous replacer sous le joug odieux de l'étranger que pour nous faire courber la tête sous un gouvernement avili que pour voir nos braves guerriers abreuvés d'humiliations et d'amertumes, et privés de l'existence due à leurs services, à leurs blessures, à la gloire de la nation?

» Il faut s'expliquer franchement sur la forme de gouvernement que l'on prétend adopter. L'empereur s'est expliqué : son abdication est indivisible; elle est nulle si on ne reconnaît pas son fils. Tel est du moins mon avis. »

Le comte Boissy-d'Anglas. « La proposition du préopinant est impolitique et intempestive. Il ne s'agit en ce moment que de nous occuper de la résolution soumise à la délibération.

» L'empereur a fait à la patrie le plus noble des sacrifices. Il nous amène à des mesures politiques de la plus haute importance, et qu'il est impossible de décider ici en ce moment. Je demande l'ordre du jour. »

Le comte de Ségur. « On ne peut cependant passer d'une manière pure et simple à l'ordre du jour. La proposition est intempestive, j'en conviens ; mais passer simplement à l'ordre du jour serait en quelque sorte déclarer qu'on ne veut plus s'en occuper. Nous recevons le sacrifice de l'empereur, mais sans rien préjuger, car tout ceci demande un examen réfléchi. »

Le comte Boissy-d'Anglas. « Cette observation n'est pas appuyée. »

Le comte Thibaudeau. « J'adhère à tous les principes des membres de la Chambre. La proposition ne peut être examinée en ce moment ; mais je ne puis m'empêcher de déclarer que, sans rien préjuger sur l'indivisibilité de l'abdication de Napoléon, il serait préjudiciable aux intérêts de la nation, et même contraire au vœu de la Chambre, d'admettre l'ordre du jour pur et simple, et de manière à ne laisser aucune latitude à la nation sur l'exercice de son pouvoir.

» Ni la nation, ni le gouvernement provisoire que nous formerons, ni le peuple, ni personne au monde ne pourrait vouloir ramener le gouvernement oppressif et avilissant sous lequel nous avons gémi pendant une année. L'article 67 de l'acte additionnel est toujours en vigueur ; il fait encore la loi des deux Chambres.

» Toutes ces questions sont de la plus haute importance ; et l'ordre du jour doit laisser les choses entières, afin de faire pressentir que nous sommes disposés à repousser un gouvernement rejeté par la nation et dont personne ne veut.

» Je demande qu'on mette aux voix la rédaction proposée par le comte de Pontécoulant. » (Appuyé.)

D'après cette rédaction, la Chambre des Pairs, au lieu d'adopter la résolution des Représentans, se bornait à y donner son adhésion ; elle arrêtait en outre que, « pénétrée de reconnaissance envers l'empereur pour la manière illustre dont il terminait une illustre vie politique, son bureau se transporterait auprès de Napoléon pour lui exprimer, etc. » — La rédaction de Pontécoulant est immédiatement adoptée.

On reçoit un nouveau message des représentans contenant la résolution qui déclare la guerre nationale, etc. — La Chambre adopte cette résolution et suspend la séance. — Elle est reprise à neuf heures et demie du soir.

Les princes, frères de l'empereur, Lucien, Joseph et Jérôme ; le cardinal Fesch ; d'autres membres grands dignitaires de l'empire, au nombre de dix-huit (1), tous revêtus de leurs décorations, entrent ensemble dans la salle. La chambre entière prend une attitude imposante et sévère : chaque membre sait qu'il est appelé à prononcer sur le sort de la dynastie de Napoléon. L'initiative en quelque sorte impérieuse qu'exercent les représentans laisse peu d'influence à la Chambre des Pairs, privée d'ailleurs de la force de l'opinion ; toutefois c'est sa décision qui règlera la conduite de Napoléon. S'il a pour lui une Chambre, il ressaisit son épée, afin de faire respecter le texte de son abdication ; mais la Chambre des Pairs, comme celle des Représentans, saura éluder la reconnaissance de Napoléon II.

Le président, Lacépède. « Nous nous sommes, le bureau et moi, rendus chez l'empereur, et lui avons remis la déclaration de la Chambre. Il nous a répondu qu'il acceptait avec plaisir nos sentimens ; mais, a-t-il ajouté, «je vous répète ce que j'ai dit au président de la Chambre des Représentans, *je n'ai abdiqué que pour mon fils.* »

Le prince Lucien. « Il s'agit d'éviter la guerre civile, de savoir si la France est une nation indépendante, une nation libre. *L'empereur est mort, vive l'em-*

---

(1) A la fin de la discussion on verra pourquoi ce nombre de dix-huit est positivement indiqué.

pereur! l'empereur a abdiqué, vive l'empereur! Il ne peut y avoir d'intervalle entre l'empereur qui meurt, ou qui abdique, et son successeur. Telle est la maxime sur laquelle repose une monarchie constitutionnelle. Toute interruption est anarchie.

» Je demande qu'en conformité de l'acte constitutionnel, qui vient d'être sanctionné pour la seconde fois par le vœu de la Chambre des Pairs et de celle des Représentans; je demande que la Chambre des Pairs, qui a juré fidélité à l'empereur et aux Constitutions, qui naguère dans le Champ-de-Mai, à la face de la France et de l'Europe entière, a de nouveau proclamé ces Constitutions; que la Chambre des Pairs, sans délibération, par un mouvement spontané et unanime, déclare devant le peuple français et les étrangers qu'elle reconnaît Napoléon II comme empereur des Français. (Quelques murmures.)

» J'en donne le premier l'exemple, et lui jure fidélité. (Mouvemens divers.)

» Suivrons-nous des suggestions étrangères, ou la ligne de la Constitution? L'empereur a abdiqué en faveur de son fils; qu'attendrions-nous pour reconnaître la légitimité du droit qu'il a exercé? S'il est des traîtres autour de nous, s'il est des Français qui pensent nous livrer au mépris des autres peuples, à l'ignominie de ne savoir défendre ce que nous avons entouré de respect et d'amour; si une minorité factieuse voulait attenter à la dynastie et à la Constitution, ce n'est pas dans la Chambre des Pairs que l'on trouverait des traîtres; ce n'est pas dans la Chambre des Pairs, qui a donné l'exemple du dévouement, que les factieux trouveraient un appui! » (Agitation.)

Le comte de Pontécoulant. « Il m'est pénible, messieurs, d'avoir à proposer une opinion contraire à celle du préopinant.

» Ce que je n'aurais pas dit dans la prospérité de l'empereur, je le dis aujourd'hui, que l'adversité l'a frappé. Napoléon est mon bienfaiteur; je lui dois tout. Je lui suis resté fidèle jusqu'au moment où il me délie de mes sermens; et ma reconnaissance de ses bienfaits ne cessera qu'à mon dernier soupir.

» Mais on nous propose le contraire de ce qui est l'usage d'une assemblée délibérante. Si j'ai bien entendu, on veut nous faire adopter une proposition sans délibération.

» Je le demande au prince, à quel titre parle-t-il dans cette Chambre? Est-il Français? Je ne le reconnais pas comme tel. Sans doute je le trouve Français par ses sentimens, ses talens, par les services qu'il a rendus à la liberté, à l'indépendance nationale: je veux bien l'adopter pour Français; mais lui, qui invoque la Constitution, n'a pas de titre constitutionnel; il est prince romain, et Rome ne fait plus partie du territoire français... »

Le prince Lucien. « Je vais répondre à ce qui m'est personnel. »

Le comte de Pontécoulant. « Vous répondrez après, prince; respectez l'égalité, dont vous avez tant de fois donné l'exemple.

» Le préopinant a demandé une chose inadmissible. Nous ne pouvons l'adopter sans renoncer à l'estime publique, sans trahir nos devoirs et la patrie, dont le salut est entre nos mains.

» On doit d'abord délibérer. La question qui se présente est de savoir si, lorsqu'une résolution a été prise par une Chambre et adoptée par l'autre, elle peut être changée par une des fractions de la puissance législative, lorsqu'il s'agit seulement de l'exécuter.

» La délibération que nous avons prise ce matin est conforme aux lois, à la déclaration de l'empereur, à l'intérêt du peuple français.

» Que veut le préopinant? Qu'on proclame Napoléon II. Je suis loin de me déclarer contre ce parti; mais je déclare fermement, quel que soit mon respect et mon dévouement pour l'empereur, que je ne reconnaîtrai jamais pour roi un enfant, pour mon souverain celui qui ne résiderait pas en France.

» On irait bientôt retrouver je ne sais quel sénatus-consulte; on nous dirait que l'empereur doit être considéré comme étranger ou captif; que la régence est étrangère ou captive, et l'on nous donnerait une autre régence qui nous amènerait la guerre civile.

» Je demande que l'on délibère sur cette question, si toutefois elle n'est pas de nature à être écartée par l'ordre du jour, qui ne préjuge rien.

» On nous parle de minorité factieuse? Où est-elle cette minorité factieuse? Sommes-nous des factieux, nous qui voulons la paix? Je suis loin de croire que ce soit une minorité qui repousserait une résolution fermant la porte à toute négociation, et qui tendrait à nous faire reconnaître pour souverain un individu non résidant en France. Je demande la discussion ou l'ordre du jour. »

Le prince Lucien. « Si je ne suis pas Français à vos yeux, je le suis aux yeux de la nation entière.

» Du moment où Napoléon a abdiqué, son fils lui a succédé.

» Il n'y a pas de délibération à prendre, mais une simple déclaration à faire. L'empereur a abdiqué en faveur de son fils : nous avons accepté son sacrifice: faut-il aujourd'hui lui en faire perdre le fruit? Nous ne demandons pas l'avis des étrangers. En reconnaissant Napoléon II, nous faisons ce que nous devons faire, nous appelons au trône celui que la Constitution et la volonté du peuple y appellent. »

Le comte Boissy-d'Anglas. « J'avais prévu la difficulté qui s'élève; mais j'avais cru que notre arrêté de ce matin l'aurait fait ajourner. L'arrêté n'a rien préjugé, mais il termine la question.

» N'est-ce point assez de la guerre étrangère? Veut-on nous donner la guerre civile? Ne nous divisons point!

» On a adopté à l'unanimité l'abdication; il ne s'agit que de nommer un gouvernement provisoire. J'espère que nous arrêterons l'étranger; mais il ne faut pas risquer de nous ôter les moyens de traiter avec lui. »

Le comte Labédoyère. « Je répéterai ce que j'ai dit ce matin. Napoléon a abdiqué en faveur de son fils; son abdication est nulle, de toute nullité, si l'on ne proclame pas à l'instant Napoléon II.

» Eh! qui s'oppose à cette résolution? Ce sont ces individus constans à adorer le pouvoir, et qui savent se détacher d'un monarque avec autant d'habileté qu'ils en montrèrent à le flatter. Je les ai vus autour du trône, aux pieds du souverain heureux; ils s'en éloignent quand il est dans le malheur! Ils repoussent aussi Napoléon II, parce qu'ils sont pressés de recevoir la loi des étrangers, à qui déjà ils donnent le titre *d'alliés*, *d'amis* peut-être... (Murmures.)

» Oui, l'abdication de Napoléon est indivisible; si l'on refuse de proclamer le prince impérial, je le déclare, Napoléon doit tirer l'épée! Il se verra à la tête d'une armée de cent mille hommes; tous les cœurs généreux viendront à lui; il sera entouré de ces braves guerriers couverts de blessures et prêts encore à sacrifier pour sa cause la dernière goutte de leur sang! Malheur à ces généraux vils qui l'ont déjà abandonné, et qui peut-être en ce moment méditent de nouvelles trahisons! (Les murmures redoublent.)

» Napoléon, en abdiquant sa puissance pour sauver la patrie, a fait ce qu'il se doit à lui-même; mais la nation serait-elle digne de lui, si, pour la seconde fois, elle l'abandonnait dans les revers? (Vive agitation.) Ne l'avons-nous pas déjà abandonné une fois? L'abandonnerons-nous encore? Quoi! il y a quelques jours à peine, à la face de l'Europe, devant la France assemblée, vous juriez de

le défendre !... (La Chambre manifeste toujours son impatience.) Où sont donc ces sermens, cette ivresse, ces milliers d'électeurs, organes de la volonté du peuple ? Napoléon les retrouvera, si, comme je le demande, on déclare que tout Français qui désertera ses drapeaux sera jugé selon la rigueur des lois ; que son nom soit déclaré infâme, sa maison rasée, sa famille proscrite !... (Violentes exclamations.) Alors plus de traîtres, plus de ces manœuvres qui ont occasionné les dernières catastrophes, et dont peut-être quelques auteurs siégent ici !... » (En prononçant ces mots, l'orateur a jeté les yeux sur le maréchal Ney ; mais la Chambre entière est debout, et demande une réparation ; les cris à *l'ordre* éclatent réitérés de toutes parts. — *Écoutez-moi !* répète plusieurs fois l'orateur.
— *Le comte de Valence.* « Je n'écoute plus rien ; désavouez ce que vous avez dit. » — « Ce n'est pas à vous que je m'adresse, monsieur le comte ! » — *Le prince d'Esling.* « Jeune homme, vous vous oubliez ! » — *Le comte de Lameth.* « Vous croyez encore être au corps-de-garde ! » — L'orateur, ne pouvant conserver la parole, termine par ces mots : « Il est donc décidé, grand Dieu ! qu'on n'entendra jamais dans cette enceinte que des voix basses ! (Mouvement d'indignation. — A l'ordre !) Oui, depuis dix ans il ne s'est fait entendre ici que des voix basses ! » — Les cris à *l'ordre* sont presque unanimes ; plusieurs membres adressent à l'orateur de vifs reproches (Tumulte.) Le calme ne se rétablit qu'après quelques instans, lorsque le président a prononcé le rappel à l'ordre de Labédoyère ; et la discussion continue.

Le comte Cornudet. « Nous disputons ici sur des mots. Le procès-verbal a consacré l'abdication de Napoléon ; il constatera la réclamation du prince Lucien. Cette précaution suffira pour consacrer les droits de Napoléon II. Mais il est hors de France ; tranchons le mot, il est captif. Dans cette circonstance qu'avez-vous à faire ? qu'exige la sûreté publique et l'indépendance nationale ? L'établissement d'un gouvernement provisoire, capable de prendre les moyens de salut public. »

Le prince Lucien. « Je déclare que je n'entends pas m'opposer à la nomination des membres de ce gouvernement. »

Le comte de Ségur. « Il est à regretter que cette discussion ait été entamée, on aurait dû la réserver pour un moment plus opportun, et laisser ainsi le temps nécessaire pour négocier dans les intérêts de la nation. Mais le voile est déchiré. N'oublions pas, messieurs, que nous marchons dans une monarchie constitutionnelle. Suivons le code de nos lois : ne nous exposons pas à être méconnus, ou traités de factieux, en sortant des attributions que ces lois nous donnent. D'ailleurs, il n'y a plus de tempérament à garder, puisque Napoléon a répondu au président que son abdication *était nulle* si nous ne proclamions pas son fils..... »

Le président. « Je n'ai pas dit cela. L'empereur m'a répondu qu'*il n'avait abdiqué que pour son fils.* »

Le comte de Ségur. « Que deviendrons-nous si nous sortons de la Constitution ? Au nom de qui le gouvernement parlera-t-il ? Nous ne sommes pas une Convention nationale, mais une assemblée constitutionnelle. Le gouvernement est composé de trois branches : l'une meurt, nous la retrouvons dans la Constitution. Que risquons-nous en disant ce qui est ? Napoléon est mort politiquement, quand il pouvait encore défendre son trône ; il ne faut pas que son sacrifice soit inutile : son successeur est Napoléon II. Le gouvernement provisoire traitera en son nom. Je demande que ce gouvernement prenne le titre de régence. »

Le comte Cornudet. « Je le répète, nous disputons sur des mots. Le gouvernement provisoire remplacera la régence; mais pourquoi pousser à une déclaration qui peut faire continuer la guerre? »

Le duc de Bassano. « Messieurs, nous nous réunisons dans un instant d'alarmes à traiter une question de la plus haute importance; et cependant le bien reste à faire, la patrie à sauver! Vous voulez savoir quel nom prendra votre commission de gouvernement : interrogez la Constitution. Cette Constitution n'a-t-elle pas été faite dans cette enceinte? Ne savez-vous plus que, le prince absent, elle établit qu'il règne par la régence, et la régence par un conseil? Les représentans ont formé leur part de ce conseil national; achevons leur ouvrage : si nous infirmons leur acte par notre inertie, si nous élevons une sorte de discussion entre les Chambres, connaissez-vous un plus inévitable moyen d'exciter la guerre civile?

» Un membre a dit qu'il ne reconnaîtrait point un prince absent, qu'il n'obéirait pas à un souverain hors de France... Hé bien! ce prince ne régnera pas, mais son pouvoir sera exercé. Le cas est prévu par la Constitution. La proposition du prince Lucien est donc bonne, juste et constitutionnelle.

« Si vous sortez de la Constitution, messieurs, au nom de qui agirez-vous? A qui renverrez-vous vos actes? Le pouvoir ne se compose-t-il plus de trois volontés? Et, sans un pouvoir exécutif immédiat et reconnu, chacun des départemens n'obéira-t-il pas à une impulsion divergente? Quel sera le cri de ralliement de vos soldats, si la commission ne représente pas un monarque, n'administre pas au nom de la dynastie constitutionnelle? Crieront-ils *vive le gouvernement provisoire?* De quel droit régnerait ce gouvernement, et quelle confiance inspirerait-il? Mais si les propositions de paix sont rejetées, s'il faut repousser l'étranger, je ne puis en douter, nos braves crieront *vive Napoléon II!* Ils se rallieront à ce nom, auquel se rattachent tant de souvenirs honorables!

» Pour qui la nation a-t-elle fait tant de sacrifices? Pour elle sans doute, mais aussi pour le gouvernement consacré par un million cinq cent mille votes, et par les acclamations unanimes de toute la nation!

» Il est donc urgent de nommer cette commission, ce conseil de régence. (Mouvement d'impatience.) Vous croyez-vous le temps de négocier? Elle marche cette armée avec qui vous voulez traiter pendant que vous délibérez! le sang coule peut-être, sans doute même! Et, si vous sortez de la Constitution, vos ennemis eux-mêmes voudront-ils vous reconnaître? »

Le comte A. de Lameth. « Dans la situation critique où se trouve la France, il faut pouvoir se réserver de juger avec maturité quel est l'emploi que la nation devra faire de ses droits. Quand le territoire est livré aux armées étrangères, ce sont de grandes résolutions ou des négociations honorables qui peuvent amener d'heureux résultats pour les intérêts du pays; et, lorsque la guerre ne paraît avoir pour prétexte que les prétentions ou la personne même de Napoléon, ce serait détruire tout moyen de conciliation que de vouloir traiter au nom de sa dynastie, et d'adopter pour chef un enfant placé sous la main de l'étranger, tandis que le père, précipitamment éloigné du trône, pouvait donner encore quelque espoir de salut... (Plusieurs membres, placés près du prince Lucien, donnent des marques d'improbation?) Du reste, à quoi nous arrêtons-nous? Le gouvernement provisoire est proclamé. La Chambre des Représentans a déjà nommé trois membres; nous devons en nommer deux. Nous nous désunirons si la Chambre des Pairs donne au gouvernement une autre dénomination que celle déjà adoptée. Nous jugerons la question plus tard. Il s'agit maintenant d'aller au scrutin : quel que soit le titre que doive prendre le gouvernement, il faut le nommer. »

Le prince Joseph. « Il n'y a pas d'inconvénient à le nommer ; mais il faut l'autoriser à gouverner au nom de Napoléon II, pour qui seul l'empereur a abdiqué. »

Cornudet reproduit l'opinion qu'il a déjà émise.

Le duc de Bassano. « Quel est le principal objet de la formation du gouvernement provisoire ? De nommer des envoyés pour traiter de la paix. Quoi de plus pressant ! Attendrez-vous que l'ennemi soit aux portes de la capitale ? Et cependant à quel titre enverra-t-on traiter ? Au nom de qui les députés seront-ils envoyés ? La déclaration qui vous est proposée doit donc marcher de front avec la nomination de la commission de gouvernement. »

Le baron Quinette. « Tout est décidé par l'arrêté de ce matin et la sanction de la délibération de la Chambre des Représentans. Complétez d'abord la nomination du gouvernement provisoire ; ensuite la Chambre des Représentans, à qui appartient l'initiative des mesures de sûreté générale, sera consultée ; le gouvernement provisoire lui demandera pour qui il gouverne. »

Le comte Rœderer. « Proposer de mettre le gouvernement sous le nom de l'héritier de la couronne est une motion amie de la paix sous tous les rapports. A l'intérieur, elle est agréable à l'armée, en plaçant devant elle le nom de Napoléon, auquel est attaché son dévouement : ce talisman salutaire doublera ses forces ; c'est une condition de la victoire. Voyez l'Alsace, la Franche-Comté, la Lorraine, les Trois-Evêchés, la Bourgogne, l'Isère, la Champagne ! à qui ces provinces, déjà dévastées par les ravages de l'ennemi, ont-elles prodigué de nouveau leur sang et leur fortune, si ce n'est à Napoléon ? Leur enthousiasme ne sera-t-il pas éteint si ce nom n'est plus à la tête de la loi qui les gouverne ? A l'extérieur, le parti proposé nous rattache à l'Autriche : cette puissance pourra-t-elle voir en nous un ennemi quand nous adopterons pour souverain l'enfant issu de son sang ? Je conclus que rien n'est plus utile dans les circonstances qu'un gouvernement provisoire gouvernant au nom de Napoléon II. »

Le comte de Valence demande le renvoi à une commission.

Le comte Cornudet. « Ce qui est loi doit être exécuté : ou il n'y a plus à délibérer, si la question est jugée ; ou l'on doit faire une nouvelle proposition, si elle est encore indécise. »

Le comte de Ségur. « Les résolutions ne sont lois que quand elles sont adoptées par la troisième branche de la puissance législative. L'empereur a abdiqué constitutionnellement pour son fils ; vous devez nommer son fils. Je demande l'ajournement, motivé sur ce que la Chambre a entendu ordonner la nomination d'un conseil de régence, puisqu'on ne peut adopter que ce qui est constitutionnel. »

Le comte Thibaudeau. « La proposition qu'on vous a présentée est du plus haut intérêt ; j'avoue que mon premier sentiment m'a porté à l'adopter. Et en effet, nous n'avons pas à choisir entre un grand nombre de partis. Conserverons-nous la dynastie impériale établie par nos constitutions ; ou rétablirons-nous ce gouvernement qu'on a appelé *légitime*, comme on a appelé l'étranger notre *allié* ? A la maison de Bourbon nous répondrons par l'article 67 de l'acte additionnel.

» Mais comment admettre cette proposition après la délibération par laquelle on a adopté une commission de gouvernement ? Déjà cette délibération a été exécutée par l'une des deux Chambres ; nous n'avons plus qu'à l'exécuter aussi : c'est pour compléter la nomination des membres de cette commission que nous sommes réunis.

» J'entends argumenter sur les constitutions de l'empire ; hé bien ! que portent-elles ? Il faut les lire ; qu'y verrons-nous ? Rien de ressemblant à ce qu'on a fait; on ne les a nullement respectées. Voulons-nous rentrer dans la ligne constitutionnelle? C'est une nouvelle question; il faut qu'on le propose formellement; car vous avez beau appeler la commission de gouvernement *régence*, ce ne sera pas une régence constitutionnelle.

» Je pense qu'il est imprudent, vu notre situation vis-à-vis la Chambre des Représentans, de revenir spontanément sur la résolution adoptée par les deux Chambres. Sans rien préjuger sur la question proposée, question qu'il est dangereux de rejeter, dangereux d'adopter, occupons-nous ce soir de compléter la nomination des membres du gouvernement, car avons-nous un gouvernement? Si nous n'en avons pas, que ferons-nous dans un moment où l'inaction est le pire des partis? Marchons; ne défaisons pas à nous seuls un commencement d'édifice où s'appuiera le salut de tous. Que se passera-t-il demain, cette nuit? Sans un gouvernement, quel qu'il soit, où est la garantie des lois, la sauve-garde nationale?

» Ajournons à demain la discussion de la proposition du prince Lucien. »

Le comte de Pontécoulant. « Le préopinant a laissé peu de chose à dire.

» La proposition a changé de forme; il s'agit à présent de donner une dénomination à la commission du gouvernement. Ce n'est point le cas de la déterminer : on s'est fait illusion en croyant que nous sommes une assemblée législative. Nous sommes saisis d'une résolution de la Chambre des Représentans; nous l'avons adoptée d'un sentiment unanime; il ne s'agit donc plus que de compléter la nomination faite par cette Chambre : il ne peut ici être question de dénomination à donner à la commission.

» On dit qu'elle doit agir au nom d'une autorité reconnue.... Qu'on laisse sur ce point l'initiative à la Chambre des Représentans; elle ne peut pas tarder à la prendre. Il y aurait pour nous de l'inconvénient à préjuger la justice, et nous ne la préjugerons pas; car le résultat de notre délibération serait qu'il n'y aurait plus de résolution : ce serait faire un amendement à la résolution de la Chambre des Représentans; l'adopterait-elle? Si elle ne l'adoptait pas, plus de résolution, point de gouvernement, et alors anarchie.

» Laissons donc toute autre question que celle de la nomination. Sans doute l'autre proposition est patriotique et française; mais elle est intempestive : pourquoi, pour des disputes de mots, laisser Paris et la France sans gouvernement?

» Je demande que la Chambre s'occupe de nommer les membres du gouvernement. »

Le comte de Flahaut. — « Si l'empereur avait été tué, n'est-ce pas son fils qui lui succéderait? Il a abdiqué; il est mort politiquement; pourquoi son fils ne lui succéderait-il pas? »

Le duc Decrès (avec véhémence.) « Est-ce le moment de s'occuper des personnes? Avant tout la patrie! Elle est en danger; ne perdons pas un moment pour prendre les mesures que son salut exige. Je demande que la discussion soit fermée. » (Appuyé.)

La clôture de la discussion est mise aux voix et adoptée à une grande majorité. — L'ajournement de la proposition du prince Lucien est également prononcé.

Un message des représentans annonce le choix qu'ils ont fait des trois membres à leur nomination pour la commission de gouvernement : ce sont MM. Carnot, Grenier, Fouché.

La Chambre, consultée par le président, décide qu'elle procédera immédiatement à la nomination des deux membres qui doivent compléter cette commission.

Le duc de Vicence et le baron Quinette sont proclamés membres du gouvernement provisoire. Sur soixante-dix votans, le premier avait réuni cinquante-deux suffrages, et le second quarante-huit.

A chaque tour de scrutin le prince Lucien a obtenu dix-huit voix : nombre égal aux membres qui l'accompagnaient en entrant dans la salle. (Voyez plus haut.)

La Chambre des Pairs se sépare après cette délibération. Il était trois heures du matin.

La Chambre des Pairs était dans ces circonstances complétement à la remorque des représentans. Quant à la chambre élective, elle avait fait preuve d'un courage et d'une habileté dont personne ne croyait une assemblée capable après les quinze années de despotisme qui avaient démoralisé la France. Il y avait encore du danger à s'attaquer à Napoléon : il était toujours l'empereur aux yeux de la garnison de Paris et d'une partie du peuple. Depuis son retour, l'Élysée était devenu le centre de rassemblemens considérables, qui ne cessaient de crier *Vive l'empereur!* et qui le saluaient lorsqu'on venait à l'apercevoir soit sur les terrasses, soit dans le jardin. On disait que lui-même hésitait ; et que, même après avoir signé sa déclaration, il montrait encore des velléités de reprendre le pouvoir. Le reste de la ville était dans la stupeur, mais tranquille.

Cependant la commission du gouvernement se constitua. Carnot eut deux voix pour la présidence, et Fouché trois, y compris la sienne. Fouché en fut donc déclaré président. Berlier en fut nommé secrétaire. La commission pourvut de suite aux ministères vacans. Le général Carnot remplaça son frère à l'intérieur ; Bignon eut les relations extérieures ; Pelet, de la Lozère, la police ; Boulay, le ministère de la justice, en remplacement de Cambacérès. En outre, la commission nomma Masséna, prince d'Esling, duc de Rivoli, commandant de la garde nationale de Paris : Andréossy fut promu au poste de commandant de la première division ; et Drouot à celui de général en chef de la garde impériale.

La commission reçut, ce jour même, une dépêche du général Grouchy, qui annonçait qu'il avait évacué Namur, et qu'après avoir repoussé les Prussiens dans un engagement heureux où l'ennemi perdit quelques milliers d'hommes et des prisonniers, il ramenait son corps d'armée intact. On l'évaluait à vingt-cinq mille hommes.

REPRÉSENTANS. — *Séance du 25 juin.*

La séance est ouverte à onze heures et demie.

Le président. « M. le général Carnot, représentant, informe la Chambre que la commission exécutive l'ayant nommé par *interim* au département de l'intérieur, il ne reprendra sa place dans l'assemblée qu'aussitôt que ses fonctions temporaires seront terminées. — « L'assemblée veut-elle qu'il soit pourvu au remplacement au général Carnot, comme secrétaire? La durée des nouvelles fonctions de ce représentant paraissant devoir être d'un terme très-rapproché, je pense qu'il est mieux de nous occuper de choses plus essentielles. »

Regnault. « Nous avons un règlement, il faut le suivre : je demande que les lois ne soient pas violées pas des considérations particulières, et qu'il soit procédé à la nomination d'un nouveau secrétaire par la voie du scrutin. »

Le président. « Le règlement particulier de la Chambre n'étant obligatoire que pour elle-même, elle peut y déroger lorsqu'elle le croit nécessaire et qu'elle en manifeste évidemment la volonté : voilà, je crois, le principe. »

Regnault. « Je demande pardon à la Chambre, aux avis de laquelle je ferai toujours gloire de me ranger ; je demande pardon à M. le président, pour qui je professe une estime toute singulière ; mais la volonté de la Chambre réside tout entière dans le règlement qu'elle a arrêté, et je demande que ce règlement et les lois soient strictement exécutées. De l'ordre que nous mettrons dans nos délibérations, messieurs, dépendra le salut de la patrie. Cette considération est trop importante pour que nous la perdions de vue un seul instant. Pour la régularité, je demande donc le remplacement du général Carnot. »

Le président. « Il me serait facile de répondre ; mais je vais mettre aux voix le remplacement de MM. Carnot et Grenier. »

Un membre. « De plus grands intérêts doivent nous occuper. »

Dumolard. « Je partage l'avis de notre collègue M. Regnault ; ne nous écartons pas des principes, mais aussi mettons notre temps à profit, et je demande que provisoirement le plus jeune d'âge remplace M. Carnot. — Adopté.

Le président. « J'invite le plus jeune de la Chambre à prendre provisoirement la place de M. Carnot.

Dumolard donne lecture d'un message de la Chambre des Pairs contenant son assentiment aux résolutions prises par la Chambre des Représentans dans sa séance d'hier, et présentant aussi le résultat du scrutin, qui a nommé membres de la commission exécutive MM. le duc de Vicence et le baron Quinette.

Il donne également lecture d'une lettre du général Grenier, par laquelle ce représentant adresse ses remercîmens à la Chambre sur le choix dont elle a bien voulu l'honorer, et l'informe que ce sera avec le plus grand plaisir qu'il reviendra siéger dans son sein.

Le président. « Mention sera faite au procès-verbal et du message de la Chambre des Pairs et de la lettre du général Grenier.

Le président. L'ordre du jour appelle : 1° une motion sur l'établissement d'un journal de la Chambre, intitulé *Logo-tachigraphique* ; 2° une motion sur la confiscation des biens ; 3° une autre enfin relative aux objets à traiter en comité secret.

Félix le Pelletier. « Il n'est aucun de nous, messieurs, qui ne soit frappé de l'indécence avec laquelle certains journalistes se permettent de rendre nos séances ; il n'est aucun de nous qui ne soit frappé d'un semblable manque de respect à l'une des premières autorités de la nation. Ne serait-on pas autorisé à croire, à la lecture de ces feuilles infidèles, qu'il existe chez leur auteur une tendance à la désorganisation, et le désir de faire perdre à la Chambre la considération qu'elle mérite à tant de titres. Le *Journal de Paris* annonce formellement que le ministre de la guerre a été rappelé à l'ordre, quand l'assemblée tout entière a couvert la voix de l'orateur, qui avait commencé par les mots *renseignemens tardifs*; quand un de nos collègues a pris la parole pour rendre justice au caractère noble et moral du ministre; quand, je le répète, l'assemblée tout entière a comblé ce ministre d'applaudissemens universels. Je prie la Chambre de déclarer s'il est vrai que le ministre ait été rappelé à l'ordre. — (Non, non, non!) — Le même journal rapporte aussi infidèlement ce qui a eu trait à la lecture de l'article 57 de l'acte additionnel aux constitutions de l'empire.

» Pour remédier à de semblables inconvéniens, je propose le projet de loi suivant :

» Un journal logo-tachigraphique sera spécialement attaché à la Chambre ; des extraits conformes seront délivrés aux journaux.

» Loin de vous la pensée de porter atteinte à la liberté de la presse ; si la censure vous en faisait un reproche, vous y répondrez par votre courage : vous marcherez fidèles au salut de la patrie.

» Je recommence la lecture du projet de loi que j'ai l'honneur de vous soumettre.

» 1° Il sera établi un journal logo-tachigraphique spécialement attaché à la Chambre.

» 2° Il sera délivré par les secrétaires de la Chambre des extraits conformes aux différens journalistes.

» 3° Aucun journaliste ne pourra insérer les séances de la Chambre sans avoir reçu les extraits conformes des secrétaires.

» 4° La Chambre nommera deux de ses membres chargés de diriger la rédaction de ses séances et la distribution des extraits conformes.

» 5° Tout journaliste qui se permettrait de contrevenir à la présente loi sera puni.

M. *Souques*, de sa place. « Votre commission s'est déjà occupée de cet objet, et vous présentera ses vues à cet égard. »

M. *Dumolard*. « La proposition de M. Félix Lepelletier est contraire au règlement. Loin de justifier les journalistes, je pense qu'il importe de prendre des mesures pour la répression des abus qui sont reprochés à quelques-uns d'entre eux. Après cette profession de foi, je vais m'expliquer sur la proposition.

» La liberté est le droit de tous, et chaque représentant peut émettre son opinion. La divergence des journaux est la première preuve de la liberté. Si vous adoptez un journal officiel, et que vous imposiez aux journalistes l'obligation de ne rendre compte de vos séances que d'une manière textuelle, au compte qui en aura été rendu dans votre journal, la liberté disparait. Indépendamment de cette atteinte portée à l'une des plus belles prérogatives de tout citoyen français, vous vous exposez à perdre le plus beau de vos titres, celui de défenseurs des droits du peuple. Dans une assemblée politique, la différence des opinions constitue le droit de la majorité. Votre journal deviendrait donc le journal de la majorité? Et si, ce qui arrive dans les assemblées les plus pures, les vues de cette majorité se trouvaient en opposition avec les véritables intérêts du peuple, voudriez-vous que la décision fût sans réplique? Je me résume dans cette pensée : l'établissement d'un journal spécialement attaché à la Chambre est un système destructif de toute liberté nationale. »

M. *Lepelletier*. « Comment a-t-on pu vous dire qu'un journal logo-tachigraphique pouvait être un journal de parti, puisqu'il ne pourra exprimer que ce que vous aurez dit dans cette assemblée? »

Plusieurs membres. « Le renvoi à la commission. »

M. Dupin. « Je demande la division de la motion. L'assemblée doit d'abord décider s'il y aura un journal tachigraphique. »

Un membre. « Je demande l'ordre du jour contre la censure. »

Le renvoi à la commission du règlement est ordonné.

M. le président appelle à la tribune le rapporteur de la commission du règlement.

M. Bérenger demande et obtient la parole pour une motion d'ordre. — « Ce n'est point, dit l'orateur, une proposition nouvelle que j'ai l'intention de soumettre à la Chambre, mais des idées puisées dans notre Constitution. Il s'agit de consolider la mesure que nous avons prise et à laquelle la Chambre des Pairs a donné son adhésion, la nomination d'une commission de gouvernement. Je prie la Chambre de m'accorder son attention. Le sujet dont j'ai à l'entretenir lui paraîtra la mériter par son importance.

» Messieurs, un grand sacrifice a été consommé hier : il l'a été par le plus grand des héros avec une magnanimité digne de lui et de la nation qui en est l'objet; car c'est pour les intérêts, le salut de la France, que l'empereur a montré cette abnégation de lui-même, le plus beau trait de nos siècles modernes, et qui fera bénir son nom dans la postérité avec ceux des Titus et des Marc-Aurèle.

» L'histoire des anciens peuples chez lesquels de si grandes révolutions se sont opérées n'offrit jamais à notre admiration une résolution aussi grande, aussi mémorables que celle qui a été sanctionnée hier par l'assemblée et où elle a manifesté un si juste respect pour la gloire malheureuse.

» Après avoir accepté au nom du peuple français l'abdication du monarque qu'elle avait choisi, vous avez établi une commission de gouvernement : elle justifiera votre confiance et remplira le but que vous vous êtes proposé. Mais peut-être avons-nous aujourd'hui à examiner une question qui se serait présentée sur-le-champ à tous les esprits sans la rapidité entraînante des événemens.

» Qu'était le gouvernement avant l'abdication de l'empereur ? Il se composait de deux parties : la première, le chef de l'état, jouissait de l'inviolabilité la plus entière ; le caractère respectable dont il était revêtu plaçait sa personne hors de toute atteinte, afin d'empêcher les entreprises des factieux.

» La seconde offrait des ministres responsables, dont tous les actes devaient être signés, et qui seuls pouvaient être attaqués si ces actes avaient été répréhensibles.

» Je demande si le gouvernement que vous avez substitué à celui qui existait, remplit entièrement et sous tous les rapports les mêmes conditions ? Je trouve bien la première partie confiée à cinq membres que vous avez choisis ; la deuxième est attribuée à des ministres. Mais, messieurs, dans le gouvernement d'un seul, si le monarque est inviolable, en peut-il être de même du gouvernement confié à plusieurs membres ? Première question.

» Si des raisons d'état veulent que le chef de l'état soit inviolable, il faut que la nation puisse demander compte à un gouvernement éphémère, composé de plusieurs personnes. Elle a besoin d'une garantie de leur gestion. Leur responsabilité est nécessaire. Mais sera-t-elle collective ou individuelle ? Deuxième question.

» Si je consulte l'opinion, la responsabilité doit être collective. L'immensité des rapports, la facilité de se livrer à l'arbitraire et d'échapper individuellement au blâme, ne permettent pas que cette responsabilité pèse séparément sur aucun membre pour des actes qui émanent de tous : chacun apportant son tribut, tous sont responsables à la chose générale.

» Vous voyez, messieurs, que ma proposition n'est pas nouvelle; mais elle est la conséquence de ce qui s'est passé hier; et je l'exprime ainsi :

» Je demande que le gouvernement provisoire soit déclaré responsable collectivement. »

On demande l'ordre du jour.

M. *Dupin.* « Il serait bien extraordinaire que l'assemblée passât à l'ordre du jour sur une proposition aussi importante.

» Si la responsabilité n'est pas exigée du chef de l'état c'est pour éviter des abus graves; mais il est nécessaire de l'imposer à un gouvernement purement provisoire. Quoique dans une monarchie elle ne pèse pas avec autant d'étendue sur la personne qui possède l'autorité suprême, il est pourtant une première garantie que la nation en exige, celle du serment. J'en propose la formule à l'assemblée : *Obéissance aux lois, et fidélité à la nation.* Et je demande que le gouvernement provisoire y soit soumis, parce que le salut du peuple français le réclame, et que depuis plusieurs jours il est devenu notre suprême loi. »

M. *Durbach.* « Quel est le caractère politique de la commission de gouvernement? Elle remplace l'empereur; elle n'a pas d'autres fonctions que celles qui doivent être exercées par une régence. La responsabilité s'applique aux ministres à portefeuille, à chacun dans son département. Qu'entend-on par une responsabilité collective? ce serait obliger à tenir registre de toutes les délibérations. Je demande qu'on passe à l'ordre du jour. »

M. *Valentin.* « La proposition de notre collègue Dupin est de la plus grande sagesse; mais cette proposition n'est-elle pas intempestive? Elle doit faire l'objet d'un projet de loi. Je ne me permettrai pas d'entrer dans la discussion du fond; et, conformément au règlement que vous avez adopté, j'en demande le renvoi dans les bureaux. »

M. *Defermon.* « Messieurs la proposition qui vous a été faite par notre collègue Bérenger a paru arrêter toute l'attention de l'assemblée.

» Cette proposition est fondée sur le principe que la Constitution doit être exécutée; que la marche exécutive, comme les lois elles-mêmes, ne peut être mise en action que sous la garantie d'une signature : là en effet se trouve la garantie.

» Si la commission de gouvernement tendait à s'égarer, il faut trouver dans les ministres une opposition telle qu'elle ne puisse sortir de la ligne constitutionnelle qui lui est tracée. Je crois donc que la question n'a pas été convenablement résolue, autrement il faudrait violer les principes constitutionnels que nous professons tous.

» Mais, messieurs, en écoutant la proposition, une réflexion m'est venue.

» Si ma mémoire ne me trompe point, on propose que votre commission exécutive prête serment d'obéissance aux lois et de fidélité à la nation. Mais qui de nous a le caractère pour recevoir ce serment? à qui la commission le prêtera-t-elle, si nous ne déterminons pas au nom de qui nous voulons faire marcher notre système constitutionnel? Que feront aussi dans cet état de choses nos autorités administratives, judiciaires? Je le demande, messieurs, avons-nous ou n'avons-nous pas un empereur des Français? Il n'est personne d'entre nous qui ne se dise à lui-même : nous avons un empereur dans la personne de Napoléon II. (Oui, oui, s'écrient la plupart des membres de l'assemblée.) Bien convaincu de cette vérité, je me suis demandé si les ennemis du dehors pourraient se jouer des efforts de la nation, lorsqu'ils verront que la Constitution est notre étoile polaire et qu'elle a pour point fixe Napoléon II. (Une foule de voix : Oui, oui.)

Un membre. « Je demande que l'assemblée suspende cette discussion jusqu'à ce qu'elle soit instruite du résultat des négociations. » — Non, non ! A l'ordre ! — Continuez.

M. *Defermon.* « Je suis comme vous représentant du peuple, comme tel dévoué à ses intérêts. Je dis que nous devons nous rallier aux constitutions. Que paraîtrions-nous aux yeux de l'Europe et de la nation si nous n'observions pas fidèlement nos lois fondamentales? Napoléon Ier a régné en vertu de ces lois, Napoléon II est donc notre souverain. (Même assentiment de l'assemblée.) Lorsqu'on verra que nous nous rallions fortement à nos constitutions, que nous nous prononçons en faveur du chef qu'elles nous avaient désigné, on ne pourra plus dire à la garde nationale que c'est parce que vous attendez Louis XVIII que vous ne délibérez pas. (Non, non.) Nous rassurons l'armée, qui désire que nos constitutions soient conservées : il n'y aura plus de doute sur le maintien constitutionnel de la dynastie de Napoléon..... »

Un mouvement d'enthousiasme se manifeste rapidement dans toute l'assemblée. Long-temps les cris de *vive l'empereur!* se font entendre avec énergie. Un grand nombre de députés élèvent leurs chapeaux en répétant cette acclamation.

On demande que le mouvement général de l'assemblée soit mentionné au procès-verbal. Adopté.

M. *Defermon.* « Je demande que la Chambre veuille bien délibérer à l'instant même. »

M. *Bérenger.* « Ce n'est point par des acclamations et de l'enthousiasme que cette question importante doit être décidée. Non que je sois étranger au sentiment qui vient d'éclater dans cette enceinte; mais c'est précisément parce que je reconnais Napoléon II pour successeur de son auguste père, c'est parce que je le reconnais pour chef de la nation française, que je n'ai pu attribuer à votre commission exécutive la haute prérogative de l'inviolabilité; c'est parce qu'elle se trouve placée à côté de cette grande figure de Napoléon II, que j'ai dû vous demander que les membres qui composent le gouvernement provisoire soient déclarés responsables. Ce que j'exprime doit être senti par vous, représentans du peuple. Vous n'avez pas encore institué la régence qui seule pourrait jouir de l'irresponsabilité.

« Je dis, en me résumant, que la question soumise à la Chambre ne peut être décidée sur-le-champ : elle demande au moins la réflexion de la nuit. Parce que la patrie est livrée en ce moment à une grande dictature, déclarerez-vous inviolables ceux à qui vous avez confié le pouvoir jusqu'à ce que le moment de le déposer soit venu? Qu'arriverait-il si l'un d'eux, infidèle à ses devoirs, venait à perdre votre confiance? Je livre, messieurs, cette pensée à vos méditations. »

Boulay de la Meurthe. «Je ne viens pas discuter une question grave, ou combattre la proposition de notre collègue Bérenger. Mais, comme cette proposition a donné lieu à une observation d'un grand intérêt, c'est sur elle que je vais m'expliquer avec franchise.

» J'ai remarqué avec surprise du silence, de l'hésitation. Cependant notre collègue a manifesté une opinion franche et loyale. Je crois qu'il n'est aucun de nous qui ne professe que Napoléon II est notre empereur; mais hors de cette enceinte, il en est qui parlent d'une autre manière. Il n'y a pas de doute que des journalistes affectent de considérer le trône comme vacant. Or, je le déclare, l'assemblée serait perdue, la France périrait, si le fait pouvait être mis en doute. Il ne peut pas y avoir de question à cet égard. N'avons-nous pas une monarchie constitutionnelle? L'empereur mort, l'empereur vit. Napoléon Ier a déclaré son abdication, vous l'avez acceptée; par cela seul, par la force des choses, par une conséquence irrésistible, Napoléon II est empereur des Français. Vous ne pouvez pas même délibérer : nos lois fondamentales ont décidé la question. L'extinction seule de la dynastie pourrait interrompre cette marche naturelle. Au reste, hier je ne doutais pas qu'il ne fût bien entendu que Napoléon II était notre souverain, car la proposition ayant été faite de déclarer le trône vacant, vous l'avez réprouvée.

» L'abdication de l'empereur, telle que vous l'avez reçue, est indivisible, et ne peut pas être admise en partie seulement. J'irai plus loin, car je n'ai point de porte de derrière, point d'arrière-pensée; j'acquitte ma conscience en présence de la nation. Je me plais à rendre hommage à chacun de mes collègues; mais enfin j'ai les yeux ouverts au dehors. Je vois que nous sommes entourés de beaucoup d'intrigans, de factieux, qui voudraient faire déclarer le trône vacant, afin de réussir à y placer les Bourbons. (Non, non.) Messieurs, si le trône était censé vacant vous pourriez compter sur la perte absolue de la France : elle ne tarderait pas à éprouver le misérable sort de la Pologne. (Une voix, et de l'Espagne.) Les puissances alliées se partageraient nos plus belles provinces; et, si elles assignaient aux Bourbons un coin de l'empire, ce serait dans l'espoir de s'emparer de cette dernière portion.

» J'en appelle aux sentimens de tous les bons Français. Rien ne pourra me détourner de dire la vérité. Je ne crains rien. Depuis long-temps j'ai fait le sacrifice de ma vie. Je veux aller plus loin, et mettre le doigt sur la plaie! Il existe une faction d'Orléans; oui, je sais..... On a beau m'interrompre, je parle d'après des renseignemens certains; je sais que cette faction est purement royaliste. Je sais que son but secret est d'entretenir des intelligences même parmi les patriotes. Au reste, il est douteux que le duc d'Orléans voulût accepter la couronne, ou s'il l'acceptait, ce ne serait que pour la restituer à Louis XVIII. (Un membre. Je puis l'assurer positivement.) Je demande que l'assemblée déclare et proclame qu'elle reconnaît Napoléon II pour empereur des Français. » (Oui, oui, s'écrie-t-on.) Un mouvement tumultueux agite quelques momens l'assemblée.

Beaucoup de membres demandent en même temps la parole. Plusieurs parlent de leur place.

M. le président déclare qu'il donnera la parole dans l'ordre successif où elle a été demandée.

MM. Penières et le lieutenant-général Mouton-Duvernet se présentent concurremment à la tribune.

M. Pénières. « Mon intention n'est pas d'examiner la question de savoir si Napoléon Ier est devenu plus grand par son abdication en faveur de son fils; mais un article de l'acte constitutionnel déclare que sa famille sera maintenue sur le trône, et cet article mérite le même respect que tous les autres.

» Quand les représentans de la nation se prononcent, ils ne doivent pas le faire à demi. Il faut qu'ils ne redoutent rien.

» Je propose que les commissaires, qui seront chargés de la mission importante de négocier au nom de la nation avec les souverains alliés, rendent cette mission plus imposante encore en redemandant cet enfant, qui n'est plus à son père, mais qui appartient à la nation, cet enfant destiné au trône de l'empire français; que cette demande soit faite spécialement à l'empereur d'Autriche pour qu'il accorde aux vœux de la France, comme un gage de la paix, le jeune Napoléon et sa mère. »

M. le président résume les différentes propositions qui ont été faites:

M. Pénières propose, par motion d'ordre, que l'assemblée renvoie dans ses bureaux les questions de si haute importance, soumises à la délibération, afin qu'elles soient mûrement examinées et non décidées comme par improvisation.

Des murmures accueillent la motion de M. Pénières.

M. Regnault. « Veut-on ajourner la délibération jusqu'à ce que Wellington soit à nos portes. »

M. Pénières insiste.

M. le général Mouton-Duvernet. « Messieurs, je ne suis pas orateur, je suis soldat. L'ennemi marche sur Paris ; il faut que vous ayez des armées à lui opposer. Proclamez Napoléon II empereur des Français : à ce nom, il n'y aura pas un Français qui ne s'arme pour défendre l'indépendance nationale, c'est-à-dire le souverain pour lequel ils ont déjà versé tant de sang et fait tant de sacrifices. Les armées seront à la disposition de la nation, pour le service de Napoléon II. »

M. Flaugergues. « Tous les militaires, l'empereur et vous êtes au service de la nation. »

M. Mouton-Duvernet. « Je me suis mal expliqué. Je reprends, et je dis que la volonté de la nation, la volonté des soldats, est d'avoir un gouvernement national et non celui de l'étranger. L'armée de la nation se rappelle que sous Louis XVIII elle a été profondément humiliée. Elle se rappelle qu'on a traité de brigandage les services qu'elle a rendus à la patrie depuis vingt-cinq ans. Voulez-vous lui rendre tout son courage et l'opposer avec succès à l'ennemi ? proclamez Napoléon II. »

M. Malleville. « Je demande l'ordre du jour sur les propositions de MM. Defermon et Boulay ; vous l'avez déjà prononcé hier, et les circonstances n'ont pas changé depuis. Comment ne craignez-vous pas de vous compromettre vis-à-vis de vos commettans, vis-à-vis des puissances étrangères ? Que l'on n'accuse pas mon langage, on sait que je suis ami de la liberté. Messieurs, nous avions prêté serment de fidélité, nous ayons dû le tenir. Quels que fussent nos sentimens, il suffisait que la nation fût en danger pour ne plus songer qu'à être Français. Aujourd'hui tout est changé : celui que nous avions choisi pour chef a senti lui-même que sa présence était un obstacle à la paix, et il a fait le noble sacrifice de son autorité.

» Vous avez dit que vous acceptiez purement et simplement son abdication. (Non, non, vous calomniez l'assemblée.) Il est possible que je me sois servi d'un mauvais argument ; mais lorsque vous avez accepté l'abdication de Napoléon Ier vous n'avez pas déclaré formellement que vous acceptiez son successeur. »

L'orateur termine en proposant l'ajournement jusqu'au retour des négociateurs qui doivent être envoyés près des souverains.

M. Regnault de Saint-Jean-d'Angély. « Je ne pense pas que la discussion puisse être ajournée. L'empereur a abdiqué hier, et dès hier on vous a proposé de vous former en assemblée constituante. Je n'hésite pas à le dire, si cette amorce dangereuse eût pu séduire les amis de la patrie, on vous proposait de déclarer le trône vacant, on vous proposait de désigner le souverain qui devra régner sur vous, et la patrie était perdue ; mais votre sagesse et votre attachement inviolable aux principes constitutionnels ont détourné le danger. Vous avez remplacé le chef que vous n'avez plus et la régence que vous n'avez pas encore. Vous avez créé une autorité chargée de tenir les rênes du gouvernement.

» C'est cette autorité seule qui, de concert avec vous, et en suivant les principes constitutionnels, peut sauver l'état. Mais pour sauver l'état, il faut qu'elle agisse et contre les ennemis extérieurs auxquels il faut opposer la plus vive résistance, et contre les ennemis intérieurs, qui appellent l'étranger et aspirent à subir le joug ; et contre ces Vendéens égarés qu'il faut éclairer sur l'abus qu'on fait de leur courage, et ramener dans le sein de la grande famille nationale.

Cela posé, je le demande, messieurs, au nom de qui agira cette autorité que vous avez mise à la place du chef de l'état qui n'est plus? Elle ne doit et ne peut agir qu'au nom de Napoléon II. Sans cela l'armée ne sait plus à qui elle obéit, sous quels drapeaux elle combat, et pour qui elle verse son sang... » (Des murmures interrompent.)

Plusieurs voix. « Pour la nation. »

M. Regnault. « J'espère que lorsque j'exprime cette idée, la Chambre me rend bien la justice de croire, qu'autant que personne je sais qu'une armée française, qu'une armée nationale telle que la nôtre, ne se bat pas pour un homme, mais pour son pays; mais ce pays a une Constitution, cette Constitution veut un chef au nom duquel les lois se rendent, au nom duquel l'armée combat pour l'indépendance du territoire et le maintien de la liberté. Dans un état constitué comme le nôtre, il ne faut pas que le trône soit un seul moment regardé comme vacant; je dis plus, il ne peut l'être, à moins de l'extinction absolue de la dynastie régnante. C'est en ce sens que j'ai dit que les soldats ne sauraient pas pour qui ils verseraient leur sang, c'est-à-dire au nom de qui les ordres leur seraient donnés pour la défense de la patrie.

» Ne vous y trompez pas, représentans du peuple : si vous ne déclarez pas à quel titre vos lois seront promulguées, à quel nom se rattacheront les destinées de l'empire, l'état est livré au plus affreux danger : vous perdez même le fruit de vos plus sages mesures; car enfin, ces négociateurs qui doivent être déjà partis pour se rendre auprès des puissances alliées, et dont le gouvernement vous fera sans doute connaître les noms aujourd'hui, ces négociateurs, au nom de qui parleront-ils?... »

Les mêmes voix. « Au nom de la nation. »

M. Regnault. « A la même interruption, messieurs ; je me dispenserai de répondre par un raisonnement qui ne pourrait être que le même, et que vous avez déjà pu apprécier et dans mes intentions et dans son véritable sens. Je n'ajoute qu'un mot : si vous ne vous prononcez pas de suite, la malveillance s'agite ; les factions peuvent s'irriter, et vous mettez en doute votre délibération si utile et si sage prise dans votre séance d'hier. Je demande que dans cette séance vous proclamiez Napoléon II empereur des Français, et que tous les actes publics et privés soient rédigés en son nom. »

Une foule de voix. « Appuyé, appuyé. »

M. Dupin. « Les dangers paraissaient plus grands qu'ils ne le sont. La renommée les avait agrandis; et cependant la discussion étant plus calme, plus réfléchie, et la liberté d'opinion encore plus grande, je réclame toute la latitude qui convient à un représentant du peuple.

» Pourquoi Napoléon a-t-il abdiqué? pourquoi sa grande ame s'est-elle déterminée à ce sacrifice? C'est que, malgré le vœu du peuple et de l'armée, malgré tous ses talens militaires, il a reconnu qu'après l'événement qui vient d'arriver, il ne pouvait espérer d'être utile à son pays. S'il avait cru pouvoir l'être, aurait-il abandonné l'honneur de le sauver? Non messieurs, nous serions insensés d'abandonner ce que nous pourrions encore espérer d'un héros pour l'attendre d'un enfant ; ainsi dans une telle circonstance, il faut autre chose pour délibérer, qu'une acclamation et un mouvement d'enthousiasme.

» Il faut sauver la patrie, arrêter l'effort de l'étranger, être maître chez nous. Il faut sauver la patrie par des moyens dignes de nous. Le prince s'est rendu digne de cette patrie par son abdication ; il l'a donnée librement, par honneur, par dignité, pour lui, pour nous, pour lui ; car la postérité lui en saura gré, et déjà vous lui avez témoigné votre reconnaissance de ce grand sacrifice.

» Actuellement voulez-vous, sans murmurer, écouter mon opinion ? car si vous murmurez, ce n'est pas mon opinion qui sera mauvaise, mais c'est que vous n'aurez pas voulu l'entendre. Je demande si Napoléon II pourra faire ce que son père reconnaît n'avoir pu faire par l'acte de son abdication ?

» Le prince qui a pris la parole a parlé de la nécessité de l'union ; elle est nécessaire au salut public ; avec elle les Français se lèveront et déploieront des forces encore imposantes. Il faut unanimité dans l'esprit public, ensemble dans les moyens, et c'est pour cela que je vous ai dit : Gardons-nous d'interpréter le vœu de la nation et de lui dicter un choix.

» Qu'avons-nous à opposer aux efforts des ennemis ? la nation. C'est au nom de la nation qu'on se battra, qu'on négociera ; c'est d'elle qu'on doit attendre le choix du souverain ; c'est elle qui précède tout gouvernement et qui lui survit..... »

Une voix. « Que ne proposez-vous la république... » (Une vive agitation se manifeste. Les gestes de M. Dupin à la tribune annoncent qu'il repousse l'interpellation.)

M. Bigonnet. « La magnanimité de l'empereur laisse le trône à son fils : ce fils est appelé à y remplacer son père. Vous avez un gouvernement provisoire... »

Plusieurs voix. » Un gouvernement. »

M. Bigonnet. « Des commissaires partent pour le quartier-général des alliés. Ils proposent la paix ; ils disent que l'abdication lève l'obstacle annoncé ; mais cet acte est tout pour nous, rien pour eux. Qu'y opposeront-ils ? l'abdication de 1814 et ce qu'ils appellent la violation de ce traité. Ils diront que c'est cette violation qui les a faits s'armer pour l'exécution d'un traité qui excluait du trône Napoléon et les siens. Je livre cet objet à vos méditations. »

M. Duchesne. « On a dit que sans la déclaration proposée l'armée ne pourrait combattre, les négociations ne pourraient être ouvertes, le gouvernement ne pourrait agir. Si Napoléon II était ici, je n'hésiterais pas un moment à prononcer ; nos vœux les plus ardens le rappellent ; mais il est loin de nous, et la question a une autre face. Je sais bien que les intérêts de l'Autriche sont liés à son avénement au trône ; mais qui peut connaître et apprécier les vues secrètes des cabinets, et calculer avec justesse ce que, sous ce rapport, nous avons à espérer ? Ainsi, sans examiner si le traité de Fontainebleau a été ou non violé, il suffit de dire que Napoléon II n'est point au milieu de nous, et que la question ne sera éclaircie que lorsque l'Autriche, connaissant enfin ses véritables intérêts, vous aura rendu ce prince et son auguste mère. Mais, pour obtenir ce résultat, pour négocier avec succès, il serait indispensable qu'à un grand sacrifice Napoléon en joignît un autre, qui, après le premier, ne doit rien coûter à sa grande âme. Il serait nécessaire que les étrangers fussent bien persuadés que nous sommes libres dans cette capitale de toute influence. L'homme qui a été assez magnanime pour se dévouer au salut public voudra achever son ouvrage ; l'acte que je regarde comme nécessaire s'effectuera. Je demande l'ajournement ; et qu'on attende que les commissaires envoyés près les puissances aient fait connaître les premières dispositions que les négociations pourront présenter. »

N... émet l'opinion qu'on se borne à la déclaration, que l'article 67 de la constitution est fondamental et obligatoire, que les négociations aient lieu au nom de la nation, et qu'on s'occupe sans relâche du travail de la Constitution.

M. Manuel des Basses-Alpes. « Messieurs, un des orateurs qui m'a précédé à cette tribune vous a dit que la proclamation de l'empereur Napoléon II était nécessaire et prescrite par la Constitution. D'autres membres, sans s'y opposer, pensent qu'un retard peut être utile ; qu'il faut attendre les premières explications et le moment où des ouvertures de négociations seront venues nous éclairer et sur notre position véritable, et sur nos véritables intérêts. On vous a fait remarquer que les puissances alliées ont déjà manifesté la résolution de ne point traiter avec Napoléon ; et l'on craint que son fils n'éprouve de leur part la même opposition. Mais, je le demande, s'agit-il ici d'un homme, d'une famille ? Non, messieurs : il s'agit de la patrie, il s'agit de ne rien compromettre, de ne point proscrire l'héritier constitutionnel du trône, et de se livrer à l'espérance que les alliés n'auront pas contre ce fils d'un père, dont leur politique n'a point voulu reconnaître l'existence sur le trône de France, et la même politique, et les mêmes intérêts ; à l'espérance que si vous formez le gouvernement, qui agira en son nom, d'hommes éclairés, dévoués à leur patrie, et capables de tenir les rênes de l'état d'une main ferme et prudente, il sera possible d'élever le fils sur le trône dont le père vient de descendre, en lui remettant tous ses droits.

» C'est en ce sens que je crois qu'on doit établir les bases de cette discussion, de cette discussion que je regarde, je l'avoue, comme une grande calamité..... (*Une foule de voix.* Oui, oui ! c'est vrai.) N'est-ce pas en effet un grand malheur que d'être obligé de divulguer, de proclamer à la face de l'Europe, jusqu'à quel point des considérations politiques ont influé ou pourraient avoir influé dans la décision de Napoléon, et dans celle que vous avez à prendre relativement à son fils ?

» Mais la discussion s'est ouverte : il faut établir et résoudre la question. Vous n'êtes point en révolution ; aucun événement hors de la marche ordinaire des choses n'a eu lieu ; sans entrer dans le motif et dans l'examen des circonstances qui ont amené l'abdication, l'abdication existe et les constitutions ont parlé. Ah ! certes, s'il y a deux jours nous avions envoyé l'abdication, si un acte de déchéance eût été prononcé, si enfin nous nous étions trouvés en révolution, il pourrait dépendre de nous, après avoir renversé l'édifice, de le rétablir. Mais l'abdication a eu lieu librement ; cette abdication emporte avec elle une condition en faveur du fils de Napoléon. Vous avez accepté l'abdication ; vous avez donc accepté les conditions qu'elle emporte avec elle. Ainsi les choses ont suivi leur cours naturel. Le chef de l'état a disparu, mais non par un mouvement révolutionnaire ; le chef de l'état doit être reconnu ; la question est tout entière sous l'empire des principes constitutionnels.

» Je la traiterai sous un autre point de vue, celui des circonstances, et elles m'offriront le même résultat. Craindriez-vous de montrer des inquiétudes sur l'attitude des puissances étrangères ? Mais cette crainte n'est plus un motif puisqu'elle est connue : le but est manqué. J'aurais pu hésiter sur la question ; je n'hésite plus aujourd'hui après les débats qui se sont ouverts devant nous.

» Nous avons fait hier un grand acte, un grand pas ; mais est-il assez grand, assez assuré, assez complet pour en obtenir les résultats que nous devons en attendre ? Je ne le pense pas. Nous avons un gouvernement : il le fallait pour l'action et la célérité de toutes les mesures prises ; cela fait, il faut que le gouvernement agisse, et qu'il agisse au nom d'une puissance quelconque.

» Au nom de la nation, a-t-on dit ; oui, sans doute, c'est au nom de la nation qu'on se battra pour le maintien de l'indépendance et de la liberté du pays ; c'est pour la nation que les pères et les fils redoubleront et de sacrifices et de courage ; mais au sein de cette grande nation agitée par tant de mouvemens divers, en proie à tant d'intérêts opposés, livrée à tant de souvenirs, à tant d'espérances différentes, n'y a-t-il qu'une opinion, qu'un vœu, qu'un parti? Certes, s'il n'y avait qu'une opinion, l'objection serait sans réplique : la nation se battrait pour la nation. Si personne ne rêvait le retour des Bourbons, ou si tous les intérêts et tous les sentimens étaient sacrifiés à la patrie, s'il n'existait point d'hommes épris de vaines dignités, et jaloux de conserver ou de recouvrer de vains titres, si mille prétentions différentes ne s'élevaient et ne se croisaient à la fois, il n'y aurait qu'un intérêt et qu'un vœu; mais il n'en est pas ainsi. Tel au fond du cœur aurait porté toute sa vie le culte épuré de la liberté et de la patrie, qui a sucé le poison des grandeurs, de la richesse, du pouvoir, et ne se trouve plus accessible au langage de la vérité. Il est assurément à cette règle générale d'honorables exceptions, et j'en citerais facilement, messieurs, au milieu de vous; mais des exceptions ne sont pas la loi commune ; et celle que je déplore ici est malheureusement justifiée par l'expérience des siècles. Ce n'est pas que je croie les partis ni si nombreux ni si forts qu'on pourrait le craindre. Le parti républicain? je ne vois rien qui donne lieu de penser qu'il existe, soit dans les têtes encore dépourvues d'expérience, soit encore dans celles que l'expérience a mûries. Le parti d'Orléans? penserait-on qu'il réunit beaucoup d'opinions, parce qu'il paraîtrait admettre plus de chances pour la liberté et le bonheur du peuple par la garantie des principes et des hommes de la révolution? Je croirais au moins très-oiseux de discuter cette question. Les royalistes enfin ? A leur égard je me hâte de repousser l'induction qui pourrait être tirée de ce qui a été dit dans cette enceinte ; nous pouvons avoir entre nous quelques nuances d'opinion ; mais il n'y a qu'un vœu et qu'une pensée parmi vous sur le but et les moyens de ce parti, et sur les destinées qu'il rendrait à la France. Cependant il a de nombreux sectateurs que je suis loin de calomnier; beaucoup de Français ont embrassé cette opinion par souvenir, par sentiment, par habitude : l'idée de la paix qu'on a crue attachée aux Bourbons, l'idée que le caractère de cette famille présentait une garantie aux citoyens dans la possession de leurs jouissances paisibles, ont séduit beaucoup d'esprits incapables de s'élever au-delà de leurs intérêts, de leurs préjugés, de leurs vues particulières, et incapables de les sacrifier à l'intérêt général d'une nation qui, avant tout, a besoin d'être libre, forte et respectée au dehors, d'avoir au dedans un gouvernement fort et vigoureux.

» Quoi qu'il en soit de l'existence de ces partis, et du nombre de ceux qui les embrassent, toujours est-il qu'il y a divergence d'opinion ; tout le monde veut se sauver et sauver l'état, mais par des moyens contraires et par des routes diverses, menant à un but opposé. Dans un tel moment pouvez-vous avoir un gouvernement provisoire? un trône vacant? Laisserez-vous chacun s'agiter, les alarmes se répandre, les prétentions s'élever? Voulez-vous qu'ici on arbore le drapeau des lis, là le drapeau tricolore? Voulez-vous laisser dire à chaque parti : il n'y a pas de gouvernement : on hésite, il faut agir : l'assemblée paraît incertaine, il faut l'aider : il faut donner un coup de collier, se déclarer enfin... Voilà, voilà, messieurs, les calamités dont nous sommes menacés, si nous laissions l'opinion flottante et sans un point fixe pour se rallier ; et au milieu de l'agitation et des troubles qui naîtraient d'un tel état de choses, que deviendrait le salut de la patrie? où seraient les moyens de la sauver?

» Je répète que par cela seul qu'on l'a mis en question, Napoléon II doit être reconnu; que s'il y a des inconvéniens du côté de l'étranger, il y a aussi des avantages qui les balancent. Différeriez-vous pour voir si les ouvertures de négociation seraient favorables à Napoléon II? Mais si elles ne l'étaient pas, ce délai prouve que vous seriez forcés de sacrifier votre vœu le plus cher aux intérêts de la patrie ; et dans ce cas, puisque vous êtes décidés à ne pas reconnaître les intérèts d'un homme au-dessus de ceux de la patrie, le sacrifice ne serait-il pas toujours le résultat de ce sentiment suprême du salut de l'état? Mais jusque-là, et quoi qu'il en puisse être, il faut rallier la France entière; il faut rallier les amis de la patrie à une opinion fixe et déterminée.

» Mais d'un autre côté, il est des mesures de prudence et de garantie qui sont indispensables. Il est impossible de ne pas porter ici une atteinte à une partie des formes constitutionnelles dans l'intérêt de la patrie, et pour atteindre le but proposé, pour mettre à l'abri de toute influence qui ne serait pas entièrement nationale, et l'expression du vœu du peuple, l'autorité que vous venez de former. Vous avez voulu que cette autorité fût confiée à des hommes éprouvés, capables de siéger dans un conseil organe de la souveraineté nationale. Il faut que le vœu soit rempli, et il faut éviter qu'on puisse réclamer relativement à ce conseil les principes de la Constitution qui appelleraient tel ou tel prince à la tutelle du souverain mineur, et qui donneraient à sa famille une influence immédiate sur la marche du gouvernement.

» Je n'accuse et ne désigne personne ; mais je demande une garantie ; et quand la nation est prête à s'exposer à de nouveaux efforts et à de nouveaux sacrifices pour le maintien de sa Constitution et de la dynastie de Napoléon, il faut une garantie de la manière dont nos destinées seront réglées sous ce nom. Il ne faut rien laisser au hasard, aux circonstances ; et c'est ce qui arriverait, si la Constitution en cette partie était observée littéralement.

» J'ai l'honneur de proposer à la Chambre la délibération suivante :

» La Chambre des Représentans, délibérant sur les diverses propositions faites dans sa séance et mentionnées dans son procès-verbal, passe à l'ordre du jour motivé,

» 1° Sur ce que Napoléon II est devenu empereur des Français par le fait de l'abdication de Napoléon Ier, et par la force des constitutions de l'empire ;

» 2° Sur ce que les deux Chambres ont voulu et entendu, par leur arrêté à la date d'hier, portant nomination d'une commission de gouvernement provisoire, assurer à la nation les garanties dont elle a besoin dans les circonstances extraordinaires où elle se trouve, pour sa liberté et son repos, au moyen d'une administration qui ait toute la confiance du peuple.

» Le présent acte sera transmis à la Chambre des Pairs par un message. »

La proposition est unanimement appuyée. De toutes parts on demande à aller aux voix.

On demande à grands cris la clôture de la discussion ; et elle est fermée à l'unanimité.

M. le président donne lecture de la rédaction de la délibération proposée. Il la met aux voix.

L'assemblée se lève tout entière.

M. le président. « La proposition est adoptée. »

A ce mot, le cri de *vive l'empereur!* éclate à la fois dans l'assemblée et les tribunes ; ce cri se prolonge au milieu des plus vifs applaudissemens.

On demande l'impression du discours de M. Manuel...

L'assemblée invite M. Manuel à rédiger son discours, et en ordonne l'impression à six exemplaires.

M. *Solignac*. « Je demande actuellement que vous arrêtiez que les membres du gouvernement prêteront serment d'obéissance aux constitutions de l'empire, et fidélité à l'empereur. »

Un membre. « Je demande l'envoi d'un message à l'empereur, pour lui faire connaître la délibération de la Chambre. »

On demande l'ajournement jusqu'après la délibération de la Chambre des Pairs.

La Chambre passe à l'ordre du jour.

M. Jay. « La délibération que vous venez de prendre aura, je l'espère, la plus heureuse influence sur l'esprit public. Elle va donner à tous les citoyens un guide et un point de ralliement. Il est une autre mesure qui concourra puissamment au même but; c'est de vous occuper des travaux constitutionnels. Rien ne peut plus rallier les citoyens que de vous voir dans votre sagesse travailler à leur assurer l'exercice de leurs droits acquis par tant d'années de sacrifices. Nous sommes dans une crise, mais il est de l'essence de la liberté de croître, de grandir, de se fortifier dans les tempêtes politiques; nous éprouvons un moment cruel d'adversité; nous la consacrerons surtout en nous comportant en fidèles mandataires du peuple. Je demande que la commission de neuf membres, qui doit être prise parmi les quatre-vingt-sept membres des députations, soit sans délai mise en activité. »

Cette proposition est appuyée. L'heure de la réunion des bureaux est indiquée. — La séance est levée et ajournée à demain onze heures.

Chambre des Pairs. — Suite de la séance en permanence du 23 juin.

La séance est ouverte à une heure et demie par le prince archi-chancelier.

On donne lecture du procès-verbal, sur la rédaction duquel il est fait deux observations.

La première par M. le comte de Lameth. Il est défendu par le règlement de faire mention d'aucun des noms des opinans. Les noms du prince Lucien et de M. le duc de Bassano s'y trouvent rappelés. Je demande que ces noms soient retirés du procès-verbal.

La seconde par un membre qui rappelle que le règlement porte qu'il ne doit point être fait mention d'aucun rappel à l'ordre que la Chambre ne l'ait expressément adopté. « Je demande que cette partie du procès-verbal soit retranchée, quoique le membre ne soit pas nommé. »

Ces deux propositions étant appuyées, elles sont mises aux voix et adoptées.

M. le comte Drouot. « Messieurs, mon service ne m'ayant pas permis de me trouver hier matin à la Chambre des Pairs, je n'ai pu connaître que par les journaux les discours qui ont été prononcés dans cette séance. J'ai vu avec chagrin ce qui a été dit pour diminuer la gloire de nos armes, exagérer nos désastres et diminuer nos ressources. Mon étonnement a été d'autant plus grand que ces discours étaient prononcés par un général distingué, qui, par sa grande valeur et ses connaissances militaires, a tant de fois mérité la reconnaissance de la nation. J'ai cru m'apercevoir que l'intention du maréchal avait été mal comprise, que sa pensée avait été mal entendue. L'entretien que j'ai eu ce matin avec lui m'a convaincu que je ne m'étais point trompé.

» Je vous prie, messieurs, de me permettre de vous exposer en peu de mots ce qui s'est passé dans cette trop courte et trop malheureuse campagne. Je dirai ce que je pense, ce que je crains, ce que j'espère. Vous pouvez compter sur ma franchise. Mon attachement à l'empereur ne peut être douteux; mais avant tout et par dessus tout j'aime ma patrie. Je suis amant enthousiaste de la gloire nationale, et aucune affection ne pourra jamais me faire trahir la vérité.

» L'armée française a franchi la frontière le 15 juin. Elle était composée de plusieurs corps de cavalerie, de six d'infanterie et de la garde impériale. Les six corps d'infanterie étaient commandés :

» Le premier par le comte d'Erlon ; le deuxième par le comte Reille ; le troisième par le comte Vandamme ; le quatrième par le comte Gérard ; le cinquième par le comte le Marrois ; le sixième par le comte de Lobau.

» Elle rencontra quelques troupes légères en deçà de la Sambre, les culbuta et leur prit quatre à cinq cents hommes ; elle passa ensuite la rivière.

» Le premier et le deuxième corps à Marchiennes-au-Pont.

» Le reste de l'armée à Charleroi.

» Le sixième corps, qui était resté en arrière, n'effectua le passage que le lendemain.

» L'armée se porta en avant de Charleroi sur la route de Fleurus. Le corps de Vandamme attaqua, vers quatre heures du soir, une division ennemie qui paraissait forte de huit à dix mille hommes, infanterie et cavalerie, soutenue de quelques pièces de canon, et qui se tenait à cheval sur la route de Fleurus.

» Cette division fut enfoncée ; les carrés d'infanterie furent culbutés par notre cavalerie ; l'un d'eux fut entièrement passé au fil de l'épée.

» Dans une des charges de cavalerie, la France perdit mon brave et estimable camarade, le général Letort, aide-de-camp de l'empereur. (Ici le général s'interrompt un moment : on remarque quelques larmes tomber de ses yeux.)

» Nos avant-postes se portèrent sur Fleurus. Le lendemain matin, l'armée française entra dans la plaine de Fleurus, que vingt et un ans auparavant nous avions illustrée par les plus beaux faits d'armes : l'armée ennemie paraissait en amphithéâtre sur un coteau, derrière les villages de Saint-Amand et de Ligny ; la droite paraissait s'étendre peu au-delà de Saint-Amand, la gauche se prolongeait sensiblement au-delà de Ligny.

» Vers midi, le cinquième corps d'infanterie, soutenu par son artillerie, attaque le village et s'empare du bois qui le précédait et pénètre jusqu'aux premières maisons.

» Bientôt il est ramené vigoureusement. Soutenu par de nouvelles batteries, il recommence l'attaque et après plusieurs tentatives très-opiniâtres, il finit par se rendre maître du village, qu'il trouva rempli de morts et de blessés prussiens.

» Pendant ce temps, le quatrième corps attaquait le village de Ligny ; il y trouva beaucoup de résistance ; mais l'attaque fut dirigée et soutenue avec la plus vive opiniâtreté.

» Des batteries occupaient tout l'intervalle des deux villages pour contre-battre l'artillerie que l'ennemi avait placée en regard et sur le penchant du coteau.

» Je voyais avec complaisance se prolonger cette canonnade à notre avantage. Les troupes destinées à protéger nos batteries, étant éloignées et masquées par les sinuosités du terrain, n'éprouvaient aucun dommage. Celles de l'ennemi, au contraire, étant disposées par masses et en amphithéâtre, derrière ces batteries, éprouvaient les plus grands ravages. Il paraît que l'intention de l'empereur était de porter une réserve au-delà du ravin et sur la position de l'ennemi, aussitôt que nous serions entièrement maîtres du village de Ligny.

» Cette manœuvre isolait entièrement la gauche des Prussiens et la mettait à notre discrétion. Le moment de l'exécuter n'est arrivé qu'entre quatre et cinq heures, lorsque l'empereur fut informé que le maréchal Ney, qui se trouvait loin de notre gauche à la tête du premier et du deuxième corps, avait en tête des forces anglaises très-considérables et avait besoin d'être soutenu. S. M. ordonna que huit bataillons de chasseurs de la vieille garde et une grande partie des réserves de l'artillerie se portassent à la gauche du village de Saint-Amand, au secours des deux premiers corps; mais bientôt on reconnut que ce renfort n'était pas nécessaire, et il fut rappelé vers le village de Ligny, par lequel l'armée devait déboucher. Les grenadiers de la garde traversèrent le village, culbutèrent l'ennemi, et l'armée, chantant l'hymne de la victoire, prit position au-delà du ravin, sur le champ qu'elle venait d'illustrer par les plus beaux faits d'armes.

» J'ignore quels sont les autres trophées qui illustrèrent cette grande journée, mais ceux que j'ai vus, sont plusieurs drapeaux et vingt-quatre pièces ennemies rassemblées sur le même point.

» Dans aucune circonstance, je n'ai vu les troupes françaises combattre avec un plus noble enthousiasme; leur élan, leur valeur faisaient concevoir les plus grandes espérances. Le lendemain matin, j'ai parcouru le champ de bataille : je l'ai vu couvert de morts et de blessés ennemis. L'empereur fit donner des secours et des consolations à ces derniers. Il laissa sur le terrain des officiers et des troupes chargées spécialement de les recueillir.

» Les paysans emportaient les Français blessés avec le plus grand soin. Ils s'empressaient de leur apporter des secours; mais on était forcé d'employer les menaces pour les obliger d'enlever les Prussiens, auxquels ils paraissaient porter beaucoup de haine.

» D'après les rapports des reconnaissances, on apprit qu'après la bataille l'armée ennemie s'était partagée en deux; que les Anglais prenaient la route de Bruxelles, que les Prussiens se dirigeaient vers la Meuse. Le maréchal Grouchy, à la tête d'un gros corps de cavalerie et des troisième et quatrième corps d'infanterie, fut chargé de poursuivre ces derniers. L'empereur suivit la route des Anglais avec les premier, deuxième et sixième corps et la garde impériale.

» Le premier corps, qui était en tête, attaqua et culbuta plusieurs fois l'arrière-garde ennemie, et la suivit jusqu'à la nuit qu'elle prit position sur le plateau en arrière du village de Mont-Saint-Jean; sa droite s'étendant vers le village de Braine, et sa gauche se prolongeant indéfiniment dans la direction de Vavres. Il faisait un temps affreux. Tout le monde était persuadé que l'ennemi prenait position pour donner à ses convois et à ses parcs le temps de traverser la forêt de Soignes; et que lui-même exécuterait le même mouvement à la pointe du jour.

» Au jour, l'ennemi fut reconnu dans la même position. Il faisait un temps effroyable, qui avait tellement dénaturé les chemins, qu'il était impossible de manœuvrer avec l'artillerie dans la campagne. Vers neuf heures, le temps s'éleva, le vent sécha un peu la campagne; et l'ordre d'attaquer à midi fut donné par l'empereur.

» Fallait-il attaquer l'ennemi en position avec des troupes fatiguées par plusieurs journées de grandes marches, une grande bataille et des combats? ou bien fallait-il leur donner le temps de se remettre de leurs fatigues, et laisser l'ennemi se retirer tranquillement sur Bruxelles?

» Si nous avions été heureux, tous les militaires auraient déclaré que c'eût été une faute impardonnable de ne pas poursuivre une armée en retraite, lorsqu'elle n'était plus qu'à quelques lieues de sa capitale, où nous étions appelés par de nombreux partisans.

» La fortune a trahi nos efforts; et alors on regarde comme une grande imprudence d'avoir livré bataille. La postérité, plus juste, prononcera.

» Le deuxième corps commença l'attaque à midi. La division commandée par le prince Jérôme attaquait le bois qui était placé en avant de la droite de l'ennemi. Il s'avança d'abord, et fut repoussé, et n'en resta entièrement maître qu'après plusieurs heures de combat opiniâtre.

» Le premier corps, dont la gauche était appuyée à la grande route, attaquait en même temps les maisons de Mont-Saint-Jean, s'y établissait, et se portait jusque sur la position de l'ennemi. Le maréchal Ney, qui commandait les deux corps, se trouvait de sa personne sur la grande route, pour diriger les mouvemens suivant les circonstances.

» Le maréchal me dit, pendant la bataille, qu'il allait faire un grand effort sur le centre de l'ennemi, pendant que la cavalerie ramasserait les pièces qui paraissaient n'être pas beaucoup soutenues. Il me dit plusieurs fois, lorsque je lui portais des ordres, que nous allions remporter une grande victoire.

» Cependant le corps prussien, qui s'était joint à la gauche des Anglais, se mit en potence sur notre flanc droit, et commença à l'attaquer vers cinq heures et demie du soir. Le sixième corps, qui n'avait pas pris part à la bataille du 16, fut disposé pour lui faire face, et fut soutenu par une division de la jeune garde et quelque batteries de la garde. Vers sept heures on aperçut dans le lointain, vers notre droite, un feu d'artillerie et de mousqueterie. On ne douta pas que le maréchal Grouchy n'eût suivi le mouvement des Prussiens et ne vînt prendre part à la victoire. Des cris de joie se font entendre sur toute notre ligne. Les troupes, fatiguées par huit combats, reprennent vigueur et font de nouveaux efforts. L'empereur regarde cet instant comme décisif. Il porte en avant toute sa garde; ordonne à quatre bataillons de passer près le village de Mont-Saint-Jean, de se porter sur la position ennemie, et d'enlever à la baïonnette tout ce qui résisterait. La cavalerie de la garde et tout ce qui restait de cavalerie sous la main seconda ce mouvement. Les quatre bataillons, en arrivant sur le plateau, sont accueillis par le feu le plus terrible de mousqueterie et de mitraille. Le grand nombre de blessés qui se détache fait croire que la garde est en déroute. Une terreur panique se communique aux corps voisins, qui prennent la fuite avec précipitation. La cavalerie ennemie, qui s'aperçoit de ce désordre, est lâchée dans la plaine; elle est contenue pendant quelque temps par les douze bataillons de la vieille garde qui n'avait point encore donné; et qui, entraînés eux-mêmes par ce mouvement inexplicable, suivent, mais en ordre, la marche des fuyards.

Toutes les voitures d'artillerie se précipitent sur la grande route; bientôt elles s'y accumulent tellement qu'il est impossible de les faire marcher : elles sont, pour la plupart, abandonnées sur le chemin et dételées par les soldats qui en emmènent les chevaux.

» Tout se précipite vers le pont de Charleroi et celui de Marchiennes, d'où les débris furent dirigés sur Philippeville et Avesnes.

» Tel est l'exposé de cette funeste journée. Elle devait mettre le comble à la gloire de l'armée française, détruire toutes les vaines espérances de l'ennemi, et peut-être donner, très-prochainement, à la France, la paix si désirée; mais le ciel en a décidé autrement : il a voulu qu'après tant de catastrophes notre malheureuse patrie fût encore une fois exposée aux ravages des étrangers.

» Quoique nos pertes soient considérables, notre position n'est cependant pas désespérée. Les ressources qui nous restent sont bien grandes si nous voulons les employer avec énergie.

» Le corps commandé par le maréchal Grouchy, et composé du 5e et du 4e corps d'infanterie et d'un grand corps de cavalerie, vient d'effectuer sa retraite par Namur; il est rentré en France par Givet et Rocroy : son matériel est intact. Les débris des corps battus à Mont-Saint-Jean forment déjà une masse respectable, qui s'augmente de jour en jour. Le ministre de la guerre a annoncé à la Chambre qu'on pouvait disposer de vingt mille hommes pris dans les dépôts.

» Les mesures, prises par les Chambres, pour appeler à la défense de la patrie tous les hommes en état de porter les armes, donneront bientôt un grand nombre de bataillons, si l'on presse, avec toute l'activité possible, la levée et l'embrigadement, et la formation de ces bataillons.

» Le reste du matériel peut être facilement réparé; nous avons à Paris trois cents pièces de bataille avec leur approvisionnement. La moitié de ces pièces suffit pour remplacer celles que nous avons perdues. Il suffit que les Chambres prennent des mesures pour avoir les chevaux et les conducteurs, ce qui, dans une ville comme Paris, peut être effectué en vingt-quatre heures.

» Je ne puis assez le répéter à la Chambre : la dernière catastrophe ne doit pas décourager une nation grande et noble comme la nôtre, si nous déployons, dans cette circonstance, toute l'énergie nécessaire. Ce dernier malheur ne fera que relever notre gloire. Et quel est le sacrifice qui coûterait aux vrais amis de la patrie, dans un moment où le souverain que nous avons proclamé naguère, que nous avons revêtu de toute notre confiance, vient de faire le plus grand et le plus noble de tous les sacrifices ?

» Après la bataille de Cannes, le sénat romain vota des remercîmens au général vaincu, parce qu'il n'avait pas désespéré du salut de la république; et s'occupa sans relâche de lui donner des moyens de réparer les désastres qu'il avait occasionnés par son entêtement et ses mauvaises dispositions.

» Dans une circonstance infiniment moins critique, les représentans de la nation se laisseront-ils abattre et oublieront-ils les dangers de la patrie pour s'occuper de discussions intempestives, au lieu de recourir au remède qui assure le salut de la France ? »

Le discours de Drouot était à peine terminé que Ney se leva, annonçant l'intention de parler. Les personnes qui l'environnaient, cherchèrent à le calmer; et les cris *l'impression*, poussés avec force, lui apprirent qu'on ne voulait pas l'entendre. En conséquence il se tait et se rassied.

On ordonne l'impression à six exemplaires; mais comme le général n'avait pas écrit son discours, il est invité à le rédiger de suite.

La séance est suspendue.

Elle est reprise à cinq heures, sous la présidence de M. le comte Lacépède.

On annonce un message de la Chambre des Représentans.

M. le comte Thibaudeau en donne lecture. (C'est celui relatif à l'empereur Napoléon II.) Voyez *Chambre des Représentans.*

Plusieurs membres. « Aux voix.»

M. le comte Boissy. « Il n'y a rien à dire à cela. »

M. le comte Lameth. « Est-ce une simple adhésion qu'on demande, ou veut-on nous faire prendre une résolution en forme ? »

M. le comte Boissy. « La Chambre des Représentans a passé à l'ordre du jour motivé. Elle a jugé à propos de nous en donner communication. Il n'a pas été fait de proposition à la Chambre : nous n'avons aucune délibération à prendre.»

M. le comte Thibaudeau. « Il semble qu'en effet la Chambre des Pairs ne peut délibérer sur l'acte qui lui est envoyé; aussi je ne veux pas faire de proposition tendant à établir une délibération sur cet acte. Je saisis seulement la circonstance pour rappeler ce qui s'est passé hier dans cette Chambre. Il n'a pas été fait, dit-on, de proposition, par conséquent il n'y a pas lieu à délibérer.

»Je dis qu'il a été fait une proposition, formelle, la même sur laquelle la Chambre des Représentans a passé à l'ordre du jour. Je rappellerai l'état dans lequel la Chambre a laissé la séance.

» La proposition a été faite de reconnaître que par le fait de l'abdication de Napoléon Ier Napoléon II était empereur.

» Une discussion s'est élevée. Tous se sont réunis pour l'ajournement : aussi a-t-il été prononcé. Tel est l'état dans lequel se trouvait la question. Maintenant je propose que la discussion soit reprise.

» Il s'agissait d'une proposition semblable à celle sur laquelle la Chambre des Représentans a passé à l'ordre du jour motivé, proposition qui avait devancé celle des Représentans. Il ne s'agit plus que de prendre une délibération.

» Parlant sur le fond de la proposition, je dis que le voile dont on parlé hier, sans doute avec des intentions pures, est levé aujourd'hui ; il est levé à la satisfaction des amis de la patrie, parce que les ennemis de la France pensaient qu'il cachait le gouvernement que les étrangers voulaient nous donner ; ce gouvernement qu'une minorité factieuse voudrait nous imposer ; ce gouvernement destructif des vrais intérêts de la nation ; ce gouvernement qui n'est en harmonie avec aucune de nos existences depuis vingt-cinq ans, qui n'est d'accord avec aucune de nos institutions ni militaires ni civiles.

» Je pense donc que la Chambre doit, par une délibération aussi solennelle que celle de la Chambre des Représentans, non pas adhérer à sa délibération, mais en prendre une semblable.

» J'en fais la proposition. » (Appuyé.)

M. le comte de Latour-Maubourg. « Il n'y a qu'un fait à vérifier. Y a-t-il eu ajournement ? » On lit le procès-verbal : il constate qu'il y a eu ajournement.

M. le président. « Alors je mets aux voix la proposition de M. Thibaudeau. » Elle est adoptée à l'unanimité.

La résolution sera envoyée à la Chambre des Représentans. — La séance est levée à cinq heures trois quarts et remise à demain midi.

A peine l'énergique conduite des Représentans dans la séance du 22 fut-elle connue dans Paris, que la population sortit de la stupeur où elle était plongée. Tous les souvenirs révolutionnaires se réveillèrent à la fois ; et si, dans quelques classes de la société, ils excitèrent des craintes, dans le plus grand nombre au contraire, chez la jeunesse, dans la masse du peuple, ils ranimèrent les espérances. On crut encore une fois, que la nation pourrait conquérir le droit de disposer d'elle-même, au prix d'un grand sacrifice ; et chacun était disposé à le faire. On se rappela le temps où une autre assemblée administrait la France et organisait la victoire : on pensa que ce temps pouvait revenir. On se disait qu'enfin l'on allait combattre, non pour un homme ou une dynastie, mais pour la patrie et pour la patrie toute seule. Mais ces dispositions énergiques de la population, qu'il suffisait d'aider, furent refroidies par la décision du 23. Malgré les assertions des orateurs bonapartistes, il n'était pas vrai que le nom de l'empereur eût l'influence que l'on supposait. Sa conduite depuis le 20 mars, ses revers avaient désenchanté les masses : elles regrettaient déjà de s'être si imprudemment jetées dans ses bras, par haine des Bourbons. Et que leur faisait la dynastie impériale? Elles pouvaient respecter un grand homme de guerre, aimer le compagnon de leur gloire nationale ; mais depuis long-temps les préjugés de la race et du sang étaient effacés dans les cœurs français ; l'hérédité des fonctions politiques nous était odieuse. Le nom de Napoléon II ne représentait donc rien, excepté pour ceux qui tenaient à la cour impériale.

Cependant la commission du gouvernement avait nommé Lafayette, d'Argenson, Sébastiani, Pontécoulant et Laforêt plénipotentiaires pour négocier avec les coalisés. Benjamin Constant leur fut adjoint comme secrétaire. D'après leurs instructions, leurs négociations devaient avoir pour but d'abord d'obtenir un armistice. Quant au traité définitif, deux points essentiels devaient en former la base : l'intégralité du territoire, l'éloignement des Bourbons et la reconnaissance de Napoléon II. Mais, pendant que les plénipotentiaires recevaient ce mandat de la commission, Fouché entamait, de son côté, des négociations secrètes, par le moyen de Vitrolles, commissaire de Louis XVIII, qu'il avait fait mettre en liberté, et de l'ex-oratorien Gaillard, ami de Talleyrand, de l'abbé Louis et de Jaucourt. En même temps, il rassurait tous les partis, en leur promettant la satisfaction de leurs désirs. La police recevait ordre de faire disparaître des étalages des marchands les caricatures anti-royalistes. Le café *Montansier*, espèce de club où se réunissaient les bonapartistes pour entendre chanter des couplets patriotiques, était fermé pour cause de tranquillité publique.

Le 24 juin, la commission du gouvernement publia la proclamation suivante :

Proclamation de la commission du gouvernement aux Français. Paris, le 24 juin 1815.

« Français ; dans l'espace de quelques jours, des succès glorieux et un revers affreux ont de nouveau agité vos destinées.

» Un grand sacrifice a paru nécessaire à votre paix et à celle du monde : Napoléon a abdiqué le pouvoir impérial ; son abdication a été le terme de sa vie politique ; son fils est proclamé.

» Votre Constitution nouvelle, qui n'avait encore que de bons principes, va recevoir tous ses développemens ; et ses principes mêmes vont être épurés et agrandis.

» Il n'existe plus de pouvoirs jaloux l'un de l'autre ; l'espace est libre au patriotisme éclairé de vos représentans ; et les pairs sentent, pensent et votent comme vos mandataires.

» Après vingt-cinq années de tempêtes politiques, voici le moment où tout ce qui a été conçu de sage, de sublime, sur les institutions sociales, peut être perfectionné encore dans les vôtres.

» Que la raison et le génie parlent; et de quelque côté que se fasse entendre leur voix, elle sera écoutée.

» Des plénipotentiaires sont partis pour traiter au nom de la nation; et négocier avec les puissances de l'Europe cette paix qu'elles ont promise à une condition qui est aujourd'hui remplie.

» Le monde entier va être attentif comme vous à leur réponse; leur réponse fera connaître si la justice et les promesses sont quelque chose sur la terre.

» Français, soyez unis; ralliez-vous tous dans des circonstances si graves.

» Que les discordes civiles s'apaisent; que les dissentimens même se taisent dans ce moment où vont se discuter les grand intérêts des nations.

» Soyez unis du nord de la France aux Pyrénées, de la Vendée à Marseille.

» Quel qu'ait été son parti, quels que soient ses dogmes politiques, quel homme, né sur le sol de la France, pourrait ne pas se ranger sous le drapeau national pour défendre l'indépendance de la patrie?

» On peut détruire en partie des armées; mais l'expérience de tous les siècles et de tous les peuples le prouve, on ne détruit pas, on ne soumet pas surtout, une nation intrépide qui combat pour la justice et pour sa liberté.

» L'empereur s'est offert en sacrifice, en abdiquant.

» Les membres du gouvernement se dévouent en acceptant de vos représentans les rênes de l'état.

Signé, le duc d'OTRANTE, président. — Pour copie conforme, le secrétaire adjoint au ministre secrétaire-d'état. *Signé*, T. BERLIER. »

« La commission du gouvernement, vu la résolution des Chambres portant que tous les Français sont appelés à la défense de la patrie, arrête ce qui suit :

» ART. 1er. Les jeunes gens de 1815, restant des cent soixante mille hommes, dont la levée a été ordonnée le 9 octobre 1815, seront sur le champ mis en activité.

» 2. Les jeunes gens de 1815, mariés antérieurement à la publication du présent arrêté, sont dispensés de l'appel.

» 3. Les individus faisant partie des bataillons de gardes nationales, de grenadiers ou de chasseurs mobilisés qui appartiennent aux classes levées en 1815 et années antérieures, sont mis à la disposition du gouvernement, pour être employés dans l'armée de ligne, soit en corps de bataillons, soit par leur incorporation dans les cadres de l'armée.

» 4. Les individus mariés, compris dans l'article précédent, resteront dans les bataillons de garnison.

» 5. Les bataillons de gardes nationales qui auront ainsi fourni des hommes à l'armée seront complétés par les départemens auxquels ils appartiennent.

» 6. Les autorités administratives chargées d'opérer ce complètement appelleront d'abord, à cet effet, les hommes non mariés ou les hommes veufs sans enfans.

» 7. Le ministre de la guerre est chargé de l'exécution du présent arrêté, qui sera inséré au Bulletin des lois.

» *Signé* le duc D'OTRANTE; comte GRENIER; CAULAINCOURT, duc de Vicence; CARNOT; QUINETTE. — Pour expédition conforme, *le secrétaire-adjoint au ministre secrétaire d'état*, signé T. BERLIER.

Les élèves de l'école polytechnique à MM. les membres de la commission exécutive.

» Messieurs, soumis aux décisions de ceux qui sont investis des pouvoirs et de la confiance du peuple, nous demandons à servir la cause nationale, et à marcher les premiers à la rencontre de l'ennemi pour venger nos frères ou mourir comme eux sous les drapeaux de l'indépendance.

» Nous sommes avec respect. » (Suivent deux cent vingt-cinq signatures.)

Garde nationale de Paris. — État-major général. — Ordre du jour. — Paris, le 24 juin 1815.

« La commission du gouvernement vient de me faire l'honneur de me nommer commandant de la garde nationale de Paris. Cette preuve de confiance me flatte infiniment, et je désire d'autant plus la justifier, que je regarde ce commandement comme l'un des plus importans que j'aie eus dans ma carrière militaire.

» L'institution des gardes nationales a pour objet de maintenir l'ordre intérieur et de faire respecter les personnes et les propriétés. Celle de Paris a toujours donné l'exemple d'un zèle qui l'honore aux yeux de la patrie. Dans les circonstances où nous nous trouvons, elle maintiendra la réputation de dévouement qu'elle s'est justement acquise; et elle me verra toujours joindre mes efforts aux siens pour un si noble résultat. Ces mêmes circonstances ont déterminé la Chambre des Pairs et celle des Représentans à créer une commission de gouvernement. Défendons, respectons et faisons respecter les actes qui en émanent; rappelons-nous sans cesse que le rétablissement de la paix, et la conservation de la tranquillité publique, sont le sujet des travaux de nos premières autorités. Rallions-nous autour d'elles et secondons-les de tous nos moyens.

» La garde nationale de Paris apprendra avec satisfaction que M. le lieutenant-général, comte Durosnel, conserve la place de commandant en second; elle trouvera dans la lettre ci-après, qui lui a été écrite en cette occasion, une digne récompense des services qu'il a rendus.

» La commission du gouvernement vous prévient, M. le comte, qu'elle vient
» de nommer commandant en chef de la garde nationale de Paris M. le maré-
» chal prince d'Esling; vous conserverez la place de commandant en second.
» La commission se plaît à vous donner cette preuve de la confiance du gou-
» vernement; elle désire que vous le regardiez comme un témoignage authen-
» tique, qu'on est satisfait des services que vous n'avez cessé de rendre à la
» patrie. — *Le maréchal duc* DE RIVOLI, *pair de France, commandant en chef*
» *de la garde nationale de Paris;* signé prince D'ESSLING. »

La garde nationale de Paris montrait des dispositions excellentes : elle était déjà chargée d'un service considérable dont elle s'acquittait avec zèle. Outre le service de police de la ville, elle fournissait chaque jour des piquets considérables aux mairies, aux Chambres et aux principaux établissemens publics. Elle fit plus; elle demanda à être employée activement hors de la ville. Des députations d'un grand nombre de bataillons se rendaient à l'état-major pour solliciter cette faveur : aussi, dans son ordre du jour, Masséna crut devoir lui rappeler qu'elle était uniquement chargée *de maintenir l'ordre intérieur*. On dit que cette modération extraordinaire et incompréhensible, dans les circonstances où l'on se trouvait avait été inspirée au vieux maréchal par Fouché, qui ne craignait rien de plus qu'un mouvement national. Il travaillait en effet en faveur des Bourbons : il était, comme nous l'avons vu déjà, en correspondance avec eux. Quoi qu'il en soit, les députations de la garde nationale continuèrent à affluer à la commission du gouvernement et chez le commandant général. On leur répondait : *Restez tranquilles, mes amis, quand il en sera temps on vous avertira* : et, ajoute Thibaudeau, l'on se moquait d'elles quand elles étaient sorties des Tuileries, ou de chez leur général. On aurait pu tirer de la garde nationale de Paris au moins quinze mille hommes en état d'entrer en campagne, composés d'anciens militaires et de jeunes gens pleins d'ardeur ; car tous ceux de ces derniers qui ne s'étaient point inscrits dans les bataillons de fédérés étaient entrés dans les légions.

Représentans.—Séance du 24 juin.

M. *Dupont de l'Eure* occupe le fauteuil.

M. *Regnault*. « Je demande que, nonobstant les travaux d'urgence auxquels la Chambre est appelée, elle continue à s'occuper du travail relatif à la révision de nos constitutions ; cet objet est trop important pour le négliger. — Je demande, en conséquence, que les quatre-vingt-sept membres qui ont dû être nommés par les députations soient réunis ; et qu'il soit procédé immédiatement à la division des membres en bureaux. »

M. *Bedoch*, l'un des secrétaires. « Vingt-neuf députations n'ayant pas encore fait connaître les membres qu'elles ont choisis, il ne peut être en ce moment donné suite à la motion de M. Regnault. »

Un secrétaire fait lecture de deux messages de la commission de gouvernement, qui notifie qu'elle s'est constituée sous la présidence de M. le duc d'Otrante, et qu'elle a fait choix de M. le prince d'Essling pour le commandement de la garde nationale de Paris.

Ces notifications seront mentionnées au procès-verbal.

Le même secrétaire communique à la Chambre un message de M. le vice-président de la Chambre des Pairs, portant envoi de l'acte par lequel la Chambre a, dans sa séance d'hier, proclamé Napoléon II empereur des Français. Mention au procès-verbal.

M. *Clément du Doubs* fait lecture du procès-verbal.

La mention du mouvement manifesté par l'assemblée en faveur de Napoléon II dans la séance d'hier, mention qui avait été votée par la Chambre, donne lieu à une observation de M. Henry Lacoste.

En convenant qu'il a lui-même partagé ce mouvement général, son opinion est que, pour ne pas contredire le règlement qui interdit toute marque d'approbation ou d'improbation, il serait convenable de ne pas constater cet incident au procès-verbal.

« On demande, dit M. *Jacotot*, que le procès-verbal ne dise pas que l'assemblée a donné des signes d'approbation défendus par le règlement. Nous n'avons pas donné de signes d'approbation. Nous avons crié vive l'empereur ! On peut exprimer dans le procès-verbal que nous avons crié vive l'empereur ! mais que cet élan était contraire à notre règlement. » — L'ordre du jour est demandé.

M. Dumolard rappelle qu'en effet l'assemblée s'est levée en masse aux cris de vive l'empereur ! et qu'il a été demandé que ce mouvement d'enthousiasme fût consigné dans le procès-verbal.

M. le président fait cesser la discussion en déclarant que la circonstance qui a donné lieu à la réclamation de M. Lacoste ne sera pas mentionnée.

Un membre élève quelques doutes sur l'exactitude de la transcription au procès-verbal de la réponse faite par l'empereur à M. le président, organe de la commission chargée par la Chambre, dans sa séance d'avant-hier, de se rendre auprès de S. M.

M. Dupont fait observer que M. Lanjuinais a rendu fidèlement à l'assemblée la réponse de l'empereur, quant au sens, mais non pas peut-être absolument dans les même termes.

M. Lanjuinais et les autres membres du bureau se concerteront pour que l'insertion de la réponse de S. M. au procès-verbal puisse offrir toute la fidélité désirable.

M. Dubois, de la Seine. Le grand acte de dévouement qui vient d'avoir lieu, le sacrifice magnanime fait par l'empereur en face de l'Europe pour satisfaire au vœu des nations.... (« *Une voix :* Il n'est pas question des nations. ») Cet acte, messieurs, est un grand exemple pour vous d'être justes ; vous dire un mot de cette belle page de l'histoire de Napoléon, c'est tourner naturellement vos esprits et vos cœurs vers le développement d'une conception généreuse, l'abolition de la confiscation des biens.

» Cette mesure entrait absolument dans les vues du cabinet ; je dis, messieurs, qu'il faut abolir la confiscation des biens. C'est dans les moments de trouble qu'il faut recourir aux mesures de sagesse et de pacification ; c'est surtout dans ces momens qu'il faut empêcher que des familles entières s'arment contre nous. Les proscriptions, les confiscations ne sont plus dignes de notre siècle ; elles furent long-temps inconnues chez les Romains. Ce fut le dictateur Scylla qui imagina les proscriptions, les confiscations. Mais les Antonin, les Trajan, les Marc-Aurèle, les abolirent. On les vit reparaître sous notre régime féodal. Sous Philippe-Auguste, elles reçurent un accroissement de sévérité que dicta l'avarice. Les seigneurs féodaux s'approprièrent ce droit sur leurs vassaux, et cette source de richesses pour eux en fut une nouvelle de malheurs pour le peuple.

» C'est ainsi que dans quelques coutumes de France, on avait consigné ce principe, que , *qui confisque le corps confisque les biens* : la peine de mort entraînait la confiscation des biens du condamné, au préjudice de sa veuve, de son fils, de son petit-fils, de son arrière-petit-fils, de sa génération tout entière. A l'époque de la révocation de l'édit de Nantes, voyez quels effets ont produits les confiscations ! nos arts, nos manufactures quittèrent la France et se réfugièrent chez l'étranger ; le souvenir ne s'en est point encore effacé. Tout meurt, tout s'oublie, c'est une loi de nature ; le sentiment de la mort d'un père s'affaiblit, la perte des biens ne peut s'oublier. Souvenez-vous, messieurs, que la Convention nationale ne fut jamais plus grande, plus généreuse, que le jour où elle décréta la remise des biens aux condamnés. Oh ! combien Legendre fut imposant au moment où il dit, en parlant du propriétaire d'un bien de condamné : « Ne croira-t-il pas voir dans chaque goutte de rosée qui tombera sur la trace de ses pas, une larme de l'innocence ? »

» Ce n'est pas dans le siècle de l'abolition de la traite des nègres qu'on doit entendre parler de confiscations. Je le répète : cette mesure est injuste et odieuse. A-t-elle pour but d'enrichir le trésor ? la nation est trop grande pour vouloir d'une semblable source de fortune. Les produits des confiscations sont-ils destinés à alimenter les veuves et orphelins des militaires ? ce serait rendre bien peu de justice à la noblesse des sentimens qui animent les veuves et les orphelins des braves morts au champ d'honneur, que de penser qu'ils ne rejetteraient point avec dédain de tels secours. J'ai en conséquence l'honneur de proposer à la Chambre le projet de loi suivant :

» La peine de la confiscation des biens, mobiliers et immobiliers, est abolie pour toute espèce de crimes ou délits, excepté pour cas de contrebande. »

M. le président. « La proposition, développée par M. Dubois, étant appuyée, je consulte l'assemblée pour savoir si elle la prend en considération. »

Un membre demande le renvoi à la commission de Constitution.

D'autres demandent l'ajournement.

L'ajournement est prononcé.

Un membre demande que la question soit posée de nouveau, et se plaint que la délibération ait été en quelque sorte enlevée.

M. le président. « Je dois déclarer que l'immense majorité de l'assemblée a voté l'ajournement ; à cet égard l'avis du bureau est unanime.

M. Jay. « Je ne viens point combattre la décision prise par la Chambre, mais proposer un amendement motivé, pour assurer le complément d'une résolution qui peut avoir une si grande influence sur l'opinion publique ; je demande l'ajournement de la proposition et son renvoi à la commission de Constitution.

Le renvoi est ordonné presque unanimement.

M. le président fait donner lecture des communications suivantes qui lui sont adressées par la commission de gouvernement.

« Paris, le 24 juin 1815.

» J'ai l'honneur de vous adresser les copies de deux lettres qui viennent d'être envoyées à M. le directeur de la guerre. — *Signé* duc D'OTRANTE. »

A S. A. S. le ministre de la guerre.

« Monseigneur, j'ai l'honneur de rendre compte à V. Exc., que par suite des affaires de Thouars et de Pont-de-Vrines, M. Auguste de Laroche-Jacquelin m'a demandé, par sa lettre de ce jour, une suspension d'armes jusqu'au 25 compris.

» J'ai le plus grand espoir de réussir ; mais, Monseigneur, je prie V. A. de m'honorer de ses ordres pour tracer ma conduite dans cette affaire délicate. — *Signé* le baron DELAAGE. »

« Clisson, le 22 juin 1815.

« Monseigneur, j'ai eu l'honneur de rendre compte à V. A. de ma marche sur Pallluau et sur Légé. Mon but a été d'aller au-devant des grands rassemblemens qui se formaient dans le Bocage pour s'avancer vers la côte et favoriser un nouveau débarquement. Le 17, l'avant-garde, placée à Saint-Étienne-des-Bois ; dispersa deux à trois mille hommes qui s'étaient portés de Saint-Fulgent sur Banfous : le 19, la première brigade, commandé par le général Estève, eut ordre de faire une reconnaissance sur la Roche-Servière, où on annonçait que les corps de Suzanet, d'Autichamp, Sapinault, Saint-Hubert, etc. s'étaient réunis.

» Malgré les dispositions des chefs, qui avaient ordre de ne rien engager, les compagnies de voltigeurs des 8ᵉ léger, 27ᵉ et 47ᵉ de ligne, emportées par une ardeur que rien ne put contenir, s'élancèrent au milieu d'une avant-garde de douze à quinze cents hommes, et soutenues à propos par deux compagnies de gendarmes, elles l'enfoncèrent et lui firent éprouver une perte considérable.

» Assuré de la présence de l'ennemi sur ce point, je réunis dans la nuit, à la division du général Brayère, la première brigade du général Travot.

» Le 20, à la pointe du jour, les troupes se mirent en marche, et l'on rencontra une avant-garde de trois mille hommes embusquée entre Légé et la Roche-Servières. Elle fut promptement repliée par le 8e léger, que soutenaient deux bataillons de voltigeurs et de tirailleurs de la jeune garde; et nous arrivâmes devant leurs fortes positions de la Roche-Servières, qui dans le bocage le plus épais de toute la Vendée, et couverte par la rivière de Boulogne, qui dans ce moment offrait un grand volume d'eau, présentait de grandes difficultés à surmonter. Le général Brayère fit de très-bonnes dispositions. Nous aurions perdu beaucoup de monde en cherchant à forcer le pont principal que dominaient, à portée de pistolet, les maisons de la ville et les ruines d'un vieux château. On se borna à déployer quelques troupes en face de ce point et à y établir une forte fusillade, tandis que le brave 47e, appuyé par les gendarmes, se portait sur notre gauche, et profitait d'un moulin pour traverser la rivière, et que le 27e et un bataillon de la jeune garde forçaient sur notre droite le passage, en ayant de l'eau jusqu'à la ceinture.

» L'ennemi qui garnissait le village ne s'aperçut que tard des mouvemens qui lui coupaient toute retraite; et au moment où il songeait à se retirer, le 8e léger et le reste de la division formée en colonne, traversèrent le pont aux cris de *vive l'empereur!* et lui firent éprouver une grande perte. Ce qui se sauva fut obligé de défiler sous le feu des deux colonnes cernantes, et plusieurs des chefs y périrent. Une compagnie du 12e de dragons et quelques gendarmes s'élancèrent sur la cavalerie ennemie, qui n'osa pas les attendre et augmenta le désordre de ces grandes masses qui, prises dans tous les sens, se mirent dans une déroute complète, et s'enfuirent dans diverses directions. La perte de l'ennemi, dont le nombre, d'après tous les rapports, s'élevait de dix-huit à vingt mille hommes, doit être de douze à quinze cents hommes tués ou blessés. De notre côté, les mouvemens ont eu tant d'ensemble et de rapidité que nous n'avons eu que dix morts et une soixantaine de blessés. — *Signé*, LAMARQUE.

Après la lecture de ces pièces, la chambre reçoit une seconde communication du gouvernement provisoire : elle consiste dans une arrêté dont la teneur suit :

« Paris, le 24 juin 1815.

» Monsieur le président, quand la loi du budget vous a été proposée, les besoins étaient moins pressans, les ressources plus grandes, le crédit plus étendu.

» Aujourd'hui, il faut des moyens effectifs, prompts, infaillibles.

» La voie des réquisitions est sans doute fâcheuse, sujette à des abus; mais les circonstances sont impérieuses et le salut de la patrie commande.

» Toutefois, le gouvernement a considéré, d'un côté, que le respect pour la propriété ne lui permettait pas de faire des réquisitions sans l'intervention de la loi; d'un autre côté, qu'il fallait les régulariser pour empêcher qu'elles ne devinssent un moyen de dilapidation dans les mains des subalternes, et pour assurer le paiement des citoyens, sur qui les réquisitions auront été exercées.

» Pour en assurer le paiement, on fera l'estimation des objets fournis, et on délivrera aux citoyens des bordereaux qui seront, ou payés avec le produit de l'emprunt proposé au budget, ou reçus en paiement de cet emprunt.

» La commission de gouvernement vous propose le projet de loi ci-joint.

» Agréez, M. le président, les nouvelles assurances de ma plus haute considération.

» *Le président de la commission du gouvernement, signé* le duc D'OTRANTE. »

« Paris, le 24 juin 1815. »

» La commission de gouvernement arrête ce qui suit :

» Le projet de loi ci-après sera soumis à la sanction des Chambres, et immédiatement transmis à celle des représentans.

» ART. 1. Le gouvernement est autorisé à assurer, par voie de réquisition, les subsistances des armées et les transports militaires.

» 2. Le gouvernement prendra des mesures pour que, dans l'exercice de ces réquisitions, on suive des formes et on prenne des précautions propres à prévenir et réprimer les abus, et qu'on prenne des dispositions pour les punir.

» 3. Les objets requis seront estimés selon les formes accoutumées, ou d'après les mercuriales, si ce sont des denrées qui se vendent sur les marchés. Il sera délivré des reconnaissances au bas des bordereaux, énonçant la nature, la quantité et la valeur des objets requis. Ces bordereaux seront reçus pour comptant en paiement de l'emprunt ordonné par la loi du budget, ou payés sur ses produits.

» 4. Il sera nommé, dans les chambres, une commission qui recevra toutes les plaintes qui lui seront adressées contre les abus qui pourraient s'introduire dans l'exercice des réquisitions, et provoquera près du gouvernement la vérification des faits et la punition des coupables. — *Signé*, le duc d'OTRANTE, *président*. — Pour copie conforme, *le secrétaire adjoint au ministre secrétaire-d'état, signé* T. BERLIER. »

On propose le renvoi aux bureaux.

Un membre « Une seconde lecture : et qu'en raison de l'urgence, l'assemblée se prononce sans désemparer. »

M. Cambon. « Le projet d'arrêté qui vous est soumis doit être examiné avec attention. Vous avez créé une commission de gouvernement qui doit suivre dans la marche exécutive les formes constitutionnelles, et présenter à la nation une responsabilité dans le contre-seing des ministres. Il me paraît que cette proposition de loi n'est pas signée du gouvernement provisoire, et ne porte le contre-seing d'aucun des ministres. (On murmure.) Le salut des états tient à l'observation rigoureuse de cette formalité, dont l'absence a peut-être été une des premières causes qui ont fait crouler l'ancien gouvernement : tout projet soumis à la Chambre doit être signé par un ministre ayant département. »

M. Valentin. « La signature est nécessaire pour les actes, et non pour les projets de loi. » — On demande l'ordre du jour.

M. le président. « On a demandé le renvoi du projet dans les bureaux. »

Un membre. « Le salut public doit être notre loi suprême. Je demande que l'assemblée passe de suite à une seconde lecture. »

M. Barillon. « La commission du gouvernement vous adresse une mesure d'une urgence pressante. Je pense que dans les circonstances où nous nous trouvons, il peut être permis de déroger aux règles ordinaires. Je demande que la délibération ait lieu à l'instant même. » (On murmure.)

M. Flaugergues. « Je sens tout ce qu'on peut opposer à la demande d'une délibération précipitée, mais les circonstances sont urgentes ; il faut que l'état marche. On peut nommer une commission séance tenante. En ce moment la division des bureaux est impossible : on n'y aurait aucun document à discuter d'ailleurs, vous n'avez qu'une seule minute du projet de loi.

» Quant à l'observation de notre collègue Cambon, je partage son avis ; et je pense que vous devez exiger que les actes du gouvernement provisoire soient contresignés des ministres. Des lois d'urgence vous seront proposées. Elles seront motivées sur les circonstances, mais il vous faut une garantie des faits. Les formes qu'on réclame sont un des principes fondamentaux de la monarchie ; les violer ce serait se remettre en convention nationale.

» Mais, Messieurs, j'appelle votre attention sur une expression qui se trouve dans le projet de loi. J'y trouve que ces projets sont soumis à votre sanction ; ce mot n'est pas le mot propre, et ici les mots sont importans. Un projet de loi vous est proposé ; vous êtes appelés à délibérer et à voter. Tels sont les principes constitutionnels ; toute autre forme entraînerait à des habitudes dangereuses.

» Je pense au surplus que l'assemblée doit délibérer promptement sur le projet de loi. »

M. *Regnault*. « Il est très-possible d'avoir promptement des copies du projet de loi et de se retirer dans les bureaux pour délibérer. J'ajouterai un mot sur la forme dans laquelle ce projet est présenté : tout projet de loi doit être signé par un ministre secrétaire-d'état responsable. »

On demande la formation en bureaux.

M. *Gourlay de la Loire-Inférieure*. « Je demande que la commission soit nommée sur-le-champ ; il n'y a rien de plus urgent. Vous ne pouvez ajourner les besoins des défenseurs de la patrie. Je saisis cette occasion de vous rappeler les lettres dont vous venez d'entendre la lecture, et pour vous inviter à faire mention honorable de la conduite de l'armée de la Loire et de ses braves chefs, les généraux Lamarque et Travot. »

MM. Cambon et Souques demandent la parole.

M. *Cambon*. « Je propose d'entendre une nouvelle lecture du projet de loi et de discuter de suite. »

M. le président annonce un nouveau message de la commission de gouvernement. Un secrétaire en donne lecture ; il est ainsi conçu :

« Monsieur le président, les chambres ont ordonné, le 21 de ce mois, que des commissaires pris dans leur sein se réuniraient avec les ministres pour proposer des mesures de salut public.

» Dans cette réunion, on avait arrêté un projet de loi pour la levée des hommes destinés au recrutement de l'armée.

» Mais la résolution par laquelle les Chambres ont déclaré la guerre nationale, et appelé tous les Français en état de porter les armes à la défense de la patrie, dispense la commission du gouvernement de proposer d'autre projet de loi sur cette matière.

» D'après celle que les chambres ont rendue, le gouvernement appelle, pour compléter les corps dont les dépôts sont près de la capitale, les hommes de la classe de 1815 ; les mesures avaient été prises précédemment pour préparer la levée de ces hommes, et le gouvernement en accélérera, le plus possible, l'arrivée.

» A cette mesure de défense contre les étrangers, il faut joindre des mesures contre les agitateurs du dedans, contre ceux qui attisent le feu de la guerre civile, contre ceux qui voudraient l'allumer là où elle n'existe pas encore.

» Mais, autant qu'il est possible, les mesures doivent tendre à prévenir, à réprimer, à empêcher le mal. Il faut investir la police d'un grand pouvoir, plutôt qu'armer la justice d'une nouvelle loi plus sévère que celle qui existe ; il faut qu'au moment où l'on tente des voies de pacification, où des commissaires vont porter des paroles de paix aux puissances alliées, tous les malveillans se taisent, que tous les partis cessent de s'agiter et attendent dans le calme l'avenir meilleur qu'on prépare ; ou il faut qu'on force au respect de l'ordre par une surveillance sévère, par une détention répressive, les hommes qui voudraient provoquer le trouble.

» Le gouvernement propose aux chambres, pour ces motifs, le projet de loi ci-joint. — Paris, le 24 juin 1815. — *Le président de la commission de gouvernement :* Signé *le duc* d'OTRANTE. »

« La commission de gouvernement arrête ce qui suit :

» Le projet de loi ci-après sera soumis à la sanction des Chambres, et immédiatement transmis à celle des représentans.

» *Projet de loi.*

» La commission de gouvernement prendra, pour assurer la tranquillité publique, toutes les mesures conformes aux lois ; et en outre elle pourra, pendant trois mois, ordonner contre les personnes prévenues de correspondance avec les ennemis, de provoquer ou favoriser les troubles civils, d'avoir arboré d'autres couleurs, d'autres signes de ralliement que les couleurs nationales, d'avoir publié de fausses nouvelles, d'engager à la désertion, d'empêcher les militaires appelés à rejoindre,

» Soit la mise en surveillance dans un autre lieu que celui de leur résidence ;

» Soit même l'arrestation sans être obligé de traduire les personnes arrêtées devant les tribunaux dans le délai fixé par les lois. — *Signé* le duc d'OTRANTE, président. — Pour copie conforme, *le secrétaire-adjoint au ministre-secrétaire-d'état*, signé T. BERLIER. »

On demande le renvoi à la même commission : d'autres le renvoi à une autre commission.

M. Dupin. « Une loi de cette importance ne peut être rendue dans des formes contraires au règlement. »

M. Flaugergues. « Sur le premier projet de loi, j'ai demandé la formation d'une commission : sur le second, je m'oppose à ce que cette forme soit suivie. Dans le premier projet il n'est question que de sacrifices pécuniaires ; ici il s'agit de la liberté publique et de celle des citoyens, et vous devez attacher à l'adoption de cette dernière loi d'autant plus d'examen et de maturité qu'il y a plus de différence entre des sacrifices pécuniaires et celui de la liberté. Je réponds au surplus à l'opinant que c'est vous qui avez fait votre règlement ; que vous avez le droit, dans des cas très-urgens, de l'enfreindre ; et que, quand même le règlement ne serait pas ici observé, la loi que vous allez rendre n'en devrait pas avoir moins de force, ni mériter moins d'obéissance. »

On demande l'impression et la distribution. — La Chambre procède d'abord à la formation de la commission chargée de l'examen du projet de loi sur les fournitures militaires. — Cette commission sera composée de MM. Bessay Monseignat, Dauchy (de l'Oise), Sorbier, Bertier (de la Meurthe).

Le général Solignac. « On a dit dans le *Journal général* qu'il n'existait plus personne de la garde impériale ; je viens au contraire déclarer à la Chambre que, d'après un rapport du duc de Dalmatie, en date du 25, il y avait de trois à six mille hommes de la garde impériale réunis, sur lesquels il y a quinze cents chevaux. On a dit aussi que l'armée du Nord était entièrement détruite.

Le même rapport du duc de Dalmatie porte les forces réunies de l'armée du Nord à environ soixante mille hommes, dont douze mille chevaux. Il faut ajouter qu'il y a cent cinquante bouches à feu avec tous leurs équipages de guerre. »

On demande la mention au procès-verbal.

M. Duchesne propose, et l'assemblée arrête qu'elle s'occupera du projet sur les finances dans les bureaux, et qu'elle entendra le rapport de sa commission dans les premiers jours de la semaine prochaine.

Sur la proposition du même membre, la Chambre se retire dans ses bureaux pour l'examen du projet sur les mesures de salut public préparées par le gouvernement. — L'assemblée se réunira de nouveau lorsque le rapport qu'elle doit entendre sera fait. — A cinq heures la séance est reprise.

M. *Dauchy*. « Messieurs, votre commission, chargée d'examiner le projet de loi sur les fournitures militaires s'est réunie de suite; elle a examiné ce projet, et elle a reconnu à l'unanimité qu'il était d'une nécessité indispensable de l'adopter; mais il y a quelques renseignemens à recueillir et quelques changemens à faire à la rédaction.

» Votre commission ne vous présentera donc son rapport qu'à la séance de demain. Toutefois, messieurs, vous ne devez concevoir aucune sorte d'inquiétudes sur le service. Quoique la mesure soit urgente, l'ajournement à demain ne la fera pas souffrir d'une heure; car les mesures proposées ont déjà été prises depuis plusieurs mois, dans différens lieux, en vertu des ordres du gouvernement. Ainsi, il n'y a aucune inquiétude à avoir à cet égard. »

La chambre arrête qu'elle entendra demain le rapport de sa commission à l'ouverture de la séance.

M. le président annonce que plus des deux tiers des bureaux ont examiné le projet de loi sur les mesures de sûreté générale; qu'ainsi, aux termes du règlement, il consulte l'assemblée pour savoir si elle se croit assez instruite pour ouvrir la discussion, ou si elle veut entendre un rapport de la commission centrale des bureaux dans la séance de demain.

N.... « Le règlement vous réserve la faculté de délibérer, si vous croyez être assez éclairés sur des matières urgentes, sans rapport préalable; mais j'observe que plusieurs bureaux n'ont pas terminé leur travail. Ainsi l'examen ne paraît pas assez mûri, surtout quand il s'agit de prononcer sur une exception aux lois fondamentales de la Constitution, lorsqu'on vous propose l'exception la plus redoutable... » — (Des murmures interrompent.)

Plusieurs voix. « Ne discutez pas le fond, ce n'est pas la question. »

N.... « Aux voix; le rapport demain matin. »

N.... « Aux voix sur la question de savoir si le rapport est nécessaire. »

Après des débats assez prolongés et plusieurs épreuves douteuses, la Chambre arrête qu'elle entendra un rapport sur le projet de loi.

Sur la proposition de M. Dupin, les deux projets seront imprimés et distribués avant l'ouverture de la séance de demain.

Un secrétaire donne lecture de la lettre suivante :

« M. le président, le gouvernement élu par les représentans de la nation nous a chargés d'être auprès des puissances alliées les organes des intentions pacifiques, et de l'inaltérable indépendance du peuple français.

» En nous dévouant à ces nouvelles fonctions, nous avons besoin de l'approbation de la Chambre, et nous vous prions, M. le président, d'avoir la bonté de la lui demander.

» Nous regrettons que cette absence interrompe notre participation aux travaux de la Chambre, au moment surtout où, pressée par les plus chers intérêts de la patrie, elle va recueillir dans nos diverses constitutions, comme dans nos droits naturels et sociaux, tout ce qui peut constater et assurer la liberté publique; et présenter à nos amis toutes les garanties, à nos adversaires toutes les résistances nationales.

» Agréez, M. le président, l'expression de notre profond respect.

» *Signés* LA FAYETTE, HORACE SÉBASTIANI, D'ARGENSON, LAFOREST.

» Paris, le 24 juin 1815. »

La Chambre a ordonné la mention de cette lettre au procès-verbal, et accorde l'autorisation dont elle contenait la demande.

La séance de la Chambre des Pairs du 24 fut occupée par les communications du gouvernement que l'on a trouvées dans la narration de ce qui se passa dans l'assemblée des représentans.

Représentans. — Séance du 25 juin.

La séance est ouverte à deux heures un quart.

M. Dumolard donne lecture du procès-verbal de la séance d'hier.

Un membre. « Je demande que le mot *acclamation* soit substitué dans le procès-verbal au mot *mouvement*, au passage de ce procès-verbal qui rapporte l'élan de l'assemblée, au moment où Napoléon II a été proclamé empereur des Français. »

M. Dumolard. « Je partage l'avis du préopinant dans l'observation qu'il vient de vous faire. La vérité est que les mots de *vive Napoléon II!* ont été suivis d'une acclamation générale; la vérité est que vous avez hier décidé qu'il serait fait mention au procès-verbal de ce mouvement d'enthousiasme, par le mot d'acclamation; la vérité est que plusieurs journaux n'ont pas bien rendu cette partie de votre délibération. Je demande en conséquence que la substitution ait lieu. »

M. le président. « Le mot acclamation sera employé dans le procès-verbal. »

M. Dumolard annonce une adresse de la fédération parisienne à la Chambre, par laquelle les membres de cette association généreuse, déclarent qu'ils sont prêts à servir la patrie partout où le gouvernement jugera convenable de les appeler, soit sur les frontières, soit sur les hauteurs, soit dans l'intérieur de la capitale. »

M. le président. « Il sera fait mention honorable de cette adresse au procès-verbal. La Chambre veut-elle entendre la lecture d'une adresse qui lui est faite par M. les élèves de l'École de Médecine? Je dois lui faire observer qu'elle sera souvent dans le cas d'en entendre de semblables, et qu'il serait peut-être convenable, attendu l'importance des objets dont elle a à s'occuper, qu'elle décidât, une fois pour toutes, qu'elle se bornera dorénavant à entendre le sommaire des adresses qui lui seront faites. »

M. Dumolard. « Je crois que M. le président généralise une proposition qu'il serait peut-être à propos de particulariser. Les membres de la fédération parisienne font une offre bien honorable sans doute; mais il est certain que si les circonstances devenaient graves, on vous présenterait beaucoup d'adresses, beaucoup de pétitions, et que si la Chambre se décidait à ne prendre connaissance que du sommaire, elle courrait le danger d'ignorer des circonstances intéressantes, parce que les auteurs des adresses ou des pétitions, étant des particuliers ou des corporations à qui des sentimens personnels et particuliers les auraient dictées, leurs écrits pourraient renfermer des documens que les sommaires les plus précis ne présenteraient pas. Je pense qu'il n'y a pas d'inconvénient à ce que la Chambre décide qu'il lui sera donné connaissance des sommaires de chaque adresse ou de chaque pétition, sauf à elle, d'après la nature du sommaire, à demander la lecture entière de l'écrit.

M. le général Becker, rapporteur de la commission. « Votre commission administrative croit devoir vous faire connaître, messieurs, qu'en ce moment et jusqu'à nouvel ordre, les postes de la représentation nationale seront composés d'un fort détachement de la garde nationale de Paris, en exécution des ordres de M. le prince d'Essling, et de vingt-cinq tirailleurs, ainsi que l'offre généreuse en a été faite par les membres de cette corporation. Si la malveillance tentait de troubler l'ordre de vos délibérations, vous trouveriez de courageux défenseurs dans ces zélés citoyens. »

» *M. le président.* « Il sera fait mention honorable au procès-verbal, de l'offre de MM. les tirailleurs de Paris.

» Je pose la question suivante : La Chambre veut-elle qu'il lui soit donné lecture des adresses, ou simplement de leurs sommaires ? »

« *Un membre.* « J'observe à l'assemblée que quand la garde nationale a présenté une adresse, la Chambre a décidé de ne prendre connaissance que du sommaire. »

Un membre. « Il n'y a aucun de nous qui n'applaudisse aux nobles sentimens qui ont dicté l'adresse de la garde nationale ; et il me semble qu'il y aurait contradiction dans le fait de la Chambre à se décider pour la lecture entière des adresses dont elle sera appelée à prendre connaissance. »

M. Arnaud. « Je ne suis pas du tout de l'avis du préopinant. Dans les circonstances pareilles à celles où nous sommes, où nous avons besoin de tous les bras et du concours de tous les efforts, je crois que ce serait faire une injure aux braves fédérés que de ne pas donner lecture entière de l'expression de leurs nobles dispositions ; et l'on s'appuie sur un tort, si l'on s'appuie sur la détermination prise par la Chambre, relativement à l'adresse de la garde nationale de Paris. »

M. Bory de Saint-Vincent. « Non seulement les fédérés vous offrent de défendre la représentation nationale, mais ils vous offrent encore de marcher contre l'ennemi ; je demande la lecture. »

M. le président. « Je désire connaître l'opinion de la Chambre sur la question proposée. »

Un membre. « Je demande la lecture de l'adresse de la garde nationale de Paris, avant tout. »

Un autre membre. « Il n'y a pas eu d'adresse de la garde nationale de Paris, mais simplement une lettre d'un grenadier de cette garde. Si la garde nationale avait présenté une adresse, elle serait lue avec empressement. »

M. Dumolard donne lecture de l'adresse des fédérés.

« Messieurs les représentans, la patrie était menacée ; les Bretons, les Lyonnais, les Bourguignons se sont fédérés pour repousser nos agresseurs. Mus par les mêmes sentimens, les Parisiens, qui dans tous les temps donnèrent l'exemple du patriotisme, se sont levés aussitôt, et indépendamment des fédérations Saint-Antoine et Saint-Marceau, la capitale a vu se former dans son sein la fédération parisienne.

» Tandis que nos armées s'étendaient sur nos lignes, et se préparaient aux combats, la fédération parisienne s'organisait, se fortifiait, rattachait à elle tous ceux qu'appelait sa noble institution, et élevait au midi de la capitale une redoute qui portera son nom, et qu'elle a juré de défendre.

» De grands événemens viennent d'éclater ; de plus grands peut-être se préparent..... Les représentans de la nation appellent à la défense de la patrie tous les Français capables de porter les armes. La fédération parisienne a entendu cet appel; la fédération parisienne se présente tout entière. Elle compte parmi ses membres un grand nombre d'anciens militaires de tous grades, des artilleurs et des citoyens jeunes et robustes, qui tous brûlent du désir de se porter sur les points menacés, et de frapper les ennemis de notre indépendance. Les fédérés sollicitent des armes; une organisation militaire, et l'honneur de servir utilement leur pays, soit aux frontières, soit sur les hauteurs, ou dans l'intérieur de la capitale, pour veiller au maintien de l'ordre que la malveillance chercherait vainement à troubler.

» La fédération parisienne manifeste un vœu unanime; elle ne connaît point d'efforts au-dessus de son zèle pour la sainte cause de la liberté. Son espoir le plus cher, en faisant cette demande solennelle, est d'être mise à portée de prouver bientôt, par des actions, son dévouement et son patriotisme. »

» *Les membres du bureau de la confédération parisienne,* Carret, *président, chevalier de la Légion-d'Honneur, maître en la cour des requêtes;* — Chéry, *trésorier;* —Quinet, *secrétaire-général.*

M. *le président.* « Il sera fait mention honorable au procès-verbal de l'adresse des fédérés; et attendu que cette adresse contient une demande, elle sera envoyée au gouvernement. »

M. Dumolard donne lecture du sommaire d'une adresse des fédérés arriégeois à la Chambre. Cette adresse renferme l'expression d'un dévouement sans bornes à la patrie.

M. *le président.* « Il sera fait mention honorable de cette adresse au procès-verbal, et elle sera renvoyée au gouvernement, attendu qu'elle contient une demande. Je prie la Chambre de nouveau de décider positivement si elle entend que les adresses lui seront lues ainsi qu'elles seront conçues, ou simplement leurs sommaires. J'appelle toute son attention sur le soin qu'elle doit prendre de ne pas perdre un moment; et sur le danger de la précipitation à donner lecture d'écrits provenant d'auteurs qui pourraient être ennemis de la chose publique.»

M. *Cambon.* « Je suis d'avis que, pour encourager les bonnes dispositions, la Chambre prenne connaissance du texte des adresses ou pétitions. »

M. *Dumolard.* « Il me semble que les observations de M. le président sont extrêmement sages, et je vous demande, messieurs, la permission de les appuyer de quelques réflexions. J'ai eu l'honneur de vous donner lecture de l'adresse des fédérés. Cette adresse est un modèle de patriotisme; il pourrait se faire cependant que dans ces sortes d'adresses, il se trouvât quelques expressions qui ne conviussent pas toujours à la dignité de la Chambre, à la dignité de la nation. Il importe que par rapport à ces adresses, vous vous reportiez sur le choix que pourra en faire votre bureau. On vous lira sans contredit avec bien du plaisir, lorsque vous en manifesterez le désir, toutes les adresses qui ne respireront qu'amour et dévouement à la patrie; mais il peut y avoir des hommes, comme M. le président l'a observé, il peut y avoir des hommes de caractères mal intentionnés qui écrivent à la Chambre des choses que vous seriez fâchés qu'une trop grande précipitation eût divulguées; ainsi, outre la perte de temps qui suivrait la lecture du texte des adresses, puisque nous avons à nous occuper d'un grand nombre d'objets importans, nous pourrions encore nous exposer, sans une première lecture, à des surprises dangereuses. J'ai en conséquence l'honneur de proposer à la Chambre d'arrêter que son bureau prendra connaissance des adresses ou pétitions, et que lecture lui sera faite des sommaires. »

Cette proposition, mise aux voix par M. le président, est adoptée.

M. *Dumolard.* « D'après le principe que vous venez d'adopter, j'ai l'honneur de vous annoncer qu'il résulte des adresses présentées à la Chambre par les élèves fédérés de l'École de médecine, de celle de droit, de celle des élèves du lycée Napoléon, que ces jeunes gens déclarent se mettre aux ordres de l'assemblée pour défendre la patrie. »

M. *le président.* « Il sera fait mention honorable de ces adresses au procès-verbal, et elles seront renvoyées au gouvernement, attendu qu'elles contiennent des demandes. »

Le président donne lecture de la lettre suivante :

» M. le président, j'ai reçu la lettre par laquelle vous m'informez que la Chambre désire connaître, d'une manière sommaire, les circonstances qui pourraient survenir.

» J'ai l'honneur de vous informer que la commission de gouvernement vous adressera, tous les matins, un bulletin de situation de nos affaires politiques et militaires. Agréez, monsieur le président, les assurances de ma plus haute considération. Le président du gouvernement provisoire, le duc d'OTRANTE. — Paris, le 25 juin 1815.

M. *Lefèvre*, au nom de la commission d'administration. « Il a été distribué à chacun de vous des médailles ; mais la commission trouve beaucoup d'inconvéniens à ce qu'elles soient le seul signe d'admission dans la Chambre. Il est un signe de ralliement chéri de tous les Français, c'est l'usage des couleurs tricolores. Nous vous proposons de porter une écharpe aux trois couleurs. »

M. Sibuet demande si une écharpe au bras ne suffirait pas ?

Cette proposition n'a pas de suite, et celle de la commission d'administration est adoptée.

M. le président annonce que l'ordre du jour appelle le rapport sur le projet de loi relatif aux réquisitions en nature ; mais que le rapporteur n'étant pas présent, l'assemblée entendra celui sur le projet de loi contenant des mesures pour assurer la tranquillité publique.

M. Meynaud de Pancemont commence et finit son rapport. — La discussion est ouverte. — Un orateur était à la tribune.

Un message du gouvernement est apporté, et le président lit le bulletin suivant :

Commission de gouvernement. — Du 22 juin 1815.

Armée du Nord. « Le maréchal Grouchy annonce son arrivée à Rocroy avec plus de vingt mille hommes d'infanterie, cinq à six mille chevaux, et une artillerie bien attelée qui se réapprovisionne à Mézières.

» Par une lettre du 19 le major-général annonce que l'ennemi sera dans trois jours auprès de Laon.

» Le ministre de la guerre a communiqué ce matin à la commission de gouvernement une lettre du maréchal Grouchy, qui donne des détails importans sur la situation de l'armée.

» Les rapports des commandans de place annoncent un grand désordre et beaucoup de fuyards.

» Le major-général emploie tout ce qui est en son pouvoir pour rallier l'armée et retremper son courage. »

» *Armée de la Moselle.* — Le 25 juin, à deux heures et demie du soir, l'ennemi a attaqué et forcé avec trois à quatre mille hommes le poste de Saint-Jean. Nos troupes se sont retirées sur Forbach et probablement sur Saint-Avold, où le général Belliard a envoyé deux bataillons et deux pièces de canon, afin d'appuyer le général Mériage qui s'y trouvait. (Dépêche télégraphique du général Belliard, du 24 juin.) »

« *Armée du Rhin.* — Rien dans la correspondance qui mérite d'être analysé. »
« *Corps d'observation du Jura.* — *Idem.* »
« *Corps d'observation du Var.* — *Idem.* »

« *Armée des Alpes.* — Par dépêche du 22 l'ennemi s'était fortifié sur le pont de la Drause en avant de Thonon : le général Dessaix a été chargé d'envoyer un bataillon du 42e pour tourner l'ennemi, tandis que le colonel Beauchaton du 55e, avec un détachement de son régiment, marchait par Thonon.

» Le 21, à sept heures du matin, le colonel a marché droit au pont après avoir fait tirer un seul coup de canon. Les voltigeurs se sont élancés au pas de charge sans tirer un coup de fusil ; le pont a été enlevé, les barricades renversées, l'ennemi a pris la fuite, le pont a été débarrassé ; un détachement de cinquante-huit dragons a pu déboucher, et cent cinquante hommes et cinq officiers ont déposé les armes ; un plus grand nombre a été tué ou blessé. »

« *Armée des Pyrénées Orientales.* — Une lettre du 21 juin donne des informations satisfaisantes sur l'esprit du département du Gers. »

» Le général Decaën s'entend avec le général Gilly pour étouffer les germes de l'insurrection. Il ajoute que le préfet de Tarn et Garonne fait espérer que ce département marchera mieux à l'avenir. »

La discussion est reprise sur les mesures pour assurer la tranquillité publique. Elle fut longue. Enfin, après des débats prolongés, la Chambre passe à l'appel nominal sur l'ensemble.

Deux cent quatre-vingt-dix-neuf membres votent pour le projet et soixante contre. Il est adopté et renvoyé à la Chambre des Pairs.

En voici la rédaction définitive.

« La Chambre, délibérant sur la proposition de loi présentée par la commission de gouvernement, après avoir entendu le rapport de la commission centrale composée des rapporteurs de ses bureaux, adopte, avec les amendemens et articles additionnels indiqués, la proposition dont suit la teneur :

» Art. 1er. La commission de gouvernement, pour assurer la tranquillité publique dans les circonstances actuelles, pourra, outre les mesures déterminées par les lois, ordonner contre les personnes prévenues de correspondre avec les ennemis, de provoquer les troubles civils, d'avoir arboré d'autres couleurs, d'autres signes de ralliement que les couleurs nationales, d'avoir publié des nouvelles fausses et alarmantes, d'engager à la désertion, d'empêcher les militaires appelés à rejoindre : soit la mise en surveillance dans un autre lieu que celui de leur résidence, soit même l'arrestation, sans être obligé de traduire les personnes arrêtées devant les tribunaux dans les délais fixés par les lois.

» 2. La présente loi cessera de recevoir son exécution, et dans toutes ses dispositions dans le délai de deux mois ; et à cette époque, toutes les mises en surveillance seront levées, et les personnes qui auraient pu être arrêtées seront mises en liberté ou traduites devant les tribunaux, s'il y a lieu.

» 3. Les mandats soit de mise en surveillance, soit d'arrestation, en contiendront les motifs ; et il en sera délivré copie dans les vingt-quatre heures, à la personne mise en surveillance ou en arrestation.

» 4. Il sera créé une commission dans chacune des deux Chambres, à laquelle toutes les personnes mises en surveillance, ou arrêtées, pourront adresser leurs réclamations.

» La présente résolution sera adressée par un message à la Chambre des Pairs et à la commission de gouvernement. »

Actes du gouvernement. — Paris, le 26 juin 1815.

La commission de gouvernement.

Sur le rapport du ministre d'état, chargé provisoirement du portefeuille du ministère de la justice.

Arrête ce qui suit :

Les arrêts et jugemens des cours et tribunaux, les actes des notaires, seront provisoirement intitulés : *Au nom du peuple français.*

Le ministre d'état ayant le portefeuille du ministère de la justice, est chargé de l'exécution du présent arrêté, qui sera inséré au *Bulletin des Lois.*

— Par arrêté du 24 juin, la commission de gouvernement a nommé M. le maréchal Jourdan, général en chef de l'armée du Rhin.

Paris, le 24 juin 1815.

La commission de gouvernement arrête ce qui suit :

Art. 1. Le maréchal prince d'Eckmühl, ministre de la guerre, est chargé de prendre toutes les dispositions relatives à la défense de Paris.

2. Le ministre est autorisé, pendant cette mission, à donner la signature à M. le baron Marchant, secrétaire-général du ministère.

Paris, le 25 juin 1815.

La commission de gouvernement arrête ce qui suit :

Tous les militaires absens de leurs drapeaux se réuniront sur-le-champ au corps d'armée le plus voisin; et si ce corps est trop éloigné, ils devront se rendre à Paris.

Les autorités civiles et militaires tiendront la main à ce que ces dispositions soient observées.

Les ministres de la guerre et de l'intérieur sont chargés de l'exécution du présent arrêté, qui sera inséré au *Bulletin des Lois.*

Représentans. — Séance du 26 juin.

Dans cette séance on discuta et on vota le projet de loi qui autorisait le gouvernement à assurer par voie de réquisition les subsistances et les transports militaires. La chambre reçut du gouvernement les communications suivantes.

Monsieur le président, j'ai l'honneur de vous transmettre le bulletin de situation du 26 juin.

La commission de gouvernement croit devoir assurer la Chambre qu'elle ne cesse de prendre des mesures pour appuyer les négociations de paix par le développement de toutes les forces nationales. Les généraux travaillent sans relâche à rallier les troupes et à réorganiser l'armée du Nord. Elle présente déjà une masse imposante ; elle s'augmente chaque jour des nouveaux corps qui y sont dirigés : on complète son matériel. La commission de gouvernement utilise pour la défense de l'indépendance nationale le patriotisme et le dévouement des citoyens. Tandis qu'elle soutiendra leur énergie, elle comprimera les agitations de la malveillance dans l'intérieur ; elle n'exagérera ni ne dissimulera les dangers ; et quels qu'ils soient, elle sera toujours fidèle à la patrie.

Agréez, je vous prie, monsieur le président, les nouvelles assurances de ma plus haute considération. — Le président de la commission de gouvernement, le duc d'Otrante. — Paris, le 26 juin 1815.

Armée du Nord. — Par une lettre du 23, le duc de Dalmatie écrivait que l'armée commençait à se rallier; le 24, le major-général annonce que les troupes du maréchal Grouchy doivent faire leur jonction le 25. Les avant-postes de l'ennemi étaient à Marle, et l'on disait qu'une partie de son armée était à Vervins.

Une dépêche télégraphique du 25, instruit que des détachemens de cavalerie ennemie rôdent autour de Condé et places voisines; qu'il s'en est présenté devant Cambrai; qu'un parti ennemi est entré à Cateau-Cambresis.

D'après ces dépêches, une lettre du général Corbineau, du 25, fait connaître que l'armée se réorganise du côté de Soissons, et que notre situation devient meilleure.

Le maréchal Grouchy a décidément fait sa jonction; ce maréchal était à Rhétel le 24.

Armée de la Moselle. — Le général Belliard rend compte que pendant que l'ennemi opérait sur Sarrebruck, une des colonnes venant de Blisbrucken agissait sur Bitch. Le général a pris des dispositions pour arrêter ce mouvement.

Le général Dumonceau annonce, d'après un rapport du général Laurent, qu'un corps hessois se trouvait le 22 à trois lieues de Montmédy. Tout était préparé pour s'opposer à ses progrès, et le général Laurent espérait beaucoup des dispositions qu'il avait prises.

L'ennemi semble aussi approcher de Sédan.

Armée du Rhin. — Rien de direct; mais dans sa dépêche du 24 juin, le général Belliard annonçait que le général Rapp pourrait bien être attaqué ce jour-là ou le lendemain, les Autrichiens et les Wurtembergeois passant le Rhin devant lui depuis le 22 au matin.

Armée de l'Ouest. — Le maréchal-de-camp Delaage rend compte, à la date du 20 juin, d'un avantage qu'il a remporté sur les insurgés, en les chassant de Thouars, dont ils s'étaient emparés; il a fait de favorables propositions à ceux qui l'aideraient à pacifier le pays.

Autres armées et corps d'observation.

Rien qui soit assez important pour être analysé.

Les plénipotentiaires français attendent à Laon les passeports qu'ils ont demandés. Le général commandant l'avant-garde prussienne a envoyé leur demande au quartier-général des alliés.

Il existe sur ce point une convention tacite entre les avant-postes pour ne point s'attaquer sans se prévenir.

Pendant ce temps, la Chambre des Pairs discutait et votait des amendemens au projet que la Chambre des Députés lui avait adressé sur les mesures de tranquillité publique. Pour acquérir force de loi, il fallait que ce projet, ainsi amendé, retournât à la Chambre des Députés, et qu'elle l'acceptât tel qu'il lui serait transmis : autrement, il eût été nécessaire qu'il repassât encore sous les yeux des Pairs, et de là sous ceux des Représentans; et ainsi de suite. C'était à n'en pas finir. Cette obligation singulière montrait clairement les inconvéniens graves d'un pouvoir législatif scindé en deux corps dans les circonstances pressantes où l'on se trouvait. Mais arrêtons-nous un instant pour jeter un coup d'œil sur les travaux extra-parlementaires, et sur les intrigues qui avaient fait dévier la Chambre des Représentans, et qui substituaient à l'activité nécessaire dans un moment de danger la lenteur verbeuse des débats que l'on n'observe et ne supporte que dans les temps calmes.

Tous les contemporains qui ont pris une part quelconque aux affaires publiques pendant les cent-jours, et surtout à l'époque où notre histoire est parvenue, accusent unanimement Fouché d'avoir travaillé pour Louis XVIII.

Ce fut lui qui détermina la Chambre des Représentans à reconnaître Napoléon II. Il craignait en ce moment que Napoléon, irrité de la marche des affaires, ne se déterminât à sortir de l'Élysée et à tenter un coup d'état. En conséquence, il réunit chez lui un certain nombre de représentans qu'il pouvait compter pour ses amis, ou sur lesquels il exerçait une influence qu'il devait à son titre d'ex-conventionnel et de régicide; et il leur fit connaître ses motifs. L'union de ceux-ci aux bonapartistes forma la majorité qui vota pour Napoléon II. Puis ayant, par cette mesure, rassuré l'ex-empereur, il lui fit insinuer que sa présence à Paris était dangereuse. Napoléon quitta l'Élysée et se retira à la Malmaison. Là celui-ci adressa à l'armée l'adresse suivante :

Napoléon aux braves soldats de l'armée, devant Paris. — 25 juin 1815.

« Soldats, quand je cède à la nécessité qui me force de m'éloigner de la brave armée française, j'emporte avec moi l'heureuse certitude qu'elle justifiera, par les services éminens que la patrie attend d'elle, les éloges que nos ennemis eux-mêmes ne peuvent pas lui refuser.

» Soldats, je suivrai vos pas quoique absent ; je connais tous les corps, et aucun d'eux ne remportera un avantage signalé sur l'ennemi que je ne rende justice au courage qu'il aura déployé.

» Vous et moi nous avons été calomniés. Des hommes indignes d'apprécier vos travaux ont vu dans les marques d'attachement que vous m'avez données un zèle dont j'étais le seul objet ; que vos succès futurs leur apprennent que c'était la patrie par-dessus tout que vous serviez en m'obéissant, et que si j'ai quelque part à votre affection je le dois à mon ardent amour pour la France, notre mère commune !

» Soldats, encore quelques efforts, et la coalition est dissoute ! Napoléon vous reconnaîtra aux coups que vous allez porter.

» Sauvez l'honneur, l'indépendance des Français ! Soyez jusqu'à la fin tels que je vous ai connus depuis vingt ans, et vous serez invincibles. »

Fouché n'eut pas de peine à déterminer la commission de gouvernement à tenir cette adresse secrète : en conséquence, elle ne fut pas publiée. Cette mesure apprit à Napoléon qu'il ne pouvait plus compter sur personne.

Le lendemain, Fouché eut encore moins de peine à obtenir de ses collègues l'ordre qui portait que tous les actes publics commenceraient par ces mots : *Au nom du peuple français.* C'était un moyen facile d'effacer, autant que possible, les traces de la décision des chambres relatives à Napoléon II, et d'opérer la transition de ce nom à un autre.

Le 27, Fouché écrivit la lettre suivante à Davoust qui, dit-on, agissait complétement sous sa direction.

» Monsieur le maréchal, les circonstances sont telles qu'il est indispensable que Napoléon se décide à partir pour se rendre à l'île d'Aix. S'il ne s'y résout pas à la notification que vous lui ferez faire de l'arrêté ci-joint, vous devrez le faire surveiller à la Malmaison, de manière à ce qu'il ne puisse s'en évader. En conséquence, vous mettrez à la disposition du général Becker la gendarmerie et les troupes nécessaires pour garder les avenues qui aboutissent de toutes parts vers la Malmaison. Vous donnerez à cet effet des ordres au premier inspecteur général de la gendarmerie. Ces mesures doivent demeurer secrètes, autant qu'il sera possible.

» Cette lettre, monsieur le maréchal, est pour vous ; mais le général Becker, qui sera chargé de remettre l'arrêté à Napoléon, recevra de Votre Excellence des instructions particulières, et lui fera sentir qu'il a été pris dans l'intérêt de l'état et pour la sûreté de sa personne ; que sa prompte exécution est indispensable ; enfin que l'intérêt de Napoléon pour son sort futur le commande impérieusement. *Signé* duc D'OTRANTE, etc. »

Ce fut le général Becker qui fut chargé de la mission de surveiller Napoléon. Ses instructions portaient, qu'il se rendrait à la Malmaison « pour veiller à la conservation de l'empereur, au » respect qui lui était dû, et empêcher les malveillans de se ser- » vir de son nom pour occasionner des troubles. »

Cependant le danger allait croissant : la guerre se rapprochait rapidement de Paris : l'ennemi, pressé de terminer, poussait une pointe sur la capitale. Les Anglo-Prussiens ne voulaient pas partager avec leurs alliés la gloire d'imposer la paix à la France. Ils s'avançaient donc à marches forcées sans attendre l'appui des masses russes, autrichiennes, germaniques, qui se préparaient à envahir nos frontières. On prétend que Blücher, en se précipitant en avant, se proposait d'enlever l'empereur. On assure même qu'il avait dit : « Si je puis attraper Bonaparte, je le ferai pendre à la tête de mes colonnes. » Quoi qu'il en soit, ce mouvement était imprudent. S'engager ainsi en pays ennemi, laissant derrière soi des places fortes bien pourvues, ayant sur son flanc une armée ralliée de soixante mille hommes qu'on pouvait facilement porter à quatre-vingt mille, était une grave imprudence. Cette circonstance frappa Napoléon : il sentit la possibilité de prendre une sanglante revanche. En conséquence il écrivit à la commission de gouvernement, et chargea le général Becker de sa lettre.

Dans cette lettre il disait : « En abdiquant le pouvoir je n'ai point renoncé au plus noble droit du citoyen, au droit de défendre mon pays. L'approche des ennemis de la capitale ne laisse plus de doute sur leurs intentions, sur leur mauvaise foi. Dans ces graves circonstances, j'offre mes services comme général, me regardant encore comme le premier soldat de la patrie. » On assure qu'après avoir lu cette lettre à haute voix, le duc d'Otrante s'écria : *Se moque-t-il de nous?* Carnot, au contraire, voulait, dit on, qu'on acceptât la proposition de Napoléon ; mais le président de la commission fit observer que « le rappel de Napoléon serait à jamais destructif de tout espoir de conciliation ; que les ennemis, indignés de notre foi punique, ne voudraient plus nous accorder ni quartier ni trêve ; que le caractère de Napoléon ne permettait point d'avoir confiance dans ses promesses ; que s'il parvenait à obtenir quelques succès, il voudrait remonter sur le trône et s'ensevelir sous ses débris plutôt que d'en descendre une seconde fois, etc. » La commission se rendit unanimement à ces observations, et répondit à Napoléon : « Que le devoir envers la patrie, et les engagemens pris par les plénipotentiaires avec les puissances étrangères, ne permettaient point d'accepter son offre. — J'en étais sûr ! dit Napoléon en recevant cette réponse du général Becker ; ces gens-là n'ont point d'énergie ! Hé bien, général, puisque c'est ainsi, partons ! » En effet, Napoléon, qui auparavant s'était fort occupé du lieu de sa retraite, et avait fait mille projets, se mit en route le 29, à cinq heures de l'après-midi. Par excès de prudence, il voulut que ses aides-de-camp montassent dans la voiture qu'on lui avait préparée : lui-même se cacha dans l'une des voitures de sa suite. Il avait à peine quitté la Malmaison qu'un parti de Prussiens y fit irruption. Napoléon arriva à Rochefort sans accident, accueilli, disent la plupart de ses historiens, partout où il fut reconnu, par le cri de *Vive l'empereur!* Il s'embarqua, le 8 juillet, sur la frégate qui lui était destinée. Le 15, il passa, de son propre mouvement, sur le vaisseau anglais *le Bellérophon*, qui le conduisit à Plymouth. Là, il apprit qu'il était prisonnier. En vain il réclama : il fut transféré sur *le Northumberland*, et conduit à Sainte-Hélène, où on le débarqua le 16 octobre.

Mais nous avons anticipé sur les événemens : revenons au 27 juin, et exposons ce qui se passait dans une séance de la commission de gouvernement qui précéda l'ouverture de la séance des Représentans. Nous allons laisser parler Thibaudeau. N'oublions pas qu'il dut être personnellement témoin de la scène qu'il va raconter. Il prend les événemens à partir de la bataille de Waterloo.

» Blücher et Wellington, victorieux le 18, s'occupèrent moins du corps de Grouchy que de marcher sans perdre de temps sur Paris, bien assurés qu'une fois maîtres de la capitale, ils dicteraient la loi à toute la France. Grouchy fit donc sa retraite en bon ordre; il rejoignit, le 25, entre Laon et Soissons, le reste de l'armée; et, sur le refus de Soult déjà acquis aux Bourbons, il prit le commandement en chef. Des bruits peu rassurans, fondés sur sa conduite pendant la bataille de Waterloo, circulaient sur son compte. L'armée était forte d'au moins soixante mille hommes. Cependant l'ennemi s'avançait toujours, pour ainsi dire, sans obstacle ni résistance. Des deux côtés, on ne s'occupait qu'à presser le mouvement sur Paris; c'était à qui y arriverait le premier. Si les généraux en chef faisaient si beau jeu à l'ennemi, il est vrai que la commission de gouvernement semblait avoir déjà passé condamnation sur la question militaire. Elle avait sous sa main près de dix mille hommes tirés des dépôts, douze mille fédérés qu'elle pouvait armer. Le bon sens lui indiquait, afin de retarder la marche de l'ennemi, d'envoyer des détachemens sur l'Oise pour garder et disputer les passages. Il ne sortit pas un homme de Paris.

» L'arrêté de la commission de gouvernement portant que les frégates ne mettraient pas à la voile avant que les saufs-conduits fussent arrivés, Napoléon ne crut pas devoir se rendre à Rochefort pour y rester en rade. L'approche de l'ennemi, et surtout de l'armée française, alarma la commission. Elle tremblait que l'empereur se mît à la tête de l'armée. Sous le prétexte de sa sûreté, elle décida que les frégates pourraient sortir sans attendre les saufs-conduits, et la pressa de partir. Mais le moindre événement apportait de nouveaux conseils, chaque moment une décision nouvelle.

» Afin de rétablir de l'accord dans le sein de la commission, de suppléer à son impuissance, de se décharger, autant que possible, de sa responsabilité, et de sonder l'opinion des Chambres, elle convoquait parfois leurs bureaux pour discuter des objets importans. Dans une de ces réunions, le 27 au matin, Davoust présent, Fouché commença par exprimer le désir qu'avait la commission de s'environner d'hommes éclairés, fit de la situation des affaires un exposé dont le résultat implicite était qu'il y avait très-peu d'espoir de pouvoir se défendre, et finit par inviter les différens membres à donner leur avis sur le parti qui paraîtrait le plus opportun.

» Des membres des Chambres, qui n'étaient chargés ni de l'administration ni du gouvernement, appelés pour improviser leur opinion, ne pouvaient que divaguer. Les uns demandaient des éclaircissemens sur lesquels chaque membre de la commission répondait, suivant l'esprit dont il était animé; les autres se défendaient de délibérer sur des choses qui n'étaient pas de leur compétence et pour lesquelles ils n'avaient aucun mandat de leur Chambre.

» Davoust prit la parole et dit, d'un ton pénétré, que, « d'après la connais-
» sance qu'il avait acquise des ressources disponibles et les rapports qu'il rece-
» vait sur la situation et l'esprit de l'armée, il était intimement persuadé qu'il
» n'y avait aucun moyen de résister à l'ennemi, et que, pour éviter de plus
» grands malheurs, il fallait nécessairement recevoir les Bourbons et envoyer

» proposer au roi : 1° d'entrer à Paris sans garde étrangère ; 2° de prendre la
» cocarde tricolore ; 3° de garantir les propriétés et les personnes, quels
» qu'eussent été leurs fonctions, places, votes et opinions ; 4° de maintenir les
» deux Chambres ; 5° d'assurer aux fonctionnaires la conservation de leurs
» places et à l'armée celle de ses grades, pensions, honneurs et prérogatives;
» 6° de maintenir la Légion-d'Honneur. »

» Comparativement à la funeste issue qu'eut la crise où se trouvait la France,
la proposition de Davoust, si on avait pu espérer de la voir acceptée par les
Bourbons et l'étranger, aurait été pour le plus grand nombre un résultat magnifique. Mais pour l'obtenir il ne suffisait pas de le demander, il fallait se
rendre assez redoutable pour que l'ennemi se prêtât à une transaction. Davoust,
à qui des ouvertures avaient été faites, au nom de Louis XVIII, par le maréchal Oudinot et Vitrolles, s'était évidemment entendu avec Fouché. Cette proposition, aussi désespérée qu'imprévue, jeta la consternation dans la réunion.
Plusieurs opinans la combattirent vivement et insistèrent pour qu'on laissât un
libre cours aux négociations, et surtout qu'on réorganisât fortement l'armée et
qu'on fit bonne contenance. Cependant la majorité découragée semblait se résigner à ce qu'on présentait comme une nécessité. Sans qu'il y eût de délibération, Fouché, comme si la question eût été décidée, invita les présidens Lanjuinais et Cambacérès, qui ne s'en défendirent pas, à préparer les Chambres
au rappel des Bourbons.

» Il était midi : la séance était levée : chacun s'en allait : Fouché était déjà hors
de la salle, lorsque Bignon arriva annonçant une nouvelle importante. On rentra avec lui. Il apportait la première lettre des plénipotentiaires, datée de Laon,
le 26 à dix heures du soir, au moment où ils partaient pour le quartier-général
des souverains alliés, à Heidelberg, ou Manheim. Blücher leur avait fait déclarer que la France ne serait en aucune manière gênée dans le choix de son
gouvernement. Pour consentir à un armistice, Blücher demandait les places
de Metz, Thionville, Mézières, Maubeuge, Sarre-Louis et autres. Ils les avaient
refusées. Il avait offert de recevoir des commissaires exclusivement occupés de
négociations avec lui et Wellington, pour arrêter la marche des armées. Il
était urgent de les envoyer. Les plénipotentiaires avaient l'espérance de voir
prendre un cours heureux aux négociations ; mais il fallait absolument obtenir
une trêve de quelques jours. Les deux aides-de-camp de Blücher leur avaient
déclaré itérativement que les alliés ne tenaient en aucune manière au rétablissement des Bourbons. Mais en s'approchant de Paris, l'ennemi pourrait changer
de langage. *Il fallait donc presser la réorganisation de l'armée et la défense de
Paris.* Une des grandes difficultés serait la personne de l'empereur. Les puissances exigeraient des garanties et des précautions pour qu'il ne pût jamais reparaître sur la scène du monde. Ils devaient observer que son évasion avant
l'issue des négociations serait regardée comme une mauvaise foi de leur part,
et pourrait compromettre essentiellement le salut de la France. Ils avaient du
reste l'espérance qu'on ferait peu d'objections à son séjour en Angleterre, ce
qu'on paraissait préférer à son projet de retraite en Amérique.

» Alors, comme par enchantement, les opinions changèrent tout à coup. « Il
» n'y a donc rien de désespéré puisqu'on a reçu nos plénipotentiaires ; il ne faut
» donc pas tant se presser d'aller au devant des Bourbons, » dirent d'un ton de
reproche ceux qui n'avaient pas été de cet avis. « Sans doute, répondit Fouché
» d'un air embarrassé, cela change bien la face des choses ; ainsi il est inutile
» que les présidens des Chambres leur fassent des communications sur ce qui
» s'est passé au commencement de notre séance. Les deux objets les plus urgens

» sont d'empêcher le départ de Napoléon et d'envoyer des plénipotentiaires aux
» généraux ennemis pour négocier un armistice; ils peuvent d'autant moins le
» refuser qu'ils ont laissé passer nos plénipotentiaires envoyés auprès des sou-
» verains. »

» Ces propositions ne furent point contestées; mais pour la réorganisation de
l'armée et la défense de Paris, il n'en fut pas question. De glace pour combattre,
la commission était toute de feu pour négocier. Proposer et décider, c'était
pour Fouché la même chose.

» Il recommanda au ministre de la marine l'exécution de la disposition de
l'arrêté du 24, portant que Napoléon resterait en rade de l'île d'Aix jusqu'à l'arrivée des sauf conduits anglais. Il importait au bien de l'état, qui ne pouvait
lui être indifférent, qu'il y restât jusqu'à ce que son sort et celui de sa famille
eussent été réglés d'une manière définitive. Tous les moyens seraient employés
pour que cette négociation tournât à sa satisfaction; l'honneur français y était
intéressé. Mais en attendant, on devait prendre toutes les précautions pour la
sûreté personnelle de Napoléon, et pour qu'il ne quittât pas le séjour qui lui
était momentanément assigné.

» Davoust écrivit en même temps au général Becker que si Napoléon ne se
décidait pas à partir pour l'île d'Aix, il devrait, dans le plus grand secret, exercer la plus active surveillance, soit pour l'empêcher de sortir de la Malmaison,
soit pour prévenir toute tentative contre sa personne; faire garder toutes les
avenues; des ordres étaient donnés au premier inspecteur de la gendarmerie et
au commandant de la place de Paris de mettre à la disposition du général les
troupes qu'il demanderait.

» Séance tenante, Fouché choisit lui-même pour commissaires le général
Valence et Flaugergues, présens, le général Andréossy, Boissy-d'Anglas et
La Besnardière. Caulaincourt fit l'observation consciencieuse que ce dernier
était un royaliste arrivant de Vienne, où il était attaché à la légation; Fouché
persista, sur le motif qu'il fallait dans toute mission un homme instruit des
formes diplomatiques.

» Il ne fut point rendu compte de cette séance aux Chambres; on n'y fut
pas moins informé de tout ce qui y avait été agité; il en perça même quelque
chose au dehors.

» Benjamin Constant avait écrit en particulier à un membre de la Chambre
des Représentans que si Paris pouvait tenir encore huit jours, la mission des
plénipotentiaires obtiendrait un plein succès. Cette lettre fut aussi portée à la
commission; Fouché témoigna de l'humeur contre Benjamin Constant. Comme
on ne faisait rien pour tenir pendant le temps qu'il indiquait, on dit que cela
n'était pas possible. Du reste, que Blücher, pour endormir plénipotentiaires,
commission et Chambres, fit dire que les alliés ne tenaient, en aucune manière, au rétablissement des Bourbons, il jouait son jeu. C'était le devoir des
plénipotentiaires de répéter ce qu'on leur avait dit; mais on ne conçoit pas que
des hommes d'esprit et de sens parussent avoir un certain degré de confiance
dans de semblables propos. »

Nous joignons à cette narration, 1° La lettre écrite par les
plénipotentiaires dont il est fait mention : 2° Les instructions remises à MM. Andréossy, Valence, Boissy-d'Anglas, Flaugergues et La Besnardière.

Le 26 juin, les plénipotentiaires adressèrent la lettre ci-après au ministre des relations extérieures :

« Monsieur le baron Bignon, nous avons reçu la lettre que vous nous avez fait l'honneur de nous écrire, hier 25, au sujet de l'intention où est l'empereur de se rendre avec ses frères aux États-Unis d'Amérique.

» Nous venons enfin de recevoir nos passeports pour nous rendre au quartier général des souverains alliés, qui doit se trouver à Heidelberg ou à Manheim. Le prince de Schœnburgh aide-camp du maréchal Blücher, nous accompagne. La route de Metz est celle que nous allons suivre. Notre départ aura lieu dans une heure. Le maréchal Blücher nous a fait déclarer, par le prince de Schœnburgh et le comte Noslitz, plus spécialement chargé de ses pouvoirs, que la France ne serait en aucune manière gênée dans le choix de son gouvernement. Mais, dans l'armistice qu'il proposait, il demandait, pour sûreté de son armée, les places de Metz, de Thionville, de Mezières, de Maubeuge, de Sarre-Louis et autres. Il part du principe qu'il doit être nanti contre les efforts que pourrait tenter le parti qu'il suppose à l'empereur. Nous avons combattu par des raisons victorieuses toute cette argumentation, sans pouvoir parvenir à gagner du terrain. Vous sentez, monsieur, qu'il nous était impossible d'accéder à de pareilles demandes.

» Nous avons fait tout ce qui dépendait de nous pour obtenir l'armistice à des conditions modérées, et il nous a été impossible d'arriver à une conclusion, parce que, dit le prince, il n'est pas autorisé à en faire une, et que d'immenses avantages peuvent seuls l'y décider aussi long-temps que le but principal n'est pas atteint.

» Nous avons offert une suspension d'armes au moins pour cinq jours : ce refus a été aussi positif, et par les mêmes motifs. Le comte de Noslitz a offert, au nom du prince Blücher, de recevoir à son quartier général et à celui du duc de Wellington les commissaires que vous leur enverrez, et qui seraient exclusivement occupés des négociations nécessaires pour arrêter la marche des armées et empêcher l'effusion du sang. Il est urgent que ces commissaires partent demain même, et qu'ils prennent la route de Noyon, où des ordres seront donnés par le maréchal Blücher pour les recevoir. Noyon va devenir son quartier général. Ils ne peuvent trop redire que l'empereur n'a pas un grand parti en France; qu'il a profité des fautes des Bourbons plutôt que des dispositions existantes en sa faveur; et qu'il ne pourrait fixer l'attention nationale qu'autant que les alliés manqueraient à leur déclaration.

» Nous avons l'espérance de voir prendre un cours heureux à nos négociations, dont nous ne nous dissimulons point cependant la difficulté. Le seul moyen d'empêcher que les événemens de la guerre ne le fassent échouer est de parvenir absolument à une trève de quelques jours. Le choix des négociateurs pourra y influer ; et, nous le répétons, il n'y a pas un moment à perdre pour les diriger sur les armées anglaise et prussienne.

» Les deux aides-de-camp du prince Blücher ont déclaré itérativement que les alliés ne tenaient en aucune manière au rétablissement des Bourbons; mais il nous est démontré qu'ils tendent à se rapprocher le plus possible de Paris, et ils pourraient alors user de prétexte pour changer de langage.

» Tout cela ne doit que presser davantage les mesures pour la réorganisation de l'armée, et surtout pour la défense de Paris, objet qui paraît les occuper essentiellement.

» Des conversations que nous avons eues avec les aides-de-camp il résulte en définitive, et nous avons le regret de le répéter, qu'une des grandes difficultés sera la personne de l'empereur. Ils pensent que les puissances exigeront des garanties et des précautions afin qu'il ne puisse jamais reparaître sur la scène du monde. Ils prétendent que leurs peuples mêmes demandent sûreté contre ses entreprises. Il est de notre devoir d'observer que son évasion avant l'issue des négociations serait regardée comme une mauvaise foi de notre part, et pourrait compromettre essentiellement le salut de la France. Nous avons d'ailleurs l'espérance que cette affaire pourra se terminer aussi à la satisfaction de l'empereur, puisqu'ils ont fait peu d'objections à son séjour et à celui de ses frères en Angleterre, ce qu'ils ont paru préférer au projet de retraite en Amérique.

» Il n'a été question dans aucune conversation du prince impérial : nous ne devions pas aborder cette question. — *Signé* SÉBASTIANI, PONTÉCOULANT, LA FAYETTE, D'ARGENSON, LA FORÊT, BENJAMIN CONSTANT. »

Instruction pour MM. les commissaires chargés de traiter d'un armistice.

« Paris, le 27 juin 1815.

» Les premières ouvertures faites à nos plénipotentiaires sur les conditions au prix desquelles le commandant en chef de l'une des armées ennemies consentirait à une armistice sont de nature à effrayer sur celles que pourraient aussi demander les commandans des armées des autres puissances, et à rendre fort problématique la possibilité d'un arrangement. Quelque fâcheuse que soit en ce moment notre position militaire, il est des sacrifices auxquels l'intérêt national ne permet pas de souscrire.

» Il est évident que le motif sur lequel le prince Blücher fonde la demande qu'il a faite de six de nos places de guerre que l'on nomme, et de quelques autres encore que l'on ne nomme pas ; que ce motif (la sûreté de son armée) est une de ces allégations mises en avant par la force pour porter aussi loin qu'il est possible le bénéfice du succès du moment. Cette allégation est des plus faciles à réfuter, puisqu'il est, pour ainsi dire, dérisoire de demander des gages pour la sûreté d'une armée déjà maîtresse d'une assez grande partie de notre territoire, et qui marche presque seule, sans obstacle, au cœur de la France. Il est encore une autre déclaration faite de la part du prince Blücher, et celle-ci est encore plus inquiétante : c'est que pour prendre sur lui de conclure un armistice, auquel il n'est pas autorisé, il ne peut y être décidé que par *d'immenses avantages*. Il y a dans cette déclaration une franchise d'exigence qui présente beaucoup de difficultés pour un accommodement. Cependant, quoique la commission du gouvernement soit bien éloignée de vouloir favoriser les cessions qu'on exige, elle ne se retrancherait pas dans un refus absolu d'entrer en discussion sur un arrangement dont les conditions ne dépasseraient pas les bornes tracées par le véritable intérêt public. Si, pour arriver à un résultat, il fallait se résoudre à la cession d'une place, il est bien entendu que cette cession ne devrait avoir lieu qu'autant qu'elle garantirait un armistice qui se prolongerait jusqu'à la conclusion de la paix. On se dispense d'ajouter que la remise de cette place ne devrait s'effectuer qu'après la ratification de l'armistice par les gouvernemens respectifs.

» L'un des points qui réclame tout le zèle de MM. les commissaires est la fixation de la ligne où devra s'arrêter l'occupation du territoire français par les armées ennemies.

» Il serait d'une grande importance d'obtenir la ligne de la Somme ; ce qui placerait les troupes étrangères à près de trente lieues de Paris. MM. les commissaires devront fortement insister pour se tenir au moins à cette distance.

» Si l'ennemi était plus exigeant encore, et qu'enfin on fût condamné à plus de condescendance, il faudrait que la ligne qui était tracée entre la Somme et l'Oise ne le laissât point approcher de Paris à plus de vingt lieues. On pourrait prendre la ligne qui sépare le département de la Somme du département de l'Aisne, et de là une ligne droite à travers le département des Ardennes, qui irait joindre la Meuse auprès de Mézières.

» Au reste, sur cette fixation de la ligne de l'armistice, on ne peut que s'en rapporter à l'habileté de MM. les commissaires pour tâcher d'obtenir l'arrangement le plus favorable. Leur mission étant commune aux armées anglaise et prussienne, il n'est pas besoin de les avertir qu'il est indispensable que l'armistice soit commun aux deux armées.

» Il serait bien important aussi de pouvoir faire entrer dans l'armistice, comme l'une de ses clauses, qu'il s'étendrait à toutes les autres armées ennemies, en prenant pour base le *statu quo* de la situation des armées respectives au moment où la nouvelle de l'armistice y arriverait. Si cette stipulation est rejetée, sous le prétexte que les commandans des armées anglaise et prussienne n'ont pas le droit de prendre des arrangemens au nom des commandans des armées des autres puissances, on pourrait du moins convenir que ceux-ci seront invités à y accéder d'après la base ci-dessus énoncée.

» Comme les négociations même de l'armistice, par la nature des conditions déjà mises en avant, et qui doivent être le sujet de débats plus sérieux, entraîneront inévitablement quelques lenteurs, c'est une précaution rigoureusement nécessaire d'obtenir que, pour traiter de l'armistice, tous les mouvemens soient arrêtés pendant quelques jours, ou au moins pendant quarante-huit heures.

» Il est une disposition de prévoyance que MM. les commissaires ne doivent pas négliger; c'est de stipuler que les armées ennemies ne leveraient point de contributions extraordinaires.

» Quoique l'objet particulier de leur mission soit la conclusion d'un armistice, comme il est difficile que, dans leurs communications avec le duc de Wellington et le prince Blücher, MM. les commissaires n'aient point à entendre de la part de ces généraux, ou des propositions, ou des insinuations, ou même de simples conjectures sur les vues que pourraient admettre les souverains alliés à l'égard de la forme du gouvernement de la France, MM. les commissaires ne manqueront pas sans doute de recueillir avec soin tout ce qui leur paraîtra pouvoir être de quelque influence sur le parti définitif à prendre par le gouvernement.

» La copie qui leur est remise des instructions données à MM. les plénipotentiaires chargés de se rendre auprès des souverains alliés leur fera connaître quelles ont été jusqu'à ce jour les bases sur lesquelles le gouvernement a désiré établir les négociations. Il est possible que *le cours des évènemens le force à élargir ces bases*; mais MM. les commissaires jugeront que si une nécessité absolue oblige à donner les mains à des arrangemens d'une autre nature, de manière que nous ne puissions sauver dans toute sa plénitude le principe de notre indépendance, c'est un devoir sacré de tâcher d'échapper à la plus grande partie des inconvéniens attachés au malheur seul de sa modification.

« On remet aussi à MM. les commissaires copie de la lettre que MM. les plénipotentiaires ont écrite de Laon, et datée d'hier 26. Les résolutions qui ont été prises aujourd'hui par le gouvernement leur fourniront des moyens de répondre à toutes les objections qu'on pourrait leur faire sur le danger et la possibilité du retour de l'empereur Napoléon.

» Pour que le langage de MM. les commissaires soit parfaitement d'accord avec tout ce qui a été fait par la commission de gouvernement, on leur remet encore ci-joint copie des lettres qui ont été écrites à lord Castlereagh et au duc de Wellington relativement au prochain départ de Napoléon et de ses frères.

» Sur les questions relatives à la forme du gouvernement de la France, provisoirement MM. les commissaires se borneront à entendre les ouvertures qui leur seront faites, et ils auront soin d'en rendre compte, afin que, d'après la nature de leurs rapports, le gouvernement puisse prendre la détermination que prescrirait le salut de la patrie. »

Chambre des Représentans. — Séance du 27 juin.

L'ordre du jour appelle la discussion sur les propositions de MM. Crochon et Malleville.

M. Manuel. « Je demande la parole pour une motion d'ordre. Je crois devoir proposer à l'assemblée d'ajourner toute discussion sur le projet de règlement, sur les propositions de MM. Crochon et Malleville ; d'ajourner enfin toute proposition qui n'aurait pas pour objet ou la loi de finance, ou la constitution. Les circonstances, messieurs, nous l'apprennent assez ; les momens sont précieux ; rien ne doit nous occuper que les grands objets d'intérêt public. Dans nos deux dernières séances, vous vous êtes occupés d'objets qui avaient ce caractère. Vous avez assuré le service des réquisitions ; mais il faut de l'argent pour toutes les autres parties du service. Vous avez surtout à vous occuper d'une constitution complétée à présenter à vos amis et à vos ennemis. Nul Français, en effet, je le crois du moins, ne désespère du salut de la patrie. Mais, je le répète, les momens sont précieux : vingt-quatre heures aujourd'hui sont un siècle, et s'il est vrai que votre tâche la plus glorieuse soit de maintenir la liberté de votre pays, il faut prendre toutes les mesures propres à la sauver ; le temps ne vous permet aucune espèce de distraction de cet unique objet.

» Vos bureaux chargés du travail relatif à la constitution s'en sont occupés. Ils avaient pris des mesures pour accélérer leur travail et ménager le temps ; mais, messieurs, autres temps, autres mœurs ; et j'espère que sous trois jours l'assemblée pourra utilement s'occuper du travail de sa commission centrale.

» Je passe à un objet non moins important, les finances : les résultats du projet sont encore éloignés ; examinons donc les circonstances où nous sommes ; songeons à l'impossibilité de tout faire ; remplissons l'intérêt du moment ; détachons du projet ses parties urgentes, et soumettons-les le plus promptement possible à la délibération. »

M. Cambon. J'appuie la proposition. J'ai assisté aux conférences de mon bureau sur cet objet. J'étais déjà persuadé que la loi sur les finances, présentée en masse, offrirait de longues discussions sur des objets divergens. J'étais étonné qu'on voulût s'en occuper en corps complet et unique. »

N.... « Le projet de finances tend à faire un emprunt de 150 millions. Les circonstances l'éloignent sans doute ; mais la considération de l'urgence ne doit pas s'étendre trop loin. Il ne faut point de mesures précipitées. »

M. Cambon. « Je n'ai fait que demander la division du travail et son accélération. »

Un membre. « Les objets dont on vous entretient sont importans ; mais il en est un autre qui l'est également : il faut vous occuper de la liberté de la presse... » Des murmures interrompent.

M. le président. « La proposition de M. Malleville est à l'ordre du jour. »

M. Félix Desportes. « M. Manuel vous a fait une proposition complexe ; il vous a parlé du travail de la commission chargée de la révision des constitutions ; mais je le demande, s'agit-il ici de l'établissement d'un comité de salut public ? (Interruption.) Je viens de lire dans le *Moniteur* un arrêté du gouvernement portant que tous les actes auront lieu provisoirement au nom du peuple français..... Je le demande, messieurs, n'avons-nous plus de constitution? Où en sommes-nous? Je vois que les circonstances sont graves, qu'elles le sont peut-être aujourd'hui plus qu'hier. Il faut de la fermeté, de la résolution, de la magnanimité... »

Une voix. « Et de la prudence. »

M. *Félix Desportes.* « Il faut déclarer que vous périrez dans cette enceinte plutôt que de permettre qu'il soit porté atteinte à la Constitution et à la liberté de la patrie. »

Un grand nombre de voix. « Ce n'est pas là l'objet de la discussion. »

M. le président rappelle à la proposition principale.

M. Manuel rétablit et développe de nouveau sa proposition.

Un membre. « La commission de Constitution s'occupe de son travail; elle ne peut aller plus vite. J'appuie la proposition de s'occuper séparément, et le plus tôt possible, du budget de 1815. »

L'assemblée allait se rendre dans ses bureaux, mais l'annonce de l'attente d'un message important de la commission de gouvernement la retient en séance. — On reçoit le message suivant :

« Monsieur le président, j'ai l'honneur de vous transmettre le bulletin de situation d'aujourd'hui. Je vous annonce en même temps, monsieur le président, que les plénipotentiaires du gouvernement, chargés de traiter de la paix, ont reçu des passeports pour se rendre au quartier-général des souverains alliés. Ils sont partis de Laon, hier soir 26.

» Agréez, je vous prie, monsieur le président, les nouvelles assurances de ma plus haute considération. — Le président de la commission de gouvernement. *Signé* le duc D'OTRANTE. — Paris, le 27 juin 1815. »

Bulletin du 27 juin 1815. — « Le quartier-général de l'armée est toujours à Soissons. Voici quelle était sa position hier à cinq heures du soir.

» La division de cavalerie légère du général Jacquinot est établie au faubourg de Laon.

» Les troupes de la garde, infanterie et cavalerie, sont entre Laon et Soissons.

» Le corps du général Lallemand prend position à Craône, Corbenie, et se prolonge vers l'Ange-Gardien.

» Le corps de cavalerie du général Pajol, en arrière de Coucy.

» Le premier corps, aux ordres du général d'Erlon, était en route pour Compiègne, point sur lequel l'ennemi se dirigeait.

» L'infanterie de l'aile droite commence à arriver demain.

» L'ennemi occupait Saint-Quentin, Guise, Avesnes et Noyon. Un parti de quatre à cinq cents chevaux s'est montré entre cette dernière ville et Compiègne.

» Des rapports et des dépêches télégraphiques du lieutenant-général Belliard donnent les détails suivans.

» Le 23, un corps ennemi, fort de trois mille hommes, est entré à Sarrebruck; nos troupes se sont retirées à Rosenbruck.

» Le 25, l'ennemi n'avait point fait de mouvement prononcé en avant de Forbach; un détachement de Cosaques réguliers a occupé momentanément Saint-Avole.

» Une suspension d'armes de vingt-quatre heures a été conclue avec le colonel commandant l'avant-garde. Des parlementaires ont été envoyés au-devant de toutes les colonnes ennemies, afin de leur faire connaître l'abdication de l'empereur, et de traiter jusqu'à ce que des mesures générales aient été adoptées par les commandans en chef.

» La division Rouyer défend l'approche de Metz; les partis ennemis en étaient hier, 26, à une lieue.

» Les Autrichiens ont passé le Rhin vers Gernersheim et Manheim; nos avant-postes se sont repliés; les Bavarois se portent sur la Sarre.

» Un corps de troupes saxon et hessois est entré à Mouzon le 24. L'ennemi occupe Château-Salins.

» Il n'est parvenu aucun détail important des corps d'observation du Jura et du Var, ainsi que des armées des Alpes et des Pyrénées.

» Les royalistes, au nombre de huit mille hommes, viennent encore d'être battus et dispersés près d'Auray par le général Bigarré; qui a été blessé. Ils ont perdu plus de quinze cents hommes.

» Tout faisait espérer que l'ordre allait se rétablir dans la Mayenne; mais les derniers événemens ont grossi le nombre des insurgés. Ils sont tous armés de fusils de munition. Le général Achard, qui commande dans ces départemens, a d'ailleurs beaucoup de confiance dans les dispositions de ses troupes. »

La mention de ce message au procès-verbal est ordonnée. — Un message du gouvernement est reçu par la Chambre. Il contient la proposition du projet de loi dont la teneur suit :

Paris, le 26 juin.—« La commission de gouvernement, vu l'urgence des circonstances, considérant qu'il est nécessaire de pourvoir sans délai au paiement des anciennes fournitures et de l'arriéré de la solde, arrête ce qui suit :

» Le projet de loi ci-après sera soumis à la sanction des Chambres, et immédiatement ensuite à celle des Représentans.

» *Projet de loi.*

« En exécution de l'article 29 de la loi du 25 septembre 1814, il est ouvert un crédit provisoire de 1,500,000 francs de rentes en cinq pour cent constituées sur le grand livre de la dette publique, représentant un capital de 30,000,000 de francs pour le paiement d'une partie des créances des fournisseurs de la guerre antérieures au 1er avril 1814, et pour le paiement de la solde, laquelle somme viendra en diminution de celle demandée par l'article 1 du projet de loi des finances présenté aux Chambres le 19 juin 1815.

Signé le duc d'OTRANTE, président; CARNOT; CAULAINCOURT, duc de Vicence; comte GRENIER; QUINETTE.— Pour copie conforme; le secrétaire adjoint au ministre secrétaire d'état. T. BERLIER. »

M. *Dumolard.* « Messieurs, quelque confiance que vous ayez dans le mode d'examen des projets de lois dans les bureaux, quoique le mode soit celui prescrit par le règlement, il est des circonstances tellement urgentes que vous devez abréger indispensablement les formes ordinaires. Je demande le renvoi du projet à une commission spéciale pour faire un rapport séance tenante. »

Cette proposition est adoptée. Le bureau est autorisé à proposer la commission qui doit examiner le projet.

Les membres proposés et adoptés par la Chambre sont MM. Cambon, Poullain-Grandpré, Jeannet, Defermon et Villers.

Un message de la Chambre des Pairs adresse le projet de loi sur les mesures de sûreté publique avec les amendemens adoptés par cette Chambre. — Le renvoi à la commission est ordonné, et elle est chargée de faire son rapport séance tenante.

— Le rapport fut fait, en effet; la Chambre rejeta les amendemens de la Chambre des Pairs.

M. Cambon. « Organe de la commission que vous avez chargée dans cette séance même d'examiner le projet de loi sur le crédit à ouvrir au gouvernement pour acquitter une partie de l'arriéré spécifié au budget présenté, j'annonce à l'assemblée que cette commission s'est occupée de suite de l'examen de ce projet. Ce crédit sera ouvert en déduction de la somme demandée par le budget pour l'arriéré de 520 millions. Il est instant de donner au gouvernement les moyens d'acquitter ses engagemens envers des citoyens dont les capitaux sont épuisés, et qui malgré la difficulté des circonstances continuent à assurer le service de vos armées. Le projet est très-urgent; et il faut que nous ayons bien senti son urgence pour vous proposer de l'adopter sans que la discussion en ait pu avoir lieu dans des formes plus régulières. »

M. Cambon donne lecture du projet de loi; il est adopté. — La Chambre présente un scrutin pour l'adoption de ce projet. En voici le résultat: sur 356 votans, il y a 307 boules blanches et 29 noires. — Le projet de loi est adopté définitivement et envoyé de suite à la Chambre des Pairs.

La séance est continuée à demain midi.

Chambre des Pairs. — Séance du 27 juin.

Le prince archi-chancelier ouvre la séance à deux heures et demie.

Le procès-verbal est lu et adopté.

Le comte Thibaudeau annonce un message de la Chambre des Représentans. Il donne lecture du projet de loi qui en fait l'objet; c'est celui relatif aux mesures prises pour assurer, par voie de réquisition, les subsistances et les transports militaires.

Le président. « La Chambre veut-elle discuter de suite ce projet, ou le renvoyer à une commission? »

Le comte de Ségur. « La matière est trop importante; il s'agit pour le peuple de trop grands intérêts, pour qu'une résolution de cette nature soit discutée sans un examen préalable. Je demande la formation d'une commission. »

Plusieurs voix. « Il faut accélérer de suite. »

Le président. « Lorsqu'un projet de loi est proposé par un membre, le président est autorisé, même sans consulter l'assemblée, à en ordonner l'impression et la distribution; ainsi, à moins que la Chambre ne reconnaisse qu'il y a urgence, je vais ordonner l'impression et prononcer l'ajournement. »

Le duc de Dantzick. « S'il n'y a pas de loi, les réquisitions se feront sans loi. Croyez-vous qu'il n'en ait pas déjà été fait? Il n'y a pas un moment à perdre. Il est inutile de disputer sur l'ajournement quand la loi s'exécute avant d'être faite. »

Le comte de Valence. « La Chambre a fait un règlement; il faut s'y conformer. Si quelques circonstances impérieuses ont nécessité sa violation, qu'il soit dorénavant exécuté avec rigueur. »

Le duc de Dantzick. « Quand on a fait le règlement, l'ennemi ne marchait pas sur nous. »

Le comte Thibaudeau. « Wellington fait-il marcher ses troupes dans l'ordre du règlement? »

Le comte de Valence. « Je ne comprends pas..... C'est une phrase..... »

Le comte Thibaudeau l'interrompant. « Je demande la parole. — Puisque l'occasion s'en présente, j'en profite pour vous ouvrir une ame oppressée par les malheurs de la patrie. Quelle est l'attitude des Chambres depuis quelques jours? L'ennemi est à nos portes; et l'on se traîne servilement dans les formes lentes et pénibles du réglement! L'ennemi est à nos portes, et quand on vous demande de régulariser le service des réquisitions pour donner aux malheureux habitans des campagnes un titre qui pourra leur servir quand la tranquillité sera rétablie, quand on vous demande une loi pour subvenir à la subsistance des troupes, on vous propose de délibérer dans les formes du réglement!

» Je demande moi, si, dans des circonstances aussi pénibles, la Chambre peut se dispenser d'adopter une loi aussi nécessaire?

» Une commission est inutile. Les amendemens, s'il y en a, peuvent être proposés séance tenante; mais je ne crois pas qu'il en soit proposé, car la Chambre des Représentans a épuisé la discussion. »

Un grand nombre de membres. « La discussion sur-le-champ. »

Le président. « La discussion est ouverte. »

Un messager du gouvernement est introduit. Un des secrétaires donne lecture du bulletin et du message.

(Voyez *Chambre des Représentans*.)

MM. les comtes Andréossy, Boissy-d'Anglas et Valence annoncent qu'ils ont été nommés par la commission de gouvernement, avec MM. Flaugergues et de la Besnardière, pour aller négocier un armistice avec le lord Wellington. Le président leur donne acte de leur déclaration; et la Chambre accorde l'autorisation demandée. — On reprend la discussion.

M. le comte Thibaudeau donne lecture, article par article, du projet de loi.

Les articles en sont successivement mis aux voix et adoptés sans discussion, tels qu'ils ont été envoyés par la Chambre des Représentans.

On procède au scrutin.

Avant de quitter la Chambre, M. le comte Boissy-d'Anglas annonce qu'il a prié M. le comte de Latour-Maubourg de donner lecture du projet de loi qu'il devait proposer aujourd'hui, et qui est à l'ordre du jour.

M. le comte de Forbin de Jahson, le plus jeune d'âge, remplira les fonctions de secrétaire, en l'absence de M. le comte de Valence.

L'ensemble de la loi est adopté à l'unanimité. Il y avait 51 votans.

M. le comte de Latour-Maubourg est invité à présenter le projet de loi sur les mesures à prendre pour garantir la liberté individuelle.

Ce projet est composé de 17 articles.

M. le comte Thibaudeau. « Comme la discussion doit s'ouvrir après chaque lecture, je proposerai un amendement : c'est la suppression, dans le projet qui vient d'être lu, du mot *royaume*, qui annonce un grand oubli ou une grande prévoyance. Si l'on ajourne pour une seconde lecture, comme hier la Chambre a renvoyé à la Chambre des Représentans la résolution qui pourrait paraître en opposition avec le projet qui vous est présenté, j'en demande l'ajournement jusqu'à ce que cette résolution vous soit revenue. »

Le président donne acte de la lecture, et ordonne que le projet signé de lui et des secrétaires restera dans les mains du secrétaire-rédacteur.

La séance est levée et remise à demain deux heures.

Chambre des Représentans. — *Séance du 28 juin.*

La séance est ouverte à une heure.

M. le président proclame les noms des membres qui, nommés par les bureaux, doivent former la commission de constitution; ce sont :

MM. Ramond, Vimar, Manuel, Poulain-Grandpré, Bruneau de Beaumetz,

Lefebvre-Gineau, Durbach, Lanjuinais; le membre nommé par le bureau commun est M. Delessart.

M. Gamon. « Messieurs, un de vos orateurs les plus distingués, dans la séance d'hier, vous proposa de vous occuper exclusivement, dans les circonstances actuelles, de mesures urgentes, de mesures de salut public.

» Sa proposition fut accueillie; et, par des lois d'urgence, vous avez livré, s'il est permis d'employer ce terme, vous avez livré au gouvernement des hommes, des trésors et le vaste pouvoir d'user de tout par la voie illimitée des réquisitions.

» Cependant, messieurs, n'a pas été indiquée d'une manière franche et précise la mesure de salut public la plus urgente, celle qui, à mon sens, doit être le dernier retranchement des vrais amis de la liberté, des représentans de la nation.

» A la vérité, formée dans la pensée de recourir à cette mesure que vous pressentez sans doute, une commission a été chargée de revoir et de coordonner nos constitutions éparses; mais, messieurs, cette collection de constitutions éparses présente à la mémoire attristée tant de monumens du despotisme le plus impudent, tant de monumens de la servitude la plus honteuse, tant de senatus-consultes et de lois organiques, sous lesquels notre liberté a été ensevelie, que, pour hâter un travail devenu si pressant, ou plutôt pour le terminer en un jour, en quelques jours, je crois devoir vous proposer de réviser, d'adopter à l'instant avec de légères modifications dont l'expérience a démontré la nécessité, en commençant, par exemple, la division du pouvoir législatif en deux Chambres, je crois déjà devoir vous proposer d'adopter sans hésiter la Constitution de 1791.

» L'ennemi s'avance : nous qui vîmes si souvent nos armées triomphantes dicter des lois à tous les monarques de l'Europe dans leurs capitales humiliées, nous sommes descendus de ce haut degré de puissance et de gloire. Nous en sommes descendus, parce que l'exagération de l'amour de la liberté nous emporta au-delà de cette Constitution de 1791 qui nous offrait un sûr abri. Nous en sommes descendus, parce que l'anarchie, monstrueux enfant de la république avortée, défigurant cette liberté, saint objet de notre culte, ne nous la montra plus que sous les traits hideux de la licence. Nous en sommes descendus, parce que le génie extraordinaire, qui pouvait, après notre chute, nous relever vers la liberté et nous la reconquérir, livré à la séduction intéressée des courtisans du pouvoir absolu, ou peut-être à la séduction du pouvoir lui-même, ne songea qu'à donner de l'éclat à son sceptre, qu'à parcourir, à conquérir, à ravager les royaumes. Nous en sommes descendus, parce que, changeant de principes, de sentimens et de costume, des hommes à grands talens prostituèrent à la tyrannie le noble et pur encens qu'ils devaient à la liberté.

» Que nous reste-t-il donc à faire? quelle planche aborder au milieu de ce naufrage? Je vous l'ai dit, la Constitution de 1791. Cette Constitution veut un chef, veut un roi; qui de vous le premier nommera le monarque? ce ne sera pas moi. Je veux éloigner de ma personne tout soupçon de servir un parti en faisant une indication, en prenant une initiative qui pourrait néanmoins résulter d'un sentiment pur et patriotique ; je sais que Napoléon II, que Louis XVIII, que le duc d'Orléans, que d'autres encore ont des partisans; mais je suis, moi, étranger à tous les partis; ce que je veux, ce que je vous demande au nom du peuple français, c'est une Constitution libre, une Constitution qu'un roi constitutionnel fasse exécuter religieusement pour son intérêt et pour le nôtre. Je vous demande un roi qui soit juste et bon, qui soit Français par les sentimens du moins, qui termine la guerre et donne à l'Europe des garanties d'une longue paix, en respectant nos lois, en se dirigeant d'après les graves intérêts du corps de la nation, et d'après les principes de l'Europe civilisée.

» Vous, messieurs, qui presque tous avez figuré dans les diverses assemblées nationales de France, et qui par de grandes fautes, pour ne rien dire de plus, avez forcé la victoire de se ranger du parti des rois, au milieu de vos peines, consolez-vous cependant en vous avouant qu'à l'aide d'un seul peuple luttant contre tous les rois, vous avez amené tous les rois, luttant contre un seul peuple, à reconnaître formellement l'indépendance et la souveraineté des nations. Il est en la puissance des rois de s'honorer à jamais en respectant notre indépendance, en respectant un principe qu'ils ont reconnu, qu'ils ont eux-mêmes proclamé : que s'ils aspirent à violer ce principe éternel comme la raison, s'ils veulent se jouer de la foi des peuples et des promesses les plus solennelles, alors c'est à vous, messieurs, qu'il appartiendra de donner un grand exemple au monde; il vous appartiendra de vous offrir en sacrifice, plutôt que de consentir, par un acte législatif, la violation des promesses faites en présence de l'univers. Il vous appartiendra de réclamer jusqu'à la mort l'indépendance nationale.

» Il ne s'agit pas, messieurs, de peser aujourd'hui dans la balance, en parcourant les phases de notre révolution, les fautes et les crimes des peuples, les fautes et les crimes des rois : il convient seulement d'observer que les uns et les autres peuvent les expier par une conduite magnanime; et à cette époque qui place dans une situation si extraordinaire, d'une part, messieurs, le peuple français représenté par vous, et, d'autre part, tous les peuples de l'Europe représentés par une coalition de rois, le plus grand acte qui puisse lier la France avec les autres nations, et tous les rois avec tous les peuples, c'est un éclatant hommage, un hommage réel et de fait, au principe qui consacre l'indépendance des nations. Eh! pourquoi taire, pourquoi ne pas faire retentir dans cette enceinte, une pensée, hardie peut-être, dont mon cœur est pressé ? Ni l'anarchie qui dressa mon échafaud, ni le royalisme arrogant et superbe qui peut-être se dispose à la vengeance, ne m'ont appris à céder à la crainte. Il faut donc le dire, les rois sont à jamais flétris; et bientôt la politique ambitieuse et discordante nous vengera d'eux-mêmes s'ils foulent aux pieds notre droit le plus sacré, droit commun à tous les peuples, notre indépendance nationale. Et vous, Représentans qui m'écoutez, vous serez voués à un opprobre éternel, si cette Constitution qui naquit dans les beaux jours de la révolution, qui fut véritablement l'expression du vœu national, ne devient à l'instant même votre point de ralliement, votre centre d'union, et si vous ne la défendez jusqu'à la mort.

» Proclamez donc, Représentans, proclamez la résurrection de cette Constitution si librement consentie, si librement acceptée par ce peuple qui s'empressera, si vous le jugez nécessaire, de la consacrer par une acceptation nouvelle. Ce n'est plus l'audace, le génie, la fortune ou la victoire qu'il faut invoquer, c'est quelques modifications qui peuvent avoir lieu séance tenante : c'est la Constitution de 1791. « — La proposition est vivement appuyée.—Quelques membres demandent à aller aux voix.

M. Pénières. « Quoi! messieurs, l'on vous parle de délibérer précipitamment sur un objet aussi grave. N'avons-nous donc plus rien à attendre de la sagesse de la réflexion? On peut compter sur le courage des Représentans; il n'est pas nécessaire de le stimuler. Nous avons cette vertus des anciens, qui consistait surtout à délibérer avec calme, au milieu même des dangers de la patrie. Est-ce parce que l'ennemi approche de la capitale, que nous n'aurions plus qu'à nous réfugier aveuglément dans cette Constitution qui a besoin de tant de réformes? Qu'il me soit permis d'exprimer mon opinion : je me souviens encore de la libéralité politique de ce prince du Nord, qui, modeste et généreux dans la victoire, déclara que la France devait rester une des grandes puissances de l'Europe, invita le sénat à se réunir pour choisir librement le souverain qu'il croirait devoir désigner. Si quelque chose peut honorer Alexandre....... (*Plusieurs voix* : Il n'y a qu'à l'attendre.) Ce prince voudrait-il faire rétrograder les progrès de la civilisation? Non, messieurs; la raison et les lumières ont pénétré jusque chez le peuple qu'il gouverne. Ce n'est point la république que vous voulez proclamer. Le but des rois alliés est donc atteint. Qu'ont-ils voulu? que celui dont l'ardeur belliqueuse et l'esprit de conquête troublaient le repos de l'Europe ne régnât plus sur la France; eh bien! leur désir est satisfait, et nous devons espérer que nos négociateurs les trouveront favorables aux vœux qui leur seront exprimés au nom de la France. Je demande que l'on passe à l'ordre du jour. »

M. *Henri Lacoste.* « Mon cœur est français : je l'ai senti battre au noble langage que nous venons d'entendre. Le courage peut se relever quand les représentans du peuple en donneront le généreux exemple; mais je pense qu'une telle délibération ne doit pas être emportée par un mouvement précipité. Je demande le renvoi à la commission centrale de constitution; et qu'il soit fait, le plus promptement possible, un rapport à la Chambre. »

N..... « J'aurais une observation à ajouter. Oui, je pense qu'il est urgent de s'occuper de la Constitution. Rendons une justice méritée à cette belle œuvre de notre première assemblée politique; on ne pourra jamais trop la méditer et s'éclairer des maximes qu'elle consacre : cependant nous devons profiter aussi des lumières d'une assez longue expérience. Elle a dû faire sentir la nécessité d'apporter à cette Constitution des changemens qui certes ne peuvent s'exécuter séance tenante, autrement, nous nous exposerons au ridicule de ces constitutions improvisées et de ces sénatus-consultes qui avaient détruit nos libertés.

» Je demande que l'on ne s'occupe pas d'autre chose simultanément avec la Constitution, que de l'emprunt stipulé dans la loi de finance, et que l'on détermine la classe sur laquelle il doit peser davantage. (On murmure.) Messieurs, l'emprunt doit être décrété; il est d'une nécessité absolue; mais d'après les conférences que j'ai eues avec votre commission centrale, je vous propose de demander au gouvernement des états de tous les traitemens civils et administratifs, afin que les suppressions et les réductions dont ils paraîtraient susceptibles, puissent être examinées par l'assemblée dans ses bureaux. »

M. *Crochon.* « J'appuie la proposition qui vous est faite. Votre commission délibère sur la Constitution; mais vous devez lui proposer un but; ce but peut être la Constitution de 91 appropriée à nos mœurs actuelles et rectifiée par l'expérience. C'est le seul moyen de sauver la liberté publique. Les défauts de la Constitution de 1791 sont connus. Le principal était de n'avoir qu'une assemblée législative unique, et de laisser le pouvoir exécutif trop faible. Ce fut une énorme faute d'organiser si faiblement le pouvoir exécutif. Je conclus à ce que la commission s'applique particulièrement, dans son travail, à la Constitution de 91, avec les modifications que l'expérience a fait juger nécessaires. » — Le renvoi à la commission est ordonné.

M. *Cambon.* « Je vois toujours avec peine que nous soyons toujours entraînés à rendre des décrets d'urgence. Hier, la nécessité était évidente, et, séance tenante, nous avons adopté une résolution qui accorde un crédit au gouvernement. Il serait pourtant désirable de connaître si l'affectation des fonds que vous avez accordés a constamment la destination qui est annoncée. Dieu me garde d'élever des soupçons contre un gouvernement investi de toute votre confiance; mais mon observation tend à mettre en garde contre la précipitation. Des rapports de finance nous ont été distribués; mais je ne puis les regarder que comme des comptes administratifs; je n'y vois pas de comptes de deniers. Vous n'avez pas reçu celui du trésor public. Cependant les besoins sont grands, et il faut y pourvoir en même temps qu'on peut exercer une utile surveillance.

» On a parlé d'assemblée constituante, d'assemblée législative. Ces assemblées demandaient des comptes de deniers, et faisaient vérifier le trésor par des représentans du peuple. Ce n'est point ici une mesure d'exécution comme on pourrait le croire, c'est une mesure de surveillance qui appartient essentiellement à la représentation nationale.

» Je demande que vous nommiez une commission de cinq membres pour aller prendre connaissance de l'état du trésor public et vous en rendre compte. »

La proposition n'est pas appuyée.

M. Scipion Mourgues. « Au moment où les passions signalent à la patrie de nouveaux dangers, vous venez de rendre un hommage éclatant aux principes qui nous animent tous : le silence majestueux que vous avez gardé pendant le discours de notre collègue Gamon, prouve qu'il n'y a point de division parmi vous; j'en demande l'impression à six exemplaires, pour que nous puissions la faire connaître à nos commettans. » On demande l'ordre du jour sur l'impression.

N....... « Nous n'avons peut-être plus que peu d'instans pour faire connaître les sentimens qui nous animent (des murmures s'élèvent). Je demande que nous en saisissions l'occasion, et je vote l'impression à six exemplaires. »

M. Dupin. « Quand vous votez une impression, vous avez un but quelconque; si c'est un rapport, c'est pour l'examiner, mais vous ne pouvez imprimer un discours que pour en propager la doctrine. Ici, quelque intérêt qu'ait présenté ce discours, et le ton vivement pénétré avec lequel il a été prononcé, en l'imprimant, vous auriez l'air de favoriser, de préconiser une idée quelconque sur le travail de votre commission; elle a sous les yeux toutes vos constitutions, tous les projets; elle entend toutes les opinions. Je demande que vous lui laissiez présenter son travail. »

La Chambre passe à l'ordre du jour.

M. Félix Desportes demande à donner lecture d'une proposition sur la liberté individuelle. — L'assemblée entend cette lecture. Le fond de cette proposition consiste à donner aux cours impériales la police et la surveillance des maisons d'arrêt, et d'ordonner qu'à l'avenir nul Français ne pourra être détenu, sans que la cour impériale du ressort n'en ait été officiellement instruite. — On demande l'ordre du jour, motivé sur les lois existantes. — L'ordre du jour, ainsi motivé, est adopté. — Il est donné communication d'une lettre du général Becker, qui, pour une mission spéciale, demande un congé de huit jours. — Le congé est accordé.

M. le président fait donner lecture d'un message du gouvernement ainsi conçu.

Paris, le 27 juin 1815.—« Monsieur le président, j'ai l'honneur de vous adresser le bulletin de l'armée. Le ministre de la guerre nous a fait de vive voix un rapport peu satisfaisant. Il est en ce moment aux avant-postes, et nous attendons un rapport positif sur notre véritable position militaire.

» Quel que soit l'événement, nous ne vous proposerons rien de pusillanime et de contraire à nos devoirs. Nous défendrons jusqu'à la dernière extrémité l'indépendance de la nation, l'inviolabilité des Chambres, la liberté et la sûreté des citoyens.

» Agréez, monsieur le président, les nouvelles assurances de ma plus haute considération. — *Signé* le duc D'OTRANTE. »

Bulletin du 28 juin 1815.

« Nous recevons des délails alarmans sur les progrès des alliés.

» Une dépêche du maréchal Grouchy, datée de Soissons, le 27 juin, à dix heures du soir, annonce que l'ennemi est en force à Compiègne. Le comte d'Erlon, n'ayant pu pénétrer dans cette ville, s'est porté sur Senlis en longeant la forêt.

» L'ennemi occupe Pont-Saint-Maxence. Il dirige des colonnes sur Creil et Senlis. Dans cet état de choses, le maréchal Grouchy se trouve dans la nécessité de presser son mouvement sur Paris et de porter son quartier-général à Dammartin. Le corps du général Reille prend sa position à Gonesse, et celui du général Vandamme à Nanteuil.

« Les communications télégraphiques, déjà interceptées sur les lignes de Lille à Boulogne, et de Metz à Strasbourg, viennent de l'être sur celles de Paris à Lille et à Metz. »

M. Solignac. « Le ministre de la guerre n'étant point à Paris, et s'étant porté au camp retranché, je prie monsieur le lieutenant-général Raymond, qui arrive de l'armée, de donner sur ce qui se passe les renseignemens qui sont à sa connaissance. »

Le général Raymond. « Il est d'usage à la guerre que l'officier-général qui prévoit un armistice, cherche à s'étendre et à gagner du terrain, pour conclure l'armistice plus favorablement d'une part, et pour faciliter ses subsistances. C'est ce qui a fait pousser des pointes à l'ennemi sur Compiègne et sur Pont-Saint-Maxence. Dans les directions militaires que l'ennemi a prises, il n'y a pas de position avantageuse; les places sont faibles, et l'ennemi ne s'est point occupé de siéges réguliers. Qu'arrive-t-il ? l'armée prend la belle position du cours de la Seine : telle a dû être l'opinion des officiers-généraux les plus expérimentés. Des inquiétudes s'élèvent cependant, le moral du peuple s'affaiblit; il faut calmer les unes et ranimer l'autre, en disant que les généraux ont choisi le seul champ de bataille où ils pussent combattre; les troupes sont bien disposées; elles apprendront avec plaisir les résultats de vos délibérations sur la Constitution. A Laon, à Soissons, tout est en ordre. Le mouvement du maréchal Grouchy s'est continué dans la ligne de Mézières à Soissons. Le mouvement général qui a eu lieu n'est point inquiétant. Les positions de nature à être défendues sont assignées, et l'ennemi y trouvera une forte résistance.

M. Mouton-Duvernet. « Il s'est répandu des bruits de désertion et de défection dans l'armée française du Nord. Le gouvernement a voulu savoir la vérité; il m'a chargé, avec mon collègue Ogier, de nous rendre auprès de cette armée. Nous sommes partis le 25, à sept heures du soir. A peine avions-nous fait deux lieues, que nous avons trouvé la route couverte de gros détachemens de toutes armes marchant isolés. Il y avait surtout des hommes de la garde impériale. Nous les avons abordés. Mes enfans, leur avons-nous dit, que faites-vous ? abandonnez-vous vos régimens ? n'êtes-vous plus animés des sentimens de l'honneur ? Ils nous ont dit : Nous avons été trahis. Au reste, on nous annonce qu'il n'y a plus d'empereur : si l'empereur n'est plus sur le trône, il n'y a plus besoin d'armée..... Pourquoi voulez-vous que nous nous battions ?..... pour les Bourbons ? pour recevoir, au lieu de récompenses de nos services, de nouvelles punitions pour les services du moment ?

» Nous leur avons parlé de la patrie, de la France, de leur ancienne gloire : ils nous ont entendus avec confiance. Allez à Paris, leur avons-nous dit, reprenez vos armes, rejoignez vos dépôts. La patrie, la France ont plus que jamais besoin de vos secours. Tel est le langage que nous avons tenu toute la nuit aux soldats sur la route de Soissons, et il a partout réussi.

» A Soissons, nous avons vu passer de nombreux soldats, avec ou sans armes. Nous avons vu avec chagrin que personne ne se mettait en mesure de les empêcher de passer. Nous avons vu le maréchal Grouchy; il arrivait précédant le mouvement de son armée.

» Il a été charmé de nous voir occupés à rallier les soldats. En général, officiers, sous-officiers et soldats nous ont dit : Nous resterons à notre poste, nous combattrons s'il le faut, mais il faut qu'on prenne des mesures contre ceux qui quittent, qu'ils soient rappelés, et que ceux qui ne reviendront pas soient punis. Dans de telles circonstances, les conseils de guerre ne peuvent guère agir, et réparer le désordre ; il n'y a que la persuasion et la voie de l'encouragement.

» Nous sommes allés à l'armée ; la garde impériale était placée entre Laon et l'Ange-Gardien. Nous avons été aux avant-postes, où nous avons trouvé les chasseurs de la garde. L'empereur a abdiqué, leur avons-nous dit ; mais il y a toujours la France et la patrie, ses représentants et un gouvernement qui négocie la paix. Nous avons donné lecture de votre déclaration, portant que la guerre est nationale. Ils nous écoutèrent avec intérêt. Nous les rappelâmes à l'obéissance, à leurs chefs, à la discipline, au devoir. Quelques hommes nous ont dit : Pourquoi voulez-vous que nous tenions ici, puisque l'ennemi marche sur Compiègne? a-t-on gardé Compiègne? Le maréchal Grouchy avait fait en arrivant un mouvement sur Compiègne ; ce point était occupé par l'ennemi. Le maréchal a fait opérer un mouvement rétrograde de toute la ligne, et a pris position d'une manière avantageuse entre Laon et Senlis, à Nanteuil.

» Sans attendre la réunion des divisions, nous nous sommes jetés au milieu des colonnes, nous leur avons annoncé que de grands moyens de résistance étaient préparés à Paris, et les troupes ont senti que les positions hors de Paris étaient celles où elles devaient se réunir, que jusque-là il n'y avait pas de position pour arrêter des forces supérieures.

» Nous avons appris qu'il s'était réuni sept mille hommes de la garde impériale, mais qu'il y avait eu de nombreuses désertions ; on est parvenu à rallier plus de deux mille hommes. Il en est arrivé un nombre égal à Paris ; ils sont rappelés et feront vaillamment leur devoir.

» Nous avons fait une adresse à l'armée, les soldats la lisaient avec plaisir. »

« Le général Mouton-Duvernet en donne lecture. — Il poursuit : La cavalerie de l'armée est bonne. La désertion ne s'y est point manifestée, et elle est toujours animée du même courage.

» Hier, à cinq heures du soir, le quartier-général a été porté de Soissons à Villers-Cotterets, le maréchal Grouchy l'avait arrêté dès le matin. Il attend l'arrivée de son corps. Rien n'est désespéré ; mais il faut parler aux soldats, leur faire des proclamations ; il faut pourvoir à leur solde, à leurs besoins. Vous avez sur ce point quarante-cinq mille hommes bien armés, bien équipés, une artillerie nombreuse et parfaitement bien montée.

» Voilà la vérité sur les faits dont j'ai été témoin. »

M. Henri Lacoste. « Avons-nous payé aux braves qui sont tombés dans les champs de Fleurus et de Mont Saint-Jean la dette de la patrie? Avons-nous porté à leurs veuves, à leurs enfans, les consolations, les secours qu'il dépendait de nous de leur donner? Sans doute vous avez donné et vous donnerez l'exemple du courage ; et, à l'exemple des sénateurs romains, qui vous ont été cités tant de fois, vous saurez mourir sur vos chaises curules. Vous avez adopté, sans réflexion (murmures), sans acception d'opinions particulières, toutes les mesures qui vous ont été présentées pour l'intérêt de la patrie. Je demande que vous acquittiez ce que vous devez à l'armée; en vous adressant directement à elle. Plusieurs de nos collègues ont préparé des adresses à cet effet; j'invite l'assemblée à les entendre. »

M. Jay. « Nous devons des tributs d'admiration, nous devons des consolations à l'armée : c'est par les efforts de nos braves que nous devons de n'avoir rien à craindre pour notre indépendance, car voilà tout ce que nous pouvons avoir maintenant. Avec votre permission, je vais donner lecture d'une adresse très-courte que vous adopterez si elle répond à vos sentimens. » (Lisez, lisez.)

M. Jay donne lecture de cette adresse, et il ajoute :

« Comme il est impossible, après une simple lecture, que l'assemblée puisse juger d'une adresse qui doit exprimer tous ses sentimens, je demande le renvoi à une commission, pour faire les changemens qui seraient jugés convenables. »

M. le général Raymond. « Ceux même qui ont beaucoup vécu avec la troupe savent combien il est impossible qu'une seule personne se pénètre des formes qui peuvent exciter les sentimens d'une armée ; j'appuie le renvoi à une commission. »

M. Dumolard. « Deux grandes considérations doivent frapper l'assemblée. Nous devons un acte de reconnaissance aux guerriers morts au champ d'honneur, qui ont pu succomber, mais avec gloire, car jamais les Français n'ont été plus grands dans les combats. Nous devons des encouragemens à ceux qui restent, et qui sont disposés à donner un semblable exemple. Sous le premier rapport, je demande que, par une loi, qui sera rendue avec le concours de la Chambre des Pairs, vous donniez un de ces témoignages que rien n'a pu user, parce que la voix de la patrie ne se fait jamais entendre en vain. Je demande qu'il soit déclaré que les braves qui ont péri à Fleurus et à Mont-Saint-Jean ont bien mérité de la patrie. Je demande que le gouvernement soit chargé de vous faire connaître l'état des familles de ces braves, et quels témoignages de la reconnaissance publique la patrie peut encore leur prodiguer. Sous ce second rapport, en reconnaissant tout le mérite qui se trouve dans l'adresse proposée par M. Jay, et combien elle contient de vues sages, je crois que sa rédaction doit être méditée. J'en demande le renvoi à une commission. » (Appuyé, appuyé.)

M. Garat. « J'appuie la motion de notre collègue Dumolard, mais je crois qu'une adresse doit être encore autre chose que ce que fait exprimer à l'assemblée celle proposée par M. Jay. L'armée a acquis de nouveaux titres de gloire dans ces champs de bataille où sont tombés tant de milliers de braves. Ces traits doivent être recueillis, et peut-être devraient-ils seuls composer toute l'adresse. L'exemple est le plus bel encouragement que l'on puisse donner au soldat. Je voudrais qu'on n'en perdît aucun; que l'on consacrât ce mot d'un soldat, qui » dit : « Je meurs et je ne me rends pas. » Je demande que les généraux et les autres membres militaires de cette assemblée se réunissent pour les citer. »

M. Pénières. « Le nom de l'officier qui a prononcé ces paroles ne doit point être ignoré : c'est le brave Cambronne. On lui dit de se rendre. « La garde, répondit-il, meurt et ne se rend pas. »

On demande de toutes parts le renvoi à une commission. Le renvoi est mis aux voix et ordonné.

La commission est composée des généraux Raymond, Mouton-Duvernet, et de MM. Jay, Garat et Dupont (de l'Eure).

Un membre. « Je demande à citer un trait qui honore l'armée. La garde impériale, en quittant Paris et passant près des retranchemens de Paris, dit : « Il faudra bien que la garde nationale défende ces retranchemens, car nous ne reviendrons pas, ou nous reviendrons vainqueurs. »

M. *Garnier* (de Saintes). « Notre armée n'a rien perdu de son courage ; elle cherche une position ; elle ne compte pas les ennemis ; elle est toujours portée par un noble élan vers la gloire et la victoire. Mais il faut que cette attitude calme que la France a remarquée parmi vous se transporte au sein de l'armée. Je demande que cinq membres choisis dans cette assemblée se rendent parmi nos soldats, et que là ils fassent, au nom de la patrie, entendre ce vœu qui est le seul que nous puissions former, celui de l'indépendance nationale, ce vœu de toute la France, de ne point appartenir à un monarque qu'elle n'aura pas choisi. Quand l'armée saura quel est le centre autour duquel elle se rallie, et qu'elle sera réunie sous les murs de Paris, que l'ennemi se présente ! et il trouvera la force et le courage contre lesquels il a tant de fois échoué. Rappelez-vous ces temps où un seul représentant au milieu d'une armée électrisait tous les esprits. Nous irons aussi combattre dans les rangs : il y a encore dans Paris mille braves qui brûlent d'entrer en lice, et un grand nombre de nos collègues ont leurs fils qui n'attendent que le signal : Je demande que cinq membres pris dans l'assemblée se réunissent aux généraux et fassent connaître à l'armée vos proclamations. »

Quelques membres appuient cette proposition ; d'autres s'y opposent.

M. *Durbach*. « L'envoi de vos proclamations par des représentans du peuple est une mesure qui, présentée au gouvernement, a été goûtée par lui comme mesure de salut public. Je suis autorisé à l'annoncer à la Chambre.

» Je profite de cette circonstance pour donner connaissance à la Chambre d'une lettre écrite par le duc d'Otrante à lord Wellington. Beaucoup d'inquiétudes se sont manifestées ; elles ne sont point fondées. »

M. Durbach commence la lecture. On demande de toutes parts la date. Elle est du 27 au soir.

A S. S. lord Wellington, général en chef de l'armée anglaise.

« Mylord, vous venez d'agrandir votre nom par de nouvelles victoires remportées sur les Français. C'est donc par vous surtout que les Français sont connus et appréciés. Vous voterez pour leurs droits au milieu des puissances de l'Europe.

» Dans ce conseil de souverains, votre crédit et votre influence ne peuvent pas être moindres que votre gloire.

» Les vœux des nations qui ne calomnient ni ne flattent ont fait connaître votre caractère. Dans toutes vos conquêtes, votre droit des gens a été la justice, et votre politique a paru la voix de votre conscience.

» Vous trouverez les demandes que nous faisons par nos plénipotentiaires conformes à la justice la plus rigoureuse.

» La nation française veut vivre sous un monarque. Elle veut aussi que ce monarque règne sous l'empire des lois.

» La république nous a fait connaître tout ce qu'ont de funeste les excès de la liberté ; l'empire, tout ce qu'a de funeste l'excès du pouvoir. Notre vœu, et il est immuable, est de trouver à égale distance de ces excès l'indépendance, l'ordre et la paix de l'Europe.

» Tous les regards en France sont fixés sur la constitution de l'Angleterre ; nous ne prétendons pas être plus libres, nous ne consentirons pas à l'être moins.

» Les représentans du peuple français travaillent à son pacte social. Les pouvoirs seront séparés, mais non divisés. C'est de leur séparation même qu'on veut faire naître leur harmonie.

»Dès que ce traité aura reçu la signature du souverain qui sera appelé à gouverner la France, ce souverain recevra le sceptre et la couronne des mains de la nation.

» Dans l'état actuel des lumières de l'Europe, un des plus grands malheurs du genre humain, ce sont les divisions de la France et de l'Angleterre ; unissons-nous pour le bonheur du monde.

» Mylord, nul homme en ce moment ne peut aussi puissamment que vous concourir à mettre l'humanité tout entière sous un meilleur génie et dans une meilleure condition.

» Je prie votre seigneurie d'agréer l'assurance de ma plus haute considération. — *Le président du gouvernement.* » Le duc d'OTRANTE.

Plusieurs voix demandent l'impression, d'autres s'y opposent. On réclame une seconde lecture : elle est faite immédiatement.

M. *Durbach* continue : « De doubles négociations ont lieu dans ce moment, les unes au quartier-général des puissances alliées, les autres pour régler un armistice. Le noyau de vos forces est à Soissons; Paris n'en est pas dépourvu; vous avez des troupes de ligne, des dépôts, les fédérés qui vous ont offert leurs bras, une grande partie de la garde nationale qui demande à marcher, les nombreux bataillons de tirailleurs de cette garde. Ce sont des forces assez imposantes pour déterminer l'ennemi à un armistice, et pour appuyer vos négociations.

» Toutefois, messieurs, quand on parle de la défense de Paris, il ne peut être question de son enceinte intérieure, et de livrer une capitale aux suites d'une attaque de vive force et d'un combat livré dans ses murs. Il s'agit d'en défendre les approches avec vigueur, et de voir si en effet l'ennemi est de bonne foi dans sa promesse de respecter les droits des peuples et l'indépendance des nations ; tout en prenant une attitude convenable à nos ressources, à nos moyens, il sera réglé, je l'espère, à la satisfaction et à la gloire du peuple français. »

M. *le général Sorbier.* « Collègues, vous avez rempli le vœu des amis de la patrie en déclarant que les braves qui ont combattu, que ceux qui sont morts pour la défense commune avaient des droits sacrés à la reconnaissance nationale; mais il est un objet plus important pour l'armée, c'est de lui donner la garantie qu'elle réclame, c'est de dire à l'armée quel est le souverain qui peut être un jour appelé à nous gouverner.... » (Des murmures interrompus.)

M. *Pénières.* « La garantie est dans la patrie et la liberté.... » Une agitation violente règne dans l'assemblée. M. le président ramène le silence. L'ordre du jour est adopté.

M. *Dumolard* ramène l'assemblée à l'idée de s'occuper dans les bureaux du projet sur l'emprunt.

Le président. « La chose est d'autant plus urgente, que je reçois de nombreuses pétitions que je me suis empressé de présenter au gouvernement. Des levées arbitraires de contributions ont eu lieu : ici un général a fait la levée d'un million, ici un préfet a demandé quatre cent cinquante mille francs. Certes, le gouvernement n'est pas disposé à souffrir de tels abus, et je ne veux pas vous en occuper; mais cela vous démontre la nécessité de vous occuper sans délai du projet de finances. »

M. *Lefebvre.* « Je demande que les bureaux se réunissent pour nommer leur rapporteur sur le projet de finances. »—La proposition est adoptée.—La Chambre se forme en bureaux. — A cinq heures la séance est reprise.

La commission de gouvernement adresse un message pour lequel elle demande que la Chambre se forme en comité secret.

La Chambre arrête qu'elle va se former en comité secret.

M. Dumolard propose d'entendre auparavant le projet de l'adresse à l'armée, présenté par la commission spéciale.

Cette adresse est lue par un des membres de la commission.

En voici le texte :

« *A l'armée française, la Chambre des Représentans.*

» Braves soldats, un grand revers a dû vous étonner et non vous abattre. La patrie a besoin de votre constance et de votre courage, elle vous a confié le dépôt de la gloire nationale : vous répondrez au noble appel de la patrie.

» Des plénipotentiaires ont été envoyés aux puissances alliées. Ils sont chargés de traiter au nom du peuple français à des conditions honorables, qui garantissent l'indépendance nationale, l'intégrité de notre territoire, la liberté publique et la paix de l'Europe.

» Le succès des négociations dépend de vous. Serrez-vous autour du drapeau tricolore, consacré par la gloire et par le vœu national.

» Nous admirons, nos ennemis eux-mêmes ont admiré votre héroïsme. Nous avons des espérances à vous offrir. Tous les services seront connus et récompensés. Les noms des braves morts au champ d'honneur vivront dans nos fastes. La patrie adopte leurs femmes et leurs enfans.

» Ralliez-vous à la voix de vos dignes chefs et du gouvernement. Associés à vos intérêts, vous nous verrez, s'il le faut, dans vos rangs; vous prouverez au monde que vingt-cinq années de sacrifices et de gloire ne peuvent être perdues. Nous prouverons qu'un peuple qui veut être libre garde sa liberté. » — Ce projet d'adresse est adopté à l'unanimité.

M. Garnier (de Saintes). « Avant de nous former en comité secret, je demande que la Chambre, qui sa déclaré la permanence, soit permanente en effet. Nos soldats sont sous les armes ; nos lits et notre camp doivent être ici.... »
— Une foule de membres appuient la proposition.

M. Régnault de Saint-Jean-d'Angély. « Je demande, avant que la Chambre se forme en comité secret, que vous fassiez connaître que la séance ne sera pas levée, que vous restez en permanence, et que vous reprendrez votre séance aussitôt après la lecture des communications qui doivent être entendues ce soir. »

La Chambre se forme en comité secret. C'était pour entendre lire un message du gouvernement qui proposait de déclarer Paris en état de siége.

Une heure après, la séance est reprise, et M. le président donne lecture de la délibération ci-après :

« La Chambre des Représentans, délibérant sur la proposition qui lui est faite par la commission de gouvernement de déclarer que la ville de Paris est en état de siége, toutefois les autorités civiles conservant l'exercice de leurs fonctions, déclare qu'elle adopte cette proposition, et prend en conséquence la résolution suivante.» (Voyez plus bas, art. Paris.)—On demande l'appel nominal.

M. Mouton-Duvernet. « Je renouvelle la proposition d'envoyer à l'armée des représentans du peuple pour leur porter votre adresse, sur la certitude qu'elle y produira le plus grand effet, étant présentée par eux et appuyée de leur exhortation patriotique. L'armée a une confiance entière dans les représentans du peuple; elle a besoin de les voir; elle aura confiance en tout ce qu'ils lui diront en votre nom. Vous êtes les pères de la patrie : les fils de la patrie vous accueilleront et entendront votre voix. Je demande en outre qu'il soit donné communication de cette disposition au gouvernement. » — L'assemblée adopte cette proposition.

Le bureau est chargé de présenter les noms des commissaires, au nombre de six.

Un membre demande que les représentans paraissent à l'armée revêtus de leur écharpe tricolore. — Cette proposition est adoptée unanimement.

M. Dumolard, au nom du bureau, annonce qu'il s'élève une difficulté. Le bureau pense que la députation à l'armée aurait plus de caractère et de solennité si elle était votée à la fois par les deux Chambres et mise à exécution par elles, tel nombre de la part d'une Chambre, et tel nombre de la part de l'autre.

Un membre. « Ce n'est point ici une loi, une disposition sujette à être envoyée à la Chambre des Pairs; c'est l'expression de nos sentimens. »

M. Dumolard. « J'ai fait part du scrupule du bureau; c'est à l'assemblée à décider. »

M. Garreau. « Si vous délibériez en ce sens, il faudrait envoyer l'adresse à la Chambre des Pairs, la lui soumettre, ainsi que votre décision, et l'on perdrait un temps précieux. »

M. Arnaud. « On peut tout concilier; ne faites point de votre détermination l'objet d'une délibération dans les formes ordinaires. Sans doute une délibération n'est pas complète, si les deux Chambres n'y concourent; mais ici ce n'est pas une résolution, c'est une disposition qui exprime les sentimens dont vous êtes tous animés. Cependant, pour ne pas laisser douter un moment que vous êtes bien persuadés que votre sentiment est unanimement partagé par la Chambre des Pairs, je demande que vous vous borniez à lui donner communication, ainsi qu'au gouvernement, de la mesure que vous venez de prendre. » — Cette proposition est adoptée.

Le bureau propose et la Chambre nomme commissaires à l'armée : le général Dumoustier, le général Pouget, La Guette de Mornay, Jay et Arnaud.

On procède à l'appel nominal sur le projet de loi qui met Paris en état de siége. — En voici le résultat :

Sur 545 votans, il y a 352 boules blanches et 15 noires.

La résolution est adoptée et envoyée à la Chambre des Pairs. — L'assemblée suspend sa séance jusqu'à neuf heures du soir.

La Chambre se réunit de nouveau à neuf heures.

M. le président annonce qu'il n'a rien à lui communiquer de la part du gouvernement; que la commission de constitution s'occupe sans relâche du travail dont elle est chargée. Les bureaux se formeront demain à neuf heures du matin. — La séance est continuée à demain midi.

CHAMBRE DES PAIRS. — *Séance du 28 juin 1815.*

Le prince archi-chancelier ouvre la séance à deux heures trois quarts.

Le procès-verbal est lu et adopté.

M. le comte Thibaudeau donne lecture d'un premier message de la Chambre des Représentans, qui, en renvoyant le projet de loi relatif aux mesures à prendre pour assurer la tranquillité publique, déclare qu'elle n'a pu adopter la première partie de l'amendement proposé par la Chambre des Pairs, qui réservait le droit de mandat de mise en surveillance et d'arrestation aux magistrats à qui la loi l'avait déjà conféré.

M. le comte Cornudet demande que l'on mette aux voix le projet tel qu'il a été adopté par la Chambre des Représentans. Cette proposition est appuyée, mise aux voix et adoptée.

Le président. « On va procéder au scrutin. »

Sur 48 votans, 39 sont pour l'affirmative, et 9 pour la négative. La loi est adoptée. Elle sera envoyée par un message au gouvernement et à la Chambre des Représentans.

M. le comte Thibaudeau donne lecture d'un second message concernant la demande par le gouvernement d'un crédit provisoire de 1,500,000 francs de rentes en cinq pour cent constituées sur l'état.

Personne ne demandant la parole sur ce projet, il est adopté au scrutin secret, à la majorité de 47 voix contre une.

Le maréchal duc de Trévise demande qu'on envoie un message au gouvernement, pour savoir à quel point en sont les négociations, et qu'on se tienne en séance jusqu'à ce que l'on ait eu une réponse. Il motive cette proposition sur la lettre écrite par le président de la commission de gouvernement.

M. le comte Décrès s'oppose à cette proposition. Il n'est pas, dit-il, douteux qu'il y a des négociations; mais, comme elles ne sont pas déterminées, il serait intempestif d'en demander l'objet. Alors plus de secret, et je trouve qu'il y aurait beaucoup d'inconvéniens à une pareille communication jour par jour.

Cette proposition, appuyée par le comte Cornudet, est mise aux voix et adoptée. — La séance est levée à trois heures et demie et remise à ce soir à huit heures. — La séance est reprise à neuf heures moins un quart, sous la présidence du prince archi-chancelier.

M. le comte Thibaudeau donne lecture d'un message de la Chambre des Représentans, qui annonce qu'elle a voté une adresse à l'armée française.

Le comte Thibaudeau. « Messieurs, je vois avec plaisir que la Chambre des Représentans se soit décidée à faire une adresse à l'armée. Je le vois avec d'autant plus de plaisir qu'il me paraissait étonnant que, dans la situation où nous nous trouvons, le gouvernement et les Chambres ne se fussent pas mis en rapport avec l'armée. Je dirai, parce que je n'ai rien de caché, parce qu'aujourd'hui l'on peut tout dire, que jusqu'ici les ennemis de la patrie ont cherché à faire prendre, soit dans les Chambres, soit dans les conseils du gouvernement, des résolutions pusillanimes; qu'on a cherché à atténuer les forces nationales, à porter le découragement dans le cœur des bons citoyens; enfin, qu'on a prévu les événemens au point que les ennemis de la patrie sont radieux, que ses amis sont consternés ou réduits au désespoir.

» Cependant l'armée se rallie sous les murs de Paris ; les soldats sont décidés à périr pour l'indépendance de la patrie. Pourquoi les puissances alliées sont-elles réunies contre la France ? pourquoi cette coalition attaque-t-elle aujourd'hui la capitale? Pour un homme ? Eh bien ! cet homme s'est sacrifié : si la coalition est désintéressée, que veut-on maintenant? On veut nous imposer un gouvernement, un gouvernement réprouvé, je ne dis pas par nos intérêts, mais par le vœu national. Et qui sommes-nous? Nous sommes les représentans d'un peuple qui a prononcé l'expulsion du gouvernement. Pour ma part je respecterai mon mandat. Jamais je ne transigerai avec mes sermens. Par qui sommes-nous envoyés ? Par une constitution qui a dit qu'elle rejetait les Bourbons. Si ce sont les Bourbons qu'on veut nous imposer, je déclare que jamais je ne consentirai à les reconnaître. Je le dis à la face de l'ennemi qui assiége la capitale, je le dirais à la face des Bourbons eux-mêmes ; je dis que si nous avions pris cette attitude depuis six jours, nous aurions sauvé la patrie.

» Cependant je ne désespère pas encore. Le désespoir n'entre pas dans les cœurs qu'anime l'amour de la patrie. Il existe dans Paris une foule de bons citoyens qui n'attendent qu'un appel du gouvernement pour voler à la défense de la patrie, une foule de citoyens dont on a peut-être enchaîné le courage. Il en est temps encore. L'ennemi n'est pas victorieux. Nous pouvons le repousser, ou du moins périr avec honneur.

» Je demande que la Chambre adhère à l'adresse de la Chambre des Représentans dans une forme qui la rende commune aux deux Chambres; qu'il soit nommé des commissaires qui aillent, conjointement avec ceux de la Chambre des Représentans, la présenter aux armées. »

Un grand nombre de membres demandent l'adoption.

Le président met la proposition aux voix. Elle est adoptée unanimement.

Le président. « La Chambre adhère à l'adresse de la Chambre des Représentans. Elle décide qu'elle sera présentée aux armées, tant en son nom qu'au nom de la Chambre des Représentans, et que des commissaires choisis dans son sein seront chargés de cette mission, conjointement avec les commissaires de cette Chambre. »

La Chambre décide qu'il sera nommé deux commissaires.

M. le maréchal duc de Dantzick et le général Gazan sont nommés.

Le comte Thibaudeau lit un second message de la Chambre des Représentans qui contient la résolution qui met Paris en état de siége. — Elle est adoptée sans discussion à une majorité de 52 voix contre 4. — Le président déclare qu'il a reçu de la commission de gouvernement un message qui ne peut être communiqué qu'en comité secret. — La réunion est votée par un nombre de pairs suffisant. — Le président désigne, aux termes du règlement, le comte Chaptal pour le présider. — Les tribunes sont évacuées; il est neuf heures trois quarts.

PARIS. — 28 juin 1815.

I. *Loi déclarant l'état de siége.*

« Au nom du peuple français, la commission du gouvernement a proposé, et les Chambres ont adopté ce qui suit :

» Art. 1er. La ville de Paris est en état de siége.

» 2. Les autorités civiles conserveront l'exercice de leurs fonctions.

» 3. Pendant la durée de l'état de siége, la commission du gouvernement prendra toutes les mesures pour garantir la sûreté des personnes et des propriétés, et la tranquillité de la capitale.

» La présente loi, discutée, délibérée et adoptée par la Chambre des Pairs et par celle des Représentans, sera exécutée comme loi de l'état.

» La commission du gouvernement mande et ordonne que la présente loi, insérée au *Bulletin des Lois*, soit adressée aux cours, aux tribunaux et aux autorités administratives, pour qu'ils l'inscrivent dans leurs registres, l'observent et la fassent observer.

» Et le ministre de la justice est chargé d'en surveiller la publication.

» Donné à Paris, le 28 juin 1815. »

» La commission du gouvernement, vu la délibération des Chambres portant que la ville de Paris est en état de siége, arrête ce qui suit :

II.

» Art. 1er Les approches de la capitale seront seules défendues; elles le seront par les troupes de ligne, lesquelles resteront campées hors des murs.

» 2. La tranquillité sera maintenue dans l'intérieur par la garde nationale ordinaire, laquelle ne sera employée extérieurement que sur les demandes qu'en pourraient faire les légions ou bataillons de cette garde.

» 3. Les tirailleurs de la garde nationale serviront, conformément à l'offre qu'ils en ont faite, comme auxiliaires avec les troupes de ligne, à la défense des postes les plus rapprochés de la place.

» 4. Les habitans de la campagne se hâteront de faire entrer dans la place la plus grande quantité possible de subsistances, et travailleront aux retranchemens qui doivent couvrir les troupes.

» 5. L'armée du Nord se rendra sans délai sous les murs de Paris.

» 6. Les anciens militaires en état de porter les armes et tous ceux qui sont absens de leurs drapeaux se rallieront à cette armée, et seront incorporés dans les cadres.

» 7. Les troupes qui sont sur le Rhin et sur les frontières de la Suisse maintiendront leurs positions et défendront les places fortes.

» 8. Les troupes qui sont sur la rive gauche de la Loire formeront à Orléans une armée de réserve.

» 9. Les hostilités n'empêcheront pas de continuer les négociations qu'il sera possible d'entretenir pour obtenir la paix à des conditions honorables.

» 10. Le ministre de la guerre est chargé de l'exécution du présent arrêté.

III.

» La commission du gouvernement vient de donner des ordres pour faire payer aux militaires composant l'armée de Paris, *et présens à leurs drapeaux*, une partie de leur solde arriérée. »

Ordre du jour du 28 juin.

« L'armée est prévenue qu'il va être payé un mois d'appointemens à MM. les officiers, et quinze jours de solde aux sous-officiers et soldats. — *Le maréchal ministre de la guerre : Signé prince* D'ECKMUHL. »

» Tous les militaires qui se trouvent actuellement à Paris, armés ou non armés, se rendront sur-le-champ, savoir :

» Ceux des 1er, 2e et 6e corps, en avant de la hauteur des Cinq-Moulins (près la butte Montmartre et le village de la Chapelle.)

» Ceux de la cavalerie, montés ou non montés, sur la route de Saint-Denis, à la croisière de Clichy;

» Ceux des troisième et quatrième corps, au télégraphe, sur la hauteur de Belleville;

» Ceux de l'infanterie de la garde, commandée par le général Deriot, sur la route de Vincennes, près du Petit-Charonne.

» Il sera établi dans chaque endroit ci-dessus désigné un dépôt de quatre mille armes.

» Le général Desfourneaux pour les premiers, deuxième et sixième corps;

» Le général Pully pour tous les hommes de la cavalerie montés ou non montés;

» Le général Beaumont pour ceux des troisième et quatrième corps;

» Et le général Dériot pour ceux de la garde sont chargés de passer la revue de ces hommes armés ou non armés; de reconnaître la quantité d'armes manquant, et d'expédier un bon que l'officier d'artillerie, désigné par le général Evain, dans chacun de ces emplacemens, fera acquitter.

» MM. les officiers-généraux et d'état-major appartenant à ces divers corps se rendront aux emplacemens qui leur seront respectivement assignés.

» MM. les officiers-généraux et d'état-major qui n'ont point de destination se rendront à la tête du village de la Villette, près du canal de l'Ourcq, où est établi le grand quartier-général.

» Il est expressément défendu, et sous les peines les plus sévères, de donner asile à des militaires non blessés qui ne se rendraient pas au poste où l'honneur et la patrie les appellent.

» *Le maréchal, ministre de la guerre. Signé* prince d'Eckmuhl. »

La dernière pièce officielle que l'on vient de lire prouve combien était grand le nombre des soldats qui étaient revenus isolément à Paris et avaient abandonné leurs corps pour faire leur retraite séparément. Ils avaient, en cela, imité l'exemple que Napoléon lui-même leur avait donné plusieurs fois, celui que venaient de leur donner quelques-uns de leurs généraux les plus braves et les plus renommés. On ne peut se figurer quelle démoralisation jette dans une armée la nouvelle de l'abandon des généraux dans lesquels elle a confiance. Ce n'était point d'ailleurs la crainte des dangers militaires qui avait entraîné ceux-ci à Paris à la suite de leur chef, et les avait éloignés du terrain où leur devoir devait les retenir. C'était la crainte des dangers civils, en voyant la bataille perdue, ils avaient vu que l'empereur n'avait plus d'espoir, ainsi que ses partisans et ses amis; ils avaient aperçu que l'avenir était aux Bourbons, et ils avaient été complétement démoralisés. Quant aux troupes, les grandes guerres de l'Empire, les retraites des dernières années leur avaient appris à ne garder la discipline que dans la victoire; l'exemple de leur chef était devenu contagieux; en conséquence, un grand nombre de soldats avaient jeté leurs armes, ne s'en fiant qu'à eux pour se retirer, et se rendant dans la capitale, bien résolus d'y reprendre les armes et d'y recevoir une nouvelle impulsion offensive. Il est assez facile de connaître approximativement le nombre des soldats qui raisonnèrent et se conduisirent ainsi. A la veille de la bataille de Fleurus, l'appel fut fait et constata qu'il y avait cent vingt-deux mille quatre cents hommes présens dans l'armée française. Les comptes les plus exagérés évaluent nos pertes, tant à Fleurus qu'à Waterloo, à trente-cinq mille hommes tués, blessés ou prisonniers. Grouchy ne ramenait en bon ordre que soixante mille hommes; ainsi dix-sept mille au moins avaient fait leur retraite isolément. En effet, le 28, un grand nombre de soldats isolés, même de la garde impériale, les uns ayant encore leurs fusils, les autres n'ayant que leur sabre, se présentèrent aux barrières de Paris; mais on refusa de les laisser entrer; ils allaient alors chercher leurs corps.

Le même jour, on vit passer sur le soir dans Paris, sur les boulevards du nord, une vingtaine de mille hommes du corps de Grouchy, qui allaient prendre position derrière les lignes fortifiées qui couvraient le nord de Paris. Ces troupes étaient couvertes de poussière ; elles avaient, disait-on, fait vingt lieues. Elles marchaient en chantant la *Marseillaise* et d'autres refrains patriotiques. Le passage de ces troupes apprit aux Parisiens que la guerre était sous leurs murs ; et le bruit se répandit de divers engagemens de cavalerie à quelques lieues de la ville du côté du nord.

Les Parisiens cependant étaient dans la plus complète sécurité. La ligne fortifiée qui, partant de Saint-Denis, suivait le canal de la Villette, passait sur les hauteurs de Belleville et aboutissait à Vincennes, était parfaitement achevée et garnie de plus de quatre cents bouches à feu, servies par des bataillons de marins qu'on avait fait venir de nos ports. L'armée, ramenée de Belgique par Grouchy, était présente ; on en était certain puisqu'on venait d'en voir passer une partie ; elle était de soixante mille hommes ; elle devait être renforcée de la garnison soldée de Paris, de dix à douze mille fédérés, de la garde nationale, dont une partie demandait à marcher. Enfin, on comptait sur le reste de la France ; il ne fallait que gagner du temps. Il semblait qu'on le pouvait. Il est vrai que le sud de Paris n'était pas fortifié ; on avait à peine dans cette partie commencé à remuer la terre sur quelques points. Plus tard, on attribua à la trahison de Fouché le désarmement de ce côté de Paris, et l'on remarqua que la commission du gouvernement ayant eu tout le temps de le mettre en état de défense, n'y avait employé que trois cents ouvriers, au lieu de quelques milliers qui étaient nécessaires. Mais, au moment dont nous parlons, on ne pensait pas que l'ennemi pût passer la Seine : les ponts étaient gardés et minés.

La trahison livra, le lendemain, l'un de ces ponts. Un nommé Martainville, connu comme vaudevilliste et auteur de quelques mélodrames, quoique royaliste avéré, se trouvait, comme officier de la garde nationale, chargé de garder le pont du Pecq près Saint-Germain. Ce pont était miné : on devait le faire sauter si l'ennemi se présentait. Il s'y présenta un peu après le moment où Napoléon quittait la Malmaison pour prendre la route de Rochefort. Martainville s'arrangea de manière à empêcher qu'on ne mît le feu à la mine et livra ainsi le passage à l'ennemi. Quelque temps après il se vanta de cet acte dans le *Journal de Paris* et s'en fit un mérite. Ce même homme fut plus tard rédacteur en chef du *Drapeau blanc*.

Chambre des Représentans. — Séance du 29 juin.

La séance est ouverte à deux heures moins un quart.

Le président. « Messieurs, votre commission de Constitution s'est rassemblée ce matin, et a arrêté qu'il vous serait incessamment présenté un projet de Constitution, dont elle a adopté presque tous les articles : ceux qu'elle a encore à discuter pourront être adoptés dans la journée. L'assemblée est-elle d'avis que le projet soit imprimé ?

La Chambre exprime son vœu affirmativement.

M. Merlin paraît à la tribune. « Messieurs, dit-il, j'ai à vous communiquer un fait que vous jugerez sans doute important, et pour n'en point altérer les détails, j'ai cru devoir le fixer dans l'écrit dont je vais vous donner lecture.

» Cette nuit, à une heure, deux hommes, se disant envoyés par le président de la commission de gouvernement, se sont présentés à ma porte avec une voiture pour me conduire au palais des Tuileries. Mon portier avait l'ordre formel de n'ouvrir la nuit à qui que ce fût, et de se borner à prendre par la fenêtre de sa loge les lettres de convocation qui pourraient m'arriver de la part du gouvernement, et il s'y est conformé strictement cette nuit. En conséquence, j'ai été éveillé sur-le-champ, et averti que le gouvernement me demandait.

» Pendant que je faisais mes dispositions pour m'habiller, ma femme, informée que l'on m'avait amené une voiture, soupçonna qu'un mode de convocation aussi insolite cachait quelque piége ; et elle se confirma dans ses soupçons en se rappelant qu'elle avait appris le soir, vers onze heures, que la commission de gouvernement s'était séparée à neuf heures et ne s'assemblerait qu'aujourd'hui à neuf heures du matin. Frappée de ces idées, elle descendit, et fut fort étonnée, en ouvrant la fenêtre du portier, de voir deux hommes dans la voiture, tandis que les lettres de convocation pour le conseil d'état et le conseil des ministres sont constamment apportées par un simple facteur de la poste du gouvernement. Elle demanda à ces deux hommes s'ils avaient pour moi une lettre de convocation. Ils répondirent qu'ils étaient porteurs d'une lettre du duc d'Otrante, et l'un d'eux montra un papier plié en forme de lettre, mais sans vouloir s'en dessaisir, ni même en laisser prendre lecture. Ma femme, voyant alors à quels gens elle avait affaire, leur dit que je n'étais pas rentré hier soir à l'issue de la séance de la Chambre des Représentans, et qu'elle ignorait où j'étais allé passer la nuit. Ils insistèrent quelques momens, et partirent enfin en annonçant qu'ils reviendraient : ce qu'ils n'ont pas fait.

» Je n'ai pas besoin de vous faire remarquer que tout cela porte évidemment le caractère d'une tentative d'enlèvement de ma personne, et probablement d'un attentat encore plus grave.

» Je ne vous en aurais pas entretenus, messieurs, si je n'y avais été fortement invité par un grand nombre de nos collègues, qui ont vu dans un fait, qui en soi m'est personnel, le commencement de l'exécution d'un complot beaucoup plus vaste. »

On demande le renvoi de l'exposé de M. Merlin à la commission de gouvernement.

Un membre. « Ne faudrait-il pas s'assurer si la commission de gouvernement avait donné des ordres ? »

M. *Boulay de la Meurthe* engage l'assemblée à ne pas prendre de décision précipitée. « Il est possible, dit-il, que la circonstance dont on vous a fait part soit tout-à-fait innocente; et ce qui me le ferait présumer, c'est que cette nuit même j'ai été convoqué par la commission de gouvernement, et absolument de la même manière qui a été exprimée par notre collègue. Deux personnes sont venues chez moi; elles ont été introduites, et m'ont remis une lettre de convocation qui m'avait été adressée, parce qu'elle n'avait pas été reçue chez M. Merlin. Il importe que la vérité bien connue affaiblisse les impressions qui pourraient naître de cette circonstance. J'invite donc l'assemblée à suspendre son jugement. »

M. Merlin. « J'ignorais absolument le fait dont M. Boulay vient de rendre compte à l'assemblée. Je ne l'aurais pas entretenue de celui qui me concerne, si plusieurs de mes collègues, et entre autres M. Regnault de Saint-Jean-d'Angély, qui a trouvé comme moi ce genre de convocation tout-à-fait insolite, n'avaient pas jugé que je devais en faire la déclaration à la Chambre. D'après l'observation de M. Boulay, je pense moi-même qu'il est inutile de donner suite à cet incident. »

M. Lantrac du Gers. « Messieurs, vous avez voté une adresse à l'armée, ne croirez-vous pas devoir voter aussi une adresse au peuple, de qui émanent tous les pouvoirs institués pour veiller à ses intérêts? Le midi de la France est agité, et déjà le sang a coulé dans le Gers. Je pense qu'il serait urgent de faire entendre à tous les Français, principalement à ceux qui habitent les départemens les plus éloignés de vous, des paroles d'encouragement, d'espérance et de conciliation. Leur confiance repose sur les représentans qu'ils ont choisis, ils attendent de vous leur sécurité, ils voient en vous les appuis de leurs sentimens politiques et les protecteurs de leurs droits. »

Cette proposition est appuyée.

On demande la lecture du projet d'adresse.

Un membre. « Il faut savoir d'abord s'il y a une adresse. »

N..... « Nous sommes absolument dans la même position avec le peuple qu'avec l'armée. Nous avons voté une adresse qui exprime à l'armée les sentimens dont nous sommes animés; nous devons exprimer au peuple les mêmes sentimens, et lui dire que ses représentans sont unanimement décidés à conserver intact le dépôt de la liberté publique. »

M. Cambon. « Nous avons entendu hier la lecture de l'adresse de notre collègue Jay. Je demande que vous entendiez également la lecture de celle qui vous est proposée. »

M. Garnier (de Saintes). « Je suis de l'avis de l'adresse, mais je m'oppose à une lecture préalable avant le renvoi à une commission; il est dans un projet isolément présenté telle expression qui pourrait exciter dans l'assemblée des discussions qui ne seraient pas sans inconvéniens. Si le projet est bon, la commission l'adoptera. »

M. Durbach insiste pour que l'article soit lu.

M. Solignac. « Je crois qu'il est prudent, sage, conforme aux intérêts de la chose publique et à la considération dont cette Chambre doit jouir, de ne point entendre le projet d'adresse. Il est bien plus simple de le renvoyer à une commission, dont l'auteur de l'adresse fera partie. Il est évident que si nous entendons lire des projets de cette nature, avec les meilleures intentions du monde, il pourrait s'y trouver des idées ou des expressions sur lesquelles l'assemblée ne pourrait se prononcer sans des inconvéniens graves. Je demande la formation d'une commission de cinq membres chargée de présenter un projet d'adresse, et que l'auteur de la présente soit membre de la commission. »

La proposition de M. Solignac est adoptée à une très-grande majorité. Le bureau propose MM. Lantrac, Manuel, Vimar, Ramon, Jacotot. L'assemblée agrée le choix.

Le président convoque la commission des neuf membres chargés de s'occuper de la Constitution, et propose à l'assemblée de suspendre la séance et de se réunir dans ses bureaux en attendant un message du gouvernement et le rapport de sa commission.

A cinq heures la séance est reprise.

Le président. « Vous apprendrez avec plaisir que la commission des neuf a terminé son travail sur la Constitution, qu'il est livré à l'impression, et sera distribué demain. »

Le président donne lecture d'un message du gouvernement conçu en ces termes :

Paris, 29 juin 1815. — M. le président, les commissaires des deux Chambres envoyés près l'armée de Paris ne devant voir les troupes que ce soir à six heures, après qu'elles auront pris position et seront rafraîchies, la commission du gouvernement attend le rapport de MM. les commissaires pour faire un message aux Chambres ; nous espérons qu'il aura lieu ce soir entre dix et onze heures.

» Agréez, monsieur le président, l'assurance de ma plus haute considération.

» *Le président de la commission de gouvernement*, Signé le duc d'Otrante. »

M. *Lantrac.* « Votre commission chargée du projet d'adresse m'a chargé de vous dire qu'elle se proposait de vous présenter son projet en même temps que la commission des neuf vous présentera son projet de Constitution. »

La Chambre suspend sa séance et s'ajourne à ce soir, dix heures. — La séance suspendue à cinq heures est reprise à dix. Le président fait donner communication à la Chambre du message suivant, adressé par la commission de gouvernement, et des pièces qui l'accompagnent.

« M. le président, la commission de gouvernement n'a pas perdu de vue un instant que Napoléon, par suite de son abdication, se trouve placé sous la sauvegarde de l'honneur français.

« Son premier soin a été de demander aux généraux ennemis des sauf-conduits pour la sûreté de sa personne.

» Le 25 juin, Napoléon a demandé que deux frégates fussent mises à sa disposition.

» La commission a sur-le-champ autorisé le ministre de la marine à armer ces deux frégates. Le lieutenant-général Béker a été chargé de pourvoir à la sûreté de la personne de Napoléon pendant sa route, et tous les ordres nécessaires ont été donnés pour assurer le service des relais.

» Cependant, hier 28, Napoléon n'était pas encore parti ; le sauf-conduit n'arrivant pas. L'approche de l'ennemi donnant de vives inquiétudes sur la sûreté de Napoléon, la crainte d'un mouvement de l'intérieur ajoutant encore à ces inquiétudes, la commission s'est décidée à presser de nouveau le départ de Napoléon, et les ordres les plus positifs ont été donnés au ministre de la marine. Ce dernier a été envoyé près de lui avec le comte Boulay.

» La Chambre verra par la copie ci-jointe de la réponse de lord Wellington qu'il ne s'est pas cru autorisé à donner les sauf-conduits demandés, et que la commission a rempli un de ses devoirs les plus sacrés en faisant partir Napoléon.

» La commission de gouvernement informe la Chambre que Napoléon est parti à quatre heures, comme le prouve la lettre ci-jointe du général Béker.

» La commission invite la Chambre à s'occuper de son sort et de celui de sa famille.

» Agréez, monsieur le président, l'assurance de ma plus haute considération. *Signé le duc* D'OTRANTE. — *Paris, le 29 juin 1815.* »

Copie de la lettre écrite à M. le comte Bignon. — *Au quartier-général le 28 juin.*

« Monsieur le comte, j'ai eu l'honneur de recevoir la lettre de V. Exc., en date du 25.

» J'ai déjà écrit à MM. les commissaires nommés pour traiter de la paix avec les puissances alliées, sur la proposition d'une suspension d'hostilités, une réponse que V. Exc. a vue, et je n'ai rien à y ajouter.

» Pour ce qui regarde un passeport et sauf-conduit pour Napoléon Bonaparte pour passer aux États-Unis d'Amérique, je dois prévenir V. Exc. que je n'ai aucune autorité de mon gouvernement pour donner une réponse quelconque sur cette demande.

» J'ai l'honneur d'être avec la considération la plus distinguée, monsieur le comte, de V. Exc., le très-obéissant serviteur, *Signé* WELLINGTON. »

Copie de lettre du général Béker. — *Malmaison, le 29 juin 1815.*

« Monseigneur, j'ai l'honneur d'annoncer à la commission de gouvernement que l'empereur va monter en voiture pour se rendre à sa destination, en faisant des vœux pour le rétablissement de la paix et de la prospérité de la France.

» Daignez, monseigneur, agréer l'hommage du profond respect avec lequel j'ai l'honneur d'être votre très-humble et très-obéissant serviteur. *Signé* le général comte BEKER. »

M. le général Solignac. « Je demande que la Chambre veuille bien ordonner le renvoi du message qu'elle vient d'entendre et des pièces qui l'accompagnent à une commission spéciale pour lui en faire son rapport. » — Cette proposition est adoptée.

M. le président annonce que la commission des neuf a achevé son travail sur la Constitution. Ce travail sera imprimé et distribué demain à l'assemblée réunie dans ses bureaux à dix heures.

Chambre des Pairs. — *Suite de la séance du 28 au soir.*

A minuit la séance est rendue publique. — Il n'est donné aucun résultat du comité secret. Seulement il est ordonné que le message du gouvernement sur lequel il a été délibéré sera déposé aux archives.

Un message du gouvernement invite MM. les pairs qui sont nommés commissaires pour porter l'adresse à l'armée à se réunir demain matin, au palais des Tuileries, aux commissaires nommés par la Chambre des Représentans.

La séance est levée à minuit un quart et remise demain à dix heures du matin. — La séance du 29 ne fut occupée que par les communications du gouvernement que l'on a trouvées dans la séance des Représentans.

PARIS. — *Le préfet de la Seine et le corps municipal aux habitans de Paris.*

« Parisiens ! Au milieu des grands événemens qui agitent maintenant la capitale, le premier devoir de la magistrature municipale est de vous éclairer sur la conduite que vous devez tenir.

» Ce n'est pas vous qui êtes appelés à prononcer sur les grands intérêts de la nation ; défiez-vous donc de tous ceux qui pourraient vous conseiller de prendre une part trop active à de hautes déterminations dans lesquelles votre concours ne saurait être utile. Si votre zèle, bien dirigé, ne peut, dans cette importante circonstance, produire aucun avantage à votre patrie, que voudriez-vous espérer d'une coopération qui pourrait ne pas conduire à des résultats conformes à vos intentions, qui détruirait peut-être ce que vous croiriez édifier, qui sèmerait dans le sein de votre ville des troubles et des malheurs? Ce n'est, au contraire que par une conduite sage qu'il vous sera possible de les éviter.

» Votre devoir, d'accord avec vos plus chers intérêts, vous commande de ne pas vous diviser : c'est par l'union dont vous avez jusqu'à présent donné l'exemple, que vous assurerez l'existence de vos familles, de vos personnes, de vos propriétés.

» Les troupes étrangères ne sont pas loin de la capitale; elles pourraient, d'un instant à l'autre paraître sous vos murs. Que cet événement ne vous intimide pas; le pouvoir national est là : il écartera les maux que vous auriez à redouter.

» Quant à vous, Parisiens, évitez tout ce qui tendrait à troubler l'ordre qui règne parmi vous; évitez les rassemblemens; évitez ces cris, quels qu'ils soient, qui, s'ils flattent les vœux des uns, excitent en même temps les passions des autres. Que votre brave garde nationale continue de faire avec autant de zèle que par le passé le service utile dont elle s'acquitte si bien, qui lui mérite tous les éloges, et qui peut si puissamment contribuer au maintien de la tranquillité publique.

» Vos magistrats municipaux, pénétrés de leurs devoirs, veillent aussi pour vous. Vos intérêts sont les leurs; ils ne sauraient avoir d'autres espérances que les vôtres. Pour prix du zèle qui les anime, ils ne vous demandent que de peser leurs conseils, certains qu'ils sont que vous vous empresserez ensuite de vous y rattacher.

» Délibéré en corps municipal, à Paris, ce 29 juin 1815. — *Le préfet du département de la Seine, signé* comte DE BONDY. — *Par le préfet, le secrétaire-général de la préfecture, signé* BESSON. »

Le 29 au matin, l'armée venant de Belgique était réunie dans les lignes devant Paris. Des troupes tirées des dépôts en portaient la force à soixante-dix mille hommes. Davoust en prit le commandement en chef. L'armée prussienne se trouvait aussi devant Paris, forte seulement de soixante mille hommes, et à plus de dix lieues de l'armée de Wellington, dont les avant-gardes n'étaient encore qu'à Senlis. Sans doute, si Blücher n'avait pas compté sur les intelligences avec le gouvernement, il n'eût point commis l'imprudence de s'avancer avec si peu de troupes; en effet, une attaque vigoureuse eût pu anéantir le corps qu'il commandait. Dans la nuit, pour tâter l'armée française, le général prussien avait fait attaquer le village d'Aubervilliers, placé en avant des lignes fortifiées et que tenait un bataillon d'avant-garde. Il y éprouva une vive résistance, y perdit du monde, sans pouvoir entamer le bataillon français, qui se retira en bon ordre derrière le canal. Dans la journée du 29, les Prussiens furent inquiétés par une nuée de tirailleurs qui leur tuèrent des hommes et leur firent des prisonniers ; ces tirailleurs étaient en général des gardes nationaux, auxquels on permit de sortir des lignes par demi-compagnies et par escouades. Ils furent favorisés dans leurs entreprises par la hauteur des blés. En outre, le canon des lignes les protégeait. Les canonniers s'amusèrent particulièrement à abattre un drapeau blanc que l'ennemi arbora aux Vertus. L'ennemi recula ses sentinelles et ses gardes avancées.

Cependant les députés de la Chambre des Représentans se rendirent au quartier-général de Davoust, qui était établi à la Villette. On les invita à attendre au lendemain pour parcourir les lignes, parce que les troupes arrivées de la veille se reposaient de leurs fatigues. En effet, cette revue ne fut passée que le lendemain, 30. Mais les députés s'entretinrent avec plusieurs officiers généraux qui leur assurèrent unanimement que le moral de l'armée s'était sensiblement amélioré. Le corps de Reille était celui qui passait pour avoir été le plus désorganisé; un officier général de ce corps déclara qu'il montrait la plus grande ardeur et qu'il en répondait sur son honneur.

Mais retournons à la Chambre des Représentans. Nous donnerons d'abord le projet de Constitution dont il a été question.

PROJET D'ACTE CONSTITUTIONNEL PRÉSENTÉ PAR LA COMMISSION CENTRALE DE LA CHAMBRE DES REPRÉSENTANS,

Le 29 juin 1815.

CHAPITRE PREMIER. — *Des droits communs à tous les Français.*

ART. 1er. Les droits suivans sont garantis à tous les Français :

1º L'égalité des droits civils et politiques, et l'application des mêmes peines quand les délits sont les mêmes, sans aucune distinction des personnes ;

2º L'admission à toutes les fonctions publiques, places et emplois civils et militaires, sans autres conditions que celles imposées par les lois ;

3º L'égale répartition des contributions dans la proportion des facultés de chacun, ainsi que de toutes les autres charges publiques;

4º La liberté d'aller, de rester, de partir, sans pouvoir être arrêté ni détenu que selon les formes déterminées par les lois ;

5º La liberté d'imprimer et de publier leurs pensées, sans que leurs écrits soient soumis à aucune censure ni inspection avant leur publication; sauf la responsabilité légale, après la publication, par jugement par jurés, quand même il n'y aurait lieu qu'à l'application d'une peine correctionnelle ;

6º La liberté de professer et d'exercer librement leur culte, sans qu'aucun culte puisse jamais devenir exclusif, dominant ou privilégié ;

7º L'inviolabilité de toutes les propriétés et la garantie des ventes des biens nationaux de toute origine, sans qu'on puisse jamais exiger le sacrifice d'aucune propriété, que pour cause d'intérêt ou d'utilité publique, constatée par une loi et avec une indemnité préalablement convenue ou légalement évaluée et acquittée avant la dépossession;

8° Le droit d'être jugé par des jurés en matière criminelle, et la publicité des débats en matière criminelle;

9° Le droit de présenter des pétitions aux Chambres et au gouvernement, soit dans l'intérêt général de l'état, soit dans l'intérêt particulier des citoyens;

10° Le droit aux citoyens de chaque commune d'être formés en garde nationales et armés pour la défense du territoire, le maintien de la paix publique et la garantie des propriétés.

Chapitre II. — *De l'exercice des droits de cité.*

2. Tout homme né et résidant en France, qui, âgé de vingt et un ans accomplis, s'est fait inscrire sur le registre civique de son arrondissement communal, et qui a demeuré depuis, pendant un an sur le territoire français, est citoyen français.

3. Un étranger devient citoyen français lorsque, après avoir atteint l'âge de vingt et un ans accomplis, et avoir déclaré l'intention de se fixer en France, il y a résidé pendant dix années consécutives.

4. Tout étranger ayant servi dix ans dans les armées françaises, ou qui, pour services militaires, a reçu la décoration de la Légion d'Honneur, et qui fait devant le maire de son domicile la déclaration de son intention de se fixer en France, est citoyen français.

5. La qualité de citoyen français se perd par la naturalisation en pays étranger;

Par l'acceptation de fonctions ou de pensions offertes par un gouvernement étranger;

Par l'affiliation à toute corporation étrangère qui supposerait des distinctions de naissance;

Par la condamnation à des peines afflictives ou infamantes.

6. L'exercice des droits de citoyen français est suspendu par l'état de débiteur failli ou d'héritier immédiat, détenteur à titre gratuit de la succession totale ou partielle d'un failli;

Par l'état de domestique à gages, attaché au service de la personne ou du ménage;

Par l'état d'interdiction judiciaire, d'accusation ou de contumace.

7. Pour exercer les droits de cité dans un arrondissement communal, il faut y avoir acquis domicile par une année de résidence, et ne l'avoir pas perdu par une année d'absence.

8. La noblesse ancienne et nouvelle est abolie. Les titres et dénominations féodales sont abolis.

Chapitre III. — *Du gouvernement de la France ou du pouvoir exécutif en France.*

Section première. — *Du Gouvernement.*

9. Le gouvernement français est monarchique et représentatif.

Il se compose du monarque, d'une Chambre des Pairs et d'une Chambre des Représentans.

10. Le monarque est le chef suprême de l'état; il nomme à tous les emplois civils, judiciaires et militaires, en se conformant aux règles d'éligibilité établies par les lois.

11. Le pouvoir du monarque est délégué héréditairement à la race régnante, de mâle en mâle, par ordre de primogéniture, à l'exclusion perpétuelle des femmes et de leurs descendans.

12. La personne du monarque est inviolable et sacrée.

13. Le monarque, à son avénement au trône, ou dès qu'il a atteint sa majorité, prête à la nation, en présence des deux Chambres, le serment d'être fidèle à la nation et à la loi, d'employer tout le pouvoir qui lui est délégué à maintenir la présente Constitution.

14. La garde du monarque sera composée de corps de troupe pris dans l'armée de ligne; aucun corps composé d'étrangers ne pourra en faire partie.

15. Le monarque ne peut introduire de troupes étrangères sur le territoire français sans le consentement des deux Chambres.

16. La nation pourvoit à la splendeur du trône par une liste civile dont la loi détermine la somme à chaque changement de règne et pour toute la durée du règne.

17. Le monarque ne peut, même sur sa liste civile, fournir aucun subside à l'étranger sans le consentement des deux Chambres.

18. En aucun cas le monarque ne peut sortir du territoire français sans le consentement des deux Chambres.

19. Le monarque ni l'héritier présomptif de la couronne ne peuvent, en aucun cas, commander personnellement les armées.

20. Le monarque a le droit de faire grâce, même en matière correctionnelle, et d'accorder des amnisties.

21. Il ne peut y avoir de limites ou d'exception à ce droit que celles établies par la loi.

22. Les déclarations de guerre et les traités de paix sont présentés à l'approbation des Chambres.

Les traités de commerce sont délibérés dans la forme des lois.

Jamais les articles patens d'un traité ne peuvent être détruits par des articles secrets.

23. Le monarque ne peut céder ni échanger aucune partie du territoire de la France, ni réunir à ce territoire aucun pays conquis ou cédé qu'avec l'approbation des deux Chambres.

24. Hors des palais du monarque et des cérémonies, ou de l'exercice des fonctions publiques, aucun citoyen ne peut prétendre, en quelque lieu ou en quelque circonstance que ce soit, à aucun rang, privilége, ou prérogative.

25. La régence sera exercée, le cas advenant, conformément à la loi qui sera faite dans les formes constitutionnelles.

SECTION II. — *Du ministère.*

26. Le nombre des départemens du ministère est déterminé par le monarque, qui nomme et révoque les ministres.

27. Les ministres sont responsables de tous les actes du gouvernement.

A cet effet, chacun des actes signés du monarque est contresigné par le ministre du département auquel il est relatif, avant d'être revêtu du sceau de l'état.

28. Les ministres sont en outre responsables de tous les actes de leur ministère qui porteraient atteinte à la sûreté nationale, aux actes des constitutions, aux intérêts du trésor public, à la propriété, à la liberté des individus, à la liberté de la presse ou des cultes.

29. Les ministres peuvent être accusés par la Chambre des Représentans pour raison des actes du gouvernement ou de leur ministère.

En ce cas, ils sont jugés par la Chambre des Pairs.

30. Les formes de la poursuite et du jugement sont déterminées par une loi.

31. Tout commandant d'armée de terre ou de mer peut aussi être accusé par

la Chambre des Représentans, pour avoir compromis la sûreté ou l'honneur de la nation.

52. La Chambre des Pairs, dans les cas prévus par les articles précédens, exerce, soit pour caractériser le délit, soit pour infliger la peine, un pouvoir discrétionnaire.

53. Les ministres et leurs agens subordonnés peuvent être poursuivis par les particuliers, à raison des dommages qu'ils prétendraient avoir injustement soufferts par les actes du ministère ou de l'administration.

La poursuite a lieu devant les tribunaux ordinaires.

54. Il y a un chancelier garde du sceau de l'état qui a le premier rang dans le ministère.

55. La Chambre des Pairs est présidée par lui; à son défaut, par un vice-président nommé annuellement par la Chambre.

56. Le ministère de la justice peut, selon la volonté du monarque, être exercé par le chancelier, ou confié à un autre.

57. Le chancelier appose le sceau de l'état sur les lois et sur les actes du gouvernement contresignés des ministres, et est chargé de la promulgation, laquelle est toujours faite au nom du monarque.

Chapitre IV. — *Du pouvoir législatif.*

Section première. — *De la formation du pouvoir législatif et de ses attributions.*

38. L'exercice du pouvoir législatif est confié collectivement au monarque, à une Chambre des Pairs, à une Chambre des Représentans, composée de députés des départemens.

39. La loi ne peut être faite que par le consentement des deux Chambres et par la sanction du monarque.

40. Aucun des trois pouvoirs formant la représentation nationale ne peut agir seul pour l'exercice de la puissance législative.

41. Les deux Chambres sont convoquées par le monarque pour la même époque et au moins pour une session par année. A défaut de convocation par le monarque avant le 1er octobre, les Chambres s'assemblent de plein droit au 1er novembre suivant.

42. Le monarque proroge la session des Chambres par un message à chacune d'elles et en détermine la fin par un décret contresigné d'un ministre.

43. Le monarque peut dissoudre la Chambre des Représentans.

Mais, pour opérer la dissolution, la proclamation devra convoquer, dans quinze jours les colléges électoraux pour une nouvelle élection, et indiquer une nouvelle convocation des membres de la Chambre dans quarante jours au plus après l'époque de la convocation des colléges électoraux.

44. Chacune des deux Chambres peut exercer l'initiative.

Le gouvernement peut également l'exercer.

Dans ce cas, il fait porter la proposition et fait soutenir la discussion par les ministres de départemens ou des ministres-d'état, soit que les ministres siégent dans les Chambres comme Pairs ou Représentans, soit qu'ils n'en fassent pas partie.

45. A compter du jour de la convocation des Chambres jusqu'au quarantième jour, après la fin de la session, aucune contrainte par corps ne peut être exercée contre aucuns de leurs membres.

46 Durant la session des Chambres, nul de leurs membres ne peut être pour-

suivi ni arrêté en matière criminelle ou correctionnelle, sauf le cas de flagrant délit, si ce n'est après que la Chambre, à laquelle il appartient, a autorisé la poursuite.

47. Aucun impôt direct ou indirect, en argent ou nature, au profit du trésor; aucun impôt, comme fonds spécial pour le compte des départemens, des arrondissemens ou des communes, ne peut être établi ni perçu; aucune prohibition d'entrée ou de sortie de denrées ou marchandises ne peut être prononcée; aucun emprunt ne peut avoir lieu; aucune inscription de créance au grand-livre de la dette publique ne peut être faite; aucune levée d'hommes pour l'armée ne peut être ordonnée; le titre des monnaies ne peut être changé, qu'en vertu d'une loi.

48. L'impôt général direct, soit foncier, soit mobilier, n'est voté que pour un an; les impôts indirects peuvent être votés pour plusieurs années, ou sans qu'il leur soit fixé de terme.

49. Aucune proposition d'impôt ou d'emprunt, aucune demande de levée d'hommes ne peuvent être faites qu'à la Chambre des Représentans.

50. C'est aussi à la Chambre des Représentans qu'est porté d'abord, 1° le budget général de l'état contenant l'aperçu des recettes et la proposition des fonds assignés pour l'année à chaque département du ministère; 2° le compte des recettes et dépenses de l'année ou des années précédentes, avec distinction de chaque département du ministère.

51. Chacune des chambres peut, en temps de guerre, énoncer et porter au gouvernement son vœu pour la paix.

52. Les interprétations des lois, demandées par la cour de cassation, sont données dans la forme d'une loi.

52 bis. Aucune place, aucune partie du territoire ne peut être déclarée en état de siège que dans le cas d'invasion imminente ou effectuée de la part d'une force étrangère et de troubles civils. Dans le premier cas la déclaration est faite par un acte du gouvernement. Dans le second cas, elle ne peut l'être que par une loi. Si, le cas arrivant, les Chambres ne sont pas assemblées, l'acte du gouvernement déclarant l'état de siège doit être converti en une proposition de loi dans les quinze premiers jours de la réunion des Chambres.—La capitale ne peut, en aucun cas, être mise en état de siège qu'en vertu d'une loi.

SECTION II.—*De la Chambre des Pairs.*

53. Les membres de la Chambre des Pairs sont nommés par le monarque. Leur nombre n'est pas limité.

54. Les descendans légitimes et naturels des membres de la Chambre des Pairs succèdent à la dignité de leurs pères, de mâle en mâle, par ordre de primogéniture.

55. Les princes de la famille régnante sont de droit membres de la Chambre des Pairs; ils y ont entrée et séance à dix-huit ans, et voix délibérative à vingt et un ans. Ils siégent immédiatement après le président.

56. Les autres membres de la Chambre des Pairs y ont entrée à vingt et un ans, et voix délibérative à vingt-cinq ans.

57. A chaque titre de Pair sera attaché un revenu fondé sur les propriétés immobilières, qui seront libres de toutes hypothèques, inaliénables et transmissibles avec et comme le titre.

Tout ce qui est relatif à cette disposition sera déterminé par une loi.

58. La Chambre des Pairs ne peut voter légalement si elle n'a au moins cinquante membres présens.

59. Les séances sont publiques; elle se forme en comité secret sur la demande de dix de ses membres, mais ses délibérations doivent toujours avoir lieu en séance publique.

60. Les ministres et les ministres d'état peuvent être membres de la Chambre des Pairs.

61. Les Pairs ne peuvent être mis en arrestation que par l'autorité de la Chambre. Ils ne peuvent, en matière criminelle, correctionnelle ou de police, être jugés que par elle et selon les formes qui seront déterminées par une loi.

62. La Chambre des Pairs ne peut se réunir hors du temps des sessions que pour l'exercice de celles de ses attributions judiciaires qui n'exigent pas la présence de la Chambre des Représentans. Tout autre acte de la Chambre des Pairs, tenue hors du temps des sessions législatives, serait illicite et nul de plein droit.

Section iii. — *De la Chambre des Représentans.*

63. Pour former la Chambre des Représentans, il est nommé un député par chaque collége d'arrondissement, et par chaque département le nombre de députés portés au tableau n° 1.

64. L'industrie et la propriété manufacturière et commerciale auront une représentation spéciale.

Les représentans du commerce et de l'industrie sont nommés par les colléges de département dans les proportions et d'après la division du territoire portées au tableau n° 2 (1).

65. Tout citoyen français est éligible s'il a l'âge de vingt-cinq ans accomplis.

66. La Chambre des Députés vérifie les pouvoirs de ses membres et prononce sur la validité des élections qui seraient contestées.

67. Elle choisit, pour chaque session, son président, quatre vice-présidens et quatre secrétaires.

68. Les séances de la Chambre sont publiques.

Elle se forme en comité secret sur la demande de vingt-cinq membres et sur la demande du gouvernement.

69. Les ministres peuvent être élus membres de la Chambre des Représentans. Toutefois si un membre de la Chambre des Représentans est nommé ministre, le collége électoral qui l'a nommé est convoqué pour une nouvelle élection. Le ministre nommé ne cesse pas d'être éligible.

70. Aucune délibération ne peut avoir lieu en comité secret.

71. La Chambre des Députés se renouvelle en entier tous les cinq ans, sauf le cas de dissolution par le monarque avant l'expiration de ce terme.

Chapitre V. — *Des assemblées primaires et des assemblées électorales.*

72. Tout citoyen français, tel qu'il est caractérisé par les articles. . ., chapitre II, a droit de voter aux assemblées primaires.

73. La formation des colléges électoraux, le nombre de leurs membres, les conditions d'éligibilité, l'époque des réélections, seront réglés par une loi, sans que les fonctions d'électeurs puissent durer plus de cinq ans, à moins de réélection.

74. Les assemblées primaires et électorales nomment leur président.

75. Les assemblées primaires s'assemblent de droit tous les cinq ans pour compléter ou renouveler les colléges électoraux.

(1) C'était pour l'un et l'autre tableau la proportion d'après laquelle était formée la Chambre des Représentans. (*Note des auteurs.*)

Les colléges électoraux s'assemblent de droit tous les cinq ans pour élire immédiatement les membres de la Chambre des Représentans.

76. Nul ne peut avoir entrée dans un collége électoral, s'il n'a été nommé électeur par les assemblées primaires.

Chapitre VI. — *De l'autorité judiciaire.*

77. La cour de cassation, la cour des comptes, les cours impériales, les tribunaux de première instance, les tribunaux de commerce, les justices de paix sont maintenus. Il ne peut être apporté de changemens dans leur nombre et leurs attributions que par la loi.

78. Les juges nommés par le monarque sont inamovibles et ne peuvent être remplacés que pour crime ou délit constaté par jugement légal.

79. Le monarque nomme les juges des cours impériales et tribunaux de première instance; les juges de paix et les juges de commerce sont nommés selon les formes établies par les lois.

80. Dans les trois mois à dater de l'acceptation de la présente Constitution les juges qui seront en fonctions devront être pourvus de provisions à vie.

81. Nul ne peut être distrait des juges que la Constitution ou la loi lui assigne, ni être traduit pour être jugé, dans sa personne ou dans ses biens, devant une commission.

82. Les tribunaux ne peuvent jamais motiver leurs jugemens sur une décision ou interprétation de loi ou règlement donné par l'autorité ministérielle.

83. Tout délit civil commis en France par un militaire, à moins qu'il ne soit dans un camp ou en campagne, est jugé par les tribunaux criminels ordinaires.

84. Il en est de même de toute accusation contre un militaire dans laquelle un individu non militaire est compris.

85. Les questions relatives à la validité des ventes et à la propriété de domaines nationaux sont jugées par les cours et tribunaux.

86. La peine de confiscation des biens est abolie et ne pourra être rétablie.

Chapitre VII. — *De l'autorité administrative.*

87. Il y aura pour chaque département, pour chaque arrondissement, pour chaque commune, un conseil élu par le peuple, et un agent du gouvernement nommé par lui.

88. Le nombre des membres des conseils des départemens, d'arrondissement et de commune, les conditions et le mode d'éligibilité, leurs fonctions et les fonctions de l'agent du gouvernement, seront réglés par une loi.

Chapitre VIII. — *De l'instruction publique.*

89. L'instruction publique reste confiée à l'université.

Son organisation ne peut être changée ni modifiée.

90. La loi sur l'instruction publique ne peut jamais la confier à aucun corps religieux ni en charger exclusivement les ministres d'aucun culte.

91. Des écoles primaires seront établies pour les enfans des deux sexes.

Une loi en déterminera l'organisation.

92. L'institut national et tous les établissemens d'instruction publique des sciences et d'arts, actuellement existans, sont maintenus.

Il ne peut y être rien changé que par une loi.

Chapitre IX. — *Garantie des citoyens et des propriétés, et dispositions générales.*

93. Le droit de pétition est exercé personnellement par un ou plusieurs individus, jamais au nom d'aucun corps.

Les pétitions peuvent être adressées soit au gouvernement, soit aux deux Chambres.

94. Nul ne peut être recherché, poursuivi, attaqué en aucun temps, ni d'aucune manière, à raison de ses votes, de ses opinions, ni de l'acceptation de ses fonctions publiques.

95. La dette publique est garantie.

96. Les droits de tous les créanciers avec lesquels le gouvernement a pris des engagemens encore subsistans, sont maintenus.

96 (*bis*). Les traitemens fixés pour les ministres des cultes salariés par l'état sont compris dans le budget annuel d'un des ministères.

Il ne peut être apporté de changement à la quotité de ces traitemens que par la loi.

97. Les militaires en activité de service, les officiers et soldats en retraite, les veuves des officiers et soldats pensionnés, conserveront leurs grades, honneurs et pensions.

La même disposition est applicable aux pensions civiles et ecclésiastiques.

98. Les récompenses nationales ne peuvent être accordées que par une loi.

99. Les domaines nationaux non vendus et qui sont entre les mains de l'administration des domaines, demeurent irrévocablement acquis à l'état.

100. Les dîmes, les droits féodaux et seigneuriaux, ne pourront être rétablis sous aucun prétexte.

101. L'institution de la Légion-d'Honneur est maintenue avec tous les droits, titres, prérogatives et traitemens qu'elle a déterminés.

Sa décoration est portée avant tout autre par le monarque et les princes de sa famille.

Aucun autre ordre ne peut être établi ni créé que par une loi.

102. Le pavillon national et la cocarde nationale sont tricolores.

103. Tout ce qui est relatif aux majorats précédemment institués, soit par le gouvernement, soit par les particuliers, aux droits des appelés et à ceux du gouvernement, pour le régime et la conservation des biens, sera réglé par une loi.

104. Les colonies sont régies par des lois particulières.

Représentans. — Séance du 30 juin.

La séance est ouverte à midi.

Le président. « Vous désireriez peut-être entendre les membres de votre députation à l'armée? S'il en est quelques-uns de présens, je les prie de monter à la tribune. »

Le général Laguette-Mornai. « Hier, à dix heures du soir, vos commissaires se sont rendus à La Villette. M. le maréchal prince d'Eckmühl y était : il nous a dit que les soldats reposaient, qu'ils n'avaient pas encore reçu leur distribution; que ce n'était pas le moment de leur faire prendre les armes; que notre but ne serait pas rempli.

» Nous avons distribué votre adresse au quartier-général et sur les routes. Nous sommes revenus auprès de la commission de gouvernement, et après la conférence, nous avons été revoir l'armée, depuis La Villette jusqu'à Saint-De nis. Nous avons vu les divisions Lambert, Meunier, Alix, et le corps du général Reille.

» On nous disait que ce dernier corps marquait du découragement; au contraire, nous en avons vu les bataillons; officiers, sous-officiers et soldats sont animés du même esprit, et ont juré de combattre pour la liberté de leur pays. Nous leur avons parlé des dispositions des Chambres; nous leur avons parlé au nom des représentans du peuple, et des larmes ont coulé de tous les yeux.

» Mais je dois le dire, aux idées de liberté, d'indépendance et de patrie, se joint le souvenir qu'ils portent à celui qui fut notre empereur, et un sentiment d'obéissance et de fidélité à Napoléon II. Ils répondent avec enthousiasme au mot de *liberté*; mais cet enthousiasme redouble quand le nom de Napoléon II est prononcé.

» J'ai rencontré des corps de la vieille garde, qu'on sait être les plus attachés à Napoléon : je leur ai parlé plus particulièrement de leurs nouveaux devoirs, de l'obéissance et de la confiance qu'ils devaient à leurs chefs : je leur ai parlé de la journée du 21 juin, comme plus honorable pour l'empereur, que ses plus beaux triomphes militaires; ces grenadiers m'ont écouté, et se sont montrés animés du même esprit que le reste de l'armée.

» M. le maréchal Grouchy, à qui l'armée rend une entière justice sous le rapport de la bravoure et du talent, a été dans un premier moment effrayé de l'état des affaires, et ses rapports ont affligé le prince d'Eckmühl; mais d'autres rapports plus favorables sont parvenus succcessivement de la part des officiers-généraux et supérieurs, et M. le prince d'Eckmühl a été mis plus à portée de connaître l'état des choses.

» Le corps du général Reille est en bon ordre; les régimens sont complets, pas un homme n'a déserté dans ce corps; mais de toute l'armée, on peut compter qu'il y a quinze mille soldats rentrés à Paris, exténués de fatigues, et dont le moral reviendra promptement avec la restauration des forces physiques.

» Tel était l'état des choses, hier à dix heures du soir. Nous en avons rendu compte à la commission de gouvernement; elle ne vous a pas adressé de message, parce qu'elle a pensé que vous alliez nous entendre. Nous sommes venus ici, mais la séance venait de se lever. »

M. *Garat*. « Le rapport que vous venez d'entendre me laisse peu de chose à ajouter; cependant, les impressions que j'ai éprouvées me font un devoir de chercher à vous les peindre.

» Nous avons été deux fois au quartier-général. On y a comme semé votre adresse à l'armée; nous étions très-avancés dans les lignes, lorsque le prince d'Eckmühl nous a fait rappeler, et nous a invités à différer notre visite, les lignes n'étant pas en ce moment formées. La conversation s'établit. Le ministre de la guerre paraissait inquiet de l'état du corps du général Reille; mais, à l'instant, une foule d'officiers de ce corps sont arrivés, ont protesté de ses bonnes dispositions, et ont juré devant nous de braver tous les dangers, pour répondre à votre appel national.

» Nous avons parcouru les lignes une seconde fois. Les soldats étaient sous les armes. Il est impossible de vous rendre les émotions héroïques que faisaient éprouver à ces braves les mots de nation, de patrie, de représentans du peuple. On voyait bien que ce mot de représentant du peuple n'avait jamais cessé d'être une sorte de talisman pour les défenseurs de la patrie.

» J'ai vu des colonels, brandissant leur épée, s'écrier : Non, les vingt-cinq années que nous avons passées à combattre pour la liberté, le sang que nous avons versé, ne seront pas perdus : nous défendrons la patrie et pour nous et pour vous. A ces mots, ces hommes qui portaient sur leur visage l'empreinte et l'histoire de leurs campagnes, versaient de grosses larmes... » (Une vive émotion s'empare de l'orateur et de l'assemblée.) « J'affaiblirais en poursuivant. J'ai dit l'exacte vérité.

» Le général Vandamme est arrivé dans l'après-midi. Le ministre de la guerre nous dit que cet événement était très-heureux ; que cela changeait l'état de la question, et que la défense de Paris devenait beaucoup moins difficile. Il a été souvent avec nous.

» Nous avons vu les corps des généraux Reille, la division du comte d'Erlon, qui est excellente. Il en est de même de celle du général Vandamme ; l'attitude de ces trois corps justifie toutes nos espérances. Ce matin la ligne était encore meilleure, plus forte. Aussi les membres du gouvernement, que nous avons trouvés occupés de tous les moyens de rallier et d'augmenter nos forces, étaient-ils, lorsque nous les avons revus, beaucoup plus tranquilles sur l'état des choses. »

Un membre. « L'un des commissaires nous a dit qu'aux idées de liberté et de patrie les soldats rattachaient le nom de Napoléon II. »

M. Garat. « Je me suis particulièrement attaché à prononcer aux soldats le nom de patrie, de liberté, de constitution, d'indépendance ; ils me répondaient avec transport ; mais il est vrai de dire que le nom de Napoléon II était dans toutes les bouches. »

Un membre s'écrie : « Eh bien ! disons donc comme l'armée : Vive Napoléon II ! »

Une foule de voix. « Oui, oui ! »

Une grande partie de l'assemblée se lève aux cris de Napoléon II.

On applaudit vivement.

Le général Mouton-Duvernet. « Je commencerai toujours par m'excuser sur mon style, c'est celui d'un soldat.

» Ce matin, j'ai été en amateur visiter l'armée de La Villette à Saint-Denis, j'ai vu les soldats, je leur ai demandé : Mes amis, avez-vous votre solde, du vin, de l'eau-de-vie ? Tous m'ont répondu, oui, oui : on s'occupe de nous ; vous pouvez compter sur nous. J'ai vu le cinquième de voltigeurs où j'étais particulièrement connu : Général, m'ont dit les vieux soldats, vous savez bien que nous ne perdrons pas une occasion d'acquérir une nouvelle gloire. Les jeunes soldats du corps s'écriaient qu'ils rivaliseraient avec les anciens. Je leur ai dit que les représentans du peuple comptaient sur leur dévouement et leur courage. Tous m'ont répondu : Nous mourrons avant de revoir un monarque amené par des Anglais et des Prussiens. Nous sommes persuadés que les représentans du peuple ne veulent pas nous donner un gouvernement qui n'a su que flétrir nos anciens lauriers. L'artillerie, cette arme excellente, si énergique et si instruite, tenait le même langage, et contribuait surtout à le répandre dans l'armée. Enfin j'ai vu sur les retranchemens de nombreux corps de la garde nationale de Paris ; ils m'ont dit : Nous avons fait ces retranchemens ; nous espérons bien qu'on nous accordera l'honneur de les défendre. (Les plus vifs applaudissemens éclatent de toutes parts.) Retournez à Paris, que les chefs de bataillon de la garde nationale nous envoient des hommes de bonne volonté ; qu'on nous envoie des travailleurs ; nous n'avons pas l'amour-propre de nous mouvoir en plaine aussi bien que la ligne ; mais derrière les retranchemens nous nous battrons aussi bien qu'elle. Ce sont leurs propres expressions ; je n'y ajoute pas un mot. (Les applaudissemens recommencent.) J'ai vu le maréchal Davoust : il avait été en effet un moment inquiet, mais la situation était changée, m'a-t-il dit, et nous pouvons appuyer nos légitimes prétentions. » (On applaudit de nouveau.)

Un membre. « Je demande qu'il soit fait mention au procès-verbal de ce qui s'est passé dans le sein de la Chambre, au moment où l'assemblée a crié : *Vive Napoléon II!* »

M. *Regnaud.* « L'effet noble et touchant obtenu par les représentans du peuple près de l'armée m'a été attesté par un grand nombre d'officiers-généraux ; mais un membre du gouvernement m'a dit que vos commissaires n'avaient pas vu l'armée tout entière ; je demande qu'ils y retournent à l'instant achever ce qu'ils ont si honorablement commencé. »

Le général Mouton-Duvernet. « J'ai reçu du gouvernement l'ordre de prendre le commandement de la première division militaire. Je ne vous ferai pas de sermens ; ne sont-ils pas tout faits ? si je puis contribuer à faire respecter l'indépendance nationale, je serai trop heureux ; sinon je saurai mourir, et l'on ne me verra pas me déshonorer. J'ai une proposition à ajouter : les hôpitaux militaires auxiliaires destinés aux blessés manquent encore d'objets et de fournitures pour lesquels on a fait des collectes à Paris ; je demande que la Chambre fasse un don patriotique, une souscription consacrée à cet objet. »

La Chambre se lève tout entière, et vote cette souscription par acclamation.

M. *Mouton-Duvernet.* « Encore une proposition : le nombre des officiers de santé n'est peut-être pas assez considérable ; il convient de faire un appel au patriotisme de Paris. »

M. *Percy.* « On a pourvu à tout, l'assemblée peut être tranquille. L'année dernière, les malheurs étaient bien plus grands, le nombre des blessés bien plus considérable, et l'administration s'en est très-bien tirée. Les ambulances, les dépôts, les échelons sont établis ; les localités sont désignées ; il y en a de publiques, il y en a de particulières. Le Val-de-Grâce n'a point un nombre exagéré de blessés ; on a singulièrement grossi les suites d'une échauffourée de ce matin : les officiers de santé peuvent suffire. Encore une fois, l'assemblée peut être tranquille à cet égard. »

Un membre. « Je dois ajouter que M. le préfet de la Seine a pris, depuis quinze jours, toutes les mesures nécessaires. »

Un membre. « Je demande l'envoi de commissaires de l'assemblée aux hôpitaux militaires. »

M. *Cambon.* « J'appuie. Soyons toujours en communication avec le peuple et l'armée. »

M. *Arnaud.* « J'ai eu le bonheur d'être un de vos commissaires à l'armée ; mais plus nous avons été touchés de l'élan de cette brave armée, plus notre jouissance a été vive, plus nous devons désirer de la voir partager par d'autres de nos collègues. (*Une foule de voix :* Non, non.) Si vous ne le voulez pas, nous partons ; mais avant, je demande que le récit de tout ce qui vient de se passer dans votre séance soit imprimé et distribué dans Paris, et affiché. »

Cette proposition, ainsi que l'envoi de commissaires aux hôpitaux, est adoptée.

M. *Garcau.* « J'ai voté avec empressement l'impression demandée. Placé parmi les vétérans de la révolution, j'ai vu des chefs et des soldats terrifiés à la lecture d'une adresse au gouvernement et aux deux Chambres, signée par un représentant du peuple, par M. Malleville. Il y a quelques jours que M. Malleville vous proposait de déclarer coupable quiconque préférerait le cri séditieux de *vive Louis XVIII! vivent les Bourbons!* Et ce même M. Malleville a aujourd'hui l'infamie de vous proposer de proclamer les Bourbons ! Et cependant M. Malleville est le fils d'un pair, ancien sénateur, comblé des décorations et des bienfaits de l'empereur. Ce même M. Malleville, l'année dernière, prit la même initiative; il fit un écrit pour ramener les Bourbons. Depuis, l'empereur a reparu; il a été aux pieds de son maître : je dis son maître, car ce n'est qu'un esclave. Il a fait nommer son fils représentant du peuple; il devait être pair de France; il ne l'a pas été, et voilà la cause de l'écrit en question. Je demanderais qu'on le déclarât aliéné, puisque son inviolabilité de représentant du peuple doit être respectée, et que tout a été perdu dans la révolution, quand on a attenté à l'inviolabilité des représentans du peuple. Mais je demande qu'on fasse imprimer en deux colonnes et en regard : 1° la loi pénale qu'il a proposée il y a quelques jours contre les partisans des Bourbons, et la proposition qu'il fait aujourd'hui de rappeler ces mêmes Bourbons au trône. »

Une foule de voix. « Appuyé, appuyé ! »

Un membre. « Vous avez senti toute l'inconvenance de la conduite de M. Malleville, mais il en est déjà fait justice aux yeux de toute la nation, par ce qui vient d'être dit. Je demande l'ordre du jour motivé sur l'inconséquence et la contradiction dans lesquelles est tombé M. Malleville. »

M. Girod (de l'Ain.) « L'intention de la Chambre s'est bien manifestée : il est inutile de chercher à la développer. Je ne partage pas l'opinion de M. Malleville, et je la combattrais s'il en était question ; mais M. Malleville est représentant du peuple. (*Une voix.* Qu'il observe son mandat.) Qu'il y ait erreur ou faute de la part de M. Malleville, la loi lui assure l'inviolabilité pour le droit d'émettre une opinion : mais, avant de prendre une détermination à cet égard, n'est-il pas convenable de savoir si l'écrit est de lui; s'il ne lui est pas attribué par un ennemi personnel? Il y a dix-huit ans que je suis l'ami de M. Malleville; c'est un homme d'honneur. »

On demande l'ordre du jour, le président met aux voix. Il s'élève de vives réclamations sur l'épreuve. On demande l'ordre du jour motivé.

M. Defermon. « Je ne parlerai que sur la forme de la délibération.

» Il m'a paru que l'assemblée, après avoir manifesté son opinion sur cet écrit, avait entendu passer à l'ordre du jour motivé. »

M. Tripier et un grand nombre de membres. « Non, non, l'ordre du jour pur et simple a été adopté. »

M. Defermon. « Si M. de Malleville pour l'écrit dont il s'agit n'est pas poursuivi, c'est parce qu'il est représentant du peuple et inviolable ; je demande l'ordre du jour motivé sur ce que M. de Malleville est représentant du peuple, et qu'il a signé son écrit.

Un membre. « M. de Malleville est fils d'un des fils aînés de la liberté : je connais ses intentions. La situation des choses a pu lui paraître un motif excusable. » (De violens mouvemens interrompent.)

M. Defermon. « J'insiste sur ma proposition. »

M. Salverte. « Nommez les commissaires pour les hôpitaux. »

M. Defermon. « Je suis aussi impatient que mon collègue de voir partir les commissaires pour les hôpitaux, et je proposerai qu'ils ne partent pas les mains vides. Mais il faut que l'assemblée se prononce contre un homme qui a osé vous proposer de rappeler les Bourbons. Je demande que ma proposition soit mise aux voix.

M. Dupin. « L'assemblée s'est bien assez prononcée. La plus forte peine de M. Malleville est d'avoir ainsi déplu à la Chambre ; il doit être assez puni. Il

aurait commis un crime, qu'aux termes de l'article... de la Constitution... »
(*Plusieurs voix* : Et l'article 67.)

On demande de nouveau l'ordre du jour motivé.

M. Tailliaud. « Il n'y a pas encore un mois, j'ai entendu M. Malleville jurer ici fidélité à la Constitution. »

Un membre. « Il est absent; vous ne pouvez pas prendre contre lui de mesure de rigueur. »

M. Garreau. « Je demande l'ordre du jour motivé sur l'absence. »

L'assemblée reste longtemps dans une vive agitation. — M. le président résume la discussion.

M. Dumolard. « Il faut faire cesser cette incertitude pénible. Mettez aux voix l'ordre du jour pur et simple. S'il ne passe pas, vous délibérerez sur la manière de motiver. »

L'assemblée est consultée de nouveau. Elle rejette à une grande majorité l'ordre du jour pur et simple, et adopte l'ordre du jour motivé sur l'inviolabilité des représentans du peuple.

On procède au tirage au sort des membres qui seront envoyés aux hospices. Ce sont MM. Bailli, Echevery, Granier, Gondonville, Madieu, Prévot Legommier, Triozon, Lameterie, Fontenay, Dequene Saint-Hilaire, Maigre, La Rochefoucaut-Liancourt.

Plusieurs membres. « Le montant de la souscription? »

D'autres. « 25,000. »

M. Arnauld. « Je propose 50 f. par chaque membre. »

M. Lefevre. « La commission administrative fera les fonds de cette somme. »

M. Gamon. « La somme montera à 50,650 f. qui seront remis à l'administration des hospices pour l'objet spécialement consacré des militaires blessés. Chaque membre est invité à verser de suite cette somme à la commission. Ceux des membres auxquels leurs fonctions permettent de faire davantage pourront déposer des offrandes plus considérables. »

M. Sibuet. « Comme individus, car comme représentans du peuple, nous devons donner la même somme. »

Ces diverses propositions sont adoptées.

M. le président annonce que l'ordre du jour appelle la discussion du projet de constitution qui a été distribué ce matin.

M. Durbach. «Messieurs, il n'est aucun de nous qui, dès l'instant où il a reçu l'importante mission de représenter le peuple français dans ces graves circonstances, n'ait pris la ferme résolution de se rendre digne de la haute confiance dont il a été honoré; il n'est aucun de nous qui n'ait formé le dessein de concourir de tous ses moyens à terminer enfin cette longue et cruelle révolution par un véritable pacte social qui fixe et assure à jamais les droits de la nation comme ceux du trône, et consolide aussi le repos, le bonheur et la liberté publics.

» Nous avons manifesté ces sentimens dès notre réunion dans la capitale avec les électeurs accourus de toutes les parties de la France au Champ-de-Mai; nous avons prouvé au peuple français, par notre résolution du 20 de ce mois, que l'accomplissement de son vœu le plus cher ne sera point ajourné par ses représentans.

» Au milieu de la crise que nous étions loin de prévoir alors, au milieu de cette crise dans laquelle le malheur nous a précipités, nous n'avons pas perdu de vue les travaux relatifs à la rédaction définitive de nos lois constitutionnelles, et de suite les commissions chargées d'en présenter les résultats à la Chambre ont été organisées, et déjà leur projet est livré à l'impression. Nous avons senti qu'il ne suffit pas à un peuple de repousser l'ennemi pour assurer son indépendance et sa liberté; cette vérité nous a été confirmée par le sort récent de l'Espagne; nous avons vu ces fiers et vaillans Espagnols, nous les avons vus, à force de constance, d'héroïsme, conquérir leur indépendance comme nation; mais nous ne les voyons pas moins gémir aujourd'hui sous les chaînes honteuses du plus violent despotisme.

» Imitons leur constance héroïque, mais évitons leur funeste sort; que celui-ci nous éclaire dans les circonstances présentes, et que notre propre expérience ne soit pas perdue pour nous.

» Vous le savez, messieurs, ceux qui se disent les maîtres des nations ne sont pas propres à devenir monarques constitutionnels: ceux qui ont long-temps exercé le pouvoir despotique ne sont plus propres à gouverner un peuple libre.

» C'est une vérité démontrée par l'histoire, qui avait inspiré à tant de bons citoyens de vives inquiétudes sur les résultats que pouvait produire pour la liberté le retour inopiné de Napoléon à un trône dont il n'avait cependant pas hérité.

» Ces inquiétudes vagues qui n'avaient pu être dissipées par les proclamations les plus solennelles sur la souveraineté du peuple, se sont transformées tout à coup en des alarmes générales, lors de la publication de l'acte additionnel aux constitutions de l'empire.

» Ces alarmes sont devenues universelles, non parce que cet acte péchait par une forme qui pouvait paraître excusable, à raison de l'urgence des circonstances, ni même par les vices de plusieurs de ses dispositions, vices qu'on pouvait corriger; mais parce qu'il se rattachait à une multitude de sénatus-consultes généralement réprouvés, et surtout parce qu'il semblait afficher les mêmes prétentions annoncées à la nation par la date de l'an dix-neuf du règne de Louis XVIII, apposée à l'ordonnance de réformation que ce prince est venu dicter dans cette enceinte, en ressaisissant, au milieu des phalanges ennemies, le sceptre tenu par ses ancêtres, après avoir dédaigné le trône constitutionnel qui lui avait été offert au nom de la nation.

» Pour confirmer cette importante vérité, devenue un axiome politique, je n'ai pas besoin de retracer devant vous le tableau des crimes, des fautes, des prétentions et des perfidies des agens de ce règne éphémère, qui, ne voyant dans l'état que les émigrés, les nobles et les prêtres dignes de son attention et de son amour, voulaient rapidement achever la contre-révolution pour laquelle ils avaient depuis vingt-cinq ans armé l'Europe entière contre le peuple français.

» Il est encore moins nécessaire de vous faire envisager nos campagnes et nos cités dévastées, nos champs abreuvés du sang de nos héros, qui coule encore tous les jours par torrens pour la même cause, oui, messieurs, pour la même cause; puisque depuis l'abdication de Napoléon légalement acceptée, personne ne peut plus douter que la contre-révolution et le déchirement de la France ne soient l'unique but de la continuation des hostilités.

» Je ne m'étendrai pas non plus sur les affreuses conséquences d'une autre vérité que chaque ami de la patrie se répète sans cesse avec autant d'horreur que d'effroi; de cette vérité incontestable, que si (comme tout doit le faire craindre) les forces ennemies étaient destinées aujourd'hui à replacer par la violence les Bourbons sur le trône qu'ils regardent comme leur propriété, ces mêmes forces leur seraient également indispensables pour s'y maintenir.

» Mais je dirai que si le peuple français ne repousse avec la fureur du désespoir les antiques prétentions de cette ennemie de tous sentimens généreux et patriotiques, c'en est fait de la patrie, c'en est fait de la France, c'en est fait de la représentation nationale, c'en est fait de toute constitution; et les lâches débris du peuple français subiront le joug le plus honteux comme le plus accablant.

» Mais, messieurs, vous qui êtes les représentans de ce grand, bon et valeureux peuple, vous ne voudrez pas survivre à tant de désastres, vous ferez les derniers efforts pour détourner les calamités qui menacent la patrie; vous prendrez toutes les mesures que le salut du peuple commande.

» Certains que la continuation de la guerre ne peut plus avoir d'autre motif ni d'autre but que d'achever notre ruine et notre humiliation, en nous forçant à replacer sur le trône une famille trop justement proscrite par les vœux et par les intérêts de l'immense majorité de la nation, proscrite par le peuple tout entier, proscrite même par une grande partie des castes ci-devant privilégiées ;

» Certains que l'invasion étrangère ne peut plus avoir d'autre objet aujourd'hui, notre défense est devenue la plus légitime, la plus éminemment nationale. Elle doit être extrême : aucun moyen ne doit être négligé; tous sont bons, tous sont justes dans une cause aussi sacrée.

» En conséquence, vous déclarerez aux puissances étrangères que les Bourbons, qui depuis un quart de siècle portent la guerre en France, sont ennemis du peuple français, qu'ils sont proscrits de son territoire; vous déclarerez aux puissances, comme à tous agens français, que, conformément à l'article 67 de notre dernière Constitution acceptée par le peuple, aucune proposition de paix ne pourra être faite ni écoutée si l'exclusion perpétuelle de ces princes du trône français comme préliminaire et comme condition *sine quâ non* de toute négociation; vous déclarerez que les Français sont résolus de combattre à mort pour leur liberté et leur indépendance, et qu'ils périront tous plutôt que de supporter le joug humiliant qu'on voudrait leur imposer.

» Enfin, messieurs, fidèles à votre mandat, vous jurerez de maintenir ces déclarations et de mourir au poste que le peuple français vous a confié.

» Vous jurerez de mourir comme de dignes représentans d'un grand peuple, en allant vous placer, désarmés et parés des couleurs nationales, entre le canon et le feu de l'ennemi, et celui des redoutes et des braves qui doivent défendre les approches de la capitale où siège la représentation nationale. »

On demande et la Chambre ordonne l'impression de ce discours et son envoi aux départemens et aux armées.

N..... « J'ajoute aux propositions qu'on renouvelle la déclaration relative aux couleurs nationales. »

Une foule de voix. « Cela est dans le projet de constitution. »

M. le président fait donner lecture du message et du bulletin qui suivent :

« Monsieur le président, j'ai l'honneur de vous transmettre le bulletin de la situation au 30 juin.

» L'armée ennemie s'est avancée jusqu'à la vue de la capitale.

» Pour arrêter sa marche, tous les corps de l'armée du Nord ont eu ordre de se réunir sur une ligne de défense qui protége Paris.

» Cette réunion est opérée. L'armée s'est réorganisée et occupe toutes les positions.

» L'armée est animée du meilleur esprit, son dévouement à la patrie égale sa valeur.

» Agréez, je vous prie, M. le président, l'hommage de ma plus haute considération. — *Signé* duc D'OTRANTE. »

» *Bulletin du 30 juin 1815.*

» Les derniers comptes rendus par le ministre de la guerre donnent les détails suivans :

» La place de Lille est tranquille.

» Le plus grand calme règne à Douai.

» L'ennemi, fort de deux à trois mille hommes, a passé la Sarre et pris Sarguemines le 25 de ce mois. Il était le 25 à Chateau-Salins. Le lieutenant-général Gérard s'est porté sur Toul, d'où il pourra communiquer avec le général Belliard.

» Les Autrichiens et les Badois ont débouché par Bâle le 26. Le général Lecourbe s'est replié en avant d'Altkirch. Il s'attendait à être attaqué le lendemain. Si l'ennemi, jusqu'à présent peu nombreux, reçoit de nouvelles forces, nos troupes se retireront sur le camp de Béfort.

» Le général autrichien, auquel le maréchal duc d'Albuféra a proposé de conclure un armistice, y a mis des conditions que l'honneur français ne pouvait accepter.

» La garnison de Coni a fait un mouvement sur Barcelonnette, mais ce mouvement paraît n'avoir pour objet qu'une occupation de frontière.

» Les troupes espagnoles sorties de Barcelonne campent auprès de Gironne. Le général Decaen ne pense pas que les hostilités soient imminentes sur ce point.

» A l'ouest, le combat de la Roche-Servière a porté un coup mortel à l'insurrection. Plusieurs milliers d'insurgés ont été épargnés par nos soldats. Quelle que soit l'influence des derniers événemens, le lieutenant-général Lamarque se refuse à croire que les chefs des insurgés, liés par leur parole d'honneur, ne restent pas tranquilles.

» La ville de Nantes a voté un emprunt de 200,000 fr. pour la mise en état de défense de la ville et l'habillement de la garde nationale. »

M. *Bouvier-Dumolard*. « Après le bulletin qui vient de vous être lu, je dois justifier ma présence dans cette assemblée.

» On ne parle que de l'occupation de Château-Salins; mais le département de la Meurthe est envahi tout entier. J'en ai fait le rapport au gouvernement. Nanci a été occupé le 26, à six heures du soir. Le général Gérard, qu'il ne faut pas confondre avec le général de ce nom qui commandait le quatrième corps d'armée, s'est jeté dans les Vosges. Ma présence atteste que le premier administrateur français du département ne pouvait rester dans la Meurthe.

Après une assez longue interruption, M. Manuel obtient la parole pour donner lecture du projet d'adresse aux Français; en voici le texte :

« Français, les puissances étrangères ont proclamé à la face de l'Europe qu'elles n'étaient armées que contre Napoléon, qu'elles voulaient respecter notre indépendance et le droit qu'a toute nation de se choisir un gouvernement conforme à ses mœurs et à ses intérêts. Napoléon n'est plus le chef de l'état; lui-même a renoncé au trône. Son abdication a été acceptée par vos représentans. Il s'est éloigné de nous; les souverains le savent; la guerre doit donc être finie, si les promesses des rois ne sont pas vaines. Cependant, tandis que des plénipotentiaires ont été envoyés pour traiter de la paix, au nom de la France, avec les puissances coalisées, les généraux de deux de ces puissances se sont refusés à toute suspension d'armes, ont précipité leur marche à la faveur d'un moment de trouble et d'hésitation; ils sont aux portes de la capitale, sans qu'aucune communication soit venue nous apprendre pourquoi la guerre continué. Bientôt nos plénipotentiaires nous diront s'il faut renoncer à la paix. Mais, en attendant, la résistance est aussi nécessaire que légitime ; et si l'humanité demande compte du sang inutilement versé, elle ne s'adressera point aux braves qui ne se battent que pour repousser de leurs foyers le meurtre et le pillage ; pour défendre, avec leur vie, la cause de la liberté et de cette indépendance, dont le droit imprescriptible leur a été garanti par les manifestes mêmes de leurs ennemis.

» Au milieu de ces graves circonstances, vos représentans ne pouvaient oublier qu'ils ne furent point envoyés pour stipuler les intérêts d'un parti quelconque, mais ceux de la nation tout entière. Ils ont profondément senti que tout acte de faiblesse ne servirait, en la déshonorant, qu'à compromettre le repos de la France pendant un long avenir. Tandis que le gouvernement organise tous les moyens d'obtenir une solide paix, que pourrait-il faire de plus utile à la nation, que de recueillir et de fixer les règles fondamentales d'un gouvernement monarchique et représentatif, destiné à garantir aux citoyens la libre jouissance des droits sacrés qu'ils ont achetés par tant et de si grands sacrifices, et de rallier pour toujours sous les couleurs nationales tous les Français qui n'ont d'autre intérêt et d'autres vœux que de jouir d'un repos honorable et d'une sage indépendance.

» Maintenant elle croit de son devoir et de sa dignité de déclarer qu'elle ne saurait avouer *pour chef légitime de l'état celui qui, en montant sur le trône, refuserait de reconnaître les droits de la nation, et de les consacrer par un pacte solennel* (1) ; et si la force des armes parvenait à nous imposer momentanément un maître, si les destins d'une grande nation devaient encore être livrés au caprice et à l'arbitrage d'un petit nombre de privilégiés, alors, cédant à la force, la Chambre des Représentans protestera à la face du monde entier des droits de la nation française opprimée ?

» Elle en appellera à l'énergie de la génération actuelle et des générations futures pour revendiquer à la fois son indépendance nationale et sa liberté civile. Elle en appelle, dès à présent, à la justice et à la raison de tous les peuples civilisés. »

M. Bérenger. « Je rends justice aux sentimens de M. Manuel ; je crois qu'il a le cœur français ; mais est-ce là le langage que nous devons tenir au peuple ? On vous dit que l'armée demande Napoléon II : pourquoi, par respect pour vous et pour vos propres engagemens, ce nom n'est-il pas prononcé dans l'adresse ? Vous avez déclaré que Napoléon II succédait à son père : n'est-ce pas une humiliation extrême que de ne pas soutenir cette déclaration en face de la nation à laquelle vous parlez ? On vous propose de dire que nous sommes prêts à recevoir le souverain qui acceptera une constitution libérale : mais quels que soient les sentimens que chacun de nous a au fond du cœur, qui sommes-nous ? à quel titre siégons-nous ici ? Ecoutez la voix, messieurs, d'un homme qui irait aux pieds de la famille qui prétend au trône, s'il croyait son retour compatible avec les droits du peuple et de la liberté. Quel est notre mandat ? L'observation de la Constitution que nous avons jurée : or, elle repose sur deux bases ; l'une, l'exclusion des Bourbons ; l'autre, la possession du trône à Napoléon et à sa famille. Le père a abdiqué, le fils règne ; vous l'avez déclaré. Et ne suffit-il pas qu'une autre maison vous soit annoncée par les puissances alliées pour que l'honneur national vous ordonne de la repousser ? Messieurs, il faut vous expliquer franchement, sinon l'armée hésitera, et dans nos villes l'incer-

---

(1) On a dit que cette phrase avait été insérée à l'instigation de Fouché, dans le but d'insinuer le rappel des Bourbons. Thibaudeau assure qu'au lieu de *chef légitime de l'état* il y avait *roi des Français*. (*Note des auteurs.*)

titude peut entraîner les plus grands malheurs. On vous reproche déjà que dans vos délibérations vous n'ayez pas cette attitude franche et énergique qui convient à la nation. Avec l'adresse proposée, vous donnez des espérances à tous les partis, et vous ne faites pas connaître si vous êtes fidèles à la Constitution et à votre mandat. Je demande que votre commission revoie son adresse, que vos véritables sentimens soient exprimés, et qu'elle se termine par ces mots : *Vive Napoléon II !* »

La proposition est vivement appuyée.

M. *Regnault.* « Je demande aussi l'ajournement de l'adresse. Quand vous votâtes hier qu'il en serait fait une au peuple français, la mémorable séance de ce jour n'avait pas eu lieu, et vous n'aviez pas pu ordonner que les détails en seraient connus et du peuple et de l'armée. Aujourd'hui vous connaissez les sentimens du peuple et de l'armée, les généraux et les soldats jurent de combattre pour le maintien des engagemens déjà pris. La meilleure adresse c'est la publication de vos débats de ce jour. Je demande l'ajournement. »

M. *Jacotot.* « Si on n'avait pas attaqué le projet d'adresse, je me serais tu; mais je n'ai qu'un mot à dire. Je suis membre de la commission et je n'ai point connaissance de l'adresse qui vous a été lue. »

L'assemblée témoigne beaucoup d'étonnement.

M. *Manuel.* « La discussion qui vient de s'engager est pénible pour moi. J'ai cru être l'organe des sentimens de l'assemblée; il me semblait permis de croire que je les avais exprimés, et surtout que j'étais à l'abri de tout soupçon de la part de mes collègues.

» Si je me suis trompé sur l'expression, revoyons l'adresse, rédigeons-la de nouveau, rien de plus facile; il n'y a rien ici qui me soit personnel. Mais, messieurs, je le dis à ceux qui m'interrompent, nous devons être également éloignés et du rôle de factieux et du rôle d'esclaves; le seul rôle qui convienne aux représentans du peuple est celui de défenseurs sages et éclairés des véritables intérêts de la patrie.

» Ce n'est point en prenant une couleur exagérée; ce n'est point en nous laissant aller à une timidité dangereuse que nous remplirons un devoir; c'est en nous attachant invariablement aux principes, que nous rallierons la France tout entière et que nous nous élèverons à toute la hauteur de nos fonctions.

» Mais, dit-on, Napoléon a été reconnu, et l'adresse tend à laisser croire que la France peut recevoir le souverain qui ne sera pas de son choix. Messieurs, si cette pensée avait été la mienne, je me serais abstenu de paraître à cette tribune; mais examinons, relisons l'adresse présentée, et mettons à part les méfiances que les circonstances font naître, et qui font croire que les sentimens de la veille ne sont pas ceux du lendemain. Voyons si le reproche est fondé.

(Ici l'orateur relit l'adresse fragment par fragment, et il s'attache à en développer le véritable sens, celui que la commission a entendu, celui qu'elle a voulu présenter à la Chambre.)

» L'adresse, ajoute-t-il, est tout entière dans le sens de l'indépendance nationale; croit-on, dit-il, que sous cette forme l'adresse soit favorable à la maison de Bourbon ramenée par les Anglais? Faut-il dire ma pensée tout entière? Messieurs, je veux le bonheur des Français, et je ne crois pas que ce bonheur puisse exister, si le règne de Louis XVIII recommence. » (L'orateur est interrompu par des applaudissemens.) « Vous voyez quelle est ma franchise; certes, si je voulais dissimuler, je ne prendrais pas cette salle pour lieu de ma confidence. » (On applaudit de nouveau.)

» L'adresse contient une expression libre et forte de vos sentimens : elle contient une réponse énergique à ceux qui pourraient demander compte du sang versé; elle dit que ceux-là n'en sont pas responsables qui repoussent une injuste agression.

» J'arrive à la phrase de l'adresse qui a paru frapper plus particulièrement une partie de l'assemblée : pour entendre cette phrase, il ne faut pas s'isoler des circonstances qui nous environnent; il faut assez de véritable courage pour s'élever à toute la hauteur de ces circonstances; et savoir que le véritable courage est d'envisager de sang-froid toute la vérité.

» Mais s'il est une partie de la nation qui envisage avec effroi le gouvernement qui paraît ramené par la force étrangère, d'un autre côté, nous ne pouvons nous le dissimuler, nous avons éprouvé de grands revers; l'armée a perdu le chef sous lequel elle était habituée à vaincre; l'ennemi est aux portes de la capitale, et nous sommes exposés à toutes les chances de la guerre.

» Ce n'est ni l'espoir ni le courage qui me manquent, et si mes fonctions ne me retenaient à ce poste honorable que j'occupe, je prouverais que je sais braver comme un autre les dangers de la guerre; mais le courage véritable ne se laisse dominer ni par des mots, ni même par l'expression libre et franche d'un sentiment exalté. Nous ne sommes pas ici de simples soldats; la tâche de défendre la patrie et de mourir pour elle serait trop facile. Nous sommes appelés ici à fixer les destinées de la patrie; de telle sorte qu'un représentant puisse dire, 'j'ai acquitté le devoir de ma conscience, j'ai fait ce que mon devoir me commandait. On m'interrompt; on me dit : Et la France! J'ai l'avantage sur ceux qui m'interrompent, qu'ils paraissent me soupçonner, et que moi je ne les suspecte pas. Je puis ne pas vouloir me servir de ces expressions qui retentissaient à une époque trop célèbre; mais les principes véritables de la liberté sont d'autant plus forts qu'ils sont exprimés avec plus de modération et de dignité, et c'est en ce sens que j'ai interprété les sentimens de la Chambre. Et n'est-ce pas ce que l'adresse dit positivement, lorsqu'on y dit que la France ne consentira jamais à recevoir le souverain qui ne reconnaîtrait pas ses droits, sa liberté, son indépendance? (On applaudit unanimement.)

» C'est à votre sagesse que j'en appelle, messieurs, sur l'adresse présentée; si on a des objections à faire, qu'on les fasse; des changemens à proposer, qu'on les présente; guérissons-nous, avant tout, de cette habitude funeste de suspecter des intentions ennemies où il n'y a qu'un but commun et des principes unanimes.

» Il me reste à répondre à un fait qui a été avancé à cette tribune. La commission s'est réunie; on a délibéré sur un projet d'adresse; on a cru convenable de ne le présenter que ce matin, avec le projet de la Constitution; ce matin, au moment de la discussion définitive, notre collègue ne s'est point trouvé à la commission; je l'ai vainement demandé, fait appeler; j'ai craint que l'assemblée ne nous accusât de retarder sa délibération. Je ne puis être accusé d'avoir craint la discussion de l'un de mes collègues; en était-il une plus rigoureuse que celle même de cette assemblée? J'espère qu'elle me jugera sur les intentions que j'ai exprimées, sur les principes que j'ai posés, et je ne craindrai jamais de l'avoir pour juge et de mes intentions et de ma conduite. »

On demande de nouveau que l'adresse soit mise aux voix. — On demande la clôture de la discussion.

M. *Lantrac.* « J'étais membre de la commission : l'adresse présentée ne contient que des principes fondamentaux. Il est dans mon cœur de voter pour l'exclusion des Bourbons, et de voter pour Napoléon II. Je demande le renvoi à la commission. »

M. Sibuet. « Je ne prétends pas justifier l'adresse dans toutes ses expressions ; mais vous voyez ici les inconvéniens de la précipitation, et la nécessité d'ordonner l'impression et l'ajournement conformément au règlement. Au surplus, c'est ici un grand acte législatif qui doit être délibéré dans la forme d'une loi, et envoyé à la Chambre des Pairs. J'en fais la proposition formelle. »

Un membre. « Tout le monde rend justice aux intentions et aux talens de M. Manuel ; mais il n'a pas interprété les sentimens de l'assemblée. L'assemblée paraît rester dans l'hésitation ; l'armée et les départemens la regardent avec inquiétude. Il faut déclarer au nom de qui..... (*Une foule de voix* : Au nom de la nation.) Je demande que l'adresse précise une adoption et une exclusion. »

M. Garat. « Je ne veux approuver ni désapprouver l'adresse ; je parle seulement du doute qui s'élève. Ce matin, votre majorité s'est prononcée, en ordonnant l'impression du discours prononcé par M. Durbach, discours dans lequel l'exclusion des Bourbons est fortement prononcée. Une heure après, pourriez-vous adopter une adresse où elle ne paraît pas l'être ; car je ne l'ai pas entendu. (On murmure.) Si vous ne vous prononcez pas, cette armée, dont les cris proscrivent les Bourbons, demeure incertaine et hésitante.

» Quel serait le cas possible où les Bourbons pourraient reprendre leur trône pour une seconde restauration ? Ce serait le cas seulement où ils prendraient l'engagement de reconnaître et de respecter le principe des lois nationales ; mais au moment où vous délibérez, rien n'en donne la moindre espérance. Des hommes revêtus de la confiance des Bourbons mettent encore en doute s'ils reconnaîtront les couleurs nationales ou s'ils reparaîtront avec les couleurs blanches des rois. Je le sais, ils l'ont dit devant moi. Je les ai réfutés avec la vigueur dont je suis capable ; mais leur doute ne porte pas sur ce signe seul ; il porte sur les principes pour lesquels nous versons notre sang depuis vingt-cinq ans. Ils prétendent ne point accepter le trône de la nation, mais le reprendre par droit héréditaire. Nul de nous, messieurs, ne peut reconnaître un pareil droit. Et c'est en présence de nombreux soldats qui marchent sur la capitale, que nous devons exprimer énergiquement notre invariable résolution à cet égard. Le moindre doute aggrave nos malheurs, et rend la guerre civile inévitable. »

On demande à aller aux voix. — La Chambre ferme la discussion, et renvoie le projet à la commission pour lui être représenté demain.

M. Félix Lepelletier. « Je demande l'adjonction de M. Garat à la commission. »

L'assemblée passe à l'ordre du jour. — La Chambre suspend la séance jusqu'à demain à midi. — L'ordre du jour sera la présentation du projet de Constitution.

Chambre des Pairs. — 30 juin.

Avant l'ouverture de la séance, le président, Cambacérès, invita les pairs à se rendre dans un des salons du palais. Lorsqu'ils y furent rassemblés, il leur annonça que plusieurs membres avaient exprimé le désir de s'éclairer réciproquement sur la situation des choses, dans une conférence amicale. Le maréchal Soult parla de la position des ennemis, de la supériorité de leurs forces, de la démoralisation de l'armée, de l'impossibilité de se défendre. Il insista surtout sur le danger d'une invasion de vive force à laquelle Paris était exposé depuis que les Prussiens occupaient le village d'Aubervillers, d'où ils pouvaient attaquer les lignes. Il ne doutait pas que, dans ce cas, elles ne fussent enfoncées et que l'ennemi n'entrât pêle-mêle avec les troupes françaises dans la capitale. Il conclut à ce qu'il fût fait une *prompte démarche* pour prévenir ce malheur. Les maréchaux Grouchy, Mortier, Ney et quelques autres généraux parlèrent dans le même sens.

Le maréchal Lefebvre et les généraux Guzau et Delaborde combattirent cette opinion. Ils soutinrent qu'on pouvait et qu'on devait se défendre. Le vieux général Dejean dit qu'il était surpris de voir des hommes qui, par état, devaient montrer de la résolution, donner, au contraire, les premiers l'exemple de la faiblesse et de la pusillanimité. A ces mots, il fut vivement interrompu. La conférence allait devenir orageuse, lorsque Decrès fit observer que cette réunion était illégale et demanda qu'on rentrât dans la salle des séances. (*Thibaudeau.*) On se sépara en effet; mais la séance fut sans intérêt; elle ne fut occupée par autre chose que par les communications du gouvernement et des représentans.

ÉVÉNEMENS MILITAIRES.

Blücher, encouragé par ce qui se passait dans Paris, ayant d'ailleurs été rejoint par toutes ses forces, avait exécuté un mouvement hardi qui l'eût perdu infailliblement s'il eût dû être sérieusement attaqué. Dans une entrevue qu'il eut à Gonesse avec Wellington, il fut convenu que les lignes de Paris ne pouvant être prises de vive force, l'armée prussienne passerait sur la rive gauche, c'est-à-dire sur le côté du sud de la capitale, pour entourer Paris, couper ses communications et l'affamer. Ce mouvement s'exécuta par le pont du Pecq, lorsque l'armée anglaise était encore trop éloignée pour prendre part à une bataille si elle eût eu lieu. Il y eut un moment où les troupes prussiennes, partagées en deux corps par la Seine, des bois et un grand espace, se trouvèrent, pendant environ trois jours, sur tous les points numériquement beaucoup plus faibles que les forces que l'on pouvait diriger contre elles. Cependant on ne fit aucune tentative ni le 30 juin ni le 1er juillet. On laissa passer l'occasion. Bientôt l'ennemi fut en force sur les deux rives; les Anglais vinrent relever les postes prussiens sur la rive droite. Le comte d'Artois était avec eux. Il suivait déjà depuis quelques jours leur quartier-général.

L'armée française recommençait à crier à la trahison. Elle fut obligée de se porter en masse sur la rive droite pour couvrir Paris qui, de ce côté, était complétement dépourvu de fortifications. On disait, dans l'état-major, que Davoust avait déjà proposé deux fois formellement le rappel des Bourbons. Il n'était que trop vrai que les alliés ne consentaient à s'arrêter que si on reconnaissait Louis XVIII. A cette condition, ils promettaient de suspendre la marche de leurs troupes dont les armées prussiennes, hanovriennes et anglaises n'étaient que l'avant-garde, et qui devaient porter en définitive onze cent mille hommes sur le territoire français.

Dès le 29 juin, Fouché avait été instruit par un agent royaliste que Wellington ne voulait rien entendre, tant que les autorités françaises n'auraient pas proclamé Louis XVIII. La commission fut instruite officiellement le 1er juillet, par ses commissaires, de cette déclaration du général anglais. Enfin, ajoutait-on, les commissaires lui ayant justifié du départ de Napoléon, demandèrent une suspension d'armes pour conclure un armistice. Wellington répondit qu'il en confèrerait avec Blücher. Le général prussien refusa d'arrêter le mouvement de son armée. Une lettre de Nesselrode et de Metternich annonçait que si on concluait un armistice, la Russie et l'Autriche ne se considéreraient pas comme liées par cette convention, et ne suspendraient pas la marche de leurs troupes. Du reste, en admettant la possibilité d'un armistice, la première condition imposée par Wellington était l'évacuation de Paris par l'armée. Louis XVIII était entré à Cambrai; Le Quesnoy lui avait ouvert ses portes. Les commissaires considéraient donc leur mission comme terminée.

Les choses étant en cet état, la commission du gouvernement convoqua, le 1er juillet, les bureaux des chambres, les ministres, les maréchaux Soult, Masséna, Lefebvre, et les généraux Gazau, Evain et Mouton-Duvernet. Carnot et Grenier, qui étaient allés observer la situation des armées et les moyens de défense, en firent un exposé très-peu rassurant : il n'y avait point de fortifications sur la rive gauche, et l'on avait laissé à l'ennemi le temps de choisir ses positions. Fouché commenta ce rapport dans le sens d'un arrangement avec l'ennemi. Carnot lui répliqua. Soult répéta les raisons qu'il avait données à la Chambre des Pairs. Masséna déclara qu'il ne se chargerait, pour rien au monde, de défendre Paris. Lefebvre demanda s'il ne serait pas possible d'achever les fortifications. Enfin la majorité de la commission déclara qu'elle n'était point compétente pour prononcer en un sujet si grave. On décida, en conséquence, que Davoust assemblerait le soir un conseil de guerre; et l'on arrêta la liste des questions qui lui seraient posées.

Représentans. — Séance du 1er juillet.

M. Dupont de l'Eure occupe le fauteuil.

Après la lecture du procès-verbal, la Chambre entend celle de la correspondance.

M. Renaud, grenadier de la quatrième légion, ancien militaire, demande à être autorisé à servir dans un régiment de ligne pour la défense de la capitale. Il propose que cette disposition soit commune à un grand nombre de gardes nationaux qui désirent donner, pendant ce moment de péril, des preuves de courage et de dévouement. — La Chambre ordonne la mention honorable et le renvoi au gouvernement.

M. Marensin, officier de marine, demande également à être autorisé à servir dans un des corps qui défendent Paris. — La Chambre prend à cet égard la même délibération.

Des grenadiers de la onzième légion, sous les armes à la barrière de la Villette, prient l'assemblée d'ordonner que les hommes de bonne volonté pris dans la garde nationale soient envoyés par détachemens aux postes qu'ils pourront occuper. La lettre contient quelques reproches contre les chefs des pétitionnaires sur des retards dans l'exécution des ordres donnés.

MM. Lefebvre et le Gorreu demandent le renvoi au maréchal prince d'Essling, commandant de la garde nationale. — M. Dumolard fait observer que la Chambre ne peut ordonner un renvoi à telle ou telle autorité, mais seulement à la commission de gouvernement. — Le renvoi est ordonné.

Un secrétaire donne lecture de l'adresse suivante:

A messieurs les Représentans, les fédérés de la ville et de l'arrondissement de Châlons-sur-Saône.

« Messieurs les représentans, au milieu des dangers qui menacent la patrie au dedans et au dehors, vous avez pris l'attitude qui convient à un grand peuple.

» Dépositaires des destinées de la France, son salut est assuré dès que ses représentans proclament en principe qu'elle combattra jusqu'à la mort pour son indépendance, pour l'intégrité de son territoire, et pour conserver son droit de se donner un gouvernement de son choix.

» Ce choix vous est confié, Représentans du peuple; et nous pouvons aveuglement nous en rapporter à votre sagesse. La loi constitutionnelle que nous venons d'accepter et de proclamer, et que nous avons juré, il y a quelques jours, de maintenir et d'exécuter, nous interdit à tous la faculté de rappeler et de penser même au rétablissement des Bourbons sur le trône; et si la Constitution des Français ne l'avait pas ainsi décrété, le bonheur et la gloire de la patrie commanderaient cet ostracisme aussi politique que mérité.

» Représentans du peuple, nous vous sommes unis par intérêt et par sentiment.

» Nous soutiendrons la représentation nationale; nous combattrons pour nos droits de cité; nous défendrons notre territoire contre les armées étrangères; et s'il existe au dedans des ennemis qu'il faille ou comprimer ou punir, les habitans des bords de la Saône répondront à l'appel de leurs magistrats, et concourront avec eux à l'exécution des lois.

» *Vive la France! vive la liberté! vivent les Représentans du peuple!*—(Suivent un grand nombre de signatures.) »

La Chambre ordonne la mention honorable de cette adresse. — Un secrétaire fait également lecture de la lettre suivante:

« Monsieur le président, l'ex-bibliothécaire de l'empereur Napoléon croit devoir vous prévenir que S. M., quelques jours après son abdication, lui a témoigné le désir d'emporter dans sa retraite la bibliothèque du palais de Trianon, composée d'environ deux mille deux cents volumes, avec les grandes descriptions de l'Égypte, et l'iconographie grecque de M. Visconti. L'impression de ces deux divers ouvrages est due à la magnificence de l'empereur; il est bien naturel qu'il désire en conserver un exemplaire. Quant à la bibliothèque de Trianon, ce n'est qu'une très-petite partie des livres rassemblés par ses ordres dans les palais impériaux. Ceux qui resteront pourront encore s'élever à plus de soixante mille volumes.

» J'ai l'honneur de vous prier de me faire donner les autorisations convenables pour expédier les objets mentionnés dans cette lettre. — Je suis très-respectueusement, etc., BARBIER. — Paris, 1er juillet 1815. »

La Chambre renvoie cette lettre à la commission chargée de faire un rapport sur le sort de Napoléon et de sa famille.

M. le président fait donner lecture à la Chambre d'un message de la commission du gouvernement ainsi conçu :

« La commission reçoit à l'instant, et s'empresse de communiquer à la Chambre, 1° une dépêche adressée, le 29 juin, de Chambéry, par M. le maréchal duc d'Albuféra, au ministre de la guerre, et transmise de Lyon aujourd'hui par le télégraphe; 2° une dépêche de M. le lieutenant-général Lamarque, datée de Chollet, le 28 de ce mois. — *Signé* le duc d'OTRANTE. »

Dépêche télégraphique transmise de Lyon le 30 juin 1815. — Chambéry, le 29. Le duc d'Albuféra à son excellence le ministre de la guerre.

« Le 27, les Autrichiens ont attaqué sur toute la ligne; ils ont été repoussés après une perte de deux cent cinquante hommes, tant tués que blessés et prisonniers; et j'ai tenté inutilement un armistice avec le général Bubna.

» Le 28, l'ennemi a attaqué sur Conflans et Aiguebelle; il a perdu quinze cents hommes, et nous lui avons fait cinq cents prisonniers. A une heure après midi, j'ai renouvelé la proposition d'un armistice qui a été accueillie. D'après cet armistice, j'ai consenti à rentrer dans les limites du traité de Paris. »

Suite de la dépêche télégraphique du duc d'Albuféra, adressée le 29 juin de Chambéry au ministre de la guerre, et transmise de Lyon à Paris le 30 juin.

« J'avais envoyé en même temps un parlementaire au général en chef Frimont, près de Genève; il m'a répondu qu'animé du désir de venir, par des arrangemens préliminaires au-devant de ceux qui peuvent avoir lieu entre les alliés, il consent à un armistice jusqu'au 2 juillet, époque où j'espère avoir reçu la réponse du gouvernement. »

Copie de la lettre du lieutenant-général Lamarque à S. Exc. le ministre de la guerre.

(Elle annonçait qu'il venait de traiter avec les chefs vendéens.)

La Chambre ordonne la mention de ce message au procès-verbal.

M. Durbach. « Dans le discours que j'ai prononcé hier, et dont l'assemblée a bien voulu ordonner l'impression, il s'est glissé une faute typographique assez grave pour être relevée. C'est à la page 4 de l'imprimé qui vient de vous être distribué. On y lit : « Je n'ai pas besoin de retracer devant vous le tableau des » crimes, des fautes, des prétentions et des perfidies des agens de ce règne éphé- » mère. » Le mot *crimes* est une faute typographique, je le répète, qu'il importe de rectifier, et déjà elle l'a été à la main sur un certain nombre d'exemplaires distribués. J'ai observé la marche du gouvernement royal : j'ai reconnu ses fautes, ses erreurs et les abus qui ont entraîné sa suite; mais je n'ai pu ni voulu me servir de l'expression qui a paru imprimée. C'est le mot *erreurs* qu'il faut lire, et je prie l'assemblée de recevoir à cet égard ma déclaration. »

Cette rectification sera mentionnée au procès-verbal.

M. Dupin. « J'ai à vous signaler aussi une faute que je crois bien n'être que d'impression. Elle se trouve au *Bulletin des Lois*, n° 41, qui vient de vous être distribué. On a omis, dans l'impression de la loi sur les mesures de sûreté publique, l'un des paragraphes de cette loi, qui ordonne que les motifs des mandats d'arrêts seront communiqués aux prévenus. Telle a été cependant votre intention, et c'est en ce sens que le projet de loi a été adopté par vous et par la Chambre des Pairs.

» Je demande l'envoi d'un message au gouvernement, pour lui faire connaître cette erreur, et l'inviter à la faire rectifier. »

La Chambre, après vérification faite du texte de son procès-verbal, où se trouve la disposition omise dans le *Bulletin des Lois*, ordonne l'envoi du message proposé.

Un membre. « Je n'ai à vous soumettre qu'une simple proposition, et en peu de mots. Il a été envoyé au quartier-général des armées alliées qui se sont avancées sur Paris des commissaires pris dans le sein de la Chambre et dans celle des Pairs. Depuis ce moment, le gouvernement ne vous en a donné aucune nouvelle. La marche de l'ennemi prouve bien que leur mission n'a pas eu jusqu'à ce moment le succès désiré, mais ils n'ont point écrit. Seraient-ils prisonniers de guerre contre le droit des gens ? Les inquiétudes se répandent sur le sort de collègues qui nous sont chers. Je demande qu'il soit adressé à cet égard un message au gouvernement pour en obtenir les renseignemens que nous devons tous désirer. »

La Chambre ordonne l'envoi au gouvernement du message proposé.

M. Bory de Saint-Vincent. « Messieurs, chargé par M. le président de remplacer dans sa mission près de l'armée le général Pouget, je me suis joint hier, au sortir de la séance, à nos collègues Garat, Mornay, Buguet et Hellot.

» Nous nous sommes transportés à la Villette, où se trouvait le quartier-général du prince d'Eckmühl. M. le maréchal rentrait, et venait de visiter la ligne que M. Carnot avait visitée le matin.

» Le général Vandamme, dont le beau corps d'armée traversait Paris en ce moment, nous a répondu de l'excellent esprit de ses soldats, qui partagent son brûlant patriotisme.

» Le général en chef paraissait croire qu'une affaire assez importante pourrait avoir lieu aujourd'hui; on distinguait, à travers sa modestie, que, loin d'en redouter les résultats, il en concevait les plus belles espérances pour l'honneur de nos armes.

» Nous avons visité les ouvrages sur plusieurs points ; les soldats et un grand nombre d'habitans y travaillaient avec zèle. Nous les avons trouvés dans le meilleur état. Notre collègue Buguet, qui faisait comme moi partie, il y a un an, de cette brave armée du Midi, qui, sous les ordres du maréchal Soult, a si bien défendu pied à pied le midi de la France contre l'armée triple en force du général

Wellington, a remarqué que ces travaux étaient bien meilleurs encore que ceux à l'abri desquels notre armée fit éprouver une aussi horrible perte aux Anglais sous Toulouse.

» L'on formait des abatis sur toutes les grandes routes, on multipliait les obstacles; les fossés qui couvrent nos lignes étaient inondés. Un parti prussien occupait quelques villages qu'on découvrait au loin, et nous nous sommes avancés près de leurs vedettes.

» Nous avons rencontré une foule de braves gardes nationaux et de fédérés qui venaient tirailler pour leur compte, et se familiariser ainsi avec les périls qu'ils brûlent d'affronter. Plusieurs de ces intrépides Parisiens se sont plaints à nous qu'on ne leur donnât pas d'armes ni de cartouches; d'autres se sont plaints que l'on enchaînât leur courage : nous nous sommes chargés de porter leur représentation à la commission exécutive.

» La gendarmerie, ce corps d'élite choisi dans tous les corps, nous accompagnait, en nous protestant qu'elle voulait aussi combattre avec le reste de la cavalerie, pour l'indépendance nationale.

» Partout nous avons été accueillis avec transport; les jeunes soldats comme les vieux, se groupaient autour de nous en criant : *vive la liberté! vive Napoléon II! vivent les représentans! point de Bourbons!*

» Revenus chez le général en chef, nous y avons appris qu'il recevait à l'instant une dépêche télégraphique du duc d'Albuféra, par laquelle ce maréchal lui apprenait qu'après divers avantages remportés sur le général en chef autrichien, le comte de Bubna, il avait conclu un armistice avec ce général. Cette nouvelle, de la plus grande importance, n'était pas nécessaire pour relever tous les courages. S. Exc. le prince d'Eckmühl, aussitôt et sous nos yeux, a écrit et expédié au général Wellington, une lettre dont il nous a engagé de vous donner lecture. Tout, dans cette lettre, respire cette noble franchise et cet ardent patriotisme qui caractérise le maréchal Davoust.

« Milord, vos mouvemens hostiles continuent, quoique, suivant leurs déclarations, les motifs de la guerre que nous font les souverains alliés n'existent plus, puisque l'empereur Napoléon a abdiqué. Au moment où le sang est de nouveau sur le point de couler, je reçois de M. le duc d'Albuféra la dépêche télégraphique dont je vous transmets copie. Milord, je garantis sur mon honneur cet armistice. Toutes les raisons que vous auriez de continuer les hostilités sont détruites, puisque vous ne pouvez pas avoir d'autres instructions de votre gouvernement, que celles que les généraux autrichiens tenaient du leur. Je fais à votre seigneurie la demande formelle de cesser immédiatement toute hostilité, et que l'on s'occupe d'un armistice en attendant la décision du congrès. Je ne puis croire, milord, que ma demande restera sans effet; vous prendriez sur vous une grande responsabilité aux yeux de vos nobles compatriotes. Au reste, nul autre motif que celui de faire cesser l'effusion du sang, et l'intérêt de ma patrie, ne m'ont dicté cette lettre. Si je me présente sur le champ de bataille avec l'idée de vos talens, j'y porterai aussi la conviction d'y combattre pour la plus sainte des causes, celle de la défense et de l'indépendance de ma patrie, et, quel qu'en soit le résultat, je mériterai, milord, votre estime. Agréez, milord, l'assurance de ma très-haute considération. *Signé* prince D'ECKMUHL. »

« Nous avons vu chez M. le maréchal, le comte Reill, qui nous a aussi répondu du patriotisme de ses troupes, et nous nous sommes portés sur l'extrême droite pour y visiter la garde, commandée par le général Ragues, et le corps du comte d'Erlon.

» Ces corps occupent les hauteurs de Belleville, que couronnent d'excellens travaux.

» En route, j'ai rencontré le général Daricau, qui m'a assuré qu'en cas qu'il y eût une affaire, il y paraîtrait à la tête de 7,000 tirailleurs de la garde nationale et de fédérés; il n'avait jusqu'ici pu armer et habiller que ce nombre de patriotes, sur la quantité qui s'est offerte à lui; mais ces sept mille hommes valent des troupes d'élite, et le nombre s'en grossit à chaque instant. On peut tout attendre de Français combattant pour l'honneur national, lorsqu'ils sont commandés par l'un de nos généraux à qui l'honneur est si cher, et qui défendit si vaillamment Séville.

» Il serait difficile, messieurs, de vous peindre ce dont nous avons été les témoins à Belleville : toute la vieille garde y était rassemblée; elle nous a d'abord vu passer en silence; l'inquiétude était dans ses regards. Des bruits calomnieux sur nous courent depuis plusieurs jours dans l'armée. Ce système d'alarme et de défiance que nos ennemis intérieurs ont adopté; l'incertitude apparente de quelques-unes de nos délibérations; enfin, les opinions attribuées à l'un de nos collègues, ont fait un instant craindre à l'armée que les mots de salut national et de patrie fussent dans notre bouche des mots qui cachaient un mystère.

» Dès que nous avons assuré aux troupes qu'il ne pouvait entrer dans vos vues de fausser vos mandats, et que vous étiez décidés à mourir pour la cause de nos droits, une explosion d'allégresse, gage certain des victoires, a éclaté de toutes parts; les cris de *vive l'indépendance! vive la liberté! vive Napoléon II!* ont dû retentir jusque chez les ennemis. Les soldats, les officiers, ravis de revoir dans leurs camps l'écharpe tricolore, ont juré de défendre la représentation nationale. On peut répondre de leur fidélité à ce serment.

» Si l'enthousiasme de l'armée a été à son comble, celui de la population entière des faubourgs n'a pas été moins bruyant. Quand on a été témoin de ce que nous avons vu hier, on peut répondre de la sûreté de Paris.

» Messieurs, les soldats français sont les plus intelligens de tous; ils raisonnent très-sensément sur leurs véritables intérêts; et les officiers qui, comme moi sortis de leurs rangs, se sont élevés aux grades supérieurs, peuvent vous répondre qu'il n'y a pas de meilleur jugement que celui des soldats sur tout ce qui touche leur honneur et la confiance qu'on doit aux chefs. Les cris que nous avons entendus et les conversations que nous avons eues avec beaucoup de vos défenseurs nous ont fait connaître leurs véritables sentimens. Ce serait un crime de vous les taire.

» Vous avez, messieurs, envoyé des ambassadeurs aux puissances étrangères; vous avez chargé ces ambassadeurs de leur rappeler la parole si souvent et si solennellement jurée, que ces puissances n'en voulaient pas à votre indépendance, mais qu'elles ne faisaient la guerre qu'à Napoléon. Eh bien! Napoléon n'est plus rien pour vous qu'un illustre infortuné. Mettez-vous donc en position d'attendre une réponse qui doit être favorable à vos libertés, si, comme le disait un roi de France, la bonne foi a son dernier asyle dans le cœur des rois.

» Proclamez le vœu de l'immense majorité des Français, majorité que ses intérêts manifestent assez.

» Proclamez ce vœu, afin que vos négociateurs ne s'entendent pas dire que la France veut la contre-révolution.

» Rappelez-vous qu'en 1814, quand l'Europe liguée eut précipité Napoléon du trône, l'initiative que prit une ville, dans les événemens, vous fit imposer un gouvernement auquel la Russie et l'Autriche n'avaient pas songé.

» Il n'est pas douteux qu'une main invisible cherche à influencer les négociations de vos ambassadeurs; cette main invisible a pesé les intérêts de l'Europe, elle les a trouvés contraires à ceux de la faction qu'elle sert; elle sait que l'Europe ne peut avoir d'intérêt à vous imposer un gouvernement semblable à celui dont Ferdinand VII écrase l'Espagne; elle sait que l'Autriche et la Russie peuvent encore se prononcer pour la France; mais cette main parricide veut nous mettre dans l'impossibilité d'attendre le résultat de vos négociations. Si l'on ne convenait pas de cette vérité, à quoi faudrait-il attribuer ce système de découragement, de mensonge et d'ambiguité, dont vous deviendrez infailliblement les victimes si vous n'ouvrez enfin les yeux.

» On vous a dit que vous n'aviez plus d'armée, et que tout était perdu; que vos soldats découragés se débandaient et ne voulaient pas se battre; on mettait ces rapports dans la bouche de certains généraux, pour leur donner du poids; les rapports de vos collègues vous ont prouvé que tout cela était faux.

» On vous a dit que cent mille ennemis arrivaient sur nous à marche forcée, c'est encore faux; il suffit pour le prouver de raisonner un instant et militairement. Les journaux avaient dès long-temps pris le soin de vous exagérer les forces de vos ennemis; ils portaient les troupes anglaises et prussiennes qui vous ont combattus, et qui étaient les seules en état d'agir sur-le-champ, à une centaine de mille hommes. Les batailles de Fleurus et de Waterloo auraient-elles donc grossi le nombre de vos agresseurs?

» Ceux qui ont la moindre idée de l'art militaire, sentent que ce ne sont que des têtes de colonnes qui débouchent dans ce moment, et qui menacent Paris. Vos forces sont au moins égales à celles qu'on vous présente; si l'on veut sérieusement y ajouter les fédérés, et céder au vœu que manifeste la partie saine de la garde nationale, vos forces seront doubles.

» Ne peut-on pas, avec de pareils élémens commandés par le défenseur de Hambourg, attendre les événemens, et sauver la gloire du nom français? Loin de moi l'idée de voir la ville de Paris exposée aux horreurs d'une défense; mais il ne faut pas prendre une attitude suppliante, quand il y a encore des hommes qui savent, qui peuvent et qui veulent combattre. Il ne faut pas d'ailleurs prendre Paris pour la France entière.

» Nul doute que la précipitation avec laquelle on a cherché à entraîner la capitale dans de fausses démarches, ne prouve combien la main invisible sent la nécessité d'enlever d'emblée la plus funeste des mesures; elle sent que si vous gagnez huit jours tout est perdu pour la cause qu'elle sert.

» Ne vous le dissimulez pas, messieurs, voici qu'elle serait la situation de la France, si l'on parvenait à vous imposer la branche aînée des Bourbons.

» Le chef de cette branche, voulût-il franchement le bien, il ne le pourrait faire; la multitude des créatures qui l'accompagnent, lui forcerait nécessairement la main. On vous accorderait quelques promesses, mais on y manquerait aussitôt qu'on en aurait le pouvoir. Tous ceux qui ont combattu depuis vingt-cinq ans pour la liberté, et ceux qui ont particulièrement combattu dans ces dernières circonstances, seraient considérés comme des rebelles; leurs succès, leur infortune, seraient des titres de proscription. On leur refuserait peut-être, dans ces hôpitaux mêmes, des places qu'on donnerait à ceux qui les auraient blessés, et leurs nobles blessures seraient, aux yeux du maître, des stigmates ignominieux.

» Les acquéreurs de biens nationaux, qui forment dans la nation une masse si considérable, seraient dépouillés violemment de leurs biens. Les paysans seraient opprimés par les petits seigneurs; de nouvelles jacqueries seraient le résultat des atteintes portées contre l'égalité.

» Nos ennemis supposent donc que les hommes de la révolution sont bien lâches. Ils ont placé leurs espérances dans les Vendées royales, et ils ne songent pas qu'il y aurait des Vendées patriotiques. — Croiraient-ils les contenir par la présence des troupes étrangères? Ah! messieurs, ceux qui, par état, ont été comme nous les garnisaires de l'Espagne, savent que la présence des meilleures garnisons est insuffisante pour asservir un peuple.

» Je demanderais donc qu'on s'expliquât catégoriquement dans l'adresse qu'on vous a proposée hier, et que sur-le-champ on l'adressât à l'armée et au peuple français.

» Je demanderais encore que les gardes nationales de bonne volonté fussent appelées à l'honneur de partager, sur les hauteurs de Paris, les dangers de leurs frères de la ligne, et que leur élan ne fût pas paralysé.

» Je demanderais enfin qu'il y eût constamment cinq représentans aux armées, non pour se mêler des mouvemens et de ce qui s'y passe, mais pour que l'univers apprît que vous ne connaissez rien de plus beau que de mourir pour la patrie. »

M. le Gorrec demande, et la Chambre arrête l'impression de ce rapport au nombre de six exemplaires, l'envoi aux départemens et aux armées, et l'affiche dans Paris.

M. Jacotot se présente à la tribune, au nom de la commission chargée du projet d'adresse au peuple français. « Votre commission s'est réunie, dit-il, et elle a adopté à l'unanimité la rédaction du projet d'adresse que je vais avoir l'honneur de vous lire; elle contient une seule addition qui remplira, je l'espère, l'intention de toute l'assemblée. »

M. Jacotot donne lecture de cette adresse. En voici le texte :

« Français, les puissances étrangères ont proclamé à la face de l'Europe qu'elles ne s'étaient armées que contre Napoléon; qu'elles voulaient respecter notre indépendance, et le droit qu'a toute nation de se choisir un gouvernement conforme à ses mœurs et à ses intérêts.

» Napoléon n'est plus le chef de l'état; lui-même a renoncé au trône; son abdication a été acceptée par vos représentans. Il est éloigné de nous : *son fils est appelé à l'empire par les constitutions de l'état.* Les souverains coalisés le savent. La guerre doit donc être finie, si les promesses des rois ne sont pas vaines.

» Cependant, tandis que des plénipotentiaires ont été envoyés vers les puissances alliées pour traiter de la paix au nom de la France, les généraux de deux de ces puissances se sont refusés à toute suspension d'armes; leurs troupes ont précipité leur marche à la faveur d'un moment de trouble et d'hésitation; elles sont aux portes de la capitale sans que nulle communication soit venue nous apprendre pourquoi la guerre continue.

» Bientôt nos plénipotentiaires nous diront s'il faut renoncer à la paix : en attendant, la résistance est aussi nécessaire que légitime, et si l'humanité demande compte du sang inutilement versé, elle n'accusera point les braves qui ne se battent que pour repousser de leurs foyers le fléau de la guerre, le meurtre et le pillage; pour défendre avec leur vie la cause de la liberté et de cette indépendance dont le droit imprescriptible leur a été garanti par les manifestes mêmes de leurs ennemis.

» Au milieu de ces graves circonstances, vos représentans ne pouvaient oublier qu'ils ne furent point envoyés pour stipuler les intérêts d'un parti quelconque, mais ceux de la nation tout entière.

» Tout acte de faiblesse ne servirait, en la déshonorant, qu'à compromettre le repos de la France pendant un long avenir. Tandis que le gouvernement organise tous les moyens d'obtenir une solide paix, que pouvait-il faire de plus utile à la nation, que de recueillir et de fixer les règles fondamentales d'un gouvernement monarchique et représentatif, destiné à garantir aux citoyens la libre jouissance des droits sacrés qu'ils ont achetés par tant et de si grands sacrifices, et de rallier pour toujours sous les couleurs nationales ce grand nombre de Français qui n'ont d'autre intérêt et ne forment d'autre vœu que de jouir d'un repos honorable et d'une sage indépendance.

» Maintenant la Chambre croit de son devoir et de sa dignité de déclarer qu'elle ne saurait jamais avouer pour chef légitime de l'état celui qui, en montant sur le trône, refuserait de reconnaître les droits de la nation, et de les consacrer par un acte solennel; cette charte constitutionnelle est rédigée, et si la force des armes parvenait à nous imposer momentanément un maître; si les destinées d'une grande nation devaient encore être livrées au caprice et à l'arbitraire d'un petit nombre de privilégiés, alors, cédant à la force, la représentation nationale protestera à la face du monde entier des droits de la nation française opprimée.

» Elle en appellera à l'énergie de la génération actuelle et des générations futures, pour revendiquer à la fois l'indépendance nationale et les droits de la liberté civile.

» Elle en appelle, dès aujourd'hui, à la justice et à la raison de tous les peuples civilisés. »

La lecture de cette adresse est couverte d'applaudissemens. — On demande de toutes parts à aller aux voix: — La rédaction est adoptée à l'unanimité.

On demande l'impression, l'envoi aux départemens, à l'armée, et l'affiche dans Paris.

N.... « Voilà déjà plusieurs fois que vous vous laissez entraîner à des actes extérieurs pour lesquels vous n'avez pas seuls le droit de voter. La Chambre des Pairs est, comme vous, l'organe de la volonté nationale. Vous ne pouvez rien sans elle. Je demande que le projet d'adresse que vous venez d'adopter lui soit envoyé. »

M. Dupin. « J'appuie la proposition; vous pouvez bien en effet ordonner pour vous l'impression à six exemplaires d'une adresse que vous avez votée; mais vous ne pouvez en ordonner la publication et l'envoi officiel aux départemens, sans une communication préalable à la Chambre des Pairs. Vous le devez par un sentiment d'union et de fraternité entre les deux Chambres ; et j'ajoute par respect pour la Constitution. L'adresse est un acte commun à la représentation nationale. J'en demande l'envoi à la Chambre des Pairs, dans la forme ordinaire d'une résolution. »

Un membre rappelle qu'on s'est borné à donner communication à la Chambre des Pairs de l'adresse à l'armée.

M. Jay. « Il est instant d'envoyer le message, car la Chambre des Pairs s'occupe de cet objet, et je sais que le comte Thibaudeau doit présenter à cette Chambre un projet d'adresse. »

Le général Sorbier. « Je demande que le message soit envoyé à la Chambre des Pairs le plus promptement possible, pour que l'adresse puisse être votée aujourd'hui par cette Chambre, et que nous marchions du même pas. »

La Chambre adopte unanimement la proposition de M. Dupin. — L'assemblée passe à l'ordre du jour.

M. Delhancourt.. « Je viens, messieurs, au nom de votre commission, vous rendre compte de la manière dont elle a rempli vos intentions.

» Un billet à vue de 50,630 fr., sur votre trésorier, a été remis par nous au caissier des hospices. L'intention de l'emploi de ces fonds a été prescrite à l'administration, qui en tiendra un compte particulier.

» Nous avons appris que, hier matin, les hôpitaux civils contenaient deux mille huit cent trente-huit militaires blessés, répandus dans neuf maisons différentes; que ces maisons pouvaient, avec les seules ressources de leur mobilier, en admettre à peu près cinq mille, et que tout était prêt pour les y recevoir; que les abattoirs du Roule et Ménilmontant, qui venaient, dans la matinée même, d'être mis à la disposition de l'administration des hôpitaux, pouvaient encore en recevoir quatre mille; et que plusieurs autres locaux, dans l'enceinte même de Paris, offriraient encore, dans le besoin, une grande augmentation de ressources pour recevoir des blessés, le tout sans diminuer sensiblement le nombre des malades ou des blessés civils, auxquels l'administration des hospices doit ses soins, et sans compter encore les hôpitaux militaires du Val-de-Grâce et autres, que nous n'avons pas été chargés de visiter, et qui peuvent contenir encore cinq à six mille lits.

» Le montant du don que nous avons été chargés de porter en votre nom, pourvoira, en mobilier, à la réception complète de près de trois cents blessés. La générosité des Parisiens, sollicitée par MM. les maires de Paris, sera aussi empressée cette année qu'elle le fut l'année dernière. Déjà les dons en argent, en linge, en effets de toute nature, arrivent de toutes parts aux différentes mairies. Peut-être en aucune ville du monde le sentiment de bienveillance et de bienfaisance n'est-il aussi universellement répandu que dans cette capitale, et il l'est également dans toutes les classes de la société. On y a vu fréquemment l'année dernière, et on y voit cette année, des familles pauvres détacher de leurs malheureuses couchettes le seul matelas sur lequel elles reposent, les porter à la mairie, et se réjouir de leur sacrifice, qui les réduit à coucher sur la paille. »

La Chambre ordonne l'impression, l'envoi au département et aux armées, et l'affiche, dans Paris, de ce rapport.

M. *Manuel* (au nom de la commission centrale des Neuf).«Le projet de Constitution arrêté par votre commission vous a été distribué, et a déjà fixé vos méditations. Un grand nombre d'observations importantes nous ont déjà été faites, et la commission les examine. Si vous ouvrez la discussion en ce moment, la commission croit que vous vous jetterez dans une discussion très-longue, et qu'il faudra huit jours pour l'adoption du projet. Elle vous propose de vous former à l'instant dans vos bureaux respectifs, et d'y délibérer sur les observations qui peuvent y être faites. Les présidens des bureaux recueilleront, rédigeront ces observations. Ce travail sera remis à la commission, qui en fera l'objet d'un sérieux examen, et vous en fera le rapport. On a cru que cette marche ménagerait un temps précieux, et je suis chargé de la proposer à la Chambre. »

M. Duchesne fait observer qu'en adoptant cette marche, il n'en faudra pas moins venir à la discussion générale, et qu'ainsi le temps qu'on veut ménager ne le sera pas effet.

Un membre demande de sa place quelle nécessité on trouve à ce que le travail de la commission soit délibéré avant huit jours... (Des murmures s'élèvent.)

La Chambre, consultée, adopte l'avis de la commission; elle se forme en bureaux et se réunira ce soir en séance générale à huit heures.

La séance est reprise à huit heures et demie. M. le président annonce qu'il n'a pas ouvert la séance plus tôt, parce qu'il supposait qu'un message du gouvernement devait être adressé à la Chambre; mais qu'ayant été aux Tuileries, il n'a pas trouvé la commission réunie, et qu'il y avait lieu de croire qu'il n'y aurait point de message.

Un secrétaire lit une lettre de M. Gondeville-Montricher, capitaine de la garde nationale, qui demande que la garde nationale de Paris ait des postes particulièrement assignés aux retranchemens du midi pour les défendre et les fortifier.

On ordonne la mention honorable de cette lettre et le renvoi au gouvernement.

Un membre. « Je demande le renvoi par un message spécial. »

M. le président annonce qu'il se chargera de la remettre lui-même à la commission de gouvernement.

Un secrétaire donne lecture de la lettre suivante :

« Représentans du peuple, nous sommes en présence de nos ennemis; nous jurons entre vos mains et à la face du monde de défendre jusqu'au dernier soupir la cause de notre indépendance et l'honneur national. On voudrait nous imposer les Bourbons, et ces princes sont rejetés par l'immense majorité des Français. Si on pouvait souscrire à leur rentrée, rappelez-vous, représentans, qu'on aurait signé le testament de l'armée qui, pendant vingt années, a été le *palladium* de l'honneur français. Il est à la guerre, surtout lorsqu'on la fait aussi longuement, des succès et des revers. Dans nos succès, on nous a vus grands et généreux; dans nos revers, si on veut nous humilier, nous saurons mourir.

» Les Bourbons n'offrent aucune garantie à la nation. Nous les avions accueillis avec les sentimens de la plus généreuse confiance, nous avions oublié tous les maux qu'ils nous avaient causés par un acharnement à vouloir nous priver de nos droits les plus sacrés. Eh bien ! comment ont-ils répondu à cette confiance? Ils nous ont traités comme rebelles et vaincus. Représentans, ces reflexions sont terribles, parce qu'elles sont vraies. L'inexorable histoire racontera un jour ce qu'ont fait les Bourbons pour se remettre sur le trône de France; elle dira aussi la conduite de l'armée, de cette armée essentiellement nationale, et la postérité jugera qui mérita le mieux l'estime du monde. » — Au camp de la Villette, le 30 juin 1815, à trois heures après midi.

» *Signé* le maréchal, ministre de la guerre, prince D'ECHMUHL; le lieutenant-général commandant en chef le 1er corps de cavalerie, comte PAJOL; le lieutenant-général, baron FRESSINET; le lieutenant-général commandant l'aile droite de l'armée, comte D'ERLON; le lieutenant-général commandant des grenadiers de la garde, comte ROGUET; le maréchal-de-camp commandant le 5e régiment des grenadiers de la garde impériale, comte HARLET; le général commandant près la division des chasseurs PETIT; le maréchal-de-camp commandant le 2e régiment des grenadiers de la garde impériale, baron CHRISTIAN; le maréchal-de-camp, baron HENRION; le lieutenant-général BRUNET; le major GUILLEMAIN; le lieutenant-général, baron LORCET; le lieutenant-général AMBERT; le maréchal-de-camp MARIUS CLARY; le maréchal-de-camp CHARTRAIN; le maréchal-de-camp CAMBRIEL; le maréchal-de-camp JEANNET; le général en chef, comte VANDAMME. »

Les plus vifs applaudissemens succèdent à cette lecture. — On demande l'impression et l'envoi aux départemens et aux armées.

Un membre propose de voter des remerciemens, au nom de la Chambre, aux auteurs de cette lettre, de l'insérer au procès-verbal et de charger M. le président d'écrire, au nom de l'assemblée, au maréchal ministre de la guerre une lettre qui lui déclare que les représentans du peuple sont plus que jamais unis de cœur et d'intention avec l'armée pour la défense de la patrie.

M. Bory-Saint-Vincent demande une seconde lecture de cette lettre.
Cette seconde lecture est faite, et reçoit les mêmes applaudissemens.

M. *Lefebvre.* « Je demande l'impression à vingt mille exemplaires. »

M. *Grand, de la Dordogne.* « Les sentimens exprimés dans cette lettre sont trop beaux, trop sublimes, pour n'être pas l'objet d'une déclaration solennelle de l'assemblée. Je demande que l'assemblée déclare qu'elle partage ces honorables sentimens; que le vœu de la brave armée sous Paris est le sien, et que le président l'exprime dans une lettre au général en chef. »

M. *Felix le Pelletier.* « L'expression de sentimens aussi honorables pour la représentation nationale et pour l'armée entière doit produire sur toute la nation l'effet le plus salutaire. Je demande qu'elle soit affichée dans Paris avec les signatures dont elle est revêtue. »

M. *Lefebvre.* « Nous la signerons tous. »

Une foule de membres. « Oui, oui. »

M. *Saussey.* « Messieurs, les sentimens sublimes exprimés dans cette adresse ne doivent pas être stériles, et ils le seraient si nous nous bornions à manifester l'impression qu'ils nous ont fait éprouver; mais je crois devoir proposer d'autres mesures. Depuis trois jours, messieurs, l'armée ennemie est devant Paris; depuis deux fois vingt-quatre heures, les ennemis de la patrie ont combattu avec avantage; quelle nouvelle le gouvernement a-t-il donnée de ce qui se passe. Est-il une seule goutte de sang français, versé pour la cause de la liberté, qui ne soit notre propre sang, et dont le gouvernement ne nous doive compte. Je demande l'envoi d'un message au gouvernement pour l'inviter à nous rendre compte de tout ce qui se passe... »

Une foule de voix. « Appuyé, appuyé. »

D'autres. « L'ordre du jour. »

D'autres. « Fermez cette discussion. »

M. *Saussey.* « Je me suis, jusqu'à présent, abstenu de paraître à cette tribune, mais j'ai éprouvé un sentiment trop profond pour garder le silence. Je demande où sont les députés envoyés au quartier-général des ennemis, ce qu'ils font et s'ils ont donné de leurs nouvelles; j'ai vu à l'instant passer un lieutenant-colonel qui venait d'être blessé; je n'ai pu me contenir, et je demande que nous soyons instruits, jour par jour, et s'il se pouvait d'heure en heure, de la situation des affaires. J'aurais bien une motion plus grave que le salut public me dicterait, mais je la garde pour un autre moment. »

Quelques membres. « Non, non, parlez. »

M. *Bory-Saint-Vincent.* « Dans la situation où nous sommes, le silence est un crime... L'ordre du jour est demandé. »

On réclame l'exécution du règlement sur l'affiche préalable des propositions.

M. le président rappelle les propositions relatives à l'impression et à l'affiche de la lettre qui a été lue, et à l'envoi de l'extrait du procès-verbal.

Ces propositions diverses sont adoptées.

M. *Pénières.* « Pour l'affiche, il faut des moyens d'exécution; il faut renvoyer au gouvernement. »

Un grand nombre de membres réclament la levée de la séance.

M. Bory-Saint-Vincent et M. Lefebvre demandent que l'extrait du procès-verbal soit porté à l'armée par une députation.

On rappelle la proposition de M. Saussey. — L'ordre du jour est vivement réclamé.

M. Girardin demande instamment la parole pour appuyer l'ordre du jour. (Une très-vive agitation règne dans l'assemblée.)

M. le général Mouton-Duvernet. « Je sais qu'une résolution de la Chambre a chargé le gouvernement de lui faire tous les jours connaître la situation des affaires ; mais il est possible que le gouvernement ne puisse pas en présenter tous les jours. Il est impossible que le général en chef, occupé des mouvemens des troupes et des détails immenses d'une défense telle que celle de Paris, puisse jour par jour s'occuper d'un rapport. »

Plusieurs voix. « Ce serait imprudent, dangereux. »

On demande de nouveau l'ordre du jour. — L'ordre du jour est adopté à la presque unanimité. — On demande de nouveau la levée de la séance.

M. le général Mouton-Duvernet. « Vous avez envoyé des commissaires à l'armée ; mais les commissaires n'ont pas vu le corps du général Vandamme ; les troupes qui composent ce corps ne connaissent ni vos adresses, ni vos commissaires. Les journaux ne parviennent pas au camp, parce que les officiers qui les donnaient à lire aux troupes dans leurs cantonnemens n'ont pas eu le temps de faire changer leurs adresses (1). »

Plusieurs voix. « Tant mieux... »

M. Mouton-Duvernet. « Cependant, il faut que les troupes sachent ce qui se passe, ce que vous faites pour elles, je demande qu'un extrait de vos procès-verbaux soit dès aujourd'hui adressé à l'armée. »

La Chambre arrête que les commissaires iront visiter le corps du général Vandamme demain matin, et lui porteront, avec l'adresse de la Chambre à l'armée, l'extrait des procès-verbaux.

M. le président annonce que demain matin, à neuf heures, la Chambre se réunira dans ses bureaux pour s'occuper de la Constitution, et que la séance générale s'ouvrira à midi ; plus tôt, s'il y a un message du gouvernement à lui communiquer.

Chambre des Pairs. — *Séance du 1er juillet 1815.*

Le prince archi-chancelier déclare la séance ouverte à deux heures trois quarts.

M. le président. « L'ordre du jour appelle M. le comte Thibaudeau à la tribune, pour y faire la proposition qu'il a annoncée hier, et en développer les motifs. »

Le comte Thibaudeau. « J'ai été, en ma qualité de secrétaire de la Chambre, convoqué avec le bureau par la commission de gouvernement. Je n'ai pu m'occuper du travail que je devais soumettre à la Chambre. D'ailleurs j'ai été informé qu'il avait été fait à la Chambre des Représentans une semblable proposition. Je pense que l'examen de la mienne doit être ajourné jusqu'après la clôture de la discussion entamée dans cette Chambre. »

La proposition n'a pas de suite.

M. le comte Thibaudeau (secrétaire) donne lecture d'une lettre du président de la commission de gouvernement, et d'un message contenant une lettre du général Lamarque, annonçant la pacification de la Vendée ; 2° une dépêche télégraphique venue de Lyon, et adressée par le maréchal duc d'Albuféra. — (Voyez Chambre des Représentans).

M. le président. « Il n'y a plus rien à l'ordre du jour. »

Le maréchal Grouchy demande la parole.

« Messieurs, c'est avec un douloureux étonnement que j'ai vu dans les jour-

---

(1) Le gouvernement avait, quelques jours auparavant, pris des abonnemens aux journaux pour les envoyer à l'armée. *(Note des auteurs.)*

naux la manière dont on s'exprime relativement au compte que j'ai rendu de la situation de l'armée du nord. N'ayant cessé de payer aux troupes de l'aile droite que j'ai commandées à Fleurus, et depuis, le tribut d'éloges qu'elles méritent; n'ayant cessé d'écrire qu'elles formaient une masse de plus de vingt mille hommes d'infanterie, et de cinq mille de cavalerie; qu'elles ramenaient plus de cent bouches à feu, que toutes ces troupes étaient remplies de zèle, d'énergie, de dévouement, comment se permet-on de donner à entendre que celui qui a eu l'honneur de marcher à leur tête les aurait calomniées.

» Messieurs, je demande que le ministre de la guerre publie les pièces et rapports que je lui ai adressés pendant ma marche de Namur jusqu'à Reims. Elles prouveront à l'armée et à la France l'outrage qui m'est fait.

» Arrivé à Reims avec mon brave corps d'armée, j'ai reçu du gouvernement l'ordre de le conduire à Soissons (où le duc de Dalmatie réorganisait les débris de l'armée qui avait combattu à Waterloo), de prendre le commandement de la totalité de l'armée du Nord, et de marcher sur Paris.

» Compiègne, Creil, Pont-Sainte-Maxence n'avaient pas été occupés. L'ennemi en était maître. Il était plus près que moi de la capitale. Je ne pouvais y arriver à temps que par la marche la plus rapide, et en prêtant le flanc pendant dix-huit heures à l'ennemi. Je me déterminai donc à faire filer, couvertes par les troupes qui venaient de Soissons, celles que j'avais amenées de Reims. Cette disposition les a fait arriver à Paris sans tirer un coup de fusil.

» L'aile gauche a été attaquée dans sa marche, comme je m'y attendais, et sur deux points. Quelques pièces de canon ont été prises. Des soldats ont abandonné leurs rangs, et j'ai été moins content des corps de cette aile gauche, que de ceux que j'amenais de Namur.

» J'ai dû l'écrire : taire la vérité au gouvernement est un crime qu'aucune considération ne saurait me faire commettre, moins encore quand le salut de la capitale exige que les moyens de défense soient bien pesés.

» Mais, messieurs, si j'ai rendu compte de la désorganisation de l'aile gauche de l'armée, à son arrivée ici, après une marche de vingt-huit lieues en trente heures, qu'il me soit permis d'être fier d'avoir pu amener sous Paris les quarante mille hommes que j'y ai conduits; et qu'on n'imagine pas que j'ai pu méconnaître ce dont ils sont capables, et les causes de l'affaiblissement momentané de quelques corps, sous les rapports moraux et numériques.

» Messieurs, une défiance fondée de mes propres talens m'a fait désirer que des mains plus habiles que les miennes fussent chargées de la direction des forces destinées à défendre Paris. Mais permettez-moi d'espérer que la France et vous-mêmes saurez apprécier la difficile et glorieuse retraite qui, en ramenant des bords de la Dyle sur ceux de la Seine les troupes qui m'étaient confiées, nous donne aujourd'hui les moyens de combattre l'ennemi qui vous entoure. »

La proposition du maréchal est appuyée par plusieurs membres. — Insertion de la réclamation au procès-verbal. — M. le président suspend la séance jusqu'à quatre heures. — La séance est reprise à quatre heures un quart. — Comme il n'est point arrivé de message, la séance est suspendue. — La séance est reprise à neuf heures et un quart. — Le comte Thibaudeau donne lecture d'un message de la Chambre, ainsi que de l'adresse au peuple français, qui y est annexée.

Le comte Fabre. « Messieurs, je ne pense pas qu'on puisse adopter cette adresse sans l'avoir mûrement réfléchie. Je demande que l'examen de cette adresse soit renvoyé à une commission composée de sept membres. »

Plusieurs voix. « Le rapport séance tenante. »

Le comte Fabre. « Quand la commission sera prête. »

Le comte Cornudet. « A demain. »

M. le président met aux voix la proposition de nommer une commission et d'ajourner à demain. — Il y a du doute. — L'épreuve est renouvelée. — Il est arrêté qu'il sera nommé une commission dont on entendra le rapport demain.

ÉVÉNEMENS MILITAIRES.

Le conseil de guerre, dont on avait, le 1er au matin, décidé la réunion, eut lieu le soir. Voici la liste des questions et des réponses :

« *Première question.* — Quel est l'état des retranchemens élevés pour la défense de Paris ?

» *Réponse.* — L'état des retranchemens et leur armement sur la rive droite de la Seine, quoique incomplet, est en général assez satisfaisant. Sur la rive gauche, les retranchemens peuvent être considérés comme nuls.

» *Deuxième quest.* — L'armée pourrait-elle couvrir et défendre Paris ?

» *Rép.* — Elle le pourrait, mais non pas indéfiniment; elle ne doit pas s'exposer à manquer de vivres et de retraite ?

» *Troisième quest.* — Si l'armée était attaquée sur tous les points, pourrait-elle empêcher l'ennemi de pénétrer dans Paris d'un côté ou d'un autre ?

» *Rép.* — Il est difficile que l'armée soit attaquée sur tous les points à la fois ; mais, si cela arrivait, il y aurait peu d'espoir de résistance.

» *Quatrième quest.* — En cas de revers le général en chef pourrait-il réserver ou recueillir assez de moyens pour s'opposer à l'entrée de vive force ?

» *Rép.* — Aucun général ne peut répondre des suites d'une bataille.

» *Cinquième quest.* — Existe-t-il des munitions suffisantes pour plusieurs combats ?

» *Rép.* — Oui.

» *Sixième quest.* — Enfin, peut-on répondre du sort de la capitale, et pour combien de temps ?

» *Rép.* — Il n'y a aucune garantie à cet égard.

» Ce 2 juillet, à trois heures du matin. — *Signé* le maréchal, ministre de la guerre, prince d'Eckmulh. »

Tel n'était pas cependant, dit-on, l'avis unanime des généraux appelés au conseil, ni même l'avis de la majorité. Avant de traiter la question militaire, on avait traité la question politique. Soult et Davoust se prononcèrent vigoureusement en faveur des Bourbons, et par conséquent pour la reddition de Paris. Plusieurs généraux soutinrent l'opinion contraire. Le conseil se sépara sans avoir formulé une délibération. Lorsque les généraux qui voulaient se battre furent retournés à leurs postes, le procès-verbal fut rédigé, et signé par ceux qui étaient restés et voulaient capituler. (*Thibaudeau.*)

Ce procès-verbal fut aussitôt envoyé à la commission, qui décida qu'on ferait les démarches nécessaires pour terminer la guerre.

Quoi qu'il en soit, on batailla toute la journée du 2, avec les Prussiens, au sud de Paris. L'armée française était en quelque sorte acculée aux murs de la capitale, sur la ligne où avaient dû être établies les fortifications. Au lieu de poursuivre et d'aider le mouvement de Vandamme, le seul qui pût amener un résultat décisif, puisqu'il tendait à couper la route par laquelle ils communiquaient avec le nord, leur seul point de retraite; au lieu de faire des démonstrations dans cette direction, on fit retirer le deuxième et le quatrième corps, qui s'étaient avancés jusqu'à Saint-Cloud. L'armée était indignée. Vers dix heures du soir, Davoust, par les ordres de la commission, écrivit au général prussien commandant l'avant-garde, pour proposer la suspension des hostilités.

« *Au prince d'Eckmühl, 2 juillet.* — Monsieur le maréchal, le général Revest m'a communiqué verbalement que vous demandiez un armistice pour traiter de la reddition de la ville de Paris. *Je n'ose même point annoncer cette demande* à S. A. le maréchal prince Blücher; mais cependant, si les députés du gouvernement déclarent à mon aide de camp, le comte Westphalen, qu'ils veulent rendre la ville, et que l'armée veut se rendre aussi, j'accepterai une suspension d'armes.

» J'en ferai part alors à S. A. le prince Blücher, pour traiter sur les autres articles. — *Signé* ZIETHEN. »

Cette réponse remplit d'indignation l'état-major; on ne voyait qu'un moyen de rendre les Prussiens raisonnables, c'était de les battre. Or, rien n'était moins impossible. Notre armée, forte de soixante-dix mille hommes de ligne, était sans doute moins nombreuse que la leur; mais ils occupaient une ligne immense qu'il était facile de percer; nous avions l'avantage de bien connaître le terrain sur lequel il s'agissait de manœuvrer; nous pouvions choisir notre point d'attaque; en un mot, les chances étaient en notre faveur. Aussi Fouché fut effrayé des résultats possibles d'une bataille; il était trop engagé pour reculer; il expédia en conséquence le général Tromelin à Blücher et Marcirone à Wellington; ils étaient porteurs d'une note ainsi conçue :

« L'armée est mécontente parce qu'elle est malheureuse : rassurez-la; elle deviendra fidèle et dévouée.

» Les Chambres sont indociles par la même raison : rassurez tout le monde, et tout le monde sera pour vous.

» Qu'on éloigne l'armée : les Chambres y consentiront en promettant d'ajouter à la Charte les garanties spécifiées par le roi. Pour se bien entendre il est nécessaire de s'expliquer; n'entrez donc pas à Paris avant trois jours; dans cet intervalle tout sera d'accord. On gagnera les Chambres; elles se croiront indépendantes, et sanctionneront tout. Ce n'est point la force qu'il faut employer auprès d'elles; c'est la persuasion. »

Les conseils de Fouché furent exactement suivis, ainsi qu'on le verra par la suite.

Représentans. — Séance du 2 juillet.

M. Dupont de l'Eure, vice-président, occupe le fauteuil.

La séance est ouverte à deux heures moins un quart.

Plusieurs anciens militaires résidans à Paris réclament du service; la mention honorable est faite au procès-verbal, et le renvoi de leur pétition à la commission du gouvernement est ordonné.

Un secrétaire donne lecture d'une adresse des fédérés de Clermont-Ferrand, département du Puy-de-Dôme.

« Représentans, y est-il dit, les revers élèvent les ames libres, ils fortifient les courages éprouvés et redoublent l'indignation que fait éprouver une injuste agression. A la nouvelle de nos malheurs à l'armée du Nord, nous nous sommes réunis le 25 de ce mois, et nous avons juré de répandre jusqu'à la dernière goutte de notre sang pour la défense commune. Nous avons vu, avec la satisfaction la plus vive, que le gouvernement et les représentans du peuple rivalisaient de zèle. Le caractère énergique qu'ils déploient depuis le noble sacrifice de Napoléon Ier, la vigueur des résolutions prises, l'enthousiasme qui a présidé à la proclamation de Napoléon II, a excité notre admiration et doublé notre dévouement. Si les puissances étrangères violent les engagemens qu'elles ont pris à la face du monde, si elles prétendent méconnaître par la force le principe de l'indépendance des nations, il faut que le peuple français se lève tout entier. Pour nous, nous sommes debout pour nous porter partout où les ordres du gouvernement nous appelleront. *Vive la patrie! vive les pairs! vive les représentans du peuple! vive le gouvernement impérial de Napoléon II!* »

La Chambre ordonne la mention honorable de cette adresse au procès-verbal.

M. Grégoire fait hommage à l'assemblée de plusieurs de ses ouvrages. On fait lecture de la lettre d'envoi. On y remarque ce passage :

« Tandis qu'ailleurs en parlant d'idées *libérales*, on partage les peuples comme s'ils étaient de vils troupeaux; tandis que des hommes aveuglés ou corrompus préconisent l'obéissance passive, au nom du christianisme qui les désavoue; tandis que simulant une tendresse paternelle envers la France, on veut y pénétrer en marchant sur les cadavres de tant de milliers de nos braves et sous l'escorte de baïonnettes étrangères, l'acte qui proscrira constitutionnellement un commerce infâme, mettant en harmonie la justice et la politique, retentira dans les deux mondes; il préparera les esprits et les cœurs à une réconciliation générale. J'invoque à cet égard le courage et la droiture des Représentans de la nation. »

Paris, 1er juillet 1815. — « Monsieur le président, nous avons reçu aujourd'hui des nouvelles des plénipotentiaires qui sont au quartier-général de l'armée de lord Wellington, pour traiter d'un armistice. La négociation continue; mais nous n'avons pas encore de résultats. — *Signé*, duc d'Otrante. »

Bulletin du 2 juillet 1815.

« Nos troupes ont eu occasion de développer hier leur valeur accoutumée dans deux affaires brillantes.

» Le général Excelmans rend compte qu'il s'est porté dans l'après-midi, avec une partie de sa cavalerie, à Versailles. L'ennemi avait occupé cette ville avec quinze cents chevaux. Le général Excelmans avait formé le projet de les enlever. Il avait dirigé en conséquence le lieutenant-général Piré avec le 1er et le 6e de chasseurs et le 44e régiment d'infanterie de ligne sur Ville-d'Avrey et Roquencourt, en leur recommandant de s'embusquer pour recevoir l'ennemi quand il repasserait sur ce point. De sa personne le général Excelmans se porta par le chemin de Mont-Rouge à Vellissy, avec l'intention de rentrer à Versailles par trois points. Il rencontra, à la hauteur des bois de Verrières, une forte colonne ennemie. Le 5e et le 15e de dragons qui étaient en tête, chargèrent l'ennemi avec une rare intrépidité. Le 6e de hussards et le 20e de dragons le prirent en flanc. Culbuté sur tous les points, l'ennemi laissa jusqu'à Versailles la route couverte de ses morts et blessés.

» Pendant ce temps, le lieutenant-général Piré exécutait son mouvement sur Roquencourt avec autant de vigueur que d'intelligence. La colonne prussienne, poussée par le général Excelmans, fut reçue par le corps du général Piré, et essuya à bout portant une vive fusillade du 44e régiment, et fut chargée par le 1er et le 6e de chasseurs, tandis que le 6e de hussards et le 5e de dragons qui la poursuivaient, la poussaient fortement à la sortie de Versailles.

» Le résultat de ces belles affaires a été l'entière destruction des deux régimens de hussards de Brandebourg et de Poméranie, les plus beaux de l'armée prussienne.

» Les troupes françaises, infanterie et cavalerie, ont rivalisé de courage.

» Le lieutenant-général Excelmans mande qu'il ne finirait pas, s'il voulait nommer tous les braves qui se sont distingués. Il en adresse l'état par régiment. Il signale particulièrement le lieutenant-général Stroltz, les généraux Burthe, Vincent, ainsi que le brave colonel Briqueville, qui est grièvement blessé. Les colonels Saint-Amand, du 5e dragons, Chaillot, du 15e, Simonot du 1er de chasseurs, Faudons, du 6e, Schmidt, du 8e, et le colonel Paolini, du 44e d'infanterie.

» La commission du gouvernement a chargé le ministre de la guerre de lui proposer les récompenses à donner aux officiers, sous-officiers et soldats qui se sont le plus distingués.

» Nous avons fait dans ces deux affaires beaucoup de prisonniers, et pris environ un millier de chevaux.

» Nos troupes ont parfaitement été secondées par les habitans des communes voisines, qui ont assailli l'ennemi en tirailleurs, même avant l'arrivée de nos soldats. Ils sont encore en ce moment à la recherche des fuyards. On ne peut trop faire l'éloge de leur courage.

» Le lieutenant-général Lecourbe a été attaqué le 24 dans sa position de Dannemarie et de Chavannes. L'ennemi a été repoussé; nous avons gardé nos positions. »

Des applaudissemens se manifestent au moment où l'on entend que les communes voisines de Paris ont secondé les troupes.

M. Polluche prend la parole pour proposer d'accorder à Napoléon la bibliothèque demandée en son nom. — Accordé. — L'assemblée décide ensuite que des commissaires, commis par elle, iront visiter le corps de Vandamme. — On décide enfin que l'armée de la Vendée a bien mérité de la patrie.

Le président prévient l'assemblée qu'elle aura à se retirer dans ses bureaux pour continuer la discussion de la Constitution, et demande quand elle se réunira en séance publique.

Un membre. « Ce soir. »

Plusieurs voix. « Point de séance du soir ; demain. »

Le président indique la séance publique pour demain à midi. — La Chambre des Pairs reçut du gouvernement les mêmes messages que celle des Représentans ; sur le rapport de Thibaudeau, elle accepta l'adresse à l'armée, votée par ceux-ci.

ÉVÉNEMENS MILITAIRES ET DIPLOMATIQUES.

Le 3, vers trois heures du matin, Davoust fit attaquer le village d'Issy, que les Prussiens occupaient en force. L'attaque, mal dirigée et surtout mal calculée, n'eut point de succès. Au reste on n'y attachait point une importance capitale : les pourparlers avaient recommencé. Saint-Cloud fut désigné pour le lieu des conférences ; Bignon, Guilleminot et le préfet Bondy s'y rendirent à quatre heures, munis de pleins pouvoirs. Là fut signée la capitulation qu'on va lire plus bas.

Paris d'ailleurs était tranquille ; il semblait que le danger ne fût point à ses portes.

Représentans. — Séance du 3 juillet.

Les fédérés de la Dordogne font à la Chambre une adresse dans laquelle ils expriment leur entier dévouement à la patrie, à la liberté et à l'indépendance nationale ; ils sont prêts à marcher partout où l'exigera la défense commune. — La mention honorable est ordonnée.

Les élèves de l'école impériale d'équitation demandent à être autorisés à rejoindre l'armée. — La mention honorable et le renvoi au gouvernement sont ordonnés.

Un secrétaire donne lecture de la lettre suivante, écrite par le général comte Vandamme.

« Monsieur le président, plusieurs députations de la Chambre des Représentans ont visité ce matin les troupes que j'ai l'honneur de commander, et qui se composent des troisième et quatrième corps d'infanterie, du corps de cavalerie du lieutenant-général Excelmans, et des divisions légères Domon et Wallain. Elles ont bien voulu venir ensuite à mon quartier-général, nous ont adressé des félicitations sur notre conduite, et ont promis des récompenses aux braves qui se sont le plus distingués dans les glorieuses journées de Fleurus, Wavres et Namur. Messieurs les représentans m'ont demandé des états et des mémoires de proposition ; je n'ai pu les leur fournir, parce que déjà j'ai adressé au ministre de la guerre les diverses demandes faites par messieurs les généraux, en faveur des troupes sous leurs ordres. Son excellence ne manquera sans doute pas de solliciter les justes récompenses que je réclame pour ceux qui m'ont si bien secondé. J'ai l'espoir que le gouvernement mettra quelque empressement à donner des preuves de bienveillance à une armée qui a soutenu l'honneur national, et dont l'arrivée sous les murs de Paris doit nécessairement contribuer à faire obtenir de l'ennemi des conditions plus avantageuses, s'il faut traiter.

» Je saisis cette occasion, monsieur le président, pour affirmer à la Chambre que les sept divisions d'infanterie, les six divisions de cavalerie, les troupes d'artillerie et du génie, que j'ai heureusement reconduites depuis Wavres jusqu'à Namur, et de Namur dans la capitale, sont animées du meilleur esprit,

Elles ont été constamment victorieuses ; leur retraite même, forcée par les événemens, a été protégée par de brillans succès, et a contraint l'ennemi à nous respecter. Je suis fier d'être rentré avec une telle armée ; mais je le suis plus encore de pouvoir présenter à la Chambre l'assurance que toutes mes troupes sont prêtes à seconder en tout les intentions du gouvernement, et qu'elles n'agiront jamais que dans les intérêts de la patrie. — *Signé* D. VANDAMME. — Petit-Montrouge, 2 juillet 1815. »

Un membre. « Je propose de voter des remerciemens au général Vandamme et à son corps d'armée, et que monsieur le président lui adresse une lettre qui lui exprime la satisfaction et les sentimens de la Chambre. »

Cette proposition est adoptée.

M. le maréchal-de-camp Pamphile Lacroix, chef d'état-major du corps du général Reille, adresse à monsieur le président de la Chambre la lettre suivante :

« Monsieur le président, le rapport de votre séance du 30 juin porte : « Que
» la division Reille, qui passait pour avoir été la plus démoralisée, témoigne au-
» jourd'hui la plus grande ardeur, et qu'un officier-général de cette division en
» a répondu sur son honneur. »

» L'ordre de mon général en chef, les réclamations de mes camarades et mes devoirs comme chef de l'état-major général du deuxième corps m'envoient vers vous pour réclamer le désaveu authentique de cette fausse assertion.

» Nous avions vingt-trois mille combattans au 15 juin. Nous perdîmes deux cents hommes en passant les frontières, et remîmes à l'empereur trois cents prisonniers, seuls débris des bataillons ennemis qui furent taillés en pièces en avant de Marchiennes.

» Le 26, au combat des Quatre-Bras, trois de nos divisions abordèrent les armées anglaise et hollandaise, taillèrent en pièces un régiment d'Écossais, les troupes de Brunswick-Oëls, et firent éprouver aux ennemis une perte que leurs généraux avouent, dans leurs rapports, être immense. C'est le deuxième corps qui a frappé le duc régnant de Brunswick, le prince d'Orange, le général Picton et tant d'autres officiers de marque. Ces trophées de notre gloire furent achetés par la perte de quatre mille cent vingt-cinq de nos camarades tués ou blessés dans cette journée. Du temps que nous combattions ainsi, la quatrième division de notre corps d'armée, détachée dans les champs de Fleurus aux ordres du général Girard, y obtenait des succès en voyant tomber sous le fer ennemi son brave chef, ses deux maréchaux-de-camp et le quart de ses forces.

» Le 18, au Mont-Saint-Jean, le deuxième corps commença le combat, et le soutint jusqu'à la nuit dans le plus grand ordre. Nous perdîmes plus de cinq mille hommes dans cette sanglante journée. La moitié des généraux et des officiers particuliers du deuxième corps, vit couler son sang ; et il n'est aucun de ceux qui restent, qui n'ait bien mérité de la patrie.

» Je dépose, monsieur le président, dans vos mains, l'état des pertes de notre corps par le feu des ennemis. J'y joins aussi la situation de ceux qui restent encore aujourd'hui sous les armes. Ces états pourront vous convaincre que ce n'est point la division Reille qui a été la plus démoralisée ; car de Laon ici, sa force est la même.

» Le deuxième corps réclame de votre justice la réparation du tort fait à sa gloire, que ses ennemis mêmes reconnaissent, et qui ne saurait être méconnue par les représentans de la nation, sans blesser vivement ses plus zélés défenseurs. *Signé* le baron PAMPHILE LACROIX. — Quartier-général à la Chapelle, le 1er juillet 1815. »

M. Leguette-Mornay. « Je suis le commissaire qui ai rendu compte à la Chambre de notre mission auprès du corps du général Reille. Les journaux, en saisissant mal ce que j'ai dit, ont donné lieu à cette juste réclamation. Je demande que vous preniez à l'égard de ce corps la même détermination que celle prise à l'égard du corps du général Vandamme, qu'extrait de votre procès-verbal de ce jour soit adressé par monsieur le président au général Reille, avec une lettre qui contienne l'expression des sentimens de l'assemblée. »

Cette proposition est adoptée.

M. le président. « Presque tous les bureaux ont terminé leur travail sur la Constitution. La commission centrale travaille sans relâche. Il n'y a rien autre chose à l'ordre du jour; je vais proposer à l'assemblée de se réunir dans ses bureaux. »

M. Félix Desportes. « Je demande la parole; des bruits inquiétans circulent..... »

On demande la réunion dans les bureaux. M. Félix Desportes insiste.

M. Sibuet demande à être entendu sur la marche à suivre pour accélérer le travail de la Constitution.

Une foule de membres s'écrie. « La réunion en bureaux. »

M. Perrin. « Comment, messieurs, un de vos collègues veut vous entretenir du salut public, et vous refusez de l'entendre ! »

M. le président. « Le salut public est dans le plus prompt achèvement de la Constitution. »

La Chambre consultée arrête que M. Desportes ne sera pas entendu.

Le président propose à la Chambre de se réunir dans ses bureaux en attendant un message du gouvernement.

M. Sibuet insiste pour être entendu sur la marche de la délibération; après quelques considérations générales, il parle de la disposition du projet de Constitution relatif à la pairie et à l'hérédité.....

On demande de toutes parts le renvoi à la commission.

Le président. « La commission a reçu, sur l'objet dont M. Sibuet vient entretenir la Chambre, divers amendemens; elle s'en occupe : ce sera l'objet de son premier rapport; une Constitution doit être un tout dont les diverses parties se coordonnent. Tout doit y être essentiellement corrélatif. »

M. Bérenger et d'autres membres insistent pour être entendus.

La Chambre arrête qu'elle se formera en bureaux, en attendant l'arrivée du message du gouvernement.

A cinq heures la séance est reprise.

Le président. « Je sors de conférer avec la commission de gouvernement, depuis trois quarts d'heure. Il doit vous être adressé un message intéressant. Les affaires ne sont pas réglées encore; elles se règlent en ce moment. Je propose à la Chambre de se réunir ce soir à sept heures et demie. »

Un grand nombre de voix. « Non, non, la permanence. »

M. Cambon. « Je demande qu'on vérifie d'abord si nous sommes en nombre pour délibérer. »

M. le président renouvelle l'annonce qu'il a faite, relativement au message attendu du gouvernement.

La Chambre suspend sa séance jusqu'à sept heures et demie. — A huit heures la séance est reprise.

Le président. « Il n'y a rien de définitif encore, il n'y a rien d'arrêté. »

Plusieurs membres demandent la parole.

Le président. « Plusieurs membres me font observer qu'il y a un grand nombre d'étrangers qui se sont glissés dans la salle et qui ont pris séance parmi les représentans du peuple ; je leur ordonne de sortir à l'instant ; les personnes qui seraient reconnues ne point appartenir à l'assemblée, seraient conduites au corps-de-garde. »

Une longue agitation règne dans l'assemblée. Les huissiers parcourent les lignes de banquettes.

Le président. « Il est un moyen certain de s'assurer qu'il n'y aura point d'étrangers parmi nous ; j'invite l'assemblée entière à sortir du lieu de ses séances ; personne ne rentrera qu'en montrant aux huissiers la médaille de 1815. »

Cette disposition est adoptée et sur-le-champ mise à exécution.

Vers onze heures le message arrive enfin ; il est accompagné de la *convention* qui rend Paris aux troupes alliées, des pièces y relatives, de plusieurs actes diplomatiques, et même des deux proclamations de Louis XVIII. La Chambre se forme en comité secret pour prendre connaissance de ces communications. Il sera donné lecture de la *convention* en séance publique ; quant aux autres pièces, la commission de gouvernement croit nécessaire d'en différer l'impression. L'assemblée se sépare à deux heures du matin.

La Chambre des Pairs n'eut pas en quelque sorte de séance publique.—Voici les principales pièces qui furent communiquées dans les comités secrets des deux Chambres.

Proclamation royale.

« Louis, par la grâce de Dieu, roi de France et de Navarre, à tous nos fidèles sujets, salut.

» Dès l'époque où la plus criminelle des entreprises, secondée par la plus inconcevable défection, nous a contraints à quitter momentanément notre royaume, nous vous avons avertis des dangers qui vous menaçaient si vous ne vous hâtiez de secouer le joug d'un tyran usurpateur. Nous n'avons pas voulu unir nos bras ni ceux de notre famille aux instrumens dont la Providence s'est servie pour punir la trahison. Mais aujourd'hui que les puissans efforts de nos alliés ont dissipé les satellites du tyran, nous nous hâtons de rentrer dans nos états pour y rétablir la Constitution que nous avions donnée à la France ; réparer, par tous les moyens qui sont en notre pouvoir, les maux de la révolte et de la guerre qui en a été la suite nécessaire ; récompenser les bons ; mettre en exécution les lois existantes contre les coupables ; enfin pour appeler autour de notre trône paternel l'immense majorité des Français, dont la fidélité, le courage et le dévouement ont porté de si douces consolations dans notre cœur.

» Donné au Cateau-Cambresis le vingt-cinquième jour du mois de juin de l'an de grâce mil huit cent quinze, et de notre règne le vingt-unième.

» *Signé* LOUIS. Par le roi, le ministre-secrétaire d'état de la guerre, duc de FELTRE. »

Proclamation.— Le roi aux Français.

« J'apprends qu'une porte de mon royaume est ouverte, et j'accours. J'accours pour ramener mes sujets égarés, pour adoucir les maux que j'avais voulu prévenir, pour me placer une seconde fois entre les armées alliées et les Français, dans l'espoir que les égards dont je peux être l'objet tourneront à leur salut : c'est la seule manière dont j'ai voulu prendre part à la guerre ; je n'ai pas permis qu'aucun prince de ma famille parût dans les rangs des étrangers, et j'ai enchaîné le courage de ceux de mes serviteurs qui avaient pu se ranger autour de moi.

» Revenu sur le sol de la patrie, je me plais à parler de confiance à mes peuples. Lorsque j'ai reparu au milieu d'eux j'ai trouvé les esprits agités et emportés par des passions contraires : les regards ne rencontraient de toutes parts que des difficultés et des obstacles. Mon gouvernement devait faire des fautes; peut-être en a-t-il fait. Il est des temps où les intentions les plus pures ne suffisent pas pour diriger, où quelquefois même elles égarent : l'expérience seule pouvait avertir; elle ne sera pas perdue. Je veux tout ce qui sauvera la France.

» Mes sujets ont appris par de cruelles épreuves que le principe de la légitimité des souverains est une des bases fondamentales de l'ordre social, la seule sur laquelle puisse s'établir, au milieu d'un grand peuple, une liberté sage et bien ordonnée. Cette doctrine vient d'être proclamée comme celle de l'Europe entière. Je l'avais consacrée d'avance par ma Charte, et je prétends ajouter à cette Charte toutes les garanties qui peuvent en assurer le bienfait.

» L'unité du ministère est la plus forte que je puisse offrir : j'entends qu'elle existe, et que la marche franche et assurée de mon conseil garantisse tous les intérêts et calme toutes les inquiétudes.

» On a parlé dans les derniers temps du rétablissement de la dîme et des droits féodaux. Cette fable, inventée par l'ennemi commun, n'a pas besoin d'être réfutée : on ne s'attendra pas que le roi de France s'abaisse jusqu'à repousser des calomnies et des mensonges dont les succès ont trop indiqué la source. Si les acquéreurs des domaines nationaux ont conçu des inquiétudes, la Charte aurait dû suffire pour les rassurer. N'ai-je pas moi-même proposé aux Chambres et fait exécuter des ventes de ces biens? Cette preuve de ma sincérité est sans réplique.

» J'ai reçu dans ces derniers temps de mes sujets de toutes les classes des preuves égales d'amour et de fidélité. Je veux qu'ils sachent combien j'y ai été sensible, et c'est parmi tous les Français que j'aimerai à choisir ceux qui doivent approcher de ma personne et de ma famille.

» Je ne veux exclure de ma présence que ces hommes dont la renommée est un sujet de douleur pour la France, et d'effroi pour l'Europe. Dans la trame qu'ils ont ourdie j'aperçois beaucoup de mes sujets égarés, et quelques coupables.

» Je promets, moi qui n'ai jamais promis en vain, l'Europe entière le sait, de pardonner, à l'égard des Français égarés, tout ce qui s'est passé depuis le jour où j'ai quitté Lille, au milieu de tant de larmes, jusqu'au jour où je suis rentré dans Cambrai, au milieu de tant d'acclamations.

» Cependant le sang de mes sujets a coulé par une trahison dont les annales du monde n'offrent pas d'exemple. Cette trahison a appelé l'étranger dans le cœur de la France; chaque jour me révèle un désastre nouveau. Je dois donc, pour la dignité de mon trône, pour l'intérêt de mes peuples, pour le repos de l'Europe, excepter du pardon les instigateurs et les auteurs de cette trame horrible. Ils seront désignés à la vengeance des lois par les deux Chambres, que je me propose d'assembler incessamment.

» Français, tels sont les sentimens que je rapporte au milieu de vous. Celui que le temps n'a pu changer, que le malheur n'a pu fatiguer, que l'injustice n'a pu abattre, le roi dont les pères règnent depuis huit siècles sur les vôtres, revient pour consacrer le reste de ses jours à vous défendre et à vous consoler.

» Donné à Cambrai, ce vingt-huitième jour du mois de juin de l'an de grâce 1815, et de notre règne le vingt-unième. — *Signé* LOUIS. — Par le roi, le ministre-secrétaire d'état des affaires étrangères, le prince de TALLEYRAND. »

Lettre du président de la commission du gouvernement au président de la Chambre.

« Monsieur le président, lorsque les représentans de la nation nous placèrent au gouvernail de l'état, nous acceptâmes la tâche rigoureuse qui nous était imposée ; mais nous ne connaissions pas encore toute l'étendue de nos maux. En vain nous avons essayé de lutter contre la tempête ; nos efforts ont été impuissans : nos moyens de défense étaient épuisés, et, malgré le courage héroïque de nos troupes et le dévouement de la garde nationale, bientôt nous avons reconnu qu'il était impossible d'empêcher que les alliés ne pénétrassent dans Paris, soit de vive force, soit par la voie des négociations. Nous avons préféré ce dernier moyen pour ne pas compromettre le sort de la capitale au hasard d'un dernier combat contre des forces majeures, prêtes à recevoir de nouveaux renforts. Nous avons l'honneur de vous adresser la Convention faite avec les alliés en vertu de laquelle ils doivent occuper cette place militairement.

» Dans ces pénibles circonstances il nous reste au moins la satisfaction de vous annoncer qu'en évitant l'effusion du sang nous n'avons rien sacrifié, ni des principes d'indépendance politique que vous avez proclamés, ni de l'honneur national, ni de la gloire des armées françaises.

» *Signé* le duc d'Otrante. »

CONVENTION (1).

« Cejourd'hui, 3 juillet 1815, les commissaires nommés par les commandans en chef des armées respectives, savoir :

» M. le baron Bignon, chargé du portefeuille des affaires étrangères ; M. le comte Guilleminot, chef de l'état-major de l'armée française ; M. le comte de Bondy, préfet de la Seine, munis des pleins pouvoirs de S. E. le maréchal prince d'Eckmühl, commandant en chef de l'armée française, d'une part ;

» Et M. le général-major, baron de Muffleing, muni des pleins pouvoirs de S. A. M. le maréchal, prince Blücher, commandant en chef l'armée prussienne ; M. le comte Hervey, muni des pleins pouvoirs de S. E. le duc de Wellington, commandant en chef l'armée anglaise, d'autre part ;

» Sont convenus des articles suivans :

» Art. 1. Il y aura suspension d'armes entre les armées alliées commandées par S. A. le prince Blücher, S. E. le duc de Wellington, et l'armée française sous les murs de Paris.

» 2. Demain l'armée française commencera à se mettre en marche pour se porter derrière la Loire. L'évacuation totale de Paris sera effectuée en trois jours, et son mouvement pour se porter derrière la Loire sera terminé en huit jours.

» 3. L'armée française emmènera avec elle tout son matériel : artillerie de campagne, convois militaires, chevaux et propriétés des régimens, sans aucune exception. Il en sera de même pour le personnel des dépôts et pour le personnel des diverses branches d'administration qui appartiennent à l'armée.

» 4. Les malades et les blessés, ainsi que les officiers de santé qu'il serait nécessaire de laisser près d'eux, sont sous la protection spéciale de MM. les commandans en chef des armées anglaise et prussienne.

» 5. Les militaires et employés dont il est question dans l'article précédent

---

(1) Cette pièce fut rédigée sous le titre de *Capitulation* ; Fouché y substitua celui de *Convention*.

pourront, aussitôt après leur rétablissement, rejoindre le corps auquel ils appartiennent.

» 6. Les femmes et les enfans de tous les individus qui appartiennent à l'armée française auront la faculté de rester à Paris.

» Ces femmes pourront sans difficulté quitter Paris pour rejoindre l'armée, et emporter avec elles leurs propriétés et celles de leur mari.

» 7. Les officiers de ligne employés avec les fédérés, ou avec les tirailleurs de la garde nationale, pourront ou se réunir à l'armée, ou retourner dans leur domicile, ou dans le lieu de leur naissance.

» 8. Demain 4 juillet, à midi, on remettra Saint-Denis, Saint-Ouen, Clichy et Neuilly. Après demain, 5 juillet, à la même heure, on remettra Montmartre. Le troisième jour, 6 juillet, toutes les barrières seront remises.

» 9. Le service intérieur de Paris continuera à être fait par la garde nationale et par le corps de gendarmerie municipale.

» 10. Les commandans en chef des armées anglaise et prussienne s'engagent à respecter et à faire respecter par leurs subordonnés les autorités actuelles, tant qu'elles existeront.

» 11. Les propriétés publiques, à l'exception de celles qui ont rapport à la guerre, soit qu'elles appartiennent au gouvernement, soit qu'elles dépendent de l'autorité municipale, seront respectées, et les puissances alliées n'interviendront en aucune manière dans leur administration ou dans leur gestion.

» 12. Seront pareillement respectées les personnes et les propriétés particulières. Les habitans, et en général tous les individus qui se trouvent dans la capitale, continueront à jouir de leurs droits et libertés sans pouvoir être inquiétés ni recherchés en rien relativement aux fonctions qu'ils occupent ou auraient occupées, à leur conduite et à leurs opinions politiques.

» 13. Les troupes étrangères n'apporteront aucun obstacle à l'approvisionnement de la capitale, et protégeront au contraire l'arrivage et la libre circulation des objets qui y sont destinés.

» 14. La présente convention sera observée et servira de règle pour les rapports mutuels jusqu'à la conclusion de la paix.

» En cas de rupture, elle devra être dénoncée dans les formes usitées, au moins dix jours à l'avance.

» 15. S'il survient des difficultés sur l'exécution de quelqu'un des articles de la présente convention, l'interprétation en sera faite en faveur de l'armée française et de la ville de Paris.

» 16. La présente Convention est déclarée commune à toutes les armées alliées, sauf la ratification des puissances dont ces armées dépendent.

» 17. Les ratifications en seront échangées demain 4 juillet, à six heures du matin, au pont de Neuilly.

» 18. Il sera nommé des commissaires par les parties respectives pour veiller à l'exécution de la présente convention.

» Fait et signé à Saint-Cloud, en triple expédition, par les commissaires susnommés, les jour et an ci-dessus.

» *Signé* le baron BIGNON, — le comte GUILLEMINOT, — le comte DE BONDY, — le baron DE MUFFLEING, — T. B. HERVEY, colonel.

» Approuvé et ratifié la présente suspension d'armes, à Paris, le 3 juillet 1815. — *Signé* le maréchal prince d'ECKMÜHL.

» Approuvé et ratifié. — *Signé* WELLINGTON; BLUCHER.

» Pour ampliation, le lieutenant-général chef de l'état-major général, *Signé* le comte GUILLEMINOT. »

Ces pièces furent communiquées à la Chambre des Pairs en même temps qu'à la Chambre des Représentans. Il fut décidé dans la séance secrète de celle-ci que la convention seulement serait rendue publique, et qu'en conséquence la partie du message y relative serait lue dans la séance publique du 4 juillet.

Représentans. — Séance du 4 juillet.

On commence par donner lecture de la lettre de Fouché et de la convention du 3.

Immédiatement Garat demande la parole, et, après avoir dit que cette convention était ce que l'on pouvait obtenir de plus avantageux dans les circonstance, il propose une déclaration de principes. Avant de donner l'extrait de son discours, nous allons exposer les derniers actes de la Chambre relatifs à l'armée.

Sur la proposition sommaire du général Solignac, immédiatement rédigée en commission, la résolution ci-après est adoptée à l'unanimité :

« La Chambre des Représentans, après avoir entendu la lecture de la *convention* faite avec les généraux des puissances alliées, prend la résolution suivante :

» Art. 1. La Chambre vote des remerciemens aux braves de toutes armes qui ont si vaillamment défendu les approches de la capitale.

» 2. Elle charge spécialement le gouvernement de s'occuper sans délai de faire liquider les pensions et distribuer les secours auxquels ont droit les militaires blessés, les veuves et les enfans de tous les citoyens morts en combattant pour la patrie.

» 3. La Chambre déclare qu'elle ne cessera pas de s'occuper avec sollicitude et avec affection des armées françaises, de leur situation, de leurs besoins. Elle leur rappelle que c'est encore sur leur fidélité à leurs drapeaux, sur l'énergie de leurs dispositions, sur la fermeté de leur contenance, sur la régularité de leur discipline, sur leur amour de la patrie, que reposent la garantie de l'ordre public dans l'intérieur, l'indépendance nationale, et une heureuse influence sur les négociations avec les alliés.

» 4. La Chambre vote également des remerciemens à la garde nationale parisienne, qui s'est si noblement partagée entre le maintien de l'ordre dans la cité, et la défense contre les ennemis hors des murs ; aux fédérés, aux tirailleurs, aux élèves des écoles polytechnique, de droit, de médecine et d'Alfort, de l'école normale et des lycées, qui ont rivalisé de zèle et de courage.

» 5. La cocarde, le drapeau et le pavillon aux trois couleurs nationales sont mis sous la sauvegarde spéciale des armées, des gardes nationales et de tous les citoyens. »

Le comte Garat. « Nous ne sommes pas des individus d'une nation ; nous sommes des citoyens d'une nation libre ; et sous ce rapport les conjonctures actuelles exigent de nous beaucoup d'autres considérations.

» J'entends répéter sans cesse que la première de toutes les sagesses est de se conduire avec les événemens et par les événemens.

» C'est une ancienne maxime que la fatalité des événemens mène ceux qui les suivent, et entraînent ceux qui y résistent.

» Il fut pour l'Angleterre une époque dont elle profita pour cimenter les fondemens de sa liberté.

» Lorsque les Anglais appelèrent Guillaume III au trône, déclaré vacant, ils saisirent ce moment d'intervalle entre deux dynasties pour donner une sanction nouvelle à tous leurs droits.

» Ce fut alors que parut cette déclaration fameuse sous le nom de *Bill des Droits*.

» Ce n'est pas une déclaration semblable à ce qui fut fait en France sous le titre de Déclaration des Droits de l'homme; ce n'est pas non plus une Constitution, c'est une loi rédigée en un très-petit nombre d'articles. Cet acte fut une égide contre les usurpations de Guillaume III, qui avait lutté contre la puissance de Louis XIV, et l'avait arrêté dans ses victoires.

» Ce statut parlementaire est comme le phare de la liberté britannique : s'il y a quelques incertitudes, c'est par lui qu'on les éclaircit. J'ai confiance dans les puissances alliées, et surtout dans la nation anglaise, à qui nous avons fait un honneur auquel elle doit être sensible : celui d'imiter ses institutions sociales.

» Oui, nous aurons la liberté de nous donner une Constitution de notre choix !

» Cependant il ne faut pas que cette confiance soit sans limites; et je voudrais dans ce moment donner à la nation quelque chose de semblable à ce *Bill des Droits* dont se glorifie la nation anglaise. Voici les articles que je soumets à votre examen. » (*Il lit un projet de déclaration qui est généralement applaudi.*)

Manuel fait observer que ce projet rentre dans le travail de la commission centrale, qu'il s'y trouve même tout entier; que d'ailleurs, pour admettre cette espèce de *testament politique*, il faudrait qu'on n'eût plus le temps nécessaire pour convertir le projet de Constitution en loi fondamentale de l'état; et cependant la commission (dont Manuel est rapporteur) a terminé son travail, et les troupes françaises ont trois jours pour s'éloigner de la capitale.... Mais la *Déclaration* proposée par Garat a obtenu, sauf examen et rédaction, les suffrages de la majorité; elle est renvoyée à la commission centrale, chargée d'en faire son rapport sans délai.

Suite de la séance permanente du 5 juillet.

Garat met en délibération son projet de déclaration, revu par la commission centrale. Dans la discussion qui en est faite aussitôt, article par article, Manuel le combat encore; il faudrait y voir non de ces définitions que personne ne conteste, mais l'application technique des définitions existantes, enfin plus de *positif*, et moins d'*idéologie*.... Garat répond que ces *idées*, que l'on veut avilir parce qu'on les redoute, que l'on affecte de mépriser quand on en est effrayé, sont devenues des faits consacrés par cent vingt-cinq ans de bonheur en Angleterre, et en France par vingt-cinq ans de législation; et il ajoute : « Avez-vous entendu ce mot *idéologie* ? Il rappelle un fait aussi, et très-important; c'est qu'au moment où l'on voulut nous imposer le pouvoir absolu, ce même mot fut frappé de toute la défaveur du trône (1). » Dupin veut se joindre à Manuel contre le projet; on refuse de l'entendre : « Hé mais, s'écrie-t-il, ce n'est pas une déclaration des droits que fait l'assemblée; c'est une déclaration de vio-

(1) Napoléon avait l'habitude de s'élever contre l'*idéologie*.

lence!... (*Une voix*. Hâtons-nous, les Anglais arrivent!) Ils seraient là, que je voudrais encore émettre mon opinion.... » — La délibération reprend, continue avec calme, et le projet, amendé dans plusieurs dispositions, est adopté en ces termes :

Déclaration des Droits des Français et des principes fondamentaux de leur Constitution.

« Art. 1. Tous les pouvoirs émanent du peuple ; la souveraineté du peuple se compose de la réunion des droits de tous les citoyens (1).

» 2. La division des pouvoirs est le principe le plus nécessaire à l'établissement de la liberté et à sa conservation (2).

» 3. La puissance législative, en France, se compose de trois pouvoirs toujours distincts dans leurs élémens et dans leur action, une Chambre des Représentans, une Chambre haute (3) et un monarque.

» 4. Dans la confection des lois, la proposition, la sanction et l'opposition appartiennent également aux trois branches de la puissance législative. La loi n'existe que par leur accord. A la Chambre des Représentans exclusivement appartient l'initiative en trois matières : les contributions publiques, les levées d'hommes et l'élection d'une nouvelle dynastie à l'extinction de la dynastie régnante.

» 5. L'action du pouvoir exécutif ne s'exerce que par des ministres, tous responsables solidairement pour les déterminations prises en commun, chacun en particulier pour les actes particuliers de son département.

» 6. Le monarque est inviolable ; sa personne est sacrée. En cas de violation des lois et d'attentats contre la liberté et la sûreté individuelle ou publique, les ministres sont mis en accusation par la Chambre des Représentans ; ils sont jugés par la Chambre haute.

» 7. La liberté de chaque individu consiste à pouvoir faire ce qui ne nuit pas à autrui. Aucune atteinte ne peut y être portée qu'au nom des lois, par leurs organes, et sous des formes assez précises pour ne pouvoir être éludées ou négligées (4).

» 8. La liberté de la presse est inviolable. Aucun écrit ne peut être soumis à une censure préalable. Les lois déterminent quels sont les abus de la presse assez graves pour être qualifiés crimes ou délits ; ils sont réprimés, suivant les différens degrés de gravité, par des peines dont la sévérité sera aussi graduée, et par jugement de jurés (5).

» 9. Chacun a la liberté de professer ses opinions religieuses, et obtient la même protection pour son culte (6).

» 10. L'indépendance des tribunaux est garantie. Les juges des cours de justice et des tribunaux civils sont inamovibles et à vie. En matière criminelle les

---

(1) Dans le projet de Garat il y avait : *réunion des droits individuels*.
(2) Dans le projet cet article avait un premier paragraphe ainsi conçu : Partout où les pouvoirs sont réunis dans une seule main ou dans un seul corps, il y a despotisme. La division des pouvoirs est donc, etc. »
(3) Dans le projet, *sénat*, au lieu de *Chambre haute*.
(4) Article du projet : « La liberté de chaque individu n'a d'autres bornes que la liberté des autres individus, et les lois qui fondent et protégent l'ordre social. Aucune atteinte., etc. »
(5) Article du projet : « La liberté de la presse ne peut être soumise à aucune espèce de censure. Des lois, puisées dans la nature de la chose, détermineront quels sont les abus de la presse assez graves pour être des délits ; ils seront réprimés suivant les différens degrés de gravité par des corrections ou par des peines. »
(6) Article du projet : « La liberté des consciences et celle des cultes sont ce qu'il y a de plus sacré dans la liberté individuelle. »

débats sont publics; le fait est jugé par des jurés, et la loi appliquée par des juges (1).

» 11. Une instruction primaire, indispensable pour la connaissance des droits et des devoirs de l'homme en société, est mise gratuitement à portée de toutes les classes du peuple. Les élémens des sciences, des belles-lettres et des beaux-arts, sont enseignés dans les hautes écoles (2).

« 12. La Constitution garantit l'égalité des droits civils et politiques, l'abolition de la noblesse, des priviléges, des qualifications féodales, des dîmes, des droits féodaux et de la confiscation des biens. Elle garantit le droit de pétition, les secours publics, l'inviolabilité des propriétés et de la dette publique, l'irrévocabilité de l'aliénation des domaines nationaux de toute origine, et l'égalité proportionnelle dans la répartition des contributions. Elle garantit enfin le maintien de la Légion-d'Honneur, des couleurs nationales, et des récompenses pour les services civils et militaires. Elle ne reconnaît point les ordres monastiques et les vœux perpétuels de religion (3).

» 13. Le prince, soit héréditaire, soit appelé par élection, ne montera sur le trône de France qu'après avoir prêté et signé le serment d'observer et de faire observer la présente déclaration (4). »

Cependant l'adoption de cette pièce, sommaire d'une loi fondamentale, ne semblait guère qu'un hommage rendu aux principes; on sentait généralement que les circonstances exigeaient davantage. Aussi, en proposant immédiatement une autre déclaration qui exposât d'une manière directe la situation présente des mandataires du peuple, leurs devoirs, leurs sentimens et leurs vœux, Barrère fut-il accueilli avec une grande faveur. Mais Dupont (de l'Eure) le remplace à la tribune et propose également une déclaration qui, rédigée dans le même sens, paraît encore plus positive et surtout plus franche; Dupont reçoit à son tour de plus vifs applaudissemens. Tripier, Vimar, Romiguière et les deux auteurs des nouveaux projets de déclaration, sont nommés pour former une commission chargée de combiner ces projets, et, séance tenante, d'en présenter une rédaction unique.

Dans la soirée, à la reprise de la séance, Romiguière soumet à l'assemblée cette rédaction qui obtient tous les suffrages. Régnault (de Saint-Jean-d'Angély) demande qu'une seule addition y soit faite; *c'est l'abolition de la noblesse héréditaire ancienne et nouvelle.* Le rapporteur expose que la commission a cru devoir s'interdire toute détermination à cet égard. La Chambre, consultée, admet l'amendement. Elle ordonne une seconde lecture du projet, qu'elle reçoit encore aux acclamations, puis délibère posément. Le résultat des épreuves constate que la déclaration est adoptée à l'unanimité. Aussitôt, par un mouvement spontané et dans un commun enthousiasme, tous les représentans sont debout, ils se tendent les bras, ils se serrent, ils s'embrassent; ils n'ont plus qu'une

---

(1) Article du projet : « Les tribunaux de justice seront composés de membres inamovibles. En matière criminelle et correctionnelle, le fait sera jugé par des jurés, la loi sera appliquée par des juges. »
(2) Article du projet : « Les élémens de toutes les sciences et ceux de tous les talens, du goût et de l'imagination, seront enseignés dans une Université. Une instruction primaire, indispensable pour la connaissance des droits et des devoirs de l'homme, sera mise à portée de toutes les classes du peuple. »
(3) Cet article se compose en entier des amendemens proposés pendant la discussion.
(4) Article du projet : « Nul prince, soit héréditaire, soit appelé par élection, ne montera sur le trône de France qu'après avoir signé et juré les principes ci-dessus. La couronne sera posée sur sa tête, au nom de la nation, par le président de la Chambre des Représentans; il recevra son épée des mains du ministre de la justice, et le sceptre des mains du président du sénat. »

voix pour exprimer leurs vœux patriotiques. Les citoyens des tribunes partagent la même émotion, manifestent les mêmes sentimens, et de toutes parts retentissent ces cris : *Vive la nation! Vive la liberté! Vive l'indépendance! Haine au despotisme!* Une voix : *Que l'ennemi vienne, nous pouvons mourir sur nos bancs!*

Déclaration de la Chambre des Représentans.

« Les troupes des puissances alliées vont occuper la capitale. La Chambre
» des Représentans n'en continuera pas moins de siéger au milieu des habitans
» de Paris où la volonté expresse du peuple a appelé ses mandataires.

» Mais dans ces graves circonstances la Chambre des Réprésentans se doit à
» elle-même, elle doit à la France, à l'Europe, une déclaration de ses senti-
» mens et de ses principes.

» Elle déclare donc qu'elle fait un appel solennel à la fidélité et au patriotisme
» de la garde nationale parisienne, chargée du dépôt de la représentation na-
» tionale.

» Elle déclare qu'elle se repose avec la plus haute confiance sur les principes
» de morale, d'honneur, sur la magnanimité des puissances alliées et sur leur
» respect pour l'indépendance de la nation, si positivement exprimés dans leurs
» manifestes.

» Elle déclare que le gouvernement de la France, quel qu'en puisse être le
» chef, doit réunir les vœux de la nation, légalement émis, et se coordonner
» avec les autres gouvernemens pour devenir un lien commun et la garantie de
» la paix entre la France et l'Europe.

» Elle déclare qu'un monarque ne peut offrir des garanties réelles s'il ne jure
» d'observer une Constitution délibérée par la représentation nationale et ac-
» ceptée par le peuple. Ainsi, tout gouvernement qui n'aurait d'autres titres que
» des acclamations et les volontés d'un parti, ou qui serait imposé par la force ;
» tout gouvernement qui n'adopterait pas les couleurs nationales et ne ga-
» rantirait point :

» La liberté des citoyens ;
» L'égalité des droits civils et politiques ;
» La liberté de la presse ;
» La liberté des cultes ;
» Le système représentatif ;
» Le libre consentement des levées d'hommes et d'impôts ;
» La responsabilité des ministres ;
» L'irrévocabilité des ventes des biens nationaux de toute origine ;
» L'inviolabilité des propriétés ;
» L'abolition de la dîme, de la noblesse ancienne et nouvelle héréditaire, de
» la féodalité ;
» L'abolition de toute confiscation des biens ;
» L'entier oubli des opinions et des votes politiques émis jusqu'à ce jour ;
» L'institution de la Légion-d'Honneur ;
» Les récompenses dues aux officiers et aux soldats ;
» Les secours dus à leurs veuves et à leurs enfans ;
» L'institution du jury ;
» L'inamovibilité des juges ;
» Le paiement de la dette publique ;
» N'aurait qu'une existence éphémère et n'assurerait point la tranquillité de
» la France ni de l'Europe.

» Que si les bases énoncées dans cette déclaration pouvaient être méconnues ou violées, les représentans du peuple français, s'acquittant aujourd'hui d'un devoir sacré, protestent d'avance à la face du monde entier contre la violence et l'usurpation. Ils confient le maintien des dispositions qu'ils proclament à tous les bons Français, à tous les cœurs généreux, à tous les esprits éclairés, à tous les hommes jaloux de leur liberté, enfin aux générations futures. »

Représentans. — Séance du 6 juillet.

Dupont de l'Eure. — « Messieurs, lorsque, dans votre mémorable séance d'hier, vous avez solennellement proclamé vos principes politiques, votre pensée n'a pas été seulement de donner à la nation un nouveau gage de fidélité; vous avez voulu en même temps que les souverains alliés connussent bien vos sentimens, et la haute confiance que vous inspirent leur justice et leur magnanimité. Ils entendront avec un noble intérêt votre langage, car il est digne d'eux et de la nation que vous représentez.

» Ils ont plus d'une fois annoncé leur volonté de respecter l'indépendance du peuple français. Ce serait leur faire injure que de craindre qu'ils ne veuillent lui imposer un gouvernement par la force des armes, ni favoriser un parti qui tenterait de prévenir le vœu de la nation, et de substituer quelques acclamations individuelles à l'expression libre de la volonté générale.

» Il me paraît donc nécessaire, pour que votre déclaration produise tout l'effet que vous avez droit d'en attendre, qu'elle soit portée aux monarques alliés par une députation prise dans votre sein.

» Le peuple français verra dans cette démarche solennelle une nouvelle preuve de votre sollicitude patriotique. Les hautes puissances y trouveront aussi le témoignage le plus éclatant de votre confiance sans bornes dans leurs déclarations. »

L'assemblée applaudit à ce discours, et adopte la proposition. Le discours sera imprimé, distribué; les représentans chargés de se rendre auprès des monarques alliés sont Dupont de l'Eure, le général La Fayette, le général Sorbier, Larochefoucault-Liancourt et Laffitte.

Le général La Fayette, en acceptant cette nouvelle mission, ajoute encore à la confiance de l'assemblée dans les déclarations de l'étranger; membre de la première députation, il rend le compte suivant :

« Messieurs, vos collègues plénipotentiaires, au nom du peuple français, auprès des puissances alliées, ont rendu compte à la commission exécutive des trois conférences qu'ils ont eues à Haguenau et dans lesquelles on leur a renouvelé l'assurance que les cours étrangères n'avaient point la prétention de se mêler de la forme de notre gouvernement.

» Nous aimons à vous rendre compte, messieurs, et les officiers étrangers chargés de nous accompagner ont pu remarquer eux-mêmes que l'esprit public des départemens traversés par nous est conforme aux sentimens manifestés dans votre déclaration d'hier.

» Ceux de nous qui se trouvent à la séance d'aujourd'hui, regrettant que leur absence ne leur ait pas permis d'y participer, vous prient de recevoir leur adhésion à cette délibération. — *Signé* LAFAYETTE, HORACE SÉBASTIANI, D'ARGENSON. »

Le colonel Bory Saint-Vincent, député de Lot-et-Garonne, dénonce à la Chambre un complot royaliste : « Une minorité factieuse, qui l'année dernière essaya ses forces en agitant des mouchoirs blancs, prépare aujourd'hui la répétition de cette scène burlesque et funeste, car elle pourrait ensanglanter le dénouement d'une révolution dont nous voulons tous la fin... Des gardes du corps, des mousquetaires, des membres de l'ancienne maison du roi ont osé paraître avec leurs uniformes dans l'enceinte de cette capitale, ouverte aux troupes alliées, mais non encore à ceux qui ne reconnaissent pas nos couleurs sacrées ! Leur intention est de s'emparer cette nuit, ou à la pointe du jour, de plusieurs postes de la garde nationale, et particulièrement de celui des Tuileries, afin de prendre l'initiative dans un mouvement avant l'arrivée des souverains alliés, dont ils redoutent les principes généreux... — L'orateur n'est écouté qu'avec impatience; on réclame l'ordre du jour. Au même instant une note officielle, apportée par un officier d'ordonnance, confirme l'existence du complot, mais il est déjoué puisqu'il est connu; le maréchal Masséna, commandant en chef la garde nationale, répond du maintien de l'ordre public, et fera respecter le drapeau tricolore.

Cet incident avait interrompu la discussion générale de l'acte constitutionnel, commencée seulement dans cette séance et soutenue par Manuel, rapporteur de la commission centrale. L'assemblée délibérait ce projet avec tranquillité, article par article, pendant que l'ennemi, respectant peu les formes et le texte de la *Convention*, prenait brusquement possession de la capitale aux cris de joie des *ultra* royalistes. La Chambre n'en continua pas moins ses travaux : la séance fut levée à une heure fort avancée de la nuit. Les cinquante et un premiers articles du projet de constitution furent votés.

Représentans. — *Séance du 7 juillet.*

Laffitte (député de la Seine), l'un des commissaires nommés la veille pour se rendre auprès des rois alliés, expose à l'assemblée les motifs qui ont empêché leur départ.—La Chambre des Pairs n'ayant pas encore délibéré sur la résolution de la Chambre des Représentans, les commissaires se sont rendus auprès de la commission de gouvernement, dont ils n'ont point trouvé le président : il était parti pour avoir, hors Paris, une conférence avec les généraux et les ministres des monarques coalisés. Les autres membres de cette commission ont invité les commissaires de la Chambre à attendre le retour du duc d'Otrante, ajoutant que dans la journée un message important serait adressé aux représentans...

On reprend la discussion de l'acte constitutionnel. L'hérédité des pairs donnait lieu depuis long-temps à de vifs débats, lorsqu'un huissier remet enfin le message annoncé. Il excite une vive curiosité, mais n'inspire point de crainte. La lecture en est faite dans le plus profond silence.

Message de la commission de gouvernement.

« Monsieur le président, jusqu'ici nous avions dû croire que les souverains alliés n'étaient point unanimes sur le choix du prince qui doit régner en France. Nos plénipotentiaires nous ont donné les mêmes assurances à leur retour.

» Cependant les ministres et les généraux des puissances alliées ont déclaré, hier, dans les conférences qu'ils ont eues avec le président de la commission, que tous les souverains s'étaient engagés à replacer Louis XVIII sur le trône, et qu'il doit faire ce soir ou demain son entrée dans la capitale.

» Les troupes étrangères viennent d'occuper les Tuileries, où siège le gouvernement.

» Dans cet état de choses nous ne pouvons plus que faire des vœux pour la patrie, et, nos délibérations n'étant plus libres, nous croyons devoir nous séparer.

» Le maréchal prince d'Essling et le préfet de la Seine ont été chargés de veiller au maintien de l'ordre, de la sûreté et de la tranquillité publique.

» J'ai l'honneur de vous offrir, monsieur le président, les nouvelles assurances de ma haute considération.

» Paris, le 7 juillet 1815. — Le président de la commission de gouvernement, *signé* le duc d'Otrante, Grenier, Quinette, Carnot, Caulincourt. »

Ce message entendu, aucun membre ne rompt le silence. Après quelques momens, l'ordre du jour est unanimement demandé, et le rapporteur de la commission de constitution invité à remonter à la tribune.

Manuel. « Ce qui arrive vous l'aviez tous prévu : avec quelque rapidité que se précipitent les événemens, ils n'ont pu vous surprendre, et déjà votre déclaration, fondée sur le sentiment profond de vos devoirs, a appris à la France que vous sauriez remplir et achever votre tâche. La commission de gouvernement s'est trouvée dans une situation à ne pouvoir se défendre; quant à nous, nous devons compte à la patrie de tous nos instans, et, s'il le faut, des dernières gouttes de notre sang. Il n'est pas si loin peut-être le moment qui vous rendra tous vos droits, consacrera la liberté publique, comblera tous nos vœux, remplira tous les désirs des Français..! Ce moment nous ne pouvons l'attendre qu'avec le calme et la dignité qui conviennent aux représentans d'un grand peuple. Point de cris, point de plaintes, point d'acclamations; c'est une volonté ferme qui vous anime; il faut qu'elle se manifeste par la sagesse, et s'imprime avec ce caractère dans tous les esprits.

» Je demande que l'intérêt personnel s'oublie, que nulle appréhension ne voile à nos yeux l'intérêt de la patrie; vous acheverez votre ouvrage en continuant vos délibérations. Deux choses, messieurs, arriveront; ou les armées alliées laisseront à vos séances leurs tranquilles solennités, ou la force vous arrachera de ce sanctuaire. Si nous devons rester libres, n'ayons point à nous reprocher d'hésitation ni d'interruption; si nous subissons les lois de la violence, laissons à d'autres l'odieux de cette violation, et que l'opprobre d'avoir étouffé les accens de la voix nationale pèse tout entier sur ceux qui oseront s'en charger ! Vous avez protesté d'avance, vous protestez encore contre tout acte qui blessera notre liberté et les droits de vos mandataires. Auriez-vous à redouter ces malheurs, *si les promesses des rois n'étaient pas vaines?* Hé bien, disons comme cet orateur célèbre dont les paroles ont retenti dans l'Europe : « Nous » sommes ici par la volonté du peuple; nous n'en sortirons que par la puis- » sance des baïonnettes ! »

La Chambre, à l'unanimité, accueille cette exhortation par des applaudissemens qui se prolongent toujours plus vifs, et reprennent quatre fois pour se prolonger encore.

Fidèles à leurs devoirs, les représentans vont recevoir la preuve que l'armée aussi est restée fidèle aux siens, et que cette fois encore ce n'est pas le sort des combats qui a trahi la France. Les commissaires à l'armée sont de retour; l'un d'eux, Paultre-Lavernaye (de l'Yonne), fait le rapport suivant :

« Messieurs, la commission désignée pour faire connaître à l'armée votre résolution du 5 juillet 1815, par laquelle la Chambre a voté des remerciemens aux braves qui ont si vaillamment défendu les approches de la capitale, a rempli sa mission. Elle a profité de cette circonstance pour y répandre la déclaration des droits des Français, que la Chambre a adoptée dans sa séance du soir du même jour.

» La commission, partie à midi de Paris, a rencontré une partie de l'armée à Lonjumeau. Les couleurs nationales, dont nous étions décorés, ont réveillé l'enthousiasme du soldat. Le général Daendels, commandant le quartier-général du prince d'Ekmühl, s'est empressé de faire publier dans chaque corps vos déclarations ; tous, rassurés par les sentimens et les actes de la Chambre, dans laquelle ils ont la plus entière confiance, ont juré de nouveau de rester fidèles à leurs drapeaux pour défendre l'indépendance nationale.

» Vers le soir nous nous sommes transportés au logement du prince d'Ekmühl, situé à quelque distance du quartier-général de Lonjumeau ; nous lui avons remis les diverses pièces dont nous étions porteurs. Le prince a fortement applaudi à ces actes, qu'il a regardés comme très-propres à rassurer entièrement le soldat sur des faux bruits que des malveillans se plaisaient à répandre. Il nous a même dit que des embaucheurs, venus de Paris, rôdaient autour de son armée pour engager les militaires à abandonner leurs drapeaux. Mais toutes ces tentatives sont vaines, et nos braves n'y répondent qu'en jurant de défendre jusqu'à la mort les couleurs nationales, qu'ils ont illustrées par de si nombreux exploits.

» Le général Guilleminot a bien voulu entrer avec nous dans les plus grands détails sur la force et sur l'emplacement des différens corps de l'armée ; il nous a donné l'assurance qu'elle se composait de plus de soixante-treize mille baïonnettes, et qu'avant d'arriver sur la Loire cette force s'augmenterait considérablement par l'affluence des soldats qui venaient rejoindre les drapeaux de la patrie. Il nous a engagés à nous rendre dans la nuit même à Étampes, pour y voir, au point du jour, défiler le centre de l'armée : nous avons suivi ce conseil avec empressement.

» Nous sommes descendus chez le général Drouot, qui s'est porté avec nous à l'extrémité de la ville, où nous avons joui d'un spectacle aussi intéressant qu'inattendu.

» Quel est en effet celui de vous, messieurs, qui, d'après les rapports arrivés au gouvernement, et transmis par lui à la Chambre, n'eût pensé que cette garde intrépide avait presque entièrement succombé? Hé bien, messieurs, nous vous certifions, sur notre honneur, que nous avons vu défiler *quatorze mille* hommes de cette arme, suivis de *soixante-douze* pièces de canon parfaitement attelées. Témoignant notre étonnement en même temps que notre vive satisfaction à M. le général Drouot, il a gémi avec nous sur l'exagération qui avait égaré l'opinion publique sur les résultats fâcheux de la bataille du Mont-Saint-Jean.

» Nous avons remis à ces braves vos déclarations, et il nous serait difficile de vous peindre avec quel empressement ils se les arrachaient et s'en communiquaient les détails.

» La garde était suivie de plus de trente mille autres braves, non moins satisfaits de notre présence, et non moins décidés à défendre, au prix de tout leur sang, les principes que vous avez consacrés.

» Nous n'avons pu voir ni les colonnes de gauche, ni les colonnes de droite, composées des corps des généraux d'Erlon, Reille, Lefebvre-Desnouettes, Excelmans et autres, que le général nous a dit être dans d'excellentes dispositions, et auxquelles il a, dans la nuit même, fait passer vos déclarations.

» Nous eussions pu remplir entièrement la mission que vous nous aviez confiée en nous rendant à Orléans ; mais notre empressement à vous rejoindre, pour vous apprendre des faits d'une si haute importance, nous en a empêchés.

» Il ne nous reste plus, messieurs, qu'à vous entretenir de l'esprit bien prononcé de l'armée : elle rejette avec horreur un autre drapeau que le drapeau national, qu'elle regarde comme sacré. » (*Applaudissemens.*)

La Chambre vote à l'unanimité l'impression et la distribution de ce rapport.

Regnault. « Nous avons pris une détermination à l'égard des citoyens de Paris, qui nous ont fait l'offre généreuse de nous protéger et de nous défendre; nous avons mis la représentation nationale sous la sauvegarde de la garde nationale : il est temps de la dégager de son serment de fidélité.

» S'il vous est commandé par le devoir de rester à votre poste, vous ne devez pas lui en faire courir le danger; elle ne doit plus être auprès de vous que comme garde d'honneur. Hommage à son zèle, remerciement à son activité infatigable! Mais si une force armée se présente, vous lui ordonnerez de ne faire aucune résistance; c'est à vous seuls à répondre, à résister aux ennemis de notre indépendance. » — La proposition est immédiatement adoptée.

» Je vous prie de considérer que la déclaration qui vous est faite par le gouvernement, et qui sera jugée par la France, ne dit pas que les ministres soient chargés de conserver leurs portefeuilles : le maréchal Masséna et le préfet de la Seine sont seuls chargés de la tranquillité de la capitale et du maintien de l'ordre public. Il est indispensable de faire part au premier de la résolution que vous venez de prendre, et de recommander à l'autre toutes les mesures de sûreté générale. » — Adopté.

On reprend la discussion de l'acte constitutionnel.

A six heures le président déclare que la séance est levée, et ajourne la Chambre au lendemain matin huit heures. De vives réclamations éclatent de toutes parts : — Nous sommes en permanence! — La séance ne peut être que suspendue! — Il faut achever la constitution! — Continuons de délibérer! — Restons! — Oui, restons! — Attendons l'ennemi! ...... — On croit se rappeler, on ajoute que dans le cours de la session le président a souvent paralysé les dispositions de l'assemblée; on l'accuse hautement... Mais, bravant les réclamations, les reproches, le président a quitté le fauteuil.

Le général Drouart, député du Nord. « Pourquoi ne pas maintenir de fait la permanence de l'assemblée? Vous l'ajournez à demain parce que vous pensez que demain la force nous défendra l'entrée de cette enceinte ! »

Le président. « Je ne le pense point. »

Le général Solignac. « L'histoire est là; elle recueille chacune de nos actions. Songez, monsieur le président, que vous prenez sur vous une responsabilité terrible! »

Procès-verbal du 8 juillet.

« Dans la séance du jour d'hier, sur le message par lequel la commission du
» gouvernement annonçait qu'elle cessait ses fonctions, la Chambre des Repré-
» sentans passa à l'ordre du jour ; elle continua ensuite ses délibérations sur les
» dispositions du projet d'acte constitutionnel, dont la rédaction lui fut expres-
» sément recommandée par le peuple français ; et, lorsqu'elle suspendit sa
» séance, elle s'ajourna à ce jour 8 juillet, à huit heures du matin.

» En conséquence de cet ajournement, les membres de la Chambre des Re-
» présentans se sont rendus au lieu ordinaire de leurs séances ; mais, les portes
» du palais étant fermées, les avenues gardées par la force armée, et les offi-
» ciers qui la commandaient ayant annoncé qu'ils avaient l'ordre formel de re-
» fuser l'entrée du palais,

» Les soussignés, membres de la Chambre, se sont réunis chez M. Lanjui-

» nais, président, et là ils ont dressé et signé individuellement le présent pro-
» cès-verbal pour constater les faits ci-dessus.

» A Paris, les jour et an ci-dessus.

» Signé : — département de l'*Ain*, GIROD, DIDIER. — *Aisne*, LABBEY DE POM-
PIERRES, LECARLIER. — *Alpes* (*Basses-*), MANUEL. — *Aveyron*, le général
SOLIGNAC, FLAUGERGUES. — *Calvados*, ASSELIN. — *Cantal*, DUBOIS (Félix).
— *Charente-Inférieure*, REGNAULT (de Saint-Jean-d'Angély). — *Corrèze*,
BEDOC, PENIÈRES. — *Côte-d'Or*, le général VEAUX, JACOTOT, — *Côtes-du-
Nord*, RUPÉROU. — *Dordogne*, VERNEILH DE PUYRASEAU. — *Doubs*, CLÉ-
MENT. — *Drôme*, BÉRANGER fils. — *Eure*, DUPONT, CROCHON. — *Finistère*,
GUILHEM. — *Garonne*, ROMIGUIÈRES fils. — *Gironde*, GARREAU. — *Indre-et-
Loire*, HUET-LAVAL. — *Jura*, JOBEZ, JANNET. — *Landes*, VALLÉE. — *Loire*,
POPULE. — *Loire* (*Haute-*), LA FAYETTE (Georges). — *Loire-Inférieure*,
GOURLAY. — *Loiret*, SOUQUE. — *Lot-et-Garonne*, BORY-SAINT-VINCENT. —
Maine-et-Loire, DUBOYS (d'Angers). — *Mont-Blanc*, BASTIAN. — *Mozelle*,
DURBACH. — *Nièvre*, le général SORBIER. — *Oise*, DAUCHY, DESMARETS. —
Pyrénées (*Hautes-*). BARRÈRE. — *Pyrénées* (*Basses-*), GARAT. — *Rhin* (*Bas-*),
POPP, PROST. — *Rhin* (*Haut-*), Félix DESPORTES, MOREL, D'ARGENSON. —
Seine, LANJUINAIS, ARNAULT. — *Seine-Inférieure*, Félix LEPELLETIER. —
Seine-et-Marne, le général LA FAYETTE. — *Somme*, Scipion MOURGUES. —
Tarn, CROUZET. — *Vosges*, POULAIN GRANDPRÉ. — *Yonne*, DUMOLARD. »

A la Chambre des Pairs, rien ne se passa, pendant cet espace de temps, qui soit digne d'être recueilli. Le 6, elle reçut les deux déclarations de la Chambre des Représentans du 5. On fut sur le point de passer à l'ordre du jour; cependant on les renvoya à une commission.

Le 7, rapport de cette commission par Boissy-d'Anglas, qui expose en substance :

« La déclaration de la Chambre des Représentans nous a paru un acte particulier à cette Chambre, et qu'elle n'a point présenté à votre sanction ; elle vous l'a seulement communiqué : sa publication, la nomination de commissaires pour la porter aux souverains alliés, tout a porté votre commission à croire que cette pièce ne devait point être le sujet d'une délibération de votre part. Quant à la Déclaration des droits des Français, etc., elle ne peut être un acte particulier à l'une des sections de la puissance législative ; elle a besoin de votre assentiment pour obtenir quelque autorité. Mais, au moment où nous parlons, la Chambre des Représentans poursuit le travail de la Constitution, dont cette déclaration n'est qu'une partie... Nous ajouterons que plusieurs des articles qui nous ont été soumis semblent appeler des changemens, soit dans le fond des choses, soit dans la rédaction. Nous vous proposons donc, messieurs, d'ajourner toute discussion à cet égard jusqu'à ce que la totalité de l'acte constitutionnel vous ait été présentée, ce qui ne peut être long. »

La Chambre ajourna. — Rien autre chose n'étant à l'ordre du jour, le président consulte l'assemblée. — « Il doit y avoir un message, » s'écrie Boissy-d'Anglas. — « En ce cas, répond Cambacérès, attendons. » La séance est suspendue.

On s'occupa, pendant la durée de la suspension, d'un avis donné par le maréchal Lefebvre. Une troupe de Prussiens occupait le jardin et les cours du palais de la Chambre. Sur l'observation du comte de Valence, que l'on aurait dû tenir les grilles fermées et que sans doute les étrangers eussent respecté les consignes de la garde nationale, le maréchal répondit qu'il les avait lui-même fait ouvrir, pour éviter des difficultés sérieuses, le général prussien Pirch s'étant déclaré porteur d'un ordre d'occuper.

Enfin, le message attendu arriva : la chambre reprit séance pour entendre la lettre de la commission du gouvernement qui annonçait que, ses délibérations n'étant plus libres, elle s'était séparée. (Voyez page 371). Lecture faite de cette pièce, aucun pair n'ayant pris la parole, le président leva la séance.

Que se passait-il à Paris pendant ce temps? Ce ne fut que le 5 juillet que la masse de la population fut instruite par les journaux de la convention du 3. Le bruit s'en était cependant répandu dès la veille au soir; c'était par l'armée que quelques parties de la population reçurent cette nouvelle; encore plusieurs n'y croyaient pas. En effet, dans la nuit du 3 au 4, on avait commencé les dispositions pour évacuer les lignes occupées; le mouvement d'évacuation commença dès le 4. Alors les troupes crièrent à la trahison et éclatèrent en menaces; leur rage et leur désespoir furent extrêmes; des soldats brisèrent leurs fusils, déchirèrent leurs uniformes, et se dispersèrent dans Paris; des canonniers se tuèrent sur leurs pièces; quelques officiers supérieurs pensèrent à protester et à s'opposer à l'exécution de la capitulation. L'armée se croyait déshonorée ; elle maudissait les traitres et menaçait de se faire justice par ses mains. A l'aide de la déclaration de la Chambre, on réussit cependant à la calmer. On parlait aussi, parmi les fédérés, de se révolter, de s'emparer de Montmartre et de s'y défendre. Ils se laissèrent cependant licencier le 4; quelques corps de la ligne, qui traversaient Paris en même temps, déchargeaient leurs fusils en l'air, et poussaient des cris d'insulte contre leurs chefs. Mais tout Paris ne fut pas témoin de ces faits; quelques rues, quelques quartiers en furent le théâtre, car cette grande ville, comme une province, ignore souvent pendant plusieurs jours ce qui se passe à l'une de ses extrémités.

La police, pour séparer le peuple et la garde nationale de l'armée, fit courir le bruit qu'on craignait qu'en se retirant les troupes ne se livrassent au pillage et à quelques autres excès. En même temps on publiait diverses proclamations. Le commandant de la garde nationale rappelait à ses soldats qu'ils devaient *veiller à la sûreté des personnes et des propriétés, empêcher tout rassemblement tumultueux, faire taire toute espèce de cris qui pourraient exciter des dissensions, ne laisser arborer en aucun lieu, par qui que ce soit, d'autres couleurs que les couleurs nationales.* — La garde nationale répondit à cet ordre du jour par la déclaration suivante, qui fut affichée.

Déclaration des chefs de légion et majors de la garde nationale.

« Les soussignés chefs de légion et majors de la garde nationale de Paris, en réponse à l'ordre de ce jour, 6 juillet 1815, ont l'honneur de déclarer à M. le maréchal Masséna, prince d'Essling, leur commandant en chef, qu'ils tiendront à honneur de conserver à jamais les couleurs nationales qui ne pourraient être abandonnées sans danger.

» Ils osent affirmer que leur opinion individuelle est celle de la très-grande majorité de leurs frères d'armes; en conséquence, ils ont l'honneur de prier M. le maréchal de mettre cette déclaration sous les yeux des membres de la commission de gouvernement, et de les inviter à lui faire donner la plus grande publicité, afin de prévenir les désordres qui pourraient résulter de toute incertitude à cet égard. — Paris, ce 6 juillet 1815, à dix heures du soir.

» Faite et signée par tous les membres présens, après lecture faite.

» CHOISEUL-PRASLIN, chef de la 1re légion; le comte L. DE GIRARDIN, chef de la 2e; B. DELESSERT, chef de la 3e; JAUBERT, chef de la 4e; PATINOT, chef de la 5e; SENEPART, chef de la 6e; GUITON, chef de la 7e; RICHARD LENOIR, chef de la 8e; DELABUE, major de la 8e; SALLERON, chef de la 12e; BONNET, major de la 5e; A. CHARMET, chef de la 9e; DE BRIOUDE, major de la 9e; TARBÉ, major de la 7e; LAUGIER, major de la 6e; ODIOT, major de la 2e; GENTIL, major de la 4e; BARY, major de la 1re; SIG. BILLING, major de la 5e; GABRIEL DELESSERT, adjudant-commandant; GILBERT DE VOISINS, adjudant commandant; ROARD, major de la 12e; FÉLIX DE VARANGE, capitaine-adjoint; BARNARD, capitaine-adjoint; ACLOQUE aîné, chef de la 11e; GUILLAUME, capitaine-adjoint à l'état-major-général; A. FAIN, major de la 11e. »

De son côté le gouvernement ne restait pas oisif. Il faisait afficher une proclamation par laquelle il promettait des garanties politiques, la paix et le bonheur. Il fit en outre publier les proclamations de Louis XVIII; en sorte que le peuple put croire qu'il passait seulement d'un gouvernement sous un autre, mais toujours français.

Cependant les armées étrangères étaient maîtresses de tous les points fortifiés. Elles pouvaient entrer sans obstacles. Fouché eut alors, dans la nuit du 5 au 6, une entrevue à Neuilly avec lord Wellington. A son retour, il dit à ses amis que Louis XVIII rentrerait le 7 ou le 8, sans condition.

Les étrangers entrèrent dans Paris le 7. L'occupation fut brusque et inattendue ; tous les points importans se trouvèrent en un instant envahis par des masses considérables. Les soldats furent logés militairement; mais seulement dans quelques quartiers de la capitale de la rive gauche, les septième, huitième, neuvième arrondissemens, etc.

La journée du 7 juillet offrit un douloureux et triste spectacle. L'étranger, après avoir transformé en camp les promenades et les places publiques, avait cru devoir surcharger les ponts et les quais de pièces d'artillerie, la mèche allumée; des détachemens de ses troupes étaient rangés en bataille à des distances peu éloignées. Le peuple en foule regardait dans un morne silence. La Chambre des Représentans délibérait avec calme un acte constitutionnel. Les agens et fonctionnaires du gouvernement royal se tenaient pour ainsi dire en surveillance auprès des bureaux et des administrations pour épier le moment où ils pourraient ressaisir leurs emplois. Des individus de la haute société s'abandonnaient à la joie, fêtaient l'ennemi, et, comme en 1814, le saluaient du nom de libérateur, tandis que des citoyens du peuple se compromettaient dans des rixes avec des soldats prussiens, dont l'arrogance était en effet insoutenable. La garde nationale déployait son zèle accoutumé pour arrêter le furieux délire de prétendus amis du roi qui, reparaissant tout à coup armés, auraient voulu rendre Paris témoin de ces excès que le midi est seul encore condamné à déplorer. De petits drapeaux blancs se montraient çà et là ; ils disparaissaient aussitôt qu'ils avaient frappé les regards du peuple, invité le même jour à recevoir sous sa sauvegarde le drapeau aux trois couleurs. Dans tel quartier on arrêtait l'individu décoré d'une cocarde blanche ; dans tel autre on maltraitait le citoyen qui, obéissant à sa consigne, gardait sur son chapeau le symbole de la révolution. On lisait sur les murs, affichés les uns à côté des autres, et presque au même instant, les déclarations de la Chambre des Représentans et les proclamations du roi, l'ordre du jour du prince d'Essling et la déclaration de la garde nationale, concernant le maintien de la cocarde tricolore, l'acte qui annonçait que le comte Dessole reprenait, au nom du roi, le commandement de la garde nationale, etc.

Cependant le peuple s'assemblait dans les petites rues. On se parlait sans se connaître ; on s'excitait ; on s'aigrissait réciproquement ; on rappelait l'exemple des vêpres siciliennes. — C'est l'affaire d'une nuit, disait-on. — Mais la police se mêlait aux rassemblemens et les inquiétait. Les royalistes dissimulaient et ouvraient des avis pacifiques. — Les étrangers furent instruits. — Alors on vit leurs soldats, au lieu de s'éparpiller dans les divers appartemens des maisons où ils logeaient, demander une seule chambre, s'y réunir et se garder par des factionnaires. — Cependant quelques soldats, qui eurent l'imprudence de s'aventurer seuls dans des lieux écartés, payèrent cette témérité de leur vie.

MONITEUR DU 8 JUILLET 1815.

La commission de gouvernement a fait connaître au roi, par l'organe de son président, qu'elle venait de se dissoudre.

Les Pairs et les représentans imposés par le dernier gouvernement ont reçu à cet égard une notification.

Les Chambres sont dissoutes.

Le roi entrera demain à Paris vers trois heures après-midi.

S. M. descendra au château des Tuileries.

Ordonnance du roi.

Louis, par la grâce de Dieu, roi de France et de Navarre, à tous ceux qui ces présentes verront : salut.

Considérant la nécessité de rétablir dans leurs fonctions les individus qui en ont été écartés par la violence depuis le 20 mars dernier, avons ordonné et ordonnons ce qui suit :

Art. 1. Les fonctionnaires de l'ordre administratif et judiciaire, les commandans et officiers des gardes nationales qui étaient en activité de service le 1er mars dernier, reprendront à l'instant leurs fonctions.

2. Nos ministres sont chargés, chacun en ce qui le concerne, de l'exécution de la présente ordonnance.

Donné à Saint-Denis, le 7 juillet, l'an de grace 1815 et de notre règne le vingt et unième.—*Signé* Louis. Et plus bas : Par le roi, *le prince* DE TALLEYRAND.

Louis, par la grace de Dieu, roi de France et de Navarre, à tous ceux qui les présentes verront, salut.

En conformité de notre ordonnance de ce jour qui rétablit dans leurs fonctions les personnes qui occupaient des emplois au 20 mars dernier, nous avons ordonné et ordonnons ce qui suit :

Art. 1. Le lieutenant-général comte Dessole, ministre d'état, reprendra le commandement de la garde nationale de notre bonne ville de Paris, sous les ordres de notre cher frère Monsieur.

2. Nos ministres sont chargés de l'exécution de la présente ordonnance.

A Saint-Denis, le 7 juillet, l'an de grace 1815 et de notre règne le vingt et unième. — *Signé* Louis. Par le roi, *le prince* DE TALLEYRAND.

Garde nationale de Paris. — Ordre du jour. — Le 7 juillet 1815.

D'après les ordres du Roi, M. le lieutenant-général comte Dessole reprend dès aujourd'hui le commandement de la garde nationale de Paris.

Par ordre de S. Exc. le maréchal prince d'Essling. — *Le maréchal de camp chef d'état-major*, signé *le baron* DE BORELLI.

Ordre du jour. — Le 8 juillet 1815.

Le général commandant en chef de la garde nationale de Paris, en exécution d'une ordonnance du roi en date du 7 juillet, a repris ses fonctions, et se félicite de retrouver la garde nationale fidèle au but de son institution et dévouée sans réserve au service d'ordre et de sûreté qui lui est confié.

Au milieu des événemens militaires et politiques qui ont agité les esprits, la garde nationale n'a jamais perdu de vue que son premier devoir envers le prince et la patrie était de veiller à la conservation de la capitale et au maintien de la paix publique. Cet esprit doit l'animer plus que jamais. L'union des Français peut seule être le salut de la France ; mais pour l'obtenir il faut qu'à l'esprit de parti, qui a causé tous ses maux, succède le patriotisme éclairé qui, dans les crises difficiles, rapproche les citoyens et sauve les états.

Signé le comte DESSOLLE.

DOCUMENS COMPLÉMENTAIRES.

(1814-1815.)

DOCUMENS

SUR LA BATAILLE DE WATERLOO (1).

Quelques jours après (le 20 mars) le comte Reille se rendit en Flandre avec douze mille hommes pour renforcer les troupes du comte d'Erlon, qui tenaient garnison sur cette frontière. L'empereur délibéra alors si, avec ces trente-cinq à trente-six mille hommes, il commencerait le 1er avril les hostilités, en marchant sur Bruxelles et ralliant l'armée belge sous ses drapeaux. Les armées anglaise et prussienne étaient faibles, disséminées, sans ordre, sans chefs et sans plan : partie des officiers étaient en semestre; le duc de Wellington était à Vienne; le maréchal Blucher était à Berlin. L'armée française pouvait être le 2 avril à Bruxelles; mais 1° l'on nourrissait des espérances de paix; la France la voulait et aurait hautement blâmé un mouvement offensif prématuré : 2° pour réunir trente-cinq à trente-six mille hommes, il eût fallu livrer à elles-mêmes les vingt-trois places fortes depuis Calais jusqu'à Philippeville, formant la triple ligne du Nord. Si l'esprit public eût été aussi bon sur cette frontière que sur celle d'Alsace, des Vosges, des Ardennes ou des Alpes, cela eût été sans inconvéniens; mais les esprits étaient divisés en Flandre; il était impossible d'abandonner les places fortes aux gardes nationales locales; il fallait un mois pour lever et y faire arriver, des départemens voisins, des bataillons d'élite de gardes nationales pour remplacer les troupes de ligne; 3° enfin le duc d'Angoulême marchait sur Lyon, les Marseillais sur Grenoble. La première nouvelle du commencement des hostilités eût encouragé les mécontens; il était essentiel avant tout que les Bourbons eussent abandonné le territoire, et que tous les Français fussent ralliés, ce qui n'eut lieu que le 20 avril.

Au 1er mars, l'effectif général de l'armée française sous les ordres du roi était de cent quarante-neuf mille hommes, pouvant mettre en campagne une armée de quatre-vingt-treize mille hommes présens sous les armes; force à peine suffisante pour garder les places fortes et les principaux établissemens maritimes, car toutes les flottes étaient désarmées; les équipages congédiés, etc.

Le matériel de l'artillerie, malgré les pertes éprouvées par la cession des

---

(1) Extrait des *Mémoires pour servir à l'histoire de France en 1815*, rédigés à Sainte-Hélène par Napoléon, publiés en 1820 chez Barrois, in-8°.

équipages de campagne renfermés dans les places d'Anvers, du Wesel, Mayence, Alexandrie, pouvait encore fournir aux besoins des plus grandes armées, et réparer les pertes qu'elles pourraient faire pendant plusieurs campagnes.

Il y avait dans les magasins cent cinquante mille fusils neufs, trois cent mille fusils à réparer ou en pièces de rechange, outre ceux dans les mains de l'armée. Cela était très-suffisant.

Toutes les places fortes étaient désarmées ; les palissades et les approvisionnemens de siége avaient été vendus ; mais le matériel de l'artillerie pouvait suffire à leur réarmement.

Au 20 mars, huit cent mille hommes avaient été jugés nécessaires pour combattre l'Europe à forces égales. Les premiers soins se portèrent sur le moral de l'armée. On restitua aux régimens les numéros qu'ils portaient depuis 1794 : ils avaient été illustrés dans vingt-cinq campagnes et mille combats. On rappela sous les drapeaux tous les anciens militaires : il n'y eut pas besoin de loi coërcitive pour les contraindre à obéir; ils accoururent en chantant, laboureurs, artisans, manufacturiers, etc. La conscription de 1815 fut rappelée. Le nombre des officiers, sous-officiers et soldats en retraite ou en réforme s'élevait à plus de cent mille; trente mille étaient en état de servir dans les places fortes, ils s'empressèrent de répondre à l'appel que leur fit le ministre de la guerre, et leur expérience, leur bon esprit ont été fort utiles pour diriger les nouvelles levées et assurer la conservation des places fortes.

L'objet le plus important était les armes à feu. Les magasins étaient fournis d'une quantité suffisante de sabres. L'artillerie prit plusieurs mesures nouvelles pour doubler l'activité des anciennes manufactures : les fabriques impériales pouvaient fournir vingt mille armes neuves par mois ; par ces moyens extraordinaires elles en fournirent quarante mille. Cela était encore insuffisant. On établit dans toutes les grandes places fortes des ateliers de réparation assez nombreux pour pouvoir en six mois réparer tous les vieux fusils qui étaient dans les magasins. Mais la principale ressource fut celle des ateliers qu'on créa dans Paris : les ébénistes, les ouvriers en cuivre, les garçons horlogers, les ciseleurs, qui sont nombreux dans cette grande ville, y furent tous occupés. Il y eut dans la capitale plus d'activité qu'en 1793.

Les manufactures de draps propres à l'habillement des troupes étaient nombreuses en 1812 et 1813 ; mais en 1814 elles avaient été entièrement abandonnées. Le trésor impérial fit une avance de plusieurs millions aux fabricans de draps, qui mirent en un mois leurs manufactures en activité.

Les fournisseurs avaient livré vingt mille chevaux de cavalerie. On en avait obtenu dix mille tout dressés en démontant la gendarmerie : le prix en fut payé comptant aux gendarmes, qui dans huit jours se remontèrent en achetant des chevaux de leur choix. On avait au 1er juin quarante-six mille chevaux de cavalerie aux dépôts ou en ligne, et l'on en aurait eu vingt mille de plus à la fin de juillet. Au 1er juin on n'avait encore que dix-huit mille chevaux d'artillerie : un nombre suffisant allait être successivement réuni et livré par les fournisseurs.

La facilité avec laquelle le ministre des finances et le ministre du trésor pourvoyaient à ces énormes dépenses était l'objet de l'étonnement général : tous les services ne pouvaient se faire qu'argent comptant ; la plupart des fournisseurs et entrepreneurs voulaient même des avances. Cependant la dette publique et les pensions étaient servies avec la plus grande exactitude ; toutes les dépenses de l'intérieur, loin d'être diminuées, étaient augmentées ; le grand système des travaux publics avait repris dans toute la France : — « On voit bien, disaient

» les ouvriers, que le grand entrepreneur est de retour : tout était mort, tout
» renaît; nous étions oisifs, et aujourd'hui nous sommes tous occupés. » L'opinion était généralement accréditée que l'empereur avait retrouvé cent millions en or de son trésor des Tuileries : c'était à tort; le vrai trésor qu'il retrouva fut l'affection du peuple, la bonne volonté non-seulement de la masse de la nation, mais aussi des capitalistes français et hollandais. Le trésor négocia quatre millions de rente de la caisse d'amortissement à cinquante pour cent, qu'il remplaça en crédit de bois nationaux; cela lui produisit, net de tous escomptes, quarante millions argent comptant; qui rentrèrent avec une incroyable rapidité. Le roi avait quitté Paris avec une telle précipitation qu'il n'avait pu emporter ni l'argenterie de la couronne, évaluée six millions, ni les caisses du trésor qui étaient répandues dans toute la France : il s'y trouvait cinquante millions. Une partie de cette somme était employée par le baron Louis, son ministre des finances, à l'agiotage des bons royaux. Ce système, qui était si vicieux, fut abandonné par le duc de Gaëte, qui put disposer du fonds qui y était affecté. Les contributions ne furent point augmentées; mais le peuple s'empressait d'en accélérer le paiement. Les dons gratuits étaient nombreux; il est des départemens où ils dépassèrent un million. A toutes les parades des citoyens inconnus s'approchaient de l'empereur, et lui remettaient des paquets de billets de banque; plusieurs fois à sa rentrée dans les appartemens il remit au ministre du trésor quatre-vingt ou cent mille francs qu'il avait reçus ainsi. Cela ne pouvait produire des sommes bien considérables, mais nous le citons comme un témoignage de l'élan national.

Au 1er octobre la France aurait eu un état militaire de huit à neuf cents mille hommes complétement organisés, armés et habillés. Le problème de son indépendance consistait désormais à pouvoir éloigner les hostilités jusqu'au 1er octobre. Les mois de mai, juin, juillet, août et septembre étaient nécessaires; mais ils suffisaient. A cette époque les frontières de l'empire eussent été des frontières d'airain, qu'aucune puissance humaine n'eût pu franchir impunément.

Au 1er juin l'effectif des troupes françaises sous les armes était de cinq cent cinquante-neuf mille hommes. Ainsi, en deux mois, le ministre de la guerre avait levé quatre cent quatorze mille hommes, près de sept mille par jour. Sur ce nombre, l'effectif de l'armée de ligne s'élevait à trois cent soixante-trois mille hommes, celui de l'armée extraordinaire à cent quatre-vingt-seize mille hommes. Sur l'effectif de l'armée de ligne, deux cent dix-sept mille hommes étaient présens sous les armes, habillés, armés et instruits, disponibles pour entrer en campagne.

Ils furent formés en sept corps d'armée, quatre corps de réserve de cavalerie, quatre corps d'observation, et l'armée de la Vendée, répartis le long des frontières, les couvrant toutes, mais les principales forces cantonnées à portée de Paris et de la frontière de Flandre.

Le 1er juin toutes les troupes quittèrent les places fortes, et en abandonnèrent la garde à l'armée extraordinaire. Le premier corps, commandé par le comte d'Erlon, prit ses cantonnemens dans les environs de Lille; le second, commandé par le comte Reille, fut cantonné autour de Valenciennes; le troisième, commandé par le comte Vandamme, fut réuni dans les environs de Mézières; le quatrième, commandé par le comte Gérard, était dans les environs de Metz; le cinquième, commandé par le comte Rapp, était en Alsace; le sixième, commandé par le comte de Lobau, était rassemblé à Laon; le septième, commandé par le maréchal Suchet, était à Chambéry. Le général Lecourbe commandait le premier corps d'observation, dit du Jura; le second, dit du Var, était commandé par le maréchal Brune ; le troisième, dit des Pyrénées-Orientales, commandé par le général Decaen, était rassemblé à Toulouse ; enfin le quatrième corps d'observation, commandé par le général Clausel, était à Bordeaux. Les quatre corps de réserve de cavalerie, sous le commandement du maréchal Grouchy, étaient cantonnés entre l'Aisne et la Sambre ; chaque corps de cavalerie avait deux batteries d'artillerie légère et deux divisions, chaque division de trois régimens. Le premier corps, composé de cavalerie légère, était commandé par le comte Pajol ; le second corps, composé de dragons, était sous les ordres du comte Excelmans ; le troisième corps, formé de cuirassiers, était commandé par le comte Milhaud, et le quatrième corps, également formé de cuirassiers, était sous les ordres du comte Kellermann. La garde impériale était composée de quatre régimens de jeune garde, quatre de moyenne garde, quatre de vieille garde, de quatre régimens de cavalerie, et de quatre-vingt-seize bouches à feu. Les régimens n'avaient en général, dans les corps d'armée, que deux bataillons ; les bataillons étant de six cents hommes présens sous les armes, il leur en manquait deux cent quarante pour leur complet. Ce supplément d'hommes était en route, et eût joint avant le 1ᵉʳ juillet. Les troisième, quatrième et cinquième bataillons, et les dépôts, furent mis en marche de tous les points de la France pour se réunir à Paris, à Lyon et dans l'ouest. L'artillerie préparait un nouvel équipage de cinq cents bouches à feu de campagne, personnel, matériel, attelage et double approvisionnement. Les deux cents bataillons d'élite de garde nationale, formant un effectif de cent douze mille hommes, étaient entièrement levés. Cent cinquante bataillons, faisant quatre-vingt-cinq mille hommes, tenaient garnison dans les quatre-vingt-dix places ou forts sur les frontières de l'empire. Quarante-huit bataillons, formant vingt-six mille hommes, étaient réunis, savoir : seize avec le premier corps d'observation, celui du Jura ; seize avec le septième corps ; seize formant une réserve sur la Loire. Le comte Dumas avait porté la plus grande activité dans la levée de ces troupes, et dans cette circonstance il a bien mérité de la France. Indépendamment de ces deux cents bataillons de grenadiers et chasseurs d'élite, on leva dans le courant de mai quarante-huit bataillons de garde nationale dans le Languedoc, la Gascogne et le Dauphiné : ceux du Dauphiné furent en juin en Provence ; ceux du Languedoc portèrent à quinze mille hommes le troisième corps d'observation ; ceux de la Gascogne portèrent à la même force le quatrième corps d'observation, ce qui complétait la défense des Pyrénées. Des trente mille officiers, sous-officiers et soldats tirés de la retraite, vingt mille hommes augmentaient les garnisons des places fortes ; et dix mille tenaient garnison à Marseille ; à Bordeaux, et autres villes, où leur présence était utile pour électriser l'esprit public et surveiller les malveillans. Les quatre-vingt-dix places fortes étaient armées, palissadées, approvisionnées pour plusieurs mois, et commandées par des officiers expérimentés. Enfin, toutes les frontières étaient armées, avaient des garnisons suffisantes pour être à l'abri d'un coup de main, et un commencement d'approvisionnement. Les canonniers gardes-côtes étaient levés. Toutes les forces anglaises étant employées en Belgique ou en Amérique, on n'avait aucune inquiétude sérieuse du côté de la mer.

Mais, quel que fût le plan de campagne que l'on adoptât, quelque soin qu'on portât à armer, approvisionner, et fournir de garnisons les quatre-vingt-dix places fortes des frontières de la France, si les ennemis commençaient les hostilités avant l'automne, Paris et Lyon étaient les deux points importans ; tant qu'on les occuperait en force, la patrie ne serait pas perdue, ni obligée de se mettre à la discrétion des ennemis.

DOCUMENS COMPLÉMENTAIRES.

Le général du génie Haxo dirigea le système des fortifications de Paris. Il fit d'abord occuper les hauteurs de Montmartre, celles inférieures des Moulins, et le plateau depuis la butte Chaumont jusqu'aux hauteurs du Père-Lachaise : quelques jours suffirent pour tracer ces ouvrages et leur donner une forme défensive. Il fit achever le canal de l'Ourcq, qui de Saint-Denis va au bassin de la Villette. Les officiers des ponts et chaussées furent chargés de ce travail; ils s'en acquittèrent avec ce zèle et ce patriotisme qui les distinguent. Les terres étaient jetées sur la rive gauche pour former un rempart. Ils construisirent sur la rive droite des demi-lunes couvrant les chaussées. La petite ville de Saint-Denis fut couverte par des inondations. Depuis les hauteurs du Père-Lachaise jusqu'à la Seine, la droite était appuyée à des ouvrages établis à l'Étoile, sous le canon de Vincennes, et à des redoutes dans le parc de Bercy. Une caponnière de huit cents toises joignait la barrière du Trône à la redoute de l'Étoile. Cette caponnière se trouva toute construite ; la chaussée était élevée et revêtue par deux bonnes murailles. Ces ouvrages étaient entièrement terminés et armés de six cents pièces de canon au 1er juin. Le général Haxo avait tracé les ouvrages de la rive gauche de la Seine depuis vis-à-vis Bercy jusqu'à la barrière au-delà de l'École-Militaire : il fallait quinze jours pour les terminer. Ce système de fortifications sur les deux rives se communiquait en suivant la rive droite de la Seine par Saint-Cloud, Neuilly et Saint-Denis. La ville ainsi couverte, on devait construire un fort enveloppant l'arc de triomphe de l'Étoile, appuyant sa droite aux batteries de Montmartre, et sa gauche à des ouvrages construits sur les hauteurs de la barrière de Passy, croisant leurs feux avec des ouvrages établis du côté de l'École-Militaire sur l'autre rive ; enfin trois forts servant de réduits aux fronts de Belleville, situés sur l'extrême crête du côté de Paris, de manière que les troupes pussent s'y rallier, et empêcher l'ennemi, lorsqu'il aurait forcé l'enceinte, de découvrir Paris de ce côté. Dans un système de fortifications permanentes pour cette ville, il faudrait étendre les inondations sur toutes les parties basses, et occuper par de petites places la tête de pont de Charenton et celle de Neuilly, c'est-à-dire la hauteur du Calvaire, afin que l'armée pût manœuvrer sur les deux rives de la Marne et de la Seine. Les parcs d'artillerie, pour la rive droite et la rive gauche, furent séparés. Les calibres de 6, 12 et 18 furent adoptés pour la rive gauche; ceux de 4, 8, 16 et 24 pour la rive droite, afin d'éviter la confusion des calibres. Des généraux, des colonels, un grand nombre d'officiers d'artillerie étaient uniquement attachés à la direction de ce service, ainsi que deux bataillons de canonniers de marine, venus des côtes de l'Océan, formant seize cents hommes, quatorze compagnies d'artillerie de ligne, formant quinze cents hommes, et vingt compagnies d'artillerie de garde nationale, des volontaires de l'école de Charenton, de l'école Polytechnique, des lycées, ce qui faisait cinq à six mille canonniers exercés, pouvant facilement servir mille pièces de canon. Quatre cents pièces de 24, 18, 12 et 6 de fer étaient arrivées du Havre, provenantes des arsenaux de la marine; elles étaient mises en batterie. Six cents pièces de campagne en bronze avaient la même destination. Vingt batteries de campagne attelées, formant quatre réserves de cinq batteries chacune, étaient disposées convenablement pour pouvoir se porter sur tous les points de la ligne, soit sur les retranchemens de Belleville, soit sur les bords de la Seine qui seraient menacés. Indépendamment de ces six mille canonniers, cinquante-cinq mille hommes suffisaient pour la garde de l'enceinte, et Paris offrait une ressource assurée de plus de cent mille hommes, sans affaiblir l'armée de ligne.

Le général de division du génie Léry dirigea les travaux de Lyon. Cette place, située au confluent de la Saône et du Rhône, est forte par sa position. Il construisit une tête de pont aux Broteaux, sur la rive gauche du Rhône, pour couvrir le pont Morand. Il couvrit le pont de la Guillotière par un tambour, et fit établir un pont-levis sur l'arche du milieu. Le faubourg de la Guillotière est hors de la défense de la ville, mais habité par une population pleine de patriotisme et de courage, il jugea devoir le couvrir par un système de redoutes qui permit de le défendre longtemps. L'ancienne enceinte, sur la rive droite de la Saône, passe sur le sommet des collines et sur Pierre-Encise; elle fut relevée, ainsi que celle entre Saône et Rhône. La véritable attaque de Lyon est sur ses fronts, entre les deux rivières. L'ingénieur occupa en avant trois positions par des forts de campagne, qui étaient flanqués par l'enceinte, et qui se flanquaient entre eux. Cent cinquante pièces de canon de marine, venues de Toulon, et cent cinquante bouches à feu de campagne en bronze, furent mises en batterie. Le 25 juin tous ces ouvrages étaient élevés, palissadés, armés. Un bataillon de canonniers de marine, fort de six cents hommes; neuf compagnies d'artillerie de la ligne, formant mille hommes, et neuf cents canonniers tirés de la garde nationale, de l'école vétérinaire et des lycées, complétèrent le nombre des canonniers à deux mille cinq cents, ce qui était plus qu'il ne fallait pour le service des pièces. Un nombreux état-major d'artillerie y avait été attaché; des magasins considérables d'approvisionnement y étaient formés. Quinze à vingt mille hommes étaient suffisans pour défendre Lyon : on était assuré de trente mille hommes sans affaiblir l'armée de ligne.

Le duc de Dalmatie (Soult) fut nommé major-général de l'armée. Il donna le 2 juin l'ordre du jour suivant, et immédiatement après partit de Paris pour visiter les places de Flandre et l'armée :

Ordre du jour.

« La plus auguste cérémonie vient de consacrer nos institutions. L'empereur a reçu des mandataires du peuple et des députations de tout les corps de l'armée l'expression des vœux de la nation entière sur l'acte additionnel aux Constitutions de l'empire, qui avait été envoyé à son acceptation, et un nouveau serment unit la France et l'empereur. Ainsi les destinées s'accomplissent, et tous les efforts d'une ligue impie ne pourront plus séparer les intérêts d'un grand peuple du héros que les plus brillans triomphes ont fait admirer de l'univers.

» C'est au moment où la volonté nationale se manifeste avec autant d'énergie, que des cris de guerre se font entendre; c'est au moment où la France est en paix avec toute l'Europe que des armées étrangères avancent sur nos frontières ! Quel est l'espoir de cette nouvelle coalition? Veut-elle ôter la France du rang des nations? Veut-elle plonger dans la servitude vingt-huit millions de Français? A-t-elle oublié que la première ligue qui fut formée contre notre indépendance servit à notre agrandissement et à notre gloire? Cent victoires éclatantes, que des revers momentanés et des circonstances malheureuses n'ont pu effacer, lui rappellent qu'une nation libre, conduite par un grand homme, est invincible.

» Tout est soldat en France quand il s'agit de l'honneur national et de la liberté : un intérêt commun unit aujourd'hui tous les Français. Les engagemens que la violence nous avait arrachés sont détruits par la fuite des Bourbons du territoire français, par l'appel qu'ils ont fait aux armées étrangères pour remonter sur le trône qu'ils ont abandonné, et par le vœu unanime de la nation, qui en reprenant le libre exercice de ses droits, a solennellement désavoué tout ce qui a été fait sans sa participation.

» Les Français ne peuvent recevoir des lois de l'étranger; ceux mêmes qui sont allés y mendier un secours parricide ne tarderont pas à reconnaître et à éprouver, ainsi que leurs prédécesseurs, que le mépris et l'infamie suivent leurs pas, et qu'ils ne peuvent laver l'opprobre dont ils se couvrent qu'en rentrant dans nos rangs.

» Mais une nouvelle carrière de gloire s'ouvre devant l'armée; l'histoire consacrera le souvenir des faits militaires qui auront illustré les défenseurs de la patrie et de l'honneur national. Les ennemis sont nombreux, dit-on; que nous importe! Il sera plus glorieux de les vaincre, et leur défaite aura d'autant plus d'éclat. La lutte qui va s'engager n'est pas au-dessus du génie de Napoléon, ni au-dessus de nos forces. Ne voit-on pas tous les départemens, rivalisant d'enthousiasme et de dévouement, former comme par enchantement cinq cents superbes bataillons de gardes nationales, qui déjà sont venus doubler nos rangs, défendre nos places, et s'associer à la gloire de l'armée? C'est l'élan d'un peuple généreux, qu'aucune puissance ne peut vaincre, et que la postérité admirera. Aux armes!

» Bientôt le signal sera donné; que chacun soit à son devoir! Du nombre des ennemis nos phalanges victorieuses vont tirer un nouvel éclat. Soldats, Napoléon guide nos pas; nous combattons pour l'indépendance de notre belle patrie; nous sommes invincibles!

» Le maréchal d'empire, major-général, duc de Dalmatie, Paris 1er juin 1815.»

Le quatrième corps, commandé par le comte Gérard, partit de Metz le 6 juin, passa la Meuse, et arriva le 14 à Philippeville. La garde impériale quitta Paris le 5 juin, et se porta sur Avesne. Le premier corps partit des environs de Lille, et le second corps de Valenciennes, pour se rendre entre Maubeuge et Avesne. Le sixième corps partit de Laon, et se porta sur Avesnes. Les quatre corps de réserve de cavalerie se concentrèrent sur la Sambre. Ces mouvemens furent masqués par des détachemens de garnison des places fortes, et par des bataillons d'élite de gardes nationales.

L'empereur partit de Paris le 12 au matin, coucha à Laon, donna ses derniers ordres pour l'armement de cette place, arriva le 13 à Avesne. Le 14 l'armée campa sur trois directions. Les camps étaient établis derrière des monticules à une lieue de la frontière, de manière que les feux ne fussent pas aperçus de l'ennemi, qui effectivement n'en eut aucune connaissance. Le quartier général fut placé à Beaumont.

Le 14 au soir les appels constatèrent que la force de l'armée était de *cent vingt-deux mille quatre cents hommes*, et de trois cent cinquante bouches à feu.

L'empereur parla ainsi à l'armée : (*voyez cet ordre du jour plus haut*).

Les armées ennemies étaient le 14 au soir fort tranquilles dans leurs cantonnemens. L'armée prusso-saxonne formait la gauche, et l'armée anglo-hollandaise la droite. La première, commandée par le maréchal Blucher, était forte de cent vingt mille hommes, avec trois cents bouches à feu. Elle était divisée en quatre corps, commandés par les généraux Zietten, Pirch, Thielman, Bulow. Cette armée devait se réunir en arrière de Fleurus. Il fallait une demi-journée pour le rassemblement de chaque corps. Le quartier-général du maréchal Blucher était à Namur, éloigné de seize lieues de celui du duc de Wellington, qui était à Bruxelles. L'armée anglo-hollandaise, sous les ordres du duc de Wellington, était formée de vingt-quatre brigades, dont neuf anglaises, dix allemandes, cinq hollandaises et belges; de onze divisions de cavalerie, composées de seize régimens anglais, neuf allemands, six hollandais. Sa force était de cent quatre mille deux cents hommes, non compris huit régimens anglais, venant d'Amérique, débarqués à Ostende, et cinq autres régimens anglais qui étaient dans des places de la Belgique. Le prince d'Orange, lord Hill, lord Uxbridge, commandaient sous les ordres du duc de Wellington. Le point de concentration de cette armée était aux Quatre-Bras, afin de se trouver à deux lieues sur la droite de l'armée prussienne; mais, l'armée anglo-hollandaise se trouvant disséminée depuis les bords de la mer jusqu'à Nivelles, et l'armée prussienne étant échelonnée depuis Charleroi jusqu'au Rhin; il fallait aux deux armées deux jours entiers pour se rassembler sur un même champ de bataille. Réunies, elles présentaient une force de deux cent vingt-quatre mille deux cents hommes.

Dans la nuit du 14 au 15 des affidés, de retour au quartier-général français à Beaumont, annoncèrent que tout était tranquille à Namur, Bruxelles et Charleroi : ce fut un heureux présage ; c'était déjà avoir obtenu un grand succès que d'être parvenu à dérober à l'ennemi les mouvemens que faisait l'armée française depuis deux jours. L'armée prussienne se trouvait déjà placée dans l'obligation de prendre un point de rassemblement plus en arrière que Fleurus, ou de recevoir la bataille dans cette position sans pouvoir être secourue par l'armée anglo-hollandaise. Toutes les mesures de Napoléon eurent donc pour but d'attaquer d'abord les Prussiens.

En ce moment on apprit que le général Bourmont, les colonels Clonet et Villontreys, et deux autres officiers, venaient de passer à l'ennemi. Napoléon fit sur-le-champ à son plan d'attaque les changemens que cette trahison rendait nécessaires, et, à la pointe du jour, ordonna que l'armée débouchât brusquement sur trois points.

La journée du 15 ouvrit heureusement la campagne. Les Français se rendirent maîtres de toute la position si célèbre de Fleurus. Charleroi devint dans la soirée le quartier-général de Napoléon : les habitans le reçurent avec enthousiasme. Ce premier engagement coûta aux Prussiens deux mille hommes tués, mille prisonniers, et cinq pièces de canon. La perte des Français fut de dix hommes tués, et quatre-vingts blessés : mais le brave général Letort fut atteint d'une blessure mortelle; Napoléon le pleura.

Journée du 16.

Pendant la nuit du 15 au 16 l'armée bivouaqua dans un carré de quatre lieues de côté : elle était également en mesure d'appuyer sur l'armée prusso-saxonne ou sur celle anglo-hollandaise; elle se trouvait déjà placée entre elles. Les deux armées ennemies étaient surprises, leurs communications déjà fort gênées. Toutes les manœuvres de l'empereur avaient réussi à souhait; il était désormais le maître d'attaquer en détail les armées ennemis : il ne leur restait pour éviter ce malheur, le plus grand de tous, que le parti de céder le terrain et de se réunir sur Bruxelles ou au-delà.

Le maréchal Ney reçut l'ordre de se porter à la pointe du jour en avant des Quatre-Bras, d'occuper une bonne position à cheval sur la route de Bruxelles, en gardant les chaussées de Nivelles et de Namur par ses flanqueurs de gauche et de droite. La division du général Girard, qui était en observation vis-à-vis Fleurus, reçut ordre de rester dans sa position, devant opérer sous les ordres immédiats de l'empereur, qui, avec le centre et la droite de l'armée, marcha pour combattre l'armée prussienne avant que son quatrième corps, commandé par le général Bulow, l'eût jointe, et que l'armée anglo-hollandaise fût rassemblée sur sa droite.

L'empereur, peu accompagné, parcourut la chaîne des vedettes, monta sur des hauteurs et des moulins à vent, et reconnut parfaitement la position de l'armée ennemie. Elle présentait une force certainement supérieure à quatre-vingt mille hommes ; son front était couvert par un ravin profond ; sa droite était en l'air; la ligne de bataille était perpendiculaire à la chaussée de Namur, aux Quatres-Bras, et dans la direction du village de Sombref à celui de Gosselies; le point des Quatre-Bras était perpendiculaire derrière le milieu de la ligne. Il est évident que le maréchal Blucher ne s'attendait pas à être attaqué ce jour même; il croyait avoir le temps de compléter le rassemblement de son armée, et d'être appuyé sur sa droite par l'armée anglo-hollandaise, qui devait déboucher sur les Quatre-Bras, par les chaussées de Bruxelles et de Nivelles, dans la journée du 17.

Un officier d'état-major de la gauche fit le rapport que le maréchal Ney, au moment où il prenait les armes pour marcher à la position en avant des Quatre-Bras, avait été arrêté par la canonnade qui s'était fait entendre sur son flanc droit, et par les rapports qu'il avait reçus que les deux armées anglo-hollandaise et prusso-saxonne avaient déjà opéré leur réunion aux environs de Fleurus; que dans cet état de choses, s'il continuait son mouvement, il serait tourné; que du reste il était prêt à exécuter les ordres que l'empereur lui enverrait aussitôt qu'il connaîtrait ce nouvel incident. L'empereur le blâma d'avoir déjà perdu huit heures; ce qu'il prétendait être un nouvel incident existait depuis la veille; il lui réitéra l'ordre de se porter en avant des Quatre-Bras. Le maréchal Ney reçut cet ordre à onze heures et demie.

A deux heures l'empereur ordonna un changement de front sur Fleurus, la droite en avant. Par suite des mouvemens des différens corps, l'armée prussienne se trouvait enveloppée; tout annonçait sa perte. Le comte Gérard s'étant approché de l'empereur pour demander quelques instructions relatives à l'attaque du village de Ligny, ce prince lui dit : « Il se peut que dans trois heures le sort de la guerre soit décidé. Si Ney exécute bien ses ordres, il ne s'échappera pas un canon de l'armée prussienne; elle est prise en flagrant délit. »

A trois heures après midi le troisième corps aborda le village de Saint-Amand. Un quart d'heure après le quatrième corps aborda le village de Ligny, et le maréchal Grouchy reploya la gauche de l'armée prussienne. Toutes les positions et maisons sur la rive droite du ravin furent emportées, et l'armée ennemie rejetée sur la rive gauche. Le reste du troisième corps de l'armée prussienne arriva pendant la bataille par le village de Sombref, ce qui porta la force de l'armée ennemie à quatre-vingt-dix mille hommes. L'armée française, y compris le sixième corps, qui resta constamment en réserve, était de soixante-dix mille hommes; moins de soixante mille donnèrent. Le village de Ligny fut pris et repris quatre fois. Le comte Gérard s'y couvrit de gloire, et y montra autant d'intrépidité que de talent. L'attaque fut plus faible au village de Saint-Amand, qui fut aussi pris et repris; mais il fut emporté par le général Girard, qui, ayant reçu l'ordre d'avancer par la gauche du ravin avec sa division, y déploya cette intrépidité dont il a donné tant d'exemples dans sa carrière militaire. Il culbuta à la baïonnette tout ce qui voulut s'opposer à sa marche, et s'empara de la moitié du village; mais il tomba blessé à mort. Le troisième corps se maintint dans l'autre partie de ce village.

Il était cinq heures et demie; l'empereur faisait exécuter plusieurs manœuvres à l'infanterie de sa garde pour la porter sur Ligny, lorsque le général Vandamme donna avis qu'une colonne anglaise de trente mille hommes, infanterie, cavalerie, artillerie, s'avançait sur Fleurus; qu'en conséquence on avait fait divers mouvemens pour l'éviter. La manœuvre de cette colonne paraissait inexplicable à l'empereur; elle aurait donc passé entre Ney et Blücher, ou bien entre les Quatre-Bras et Charleroi. On avait perdu du temps et du terrain, lorsqu'une heure après on reconnut que cette colonne prétendue anglaise était le premier corps, commandé par le comte d'Erlon, qui, ayant été laissé en réserve à deux lieues et demie des Quatre-Bras, accourait pour soutenir l'attaque de Saint-Amand. On reprit les positions; la garde continua son mouvement sur Ligny. Le général Pécheux, à la tête de sa division, passa le ravin; le comte Gérard, toute la garde, infanterie, cavalerie, artillerie, et les cuirassiers de Milhaud, appuyèrent son mouvement. Toutes les réserves de l'ennemi furent culbutées à la baïonnette; le centre de sa ligne fut percé. Quarante pièces de canon, huit drapeaux ou étendards, bon nombre de prisonniers, sont les trophées de cette affaire. Le maréchal Grouchy, les généraux Excelmans et Pajol se sont fait remarquer par leur intrépidité. Le lieutenant-général Monthion fut, dans la nuit, chargé de poursuivre la gauche des Prussiens. L'ennemi, dans ses rapports officiels, fait porter sa perte à vingt-cinq mille hommes tués, blessés ou prisonniers, sans compter vingt mille hommes qui se débandèrent, et ravagèrent les rives de la Meuse jusqu'à Liége. La perte totale de l'armée française fut de six mille neuf cent cinquante hommes tués ou blessés. Plusieurs généraux ennemis furent tués ou blessés. Le maréchal Blücher fut culbuté par une charge de cuirassiers, et foulé aux pieds des chevaux; les cuirassiers français continuèrent leur charge sans le voir; il faisait déjà nuit. Ce maréchal parvint à se sauver, froissé et à moitié estropié. La disproportion que l'on remarque entre les pertes des armées prussienne et française provient de ce que les réserves de l'armée française furent tenues pendant toute la bataille hors de la portée du canon; de ce que les troisième et quatrième corps, qui étaient en première ligne, étaient masqués par des plis de terrain, tandis que l'armée prussienne était toute massée sur l'amphithéâtre qui va de Saint-Amand et Ligny aux hauteurs de Bry; tous les boulets de l'armée française qui manquaient les premières lignes frappaient dans les réserves; pas un coup n'était perdu.

Pendant ce temps le prince d'Orange, conformément aux ordres du duc de Wellington, s'était porté aux Quatre-Bras pour soutenir une de ses brigades que commandait le prince Bernard de Saxe, qui, dès le 15, après avoir défendu Frasne, avait pris position entre les Quatre-Bras et Genape. Le prince d'Orange, avec huit ou neuf mille Belges ou troupes de Nassau, resta toute la matinée sur cette position, dont il sentait toute l'importance: si les alliés la perdaient, leurs cantonnemens ne pouvaient plus faire leur jonction que par la traverse et derrière Genape. Si donc le maréchal Ney eût exécuté ses ordres, et se fût porté avec ses quarante-trois mille hommes, à la pointe du jour du 16, sur les Quatre-Bras, il se fût emparé de cette position; avec sa nombreuse cavalerie et artillerie légère, il eût mis en déroute et éparpillé cette division; bien plus, il pouvait attaquer les divisions de l'armée anglaise en marche, isolées sur les chaussées de Nivelles et de Bruxelles. A midi ce maréchal, ayant reçu les nouveaux ordres que l'empereur lui envoya de Fleurus, marcha enfin avec vingt ou vingt-deux mille hommes. Ses tirailleurs engagèrent le combat à deux heures; mais ce ne fut qu'à trois heures, lorsque la canonnade de Ligny se fit entendre dans toute sa force, qu'il aborda franchement l'ennemi. La division du prince d'Orange fut d'abord culbutée, mais bientôt après soutenue par la division Brunswick et plusieurs régimens anglais. Le combat se renouvela avec chaleur; l'ennemi avait la supériorité du nombre, puisque la seconde ligne du maréchal Ney était à trois lieues en arrière. Les troupes de Brunswick, repoussées comme celles de Nassau, laissèrent beaucoup de morts, parmi lesquels le prince régnant de Brunswick. Le quarante-deuxième régiment écossais fut enfoncé et taillé en pièces; son colonel fut tué, son drapeau pris. Les tirailleurs français touchaient déjà la ferme des Quatre-Bras, lorsque deux divisions anglaises arrivèrent au pas de course sur la chaussée de Nivelles. Alors le maréchal Ney sentit le besoin de sa seconde ligne; il l'envoya chercher; mais il était trop tard; il était six heures; elle ne pouvait arriver sur le champ de bataille que vers huit heures. Le maréchal se battit cependant avec son intrépidité ordinaire; les troupes françaises se couvrirent de gloire, et l'ennemi, quoique double en infanterie, mais fort inférieure en artillerie et en cavalerie, ne put faire aucun progrès; mais il profita du bois qui flanquait cette position, et la conserva jusqu'à la nuit. Le maréchal Ney prit son quartier-général à Frasne, à mille toises des Quatre-Bras, et sa ligne de bataille à deux portées de canon de l'armée ennemie. La perte de l'armée anglo-hollandaise est portée à neuf mille hommes dans les récits officiels. La perte de l'armée française a été de trois mille quatre cents hommes. On sent facilement la cause de cette disproportion lorsqu'on réfléchit que l'armée anglo-hollandaise, privée d'artillerie et de cavalerie, dut rester en masse sous la mitraille de cinquante pièces de canon, qui ne cessèrent de tirer depuis trois heures jusqu'à cinq.

Blücher avait battu en retraite sur Wavres en deux colonnes, l'une par Tilly, l'autre par Gembloux, où arriva à onze heures du soir, venant de Liége, le corps commandé par le général Bulow. Les fuyards prussiens couvraient tout le pays, et y commettaient les plus horribles ravages; Namur, les pays entre la Sambre et la Meuse en étaient les victimes. La défaite de ces oppresseurs de la Belgique et de la rive gauche du Rhin remplissait d'espoir et de joie les habitans de ces treize départemens, qui se voyaient déjà restitués à la grande famille de leur affection. Le duc de Wellington passa la nuit aux Quatre-Bras; les troupes anglaises continuèrent à lui arriver par les deux chaussées.

Journée du 17.

Dans la nuit le maréchal Ney avait reçu l'ordre de se porter sur les Quatre-Bras à la pointe du jour, et d'attaquer vivement l'arrière-garde anglaise. Le comte de Lobau, avec deux divisions d'infanterie de son corps, sa cavalerie légère et les cuirassiers de Milhaud, se porta par la chaussée de Namur sur les Quatre-Bras, pour favoriser l'attaque du maréchal Ney en prenant l'armée anglaise par son flanc.

La troisième division du second corps, qui avait beaucoup souffert à la bataille de Ligny, resta pour garder le champ de bataille et porter secours aux blessés. L'empereur visita ce champ de bataille. La perte des Prussiens avait été énorme; on voyait six cadavres des leurs pour un cadavre français. Un grand nombre de blessés qui n'étaient pas encore secourus le furent par les ordres de l'empereur.

Ce devoir sacré rempli, Napoléon se porta au galop pour arriver aux Quatre-Bras en même temps que la cavalerie du comte de Lobau. Il la joignit au village de Marchais; mais, à la vue de la ferme des Quatre-Bras, il s'aperçut qu'elle était encore occupée par un corps de cavalerie anglaise. Un parti de cinq cents chevaux fut envoyé pour communiquer avec Frasnes, et avoir des nouvelles de la gauche. Comment était-elle encore dans son camp, elle qui devait être en marche depuis six heures du matin? Des officiers furent envoyés à Ney pour le presser de déboucher sur les Quatre-Bras, et immédiatement après le comte de Lobau se reforma et marcha en avant.

Le duc de Wellington, n'ayant appris que fort avant dans la nuit le désastre de Ligny, avait sur-le-champ ordonné de battre en retraite dans la direction de Bruxelles, laissant le général Uxbridge avec un corps de cavalerie et des batteries d'artillerie légère pour l'arrière-garde. Le général Uxbridge se retira aussitôt qu'il aperçut le corps d'armée du comte de Lobau.

L'empereur arrivé à la ferme des Quatre-Bras fit mettre douze pièces d'artillerie légère en batterie, qui s'engagèrent avec deux batteries anglaises. La pluie tombait par torrens; cependant les troupes de la gauche ne débouchaient pas encore; impatienté, on envoya l'ordre directement aux chefs de corps. Le comte d'Erlon, jusqu'alors retenu par Ney, parut enfin. Il prit la tête de la colonne, et se mit en devoir de pousser vivement l'arrière-garde anglaise; le général Reille, avec le second corps, le suivit. Lorsque Ney parut, l'empereur lui témoigna son mécontentement de tant d'incertitude, de tant de lenteur, et de ce qu'il venait de lui faire perdre trois heures bien précieuses. Ce maréchal balbutia, s'excusa sur ce qu'il croyait que Wellington était encore aux Quatre-Bras avec toute son armée.

Le corps du comte de Lobau suivit le deuxième corps; la garde marcha après. Les cuirassiers de Milhaud, éclairés par une division de cavalerie légère commandée par le général Subervie, formèrent une colonne intermédiaire. L'empereur se porta à la tête de l'armée. Le temps était affreux; sur la chaussée le soldat avait de l'eau jusqu'à mi-jambe; dans les terres il enfonçait jusqu'aux genoux; l'artillerie ne pouvait pas y passer, et la cavalerie n'y passait qu'avec peine: c'est ce qui rendit difficile la retraite de la cavalerie ennemie, et mit à même l'artillerie française de lui faire quelque mal. A six heures du soir l'ennemi, qui n'avait jusqu'alors soutenu la retraite qu'avec quelques pièces de canon, en démasqua quinze. Le temps était très-brumeux; il était impossible de distinguer la force de son arrière-garde; il paraissait évident qu'elle était depuis peu de momens renforcée, et, comme on n'était pas éloigné de la forêt de Soignes, il était probable qu'elle voulait tenir cette position pendant la nuit. Pour s'en assurer, les cuirassiers de Milhau se déployèrent, et, sous la protection de feu de quatre batteries d'artillerie légère, firent mine de charger; l'ennemi démasqua alors cinquante ou soixante pièces de canon; toute l'armée y était. Il aurait fallu deux heures de jour de plus pour pouvoir l'attaquer. L'armée française prit position en avant de Planchenoit, le quartier-général se plaça à la ferme de Caillou, à deux mille quatre cents toises du village de Mont-Saint-Jean. En traversant la chaussée de Bruxelles aux Quatre-Bras, il fut facile d'évaluer combien grande avait été la perte des Anglais, quoiqu'ils eussent déjà enterré la plus grande partie de leurs morts.

L'armée française se trouvait ainsi disposée pour marcher en deux colonnes sur Bruxelles: l'empereur avec soixante-neuf mille hommes et deux cent quarante-deux pièces de canon, était campé à cheval sur la grande route à quatre lieues et demie de cette ville, ayant devant lui l'armée anglo-hollandaise, forte de quatre-vingt-dix mille hommes et de deux cent cinquante pièces de canon, et dont le quartier-général était à Waterloo; le maréchal Grouchy, avec trente-quatre mille hommes et cent huit pièces de canon, devait être à Wavres... Mais il était en avant de Gembloux, ayant perdu de vue l'armée prussienne.

Le maréchal Grouchy avait poursuivi Blücher par les routes de Mont-Guibert et de Gembloux, mais, des rapports lui ayant fait croire que la majeure partie de l'armée prussienne s'était retirée par Gembloux, il se porta sur ce point avec ses principales forces. Arrivé le 16 à quatre heures du soir, il y apprit que le corps du général Bulow y était arrivé dans la nuit, et n'avait pas assisté à la bataille; que le désordre était grand dans plusieurs corps de l'armée prussienne; que tous les villages environnans étaient pleins de blessés et de fuyards, que la désertion était déjà très-considérable parmi les troupes saxonnes, westphaliennes, et même parmi les propres Prussiens. Il envoya des reconnaissances, dans les deux directions de Wavres et de Liége, à la suite des deux arrière-gardes ennemies, qui s'y étaient retirées. Cela fait, Grouchy fit prendre position à ses troupes; il n'avait cependant fait que deux lieues! Sur le soir il reçut des renseignemens positifs que les principales forces de l'ennemi étaient dirigées sur Wavres; mais il était plus de six heures; les soldats faisaient leur soupe; il jugea qu'il serait temps le lendemain de suivre l'ennemi, qui se trouvait ainsi avoir gagné trois heures sur lui. *Cette funeste résolution est la cause principale de la perte de la bataille de Waterloo.*

A dix heures du soir, le 17, l'empereur expédia un officier au maréchal Grouchy, que l'on supposait sur Wavres, pour lui faire connaître qu'il y aurait le lendemain une grande bataille; que l'armée anglo-hollandaise était en position en avant de la forêt de Soignes, sa gauche appuyée au village de la Haie; qu'il lui ordonnait de détacher avant le jour de son camp de Wavres une division de sept mille hommes de toutes armes, et seize pièces de canon sur Saint-Lambert, pour se joindre à la droite de la grande armée, et opérer avec elle; qu'aussitôt qu'il serait assuré que le maréchal Blücher aurait évacué Wavres, soit pour continuer sa retraite sur Bruxelles, soit pour se porter dans toutes autres directions, il devait marcher avec la majorité de ses troupes pour appuyer le détachement qu'il aurait fait sur Saint-Lambert.

A onze heures du soir, une heure après que cette dépêche était expédiée, on reçut un rapport du maréchal Grouchy, daté de Gembloux, cinq heures du soir. Il rendait compte qu'il était avec son armée à Gembloux, ignorant la direction qu'avait prise le maréchal Blücher, et s'il s'était porté sur Bruxelles ou sur Liége; qu'en conséquence il avait établi deux avant-gardes, l'une entre Gembloux et Wavres; et l'autre à une lieue de Gembloux, dans la direction de Liége. Ainsi le maréchal Blücher lui avait échappé, était à trois lieues de lui. Le maréchal Grouchy n'avait fait que deux lieues dans la journée du 17! Un second officier lui fut envoyé à quatre heures du matin pour lui réitérer l'ordre qui lui avait été expédié à dix heures du soir. Une heure après, à cinq heures, on reçut un nouveau rapport daté de Gembloux, deux heures du matin : ce maréchal rendait compte qu'il avait appris, à six heures du soir, que Blücher s'était dirigé avec toutes ses forces sur Wavres; qu'en conséquence il avait voulu l'y suivre à l'heure même; mais que, les troupes ayant déjà pris leur camp et fait la soupe, il ne partirait qu'au jour pour arriver de bonne heure devant Wavres, ce qui aurait le même effet; que le soldat serait bien reposé et plein d'ardeur.

Journée du 18.

Pendant la nuit l'empereur donna tous les ordres nécessaires pour la bataille du lendemain, quoique tout lui indiquât qu'elle n'aurait pas lieu. Depuis quatre jours que les hostilités étaient commencées il avait, par les plus habiles manœuvres, surpris ses ennemis, remporté une victoire éclatante, et séparé les deux armées. C'était beaucoup pour sa gloire, mais pas encore assez pour sa position. Les trois heures de retard que la gauche (Ney) avait éprouvées dans son mouvement l'avait empêché d'attaquer, comme il l'avait projeté, l'armée anglo-hollandaise dans l'après-midi du 17, ce qui eût couronné la campagne. Actuellement il est probable que le duc de Wellington et le maréchal Blücher profitaient de cette même nuit pour traverser la forêt de Soignes, et se réunir devant Bruxelles; après cette réunion, qui serait opérée avant neuf heures du matin, la position de l'armée française deviendrait bien délicate! Les deux armées ennemies se renforceraient de tout ce qu'elles avaient sur leurs derrières. Six mille Anglais étaient débarquées à Ostende depuis peu de jours; c'étaient des troupes de retour d'Amérique. Il serait impossible que l'armée française se hasardât de traverser la forêt de Soignes pour combattre au débouché des forces plus que doubles, formées et en position; et cependant, sous peu de semaines, l'armée russe, autrichienne, bavaroise, etc., allait passer le Rhin, se porter sur la Marne. Le cinquième corps, en observation en Alsace, n'était que de vingt mille hommes.

A une heure du matin, fort préoccupé de ces grandes pensées, l'empereur sortit à pied, accompagné seulement de son grand-maréchal. Son dessein était de suivre l'armée anglaise dans sa retraite, et de tâcher de l'entamer, malgré l'obscurité de la nuit, aussitôt qu'elle serait en marche. Il parcourut la ligne des grandes gardes. La forêt de Soignes apparaissait comme un incendie; l'horizon entre cette forêt, Braine-la-Leud, les fermes de la Belle-Alliance et de la Haie, était resplendissant du feu des bivouacs; le plus profond silence régnait. L'armée anglo-hollandaise était ensevelie dans un profond sommeil, suite des fatigues qu'elle avait essuyées les jours précédens. Arrivé près des bois du château d'Hougomont, il entendit le bruit d'une colonne en marche: il était deux heures et demie. Or à cette heure l'arrière-garde devait commencer à quitter sa position si l'ennemi était en retraite; mais cette illusion fut courte. Le bruit cessa; la pluie tombait par torrens. Divers officiers envoyés en reconnaissance et des affidés, de retour à trois heures et demie, confirmèrent que les Anglo-hollandais ne faisaient aucun mouvement. A quatre heures les coureurs lui amenèrent un paysan qui avait servi de guide à une brigade de cavalerie anglaise allant prendre position sur l'extrême gauche, au village d'Ohain. Deux déserteurs belges, qui venaient de quitter leur régiment, lui rapportèrent que leur armée se préparait à la bataille, qu'aucun mouvement rétrograde n'avait eu lieu, que la Belgique faisait des vœux pour le succès de l'empereur, que les Anglais et les Prussiens y étaient également haïs.

Le général ennemi ne pouvait rien faire de plus contraire aux intérêts de son parti et de sa nation, à l'esprit général de cette campagne, et même aux règles les plus simples de la guerre, que de rester dans la position qu'il occupait; il avait derrière lui les défilés de la forêt de Soignes; s'il était battu, toute retraite lui était impossible.

Les troupes françaises étaient bivouaquées au milieu de la boue; les officiers tenaient pour impossible de donner bataille dans ce jour: l'artillerie et la cavalerie ne pourrait manœuvrer dans les terres, tant elles étaient détrempées; ils estimaient qu'il faudrait douze heures de beau temps pour les étancher. Le jour commençait à poindre; l'empereur rentra à son quartier-général, plein de satisfaction de la grande faute que faisait le général ennemi, et fort inquiet que le mauvais temps ne l'empêchât d'en profiter. Mais déjà l'atmosphère s'éclaircissait; à cinq heures il aperçut quelques faibles rayons de ce soleil qui devait avant de se coucher éclairer la perte de l'armée anglaise...

L'armée anglo-hollandaise était en bataille sur la chaussée de Charleroi à Bruxelles, en avant de la forêt de Soignes, couronnant un assez beau plateau. Sa réserve était à Mont-Saint-Jean, l'intersection des chaussées de Charleroi et de Nivelles à Bruxelles. La cavalerie, rangée sur trois lignes à la hauteur de Mont-Saint-Jean, garnissait tous les derrières de la ligne de bataille de l'armée, dont l'étendue était de deux mille cinq cents toises. Le front de l'ennemi était couvert par un obstacle naturel; le plateau était légèrement concave à son centre, et le terrain finissait en pente douce par un ravin plus profond.

Les forces que l'ennemi montrait étaient diversement évaluées; mais les officiers les plus exercés les estimaient, en y comprenant les corps de flanqueurs, à quatre-vingt-dix mille hommes, ce qui s'accordait avec les renseignemens généraux. L'armée française n'était que de soixante-neuf mille hommes; mais la victoire n'en paraissait pas moins certaine : ces soixante-neuf mille hommes étaient de bonnes troupes, et dans l'armée ennemie les Anglais seuls, qui étaient au nombre de quarante mille au plus, pouvaient être comptés comme tels.

A huit heures on apporta le déjeuner de l'empereur, où s'assirent plusieurs officiers-généraux. Il dit : « L'armée ennemie est supérieure à la nôtre de près d'un quart ; nous n'en avons pas moins quatre-vingt-dix chances pour nous, et pas dix contre. — Sans doute, dit le maréchal Ney, qui entrait en ce moment, si le duc de Wellington était assez simple pour attendre Votre Majesté ; mais je viens lui annoncer que déjà ses colonnes sont en pleine retraite ; elles disparaissent dans la forêt. — Vous avez mal vu, lui répondit ce prince ; il n'est plus à temps ; il s'exposerait à une perte certaine ; il a jeté les dés, et ils sont pour nous ! » Dans ce moment des officiers d'artillerie, qui avaient parcouru la plaine, annoncèrent que l'artillerie pouvait manœuvrer, quoique avec quelques difficultés, qui dans une heure seraient bien diminuées. Aussitôt l'empereur monta à cheval ; il se porta aux tirailleurs vis-à-vis la Haie-Sainte, reconnut de nouveau la ligne ennemie, et chargea le général de génie Haxo, officier de confiance, de s'en approcher davantage pour s'assurer s'il avait été élevé quelques redoutes ou retranchemens. Ce général revint promptement rendre compte qu'il n'avait aperçu aucune trace de fortification. L'empereur réfléchit un quart d'heure, puis dicta l'ordre de bataille, que deux généraux écrivaient assis par terre. Les aides-de-camp le portèrent aux divers corps d'armée, qui étaient sous les armes pleins d'impatience et d'ardeur. L'armée s'ébranla, et se mit en marche sur onze colonnes.

A neuf heures les têtes des quatre colonnes formant la première ligne arrivèrent où elles devaient se déployer. En même temps on aperçut plus ou moins loin les sept autres colonnes qui débouchaient des hauteurs ; elles étaient en marche ; les trompettes et tambours sonnaient aux champs ; la musique retentissait des airs qui retraçaient aux soldats le souvenir de cent victoires. La terre paraissait orgueilleuse de porter tant de braves. Ce spectacle était magnifique ; et l'ennemi, qui était placé de manière à découvrir jusqu'au dernier homme, dut en être frappé ; l'armée dut lui paraître double en nombre de ce qu'elle était réellement.

Ces onze colonnes se déployèrent avec tant de précision, qu'il n'y eut aucune confusion, et chacun occupa la place qui lui était désignée dans la pensée du chef ; jamais de si grandes masses ne se remuèrent avec tant de facilité. A dix heures et demie, ce qui paraît incroyable, tout le mouvement était achevé, toutes les troupes étaient à leur position ; le plus profond silence régnait sur le champ de bataille. L'armée se trouva rangée sur six lignes formant la figure de six V.

L'empereur parcourut les rangs. Il serait difficile d'exprimer l'enthousiasme qui animait tous les soldats : l'infanterie légère avait ses schakos au bout des baïonnettes ; les cuirassiers, dragons et cavalerie légère leurs casques ou schakos au bout de leurs sabres. La victoire paraissait certaine ; les vieux soldats, qui avaient assisté à tant de combats, admirèrent ce nouvel ordre de bataille ; ils cherchaient à pénétrer les vues ultérieures de leur général ; ils discutaient le point et la manière dont devait avoir lieu l'attaque. Pendant ce temps l'empereur donna ses derniers ordres, et se porta à la tête de sa garde au sommet des six V, sur les hauteurs de Rossomme. Il mit pied à terre ; de là il découvrait les deux armées ; la vue s'étendait fort loin à droite et à gauche du champ de bataille.

Une bataille est une action dramatique, qui a son commencement, son milieu et sa fin. L'ordre de bataille que prennent les deux armées, les premiers mouvemens pour en venir aux mains sont l'exposition ; les contre-mouvemens que fait l'armée attaquée forment le nœud, ce qui oblige à de nouvelles dispositions, et amène la crise d'où naît le résultat ou dénouement. Aussitôt que l'attaque du centre de l'armée française aurait été démasquée, le général ennemi ferait des contre-mouvemens, soit par ses ailes, soit derrière sa ligne, pour faire diversion ou accourir au secours du point attaqué ; aucun de ces mouvemens ne pouvait échapper à l'œil exercé de Napoléon, dans la position centrale où il s'était placé, et il avait dans sa main toutes ses réserves pour les porter à volonté où l'urgence des circonstances exigerait leur présence.

Pendant que tout se préparait pour cette attaque décisive, la division du prince Jérôme, sur la gauche, engagea la fusillade au bois d'Hougomont. Bientôt elle devint très-vive. L'ennemi ayant démasqué près de quarante pièces d'artillerie, le général Reille fit avancer la batterie d'artillerie de sa deuxième division, et l'empereur envoya l'ordre au général Kellermann de faire avancer ses douze pièces d'artillerie légère. Le prince Jérôme enleva plusieurs fois le bois d'Hougomont, et plusieurs fois en fut repoussé : il était défendu par la division des gardes anglaises, les meilleures troupes de l'ennemi, qu'on vit avec plaisir être sur sa droite, ce qui rendait plus facile la grande attaque sur la gauche. La division Foy soutint la division du prince Jérôme. Il se fit de part et d'autre des prodiges de valeur ; les gardes anglaises couvrirent de leurs cadavres le bois et les avenues du château, mais non sans vendre chèrement leur sang. Après diverses vicissitudes qui occupèrent plusieurs heures de la journée, le bois tout entier resta aux Français ; mais le château, où s'étaient crénelés plusieurs centaines de braves, opposait une résistance invincible ; l'empereur ordonna de réunir une batterie de huit obusiers, qui mirent le feu aux granges et aux toits, et rendirent les Français maîtres de cette position.

Le maréchal Ney obtint l'honneur de commander la grande attaque du centre ; elle ne pouvait pas être confiée à un homme plus brave et plus accoutumé à ce genre d'affaires. Il envoya un de ses aides de camp prévenir que tout était prêt, et qu'il n'attendait plus que le signal. Avant de le donner l'empereur voulut jeter un dernier regard sur tout le champ de bataille, et aperçut dans la direction de Saint-Lambert un nuage qui lui parut être des troupes. Il dit à son major-général : « Maréchal, que voyez-vous sur Saint-Lambert ? — J'y crois voir cinq à six mille hommes ; c'est probablement un détachement de Grouchy. » Toutes les lunettes de l'état-major furent fixées sur ce point. Le temps était assez brumeux. Les uns soutenaient, comme il arrive en pareille occasion, qu'il n'y avait pas de troupes, que c'étaient des arbres ; d'autres que c'étaient des colonnes en position ; quelques-uns que c'étaient des troupes en marche. Dans cette incertitude, sans plus délibérer, il fit appeler le lieutenant général Daumont, et lui ordonna de se porter avec sa division de cavalerie légère et celle du général Subervie pour éclairer sa droite, communiquer promptement avec les troupes qui arrivaient sur Saint-Lambert, opérer la réunion si elles appartenaient au maréchal Grouchy, les contenir si elles étaient ennemies. Ces trois mille hommes de cavalerie n'eurent qu'à faire un à droite par quatre pour être hors des lignes de l'armée ; ils se portèrent rapidement et sans confusion à trois mille toises, et s'y rangèrent en bataille, en potence sur toute la droite de l'armée.

Un quart d'heure après un officier de chasseurs amena un hussard noir prussien qui venait d'être fait prisonnier par les coureurs d'une colonne volante de trois cents chasseurs qui battait l'estrade entre Wavres et Planchenoit. Ce hussard était porteur d'une lettre; il était fort intelligent, et donna de vive voix tous les renseignemens que l'on put désirer. La colonne qu'on aperçut à Saint-Lambert était l'avant-garde du général Bulow, qui arrivait avec trente mille hommes; c'était le quatrième corps prussien, qui n'avait pas donné à Ligny. La lettre était effectivement l'annonce de l'arrivée de ce corps; ce général demandait au duc de Wellington des ordres ultérieurs. Le hussard dit qu'il avait été le matin à Wavres, que les trois autres corps de l'armée prussienne y étaient campés, et qu'ils y avaient passé la nuit du 17 au 18; qu'ils n'avaient aucun Français devant eux; qu'il supposait que les Français avaient marché sur Planchenoit; qu'une patrouille de son régiment avait été dans la nuit jusqu'à deux lieues de Wavres sans rencontrer aucun corps français. Le duc de Dalmatie expédia sur-le-champ la lettre interceptée et le rapport du hussard au maréchal Grouchy, auquel il réitéra l'ordre de marcher de suite sur Saint-Lambert, et de prendre à dos le corps du général Bulow. Il était onze heures; l'officier n'avait au plus que quatre ou cinq lieues à faire, toujours sur de bons chemins, pour atteindre le maréchal Grouchy : il promit d'y être à une heure. Par la dernière nouvelle reçue de ce maréchal, on savait qu'il devait, à la pointe du jour, se porter sur Wavres; or de Gembloux à Wavres il n'y a que trois lieues : soit qu'il eût ou non reçu les ordres expédiés dans la nuit du quartier impérial, il devait être indubitablement engagé à l'heure qu'il était devant Wavres. Les lunettes dirigées sur ce point n'apercevaient rien; on n'entendait aucun coup de canon. Peu après le général Daumont envoya dire que quelques coureurs bien montés, qui le précédaient, avaient rencontré des patrouilles ennemies dans la direction de Saint-Lambert; qu'on pouvait tenir pour sûr que les troupes que l'on y voyait étaient ennemies; qu'il avait envoyé dans plusieurs directions des patrouilles d'élite pour communiquer avec le maréchal Grouchy, et lui porter des avis et des ordres.

L'empereur fit ordonner immédiatement au comte de Lobau de traverser la chaussée de Charleroi, par un changement de direction à droite par division, et de se porter pour soutenir la cavalerie légère du côté de Saint-Lambert; de choisir une bonne position intermédiaire, où il pût, avec dix mille hommes, en arrêter trente mille si cela devenait nécessaire; d'attaquer vivement les Prussiens aussitôt qu'il entendrait les premiers coups de canon des troupes que le maréchal Grouchy avait détachées derrière eux. Ces dispositions furent exécutées sur-le-champ. Il était de la plus haute importance que le mouvement du comte de Lobau se fît sans retard. Le maréchal Grouchy devait avoir de Wavres détaché six à sept mille hommes sur Saint-Lambert, lesquels se trouveraient compromis, puisque le corps du général Bulow était de trente mille hommes; tout comme le corps du général Bulow serait compromis et perdu si, au moment qu'il serait attaqué en queue par six à sept mille hommes, il était attaqué en tête par un homme du caractère du comte de Lobau. Dix-sept à dix-huit mille Français, disposés et commandés ainsi, étaient d'une valeur bien supérieure à trente mille Prussiens. Mais ces événemens portèrent du changement dans le premier plan de l'empereur; il se trouva affaibli, sur le champ de bataille, de dix mille hommes qu'il était obligé d'envoyer contre le général Bulow; ce n'était plus que cinquante-neuf mille hommes qu'il avait contre quatre-vingt-dix mille; ainsi l'armée ennemie contre laquelle il avait à lutter venait d'être augmentée de trente mille hommes déjà rendus sur le champ de bataille; elle était de cent vingt mille hommes contre soixante-neuf mille; c'était un contre deux. « Nous avions ce matin quatre-vingt-dix chances pour nous, dit-il au duc de Dalmatie; l'arrivée de Bulow nous en fait perdre trente; mais nous en avons encore soixante contre quarante, et si Grouchy répare l'horrible faute qu'il a commise hier de s'amuser à Gembloux, et envoie son détachement avec rapidité, la victoire en sera plus décisive, car le corps de Bulow sera entièrement perdu. »

Il était midi; les tirailleurs étaient engagés sur toute la ligne, mais le combat n'avait réellement lieu que sur la gauche, dans le bois et au château d'Hougomont. Du côté de l'extrême droite les troupes du général Bulow étaient encore stationnaires; elles paraissaient se former, et attendre que leur artillerie eût passé le défilé. L'empereur envoya l'ordre au maréchal Ney de commencer le feu de ses batteries, de s'emparer de la ferme de la Haie-Sainte, et d'y mettre en position une division d'infanterie; de s'emparer également du village de la Haie et d'en déposter l'ennemi, afin d'intercepter toute communication entre l'armée anglo-hollandaise et le corps du général Bulow. Quatre-vingts bouches à feu vomirent bientôt la mort sur toute la gauche de la ligne anglaise; une de ses divisions fut entièrement détruite par les boulets et la mitraille. Pendant que cette attaque était démasquée, l'empereur observait avec attention quel serait le mouvement du général ennemi; il n'en fit aucun sur sa droite; mais il s'aperçut qu'il préparait sur la gauche une grande charge de cavalerie; il s'y porta au galop. La charge avait eu lieu; elle avait repoussé une colonne d'infanterie qui s'avançait sur le plateau, lui avait enlevé deux aigles, et désorganisé sept pièces de canon. Il ordonna à une brigade de cuirassiers du général Milhaud, de la deuxième ligne, de charger cette cavalerie. Elle partit aux cris de *Vive l'empereur*; la cavalerie anglaise fut rompue, la plus grande partie resta sur le champ de bataille; les canons furent repris, l'infanterie protégée. Diverses charges d'infanterie et de cavalerie eurent lieu; le détail en appartient plus à l'histoire de chaque régiment qu'à l'histoire générale de la bataille, où ces récits multipliés ne porteraient que du désordre; il suffit de dire qu'après trois heures de combat la ferme de la Haie-Sainte, malgré la résistance des régimens écossais, fut occupée par l'infanterie française, et le but que s'était promis le général français obtenu. Les cinquième et sixième divisions anglaises furent détruites; le général Picton resta mort sur le champ de bataille.

Le désordre était dans l'armée anglaise; les bagages, les charrois, les blessés, voyant les Français s'approcher de la chaussée de Bruxelles et du principal débouché de la forêt, accouraient en foule pour opérer leur retraite. Tous les fuyards anglais, belges, allemands, qui avaient été sabrés par la cavalerie, se précipitaient sur Bruxelles. Il était quatre heures; la victoire aurait dès lors été décidée; mais le corps du général Bulow opéra en ce moment sa puissante diversion.

Dans ces mêmes momens l'empereur reçut de Gembloux des nouvelles bien fâcheuses. Le maréchal Grouchy, au lieu d'être parti de Gembloux à la petite pointe du jour, comme il l'avait annoncé par sa dépêche de deux heures après minuit, n'avait pas encore quitté ce camp à dix heures du matin. L'officier l'attribuait à l'horrible temps qu'il faisait : motif ridicule. Cette inexcusable lenteur, dans des circonstances si délicates, de la part d'un officier aussi zélé, ne se pouvait expliquer.

Cependant la canonnade s'engagea entre le général Bulow et le comte de Lobau, soutenu de plusieurs régimens de vieille et jeune garde. De part et d'autre l'acharnement fut extrême. L'artillerie française ne tarda pas à avoir la supériorité. En même temps le comte d'Erlon s'emparait de la Haie, débordait toute la gauche anglaise et la droite prussienne. L'engagement devint général. Le général Bulow fut repoussé. Les Anglais abandonnèrent tout le champ de bataille entre la Haie-Sainte et Mont-Saint-Jean. La division de grosse cavalerie de la garde, sous les ordres du général Guyot, qui était en deuxième ligne, derrière les cuirassiers Kellermann, suivait au grand trot et se portait sur le plateau, entraînée par un zèle imprudent : l'empereur s'en aperçut; il envoya le comte Bertrand pour la rappeler : c'était sa réserve ; quand ce général arriva elle était déjà engagée, et tout mouvement rétrograde eût été dangereux. L'empereur se trouva ainsi privé de sa réserve de cavalerie, de cette réserve qui, bien employée, lui avait donné tant de fois la victoire. Cependant ces douze mille hommes de cavalerie d'élite firent des miracles; ils culbutèrent toute la cavalerie plus nombreuse de l'ennemi qui voulut s'opposer à eux, enfoncèrent plusieurs carrés d'infanterie, désorganisèrent, s'emparèrent de soixante bouches à feu, et prirent au milieu des carrés six drapeaux que trois chasseurs de la garde et trois cuirassiers présentèrent à l'empereur devant la Belle-Alliance.

L'ennemi, pour la seconde fois de la journée, crut la bataille perdue, et voyait avec effroi combien le mauvais champ de bataille qu'il avait choisi allait apporter de difficultés à sa retraite. La victoire était gagnée; soixante-neuf mille Français avaient battu cent vingt mille hommes. La joie était sur toutes les figures, et l'espoir dans tous les cœurs. Ce sentiment succédait à l'étonnement qu'on avait éprouvé pendant la durée de cette attaque de flanc, faite par une armée tout entière, et qui pendant une heure avait menacé la retraite même de l'armée. Dans ce moment on entendait distinctement la canonnade du maréchal Grouchy; elle avait dépassé Wavres dans le point le plus éloigné, et dans le point le plus près, elle était derrière Saint-Lambert.

Le maréchal Grouchy n'était parti qu'à dix heures du matin de son camp de Gembloux, se trouvant entre midi et une heure à mi-chemin de Wavres, à Sart-à-Walin. Il entendit l'épouvantable canonnade de Waterloo. Aucun homme exercé ne pouvait s'y tromper; c'était plusieurs centaines de bouches à feu, et dès lors deux armées qui s'envoyaient réciproquement la mort. Le général Excelmans, qui commandait la cavalerie, en fut vivement ému; il se rendit près du maréchal, et lui dit : « L'empereur est aux mains avec l'armée
» anglaise; cela n'est pas douteux; un feu aussi terrible ne peut pas être une
» rencontre. Monsieur le maréchal, il faut marcher sur le feu. Je suis un vieux
» soldat de l'armée d'Italie; j'ai cent fois entendu le général Bonaparte prêcher
» ce principe. Si nous prenons à gauche nous serons dans deux heures sur le
» champ de bataille. — Je crois, lui dit le maréchal, que vous avez raison; mais
» si Blücher débouche de Wavres sur moi, et me prend en flanc, je serai com-
» promis pour n'avoir point obéi à mon ordre, qui est de marcher contre Blü-
» cher. » Le comte Gérard joignit dans ce moment le maréchal, et lui donna le même conseil que le général Excelmans. « Votre ordre porte, lui dit-il, d'être
» hier à Wavres, et non aujourd'hui; le plus sûr est d'aller sur le champ de
» bataille. Vous ne pouvez vous dissimuler que Blücher a gagné une marche
» sur vous; il était hier à Wavres, et vous à Gembloux; et qui sait maintenant
» où il est? S'il est réuni à Wellington, nous le trouverons sur le champ de ba-
» taille, et dès lors votre ordre est exécuté à la lettre; s'il n'y est pas, votre ar-
» rivée décidera de la bataille. Dans deux heures nous pouvons prendre part au
» feu, et si nous avons détruit l'armée anglaise, que nous fait Blücher, déjà
» battu? » Le maréchal parut convaincu, mais dans ce moment il reçut le rapport que sa cavalerie légère était arrivée à Wavres, et était aux mains avec les Prussiens, que toutes leurs forces y étaient réunies, et qu'elles consistaient au moins en quatre-vingt mille hommes. A cette nouvelle il continua son mouvement sur Wavres; il y arriva à quatre heures après midi : croyant avoir devant

lui toute l'armée prussienne, il mit deux heures pour se ranger en bataille et faire ses dispositions.

Le maréchal Blücher avait passé la nuit du 17 au 18 à Wavres avec les quatre corps de son armée, formant soixante-quinze mille hommes. Instruit que le duc de Wellington était décidé à recevoir la bataille en avant de la forêt de Soignes s'il pouvait compter sur son concours, il détacha dans la matinée son quatrième corps, qui passa la Dyle à Limale et se réunit à Saint-Lambert. Ce corps était entier; c'était celui de Bulow, qui n'avait pas donné à Ligny. La cavalerie légère du maréchal Blücher, qui battait l'estrade à deux lieues de son camp de Wavres, n'avait encore aucune nouvelle du maréchal Grouchy; à sept heures du matin elle ne voyait que quelques piquets de coureurs. Blücher en conclut que toute l'armée était réunie devant Mont-Saint-Jean. Il n'avait pas deux partis à prendre. Il mit en mouvement son deuxième corps, commandé par le général Pirch, et marcha lui-même avec le premier corps, celui du général Zietten, laissant le général Thielman, avec le troisième corps, en position à Wavres.

Ces deux colonnes de Blücher, fortes ensemble de trente et un mille hommes, ouvrirent la communication entre le général Bulow et les Anglais. Le premier, qui était en pleine retraite, s'arrêta; Wellington, qui était au désespoir et n'avait devant lui que la perspective d'une défaite assurée, vit son salut. Si le maréchal Grouchy eût couché devant Wavres, comme il le devait et en avait l'ordre, le soir du 17, le maréchal Blücher y fût resté en observation avec toutes ses forces, se croyant poursuivi par toute l'armée française. Si le maréchal Grouchy, comme il l'avait écrit à deux heures après minuit, de son camp de Gembloux, eût pris les armes à la pointe du jour, c'est-à-dire à quatre heures du matin, il ne fût pas arrivé à Wavres à temps pour empêcher le détachement du général Bulow, mais il eût arrêté les trois autres corps du maréchal Blücher. La victoire était encore certaine; mais le maréchal Grouchy n'arriva qu'à quatre heures et demie devant Wavres, et n'attaqua qu'à six heures; il n'était plus temps! L'armée française, forte de soixante-neuf mille hommes, qui à sept heures du soir était victorieuse d'une armée de cent vingt mille hommes, occupait la moitié du champ de bataille des Anglo-Hollandais; et avait repoussé le corps du général Bulow, se vit arracher la victoire par l'arrivée du maréchal Blücher avec trente mille hommes de troupes fraîches, renfort qui portait l'armée alliée en ligne à près de cent cinquante mille hommes, c'est-à-dire à deux et demi contre un.

Cependant l'armée française fit long-temps encore bonne contenance; elle croyait achever la victoire; mais elle éprouva de l'étonnement lorsqu'elle aperçut les colonnes du maréchal Blücher. Quelques régimens firent un mouvement en arrière. C'est alors qu'on dit avoir entendu le cri de *sauve qui peut!* La trouée faite, la ligne rompue, la cavalerie ennemie inonda le champ de bataille; le désordre devint épouvantable. L'empereur n'eut que le temps de se mettre sous la protection d'un des carrés de la garde. Si la division de cavalerie de réserve du général Guyot ne se fût engagée sans ordre à la suite des cuirassiers Kellermann, elle eût repoussé cette charge, empêché la cavalerie anglaise de pénétrer sur le champ de bataille, et la garde à pied eût alors pu contenir tous les efforts de l'ennemi. La nuit augmentait le désordre et s'opposait à tout : s'il eût fait jour, et que les troupes eussent pu voir l'empereur, elles se fussent ralliées; rien n'était possible dans l'obscurité. La garde se mit en retraite; le feu de l'ennemi était déjà à quatre cents toises sur les derrières, et les chaussées coupées. L'empereur, avec son état-major et quatre pièces de canon, resta long-temps sur un mamelon; enfin, il n'y avait plus un moment à perdre. L'empereur ne put faire sa retraite qu'à travers champ : cavalerie, artillerie, infanterie, tout était pêle-mêle. L'état-major gagna la petite ville de Genape; il espérait pouvoir rallier un corps d'arrière-garde; mais le désordre était épouvantable; tous les efforts qu'on fit furent vains. Il était onze heures du soir.

Jamais l'armée française ne s'est mieux battue que dans cette journée; elle a fait des prodiges de valeur, et la supériorité des troupes françaises, infanterie, cavalerie, artillerie, était telle sur l'ennemi, que, sans l'arrivée des premier et deuxième corps prussiens, la victoire avait été remportée, et eût été complète contre l'armée anglo-hollandaise et le corps du général Bulow, c'est-à-dire un contre deux (soixante-neuf mille hommes contre cent vingt mille).

La garde impériale a soutenu son ancienne réputation; mais elle s'est trouvée engagée dans de malheureuses circonstances.

La perte de l'armée anglo-hollandaise et celle du général Bulow furent, pendant la bataille, de beaucoup supérieures à celle des Français, et les pertes que les Français éprouvèrent dans la retraite, quoique très-considérables, puisqu'ils eurent six mille prisonniers, ne compensent pas encore les pertes des alliés dans ces quatre jours, perte qu'ils avouent être de *soixante mille hommes*, savoir, onze mille trois cents Anglais, trois mille cinq cents Hanovriens, huit mille Belges, Nassaus, Brunswickois; total, vingt-deux mille huit cents pour l'armée anglo-hollandaise; Prussiens, trente-huit mille, total général, *soixante mille huit cents*. Les pertes de l'armée française, même y compris celles éprouvées dans la déroute et jusqu'aux portes de Paris, ont été de *quarante et un mille* hommes.

Dans la même journée du 18, le maréchal Grouchy avait attaqué Wavres à six heures du soir. Le général Thielman opposa une vive résistance; mais il fut battu. Il attaqua à son tour le 19, et fut encore vivement repoussé. Le maréchal Grouchy ordonnait de poursuivre l'ennemi lorsqu'il reçut, avec la nouvelle de la perte de la bataille, l'ordre de l'empereur de faire sa retraite; il ramena à l'armée à Laon, trente-deux mille hommes, dont six mille cinq cents de cavalerie, et cent huit pièces de canon.

La position de la France était critique après la bataille de Waterloo, mais non désespérée. Tout avait été préparé dans l'hypothèse qu'on échouât dans l'attaque de la Belgique. Soixante-dix mille hommes étaient ralliés le 27 entre Paris et Laon; vingt-cinq à trente mille hommes, y compris les dépôts de la garde, étaient en marche de Paris et des dépôts. Le général Rapp, avec vingt-cinq mille hommes de troupes d'élite, devait être arrivé dans les premiers jours de juillet sur la Marne; toutes les pertes du matériel de l'artillerie étaient réparées. Paris seul contenait cinq cents pièces de canon de campagne, et on n'en avait perdu que cent soixante-dix. Ainsi une armée de cent vingt mille hommes, égale à celle qui avait passé la Sambre le 15, ayant un train d'artillerie de trois cent cinquante bouches à feu, couvrirait Paris au 1er juillet. Cette capitale avait, indépendamment de cela pour sa défense, trente-six mille hommes de gardes nationales, trente mille tirailleurs, six mille canonniers, six cents bouches à feu en batterie, des retranchemens formidables sur la rive droite de la Seine, et en peu de jours ceux de la rive gauche eussent été entièrement terminés. Cependant les armées anglo-hollandaise et prusso-saxonne, affaiblies de plus de quatre-vingt mille hommes, n'étant plus que de cent quarante mille, ne pouvaient dépasser la Somme avec plus de quatre-vingt-dix mille hommes; elles y attendraient la coopération des armées autrichienne et russe, qui ne pouvaient être avant le 15 juillet sur la Marne. Paris avait donc vingt-cinq jours pour préparer sa défense, achever son armement, ses approvisionnemens, ses fortifications, et attirer des troupes de tous les points de la France. Au 15 juillet même il n'y aurait que trente ou quarante mille hommes arrivés sur le Rhin; la masse des armées russe et autrichienne ne pouvait entrer en action que plus tard. Ni les armes, ni les munitions, ni les officiers ne manquaient dans la capitale; on pouvait porter facilement les tirailleurs à quatre-vingt mille hommes, et augmenter l'artillerie de campagne jusqu'à six cents bouches à feu.

Le maréchal Suchet, réuni au général Lecourbe, aurait à la même époque plus de trente mille hommes devant Lyon, indépendamment de la garnison de cette ville, qui serait bien armée, bien approvisionnée et bien retranchée. La défense de toutes les places fortes était assurée; elles étaient commandées par des officiers de choix, et gardées par des troupes fidèles. Tout pouvait se réparer; mais il fallait du caractère, de l'énergie, de la fermeté de la part des généraux, du gouvernement, des Chambres, de la nation tout entière; il fallait qu'elle fût animée par les sentimens de l'honneur, de la gloire, de l'indépendance nationale; qu'elle fixât les yeux sur Rome après la bataille de Cannes, et non sur Carthage après Zama!

Le 21 juin le maréchal Blucher et le duc de Wellington entrèrent en deux colonnes sur le territoire français. Ces deux généraux apprirent le 25 l'abdication de l'empereur, l'insurrection des Chambres, le découragement que ces circonstances jetèrent dans l'armée et les espérances qu'en concevaient les ennemis intérieurs; dès lors ils ne songèrent plus qu'à marcher sur la capitale, sous les murs de laquelle ils arrivèrent les derniers jours de juin, avec moins de quatre-vingt-dix mille hommes, démarche qui leur aurait été funeste, et eût entraîné leur ruine totale, s'ils l'eussent hasardée devant Napoléon. Mais ce prince avait abdiqué...

MÉMOIRE ADRESSÉ AU ROI

PAR CARNOT

EN JUILLET 1814.

Le mémoire adressé au roi par Carnot, en juillet 1814, est une des brochures les plus fameuses qui aient paru au moment de la première restauration. Nous consacrerons à la reproduire ce qui nous reste du quarantième volume. Il en a été publié un grand nombre d'éditions. Nous avons collationné un exemplaire de l'édition de Bruxelles, faite en 1814 par E. D., avec la cinquième édition d'Arnaud, Paris, 1815. Nous n'avons remarqué que des variantes sans aucune importance. Nous réimprimons le texte de celle de Bruxelles.

L'état social, tel que nous le voyons, n'est, à proprement parler, qu'une lutte continuelle entre l'envie de dominer, et le désir de se soustraire à la domination.

Aux yeux des partisans de la liberté indéfinie, tout pouvoir, quelque restreint qu'il soit, est illégitime : aux yeux des partisans du pouvoir absolu, toute liberté, quelque bornée qu'elle soit, est un abus. Les premiers ne voient pas de quel droit on prétend les gouverner ; les autres ne conçoivent pas de quel droit on prétend mettre des bornes à leur autorité : ceux-là soutiennent l'égalité parfaite entre tous les hommes ; ceux-ci, la prérogative innée pour quelques-uns de commander aux autres.

C'est de ce conflit d'opinions et de prétentions que sont nées nos discordes civiles ; et lorsque l'imagination en est encore effrayée, il est difficile de porter un jugement impartial dans une semblable discussion : chaque parti s'empresse de rejeter toutes les fautes commises sur le parti contraire. Ceux que l'état antérieur des choses avait placés au-dessus des autres imputent tous les malheurs au défaut de soumission des derniers ; ceux-ci les attribuent aux droits arbitraires que s'étaient arrogés les premiers, à leur obstination à défendre d'absurdes et ridicules priviléges.

Pour être équitable en pareille matière, il faudrait pouvoir se dégager soi-même de toute prévention ; il faudrait se transporter en idée dans les siècles à venir ; et encore, dans ce cas, faudrait-il pouvoir ignorer les résultats de l'histoire, et se défaire de la pente presque irrésistible que nous avons à juger les choses par les événemens.

Il est vrai que la manière de décider la plupart des questions est en quelque sorte justifiée par les écarts auxquels conduisent presque toujours les théories abstraites. La révolution en fournit de funestes preuves aux générations futures : elle fut préparée par une foule d'écrits purement philosophiques. Les ames, exaltées par l'espoir d'un bonheur inconnu, s'élancèrent tout à coup dans les régions imaginaires ; nous crûmes avoir saisi le fantôme de la félicité nationale ; nous crûmes qu'il était possible d'obtenir une république sans anarchie, une liberté illimitée sans désordre, un système parfait d'égalité sans factions. L'expérience nous a cruellement détrompés : que nous reste-t-il de tant de chimères vainement poursuivies ? Des regrets, des préventions contre toute perfectibilité, le découragement d'une multitude de gens de bien qui ont reconnu l'inutilité de leurs efforts.

Vous succombez, hommes, qui vouliez être libres, et par conséquent tous les crimes vous seront imputés ; vous êtes des coupables auxquels on veut bien pardonner provisoirement, à condition que vous reprendrez vos premières chaînes, rendues plus pesantes par un orgueil si long-temps humilié, et retrempées, au nom du ciel, dans l'esprit des vengeances.

Eh ! quelle fut donc, pendant les orages, la conduite de ceux qui nous rapportent des fers ? Ont-ils bien le droit d'accuser les autres des maux qu'ils ont pu souffrir ? Ne serait-ce pas à eux-mêmes que conviendraient ces noms d'assassins et de régicides qu'ils nous prodiguent si généreusement ? Et ne ressembleraient-ils pas à ces filous, qui, pour détourner les soupçons de leurs personnes, crient au voleur plus haut que tous les autres, pendant qu'ils cherchent à se perdre dans la foule ?

Quoi ! disent ces transfuges, ce ne sont pas ceux qui ont voté la mort du roi qui sont les régicides ? Non, ce sont ceux qui ont pris les armes contre leur mère-patrie, c'est vous-mêmes ; les autres l'ont votée comme juges constitués par la nation, et qui ne doivent compte à personne de leur jugement. S'ils se sont trompés, ils sont dans le même cas que tous les autres juges qui se trompent : ils se sont trompés avec la nation entière qui a provoqué le jugement, qui y a ensuite adhéré par des milliers d'adresses venues des communes ; ils se sont trompés avec toutes les nations de l'Europe qui ont traité avec eux, et qui seraient encore en paix avec eux, si les uns et les autres n'eussent été également victimes d'un nouveau parvenu.

Mais vous, qui venez après la tempête, comment vous justifierez-vous d'avoir impitoyablement refusé votre aide à ce roi que vous affectez de plaindre? Vous, à la cupidité desquels il avait sacrifié les ressources du trésor public, vous qui, par la perfidie de vos conseils, l'aviez engagé dans le labyrinthe dont il ne pouvait plus sortir que par vos propres efforts? comment lui avez-vous refusé les dons gratuits qu'il vous demandait? comment avez-vous refusé l'accroissement des contributions que vos déprédations lui avaient rendues indispensables ? Qu'ont fait pour lui les notables? qu'a fait le clergé? qu'a fait la noblesse? qui a provoqué les états-généraux? qui a mis toute la France en insurrection ? Et, lorsque la révolution a été commencée, qui est-ce qui s'est trouvé capable d'en arrêter le torrent? Si vous le pouviez, pourquoi ne l'avez-vous pas fait? Si vous ne le pouviez pas, pourquoi reprochez-vous aux autres de ne l'avoir point arrêté?

Louis XVI, dites-vous, fut le meilleur des rois, le père de ses sujets : eh bien !

qu'avez-vous fait pour le sauver, ce père, ce meilleur des rois? Ne l'avez-vous pas lâchement abandonné, quand vous l'avez vu dans le péril où vous l'aviez précipité? n'était-ce pas votre devoir de lui faire un rempart de vos corps? n'était-ce pas le serment que vous lui aviez fait de le défendre jusqu'à la dernière goutte de votre sang? S'il était le père de ses sujets, n'étiez-vous pas ses enfans de prédilection? N'était-ce pas pour vous qu'il s'était obéré? n'était-ce pas pour satisfaire à votre rapacité qu'il s'était aliéné l'amour de ses autres enfans? Et vous le laissez seul à la merci de ceux que vous aviez irrités contre lui! Était-ce aux républicains de défendre avec des paroles, dans une tribune, celui que vous n'aviez pas osé défendre avec votre épée? Quel point d'appui restait-il à ceux de ces républicains qui, contre leurs propres intérêts, auraient voulu sauver le roi; lorsque vous, ses défenseurs naturels et obligés, vous veniez de fuir? N'est-il pas clair qu'ils se seraient eux-mêmes immolés inutilement avec lui et qu'ils eussent tous été les victimes d'un mouvement populaire? Vous exigez des autres une vertu plus qu'humaine, tandis que vous donnez l'exemple de la désertion et de la félonie.

Louis n'était déjà plus roi lorsqu'il fut jugé : sa perte était inévitable. Il ne pouvait plus régner, du moment que son sceptre était avili; il ne pouvait plus vivre, du moment qu'il n'y avait plus moyen de contenir les factions; ainsi la mort de Louis doit être imputée, non à ceux qui ont prononcé sa condamnation, comme on prononce celle d'un malade dont on désespère, mais à ceux qui, pouvant arrêter dans leurs principes des mouvemens désordonnés, ont trouvé plus expédient de quitter un poste si dangereux.

Vous faites un tableau hideux de la révolution; plus il est hideux, plus vous êtes criminels, car c'est votre ouvrage : c'est vous qui êtes les auteurs de toutes les calamités. Expiez, vous ne pouvez mieux faire, expiez votre ingratitude envers Louis XVI par des prières publiques, par des services annuels dans les temples. Vous ne réclamez, dites-vous pieusement, que la punition des grands coupables, et c'est vous qui êtes ces grands coupables. Les autres ont pu tomber dans l'erreur : c'est une question; mais votre trahison n'en est pas une. Vous qui étiez les premiers-nés de ce roi, vous qui teniez tout de sa faiblesse même, vous avez, vous aurez toujours à vous reprocher un parricide; et Louis aurait pu vous adresser ces dernières paroles de César à Brutus : *Tu quoque, fili mi!*

Comment se fait-il donc que les premiers auteurs du meurtre de Louis XVI, que les véritables instigateurs des troubles civils, soient ceux qui s'emparent aujourd'hui du rôle d'accusateurs? Comment se fait-il que d'autres hommes, qui ont courageusement traversé la révolution au milieu de ses vicissitudes, se trouvent tout à coup frappés de stupeur et semblent passer condamnation sur ces clameurs hypocrites? C'est que, par la bizarrerie des événemens, leurs faibles adversaires sont devenus les plus forts; c'est que les ennemis du nom français avec lesquels ils s'étaient ligués, s'étant mis dix contre un pour nous combattre, sont entrés sans résistance dans la capitale; qu'un instant a suffi pour effacer vingt ans de gloire; qu'enfin ceux qui avaient fui au moment du danger sont revenus triomphans à la suite des bagages; et qu'ainsi vingt ans de victoires sont devenus vingt ans de sacriléges et d'attentats.

Si le système de la liberté eût prévalu, les choses eussent porté des noms bien différens; car, dans les annales du monde, le même fait, suivant les circonstances, est tantôt un crime, tantôt un acte d'héroïsme; le même homme est tantôt Claude et tantôt Marc-Aurèle.

Catilina n'est qu'un vil conspirateur : il eût été le bienfaiteur de Rome, si comme César il eût pu fonder un empire. Cromwel fut reconnu jusqu'à sa dernière heure, et sa protection recherchée par tous les souverains ; après sa mort il fut mis au gibet; il ne lui manqua qu'un fils semblable à lui, pour établir une dynastie nouvelle. Tant que Napoléon fut heureux, l'Europe s'inclina devant lui, les princes tinrent à l'honneur de s'allier à sa famille ; dès qu'il fut tombé, on ne vit plus en lui qu'un misérable aventurier, lâche et sans talens. Pélopidas, Timoléon, André Doria, furent proclamés les libérateurs de leurs patries; ils n'eussent été que des factieux comme les Gracques, s'ils eussent échoué dans leurs entreprises.

Puisque les vociférations sans cesse renaissantes des premiers auteurs de la mort de Louis XVI forcent à justifier ceux qui l'ont votée comme juges, lorsqu'ils ne pouvaient d'ailleurs l'empêcher, il ne sera pas difficile à ceux-ci de faire voir que ce vote est absolument conforme à la doctrine enseignée dans nos écoles, sous l'autorisation du gouvernement, préconisée comme la doctrine par excellence ; puisque c'est celle des livres saints, appuyée sur l'opinion des moralistes, que l'on considère comme les plus sages de l'antiquité, et les plus dignes de faire autorité dans tous les temps. Cicéron, par exemple, s'exprime ainsi dans les Offices (livre 2, chap. 8).

« Le meilleur moyen pour conserver ce que nous pouvons avoir de crédit et de considération, c'est de se faire aimer; et le plus mauvais, c'est de se faire craindre; comme a fort bien dit Ennius : « On hait tous ceux que l'on craint, et » on souhaite de voir périr tous ceux que l'on hait. » Quand nous n'aurions pas su, d'ailleurs, qu'il n'y a ni puissance ni grandeur qui puisse tenir contre la haine publique, ce que nous avons vu depuis peu nous l'aurait appris. Mais le meurtre de ce tyran (César), qui a opprimé cette république par la force des armes, et qui la tient encore en servitude tout mort qu'il est, n'est pas le seul exemple qui ait fait voir combien la haine des peuples est pernicieuse et funeste aux plus grandes fortunes..... Nous le voyons encore par la fin de tous les autres tyrans qui ont presque tous péri de la même manière. Il faut donc convenir que la haine est un mauvais garant d'une longue vie ; et qu'au contraire il n'y a point de gardes si fidèles que l'amour des peuples, et qu'il n'y a même de sûreté solide et perpétuelle que celle-là.

» Laissons la dureté et la cruauté à ceux qui croient en avoir besoin pour contenir un peuple qu'ils ont opprimé par la force. Pour ceux qui vivent dans un état libre, ils ne sauraient rien faire de plus insensé que de se comporter d'une manière à se faire craindre : car, quoique les lois soient comme ensevelies sous la puissance d'un particulier, et que la liberté soit resserrée par la crainte, elles se relèvent quelquefois, et parce que les peuples font entrevoir leurs sentimens, sans s'en expliquer, et par des concerts qui élèvent tout d'un coup à la souveraine magistrature des gens capables de tirer la république d'oppression. Or, les retours d'une liberté contrainte et interrompue se font bien plus cruellement sentir que tout ce qu'on aurait pu souffrir si on l'avait laissé subsister. »

On voit que la clémence connue de César n'empêcha pas Cicéron de le regarder comme un tyran, et d'approuver l'attentat commis sur sa personne. Caton allait plus loin : il ne croyait pas qu'il pût exister un bon roi.

Si l'on prétend que la doctrine de ces auteurs païens doit être reprouvée parmi nous, je demanderai pourquoi les livres qui en sont pleins continuent de servir de base à l'instruction publique? Mais si nous voulons puiser nos maximes de gouvernement dans les livres saints, ce sera bien pis ; on y trouvera la doctrine du régicide établie par les Prophètes ; les rois rejetés comme les fléaux de Dieu, les familles égorgées, les peuples exterminés par l'ordre du Tout-Puissant, l'intolérance furieuse prêchée par les ministres du Seigneur plein de miséricordes.

Malgré cette ineffable doctrine, qu'apparemment les princes ne lisent guères, mais que les prêtres lisent beaucoup, et que les jésuites savaient par cœur, il est avec raison établi en principe, chez les nations civilisées, que la personne des rois doit être sacrée et inviolable; mais le sens de ce principe et son application ne sont pas bien déterminés.

On demande, par exemple, si cette maxime a lieu seulement pour les souverains légitimes, ou si elle doit avoir lieu également pour les usurpateurs.

On demande ce qui distingue positivement un usurpateur d'un roi légitime.

On demande si l'on doit regarder comme sacrés et inviolables les princes pour lesquels il n'y a rien de sacré ni d'inviolable. Si un Tibère, un Sardanapale, un Néron, un Caligula, un Héliogabale, un Attila, un Chilpéric, une Frédégonde, une Isabeau de Bavière, un Mahomet II, un Christiern II, un Pierre-le-Cruel, un Sixte IV, un Alexandre VI, etc., etc., etc., doivent être considérés comme des souverains, dont la personne soit inviolable et sacrée.

On demande si, lorsqu'il y avait à Rome douze empereurs à la fois, élus par autant d'armées, tous les empereurs devaient être considérés comme sacrés et inviolables.

Ces questions et un grand nombre d'autres semblables, pour lesquelles on s'égorge sur toute la surface de la terre, depuis l'origine des siècles, auraient grand besoin d'une bonne solution; mais il paraît qu'il est réservé au droit canon d'être long-temps encore ce qu'on appela *ultima ratio regum*.

Puisqu'en dernier résultat c'est la force qui décide de tout, il n'est pas étonnant que les Jacobins aient eu raison d'abord, ensuite le directoire, ensuite Bonaparte, enfin les Bourbons dont la famille avait déjà eu raison une première fois pendant neuf siècles; et je crois qu'il n'y a personne en France qui ne désire qu'elle continue d'avoir raison. Mais, puisqu'il est reconnu qu'il n'y a pas de bon droit sans la force, il faut donc faire en sorte que les Bourbons ne perdent pas la leur, et encore plus qu'une partie de cette force ne se tourne pas contre l'autre.

Or c'est cependant ce qui arrivera si l'on ressuscite les partis éteints, si l'on distingue de nouveau les ci-devant royalistes et les ci-devant républicains, si l'on veut voir en France autre chose que des Français, si l'on veut dater la régénération d'une époque antérieure à la Charte constitutionnelle.

Le retour des Bourbons produisit en France un enthousiasme universel; ils furent accueillis avec une effusion de cœur inexprimable; les anciens républicains partagèrent sincèrement les transports de la joie commune; Napoléon les avait particulièrement tant opprimés, toutes les classes de la société avaient tellement souffert, qu'il ne se trouvait personne qui ne fût réellement dans l'ivresse, et qui ne se livrât aux espérances les plus consolantes. Mais l'horizon ne tarda point à se couvrir de nuages; l'allégresse ne se soutint qu'un moment. Ceux qui revenaient après une si longue absence crurent apparemment retrouver la France de 1789; mais la génération était presque toute renouvelée, la jeunesse d'aujourd'hui est élevée dans d'autres principes; l'amour de la gloire surtout a jeté de profondes racines : il est devenu l'attribut le plus distinctif du caractère national; exalté par vingt ans de succès continus, il venait d'être irrité par des revers d'un moment, et malheureusement il a été profondément blessé par les premières démarches du nouveau souverain.

Autrefois les rois d'Angleterre venaient rendre foi et hommage aux rois de France comme à leurs suzerains; mais Louis XVIII, au contraire, a déclaré au prince régent d'Angleterre que c'était à lui et à sa nation qu'il attribuait, après la divine Providence, le rétablissement de sa maison sur le trône de ses ancêtres; et lorsque ses compatriotes volaient à sa rencontre pour lui décerner la couronne, d'un vœu unanime, on lui a fait répondre qu'il ne voulait pas la recevoir de leurs mains, qu'elle était l'héritage de ses pères; alors nos cœurs se sont resserrés, ils se sont tus.

C'est ainsi qu'on a fait débuter Louis au milieu de nous, par le plus sanglant des outrages que pût recevoir un peuple aimant et sensible. Cependant nous n'avions pas calculé nos sacrifices pour recouvrer le fils de Louis IX et de Henri IV; nous lui avions aplani le chemin du trône, en nous empressant d'adhérer aux mesures peut-être un peu inconsidérées du gouvernement provisoire. Dans notre vive satisfaction, nous avions spontanément abandonné nos conquêtes; nous avions renoncé à nos limites naturelles, à cette florissante Belgique qui joignait ses vœux aux nôtres pour sa réunion à la France; un trait de plume a suffi pour nous faire quitter ces superbes contrées, que toutes les forces de l'Europe n'auraient pu nous arracher en dix ans. Louis avait-il donc besoin d'imiter les usurpateurs qui, ne pouvant être rois par l'assentiment de leurs peuples, se font rois par la grâce de Dieu? Ne savait-il pas que nous avions eu Napoléon par la grace de Dieu, que c'était par la grace de Dieu que nous ne l'avions plus, que c'est par la grace de Dieu qu'on a toujours vu et qu'on verra toujours régner les plus forts?

Louis s'était fait précéder par des proclamations qui promettaient l'oubli du passé, qui promettaient de conserver à chacun ses places, ses honneurs, ses traitemens: comment ses conseillers lui ont-ils fait tenir ses promesses? En lui faisant chasser du sénat tous ceux qui auraient pu paraître en effet coupables à ses yeux, s'il n'eût promis de tout oublier; mais aucun de ceux contre lesquels s'élevait l'opinion publique; aucun de ceux qui, par le poison de leurs flatteries envers Napoléon, avaient amené les Français au dernier degré d'avilissement. Ainsi l'adulation parut être de plus en plus le premier besoin des princes, sous quelque titre qu'ils règnent.

On exclut pareillement, avec une diligence extrême, des emplois secondaires ceux qu'avait pu égarer un amour excessif de la liberté. Il est vrai qu'ils ne sont point encore formellement proscrits, ils ne sont point encore livrés aux tribunaux; mais ils sont signalés, par le fait même de leurs démissions, dans leurs communes, à l'animadversion de leurs concitoyens, comme suspects, comme indignes de la confiance du gouvernement; ils sont marqués du sceau de la réprobation, et si les militaires sont encore un peu ménagés, si l'on veut bien paraître leur pardonner leurs victoires qu'on se contente d'appeler *impies*, la raison s'en devine aisément. Oh! combien de faits héroïques sont condamnés à l'oubli, s'ils ne sont pas mis au nombre des forfaits!

Les promesses d'un roi devraient rassurer tous les citoyens, et cependant l'inquiétude plane sur eux de plus en plus; elle plane sur leur existence; sur leur honneur, sur leurs propriétés. On se défie de l'arrière-pensée d'un prince, auquel, en si peu de temps, on a déjà fait éluder tant de fois ses promesses; on aime à croire cependant que ces fausses mesures ne viennent pas de lui, mais elles n'en portent pas moins atteinte à la dignité royale. Pardonner n'est point oublier, car l'oubli gagne les cœurs, et le pardon les ulcère. Si la personne des rois est justement sacrée, leur parole ne l'est pas moins et doit se montrer pure de tous subterfuges. Est-ce là cette loyauté qu'on se plut toujours à regarder comme le plus noble apanage du sang des Bourbons?

Lorsque l'on compare la puissance d'un roi sur son peuple à celle d'un père sur sa famille, c'est une heureuse fiction, mais qui est bien loin de la vérité.

On dit ce qui devrait être, mais non ce qui peut être, et encore moins ce qui est. Un bon père n'établit point entre ses enfans d'odieuses distinctions : sa qualité réelle de père lui inspire des sentimens qui sont l'ouvrage inimitable de la nature, et ne peuvent appartenir à un souverain qui n'est que souverain. Enfin un père n'est point vindicatif, il pardonne souvent après avoir menacé; mais il ne punit jamais après avoir promis d'oublier.

Il est impossible de dissimuler que nous éprouvons cette différence d'une manière sensible; le retour des lis n'a point produit l'effet qu'on attendait; la fusion des partis ne s'est point opérée; loin de là, ces partis, dont il ne restait presque plus de vestiges, se sont renouvelés, ils se mesurent et s'observent. Il n'y a ni rapprochement ni abandon : de fausses tentatives, des petitesses, des pas rétrogrades, des entorses données à des engagemens solennellement contractés, ont produit l'inquiétude et la défiance; le gouvernement n'a point fait usage des moyens qu'il avait à sa disposition, il en a paralysé une partie, il l'a tournée contre lui en se tournant contre elle.

Ceux-là sont donc bien coupables ou bien aveuglés, qui ont commencé par détacher de la cause du prince tout ce qui avait porté le nom de patriote, c'est-à-dire dans les trois quarts et demi de la nation, et d'en avoir fait une population ennemie au milieu d'une autre, à laquelle ils ont indiscrètement donné une préférence éclatante. Si vous voulez aujourd'hui paraître à la cour avec distinction, gardez-vous bien de dire que vous êtes un de ces vingt-cinq millions de citoyens qui ont défendu leur patrie avec quelque courage contre l'invasion des ennemis; car on vous répondra : que ces vingt-cinq millions de prétendus citoyens sont vingt-cinq millions de révoltés, et que ces prétendus ennemis sont et furent toujours des amis; mais il faut dire que vous ayez eu le bonheur d'être chouan, ou vendéen, ou transfuge, ou cosaque, ou anglais, ou enfin, qu'étant resté en France, vous n'ayez sollicité des places auprès des gouvernemens éphémères qui ont précédé la restauration, qu'afin de les mieux trahir et de les faire plus tôt succomber : alors votre fidélité sera portée aux nues, vous recevrez de tendres félicitations, des décorations, des réponses affectueuses de toute la famille royale.

Or voilà ce qu'on appelle éteindre l'esprit de parti, ne plus voir partout que des Français, des frères, qui ont juré de ne jamais rappeler leurs anciennes querelles. Mais qui ne voit où l'on nous mène ainsi? Qui ne voit qu'on nous prépare à l'avilissement de tout ce qui a pris part à la révolution, à l'abolition de tout ce qui tient encore un peu aux idées libérales, à la remise des domaines nationaux, à la résurrection de tous les préjugés qui rendent les peuples imbécilles?

Suivant la tactique usitée de tous temps en pareil cas, on n'attaque d'abord que ceux qui ont été les plus marquans, pour en venir successivement aux autres, et finir par envelopper, dans la même proscription, tout ce qui, de près ou de loin, a pris une part quelconque à la révolution, rétrograder, s'il est possible, jusqu'au régime féodal, jusqu'au rétablissement des serfs, jusqu'à ces beaux jours de la Sainte-Inquisition, dont l'aurore commence à luire de nouveau sur les provinces d'Espagne.

La révolution française fut un composé d'héroïsme et de cruautés, de traits sublimes et de désordres monstrueux : or, toutes les familles restées en France ont été forcées de prendre une part plus ou moins active à cette révolution; toutes ont fait des sacrifices plus ou moins sensibles; toutes ont fourni des enfans à la défense de la patrie, et cette défense a été glorieuse : toutes étaient par conséquent intéressées à ce que le succès couronnât l'entreprise. Le contraire est arrivé : ceux alors, ceux qui s'étaient montrés opposés à cette révolution cherchent à la faire paraître sous l'aspect le plus défavorable. Les événemens glorieux sont oubliés ou défigurés : on déverse un mépris affecté sur des actes de dévouement qui n'ont obtenu aucun résultat, et l'on fait retentir le cri de l'indignation contre ceux qui ont pu participer d'une manière quelconque à tout ce qui s'est fait.

S'il nous fût resté quelque chose de tant de travaux et de victoires, nous l'eussions regardé comme un trophée, auquel nous eussions aimé à rattacher nos souvenirs ; aussi s'est-on empressé d'exiger la restitution de toutes nos conquêtes, de peur qu'il ne restât quelque trace de la gloire que nous avions pu acquérir avant la restauration, cette gloire importune étant censée la honte du parti contraire ; mais cette même gloire était devenue notre idole; elle absorbait toutes les pensées des braves mis hors de combat par leurs blessures, toutes les espérances des jeunes gens qui faisaient leurs premières armes ; un coup imprévu l'a frappée : nous trouvons dans nos cœurs un vide semblable à celui qu'éprouve un amant qui a perdu l'objet de sa passion : tout ce qu'il voit, tout ce qu'il entend, renouvelle sa douleur. Ce sentiment rend notre situation vague et pénible : chacun cherche à se dissimuler la plaie qu'il sent exister au fond de son cœur ; on se regarde comme humilié, malgré vingt ans de triomphes continus, pour avoir perdu une seule partie, qui malheureusement était la partie d'honneur et qui a fait la règle de nos destinées.

Mais cet état de malaise ne saurait subsister. C'est un aveuglement bien déplorable que celui d'un parti presque imperceptible, qui, admis à partager une gloire que rien ne saurait effacer, affecte de dégrader tout ce qui la constitue, et semble n'être rentré dans le sein de la mère-patrie que pour l'avilir après l'avoir si long-temps déchirée. Mais cette puissante nation sera bientôt revenue de l'étourdissement qu'a dû produire chez elle l'apparition subite d'une coalition sans exemple et qui ne peut se renouveler : elle a déjà repris le sentiment de ses forces. Ceux qu'on a crus anéantis, ne sont que dispersés ; et si une pareille croisade recommençait, le grand peuple, malheureusement trop confiant jusqu'à ce jour, saurait profiter de son expérience pour se garantir de l'impéritie et des trahisons qui l'ont livré à la discrétion de ses ennemis; une poignée de transfuges qui étaient tombés dans l'oubli, et qui n'ont reparu que pour recueillir les fruits d'une victoire à laquelle ils n'avaient point pris de part, qui déjà n'ont plus le soutien de cette ligue qui a vaincu pour eux, et qui se trouvent comme perdus au milieu d'une immense population imbue d'idées libérales, ne peut en imposer long-temps ; et ce serait un mauvais calcul que de laisser apercevoir des prétentions dominatrices : l'extinction de tous les partis est la seule chose qui lui convienne, et qui convienne à tout le monde.

C'est dans la Charte constitutionnelle qu'il faut chercher le salut commun ; elle contient assez de garanties pour nous sauver tous, si nous ne souffrons pas qu'elle soit entamée ; mais il faut pour cela que la vérité puisse parvenir aux oreilles du souverain, et qu'il ne permette point à ses flatteurs de le faire dévier des dispositions de cette loi fondamentale qui est son propre ouvrage; il faut que les deux Chambres continuent à déployer le caractère qu'elles ont déjà montré dans quelques occasions ; il faut que les nouvelles élections qui devront avoir lieu ne soient point le fruit de l'intrigue et de l'astuce. Les vrais patriotes, c'est-à-dire ceux qui ont combattu pour la défense de leur patrie, de leurs foyers, sont partout en immense majorité; il ne tient qu'à eux d'avoir une bonne représentation nationale ; ils n'ont qu'à porter des citoyens connus par leur antique probité, des pères de famille, des acquéreurs de domaines nationaux, des hommes intéressés de toute manière à ce que la nation ne soit point avilie, à ce que ni l'anarchie ni le despotisme ne puissent se relever.

Loin de moi toute pensée qui pourrait fournir le moindre prétexte à de nouveaux troubles ! Je me plains au contraire amèrement de ceux qu'on tend à susciter, en formant de nouveaux partis; il est certain qu'il n'y en avait plus aucun lors de la déchéance de Napoléon; il est certain qu'il y en a maintenant; et assurément ce ne sont pas les anciens républicains qui les ont excités; ce ne sont pas eux qui remplissent les journaux de diatribes contre eux-mêmes; ce ne sont pas eux qui font colporter des écrits incendiaires contre la Charte constitutionnelle qui est leur garantie; ce ne sont pas eux qui conseillent à Sa Majesté d'éluder l'accomplissement des promesses qui leur sont favorables, et de manquer à sa parole royale.

Pourquoi, au mépris de cette parole, continue-t-on à distinguer, distingue-t-on plus formellement que jamais ceux qui sont demeurés attachés à la personne du roi, de ceux qui sont demeurés attachés au sol de la patrie? Cette distinction était naturelle, lorsque les uns étaient en guerre contre les autres; mais elle aurait dû s'effacer lorsque les premiers ont repassé le bras de mer qui les séparait de nous; lorsqu'ils ont remis le pied sur leur terre natale. Prétendent-ils donc rentrer en conquérans ceux qui n'ont été pour rien dans la crise qui vient de s'opérer? Croient-ils nous ramener à l'époque de 89, comme si la raison pouvait rétrograder? Espèrent-ils nous faire proclamer que toute la révolution n'est qu'un amas de forfaits, lorsqu'elle n'en offre pas d'autres que ceux dont ils sont la cause première? Ce sont toujours les défenseurs du sol qui forment le corps impérissable de la nation, de cette nation puissante et victorieuse depuis tant d'années. Ils n'entendent pas qu'on touche à leurs lauriers, sinon pour les partager fraternellement, si l'on s'en croit digne, mais non pour les flétrir.

Qui est-ce qui a fait supporter si long-temps la tyrannie de Napoléon? C'est qu'il avait exalté l'orgueil national. Avec quel dévouement ceux même qui le détestaient le plus ne l'ont-ils pas servi ? C'est le désespoir seul qui a pu faire abandonner ses aigles; son caractère en a imposé jusqu'au dernier moment; et dans sa détresse, il a encore traité d'égal à égal avec les alliés, qui nous dictaient des lois dans Paris.

Le droit de succession est compté pour peu de chose parmi les peuples belliqueux; ceci n'est point une théorie, c'est un fait. Dans les premiers momens de notre monarchie, la couronne n'était pas toujours déférée à l'aîné des enfans, mais à celui qui paraissait le plus propre à commander les armées; la nature semble avoir mis dans le cœur des hommes un entraînement particulier vers la gloire militaire; elle électrise les nations entières jusque dans le moindre hameau : vous faites couler des larmes d'attendrissement, en racontant un simple fait d'armes honorable pour la nation ou pour une famille. Pourquoi le peuple français aimait-il tant ses rois? C'est qu'il les regardait comme les soutiens et les protecteurs nés de sa gloire; c'est qu'il s'était accoutumé à considérer son prince comme le plus vaillant des chevaliers.

La masse du peuple ne connaît pas les généalogies, et ne discute point les droits d'hérédité; elle ne prend part aux querelles de ceux qui la gouvernent, à leur conduite privée, à leurs crimes politiques même, qu'autant que cela touche à ses propres intérêts : dans son instinct, elle juge qu'on a le droit de la gouverner, quand on la gouverne bien, et qu'on le perd, quand on la gouverne mal; celui qui la rend heureuse est toujours assez légitime, ou assez tôt légitimé. Les Romains oublièrent bien vite les premières années d'Auguste, parce que l'empereur se hâta de faire succéder un gouvernement paternel aux horreurs commises par le triumvir ; les Anglais respectent encore la mémoire de l'usurpateur despote Guillaume-le-Conquérant, parce qu'il en fit un plus grand peuple; ils mettent le capricieux et sanguinaire Henri VIII au nombre de ceux qui ont le plus contribué à leur prospérité, parce qu'il les affranchit du joug de la cour de Rome ; ils honorent Cromwel qui avait envoyé leur souverain légitime à l'échafaud, parce que le protecteur sut mieux régner que le roi ; tandis que peu après, ils chassèrent encore leur nouveau roi légitime, Jacques II, pour mettre à sa place un nouvel usurpateur. Les Français applaudirent à l'usurpation de Pepin-le-Bref sur les Mérovingiens, et ensuite à celle d'Eudes et de Hugues-Capet sur les descendans de Charlemagne, parce que les nouveaux princes gouvernèrent mieux que ceux qu'ils avaient détrônés. La France avait déjà souscrit à l'usurpation de Napoléon ; elle lui aurait même confirmé le nom de Grand, que ses flatteurs s'étaient trop pressés de lui donner, sans la déloyauté et l'extravagance de ses dernières expéditions ; et cette même nation sera peut-être plus rigoureuse aujourd'hui envers son prince légitime, parce qu'on croit toujours avoir droit d'attendre plus de celui qui vient, que de celui qu'on force de quitter. Quand on a chassé quelqu'un pour occuper sa place, on prend l'engagement tacite de faire mieux que lui.

Il est des personnes que le nom seul de liberté épouvante, parce qu'ils en jugent sur la révolution, sans penser que cette révolution, au contraire, a été un despotisme continuel. Hélas ! l'histoire entière du monde nous offre à peine quelques pages qui soient consacrées à décrire les effets de la véritable liberté ; cette histoire n'est bien plutôt que le tableau monotone de l'éternel abus du pouvoir : les peuples n'y figurent que comme les instrumens et les victimes de l'ambition de leurs chefs : on n'y voit que des princes qui font combattre leurs sujets pour leurs intérêts privés, des rois qui sont eux-mêmes régicides et parricides, des prêtres qui excitent au carnage et qui dressent des bûchers de temps à autre. Seulement on remarque les généreux efforts de quelques hommes intrépides qui se dévouent pour délivrer leurs compatriotes de l'oppression : s'ils réussissent, on les nomme des héros ; s'ils échouent, on les nomme des factieux.

Cette révolution, qui, de près, nous paraît si terrible, que sera-t-elle dans les annales du monde ? Que sont les événemens dont nous avons été témoins, auprès de l'invasion des Barbares dans l'empire romain ? Que sont-ils auprès des massacres qu'a occasionnés la découverte du Nouveau-Monde ? Que sont-ils auprès des guerres d'extermination, qui ont tant de fois dépeuplé dans l'Asie des contrées plus grandes que l'Europe entière ? Mais nous ne voyons dans le monde que le point imperceptible que nous y occupons. Nous ressemblons à un peuple de fourmis qui s'imagine voir la dissolution de l'univers, parce qu'un passant a marché, sans y prendre garde sur leur habitation. Eh bien ! ces grandes catastrophes furent-elles l'effet de la liberté ou celui de l'ambition ?

Dans l'état de nature, l'homme n'est cruel que par besoin ; dans l'état de société, il l'est par caprice, pour satisfaire ses fantaisies, et les passions qui naissent en foule de sa communication avec ses semblables.

Ce n'est pas, sans doute, que je veuille donner la préférence à l'état de nature ; mais l'état social est susceptible d'une infinité de gradations, dont l'un des extrêmes serait celui d'un isolement total, et l'autre celui d'un despotisme absolu.

Or ces deux extrêmes sont également vicieux et se confondent dans leurs résultats ; car, dans l'un et l'autre cas, il est évident, et l'expérience démontre, qu'il ne peut y avoir ni lumières, ni industrie, ni prospérité nationale. Il y a donc un problème à résoudre, c'est celui de trouver entre ces deux extrêmes le point où il convient de s'arrêter, c'est-à-dire de distinguer quels sont les caractères d'une juste liberté et ceux d'un pouvoir légitime.

Mais où trouverons-nous en ce genre la mesure du bien et du mal? Est-ce dans le seul raisonnement, dans les autorités que fournissent les écrivains, ou enfin dans l'expérience? L'insuffisance du simple raisonnement est assez prouvée, comme je l'ai déjà remarqué par les écarts qu'il nous a fait commettre dans tous les genres.

La nature a ses lois morales aussi bien que ses lois physiques, et les unes ne sont pas plus faciles à deviner que les autres : c'est à l'expérience qu'il appartient de nous en instruire, et c'est sur elle seule comme base, que nous pouvons établir des principes et des raisonnemens solides.

L'homme de la nature n'a aucun frein, non plus que les autres animaux : il rapporte tout à ses besoins physiques, mais nous ne considérons ici que l'homme social ; nous partons de la supposition qu'il habite avec ses semblables, et que l'état le plus désirable pour lui est celui d'une société bien organisée, où l'on se prête des secours mutuels : de manière que ce que nous avons à chercher est ce qui doit constituer cette société, pour qu'elle parvienne au degré de prospérité dont elle est susceptible.

Nous sentons que ce *maximum* de prospérité ne peut se trouver dans l'isolement absolu des hommes, puisque les premiers secours, ceux même qu'une mère doit à ses enfans, leur manqueraient : ainsi cet état de choses non-seulement n'atteint point le but, mais est même absolument impossible. Il est donc déjà démontré que l'état de civilisation le plus désirable exige le sacrifice d'une portion de la liberté naturelle.

Mais l'expérience démontre aussi que sous un despotisme absolu, qui est l'autre extrême, les lumières s'éteignent insensiblement, les arts cessent d'être cultivés, l'émulation disparaît, chacun devient indifférent à la gloire nationale et à la prospérité publique ; de sorte que l'agriculture, le commerce et la population s'anéantissent graduellement.

C'est donc entre la liberté absolue et le pouvoir absolu qu'existe le *maximum* cherché de la prospérité nationale ; c'est-à-dire qu'il faut nécessairement pour l'obtenir, que d'une part la liberté soit renfermée dans de certaines bornes, et que de l'autre le pouvoir soit limité. Or, c'est cette liberté ainsi restreinte que je nomme *liberté sociale*, et ce pouvoir tempéré que je nomme *pouvoir légitime*.

Donc il faut que, parmi les citoyens, les uns renoncent à leur chimère de liberté absolue, et les autres à leur prétention insoutenable de pouvoir illimité. Il faut que, de part et d'autre, on fasse un généreux abandon de ce qui ne peut que nuire à cet état de prospérité qui doit être le vœu de tous. C'était par ces réflexions sans doute qu'il fallait commencer la révolution, et la révolution n'aurait pas eu lieu.

Pour fixer d'une manière précise le point où il convient de s'arrêter entre les deux extrêmes dont nous avons parlé, il faudrait connaître l'état de sociabilité le plus parfait, ce dont personne ne peut se flatter ; mais il suffit qu'on puisse en juger à peu près, pour constater l'existence du principe qu'un pareil état de choses ne peut se concilier ni avec une liberté indéfinie, ni avec un pouvoir absolu.

L'état social peut s'organiser de diverses manières, et recevoir une infinité de modifications ; car l'expérience prouve qu'il peut prospérer, soit dans une monarchie convenablement mitigée, soit dans un gouvernement populaire convenablement balancé; et mon objet n'est pas de me livrer à des recherches difficiles, sur lesquelles on s'est si souvent égaré : seulement on voit que la question est susceptible de diverses solutions, suivant la nature du gouvernement de chaque pays, et qu'il y a beaucoup de points qui doivent être communs à tous : comme la législation civile et criminelle d'une force publique, d'une administration financière, d'établissemens pour l'instruction de la jeunesse.

Quoiqu'il ne soit pas possible de fixer théoriquement les limites des différens pouvoirs, on voit qu'ils n'en doivent pas moins tous être créés dans le but de la plus grande prospérité nationale, et que par conséquent les distinctions et les priviléges ne doivent être admis dans l'organisation, qu'autant qu'ils tendent à remplir cet unique objet : ce sont des rouages destinés à faire mouvoir la machine, mais qui ne sont pas là pour eux-mêmes, et qu'on doit même éliminer, lorsqu'ils ne font que compliquer le mécanisme et augmenter les frottemens. De quelque importance que soit l'une quelconque de ces pièces, fût-elle même comme le grand ressort dans une montre, il serait absurde de dire que c'est la montre qui est faite pour le ressort, et non pas le ressort pour la montre. C'est ici l'application de l'apologue des membres et de l'estomac : les membres ne sont point faits pour l'estomac, ni l'estomac pour les membres; mais tous sont faits pour l'organisation générale de la machine humaine.

Mais, dira-t-on, quoique nous sachions que le *maximum* de la prospérité nationale est le grand et unique but que nous devons nous proposer, si nous ne connaissons pas précisément en quoi consiste ce *maximum*, comment l'atteindrons-nous? quelles routes devons-nous prendre pour y arriver? et quand nous aurons découvert ces routes, comment déterminerons-nous chacun à les suivre?

A cela je réponds que c'est avec le progrès des lumières qu'on parviendra successivement à découvrir ces routes, et qu'on déterminera chacun à les suivre par la formation d'un esprit national.

La science du gouverment se perfectionne insensiblement, comme toutes les autres, par l'expérience et la méditation. Dès que tout le monde cherchera de bonne foi ce qui convient le mieux à la grande famille, chaque jour ajoutera aux connaissances de la veille; on cessera de marcher dans le vague, et tous à l'envi apporteront leur tribut d'intelligence et de zèle à la masse commune.

Mais quel sera le grand mobile de tous ces efforts individuels? qu'est-ce qui leur donnera cette tendance uniforme vers un même but? Ce ne peut être évidemment qu'une noble et forte passion; et cette passion ne peut être que l'amour de la patrie. Il faut donc faire naître cet amour, il faut créer un esprit national, c'est là ce qui nous manque; à tel point qu'à peine pouvons-nous nous en faire l'idée : personne, pour ainsi dire, ne comprend chez nous comment on peut sacrifier son intérêt propre à l'intérêt général, s'oublier soi-même pour le salut et la gloire de son pays; on ne croirait peut-être pas à la possibilité de son existence, si l'histoire des peuples anciens ne nous en donnait la preuve, et si nous ne le voyions exister encore à un haut degré chez quelques nations voisines.

En Angleterre, toutes les fortunes particulières sont liées à la fortune publique. Chacun est puissamment intéressé à ce que celle-ci n'éprouve jamais d'ébranlement sensible; par conséquent, la grande majorité de la nation est nécessairement pour le gouvernement, et le parti de l'opposition ne peut être que très-faible; il n'est là que pour tenir tout le monde en haleine et rendre les discussions plus piquantes et plus approfondies. Voilà pourquoi il y a en Angleterre un esprit national.

Il n'en est pas de même en France; les fortunes individuelles, étant des portions mêmes du sol, se trouvent plus détachées les unes des autres, plus indépendantes de la direction générale des affaires, lesquelles peuvent péricliter jusqu'à un certain point, sans altérer les propriétés foncières, où réside la fortune publique. Voilà pourquoi il y a plus d'isolement en France, plus d'égoïsme, peu ou point d'esprit national ; et cependant il en faut un, car il n'y a que les grandes passions qui fassent les grandes nations. Chez l'une, c'est la passion de la liberté ; chez une autre, c'est celle des conquêtes ; chez une autre encore, le fanatisme religieux ; chez nous, ce doit être l'amour du sol qui nous a vus naître.

La France et l'Angleterre ne sauraient se régir de la même manière, relativement à l'esprit national, qui doit être différent pour les deux pays. L'Angleterre, toute commerçante, doit se régir par le calcul et le goût des entreprises hasardeuses. La France doit se régir par l'amour de son territoire. L'Angleterre met son point d'honneur à se considérer comme le point central des grandes spéculations maritimes qui unissent toutes les nations ; la France doit mettre le sien à profiter des dons que la nature lui a prodigués chez elle-même. Nous devons nous enorgueillir de nos richesses propres, nous y affectionner, nous attacher à les répandre uniformément par la facilité des communications intérieures, sans prétendre rivaliser avec nos voisins sur un élément dont leur position géographique, et le système d'équilibre des puissances de l'Europe, semblent leur adjuger pour long-temps la suprématie. Il vaut mieux se borner à multiplier et améliorer les productions du sol, que de nous livrer à un commerce étranger, que nous ne pouvons jamais faire que d'une manière subalterne et précaire, sous le bon plaisir des Anglais, qui chercheront toujours à nous y faire éprouver toutes les avanies possibles.

Tel doit donc être le caractère de l'esprit national qui convient au peuple français : c'est l'amour de la grande propriété territoriale, qui renferme toutes les propriétés particulières, l'amour du sol pris collectivement, son intégrité, son perfectionnement, son indépendance politique ; la disposition des esprits nous porte naturellement vers ce but commun. Les Français ont toujours été extrêmement forts chez eux, et il est aussi difficile aux étrangers de s'y maintenir qu'il est difficile aux Français de s'établir solidement loin de leurs foyers.

Si nous adoptions une fois ce principe pour notre régulateur politique, nous aurions apporté un grand remède à cette inconstance, à cette mobilité qui tient plus aux circonstances locales qu'au caractère volage qu'on attribue ordinairement aux Français. Les Français ne sont pas plus volages que les habitans des autres pays, et la révolution a bien prouvé qu'ils sont susceptibles d'une grande constance et d'une grande ténacité dans leurs entreprises, quand ils ont devant les yeux un objet digne de leur ambition. Ils ne se disséminent en petites passions que parce qu'on ne leur en offre pas une grande qui les fixe tous, et qui réunisse en faisceaux leurs forces individuelles.

Puis donc qu'il est prouvé par expérience que l'esprit national n'est point un être métaphysique et absurde, c'est à le faire naître que le gouvernement doit s'appliquer ; c'est à en rassembler les élémens et les mettre en œuvre. Les élémens de l'esprit national sont l'honneur, la sensibilité, l'urbanité que semblent inspirer le climat et toutes les qualités par lesquelles la nature a voulu distinguer les peuples les uns des autres. L'art de mettre en œuvre ces élémens consiste dans une législation, une éducation, des institutions appropriées au but qu'on se propose.

Je suis loin de pouvoir approfondir tous ces objets. Je m'attacherai seulement ici au point principal, l'honneur, qui est, à proprement parler, le grand levier avec lequel on remue les nations. et surtout la nation française.

Nous devons peut-être la plus grande partie de nos malheurs à un simple équivoque, à un abus de mots, au défaut de la distinction qui existe entre l'*honneur* et les *honneurs*; cependant qu'y a-t-il de commun entre ces deux choses?

L'honneur est le principe de tout ce qui se fait de grand dans le monde, les honneurs un simple signe de la faveur, et plus souvent la marque de l'intrigue ou d'une vile complaisance plutôt que du mérite réel. L'honneur excite une généreuse émulation; les honneurs une basse jalousie: ceux-ci rendent indifférent sur les intérêts du gros de la nation, dont ils distinguent et isolent celui qui en est revêtu. L'honneur de chaque citoyen, au contraire, n'est qu'une émanation, une portion de l'honneur national.

Tout ce qu'on peut dire de plus favorable à ce qu'on nomme les *honneurs*, c'est qu'ils ne sont précisément pas incompatibles avec le véritable honneur; mais un homme taré, flétri, déshonoré dans l'opinion, peut réunir sur sa personne tous les titres, toutes les dignités, toutes les décorations, tous les honneurs; tandis qu'un homme modeste, plein de probité, de vertus, de talens, du véritable honneur enfin, peut n'avoir aucune de ces distinctions qu'on nomme *les honneurs*. L'honneur est inhérent à celui qui a su l'acquérir; on se dépouille des autres en ôtant son habit.

Mais malheureusement, aux yeux du vulgaire, ceux-ci dispensent souvent de l'autre, dont ils sont réputés le signe représentatif; c'est une fausse monnaie qu'on a vue souvent passer pour meilleure que celle même qui est de pur aloi: dès lors la fraude est encouragée; on néglige la chose même pour le signe, et il n'y a plus qu'à perdre pour les gens de bonne foi.

Sans doute c'est un grand avantage pour une nation de pouvoir payer avec une branche de chêne ou de laurier, avec des croix ou des rubans, les plus importans services qu'on puisse lui rendre; mais si ces distinctions deviennent le prix de la cotterie, de l'espionnage, de services plus honteux encore, de quelle utilité pourront-elles être bientôt pour cette nation? Qui voudra se dévouer aux plus pénibles travaux, aux plus dures privations pour les obtenir? Qui ira les chercher dans les camps, si on peut les ramasser à pleines mains dans une antichambre.

Cependant, lorsque ces décorations sont devenues à ce point communes et triviales, que ce n'est plus même aux yeux du vulgaire un honneur de les avoir, mais seulement un déshonneur de ne les avoir pas, ceux qui les méprisent le plus se trouvent obligés souvent de les postuler humblement, d'intriguer pour les obtenir, et c'est ainsi que les honneurs factices finissent par tuer le véritable honneur, par produire l'avilissement et la démoralisation, lorsqu'ils devaient élever et épurer les ames: ils substituent la vanité à la grandeur; la patrie n'est plus rien au milieu de ces hochets, il n'y a plus d'aliment pour l'émulation, et les siècles s'écoulent sans qu'il reste aucun souvenir de ces innombrables puérilités.

Mais, comment rétablir le véritable honneur dans ses droits, et réduire à leur juste valeur tant de distinctions parasites? C'est en laissant circuler librement la vérité, il n'en faut pas davantage; alors, au lieu de cette multitude de faits controuvés que sont intéressés à faire croire ceux qui courent après les honneurs pour les accaparer, nous saurons ce que les faits ont de réel; éclairés par la faculté de les discuter et de les démentir, ils seront dépouillés de l'exagération et des fausses couleurs qui les altèrent; et l'imposture déjouée ne viendra pas s'emparer des récompenses qui doivent appartenir au mérite seul. Alors la justice hautement rendue à celui-ci le développera de plus en plus; ses réclamations n'étant plus étouffées par le crédit et la jactance, chacun fera ses efforts pour gagner l'estime de ses compatriotes, sans craindre de s'en voir frustrer par un charlatanisme effronté; ses facultés s'agrandiront par l'espoir de la considération publique, et il s'empressera de suivre les routes tracées à toutes les classes de citoyens pour la plus grande prospérité nationale.

Nous avons déjà vu que c'est par la propagation des lumières que l'on peut parvenir à découvrir successivement ces routes; ainsi la libre circulation de la pensée doit rendre ces deux services à la fois, de faire connaître les meilleures choses et les meilleurs hommes, en tarissant les sources de l'erreur et des intrigues. Tels doivent être les effets naturels de la liberté de la presse; les effets tout contraires auront nécessairement lieu, si elle demeure comprimée.

On cherche une division de pouvoirs, qui, au lieu de se combattre perpétuellement, s'unissent au contraire pour tendre toujours au même but. Ces pouvoirs seraient le pouvoir d'opinion, et le pouvoir d'action. Le premier cherche les routes qui mènent vers la prospérité; le second dirige par ces routes tous les efforts particuliers, organisés entre ses mains. Qu'importe une légère agitation qui n'a pour objet que de trouver ce qui est utile? L'agitation dangereuse n'est jamais que celle que les factions produisent; et quelle faction peut-il y avoir, si chacun est animé du même esprit, si les distinctions ne sont plus l'ouvrage du caprice, mais celui d'un discernement juste, éclairé par l'analyse des faits; si chacun reconnaît la nécessité d'un pouvoir, et du sacrifice d'une portion de sa liberté? Or, nous sommes assez mûris par l'expérience pour être bien pénétrés de ces maximes; et s'il reste encore quelques individus engoués de vieux préjugés à cet égard, ou heurtés à leurs opinions exagérées, ils se trouveront tellement noyés dans le nombre de ceux qui sont fatigués de révolutions, qu'ils rougiront bientôt de leur rôle absurde. Il ne faut pour cela que la volonté du prince : c'est la mère abeille dans une ruche; on le suivra partout, dès qu'il aura donné le signal, et qu'on saura qu'il veut le bonheur commun, sans faire acception de personne; je l'avoue, de semblables principes sont loin de la sombre maxime, *divisez pour régner*. Puissent donc mes concitoyens ne voir dans ces réflexions rapides que le désir sincère de prévenir toute réaction nouvelle, de leur inspirer ces sentimens nobles, cette bienveillance universelle qui porte à ne pas exiger des autres plus qu'on ne serait, peut-être, capable de faire soi-même! Puissent-ils sentir la nécessité d'immoler l'orgueil individuel qui divise tout à l'orgueil national qui réunit tout; de ne pas se croire supérieurs aux autres par leur nature, mais seulement par leur position dans l'ordre social; de comprendre que le vrai but du gouvernement est d'entretenir l'harmonie entre tous les corps; que les distinctions inutiles sont toujours odieuses ou ridicules, et subversives de l'émulation; que c'est à ce même ordre social que doivent se rapporter tous les efforts particuliers; qu'il est susceptible d'une infinité de formes différentes, entre lesquelles les avantages et les défauts sont partagés; que toutes exigent l'exercice d'un pouvoir quelconque, et par conséquent le sacrifice d'une portion de liberté! Puissent-ils sentir enfin qu'il vaut mieux supporter quelques inconvéniens, que de prétendre à une perfection, qui, dans la pratique est une chimère, et dont la théorie est trop incertaine; que ce qu'il y a de plus utile en morale est d'apprendre à se contenter de son sort, et que la nature, pleine de sagesse, a établi entre les hommes une sorte de compensation qui fait que l'inégalité des conditions est presque toujours plus apparente que réelle.

Quant à vous, ministres, qui jouissez de la confiance de S. Majesté, vous la méritez sans doute par vos lumières et votre dévouement pour sa personne sacrée; mais vous ne savez pas lui faire des amis : vous travaillez sans cesse à désunir ceux que vous devriez chercher à rapprocher ; vous exaspérez de plus en plus des hommes qui ne veulent que la concorde ; vous ne faites pas savoir au prince, que dans le cœur d'un roi, les intérêts de la grande famille doivent l'emporter sur toutes les affections privées. Avez-vous déjà oublié que Napoléon n'est tombé de si haut, que parce qu'il n'a jamais voulu permettre qu'on lui dît la vérité, ni qu'on la dît à la nation française ? Est-il de la dignité du prince de chicaner sur quelques expressions obscures de la Charte constitutionnelle, comme s'il en était déjà au regret de nous l'avoir donnée ? et dans le cas d'un doute, ces expressions qui sont de lui ne doivent-elles pas toujours être interprétées de la manière la plus libérale ? Un roi ne doit-il pas aller au delà plutôt que de rester en deçà de ce qu'il a promis ? et ne devriez-vous pas lui rappeler sans cesse ce passage sublime de la proclamation de son aïeul Henri IV, n'étant encore que roi de Navarre :

« Qui peut dire au roi de Navarre qu'il ait jamais manqué à sa parole ? »

FIN DU VOLUME QUARANTIÈME ET DERNIER.

TABLE DES MATIÈRES

CONTENUES DANS LE QUARANTIÈME VOLUME.

RESTAURATION. — *Années* 1814 et 1815. — Introduction, page 1. — Entrée du comte d'Artois dans Paris, p. 3. — Talleyrand porte la parole devant lui au nom du sénat; réponse du prince. Discours de Faulcon au nom du corps législatif; réponse du prince, p. 5-7. — Traité de Paris, du 23 avril 1814, entre *Monsieur* et les rois alliés, p. 8. — Retour de Louis XVIII en France, p. 9. — Adresse du sénat au roi, p. 10. — Déclaration dite de Saint-Ouen, *ibid*. — Entrée de Louis XVIII dans Paris. Ordonnances royales, p. 11. — Traité de paix entre la France et les puissances alliées, du 30 mai 1814, p. 13. — Rédaction de la Charte constitutionnelle. Séance royale du corps législatif. Discours du roi. Discours du chancelier d'Aubray. Texte de la Charte. Proclamation de la liste des pairs nommés par le roi, p. 15-24. — L'abbé de Montesquiou lit à la Chambre des Députés un exposé de la situation du royaume, p. 26. — Le baron Louis expose l'état des finances, p. 27. — Énumération des principales lois votées par les Chambres, p. 29. — La session de 1814 est prorogée le 30 décembre et ajournée au 1er mai 1815. Le retour de Napoléon ne permet pas d'attendre cette époque. Tableau des actes officiels qui rendirent possible l'événement dont il s'agit, p. 32-36. — Réflexions des auteurs, 36-42.

RETOUR DE NAPOLÉON. — Journal des événemens et des actes officiels, du 1er au 20 mars, p. 43-81. — Relation insérée au *Moniteur* du 25 mars par ordre de Napoléon, p. 82. — Ministère composé par Napoléon, p. 88. — Relation des événemens qui se sont passés avant et depuis le 20 mars 1815 (extrait du *Moniteur de Gand*), p. 88. — Réponse du duc de Raguse à la proclamation dans laquelle Napoléon rejetait sur sa trahison les malheurs de 1814, p. 92.

CENTS JOURS. — Introduction, p. 97. — Adresses des corps constitués à l'empereur, p. 98. — Histoire de la résistance du parti royaliste, p. 102-115. — Fouché, ministre de la police, est favorable aux royalistes ; sa circulaire aux préfets; ses manœuvres, p. 115-117. — Lettre circulaire autographe de Napoléon aux souverains, p. 118. — Cette lettre n'est pas accueillie, p. 119. — Passage de l'Histoire de Thibaudeau, relatif aux intrigues qui eurent lieu entre Fouché et la diplomatie autrichienne, p. 120. — Préparatifs de guerre en France, p. 122. — Série de décrets impériaux dans ce but, p. 124. — Opposition de la presse contre le pouvoir militaire, p. 125. — Napoléon fait de la popularité, p. 126. — Presse, 127. — Napoléon se décide avec peine à agir constitutionnellement, p. 128. — *Acte additionnel aux constitutions de l'empire*, p. 129. — La publication de cet acte cause un mécontentement universel, p. 155. — Décret pour la convocation du Champ-de-Mai, p. 156. — Acte de fédération de la Bretagne, p. 157. — Fédérations semblables à Paris, à Rouen, en Bourgogne, etc., p. 158. — Proclamation des habitans et ouvriers des faubourgs Saint-Antoine et Saint-Marceau, p. 159.

Assemblée du Champ-de-Mai, p. 142. — Cette cérémonie déplaît à la population, p. 148.

Représentation nationale. — Chambre des Représentans; séance du 5 juin, p. 149. — Chambre des Pairs; séance du même jour, p. 150. — Représentans; séance du 4. Il se manifeste une opposition. Nomination de Lanjuinais en qualité de président, p. 150. — Pairs, 5 juin. Le comte Lacépède est nommé président. Liste des membres de la Chambre des Pairs, p. 153. — Représentans, 5 juin. Vive discussion sur la question de savoir si un chambellan peut être convenablement intermédiaire entre la Chambre et le chef de l'état, p. 155. — Séance du 6; discussion relative au serment, p. 156. — Séance impériale pour l'ouverture de la session. Réunion des deux Chambres, 7 juin, p. 161. — Représentans. Séance du 8 juin, p. 162. — Séance du 9, p. 163. — Séance du 10. Adresse à l'empereur; sa réponse, p. 164. — Adresse de la Chambre des Pairs, p. 166. — Représentans. Séance du 13 juin. Regnault donne lecture du rapport du ministre de l'intérieur sur la situation de l'empire, p. 167. — Séance du 15 juin. Discussion animée sur une proposition de M. Malleville, relative aux provocations séditieuses et aux abus de la liberté de la presse. Leguevel, député du Morbihan, soumet à la Chambre un projet de loi pour la répression des délits commis par les nouveaux chouans. Vive agitation. Dupin propose la nomination d'une commission de vingt et un membres, qui sera chargée de réunir, de refondre et de coordonner les constitutions de l'empire, en un projet de loi général; cette proposition est prise en considération. Malleville demande, comme article réglementaire essentiel, que jamais ni l'intention, ni l'opinion de l'empereur ne puissent être citées dans une discussion. Débat à ce sujet, p. 172-179. — Séance du 16 juin. Boulay de la Meurthe, ministre d'état, annonce à la Chambre le commencement des hostilités; il présente à la Chambre, au nom de l'empereur, le rapport qui lui avait été fait par le ministre des affaires étrangères, sur tout ce qui s'était passé depuis le 15 mars. Texte du traité du 25 mars entre les puissances étrangères. Analyse des autres pièces contenues dans le rapport. Motion d'ordre du représentant Jay. Vive discussion sur la question de savoir si le rapport n'aurait pas dû être adressé à la Chambre et non à l'empereur. Interpellation à Boulay de la Meurthe. Nouvelles de l'armée. Ordre du jour du 14 juin, daté d'Avesnes. Bulletin du 15, daté de Charleroi. Bataille de Fleurus, p. 171-190. — Séance du 17 juin. Discussion pour savoir si la Chambre prendra l'initiative à l'égard des mesures qu'un rapport du ministre de la police générale, lu par Regnault, dit être nécessaires contre les ennemis de l'ordre public. Ordre du jour, p. 190-194. — Pairs. Séance du 17 juin. Nouvelles de l'armée. Nouvelles de la Vendée, p. 194. — Représentans. 20 juin. Discussion sur la proposition de Dupin, relative à la formation d'une commission centrale. La rédaction de M. Ligeret de Chassey est adoptée, p. 195-200. — Premier bruit du désastre de Waterloo. Nouvelles de l'armée. Bataille de Ligny

TABLE DES MATIÈRES. 421

sous Fleurus, p. 201, — Bataille de Mont-Saint-Jean, p. 203. — Extrait du *Moniteur de Gand.* Affaires de France, p. 205. — Représentans. 21 juin. La Fayette et Lacoste proposent de déclarer que l'indépendance nationale est menacée, et présentent en même temps un projet sur les mesures à prendre. La rédaction de La Fayette est mise en délibération, elle est adoptée. Les propositions se succèdent. La Chambre se forme en comité pour entendre un message de l'empereur. Il est nommé une commission de cinq membres pour s'entendre, avec une commission de la Chambre des Pairs, sur les moyens de salut public, p. 207-216. — Pairs. Séance du 21 juin, p. 216-220. — Séances des commissions de la Chambre des Représentans et de celle des Pairs. Négociations secrètes avec Napoléon (extrait de Thibaudeau), p. 220. Abdication de Napoléon, p. 222. — Représentans. Séance du 22 juin. Vives discussions. Dupin propose à la Chambre de se constituer en assemblée nationale; Mourgues, en assemblée constituante. Opposition animée. Sur la proposition de Regnault, la Chambre décide qu'il sera envoyé un message à l'empereur pour lui témoigner sa reconnaissance, et le respect avec lequel elle accepte son abdication, et qu'il sera nommé une commission de cinq membres, dont trois seront choisis dans la Chambre des Représentans et deux dans la Chambre des Pairs, pour exercer provisoirement les fonctions du gouvernement. La discussion sur la situation présente continue. Nomination des membres du gouvernement provisoire, p. 225-258. — Pairs. Séance du 22 juin. Discussion sur la situation militaire. Ney et Latour-Maubourg sont entendus. Débat sur le successeur de Napoléon, p. 258-247. — Réflexions des auteurs, p. 247. — Représentans. Séance du 5 juin. Discussions constitutionnelles. Quel sera le successeur de Napoléon? Discours de Manuel; il fait passer à l'ordre du jour sur les diverses propositions qui ont été faites, sur ce que Napoléon II est devenu empereur des Français, par le fait de l'abdication de Napoléon Ier, etc., p. 247-260. — Pairs. Suite de la séance permanente du 23 juin. Détails sur les événemens militaires, donnés par le comte Drouot, p. 260-265. — Effet produit sur la population par l'énergie que déployèrent les représentans dans leur séance du 22 juin, p. 265. — Proclamation de la commission du gouvernement aux Français, p. 266. — Adresse des élèves de l'École Polytechnique. Ordre du jour de la garde nationale, daté du 24 juin, p. 268. — Représentans. Séance du 24 juin. Dépêche du général Lamarque sur les affaires de la Vendée. La Fayette, Horace Sébastiani, d'Argençon et Laforêt, nommés par le gouvernement provisoire pour négocier avec les puissances alliées, demandent l'autorisation de la Chambre (Accordé), p. 269-175. — Séance du 25 juin. Lecture de diverses adresses. Une loi rendue sur la proposition faite la veille par le gouvernement provisoire lui confère la dictature sur certains points déterminés et relatifs au salut public. Davoust est chargé de la défense de Paris, p. 275-280. — Séance du 26 juin. Discussion et vote du projet de loi qui autorise le gouvernement provisoire à employer la réquisition pour assurer les subsistances et les transports militaires, p. 280. — Travaux extra-parlementaires. Intrigues pour faire dévier la Chambre des Représentans, p. 282-296. — Représentans. Séance du 27 juin. Motion d'ordre de Manuel. Bulletin de l'armée, du 27 juin, p. 291-294. — Pairs. Séance du 27 juin, p. 294. — Représentans. Séance du 28 juin. Discussion sur les mesures urgentes. Suite de la motion de Manuel. Détails sur l'état de l'armée, donnés par le général Mouton-Duvernet. Lettre du gouvernement provisoire à Wellington. Adresse de la Chambre à l'armée. Paris est mis en état de siége, p. 295-308. — Pairs. Séance du 28 juin, p. 308-

— Texte de la loi déclarant Paris en état de siége, p. 510. — Réflexions des auteurs. Trahisons, p. 512. — Représentans. Séance du 29 juin, p. 514. — Adresse du préfet de la Seine et du corps municipal aux habitans de Paris, p. 517. — État de notre armée devant Paris, p. 518. — Projet d'acte constitutionnel, présenté par la commission centrale de la Chambre des Représentans, le 29 juin, p. 519-526. — Représentans. Séance du 30 juin. Discussion sur les affaires militaires. Bulletin du 30 juin. Une proposition de Manuel excite un vif débat, p. 526-538. — Séance secrète de la Chambre des Pairs, p. 538. — Événemens militaires, p. 539. — Nouvelles manœuvres de Fouché, p. 540. — Adresse des fédérés de Châlons-sur-Saône aux Représentans, p. 541. — Rapport sur la situation de l'armée, fait à la Chambre par le colonel Bory-de-Saint-Vincent, p. 543-547. — Lettre de Davoust à Wellington, p. 544. — Adresse de la Chambre aux Français, p. 547. — Motion de Dupin pour qu'on s'occupe de la Constitution, p. 548. — Rapport de Manuel sur la Constitution, p. 549. — Adresse des généraux à la Chambre des Représentans, p. 550. — Députation à l'armée, p. 552. — Pairs. 1er juillet. Réclamation du maréchal Grouchy, p. 552. — Événemens militaires. Liste des questions et réponses du conseil de guerre sur la situation de Paris, p. 554. — Lettre du général Ziethen à Davoust, p. 555. — Note de Fouché à Wellington, p. 555. — Représentans. 2 juillet. Adresse des fédérés de Clermont, p. 556. Bulletin d'une affaire aux environs de Versailles, p. 557. — Événemens militaires, p. 558. — Conférence pour la capitulation de Paris, ibid. Représentans, 3 juillet. Adresse des fédérés de la Dordogne. Lettre du général Vandame, ibid. — Situation du deuxième corps, p. 559. — Représentans. Séance secrète. Communication de diverses proclamations royalistes et de la capitulation de Paris, p. 561-565. — Séance du 4 juillet. Arrêté de la Chambre à l'occasion de ces pièces, p. 565. — La Chambre vote l'acte de déclaration des droits des Français, p. 567. — Déclaration de la Chambre des Représentans, p. 569. — Séance du 6 juillet. Suite de la discussion de la Constitution, p. 570. — Séance du 7. La discussion continue sur le même objet. Message de la commission du gouvernement. Rapport de la députation envoyée à l'armée. La séance est levée tumultueusement, p. 571-574. — Procès-verbal du 8 juillet, constatant que les représentans ont trouvé la salle de leurs séances fermée et gardée par des troupes, p. 574. — Dissolution de la Chambre des Pairs, p. 575. — Situation de Paris, p. 576. — *Moniteur* du 8 juillet 1815, annonçant la rentrée des Bourbons dans Paris, 579. — Documens complémentaires, 1814-1815. Documens sur la bataille de Waterloo, p. 581. — Mémoire adressé au roi par Carnot, en juillet 1814, p. 403.

AVIS.

Le nom de M. P.-C. Roux, l'un des auteurs de l'*Histoire parlementaire*, ayant été souvent confondu avec celui de M. Leroux, l'un des rédacteurs de l'ex-*Revue encyclopédique*, et de l'*Encyclopédie pittoresque*, M. P.-C. Roux a cru devoir ajouter à son nom celui de la famille de sa mère : c'est ce qui a motivé le changement que les lecteurs auront peut-être remarqué sur la première page de ce volume.

www.ingramcontent.com/pod-product-compliance
Lightning Source LLC
Chambersburg PA
CBHW071112230426
43666CB00009B/1927